REISE KNOW-HOW®

# AUSTRALIEN

## OUTBACK HANDBUCH

**Reise Know-How**
**Edgar Hoff Verlag**
ist Mitglied der Verlagsgruppe
**Reise Know-How**

# AUSTRALIEN
## OUTBACK HANDBUCH

Otmar Lind & Andrea Niehues

## Impressum

Otmar Lind, Andrea Niehues

**Australien**

**Outback-Handbuch**

ISBN 3-923716-08-7



2. Auflage 1998/10

erschienen bei
*Reise Know-How*
*Edgar Hoff Verlag*
Zwalbacher Str. 3
D-66709 Rappweiler

*Umschlag:* M. Schömann, P. Rump
*Karten:* Hans-Joachim Ehrig
*Zeichnungen:* Bärbel Koslowski-Peltzer
*Fotos:* die Autoren und andere
*Layout:* Marita Korst, Edgar P. Hoff
*Druck:* Clausen & Bosse
*Lithos:* M & R Reprotechnik

Gesamtzeichenzahl des Buches: ca. 870.000

Vertrieb für den Buchhandel
*Deutschland:* prolit, Postfach 9, 35461 Fernwald/ Annerod oder die Barsortimente
*Schweiz:* AVA-buch 2000, Postfach 89, CH-8910 Affoltern
*Österreich:* Mohr Morawa, Sulzengasse 2, A-1230 Wien
*Niederlande:* Nilsson & Lamm, Postbus 195, NL-1380 AD Weesp

Das Outback-Handbuch ist im Buchhandel erhältlich oder gegen Voreinsendung des Kaufpreises (36,80 DM) direkt beim Verlag (Anschrift siehe oben).

Der Inhalt des Buches ist mit größter Sorgfalt von den Autoren zusammmengestellt und vom Lektorat bearbeitet worden. Da jedoch sachliche Fehler nicht auszuschließen sind, erklären Verlag und Autoren, daß sie für den Inhalt des Buches keine Garantie im Sinne der Produkthaftung geben und keine Haftung für mögliche fehlerhafte Angaben übernehmen.

## Land und Leute



## Reisevorbereitung



## Streckenbeschreibungen

# Anhang

# *Vorwort*

Australiens *outback* - das ist ein Erlebnis, wie man es heute kaum mehr irgendwo findet. Vor allem im Landesinneren gibt es noch einsame, fast menschenleere Gebiete, aber auch im Nordwesten und Nordosten des Kontinents findet man große Landstriche mit unberührter Natur. Die wenigen Bewohner im legendären *outback* leben weitverstreut auf abgelegenen Farmen, in Siedlungen oder kleinen Städten, oft viele hundert Kilometer voneinander entfernt. Farmer sehen ihre Nachbarn nur selten, Schulkinder werden per Funk unterrichtet, und die Ärzte vom *Royal Flying Doctor Service* erreichen mit dem Flugzeug die entlegensten Winkel des Landes.

Wer durch das *outback* reisen will, darf sich von Temperaturen über 50 °C, endlosen Wüstengebieten, Meldungen über verdurstete Menschen, Staubstürme, Überflutungskatastrophen und Unfälle, von schlechten Straßen, unüberwindbaren Flüssen, turmhohen Dünen, Giftschlangen und Krokodilen nicht abschrecken lassen. Reißerische Zeitungsberichte über tragische Einzelfälle und die Verallgemeinerung persönlicher Erlebnisse, die in übertriebenen Darstellungen gipfelten, brachten dem *outback* den Ruf einer gefährlichen, zudem monotonen und wenig einladenden Gegend ein. Es entstand ein Bild, daß dieser faszinierenden Landschaft in keiner Weise gerecht wird.

Doch vor allem schlechte Reisevorbereitungen fordern immer wieder ihren Tribut. Wie man eine Tour durchs *outback* plant, welches Fahrzeug und welche Ausrüstung nötig sind, wann die beste Reisezeit ist, welche Strecken es gibt, wie man sich unterwegs helfen kann, wenn doch etwas schief läuft - darüber und über vieles mehr möchten wir Sie informieren. Dieses Buch soll dazu beitragen, daß die Reise zu einem schönen, unvergeßlichen Erlebnis wird: Genießen Sie unberührte Natur, lernen Sie freundliche Menschen kennen, verbringen Sie Nächte unter funkelnden Sternen, erleben Sie die grenzenlosen Weiten des australischen *outback*.

Bochum, im Oktober 1998
Andrea Niehues und Otmar Lind

## *Zum Aufbau des Buches*

Dieses Buch soll dazu beitragen, eine Reise durchs *outback* bestens vorzubereiten und durchzuführen. So ist es in drei leicht überschaubare Kapitel aufgeteilt:

Der *erste Teil* enthält allgemeine Informationen über Australien und stellt das **outback** vor, darunter Landschaften, Flora und Fauna, Klima, Geschichte, Ureinwohner, Erforschung Australiens und Royal Flying Doctor Service.

Der *zweite Teil* beschäftigt sich mit der **praktischen Vorbereitung** einer Reise (Tips zur Wahl der Strecke und des Fahrzeugs, notwendige Ausrüstung, Camping, Fahrtechniken, Reparaturen, Hilfen im Notfall).

Der *dritte Teil* bietet eine Beschreibung **ausgewählter Strecken**. Diese sind in ihrem Zustand so beschrieben, wie die Autoren sie während ihrer Reisen vorfanden. Da aber die Wegverhältnisse im *outback* äußerst veränderungsanfällig sind, können Abweichungen von der Beschreibung zu den momentan tatsächlichen Verhältnissen auftreten.

Im Buch sind vor jeder Streckenbeschreibung nützliche Angaben zu finden, so zu Entfernung, empfohlener Reisedauer, reiner Fahrzeit, Reisezeit und der erforderlichen Ausrüstung (bezieht sich auf die beste Reisezeit; wer zu einer anderen Zeit fahren möchte, muß seine Ausrüstung entsprechend anpassen), Art und Zustand der Piste (bezieht sich in der Regel auf die angegebene Reisezeit; grundsätzlich sollte man sich vor Antritt der Fahrt über den Zustand der Strecke und das zu erwartende Wetter erkundigen), Tankmöglichkeiten und Versorgung an der Strecke, nützliche Adressen und Telefonnummern für unterwegs und besondere Hinweise, was vor der Fahrt zu bedenken ist.

Die Versorgungspunkte unterscheiden sich nach folgenden Kriterien:

- *Kompletter Service:* Darunter fallen alle größeren Orte, die mindestens einen Supermarkt und andere Einkaufsmöglichkeiten, verschiedene Unterkunftsmöglichkeiten, Reparaturwerkstätten, Ärzte, Polizei, mindestens eine Bank, Informationsstellen, wie z. B. Automobilclub, und Tankmöglichkeiten haben.
- *Grundversorgung:* Darunter fallen alle Orte, die eine eingeschränkte Versorgung bieten: motel- oder hotelähnliche Übernachtungsmöglichkeiten, einen *caravan park,* eine Reparaturwerkstatt, eine Tankmöglichkeit und einen Lebensmittelladen. Statt einer Bank gibt es meist nur eine Bankagentur.
- *Roadhouse:* Darunter fallen alle Tankstellen und auch Farmen, die einen ähnlichen Service wie Imbiß, Getränke, Kraftstoff, kleinen Laden, eventuell motelähnliche Unterkünfte oder Campingmöglichkeiten sowie kleinere Reparaturwerkstätten bieten.
- *Auflistung der Serviceleistungen:* Hier handelt es sich meist um Farmen *(stations)* oder kleine Ortschaften, die nur wenig Service bieten. Die wichtigsten Serviceleistungen sind aufgelistet.

Nach diesen Angaben wird in Einführungstexten **Wissenswertes** vermittelt, so über den geschichtlichen Hintergrund der Strecke, über Orte, Landschaften und Sehenswürdigkeiten an der Route.

Anschließend folgt der **kommentierte Streckenlog** mit Kilometerangaben und dazugehörigen Karten. Durch die Angabe der Kilometer sowohl von Anfangs- als auch von Endpunkten aus kann man die Strecken ohne Probleme ebenfalls in umgekehrter Richtung fahren.

Wie die Angaben im Kapitel "Streckenbeschreibungen" zu lesen bzw. zu verstehen sind, sei im folgenden an einigen Beispielen erklärt:

- "Abzweigung links nach *Birdsville* nehmen (4 km); rechts nach *Windoruh* (384 km)" = Man fährt links in Richtung *Birdsville*; rechts geht es nach *Windoruh*. Bis *Birdsville* sind es noch 4 km, bis *Windoruh* 384 km.
- "Geradaus BT; Abzweigung links zu *Mulka Ruins* (1 km)" = Geradeaus weiterfahren auf dem Birdsville Track (BT); links geht es zu *Mulga Ruins,* die 1 km entfernt liegen.
- "Geradaus BT; Abzweigung rechts ist die *Bypass Road* (→ KM 122,2)" = Geradeaus weiterfahren auf dem Birdsville Track (BT); rechts ist die Bypass Road; nähere Informationen dazu stehen bei Kilometerzahl 122,2 in diesem Streckenlog.
- "Beginn bzw. Ende von *Rokeby National Park* (Hinweisschild)" = Je nach Fahrtrichtung beginnt bzw. endet hier der Nationalpark. Ein Schild weist den Nationalpark aus.
- "Hinweisschild für entgegengesetzte Richtung: (→ KM 195,4)" = Ein Hinweisschild, das für die entgegengesetzte Fahrtrichtung gilt. Nähere Informationen dazu finden sich bei der Kilometerzahl 195,4 in diesem Streckenlog.
- "Versorgung: Yuendumu Community/ 264 km (Tankmöglichkeit); Rabbit Flat/ 570 km (roadhouse)" = Vom Ausgangspunkt der Strecke bis zur nächsten Tankmöglichkeit in Yuendumu Community sind es 264 km, bis zu Rabbit Flat Roadhouse 570 km.
- "T-Kreuzung: links nach Lyndhurst via Strzelecki Track fahren; rechts nach Moomba und Lyndhurst via Moomba Gasfield Road (→ Streckenbeschreibung 1, Tibooburra - Innamincka via Moomba Gasfield Road)" = Links über den Strzelecki Track in Richtung Lyndhurst fahren. Rechts geht es über die Moomba Gasfield Road nach Lyndhurst; nähere Informationen zur Strecke stehen unter der Streckenbeschreibung 1, Tibooburra - Innamincka via Moomba Gasfield Road.
- Die Zeichen (♦), (♦ ♦) und (♦ ♦ ♦) im Streckenlog weisen Nebenstrecken verschiedener Kategorien aus. Eine Strecke, ausgezeichnet mit dem Zeichen (♦), ist der Hauptstrecke untergeordnet; eine Strecke, ausgewiesen mit dem Zeichen (♦ ♦), ist der Nebenstrecke (♦) untergeordnet; eine Strecke, markiert mit dem Zeichen (♦ ♦ ♦) ist als eine Unterordnung von Strecke (♦ ♦) zu sehen.

Im Anhang befinden sich **nützliche Adressen, ausführliche Orts-, Personen- und Sachwortregister** wie auch Hinweise auf **weiterführende Literatur**.

> **Hinweis:** Für Verbesserungsvorschläge und verwertbare Tips zu diesem Buch gibt es ein Freiexemplar der nächsten Auflage.

# Besondere Artikel

# Land und Leute

# Outback - was ist das eigentlich?

Eine genaue Definition des Begriffs *outback* wird man vergeblich suchen. Auch Australier bleiben die Antwort auf entsprechende Fragen meist schuldig. Dem Sinn nach würde es in etwa heißen: "draußen hinter der Stadt". *Outback* umschreibt die Landstriche außerhalb dicht besiedelter Gebiete und Städte. Kein Wegweiser jedoch gibt die Richtung zum *outback* an, und keine Grenze markiert den Beginn. Auch gibt es, trotz der weitverbreiteten Meinung vieler Besucher, dieses Gebiet nicht nur in Zentralaustralien. Die tropische Halbinsel *Cape York* in Queensland gehört ebenso dazu wie die Kimberley-Region im Nordwesten von Western Australia. Eine ebenfalls irrige Meinung ist, daß dort, wo das *outback* anfängt, die asphaltierte Straße ende und man nur noch mit einem Geländewagen weiterkäme. Natürlich sind die meisten Straßen Schotterpisten *(gravel-roads)*, Erd- oder Sandpisten, doch der *Stuart Highway* (von Adelaide über Coober Pedy und Alice Springs nach Darwin), der *Eyre Highway* (durch Nullarbor Plain) oder der *Matilda Highway* (in Queensland), um nur einige Beispiele zu nennen, wurden schon vor Jahren asphaltiert und führen ebenfalls durch *outback*. Allgemein haben Landstriche, die zum *outback* zählen, einige charakteristische Merkmale:

- Eine geringe Bevölkerungsdichte, da das Land sehr unwirtlich ist.
- Große Entfernungen zwischen den einzeln Farmen oder Orten (500 km sind keine Seltenheit).
- Landstriche, die als Farmland genutzt werden, durch Nationalparks oder andere Reservate geschützt sind, oder Wildnisgebiete, die weitgehend unberührt sind.
- Eingeschränkte Versorgungsmöglichkeiten (kaum Reparaturwerkstätten, keine Supermärkte, Tankmöglichkeiten nur in Siedlungen oder bei Farmen).
- Medizinische Versorgung vielfach auf dem Luftweg.
- Nur selten asphaltierte Straßen.

*Outback* beginnt für den Reisenden also da, wo er freiwillig auf die Annehmlichkeiten und die Sicherheit der Zivilisation verzichtet. Als Gegenleistung bekommt er einsame, meist unberührte Landschaften.

# Die geologischen Verhältnisse

Sanft erhebt sich die Westseite des Fünften Kontinents aus dem Indischen Ozean und steigt in der schmalen Küstenzone bis auf eine Höhe von 400 bis 800 m an. Landeinwärts bildet sie ein leicht gewelltes Tafelland, das Western Australia, weite Teile von Northern Territory und einen Teil von South Australia umfaßt. Diese Landschaft mit ihren vielen Salzseen wird dominiert von vier großen Wüsten - *Great Sandy Desert, Tanami Desert, Gibson Desert, Great Victoria Desert* - und einigen Bergketten, die aus dem flachen Land aufragen. Unmittelbar an *Victoria Desert* im Süden schließt sich *Nullarbor Plain*, eine baumlose Ebene, an.

Sand bedeckt weite Teile dieses sog. *westaustralischen Schilds.* Der Wind hat Dünen entstehen lassen, die jeweils nach der vorherrschenden Windrichtung in *Great Sandy Desert* von Osten nach Westen und in *Victoria Desert* von Westen nach Osten "wandern". In letzterer liegt die windzugewandte Seite (Luv) der Dünen im Osten; der Dünenhang ist hier flach ausgebildet. Die Westseite

## Australien im Überblick

Australien ist mit fast 7,7 Millionen Quadratkilometern eines der größten Länder dieser Erde und umfaßt als einziges einen ganzen Kontinent. Will man das Land von Norden nach Süden durchqueren, ist eine Strecke von etwa 3.500 km zurückzulegen (inklusive Tasmanien 3.900 km), von Osten nach Westen sind es sogar 4.500 km. In diesen riesigen, kaum vorstellbaren Weiten verlieren sich rund 17 Millionen Australier (150.000 davon Aborigines), weniger Menschen als im Bundesland Nordrhein-Westfalen. In Deutschland leben - rein rechnerisch gesehen - 220 Menschen auf einem Quadratkilometer, in Australien teilen sich gerade mal zwei Einwohner einen Quadratkilometer. Dabei ist zu bedenken, daß die meisten Australier in den Ballungszentren an der Südostküste leben. Allein in den Städten *Sydney, Melbourne, Perth, Brisbane, Canberra* und *Adelaide* sind es rund elf Millionen Menschen - fast zwei Drittel der gesamten Bevölkerung. Je weiter man ins Landesinnere vordringt, desto geringer wird die Bevölkerungsdichte. Bevölkerungsärmstes Bundesland ist *Western Australia*. Hier leben 1,5 Millionen Menschen auf 2,5 Millionen Quadratkilometern Land.

im Lee (windabgewandte Seite) dagegen fällt steil ab. In Victoria Desert haben die Dünen im Osten ihre steile Leeseite, im Westen ihre flache Luvseite. Unterbrochen werden die Dünen von riesigen Salzseen und Salzpfannen. Unmittelbar am Rand eines jeden größeren Dünenfeldes erstrecken sich weite Sandebenen. Die Rotfärbung des Sandes, die von Eisenoxid herrührt und je nach Konzentration variiert, gab Inneraustralien viele Namen. Die beiden geläufigsten haben sich mittlerweile durchgesetzt: *Red Centre* (Rotes Zentrum) oder auch *Red Heart* (Rotes Herz).

Markante Punkte in der unendlich weiten Landschaft sind vereinzelt emporragende Inselberge. Die bekanntesten sind *Mt. Augustus* im Westen, *Ayers Rock*, *Mt. Olga* und der Tafelberg *Mt. Connor* im "Roten Zentrum".

Höhere Bergketten sind selten. Bekannt ist *MacDonnell Range* (1.500 m NN) nahe Alice Springs, in der urzeitliche Flüsse schmale, tiefe Canyons geschaffen haben; weiter im Süden, nur durch die Amadeus-Senke getrennt, erhebt sich *Musgrave Range* (1.500 m NN) aus dem roten Wüstenboden; im Südosten, schon in Südaustralien, ragen *Flinders Ranges* bis auf 1.200 m (NN) auf. An der Westküste, nur wenige hundert Kilometer landeinwärts, erhebt sich oberhalb des *Wendekreises des Steinbocks* die zerklüftete Bergkette von *Hamersley Range* bis auf eine Höhe von 1.200 m (NN). Etwas weiter nördlich, im Nordwesten des Bundesstaates Western Australia, liegen die Berge der *Kimberleys*, jener Landschaft, die bis vor wenigen Jahrzehnten noch weitgehend unerforscht war, aber heute durch den Tourismus immer mehr an Bedeutung gewinnt. Im Norden von Northern Territory schließlich erstreckt sich das noch weitgehend unberührte Arnhemlandplateau. An seiner Grenze zur Carpentaria-Senke fügt sich *Barkly Tableland* an.

Auf dem westaustralischen Schild mit seinen Bergketten sind viele Wasserläufe zumeist trockengefallen; sie beginnen scheinbar im Nichts und enden im Nirgendwo.

Nur die wenigen küstennahen Flüsse erreichen das Meer.

Eine Linie, die - bogenförmig nach Westen ausgerichtet - von Karumba am östlichen Golf von Carpentaria bis Adelaide in South Australia verläuft, markiert ungefähr die Grenze des westaustralischen Schilds zur *inneraustralischen Senke.* Diese umfaßt das Carpentaria-Becken *(Carpentaria Basin)* im Nordosten und das Große Artesische Becken *(Great Artesian Basin)* im Zentrum bis zu den Tälern von *Murray-* und *Darling River (Murray-Darling River Basin)* im Süden und Südosten. Das Carpentaria-Becken gehört zu den niederschlagsreichen Monsunregionen. Die großen Flüsse in diesem Gebiet münden in den Golf von Carpentaria, die kleineren dagegen erreichen meist nur die mangrovengesäumte Küste, ohne eine ausgeprägte Mündung ins Meer. Leichte Erhebungen, die in etwa auf der Linie Mount Isa bis Townsville verlaufen, trennen das Carpentaria-Becken vom Großen Artesischen Becken. Dieses wird oft auch nach seinem größten See, *Lake Eyre* (12 m unter dem Meeresspiegel), Eyrebecken genannt. Das unmittelbar an diesen See angrenzende Gebiet gehört zu den trokkensten Landstrichen dieser Erde. Hier liegen *Tirari Desert, Sturt's Stony Desert, Strzelecki Desert* und *Simpson Desert.* Letztere wird, wie die Wüsten des westaustralischen Schildes, von unzähligen Sanddünen in Süd-Nord-Richtung durchzogen.

Der Reichtum der inneraustralischen Senke liegt tief in der Erde verborgen: Wasser, das an der Oberfläche so dringend benötigt wird, sammelt sich zwischen tiefliegenden, wasserundurchlässigen Schichten. Dieses Gebiet ist mit einer Fläche von 1,8 Millionen km² das größte artesische Becken der Welt, daß gleichsam als das größte Grundwasserreservoir der Erde gilt. An einigen Stellen tritt das Wasser aus artesischen Quellen zutage; an anderen hat man Brunnen angelegt, wo artesisches Wasser mittels Windrädern nach oben gepumpt wird.

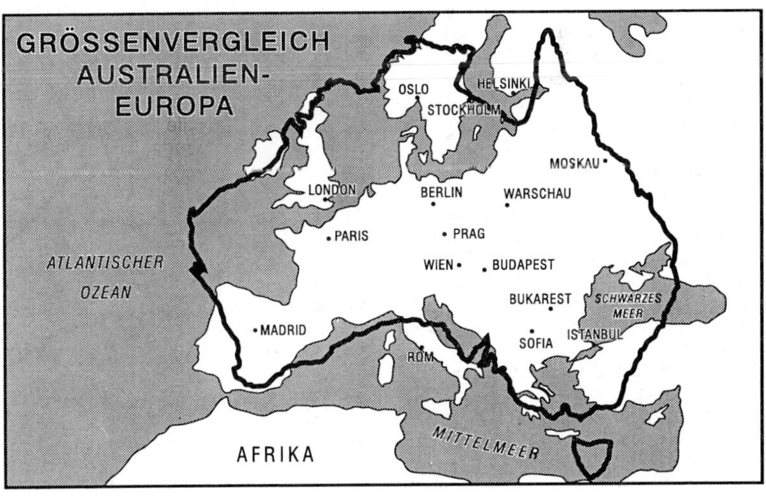

Im Südwesten von Queensland, also nordöstlich von *Lake Eyre*, liegen große Schwemmlandebenen, die durch Ablagerungen von *Cooper River, Diamantina River* und anderen Flüssen entstanden sind. Das sogenannte *Chanel-Country* (Kanalland; aufgrund der weitverzweigten Verästelungen der Flüsse) wird nur alle paar Jahre, wenn der Sommermonsun bis weit ins Land kommt, überschwemmt. Dann spülen die Flüsse riesige Mengen feinsten Sandes an. Charakteristisch für dieses Gebiet sind Flüsse ohne Abfluß. An ihrem Ende oder auch an bestimmten Stellen ihres Verlaufs bilden sie tiefe Wasserlöcher *(billabongs)*, die ganzjährig mit Wasser gefüllt sind. Im Südosten Australiens, genauer im Süden der inneraustralischen Senke, sammeln *Murray*- und *Darling River* wie auch ihre Zuflüsse das Wasser westlich von *Great Dividing Range* und münden in der Nähe von Adelaide ins Meer.

Die inneraustralische Senke wird im Osten durch das *ostaustralische Randgebirge (Great Dividing Range)* begrenzt. Dieses zieht sich von der äußersten Landspitze der Halbinsel Cape York bis nach Hobart in Tasmanien über eine Länge von 3.200 km hin. Im Norden beginnend, erstreckt sich der Gebirgszug an der Küste entlang bis *Atherton Tableland*; dann verläuft er bis zu 500 km weit ins Landesinnere und erreicht dort eine Höhe von 900 bis 1.500 Metern. Die höchste Erhebung erreicht diese Gebirgskette mit *Mt. Kosciusko* (2.228 m), südwestlich von Canberra.

Nur die kleine Halbinsel *Cape York* ist weitgehend unberührt. Sie wird im Westen von Flachland geprägt, das zur Ostküste langsam ansteigt und dann meist steil zum Meer abfällt. Alle größeren Flüsse in dieser Region entspringen im Osten und münden in den Golf von Carpentaria im Westen.

## Flora und Fauna

Etwa 80 % der Pflanzenwelt und ein noch größerer Teil der Tierwelt Australiens sind endemische (nur hier verbreitete) Arten. Hauptursache für diese biologische Entwicklung ist die Unterbrechung der Landverbindung zu anderen Kontinenten vor etwa 65 Millionen Jahren. Verbreitungs-, Austausch- und Wandermöglichkeiten waren unterbunden, so daß sich zum Teil archaische (urtümliche) Pflanzen- und Tierarten erhalten bzw. weiterentwickeln konnten. Im folgenden werden Tier- und Pflanzengemeinschaften vorgestellt, die im *outback* anzutreffen sind.

### Pflanzengemeinschaften

Weite Flächen des *outback* sind von harten, spitzen Gräsern bedeckt. Den Hauptbewuchs bildet Spinifex- oder Stachelschweingras (*spinifex grass,* auch *porcupine grass*), das seinen Namen nicht zu Unrecht trägt. Typisch für dieses Gras ist sein Ringwachstum. Neues Gras wächst nur am Rand nach. Mit der Zeit stirbt das Gras in der Mitte ab, und es entsteht ein Kranz, dessen Durchmesser mit den Jahren wächst. Spinifex ist eine der wichtigsten Pflanzen der ariden Gebiete, oft ist es das einzige Gewächs überhaupt. Es bietet kleinen Tieren Unterschlupf und mit seinen Stacheln Schutz vor Feinden. Die Eintönigkeit dieser Landschaften lokkern hier und da vereinzelte Kasuarinen *(casuarinas)*, meist Wüsteneichen *(desert oaks)*, auf.

Am häufigsten vorkommende Pflanzen in den Salzbuschsteppen - unwirtlichen Halbwüsten mit jährlich weniger als 250 mm Niederschlag, die sich vorwiegend um die mittelaustralischen Salzseen, in der Nullarbor-Ebene und im Wassereinzugsgebiet von *Darling River* konzentrieren - sind etwa ein Meter hohe, lichte Salzbüsche *(blue bush* oder *salt bush)*. Selbst nach langen Dürreperioden haben sie noch genug Feuchtigkeit, um Rindern und Schafen als wichtige Nahrungsquelle zu dienen.

Je mehr man sich den großen Salzseen im Innern Australiens nähert, desto wüstenähnlicher wird die Landschaft. Allerdings bedecken reine Sandwüsten, wie etwa Teile der afrikanischen Sahara, nur sehr kleine Gebiete. Die Sanddünengebiete von *Simpson Desert* und *Great Sandy Desert* weisen größtenteils einen dichten Teppich aus Spinifex und vereinzelten, lichten Baumbestand auf, so daß man auch von den "grünen Wüsten" Australiens spricht. Zum Teil wachsen auf den Dünenkämmen von Great Sandy Desert sogar Eukalypten. Bei den australischen Sandwüsten handelt es sich größtenteils um Halbwüsten, bei denen die Gesamtfläche mit bis zu 40 % Vegetation bedeckt ist. Vollwüsten, in denen die Vegetation maximal 10 % von der Gesamtfläche ausmacht, sind in Australien die Ausnahme. Zu ihnen gehören meist nur kleinere Gebiete wie die Stein- und Geröllwüste *Sturt's Stony Desert* um die Granitberge Inneraustraliens, bestimmte Regionen von *Gibson-*, *Great Sandy-* und *Great Victoria Desert* sowie die Salzwüsten um *Lake Eyre.* Allen Wüsten jedoch gemeinsam ist die potentielle Verdunstungsrate, die höher als die jährli-

Artesischer Brunnen

che Niederschlagsmenge ist, wobei in volltrockenen Gebieten weniger als 100 mm, in halbtrockenen Gebieten bis zu 250 mm jährlich Regen fällt. Ebenfalls typisch für alle Wüstengegenden sind die extremen Temperaturschwankungen zwischen Tag und Nacht im Winter: Tagsüber heizt sich das Land auf; nachts kühlt es aus, und die Temperaturen sinken enorm.

Zwei Vegetationsformen in den Gebiete mit 250 bis 350 mm Niederschlag im Jahr, der Übergangszone zwischen Halbwüste und Savanne, sind für die südlichen *outback*-Gebiete Australiens typisch: Mallee-Gestrüpp *(mallee-scrub)* und Mulga-Dickicht *(mulga-scrub)*. Sie schließen sich mit mehr als 400 Pflanzenarten an die zentralen Wüstengebiete an und gehen fließend in die Savannenzone über. Das Hauptmerkmal der Mallee-Eukalypten ist ihr vielstämmiger Wuchs. Jeder Stamm wächst einzeln aus einer holzigen Verdickung *(lignotuber)*, die sich über oder auch unter dem Boden befindet. Dieser Auswuchs schützt Keime, die nach einem Brand, wenn Stämme abgestorben sind, austreiben. Ebenso dient er als Nahrungsreserve für junge Stämme. Typische Mallee-Stämme sehen daher nie besonders alt aus. Sie sind selten älter als ein paar Jahrzehnte. Die Verdickungen dagegen können Hunderte von Jahren alt sein und mehrere Generationen von Stämmen hervorbringen. Besser als jede andere Eukalyptusart sind sie an die harschen, trockenen Verhältnisse angepaßt. Auf den ersten Blick wirken Mallee-Gebiete sehr eintönig, doch ihre Struktur und Artenzusammensetzung ist vielfältig. Die Undurchdringlichkeit dieses Gestrüpps wird von *mulga-scrub*, der größtenteils aus Dornakazien besteht, noch übertroffen. Je nach Feuchtigkeit, die lokal sehr unterschiedlich verteilt ist, besteht der Unterwuchs dieser Vegetationsformen aus Gebüsch und Gräsern.

Das Überleben der Pflanzen in niederschlagsarmen Gebieten ist davon abhängig, wie gut sie sich an den ständigen Wassermangel angepaßt haben. Ihre Wurzelsysteme breiten sich dicht unter der Oberfläche aus und beanspruchen ein großes Einzugsgebiet. So können sie möglichst schnell das spärlich fallende Wasser aufnehmen. Aus diesem Grund stehen die Pflanzen auch in weitem Abstand voneinander. Dort, wo Wasserlöcher nicht so schnell oder gar nicht austrocknen oder der Boden länger Wasser speichert, ist die Vegetation üppiger, manchmal findet man sogar Palmen (z.B. in *Palm Valley*, südwestlich von Alice Springs) vor.

Lichte Eukalyptus-Savannen bilden den Übergang vom Trockenbuschgebiet zu den Hartlaubwäldern, in denen überwiegend Eukalypten wachsen; sie grenzen Inneraustralien von den umliegenden Landschaften ab. Auch hier ist leicht zu erkennen, daß der Baumbewuchs umso spärlicher ist, je weniger Niederschlag fällt. Nur nach einem Regen verwandelt sich die meist grau-bräunliche Landschaft in ein Meer von Blüten und Farben, dessen schöne Pracht aber schon nach zwei Wochen wieder verblaßt.

Im tropischen Norden und Nordwesten Australiens, in Gebieten mit weniger als 750 mm Niederschlag im Jahr, bestimmen halbimmergrüne Wälder, durchsetzt mit Affenbrotbäumen (Baobabs), das Landschaftsbild. Diese Wälder mit laubabwerfendem Wald sind dort ausgebildet, wo drei bis vier Monate Trockenzeit ist.

Tropischer, subtropischer oder gemäßigter Regenwald bedeckt

nicht einmal 20 % der Fläche Australiens. Er erstreckt sich im Flikkenteppichmuster von der Halbinsel *Cape York* an der Ostküste entlang bis nach Tasmanien. Dabei gedeiht vom Kap bis zum *Wendekreis des Steinbocks* tropischer Regenwald mit Palmen, Farnen, Lianen, Orchideen, Moosen und Epiphyten (Gewächse, die auf anderen Pflanzen wurzeln). Im Gegensatz zum gemäßigten Regenwald dominiert keine unter den mehr als 500 Baumarten. Tropischer Regenwald braucht mindestens 3.000 mm Niederschlag pro Jahr. Das dichte, lichtundurchlässige Blätterdach in mehr als 50 m Höhe sorgt dabei für ein feuchtes Klima im Inneren des Waldes. Auch läßt es kaum Licht in die unteren Stockwerke eindringen, so daß die meisten Pflanzen möglichst schnell in die Höhe wachsen, um das lebensnotwendige Licht zu erhalten. So spielt das Dickenwachstum nur eine untergeordnete Rolle. Die Stämme sind gerade und dünn; Brettwurzeln geben den Halt.

In fließendem Übergang schließt sich der subtropische Regenwald mit weniger Baumarten und geringeren Niederschlagsmengen an. Insgesamt ist sein Erscheinungsbild einheitlicher. In Gebieten mit einem jährlichen Niederschlag zwischen 1.000 und 2.500 mm und einer Trockenzeit von zwei bis fünf Monaten haben sich Feuchtsavannen und Monsunregenwälder ausgebildet (von den Kimberleys in Westaustralien über Arnhemland im Nordterritorium bis zum Golf von Carpentaria und als schmaler Streifen entlang des tropischen und subtropischen Regenwaldes bis nach Brisbane in Queensland). Monsunregenwald wächst im Gegensatz zu immergrünem Regenwald lichter,

Polsterpflanzen bieten allerlei Kleintieren Unterschlupf

weist einzelne Baumgruppen und hohen Grasbewuchs auf. Er ist auch weitaus ärmer an Lianen und Epiphyten. Tropischen Regenwald wie auch Monsunregenwald findet man zusammen nur auf Cape York.

Hauptsächlich auf den Westen Tasmaniens und auf feuchte Gebirgsgegenden in Südaustralien beschränkt ist der gemäßigte Regenwald, in dem meist nur zwei oder drei Baumarten dominieren. Man differenziert ihn je nach klimatischen Bedingungen in den warmgemäßigten und kaltgemäßigten Regenwald, die jedoch keine großen Artenunterschiede aufweisen.

## *Charakteristische Bäume*

Am häufigsten anzutreffen sind Eukalypten, die mehr als 600 Arten umfassen und in allen Klimazonen vorkommen. Das Wort "Eukalyptus" bedeutet "gut bedeckt" und bezieht sich auf die Samenkapseln, die mit einer kleinen Kappe verschlossen sind. In den ariden Gebieten des *outback* wachsen sie licht und bilden kaum schattenspendende Bestände. In den Halbwüsten erreichen sie nur mit Mühe ein paar Meter Höhe. Im Gegensatz dazu sind die Ufer der Wasserläufe mit prächtigem Galeriewald aus Fluß-Eukalypten oder Coolabah-Eukalypten gesäumt.

Die schmalen, olivfarbenen Blätter der Eukalypten sind lederartig und trocken (Hartlaub). Sie stehen senkrecht zur Sonne, um die Verdunstung herabzusetzen. Im Wechsel der Jahreszeiten werfen Eukalypten nicht das Laub, sondern ihre Rinde ab.

Ähnlich weit verbreitet und noch artenreicher sind Akazien, die im

Boababs sind typisch für die Kimberleys, Wüsteneichen für das Landesinnere.

Gegensatz zu Eukalypten weniger anpassungsfähig an verschiedene Böden und Klimate sind. In wasserarmen Gebieten bilden sie mit Eukalypten den sogenannten *mulga-scrub*. Einige Akazienarten wachsen hier kaum über den stacheligen Spinifexbewuchs hinaus, während andere in feuchteren Gegenden Höhen bis zu 15 Metern erreichen.

Kasuarinen *(she-oaks)* stehen meist einzeln oder in kleinen Gruppen in Eukalyptuswäldern und ariden Gebieten. Sie sind leicht an ihren nadelförmigen Blättern und den tief herabhängenden Zweigen zu erkennen, durch die sie an unsere Trauerweiden erinnern. Es sind anspruchslose, weitverbreitete Gewächse. Ihre Samen liegen in geschützten, holzigen Zapfen oder Kapseln, die sich erst durch Einwirkung von Feuer (Buschbrände) öffnen. Ihr Holz ist hart und widerstandsfähig, so daß sie vielfach im Schiffsbau oder in der Möbelindustrie Verwendung fanden. Die bekannteste Kasuarinenart im *outback* ist die Wüsteneiche *(desert oak)*, die z. B. bei einer Fahrt über den Gunbarrel Highway oder die Canning Stock Route häufig zu sehen ist.

In den trockenen Wäldern Südwestaustraliens, dem Hochland im Osten (Cape York) und auch in einigen ariden Gebieten des Westens und Nordwestens (Kimberleys) wachsen die eigentümlichen Grasbäume *(black boys)*, die zu den Liliengewächsen gehören. Auf einem kurzen, schwarzen Stamm sprießt ein dickes Büschel grasartiger Blätter. Zur Blütezeit oder nach einem Buschbrand ragen daraus ein bis zwei rohrkolbenartige Blütenstände bis zu drei Metern hoch empor. Da Grasbäume sehr langsam wachsen (ca. 3 mm im Jahr), sind bereits kleinere Exemplare Jahrzehnte alt.

Im Norden von Western Australia und in Northern Territory gedeihen die wohl auffälligsten Bäume, die Baobabs *(boabs)*. Sie gehören zu den Affenbrotbäumen, und die Bezeichnung Flaschenbaum, die eigentlich den ähnlichen *bottle tree* meint, erhielt auch dieser Baum wegen seines flaschenförmig verdickten Stammes, der ihm in Trockenzeiten als Wasserspeicher dient. Neben dem markanten Stamm zeichnen ihn die skurrilsten, knorrigsten Wuchsformen aus. Zum Teil nutzte man die dicksten Exemplare als Gefängnis (*Prison Tree* bei Derby) oder verfütterte in Dürrezeiten den saftigen Stamm ans Vieh. Bei einer Fahrt durch die Kimberleys oder das nördliche Northern Territory sind diese Bäume immer wieder Blickfang. Besonders bei Sonnenauf- oder untergang bieten sie phantastische Fotomotive.

## Tierwelt

Die Vorfahren der australischen Tiere stammen aus *Gondwanaland* (vor etwa 180 Millionen Jahren), aus einer Zeit, als Australien zusammen mit Afrika und Südamerika eine Landmasse bildete. Als diese auseinanderbrach, drifteten die einzelnen Schollen (die späteren Kontinente) voneinander weg. In der Folgezeit führte dies zu einer unterschiedlichen Entwicklung in der Tierwelt. Während sich bei Südamerika und Afrika Landverbindungen zu anderen Kontinenten bildeten, blieb Australien sich selbst überlassen. Nur so war es möglich, daß z. B. eierlegende Säugetiere wie Schnabeltier oder Schnabeligel, die hier keine natürlichen Feinde hatten, überleben konnten. Gravierende Veränderungen in der Tierwelt traten jedoch erst auf, als vor etwa zweihundert Jahren die ersten europäischen Siedler und ihre mitgebrachten Haustiere das Land in Be-

### *Australische Schlangen*

Auf dem australischen Kontinent leben einige der giftigsten Schlangen dieser Erde (14 der 20 giftigsten Arten), denen man am besten mit gehörigem Respekt und Abstand begegnet. Dabei bleiben die Seeschlangen noch unberücksichtigt.

Das Gift des Inland-Taipan (auch Wutschlange; *small-scaled snake* oder *fierce snake*), der in den einsamen Gebieten von *Simpson Desert* lebt, gilt als das tödlichste. Das bei nur einem Biß freigesetzte Gift reicht aus, um 250.000 Mäuse zu töten!

Festland-Tigerotter *(mainland tiger snake)* und Schwarze Tigerotter *(black tiger snake)* sind beide sehr giftig. Erstere lebt in Südostaustralien und taucht bei ihrer Jagd nach Mäusen oft in bewohnten Gebieten auf.

Am gefährlichsten sind Schwarzottern *(brown snakes)*, darunter die Königsbraunschlange (auch Mulgaschlange; *king brown snake*). Unter ihren Opfern ist die höchste Todesrate. Das Gift dieser Schlange ist in seiner Zusammensetzung außerordentlich komplex. Da die Verabreichung eines Antivenoms (Gegengifts) möglichst genau auf das Gift der Schlange abgestimmt sein muß, diese jedoch nur selten genau zu identifizieren ist und die Symptome, die ein Opfer zeigt, sich in vielen Fällen sehr ähneln, ist die richtige Diagnose für den Arzt schwierig. Hinzu kommt der Zeitfaktor: Bei einem Biß der Braunkönigsschlange stellt sich zumeist innerhalb weniger Minuten der Tod des Opfers ein, so daß kaum Zeit bleibt, die Schlange zu identifizieren und ein geeignetes Gegengift zu injizieren. In solchen Fällen weicht man oft auf sogenannte *Polyantivenome* (in der Regel spezielle Mischungen aus verschiedenen Gegengiften) aus. Leider reichen diese Gegengifte bei der Braunkönigsschlange und ihren Verwanden selten aus.

Die Todesotter *(death adder)* nimmt eine gewisse Sonderstellung ein. Im Gegensatz zu anderen Schlangen flüchtet sie am Tage nicht, wenn Menschen in ihre Nähe kommen. Zudem ist sie fast in ganz Australien in unberührtem Buschland anzutreffen. Diese Schlange ist leicht an ihrem dünnen, wurmartigen Schwanz, der sich direkt an den relativ dicken Körper anschließt, zu erkennen. Ihr sollte man mit besonderer Vorsicht begegnen.

Der Taipan, größte der australischen Giftschlangen, ist vor allem in Nordaustralien weit verbreitet. Durch seine Vorliebe für Mäuse, die ja bekanntlich Kulturfolger sind, kommt er häufig in die Nähe der Menschen.

Schlangen sind grundsätzlich scheue Tiere und flüchten vor Menschen wann immer sie können. Sie sind stocktaub (bei näherem Hinsehen wird man feststellen, daß sie keine Ohröffnungen haben), dennoch registrieren sie schon von weitem, wenn sich ihnen ein Mensch - für sie ein großes "Tier" - nähert. Das liegt daran, daß sie mit der ganzen Unterseite ihres Körpers Bodenkontakt haben und so jede Vibration wahrnehmen können. Läuft nun ein Mensch durch den Busch, erkennt die Schlange an der Stärke der Vibrationen, daß es besser ist zu verschwinden. Dennoch wird es vorkommen, daß man gelegentlich am Straßenrand auf eine Schlange trifft. Sie sonnt sich gerade oder will die Piste überqueren. Geht man auf sie zu, wird sie versuchen, zu flüchten und ins nächste Gestrüpp zu kriechen. Menschen passen nun einmal nicht ins Nahrungsspektrum der Schlangen, die Mäuse und andere Kleintiere fressen. Sie haben nicht das geringste Interesse an Menschen. Ihre Giftzähne brauchen sie zur Tötung eines Beutetieres und zur Verteidigung. Wie aber kommt es dann, daß hin und wieder doch Menschen gebissen werden? Dafür gibt es nur eine Erklärung: Die Schlange fühlte sich bedroht und hat sich verteidigt. Solche Situationen ergeben sich häufig aus Unvorsichtigkeit und Unwissenheit. Die meisten Bißwunden ziehen sich Menschen an Füßen, Unterschenkeln oder Händen zu. Sie schleichen mit Sandalen oder gar barfuß durch den Busch und treten dabei zufällig auf eine Schlange. Eine ganz natürliche Reaktion der Schlange ist dann, daß sie zubeißt. Hätte man jedoch festes, hohes Schuhwerk und lange Hosen angehabt, wäre vielleicht nichts passiert. Wer im Busch unterwegs ist, sollte immer fest auftreten; so wird den Schlangen schon früh signalisiert, daß jemand kommt, und sie können sich zurückziehen. Ein anderer Fehler, den viele im Busch begehen, ist es, Äste, Steine oder ähnliches vom Boden aufzuheben. Nicht selten verbirgt sich darunter eine Schlange. Sie wird blitzschnell zubeißen, weil sie überrascht wurde und sich angegriffen fühlt. Wenn man die "Buschtoilette" aufsucht, sollte man den Platz vorher kontrollieren, ob er nicht vielleicht gerade einer Schlange als Unterschlupf dient.

Eine Schlange zu identifizieren, ist für den Laien nicht so ohne weiteres möglich, zumal sich viele Schlangenarten kaum voneinander unterscheiden. Der Biß einer Giftschlange weist zwei dicht beieinander liegende Einstichstellen (von den Giftzähnen) auf. Auch am Rautenmuster der Haut lassen sich giftige und ungiftige Schlangen bestimmen. Ungefährliche Schlangen haben ein vielfach größeres Rautenmuster als giftige. Mit Rautenmuster ist allerdings nicht die Färbung der Haut, sondern die Größe und Lage der "Schuppen" gemeint, was aber oft nicht eindeutig zu erkennen ist. Die einfachste Grundregel lautet deshalb (und das nicht nur nach dem Biß): Behandle jede Schlange als Giftschlange und vermeide grundsätzlich jede Begegnung mit diesen Tieren. Wenn es trotz allem aber doch zu einem Biß gekommen ist, nach der Ersten Hilfe sofort zum Arzt! Wer die Schlange töten will, um sie zu identifizieren, setzt sich der Gefahr aus, ebenfalls gebissen zu werden (→ "Wenn die Erste Hilfe nicht zur Letzten werden soll").

sitz nahmen. In diesem erdgeschichtlich immens kurzen Zeitraum schafften sie es, viele der hier lebenden Tierarten auszurotten oder soweit zu dezimieren, daß sie kurz vor dem Aussterben stehen. Gerade im *outback* wird dies besonders deutlich. Rinder und Schafe als Nutztiere oder verwilderte Kaninchen machen den einheimischen Tieren das wenige Futter streitig. Verwilderte Katzen, Hunde und Füchse tragen zur Dezimierung der Kleinbeutler bei.

Mehr als die Hälfte aller australischen Landtiere gehört zur Spezies der Beuteltiere. Bis auf einige Arten (z. B. Baumkänguruhs in Neuguinea) beschränkt sich ihr Lebensraum auf den Fünften Kontinent. Besonderheit bei den Beuteltieren ist, daß den weiblichen Tieren die Plazenta (Mutterkuchen) fehlt (Ausnahme: Nasenbeutler). Deshalb gebären sie ihre Jungen im embryonalen Zustand. Im Beutel, der manchmal nur die Form einer Hautfalte hat, werden sie solange genährt, bis sie selbständig genug sind, um ihn zu verlassen. Die bekanntesten und gleichzeitig größten Beuteltiere sind die Känguruhs. Sie bewohnen Wüsten, Halbwüsten, Steppen, offene Ebenen, Wälder und Berge. Aufgrund ihrer Verbreitung in ganz Australien sind sie auch bei Reisen im *outback* am häufigsten zu sehen. Rote Riesenkänguruhs leben im Zentrum Australiens, Graue Riesenkänguruhs im verhältnismäßig feuchten Süden, Osten und Westen, Bergkänguruhs *(euros)* und *wallabies* sind mehr oder weniger überall anzutreffen. Kaninchenkänguruhs (*bettong* und *poteroo*), die kleinsten Vertreter der Familie, bevorzugen offene Wälder bis hin zu Wüstengebieten. Man wird sie nur selten zu Gesicht bekommen.

Genauso bekannt wie das Känguruh ist der Koala, der zur Familie der Kletterbeutler gehört. Lange Zeit war das Fell des Koalas eine begehrte Jagdtrophäe, so daß er kurze Zeit nach der Besiedlung Australiens auf der Liste der vom Aussterben bedrohten Tierarten stand. Seinem possierlichen Aussehen verdankt er es, daß er vielleicht eine Überlebenschance hat. Auf Fahrten durchs *outback* wird man wohl kaum einen Koala sehen. Selbst in seinen Revieren, den Eukalyptuswäldern, ist es schwierig, ein Exemplar seiner Art zu finden, denn diese Tiere verdösen die Tage hoch in den Bäumen und gehen erst nachts auf Nahrungssuche.

Weitaus häufiger anzutreffen sind Kusus *(possum)*, Kuskus *(cuscus)*, Honigbeutler *(honey-possum)*, Ringelschwanzbeutler *(ring-tailed possum)*, Schlafbeutler *(pigmy-possum)* und Gleitbeutler *(glider)*, die bei den Australiern alle unter die Oberbegriffe *possum* und *glider* fallen. Sie alle gehören ebenfalls zu den Kletterbeutlern. Bei den Gleitbeutlern entwickelte sich längsseitig des Körpers zwischen Vorder- und Hinterhand eine Flughaut, die es ihnen ermöglicht, bis zu hundert Meter weit von Ast zu Ast zu segeln. Die Kuskuse bevölkern ausschließlich das kleine Gebiet der Halbinsel *Cape York*, wo auch einige der anderen erwähnten Tiere vorkommen. In den ariden *outback*-Gebieten dagegen haben diese Tiere keine Überlebenschance, da ihnen dort Wasser und Nahrungsquellen fehlen.

Auch Vertreter der Plumpbeutler *(wombats)* sind nur selten im *outback* zu beobachten. Während der Nacktnasenwombat den Osten und Südosten Australiens als Lebensraum bevorzugt, ist der Haarnasenwombat meist in den trockeneren Gebieten Südaustraliens (z. B. *Nullarbor Plain*) zu finden. Wombats sind nachtaktiv, und es gehört viel Glück dazu, einen dieser possierlichen Kerle zu sehen.

Nasenbeutler *(bandicoots)* verdanken ihren Namen der rüsselartig verlängerten Schnauze. Sie sind die einzigen Beuteltiere, die eine Art Plazenta ausbilden. Außer den Langnasenbeutlern *(long-nosed bandicoot)* sind die seltenen Kaninchennasenbeutler *(bilby)* mit ihrem seidigen, silberweißen Fell und den kaninchengroßen Ohren erwähnenswert. Nasenbeutler bevorzugen die ariden Gebiete Australiens (Savannen und Halbwüsten), sind nachtaktiv und ernähren sich von Insekten. Ihre Hinterläufe sind wie bei Känguruhs kräftiger ausgebildet als ihre Vorderläufe, obwohl sie diese nicht zum Springen benutzen.

Zur Familie der Ameisenbeutler gehört der *Numbat*, dessen Bestand immer weiter zurückgeht. Er erreicht etwa die Größe einer Ratte, sein Fell ist rötlich, am Bauch hell, am Hinterteil dunkelbraun mit weißen Querstreifen. Da diesen Tieren der Beutel fehlt, saugen sich die Jungen an den Zitzen der Mutter fest oder klammern sich, wenn sie älter sind, an ihr Fell. Bevor die Europäer das Land besiedelten, reichte der Lebensraum der Numbats bogenförmig vom Südwesten über den Süden Australiens bis zu *Murray River* in Victoria und New South Wales. Heute beschränkt sich ihr Rückzugsgebiet auf einen kleinen Flecken in den Karri-Wäldern des Südwestens, d. h. bei Fahrten durchs *outback* sind sie nicht zu sehen.

Die zu den Raubbeutlern zählenden Beutelmäuse *(antechinus)*, unter ihnen auch die wie Minikänguruhs aussehenden Springbeutelmäuse *(planigale)*, sind die kleinsten Beuteltiere Australiens. Meist ernähren sie sich von Insekten, doch einige Vertreter dieser Unterfamilie fressen sogar Hausmäuse. Zwar kommen viele Arten in den *outback*-Gebieten vor, doch sie sind nachtaktiv, scheu, ziemlich klein und somit schwer zu entdecken.

Eine besondere Stellung innerhalb der Beuteltiere nehmen die Kloakentiere ein, deren Verdauungs- und Geschlechtsorgane in einem Ausgang, der sogenannten "Kloake", enden. Zu ihnen gehören zwei Familien: der Schnabeligel *(echidna)* und das Schnabeltier *(platypus)*. Während das Schnabeltier endemisch ist, kommt der Schnabeligel auch in Neuguinea vor. Beide sind eierlegende Säugetiere. Während das Schnabeltier ausschließlich in einem schmalen Küstenstreifen im Osten und Süden Australiens vorkommt, ist der Schnabeligel in ganz Australien beheimatet. Dieser wird in der Regel in den Dämmerungsstunden aktiv, doch in ariden, heißen Gebieten verläßt er nur nachts seinen Bau, und im südlichen Verbreitungsgebiet ist er in den kalten Wintermonaten auch am Tage zu sehen.

Einziges höheres Säugetier, abgesehen von den heimischen Fledermäusen und den eingeführten Arten wie Kaninchen, Wasserbüffeln, Katzen, Hunden, Mäusen, Rindern und Schafen, ist der australische Wildhund. Dingos sieht man bei Touren durchs *outback* meist nur aus der Ferne. Häufig ist nachts ihr Heulen zu hören. Selten kommt ein Dingo bis zu einem Lagerplatz; nur wenn er sehr hungrig oder durstig ist, versucht er, einen Happen zu ergattern. Auf Routen wie der Canning Stock Route, dem Gunbarrel Highway oder in Simpson Desert ist uns dies einige Male passiert. Wilde Dingos im *outback* sind nicht zu vergleichen mit den wohlgenährten Tieren in Zoos. In der Regel sehen sie ziemlich abgemagert aus.

Australien ist nicht nur das Land der Beuteltiere, sondern auch das der Papageien. Über dreihundert dieser Vogelarten gibt es hier. Kakadus *(cockatoos)* mit ihrer Federhaube auf dem Kopf sind die typischste Papageienfamilie Australiens. Sie leben in riesigen Schwärmen, die sich nur zum Nisten auflösen. Ausnahme ist der Arakakadu *(palm cockatoo)* auf Cape York, der paarweise oder in kleinen Gruppen von fünf bis acht Vögeln lebt. An strategisch günstigen Punkten bleiben meist ein paar "Wächter" auf Bäumen zurück, während der Schwarm am Boden Nahrung sucht. Sobald die Dämmerung hereinbricht, sammeln sich die Tiere und fliegen zuerst zu ihrer Stammtränke und angestammten Schlafstelle, wo sie laut kreischend um die besten Plätze kämpfen. Sobald der Morgen anbricht, machen sich die Vögel meist wieder sehr geräuschvoll zur Nahrungssuche auf. Die heiße Mittagszeit verbringen sie oft im Schatten der Bäume. Im *outback* am häufigsten anzutreffen sind die rosa-grauen Rosakakadus *(galahs)*, die weißen Nacktaugenkakadus *(corellas)*, Gelbhaubenkakadus *(sulphur-crested cockatoos)* und die schwarzen Rabenkakadus *(black cockatoos)*. Häufig sitzen große Schwärme am

Rand der Piste und flattern mit lautem Gekreisch auf, wenn sich ein Auto nähert.

Sittiche halten sich ebenfalls in ariden Gebieten auf, darunter der uns bekannte Wellensittich (*budgerigar* oder *budgy*) und der seltene, am Boden lebende Erdsittich *(ground parrot)*, der zu den bedrohten Vogelarten zählt. Wellensittiche sind häufig an Wasserlöchern, selbst in weit entlegenen Gebieten zu entdecken.

Der größte Vogel Australiens ist der flugunfähige Emu *(emu)*, der zwar dem afrikanischen Strauß ähnelt, aber enger mit dem im tropischen Nordosten Queenslands lebenden Helmkasuar *(cassawory)* verwandt ist. Emus, die eine Laufgeschwindigkeit von 50 km/h erreichen können, bevorzugen die weiten Ebenen der ariden und semiariden Regionen. Häufig streifen die Tiere in kleinen Gruppen auf der Suche nach Nahrung umher. Ihr Verwandter, der Kasuar, bevorzugt den tropischen Regenwald an der Nordostküste Queenslands bis zur Halbinsel *Cape York.* Da sein Lebensraum immer kleiner wird, kann man ihn in naher Zukunft vielleicht nur noch im Zoo sehen.

Eine interessante Form der Brutpflege entwickelten die Großfußhühner. Sie brüten ihre Eier nicht selbst aus, sondern bauen Hügelnester und lassen die Sonne brüten. Das Thermometerhuhn *(malleefowl)* und sein Verwandter, das Freycinet-Großfußhuhn *(orange-footed scrubfowl)*, sind die bekanntesten Vertreter dieser Art. Ihre Hügelnester sind z. B. in *Rokeby National Park* zu bewundern. Das Thermometerhuhn ist vor allem in den trockenen Landstrichen Südaustraliens beheimatet. Seinen Namen verdankt es seiner ungewöhnlichen Temperaturmeßmethode. Es steckt seinen Kopf in den vorher geöffneten Bruthügel und mißt die Temperatur. Seine Zunge dient ihm dabei vermutlich als eine Art Thermometer.

Der zur Familie der *Eisvögel* gehörende Jägerliest *(laughing kookaburra)*, dessen stimmgewaltiges Gelächter in weiten Teilen Australiens immer wieder zum Schmunzeln anregt, ist immer seltener anzutreffen, je weiter man ins *outback* vordringt. Diese Vögel bevorzugen die etwas feuchteren, baumbewachsenen Landstriche. Auf Cape York und in den Wäldern der Ostküste, ebenso in den Monsunwäldern im Norden und Nordwesten Australiens ist der Blauflügel-Kookaburra *(blue-winged kookaburra)* zu Hause.

In küstennahen Gebieten, z. B. am Golf von Carpentaria, bestimmen Wasservögel, u. a. Brillenpelikane *(pelican)*, Australtölpel *(australian gannet)*, Kormorane *(cormorant)*, Kurzschwanzsturmtaucher *(mutton bird)* und Möwen *(seagull)* das Bild. Brillenpelikane wie auch Schwarze Schwäne sind auch oft auf Seen im *outback* zu beobachten. Tausende von Kilometern von der Küste entfernt sieht man sie zum Beispiel auf *Cooper Creek* in der Nähe von Innamincka oder auf *Lake Numalla* im Currawinya-Nationalpark. Die Sümpfe und Lagunen in Lakefield-Nationalpark auf Cape York sind die Heimat vieler Stelzvögel, unter ihnen der Seidenreiher *(little egret)*, Asien-Großstorch *(jabiru)*, Löffler *(spoonbill)*, Sichler *(ibis)* und Kranich *(crane)*.

Stark vertreten sind auch Raubvögel. Da es in Australien keine Geier gibt, übernimmt größtenteils der Keilschwanzadler *(wedge-tailed eagle)* die Aufgabe der Aasfresser. Über Kadaver an *outback*-Pisten machen sich meist mehrere Adler gleichzeitig her, die sich beim Herannahen eines Fahrzeuges eindrucksvoll in die Luft erheben.

Die größten Reptilien Australiens

sind Johnston-Krokodil und Leistenkrokodil. Beide Krokodilarten bewohnen die Flüsse und Küstenstreifen nahe der Mündungen im Norden, Nordwesten und -osten. (→ Artikel "Reptilien der Urzeit - Krokodile"). Darüberhinaus beheimatet Australien vierzehn der zwanzig giftigsten Schlangenarten der Welt. Von seinen rund 165 Schlangenarten zählen etwa 60 % zur Familie der Giftnattern. Im tropischen Regenwald kommen viele Pythons, ungefährliche Vertreter der Würgeschlangen vor; Todesotter *(death adder)* und Taipan *(taipan)* dagegen bevorzugen trockenere Gebiete (→ Artikel "Australische Schlangen"). In den tropischen Gewässern gibt es rund dreißig Arten von Wasserschlangen. Die meisten von ihnen sind wesentlich giftiger als ihre Artgenossen an Land.

Häufiger als auf Schlangen und Krokodile trifft man im *outback* auf ungefährliche Warane *(goannas)* wie den Sandwaran *(sand goanna)* und den Buntwaran *(lace monitor)*, auf Glattechsen wie den Blauzungenskink *(blue-tongued lizard)* und den Tannenzapfenskink *(shingleback)* oder auf Agamen wie den Dornteufel *(thorny devil)*, die Bartagame *(bearded dragon)* oder die auffällige Kragenechse *(frilled lizard)*. Letztere entfaltet bei Gefahr ihren Hautkragen und rennt aufgerichtet auf ihren Hinterbeinen in unglaublicher Geschwindigkeit davon.

Auf die mit rund neunzig Arten vertretenen Geckos muß man bis nachts warten. Geckos haben Haftpolster an ihren Füßen, die es ihnen ermöglichen, an Wänden und Dekken zu laufen. Die häufigsten Arten sind Blattschwanzgecko *(leaf-tailed gecko)* und Keulenschwanzgecko *(knob-tailed gecko)*. Geckos sind,

"Salties" leben in den Küstengewässern Nordaustraliens

auch wenn das seltsam klingen mag, am häufigsten auf Toiletten oder in anderen sanitären Einrichtungen im *outback* anzutreffen. Hier herrscht kein Wassermangel, und durch das Licht werden viele Insekten, die ihnen als Nahrung dienen, angelockt.

Viele australische Binnengewässer werden außer von Fischen wie Barramundi und Saratoga - begehrte Beute der Angler - von Schildkröten bewohnt. Bekannt sind die Schlangenhalsschildkröten *(snake-necked turtle)*, die ihren Namen dem langen Hals verdanken.

An Amphibien waren in Australien ursprünglich nur Frösche vertreten. Unter ihnen ist der bekannte, vom Aussterben bedrohte Magenbrüterfrosch *(gastric breeding frog)*, der seine Magensäureproduktion einstellen kann, seine Eier nach Ablage schluckt und im Magen ausbrütet. Dieser seltene Frosch lebt allerdings nur in einigen wenigen Nationalparks in Queensland. Eine andere interessante Art ist der im *outback* vorkommende Wasserreservoirfrosch *(waterholding frog)*. Er übersteht jahrelange Trockenzeiten, indem er in seinem Körper Wasser speichert und sich bis zum nächsten Regen eingräbt.

Im Nordosten, leider auch mittlerweile auf Cape York, hat sich die Agakröte *(cane toad)* weit verbreitet. Sie wurde 1935 aus Amerika eingeführt und sollte ursprünglich den Zuckerkäfer, einen Schädling des Zuckerrohrs, bekämpfen. Doch die Kröte verschmähte diese ihr zugedachte Nahrung und fraß lieber andere, auch nützliche Insekten. Außerdem zog sie sich aus den Zuckerrohrfeldern zurück und breitete sich weiter nach Westen, Süden und mittlerweile auch bis Cape York aus. Sie wurde, wie schon andere ins Land geholte Tiere, zur großen Plage, zumal sie giftig ist und so auch von möglichen Jägern (Dingos und Schlangen) verschmäht wird. Welchen Einfluß sie auf die noch weitgehend intakte Welt der Kaplandschaft hat, ist noch nicht erforscht.

Obwohl die Gruppe der Wirbellosen an Formen- und Artenvielfalt kaum zu übertreffen ist, spielt sie für die meisten Besucher eine untergeordnete Rolle. Von den mehr als 50.000 Arten stellen einen Großteil Ameisen und Termiten. Unter den Ameisen sei hier die Bulldog-Ameise *(bull ant)* erwähnt, deren Biß äußerst schmerzhaft sein kann. Termitenbauten verleihen vielen Landschaften, besonders in Northern Territory, Queensland und Western Australia, ein ganz besonderes Erscheinungsbild. Auffallend sind dabei die Bauten der Kompaßtermiten *(magnetic termit)*, deren schmale Seiten immer in Nord-Süd-Richtung stehen. Auf der *Canning Stock Route* passiert man eine der wohl auffälligsten Termitenlandschaften. Nach Überquerung einer Düne blickt man auf Termitenbauten, die in Form und Anordnung an ein Rundhüttendorf erinnern. Man erwartet eigentlich jeden Augenblick, daß Menschen aus den "Hütten" treten.

Unter den mehr als 1.500 Spinnenarten - die meisten sind harmlos und schüchtern nur durch ihre Größe ein - leben drei giftige Arten auf dem Kontinent: die Falltürspinne *(trap-door spider)*, die Trichterspinne *(funnel-web spider)* und eine Unterart der Schwarzen Witwe, die Rotrückenspinne *(redback spider)*. Besonders getarnt und vielfältig in ihrer Form sind die Stab- und Gespenstheuschrecken - einige gleichen kleinen Zweigen, andere Eukalyptusblättern. Durch diese Anpassung an ihre Umgebung sind sie sehr leicht zu übersehen. Aber wer die Augen offenhält, wird sicher einige dieser exotischen Exemplare auf *outback*-Touren zu sehen bekommen.

Öfter anzutreffen, als einem vielleicht lieb ist, sind Skorpione. Meist sind die Exemplare recht klein und stellen keine ernsthafte Gefährdung für Menschen dar, wenn auch die Stiche recht schmerzhaft sein können. Skorpione lieben die Wärme, und so ist es nicht verwunderlich, daß sie häufig abends am Lagerfeuer auftauchen. Auch Hundertfüßler *(centipedes)* sind oft am Lagerplatz anzutreffen. Licht und die damit einfallenden Insekten locken sie an. Hundertfüßler können durch ihre Bisse auch Schmerzen verursachen. Skorpione wie auch Hundertfüßler kriechen nachts in herumliegende Kleidung oder Schuhe. Deshalb sind diese Sachen besser im Auto oder im Zelt untergebracht, oder aber man sollte morgens Kleidung und Schuhe vorsichtig kontrollieren.

Besonders lästig sind die Myriaden von Buschfliegen. Sie kriechen in Ohren, Augen, Nase, Mund und sind selbst durch ständiges Wedeln mit Tüchern oder Zweigen nicht zu vertreiben. Ihre massenhafte Vermehrung ist auf das Fehlen von Mistkäfern zurückzuführen, die die Nahrungsquelle der Fliegenmaden, die Kuhfladen, beseitigen könnten. Zwar versuchte man der Plage durch Einführung eines Mistkäfers aus Afrika Herr zu werden, doch diese Käferart begann mit dem Abbau des Dungs erst im Sommer, nachdem die Fliegen bereits im Frühling geschlüpft waren. Bester Schutz gegen die Plagegeister sind Fliegennetze, die es überall zu kaufen gibt und die einfach über den Hut gestülpt werden. Irgendwann hat man sich dann an die Fliegen gewöhnt und hört selbst auf einer längeren Tour durchs *outback* das Gesumme um den Kopf nicht mehr.

## Klima

Australien ist ein Land der klimatischen Gegensätze. So gibt es im Norden und Nordosten Landstriche mit einer Niederschlagsmenge von mehr als 2.500 mm, andererseits liegen im Landesinneren einige Gebiete, die jährlich weniger als 100 mm Regen bekommen.

Im Zentrum des Kontinents dominieren Halbwüsten, in denen lange Dürreperioden keine Seltenheit sind. Sie fordern von allen Lebewesen eine außerordentliche Anpassungsfähigkeit. Der Sommer in Zentralaustralien ist von heißer, trockener Luft mit Tagestemperaturen zwischen 30 °C und 40 °C bestimmt. Im Nordwesten von Western Australia (Pilbaragebiet) sind auch 50 °C keine Seltenheit. Auch nachts sinkt das Thermometer nur minimal. Im Winter herrscht ein angenehmes Klima mit einer mittleren Tagestemperatur von 20 °C. Jedoch können die Temperaturen nachts leicht unter den Gefrierpunkt fallen. Der Winter ist eine der angenehmsten Reisezeiten für Touren durch Inneraustralien. Regen fällt in diesem Teil des Kontinents, wenn überhaupt, nur dann. Einige aride Gebiete, wie z. B. *Simpson Desert*, haben jährlich weniger als 150 mm Niederschlag.

Für die enormen Niederschlagsmengen im nördlichen Teil des Landes sorgen die von Nordosten heranziehenden Monsunregen. Sie gehen im australischen Sommer (Dezember bis März) nieder und lassen die Flüsse anschwellen, die dann auch weite Flächen überfluten. Diese Regenfälle haben auch Auswirkungen auf das Landesinnere. Sind die begleitenden Stürme stark, so werden die Wolken (und damit die Niederschläge) weit ins Landesinnere getrieben. Riesige Überschwemmungen sind die Folge, denn der ausgetrocknete Boden kann das Wasser nicht schnell genug aufnehmen. Auch kommt es im westlichen Inneraustralien vor, daß Regen, der oft Hunderte von Kilometern entfernt fällt, Überschwemmungen verursacht. Im Osten des Kontinents gehen westlich von *Great Dividing Range* regelrechte Wassermassen nieder, die die Wirbelstürme mit sich bringen. Dann füllen sich die hier beginnenden, weitverzweigten Wasserläufe und fließen durchs Landesinnere, bis sie schließlich weit im Süden des Kontinents in *Lake Eyre* münden. Etwa alle 12 bis 25 Jahre reichen die Wassermengen aus, um den größten See Australiens, der sonst meist trocken ist, zu füllen.

Während der Zeit des Sommerregens herrschen im Norden Tagestemperaturen von 25 bis 35 °C, die durch die hohe Luftfeuchtigkeit fast unerträglich werden. Europäern macht die ungewohnt schwüle Hitze, die auch während der Nacht anhält, enorm zu schaffen. Im trockenen Winter liegen die Tagestemperaturen meist zwischen 20 und 30 °C, wobei es nachts abkühlt.

Aufgrund der klimatischen Voraussetzungen läßt sich leicht erkennen, daß die Sommermonate von Dezember bis März die ungünstigste Reisezeit für das *outback* sind. Entweder sind die Straßen wegen Überschwemmungen gesperrt oder die Temperaturen erreichen Werte, die das Reisen zur Tortur werden lassen.

Da Australien auf der Südhalbkugel liegt, sind die Jahreszeiten den unseren um ein halbes Jahr verschoben:

- Frühling: September - November
- Sommer: Dezember - Februar
- Herbst: März - Mai
- Winter: Juni - August

## Leben im Outback - die Farmer

Leben im *outback* bedeutet ein Leben im engsten Familienkreis, weitab von Freunden, Nachbarn und den Vergnügungen in den Städten. Nur selten wird das Familienleben durch Arbeiter, die je nach Saison auf der Farm leben, etwas aufgelokkert. Zu den Besuchen gehören die des Postboten, des Pfarrers, der auch die entlegensten Schäfchen betreut, oder die des Arztes, der mit dem Flugzeug kommt, wie auch die unter Freunden. Der Besuch eines Nachbarn bedeutet manchmal Hunderte von Kilometern Fahrt.

Monotonie ist allerdings für die Bewohner des *outback* nicht gleichzusetzen mit Langeweile. Kaum eine der Familien hier würde ihre Farm für ein Leben in der Stadt aufgeben. Sie sind glücklich mit dem, was ihnen ihre Farm bietet: Arbeit und Einkommen und ein Leben in und mit der Natur.

Kurz nach Sonnenaufgang beginnt der Alltag einer *outback*-Familie mit dem gemeinsamen Frühstück, bei dem zugleich der Arbeitstag geplant wird. Die Hauptarbeit auf einer Rinder- oder Schaffarm besteht aus Reparaturen: Ständig sind Löcher in den Zäunen, ist eines der lebensnotwendigen Windräder defekt, leckt ein Wassertank, oder die durstigen Tiere haben die Tränke beschädigt. Auch die Wege innerhalb des Farmgeländes müssen instandgehalten werden. Nach den seltenen, aber dann heftigen Regenfällen sind sie oft in verheerendem Zustand. Seit der Tourismus das *outback* entdeckt hat, kommt für viele Farmer ein weiteres Ärgernis hinzu: Besucher kommen auf das Farmgelände und beachten aus Unwissenheit oder Gleichgültigkeit selbst grundlegende Regeln nicht: Sie campen an Wasserstellen und hindern so das Vieh am Trinken, sie beschädigen Farmeigentum oder befahren Wege selbst unter widrigsten Umständen. Zudem erwarten festsitzende Touristen wie selbstverständlich die Hilfe der Farmer. Kein Wunder also, wenn immer mehr Eigentümer Touristen den Zugang oder die Durchfahrt mit Verbotsschildern *(keep off; keep out; no camping, no trespassing; private property)* verwehren.

Neben der Instandhaltung steht die Arbeit mit den Tieren im Vordergrund. Alle ein bis zwei Jahre findet z. B. auf einer Rinderfarm ein *mustering* statt. Die Rinder werden von modernen Cowboys auf Motorrädern, in Geländewagen, in Helikoptern oder auch noch traditionell zu Pferd zusammengetrieben. In den wasserärmeren Landstrichen geschieht dies auf den umzäunten Tränkplätzen. Kommen die Rinder zum Trinken, so werden die Tore geschlossen. Nach dem Einfangen werden die Rinder sortiert nach Schlachtvieh, Jungtieren, die ein Kennzeichen bekommen (Brandzeichen oder Ohrmarke), und Tieren, deren Hörner gestutzt werden müssen. Während eines *mustering*, zu dem meist Aushilfsarbeiter angeworben werden, herrscht hektische Betriebsamkeit auf der Farm. Die Zeit der *stockmen*, wie die australischen Cowboys genannt werden, wird jedoch bald vorüber sein. Mittlerweile haben es die Farmer schon schwer, Arbeiter zu finden, die vernünftig reiten können und sich mit dem kargen Leben begnügen.

Während die Männer draußen arbeiten, beginnt für die Frau der Alltag im Haus. Sie muß alles erledigen, was "nebenbei" so anfällt, sei

Beim Viehtrieb

es die Versorgung der Familie, das Beaufsichtigen der Schularbeiten, die Pflege des Gartens oder Büroarbeiten. Die Mehrfachbelastung als Mutter, Lehrerin, Hausfrau, Verwaltungsangestellte ist oft anstrengender als die Arbeit der Männer. Neuerdings zieht es wieder verstärkt jüngere Leute aus der Stadt aufs Land, die zumindest für eine gewisse Zeit das Landleben kennenlernen möchten und sich als Haushaltshilfen oder Hilfsarbeiter verdingen.

Für die Kinder scheint das Farmleben unseren Vorstellungen nach wenig angenehm zu sein. Das Spielen mit den Schulkameraden oder den Freunden entfällt, ebenso die sportliche Betätigung in einer *Rugby-, Football-* oder *Cricket-*Mannschaft. Wer hier aufwächst, ist auf sich, seine Phantasie und seine Familie angewiesen. Spielplatz ist die Natur, Freunde sind Geschwister und Tiere. Da die Kinder täglich nur eine halbe Stunde über die *School of the Air* per Funk unterrichtet werden, kommt den Hausaufgaben eine wichtige Bedeutung zu. Erst wenn die Grundschule absolviert ist, gehen die meisten Farmkinder auf ein Internat in der nächsten Stadt. Ein entscheidender Schritt in ihrem Leben, der nicht leichtfällt, aber nur so ist ein angemessenes Bildungsniveau zu erreichen.

Wer als Tourist nicht das Glück hat, auf eine Farm eingeladen zu werden, kann immer noch eine der vielen *stations* besuchen, die mit dem Tourismus ihr Einkommen etwas aufbessern. Diese Farmen haben in der Regel ihre Arbeiterunterkünfte hergerichtet und bieten sie Touristen an. Hier hat man die beste Gelegenheit, den Alltag auf einer Farm kennenzulernen, zumal Besucher bei verschiedenen Arbeiten mithelfen können.

## Aborigines - die Ureinwohner Australiens

### Law

*Law never change ...*
*always stay same.*
*Maybe it hard,*
*but proper one for all people.*

*Not like white European law ...*
*always changing.*
*If you don't like it,*
*you can change.*

*Aboriginal law never change.*
*Old people tell us,*
*"You got to keep it."*
*It always stays.*

Frei übersetzt:
*Unser Gesetz ändert sich nie ...*
*es bleibt immer gleich.*
*Vielleicht ist es hart,*
*aber es ist ein angemessenes für alle Leute.*

*Nicht wie das Gesetz der weißen Europäer ...*
*es ändert sich immer.*
*Wenn es jemandem nicht gefällt,*
*kann er es ändern.*

*Das Aboriginal-Gesetz ändert sich nie.*
*Die alten Leute erzählen es uns,*
*"Ihr müßt es bewahren."*
*Es wird immer gelten.*

(aus: Big Bill Neidjie "Australia's Kakadu Man")

Die Geschichte der Aborigines in Australien nahm einen ähnlichen Verlauf wie die vieler anderer Naturvölker. Die Aborigines, denen persönlicher Besitz und Eigentumsdenken fremd waren, wurden von der weißen Zivilisation überrannt.

Zur Ankunftszeit der ersten Siedler lebten ca. 300.000 Aborigines in rund 600 Völkern auf dem Kontinent. Je mehr Siedler kamen, desto weiter drangen sie ins Land vor und vertrieben die dort lebenden Aborigines. Deren Zahl verringerte sich schnell. Eingeschleppte Krankheiten, Alkohol und sogar planmäßige Ausrottung taten ein übriges. Dabei waren die völlig andersartigen Kulturen das größte Problem zwischen Aborigines und britischen Einwanderern. Die Aborigines, die ein Leben als Jäger und Sammler führten, hatten Nahrung im Überfluß. Sie mußten täglich nur wenige Stunden mit deren Beschaffung verbringen. Nach dem Verständnis der Aborigines gehörte alles allen, und jeder konnte alles nutzen.

Die weitere Erforschung und Inbesitznahme des Landes ließen ihnen immer weniger Lebensraum. Nach den Siedlern kamen die Goldsucher und nach den Goldsuchern die Minengesellschaften. Wo immer man sich ein Geschäft erhoffte, wurden Aborigines vertrieben. (In Tasmanien ging man dabei besonders rigoros vor; nach einer Kampagne von nur fünfzig Jahren gab es dort keine Aborigines mehr.) Man gründete Reservate in meist unwirtlichen Gegenden und verfrachtete die Ureinwohner dorthin - in einen zumeist fremden Teil des Landes. In den Reservaten hatte man für sie Häuser errichtet, mit denen die Aborigines jedoch nichts anfangen konnten, denn sie waren ein Leben in freier Natur gewöhnt. Man entwurzelte sie aus ihrer jahrtausendealten Kultur. Für das Land, das man ihnen genommen hatte, erhielten sie Geld. Alkohol, mit dem die Aborigines bereits bei Ankunft der ersten Siedler konfroniert wurden, war mit diesem Geld leicht zu beschaffen, was verheerende Folgen mit sich

"Unser Land ist unser Leben"

brachte. Nach wie vor ist der unkontrollierte Alkoholkonsum eines der größten Probleme der Aborigines, auch wenn sie schon seit längerem versuchen, diesem Einhalt zu gebieten. So ist es grundsätzlich verboten, Alkohol in die Reservate einzuführen; einige *communities* (Aborigines-Gemeinden) legen sich auch selbst ein Alkoholverbot auf.

Die Aborigines sind zwar per Gesetz als vollwertige Mitglieder der Gesellschaft anerkannt, aber wie so oft stimmen auch hier Gesetz und Wirklichkeit nicht überein. Zum Beispiel hielt der eingeborene Maler *Albert Namatjira* (1902 - 1959) schon in den vierziger Jahren mit seinen Werken Einzug in die australische Kunstgesellschaft. Er war in Künstlerkreisen zwar anerkannt, aber als Ureinwohner besaß er keine Rechte. Seine Bilder erzielten in den Galerien Höchstpreise, doch war es ihm nicht möglich, in seinem Land ein Grundstück für sich und seine Familie zu erwerben. Seit 1967 besitzen Aborigines die vollen Bürgerrechte, doch noch immer stehen sie abseits der australischen Gesellschaft. Für Aborigines bedeuten diese Rechte nicht mehr als den Anspruch auf Arbeitslosen- oder Sozialhilfe.

Das Zusammenleben zwischen Aborigines und Eingewanderten ließe sich harmonisch gestalten, wenn sich die Mehrheit der weißen Australier bemühen würde, die Lebensweisen und Kultur der Aborigines zu verstehen und zu respektieren. Auch wir als Touristen können dazu beitragen, auch wenn unser erster Eindruck von den Aborigines vielleicht nicht gerade positiv ausfallen wird: Plastik und anderer Müll scheinen niemanden in einer *community* zu stören, betrunkene und verwahrloste Aborigines sind keine Seltenheit. Besucht man eine *community* (nur mit Genehmigung möglich) ist Zurückhaltung und Respekt gegenüber den Bewohnern angebracht.

Dem Bestreben nach Emanzipation verleihen die Ureinwohner in jüngster Zeit Nachdruck durch die Forderung nach Landrückgabe. 1985 erhielten sie von der Regierung *Uluru (Ayers Rock) National Park* zurück, mit der Vereinbarung, ihn für 99 Jahre an den Staat zu verpachten. Es war ein erster Schritt, das Land, das ihnen ursprünglich gehörte - obwohl sie es nie als ihren Besitz ansahen - zurückzubekommen. Seit dieser Landrückgabe werden immer wieder neue Ansprüche angemeldet. Aborigines werden in den nächsten Jahren mit Sicherheit große Schritte auf dem Weg zur Gleichberechtigung machen, und es bleibt zu hoffen, daß beide Bevölkerungsgruppen eine akzeptable Lösung für ein Zusammenleben finden (→ Artikel "Die 'Traumpfade' der Ahnen" und "Aborigines und ihre Verbundenheit zum Land").

## Die Erforschung Australiens

Obwohl die Spanier und Portugiesen schon im 16. Jahrhundert an Australiens Küsten landeten, begann die eigentliche Erforschung und Kolonialisierung des Kontinents erst im Jahr 1770, als *James Cook* auf seiner ersten Reise an der Ostküste Australiens entlang segelte und am 29. April in der Bucht *Botany Bay* ankerte. Aber erst im weiteren Verlauf der Reise hißte er auf einer kleinen Insel, die er treffend *Possession Island* (Besitzinsel) nannte, zwei Seemeilen nördlich von *Cape York* die Flagge des britischen Königreichs und nahm Besitz vom Ostteil des Kontinents. Nach der Niederlage der Briten im Unabhängigkeitskrieg Nordamerikas (1775 - 1783) suchten diese eine neue Bleibe für ihre Sträflinge. So entsandten sie 1787 die erste Flotte (First Fleet) mit 736 Häftlingen nach Australien. Sie landeten in *Botany Bay,* bauten ihre erste Siedlung aber weiter nördlich am geschützten *Port Jackson* und benannten sie nach dem britischen Innenminister *Lord Sydney*. Einer weiteren Landnahme in Richtung Westen stand ein unüberwindliches Hindernis entgegen: *Great Dividing Range.* 1813 jedoch entdeckten *Gregory Blaxland, William Lawson* und *William Charles Wentworth* eine mögliche Route, überquerten dabei aber nicht den Hauptgebirgszug. Dies gelang erst *George William Evans* gegen Ende desselben Jahres. Von nun an stand der Erschließung des Hinterlandes nichts mehr im Wege. In den nachfolgenden Jahren gelang *Hume* die erste Überlandreise von Sydney in die Gegend nordwestlich von Melbourne, erforschten *Harry Evans* und *John Oxley* das nähere Hinterland, entdeckte *Charles Sturt* 1929 *Darling River* und befuhr 1830 mit einem Boot *Murrumbidgee-* und *Murray River.* 1836 war es *Sir Thomas Mitchell,* der als erster durch das Landesinnere nach South Australia reiste. Der eingewanderte Pole *Sir Paul Edmund de Strzelecki* erreichte 1840 den höchsten Punkt Australiens: *Mount Kosciusko* (2.228 m). Nach ihm benannte man später *Strzelecki Desert* und den gleichnamigen *track*.

In die Zeit der Erforschungen fielen auch die Gründungen neuer Städte auf dem Fünften Kontinent: *Hobart* (1803), *Brisbane* (1824), *Perth* (1829), *Melbourne* (1835) und *Adelaide* (1836).

Die erste Ost-West-Durchquerung von Adelaide nach Perth gelang *Edward John Eyre* in den Jahren 1838 bis 1841. Im Jahr 1844 versuchte *Charles Sturt*, vom Südosten die Mitte des Kontinents zu erreichen, scheiterte jedoch nördlich von *Lake Eyre* und mußte umkehren. Bei der Erforschung Australiens machte auch ein Deutscher von sich reden: *Ludwig Leichhardt*. 1844 brach er in der Nähe von Toowoom-

John McDouall Stuart

Charles Sturt

ba (Südostqueensland) zu einer Expedition auf und erreichte nach neunzehn Monaten *Port Essington,* östlich von Darwin. Auf einer zweiten Expedition erforschte er den Westen Queenslands, und auf einer dritten, die 1848 begann und eine Ost-West-Durchquerung zum Ziel hatte, blieb er verschollen. Zur gleichen Zeit wie Leichhardt waren auch *Edmund Kennedy* auf der Halbinsel *Cape York* und *Augustus Charles Gregory* im Nordwesten des Kontinents auf Expeditionsreisen unterwegs. In den Jahren 1860 und 1861 waren es *Robert O'Hara Burke* und seine Begleiter *John King* und *William John Wills,* denen die erste Süd-Nord-Durchquerung gelang. Auf der Rückreise starben Burke wie auch Wills an Erschöpfung. Etwa gleichzeitig war auch *John McDouall Stuart* zu einer Süd-Nord-Durchquerung aufgebrochen. Im ersten Anlauf drang er von *Spencer Gulf* bis *Tennant Creek* vor, beim zweiten Mal kam er noch 250 km weiter. 1862 machte er seine dritte Expedition, die noch im selben Jahr zum Erfolg führte. Stuart erreichte das Meer in der Nähe der heutigen Stadt Darwin. Zehn Jahre später

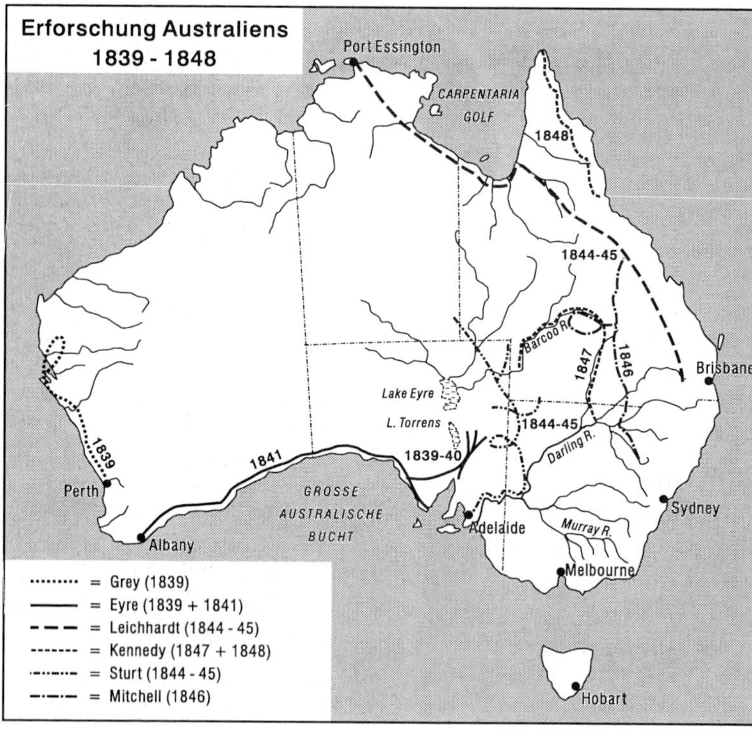

wurde an dem Weg entlang, den er genommen hatte, die Überland-Telegraphen-Linie gebaut *(Overland Telegraph Line).* In den Jahren 1850 bis 1900 erforschten Männer wie *Ernest Giles, John Forrest, David Carnegie, Lindsay* und *Peter Warburton* vor allem viele Gegenden in West- und Inneraustralien.

Neben Entdeckern und Forschern waren auch Landvermesser, Straßenbauer und Farmer an der Erschließung des Kontinents beteiligt. Denken wir nur an die vielen alten Viehtreiberrouten *(Birdsville Track, Strzelecki Track, Canning Stock Route* u. a.), die heute den Touristen den Zugang zur Faszination *outback* überhaupt erst ermöglichen. Einer der letzten großen Pioniere auf diesem Gebiet war ein Mann, der heute kaum mehr jemandem bekannt ist: *Len Beadell.* Er war als Leiter hauptverantwortlich für den Bau fast des gesamten Wegenetzes im Inneren Westaustraliens. Strecken wie *Gunbarrel Highway, Gary Highway, Heather Highway* oder *Talawana Track* (→ Gunbarrel Highway und Canning Stock Route) sind alle von ihm vermessen und von seiner Mannschaft in den

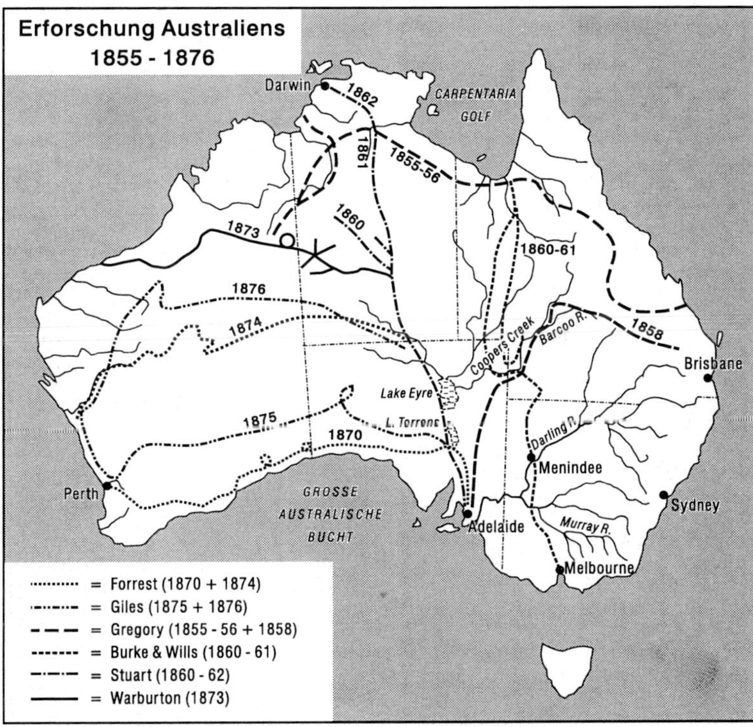

Busch gewalzt worden. Benannt hat er die Pisten, Kreuzungen oder markanten Punkte nach seinen engsten Familienangehörigen. Überhaupt kann man sagen, daß eine Reise über Australiens Straßen eine Reise durch die Zeit ist. Wer sich die Mühe macht und versucht, den Ursprung der Namen herauszufinden, für den wird die junge Geschichte Australiens lebendig.

## *Royal Flying Doctor Service und School of the Air*

Die riesigen Entfernungen auf dem australischen Kontinent sind eines der größten Probleme bei der medizinischen Versorgung der Bevölkerung. Anfang des 20. Jahrhunderts nahm sich *Reverend John Flynn* dieses Problems an. Durch die vielfältigen Einsatzmöglichkeiten von Flugzeugen im Ersten Weltkrieg aufmerksam geworden, kam ihm die geniale Idee der Hausbesuche per Flugzeug. Sofort ging er an die Verwirklichung seines Plans und startete den ersten Luftrettungseinsatz im Jahr 1928. Von Cloncurry, im Nordwesten Queenslands, wurde dieser Einsatz mit einem Flugzeug der jungen *QANTAS Airline* (Queensland and Northern Territory Aerial Service) geflogen. Der *Royal Flying Doctor Service* (RFDS) war geboren.

Heute sichert diese Institution, auch durch die Fernsehserie "Die fliegenden Ärzte" weit über die Grenzen des Landes bekannt, die medizinische Versorgung der Bevölkerung außerhalb der Ballungszentren. Insgesamt verfügt der *RFDS* über vierzehn Basen, von denen aus Einsätze geflogen werden. *Cairns*, den meisten als Tor zu *Great Barrier Reef* bekannt, sichert vor allem den Zugang zu den entlegenen Gebieten des Nordens, Westens und Südwestens von Queensland. Von hier aus betreuen die "Fliegenden Ärzte" ein Gebiet, das etwa der Größe Japans entspricht. Welche Bedeutung der *RFDS* wirklich hat, wird durch einige Zahlen deutlich: ca. 35 Einsatzflugzeuge legen im Jahr ungefähr sieben Millionen Kilometer zurück und versorgen dabei 100.000 ärztliche Notfälle. Wie wichtig diese Einrichtung ist, hat auch schon so mancher Tourist am eigenen Leib erfahren. Um seine Arbeit finanzieren zu können, ist der *RFDS* auf Spenden angewiesen, denn die medizinische Betreuung im Notfall ist kostenlos.

Neben dem *Royal Flying Doctor Service* ist eine weitere Einrichtung typisch für Australien: die *School of the Air.* Eine Schulrätin besuchte den *RFDS* und kam auf die Idee, dessen Radionetz zum Unterricht für Kinder an entlegenen Orten zu nutzen. 1951 war es soweit: Der erste Unterrichtsraum mit einer Funkanlage, einem Tisch und einem Stuhl wurde in *Alice Springs* eingerichtet. Bis heute sind noch viele Unterrichtsräume dazugekommen. Da die Unterrichtseinheiten für die einzelnen Schüler nur sehr kurz sind (ca. eine halbe Stunde), müssen auch die Mütter der Kinder Lehrfunktion übernehmen. Die Hausaufgaben werden wöchentlich oder monatlich auf dem Postweg ausgetauscht. Einmal im Jahr steht ein großes Ereignis an: Die Lehrer besuchen ihre Schüler auf den weit abgelegenen Farmen und sorgen so für etwas persönlichen Kontakt. Auch wird mindestens einmal im Jahr eine Schülerfreizeit organisiert, bei der sich alle Schüler einer Klasse treffen.

# Reisevorbereitung

## *Erste Überlegungen*

Vor der Planung einer Reise durch entlegene Gebiete Australiens sollte man sich folgende Fragen ernsthaft und ehrlich beantworten:

- Wieviel Zeit steht mir für die Reise zur Verfügung?
- Was möchte ich auf der Tour sehen?
- Wieviele Stunden Fahrzeit auf schlechten Pisten kann ich verkraften?
- Kann ich auf den Segen der Zivilisation wie Toilette, Bad, Kühlschrank und Herd verzichten?
- Reizt mich das Abenteuer?
- Fahre ich allein oder in einer Gruppe?
- Wieviel Geld für Fahrzeug und Ausrüstung steht mir zur Verfügung?

Der Zeitfaktor spielt für *outback*-Fahrer die wichtigste Rolle, denn er bestimmt die Entfernung, die man sich vornehmen kann. Wer nur drei bis sechs Wochen zur Verfügung hat, sollte sich während zwei Dritteln der Reise auf die Erkundung eines kleinen Gebietes per Wagen beschränken und für den Rest das Flugzeug nehmen. Lange Distanzen bedeuten ständiges Fahren. Sehenswürdigkeiten oder andere lohnende Punkte abseits der gewählten Strecke werden so wegen des Zeitdrucks versäumt. Außerdem fährt es sich wesentlich streßfreier, wenn man weiß, es steht für ein kleines Gebiet ausreichend Zeit zur Verfügung.

Sinnvoll erschien es uns, eine Liste anzufertigen, auf der alles vermerkt ist, was man auf oder abseits der Strecke sehen möchte. Diese Liste sollte man unterteilen in "will ich unbedingt sehen" und "möchte ich gerne sehen, wenn die Zeit reicht". Die Route wird dann, unter Berücksichtigung der Wünsche der Mitfahrer, nach diesen Gesichtspunkten geplant. Anschließend sollte man noch einmal die Zeitkalkulation durchgehen und prüfen, ob die Zeit tatsächlich ausreicht. Dabei sollte man lieber großzügig bemessen, damit unterwegs noch etwas Spielraum bleibt.

Unwegsame Pisten, Staub, Fliegen, Hitze und das Fehlen sanitärer Einrichtungen sind nicht zu unterschätzen. Sechs Stunden auf einer Autobahn sind bei weitem nicht so anstrengend wie sechs Stunden Fahrt auf einer unbefestigten Piste bei 30° C im Schatten. Widrigkeiten wie Schlaglöcher, wellblechartige Piste, Sand oder Schlamm fordern ständige Konzentration, die zudem durch die äußeren Umstände wie Staub und Hitze herabgesetzt wird. Damit die Reise nicht an den Nerven zerrt, sollte die Strecke nie so strikt geplant sein, daß man nicht auf andere, kürzere oder einfachere Strecken ausweichen kann. Natürlich spielt auch die Jahreszeit eine entscheidende Rolle. Fahrten durchs *outback* im australischen Sommer sind nach Möglichkeit zu vermeiden.

Außerdem sollte man sich bewußt sein, daß nach einem Fahrtag im *outback* nicht immer ein Bad oder eine Dusche zur Verfügung stehen. Wer also täglich seine Dusche braucht und auch auf andere Annehmlichkeiten nicht verzichten kann, sollte überlegen, ob ein Urlaub im *outback* abseits der Zivilisation das Richtige ist.

Entscheidend für die Wahl des Reiseziels ist die fünfte Frage. Man sollte wissen, daß Fahrten in entlegene Gebiete nichts Alltägliches sind und mehr oder weniger abenteuerlich sein können. Wer zweifelt, ob er eine Strecke und die dabei auftretenden Probleme wirklich bewältigen kann, sollte besser erst einmal einfachere Fahrten planen. Mit den hier gewonnenen Erfahrungen kann man sich später, etwa bei einer zweiten Reise durch Australien, an die schwierigeren Strecken wagen. Eine andere Möglichkeit besteht darin, mit mehreren in einem Konvoi zu fahren. Das erhöht zum einen die Sicherheit, zum anderen minimiert es die Nebenkosten, da viele Ausrüstungsgegenstände gemeinsam angeschafft werden können. Am besten ist es dann natürlich, wenn wenigstens einer der Teilnehmer Erfahrung mit dieser Art des Reisens hat.

Nachdem geklärt ist, welches Gebiet und welche Strecken man bereisen möchte, muß man sich über das Fahrzeug und die damit verbundenen Kosten Gedanken machen. Wer einen Wagen mietet, hat zwar geringe Nebenkosten (→ "Die Wahl des Geländewagens", hier "Mietwagen"), dafür aber sind die Mietkosten bei einer längeren Leihzeit recht hoch. Die Alternative dazu wäre der Kauf eines Wagens (→ "Die Wahl des Geländewagens", hier "Autokauf"), aber das lohnt nur für einen längeren Aufenthalt. Nach der Wahl des Fahrzeugs steht dann die Beschaffung der notwendigen Ausrüstung an (→ "Ausrüstung des Geländewagens").

## *Die richtige Route zur richtigen Jahreszeit*

Bevor man eine Reise überhaupt plant, ist zu überlegen: Wann möchte ich fahren, und welche Strecken sind dann befahrbar?

Grundsätzlich läßt sich dazu sagen, daß alle *outback*-Strecken in der Regel vom Spätherbst bis zum Frühling (April und Mai bis November) zu befahren sind. Dann ist die Regenzeit im Norden und Nordosten, die sich auf den Zustand vieler Strecken auswirkt, meist vorbei. Die Temperaturen sind tagsüber angenehm bis heiß (25° bis 35° Grad), können nachts im Juli und August (besonders in den Wüstengebieten) aber auch bis unter den Gefrierpunkt fallen. Im Sommer (Dezember bis März oder April) dagegen sind auf den Strecken im Zentrum Tage mit 50° Grad im Schatten keine Seltenheit, und das Fahren wird zur Qual, geschweige denn, daß die in der Hitze flimmernde Landschaft mit den ausgetrockneten Flüssen was fürs Auge böte. Während der Regenzeit im Sommer *(wet season)* sind folgende Strecken wegen heftiger Regenfälle und Überschwemmungen geschlossen: *Cape York Track, Gulf Track* und *Gibb River Road.* Die besten Reisezeiten für diese Strecken liegen kurz bzw. unmittelbar nach der Regenzeit. Dann ist das Land grün, Flüsse und Wasserfälle führen noch Wasser, und die Touristenzahl hält sich in Grenzen. Nachteil in dieser Zeit ist der manchmal hohe Wasserstand der Bäche und Flüsse. Aufgrund dessen ist schon einige Erfahrung im Durchqueren von Wasserläufen erforderlich.

Alle anderen Strecken können in den Sommermonaten für einige Tage oder auch Wochen gesperrt sein. Das heißt, man muß sich auf jeden Fall vorher bei den Automobilclubs, besser noch am Ausgangsort des *track* erkundigen, ob die Strecke zur Zeit befahrbar ist. Leider ist aber auch das australische Wetter launisch, und so kann es durchaus vorkommen, daß eine Strecke, die heute noch ohne Probleme befahrbar ist, sich innerhalb weniger Stunden in eine Schlammpiste verwandelt, auf der es kein Durchkommen mehr gibt. Dann kann die Devise nur noch lauten: Abwarten und einen *billy-tea* trinken. Sind die Regenfälle nur von kurzer Dauer, kann man davon ausgehen, daß die

Strecke innerhalb weniger Tage wieder zu befahren ist. Wenn es länger regnet, sollte man besser umkehren und einen anderen Weg wählen. Wir hatten zum Beispiel bei unserer Fahrt auf der Canning Stock Route Ende April noch heftigste Regenfälle, die die Piste innerhalb von Minuten in Bäche verwandelten. Zum Glück hielt der Regen nur kurz an, und das Wasser verschwand ebenso schnell im Wüstenboden, wie es sich aus dem düsteren Himmel ergoß. Während dieser Reise war auch der Nordteil der *Canning Stock Route* bis August wegen Überflutung des in der Regel trokkenen *Lake Gregory* gesperrt. Gut, wenn man dann eine Umgehung kennt. Um die Orientierung zu erleichtern, sind bei den Infoangaben vor jeder Streckenbeschreibung die mögliche Reisezeit, die besten Reisemonate und Sperrzeiten für die entsprechende Strecke angegeben. Grundsätzlich sollte sich jeder Reisende vorher nach dem Zustand des jeweiligen *track* erkundigen und der Wettervorhersage unbedingt Aufmerksamkeit schenken.

## Welches Fahrzeug für welche Strecke

Die zweite entscheidende Frage ist: Welche Strecke möchte ich fahren, und welches Fahrzeug benötige ich dafür?

Wer sich nur auf relativ einfachen Pisten bewegen möchte, kommt dort bei vorsichtiger Fahrweise mit fast jedem Fahrzeug klar. Wir gehen hier einmal davon aus, daß man sich in der von uns angegebenen Reisezeit auf dieser Strecke bewegt. Dann sind viele Pisten (z. B. *Birdsville Track*, der neue *Strzelecki Track* bzw. *Moomba Gasfield Road, Oodnadatta Track*) durchaus mit Pkw zu befahren. Wenn wir dazu auch nicht unbedingt raten würden, so ist es doch möglich. Auf einer unserer Reisen trafen wir sogar einen VW-Bus auf der Fahrt zu *Cape York*. Diese Strek-ke per Campingbus *(camp-mobil)* oder Wohnmobil *(motorhome)* zu befahren, ist nicht zu empfehlen, da selbst die Umgehungsstraße nach der Abzweigung in Richtung Weipa bis hinauf zum Kap eine schlechte, wellblechartige Piste ist.

Die meisten Australienurlauber sind Kurzbesucher und mieten einen Pkw, Campingbus oder ein Wohnmobil. Diese Fahrzeuge sind für asphaltierte Straßen ausgelegt, wenn auch einfache Pisten damit zu fahren sind. Allerdings sind solche Mietfahrzeuge auf unbefestigten Straßen nicht meist versichert; etwaige Schäden am Fahrzeug und Bergungskosten gehen hier zu Lasten des Mieters. Die Wagen selbst sind meist in gutem Zustand und auch ausreichend ausgerüstet. Dennoch ist auf das Minimalzubehör wie Werkzeug, Wagenheber und Ersatzrad zu achten.

Da Miete oder Kauf eines Pkw oder Campingbusses bei den zahlreichen Anbietern (→ Adressen im Anhang) kein Problem sein sollten, gehen wir hier schwerpunktmäßig auf Geländewagen und die dazugehörige Ausrüstung ein.

## Die Wahl des Geländewagens

Das Angebot an Geländewagen (4-WD) ist in Australien sehr vielfältig. Firmen wie *Toyota, Nissan, Holden* (gehört zu *General Motors*), *Rover, Mitsubishi, Ford, Lada* und *Mercedes Benz* sind vertreten. *Toyota* beherrscht den Markt, die anderen dagegen müssen sich mit relativ geringen Anteilen zufriedengeben. Größere Marktanteile haben in den letzten Jahren lediglich *Nissan* und *Holden* gewonnen.

Geländefahrzeuge von *Toyota*, gerade in den ländlichen Gegenden stark vertreten, sind im Fall einer Panne auch in den meisten Werkstätten problemlos zu reparieren. Auch die entsprechenden Ersatzteile sind einfach zu beschaffen (für einen Rover z. B. ist immer noch Werkzeug mit den englischen Maßeinheiten erforderlich, und das ist eben nicht überall vorhanden). *Toyota* ist mit Sicherheit die Automarke, die an erster Stelle einzuordnen ist, vor allem wenn es um den Kauf eines Geländewagens geht. Beim Mieten eines Geländewagens sind Überlegungen bezüglich der Automarke von eher untergeordneter Bedeutung, da die Mietwagenfirma je nach abgeschlossenem Vertrag die Reparaturkosten ganz oder teilweise übernimmt.

Grundsätzlich unterscheidet man in Australien zwischen drei Geländewagenkategorien und deren Streckentauglichkeit: *heavy duty* (Toyota Landcruiser, Nissan Patrol, Ford Maverick u. ä.), *light heavy duty* (Toyota Hi-Lux u. ä.) und *light duty* (Suzuki Vitara, Suzuki Sierra, Holden Jackaroo, Holden Rodeo, Mitsubishi Pajero u. ä.). Für lange und schwierige Strecken eignen sich die Wagen der ersten Kategorie am besten. Sie haben eine Starrachse und Blattfedern und lassen ein hohes Gewicht zu. Der beste *light heavy duty* ist der *Toyota Hi-Lux* älteren Baujahres, der ebenfalls über eine Starrachse verfügt. Die neueren Modelle gibt es mittlerweile auch mit Einzelradaufhängung. Bei dieser kann nicht so viel Gewicht zugeladen werden, und aufgrund der geringeren Bodenfreiheit sind diese Wagen nicht für Strecken geeignet, die das Fahrzeug stark beanspruchen. Von Vorteil ist der bessere Fahrkomfort. Die leichten Modelle der dritten Kategorie sind mit Ausnahme von *Holden Jackaroo, Holden Rodeo* und *Mitsubishi Pajero* nur für die einfachsten Strecken in Australien geeignet.

Die Firma *Toyota* hat verschiedene Modellreihen im Angebot. Die bekannteste ist wohl die *Landcruiser*-Serie, die auch in Australien am häufigsten vertreten ist. Das am meisten verbreitete Modell ist der *Troop Carrier* (Modell LWB-HJ 45). Er gilt als das Arbeitspferd unter den Geländewagen, ist überaus robust und bietet genügend Stauraum. Nachteilig sind vielleicht die spartanische Ausrüstung und der Geräuschpegel, der vor allem beim älteren Modell (Baujahr 1983 oder früher) recht hoch ist. Allerdings sind diese Autos, auch wenn zehn oder zwölf Jahre alt, immer noch sehr beliebt in Australien. Gerade in der Dieselversion sind sie schwer zu bekommen, aber auch sehr leicht zu verkaufen. Ihr größter Vorteil ist die fast vollständig geschraubte Karosserie. Der Wagen ist innerhalb eines Tages zu zerlegen und wieder zusammenzusetzen. Unsere letzte Reise bescherte uns einen Unfall kurz vor *Jardine River* auf der Halbinsel *Cape York.* Ein anderer Wagen wäre danach wahrscheinlich schrottreif gewesen, oder die Reparatur hätte Unsummen verschlungen. Uns kostete sie genau 2.000 $. Dabei beliefen sich allein die Kosten für den Mechaniker, der eigens aus Bamaga kam, auf 400 $. Achsgehäuse (inklusive Einbau), Motorhaube, Lampe, Seitenblech, Stoßstange und diverse Kleinteile bekamen wir als *second-hand*-Teile bei den Schrott- oder besser gesagt Gebrauchtteilhändlern *(wrecker)* und konnten sie dank der Schrauben auch selbst einbauen. Soviel zur Robustheit und Gängigkeit dieses Modells. Leider haben die neuen Modelle, wie alle anderen Geländewagen auch, diese Vorzüge der zerlegbaren Karosserie nicht mehr, so daß selbst ein kleiner Blechschaden teuer wird.

Den *Landcruiser* gibt es in der kurzen Version (SWB = *short wheel base*) und in der langen Version (LWB = *long wheel base*). Seltener auf dem Markt ist die mittellange Version, der MWB *(mid wheel base)*. Für längere *outback*-Reisen sind die "Kurzen" weniger geeignet, da sie zu wenig Stauraum bieten.

Neben diesem Modell gibt es noch den wesentlich komfortableren *station wagon* (FJ und HJ 80).

Grundsätzlich kommen aus der *Landcruiser*-Serie folgende Modelle für *outback*-Touren in Frage (F = Benzin; H = Diesel): HJ 45 Troop Carrier (1972-1984), FJ und HJ 60 station wagon (1980 - 1990), FJ und HJ 75 Troop Carrier (1985 bis heute), FJ und HJ 75 SWB (1975 bis heute) sowie FJ und HJ 80 station wagon (1980 bis heute).

Als weitere Modellreihe gibt es den *Hi-Lux* in verschiedenen Variationen. Er ist preislich wesentlich günstiger als der *Landcruiser* und somit eine überdenkenswerte Alternative. Angeboten werden sie als *pick-up* (offene Ladefläche) mit einer Fahrkabine für zwei *(single cab)* oder vier Personen *(dual cab)*. Für die Ladefläche gibt es Kabinenaufsätze aus Fiberglas oder Tuch. Viele sind der Meinung, mit nur 90 Pferdestärken unter der Haube sei der *Hi-Lux* untermotorisiert. Die fehlenden Pferdestärken kann er aber aufgrund seines geringen Gewichts durchaus kompensieren. Probleme treten nur dann auf, wenn er übermäßig beladen wird. Ein Nachteil des *Hi-Lux,* insbesondere der Version für 4 Personen, ist der geringe Stauraum, der sich besonders bei langen Strecken negativ auswirkt.

Weiterhin auf dem Markt vertreten sind *4-Runner,* gewissermaßen eine Luxusausgabe des *Hi-Lux.* Ausgestattet mit den gleichen Motoren, sind sie dem *Hi-Lux* aufgrund ihres höheren Gewichts unterlegen. Zudem gelten sie unter harten Bedingungen als extrem durstig.

Die Frage, ob Diesel oder Benziner, soll jeder für sich entscheiden, wobei anzumerken ist, daß Dieselmotoren klare Vorteile bieten. Zum einen haben sie einen wesentlich geringeren Kraftstoffverbrauch, und zum anderen sind sie weniger anfällig für Schäden. Es muß aber auch gesagt werden, daß Reparaturen bei einem Diesel wesentlich teurer werden als bei einem Benziner.

## Mietwagen

Ein Mietwagen kommt für alle in Frage, die weniger als sechs Wochen im Land bleiben möchten. Erst bei einem längeren Aufenthalt rechnet sich der Kauf eines Geländewagens, sei es von privat oder bei einem Händler. Mietwagen können über deutsche Reisebüros (deutsche Veranstalter) oder in den großen australischen Städten direkt gebucht werden. Wer in der Hochsaison einen Wagen möchte, muß allerdings schon Mona-te vorher bestellen. Zwei große Anbieter von Mietwagen (Campingbussen und Geländewagen) sind *Britz* und *Maui*; auch *Budget* und *Thrifty* haben ein gutes Angebot an Geländefahrzeugen. Daneben gibt es die Firmen *OZ-Rentals, Koala Campers* (gehört zu Britz), *Territory Rent a Car, Sunseeker Campervan*, *South Perth Four Wheel Drive, NT Outback Rental* (gehört zu Hertz) und Anbieter wie *Hertz* und *Avis*, die aber meist nur wenige Geländewagen im

Angebot haben (Adressen → Anhang). Einwegmieten sind fast immer möglich; einige Anbieter verlangen hier einen Aufpreis, andere machen Einwegmieten von der Mietdauer abhängig.

Die Preise für Mietwagen, z. B. den *bushcamper* (Toyota Troop Carrier mit Hochdach und Camperausbau), betragen ungefähr:
Mietdauer 7-20 Tage: pro Tag 135 $ (Nebensaison), bis 190 $ (Hauptsaison); Mietdauer 21-34 Tage: pro Tag 125 $ (Nebensaison), bis 177 $ (Hauptsaison); Mietdauer 35 Tage und mehr: pro Tag 120 $ (Nebensaison), bis 171 $ (Hauptsaison); Nebensaison Anfang März bis Ende Juni; Hauptsaison Anfang September bis Ende Januar).

Die oben genannten Preise sind lediglich die Mietkosten. Dabei ist der Wagen zwar auch versichert, aber in der Regel zahlt der Mieter bis zu 5.000 $ eines Schadens selbst. Verschuldet er den Unfall allein, also ohne Beteiligung eines anderen Fahrzeugs, kommen noch mal bis zu 1.200 $ dazu. Eine zusätzliche Versicherung (CDW = *Collision Damage Waiver*), die meist für ca. 20 $ pro Tag bei der Wagenmiete mit abgeschlossen werden kann, reduziert den Selbstbehalt enorm (auf 1.000 bis 1.500 $ je nach Versicherung, bei Alleinverschulden auf ca. 1.200 $). Bei der Rundumversicherung (CC = *Complete Cover*) für 35-40 $ am Tag kommt auf den Versicherten eine geringe oder auch keine Beteiligung an den Kosten zu, auch nicht bei Alleinverschulden. Das Rundumpaket deckt auch mehr Schäden ab, z. B. an Windschutzscheiben, Reifen, Dach und Fahrzeugunterseite, wie auch Wasserschäden.

Zusätzlich zu den Mietkosten sind 2 % des Mietpreises als Steuer *(government tax)* an den Staat zu zahlen (bei manchen Vermietern inkl.). Nimmt man also einen Wagen mit Vollkasko in der Hauptsaison für vierzehn Tage, kostet er über 200 $ pro Tag. Für diesen Preis sind Mietwagen nicht gerade üppig mit Werkzeug oder anderen Dingen, die man für eine *outback*-Reise benötigt, ausgerüstet. Relativ einfache *outback*-Strecken wie der *Birdsville Track, Oodnadatta Track* oder ähnliche sind mit dieser Ausrüstung in der Regel kein Problem. Allerdings sollten Mieter bei der Übernahme des Wagens die Werkzeugkiste überprüfen und gegebenenfalls noch ein paar Teile kaufen.

Neben Geländewagen bieten die oben genannten Firmen auch Campingbusse *(campervans)* und Wohnmobile *(motorhomes)* an. Die Mietpreise hierfür betragen bei einer Mietdauer von mindestens sieben Tagen in der Nebensaison ca. 80 $ und in der Hauptsaison ca. 145 $ (inklusive Steuer und CDW). Die großen, unhandlichen *motorhomes* kosten bei einer Mindestmietdauer von sieben Tagen in der Nebensaison ca. 130 $ und der Hauptsaison ca. 220 $ (inkl. Steuer und CDW).

Bei allen Firmen ist es meist preisgünstiger, die Wagen von Deutschland aus zu buchen, da in diesem Fall Sondertarife gelten. Geringe Preisdifferenzen gibt es zwischen *Britz, Koala Campers*, *Maui* und *NQ-Rentals*. Wesentlich preisgünstiger jedoch als diese sind Kleinanbieter wie *Easylife*, *Travel Car Centre* und andere, die auch von deutschen Veranstaltern angeboten werden (Adressen → Anhang). Bei ihnen kosten z. B. ein *Toyota Landcruiser* oder ein *Nissan Patrol*: Mietdauer 14-20 Tage 125 $ pro Tag; Mietdauer 21-34 Tage 110 $ pro Tag; Mietdauer über 35 Tage 100 $ pro Tag.

In diesem Preis sind zumeist alle Nebenkosten und die Vollkaskoversicherung (mit Selbstbeteiligung) enthalten. Zum Auto gehören oft umfangreiches Werkzeug ebenso wie auf Anfrage eine brauchbare Campingausrüstung. Nachteilig kann hier sein, wenn eine Kilometerbegrenzung pro Tag festgelegt ist (z. B. 300 km pro Tag). Allerdings sollte man bedenken, daß man bei einer Mietdauer von 20 Tagen immerhin 6.000 km fahren kann und ab 35 Miettagen viele Firmen die Beschränkung bei den Freikilometern aufheben. Oft werden auch kleine Campingbusse *(campervans)* und Kombis *(station wagons)* angeboten. Hier liegen die Mietpreise je nach Saison zwischen 50 $ bis 60 $ für Kombis und 80 $ bis 100 $ für Busse. In der Nebensaison werden oft Rabatte eingeräumt. Für Einwegmieten gibt es spezielle Tarife.

**Fazit:** Mieten lohnt sich für jeden, der nicht mehr als sechs Wochen mit einem Fahrzeug unterwegs sein will. Ein Vergleich von Preisen und Leistungen der verschiedenen Anbieter rechnet sich. Bei Übernahme des Fahrzeugs ist auf jeden Fall zu prüfen, ob das nötige Werkzeug und auch die notwendige Ausrüstung an Bord sind.

**Hinweis:** Die Adressen der einzelnen Anbieter sind im Anhang aufgelistet.

## *Autokauf*

Die Entscheidung für einen Fahrzeugkauf hängt vor allem von der Zeit ab, die für die Reise zur Verfügung steht. Bei sechs oder mehr Wochen Aufenthalt sollte man die Möglichkeit des Kaufs in Betracht ziehen. Neben der Aufenthaltsdauer in Australien ist der Kaufpreis der zweite wichtige Faktor. Anders als bei einem Mietwagen muß hier der Wagen erst einmal voll bezahlt werden. So benötigt man zur Finanzierung schon vor Reisebeginn eine große Geldsumme, denn Geländewagen in Australien sind nicht gerade billig; für einen Wagen, der nicht älter als fünf Jahre sein soll, sind mindestens 25.000 $ auf den Tisch zu legen. Natürlich kann man davon ausgehen, daß sich das Auto, besonders wenn es ein Diesel ist, auch wieder zu einem angemessenen Preis verkaufen läßt. Allerdings sollte man sich nicht der Illusion hingeben, an dem Verkauf noch etwas zu verdienen, wenn das auch in manchen Fällen möglich sein mag. Mitunter erfordert der Verkauf eines Wagens viel Zeit (Tage und mitunter Wochen) und eine gehörige Portion Glück. So manch einer hat am Ende seiner Reise das Fahrzeug unter dem ursprünglich angesetzten Preis verkaufen müssen.

Grundsätzlich gibt es vier Möglichkeiten, an den gewünschten Wagen zu kommen: über Zeitung, Händler, Auktion oder spezielle Anbieter eines Verkaufs mit Rückkaufgarantie. Gute Aussichten, das gewünschte Fahrzeug zu finden, hat man über die Zeitung. In den Wochenendausgaben der großen Blätter oder in der *Trading Post* (vergleichbar unseren Schnäppchenzeitungen) stehen oft seitenweise Fahrzeugangebote, viele von Privatpersonen. Beim Kauf eines Gebrauchtwagens - sei es von privat, einem Autohändler oder auf einer Auktion - besteht immer das Risiko, einen Wagen zu erstehen, der nicht in Ordnung ist. Man benötigt sehr viel Sachverstand, Zeit und natürlich auch Glück, einen tauglichen Wagen zu finden. Unangenehme Erfahrungen bescherten uns so manche Autohändler, die skrupellose Verkaufsstrategien anwendeten. Bei unserer ersten Reise hatten wir uns ein Preislimit von ca. 5.500 $ für einen älteren Diesel gesetzt (SWB 10 Jahre und älter). Den ersten Satz, den wir fast überall zu hören bekamen, war: "Dafür bekommt Ihr nur Schrott. Aber vielleicht kann ich Euch helfen. Ich hab' einen wirklich guten, den ich Euch für nur 5.000 $ geben kann." In der Regel sah das angebotene Fahrzeug schrottreif aus. Oftmals wollte man uns noch einen Rabatt von 500 $ gewähren, zum Ausgleich dafür, daß der Wagen ein Benziner war und "etwas" mehr Sprit verbrauche. Einlassen sollte man sich auf so etwas nicht, denn der Händler gewährt diesen Rabatt nicht ohne Grund. Genauso wie er den Wagen nicht verkaufen kann, ergeht es einem am Ende der Reise selbst. Wir fanden letztlich einen brauchbaren *Toyota Landcruiser* (SWB, Diesel, 12 Jahre alt) über die *Trading Post*. Der Wagen hatte zwar kein Zündschloß (gestartet wurde mit dem Schraubenzieher), insgesamt drei verschiedene Schlüssel, und auch der Lack war etwas lädiert, aber dafür gab es einen Zusatztank für 120 Liter Diesel, und das Auto war technisch okay. Die fehlenden Kleinteile für ein solches Fahrzeug bekommt man bei Gebrauchtteilhändlern. Mit Dieselversion und Zusatztank spart man je nach Reisedauer schon einiges.

Eine weitere Möglichkeit, an einen Wagen zu kommen, sind Auktionen *(auctions)*. Der Nachteil hierbei ist, daß der Wagen vorher nicht probegefahren werden kann. Andererseits besteht die Möglichkeit, ein richtiges Schnäppchen zu machen. Sind nur wenige Bieter da, oder keiner interessiert sich für den Wagen, kommt er für den Mindestpreis unter den Hammer. Aber Vorsicht, man kauft immer "die Katze im Sack". Wer nichts von Autos versteht, sollte besser kein Auto auf einer Auktion erstehen.

Wer sich nicht mit Händlern herumschlagen möchte, keine Zeit für die Suche in der Zeitung und den Besuch von Auktionen hat, für den gibt es noch eine weitere Alternative: den Kauf mit Rückkaufgarantie (auch bei deutschen Veranstaltern im Programm; Adressen → Anhang).

Die Buchung kann hier nach folgendem Muster ablaufen: Man läßt sich einen Prospekt zusenden, sucht den gewünschten Wagentyp aus und teilt diesen zusammen mit Reisedaten und speziellen Wünschen der entsprechenden Firma mit. Daraufhin erhält man ein Angebot. Beispiel: Man möchte einen Wagen für zwölf Wochen haben. Ein Geländewagen kostet je nach Alter etwa 15.000 bis 30.000 $. Nehmen wir einen beliebigen Preis in dieser Spanne an. Die Abschreibung bzw. der Rückkaufpreis für diesen Wagen liegt dann um ca. 6.200 $ niedriger als der Kaufpreis. Darin enthalten sind die lokale Steuer und eine Haftpflichtversicherung. Eine Vollkaskoversicherung kostet ca. 40 $ pro Woche. Macht also einen Preis von ca. 6.200 bis 6.700 $ für das Fahrzeug. Ein Mietwagen für die gleiche Zeit würde beim günstigsten Angebot ungefähr 8.700 $ kosten. Die Differenz zum Fahrzeug mit Rückkaufgarantie beträgt ca. 2.000 $.

Auch Garantieleistungen sind für Fahrzeuge mit Rückkaufgarantie eingeschlossen, allerdings weichen sie je nach Verkaufsfirma voneinander ab. So gewähren einige für die Reisedauer (bis sechs Monate ohne Kilometerbeschränkung) eine volle Reparaturgarantie, ausgenommen davon Glasbruch und Reifenschäden, andere eine Garantie für maximal 30 Tage oder für 3.000 Kilometer auf Motor, Getriebe und Hinterachse (bei neueren Fahrzeugen werden hier umfangreichere Garantieleistungen eingeräumt). Der weitere Vorteil eines Kaufs mit Rückkaufgarantie ist, daß Ausrüstungsgegenstände größtenteils umsonst geliehen werden können. Man kann also auch hier wieder einiges sparen und muß keine zusätzliche Zeit für weitere Einkäufe einplanen. Wie beim Mietwagen steht das Auto bei Ankunft bereit und wird einfach am letzten Tag der Reise wieder abgegeben.

**Fazit:** Der Kauf eines Wagens, sei es durch die Zeitung, bei einem Händler oder bei einer der Rückkauffirmen, lohnt sich für alle, die länger als sechs Wochen im Land sind. Wer sicher gehen möchte und keine Zeit in die Wagensuche investieren kann, ist bei einer der Rückkauffirmen gut aufgehoben. Auch hier lohnt ein Preis - Leistungsvergleich der einzelnen Anbieter. Die Adressen einiger Anbieter sind im Anhang aufgelistet.

## *Versicherung*

Anders als in Deutschland ist in Australien mit der Zulassung des Autos *(registration)* eine Haftpflichtversicherung für Personenschäden eingeschlossen *(third party personal injury insurance)*. Dies gewährleistet zumindest einen minimalen Versicherungsschutz für Personen. Dieser Versicherungsschutz sollte auf jeden Fall auf Sachschäden ausgedehnt werden *(third party property insurance)*. Bei einem Kauf über Händler bieten diese den Kunden oft auch an, gewünschte Versicherungen abzuschließen. Wer jedoch sichergehen möchte, daß dies auch wirklich erledigt wird, sollte sich selbst darum kümmern, denn hin und wieder wird das Geld von den Händlern nicht an die Versicherungsgesellschaft weitergeleitet, und der Autofahrer fährt ohne Versicherungsschutz durch Australien. Ein seriöser Händler geht mit seinem Kunden zum Versicherungsbüro und zur Zulassungsstelle, um den Papierkram zu erledigen. Wer dieses Glück nicht hat, muß sich selbst um Versicherungsschutz kümmern. In der Regel geht auch das problemlos vonstatten.

Die größten Versicherer sind einmal die Automilclubs (NRMA, RAC etc.) der einzelnen Bundesstaaten. Leider versichern sie meistens nur regional und sind aus diesem Grunde nicht zu empfehlen. Australienweit dagegen versichern *GIO, AAMI, FAI* und *SUNCORP*. Um das Auto zu versichern, benötigt man seinen Führerschein (international), die Autopapiere (Kaufpapiere) und eine Adresse in Australien (Freunde, Bekannte, das Hotel oder der Autohändler). Günstig ist es, eine Bescheinigung (in englischer Sprache) über seinen Schadensfreiheitsrabatt in Deutschland mitzuführen. In der Regel erkennen die australischen Versicherer bei einer Vollkaskoversicherung die Rabatte an.

Die Versicherungsgebühren selbst sind in Australien wesentlich günstiger als in Deutschland. So kosten die Haftpflichtversicherung (für materielle Schäden) z. B. für einen *Toyota Landcruiser* für ein Jahr ca. 130 bis 200 $ und die Vollkaskoversicherung 650 bis 800 $, je nach Versicherer. Werden Versicherungsleistungen nicht in Anspruch genommen, so wird ein Teil der Prämie zurückgezahlt. Liegt die erstattete Summe unter 100 $, ist es günstiger, den Scheck an einen australischen Bekannten weiterzuleiten, der ihn dann auf seinem Konto einlöst. Die Einlösegebühren in Deutschland sind nämlich derart hoch, daß sich das Einlösen bei einer so geringen Summe nicht lohnen würde.

Zum Schluß noch ein wichtiger Hinweis: Wenn möglich, sollte das Auto bei der Versicherung auf einen festen Wert *(fixed value)* versichert werden. Kommt es dann zum Unfall, wird dieser Betrag auf jeden Fall erstattet. Ist dies bei der Versicherung nicht geschehen, wird der Schaden nach dem Marktwert beglichen, und der ist nicht immer gleich dem Kaufwert. Außerdem ist es wichtig, sich nach einem Unfall umgehend mit seiner Versicherungsgesellschaft in Verbindung zu setzen, um mit ihr das weitere Vorgehen abzuklären.

### Zulassung

In Australien werden Fahrzeuge jeweils für ein Jahr zugelassen *(registration)*. Meist ist die Plakette *(sticker)* mit dem Datum der gültigen Zulassung an der Windschutzscheibe befestigt. Käufer sollten darauf achten, daß das Auto noch wenigstens einen Monat (am besten aber solange wie möglich) über den beabsichtigten Aufenthalt in Australien hinaus registriert ist. Die Zulassungsgebühr *(registration fee)* wird nur bei Verlust (Unfall, Diebstahl) oder bei Ab- und Anmeldung des Fahrzeugs in einem anderen Bundesstaat zurückerstattet. Um sich aufwendige Umschreibeformalitäten zu ersparen, ist es günstiger, den Wagen in dem Staat zu verkaufen, in dem er bereits zugelassen ist. Hat der Wagen noch eine gültige Zulassung, so sollte man diese beim Kauf nicht unberücksichtigt lassen. Sie erhöht meist den Kaufpreis. Die Gebühren für eine Neuanmeldung variieren in den einzelnen Bundesstaaten: New South Wales ist mit ca. 650 $ für z. B. einen *Toyota Landcruiser* am teuersten, Western Australia mit ca. 300 $ am billigsten.

Bei der Zulassung ist dann noch die Stempelgebühr *(stamp duty)* an den Staat zu bezahlen. Sie beträgt in New South Wales 2,50 $ je 100 Dollar Kaufpreis plus 18 $ Gebühr oder z. B. in Victoria 4 $ je 100 Dollar Kaufpreis plus 21 $ Gebühr (macht bei 10.000 $ Kaufpreis zusätzlich 421 $ an Stempelgebühr).

Folgendermaßen geht eine Ummeldung *(transfer of registration)* vor sich: Vom Verkäufer erhält man die Autopapiere samt Verkaufsbescheinigung und - wenn das Auto neu zugelassen werden muß - den *Pink Slip* (in New South Wales) oder das *Road Worthiness Certificate* (in Victoria). Beide Ausweise sind ähnlich unserer TÜV-Bescheinigung, wenn auch das Auto bei weitem nicht so umfangreich geprüft wird. Mit den Autopapieren und der TÜV-Bescheinigung geht man zum nächsten Zulassungsbüro *(Road & Transport Authority)* und läßt sein Auto für ein Jahr registrieren.

## Ausrüstung des Geländewagens

Steht das Fahrzeug bereit, muß noch die Ausrüstung zusammengestellt werden. Die folgenden Kapitel sollen dabei helfen, die richtige Ausrüstung für die geplante Strecke zu finden. Die Beschreibungen basieren auf eigenen Erfahrungen wie auch auf den Erfahrungen vieler Australier, mit denen wir unterwegs waren oder die wir unterwegs getroffen haben.

Nur selten wird man ein Fahrzeug finden - ob gemietet oder gekauft -, das optimal für eine Tour durchs *outback* ausgestattet ist. Deswegen gilt: Vorher genau erkundigen, welche Ausrüstung zum Wagen gehört, welche Ausrüstung man vom Vermieter ohne Aufpreis dazubekommen kann, welche Ausrüstung man zusätzlich benötigt und welche Kosten dafür anfallen. Da, wo die meisten Wagen angeboten werden, nämlich in den Großstädten, werden sie auch vornehmlich genutzt. Deshalb sind viele Geländefahrzeuge nicht entsprechend für eine Fahrt durchs *outback* ausgerüstet. So heißt es auch hier: Die Ausrüstung muß zusätzlich besorgt werden.

Da der Industriezweig der Auto- und speziell der *off road*-Ausrüster in Australien sehr groß ist, wird man keine Probleme haben, die benötigten Teile zu finden. Allerdings sind die Preise für Neuteile recht hoch, und der Reisende kann leicht die Hälfte des Wagenpreises noch einmal für das Zubehör ausgeben. Auch wenn man diese Zusatzteile später wieder verkaufen kann, ist es zunächst einmal eine Investition, für die Geld vorhanden sein muß. Deshalb sollte sich jeder vorher genau überlegen, welche Strekke er zu welcher Jahreszeit befahren möchte und welche Ausrüstung er dafür benötigt. Zu beachten ist auch, daß viele Ausrüstungsgegenstände zwar die Sicherheit, aber vor allen Dingen auch das Gesamtgewicht des Wagens erhöhen.

## Grundausrüstung des Wagens

Hierbei handelt es sich um die Ausrüstung, die jeder auf längeren oder einsamen Strecken im *outback* an oder in einem Geländewagen haben sollte. Bei kurzen und relativ einfachen Strecken wie z. B. *Birdsville Track* oder *Plenty Highway* (immer vorausgesetzt, man ist zur richtigen Jahreszeit und bei guten Straßenverhältnissen unterwegs) kann jedoch darauf verzichtet werden. Einige Ausrüstungsgegenstände kann sich der handwerklich Geschickte auch selbst zusammenbauen oder an seinem Wagen anbringen.

### Frontschutzbügel (bullbar oder roobar)

Dieser martialisch wirkende Vorbau hat durchaus einen Sinn. Australiens *outback* ist nur von wenigen Menschen besiedelt, dafür aber von umso mehr Tieren. Dazu gehören sowohl Wildtiere wie Känguruhs, Emus oder Büffel als auch Farmtiere wie Rinder und Schafe. Viele Farmen im *outback* zäunen ihre riesigen Weideflächen nicht ein. So sind hier Farmtiere wie auch Wildtiere unterwegs, um etwa zu Tränken oder Futterplätzen zu gelangen. Dabei sind die Tiere nicht nur nachts aktiv. Besonders in den Dämmerungsstunden, d. h. in den drei Stunden nach Sonnenauf- bzw. vor Sonnenuntergang, sollte man vermehrt damit rechnen, daß unvermittelt ein Känguruh über die Straße hüpft oder ein Rind hinter einer unübersichtlichen Kurve auf der Fahrbahn steht. Ein Zusammenstoß mit 300 bis 400 kg Lebendgewicht hinterläßt an jedem Auto mehr als nur eine Beule. Viele sind der Meinung, der Kauf eines Frontschutzbügels lohne nur dann, wenn Nachtfahrten geplant sind. Diesen Vorschlag halten wir aus dem oben erwähnten Grund für nicht sehr sinnvoll. Wahrscheinlich kommt es aber in Australien, wie überall sonst auch, häufiger zu Unfällen mit unglücklichem Ausgang durch unvorsichtige Autofahrer, als durch den Zusammenstoß mit einem Tier. Wir waren zumindest heilfroh, daß wir einen Frontschutzbügel hatten, als uns ein *Ford Maverick* auf die Hörner nahm. Eine *bullbar* nimmt die größte Wucht des Aufpralls, auch wenn man einmal von der Strecke abkommt und einen ungewollten Ausflug in den Busch macht. Deswegen würden wir in jedem Fall für einen Frontschutzbügel plädieren. Viele Gebrauchtwagen sind meist schon damit ausgerüstet.

Sollte dies nicht der Fall sein, so kann man - abgesehen von einem neuen Frontschutzbügel (ca. 400 bis 800 $, mit Einbau) - auch einen gebrauchten vom Schrotthändler (200 bis 500 $, mit Einbau) kaufen. Eine Abnahme durch die Zulassungsstelle ist nicht erforderlich.

## *Reifen (tyres)*

Hier kommen - wenn man die Vernunft sprechen läßt - nur Normalreifen, d. h. keine Breitreifen, in Frage. Letztere sind wirklich nur zu empfehlen, wenn ausschließlich auf sandigen Strecken gefahren wird. Das ist aber so gut wie nie der Fall, denn immer wieder unterbrechen felsige Abschnitte oder Schotterstrecken die Pisten. Außerdem sind Normalreifen bei jeder Reifenreparaturwerkstatt - und davon gibt es mehr als genug in Australien - auch als Gebrauchtreifen *(second-hand tyres)* zu bekommen. Diese kosten in der Regel nicht mehr als 50 $ und halten auch noch einige tausend Kilometer - bei einem Kurzaufenthalt sicherlich eine gute Alternative zum Kauf neuer Reifen, die pro Stück ca. 150 $ kosten. Möchte man jedoch einen Satz neuer Reifen kaufen, dann sollte man zugunsten der Qualität nicht auf ein paar Dollar schauen. Die Hersteller empfehlen für jeden Wagen die Anzahl der Lagen *(plyrating)*, aus denen ein Reifen bestehen sollte. Ist z. B. für Geländewagenreifen eine *plyrating* von acht angegeben, sollte man, wenn sowieso neue gekauft werden müssen, Reifen mit einer *plyrating* von zehn montieren. Die zwei zusätzlichen Lagen erhöhen die Festigkeit und reduzieren die Anzahl der "Plattfüße".

Ein weiteres Diskussionsthema ist die Frage: mit oder ohne Schlauch *(tube)*? Schlauchreifen haben den Vorteil, daß die Schläuche mehrmals geflickt werden können und wesentlich einfacher aufzupumpen sind. Schlauchlose Reifen sind nur schlecht zu flicken und ohne Preßluft nur mit viel Glück wieder aufzupumpen. Es mag sein, daß Schlauchreifen heißer werden als schlauchlose und daß Reifenflikken keine angenehme Arbeit ist, aber sie sind zumindest einfacher zu reparieren und bieten größere Sicherheit, falls man unterwegs eine Panne hat. Außerdem kann man den Luftdruck bei Sandfahrten extrem reduzieren. Schlauchlose Reifen dagegen können aufgrund des niedrigen Luftdrucks ihre Luft verlieren, wenn der Reifen an der Felge nicht mehr richtig dichtet. Die Grundausrüstung sollte also nach Möglichkeit aus Normalreifen mit Schläuchen bestehen. Als Ersatz nimmt man ein komplettes Ersatzrad und Flickzeug sowohl für die Schläuche als auch für die Reifen mit. Wer auf längeren und schwierigeren Strecken unterwegs ist, nimmt zusätzlich einen zweiten Reservereifen und zwei Reserveschläuche (30 bis 40 $) mit. Letztere sind übrigens auch als Schwimmreifen zu benutzen.

(Wie ein Reifen oder Schlauch geflickt wird → "Reifenflicken leicht gemacht").

## *Felgen (rims)*

Auch hier gibt es verschiedene Meinungen. Die einen bevorzugen die schön anzuschauenden Aluminium-Felgen, andere achten mehr auf die Haltbarkeit und die Einfachheit der Reifenreparatur und ziehen deshalb Stahlfelgen vor. Bei den Stahlfelgen unterscheidet man zwischen den normalen Felgen, wie sie jeder kennt, und ringgeteilten Felgen *(splitrims)* - hier besteht die Felge aus zwei Teilen: der eigentlichen Felge und einem aufgesetzten Kranz mit Schlitz. Nach einiger Übung kann man bei diesen Felgen innerhalb von zwanzig Minuten einen Schlauch wechseln (wie das funktioniert → "Reifenflicken leicht gemacht"), während das Wechseln des Reifens auf einer normalen Felge doch etwas mühsamer ist.

Noch einigermaßen gute Gebrauchtfelgen bekommt man bei Reifen- oder Schrotthändlern für 30 $ bis 50 $.

## *Kanister oder Zusatztank (jerry cans oder long range tank)*

Wer größere Strecken zurücklegen möchte, wird mit dem serienmäßig eingebauten Tank (meist 90 Liter) nicht auskommen und benötigt zusätzliche Treibstoffreserven. Bei unserer ersten Reise hatten wir einen Zusatztank von 120 Litern im Heck unseres *Landcruiser* (SWB) eingebaut - sicher nicht die günstigste Stelle, den Tank einzubauen, denn hier mußten wir auch unser Gepäck unterbringen. Mittlerweile werden die neueren Geländewagen oft schon mit zwei Tanks mit insgesamt 180 Litern Fassungsvermögen ausgestattet, so daß man nur auf extremen Strecken wie der *Canning Stock Route* noch zusätzliche Kanister mitführen muß. Hat der Wagen jedoch keinen zweiten Tank, und man möchte keine Kanister mitnehmen, dann bleibt nur noch der Einbau eines Zusatztanks. Die meisten großen *off road*-Ausrüster wie *ARB* oder *Opposite Lock* bieten diese Zusatztanks an (→ Adressen im Anhang). Der Preis dafür beträgt je nach Tankgröße rund 600 bis 1.000 $.

Eine weitere Möglichkeit, den benötigten Sprit mitzunehmen, bieten Kanister. Da man sie jedoch au-

Ringgeteilte Felge

ßen am Wagen anbringen muß - das Transportieren im Wagen ist verboten - wird die Zahl begrenzt. Auch der Dachgepäckträger ist nicht die optimale Lösung, da gefüllte Kanister recht schwer sind. Kanister sind eine kostengünstige Alternative, wenn nur wenig Kraftstoff zusätzlich mitzunehmen ist. Neue Kanister kosten 25 bis 30 $; sie sind in Supermärkten, Tankstellen und Ausrüstungsläden erhältlich. Gebrauchte Kanister kosten zwischen 10 und 20 $ und sind vor allem in *second-hand*-Läden zu bekommen.

### Doppel-Batterien-System (dual battery system)

Ständiges Gerüttel, extreme Witterungsverhältnisse und zusätzliche Stromverbraucher wie Kühlschrank oder Lampe setzen einer Batterie ganz schön zu. Deshalb ist es nicht ungewöhnlich, daß diese schneller ihren Geist als unter normalen Umständen aufgeben. Eine leere Batterie mitten im *outback* kann fatale Folgen haben. Selbst wenn am Wagen noch alles in Ordnung ist - ohne Saft läuft nichts. Zwar läßt sich auch ein Diesel im Notfall mit einem zweiten Auto anschleppen, aber was macht man, wenn gerade niemand in der Nähe ist? Die Lösung heißt: Vorbeugen mit einem *dual-battery-system.* Dabei wird eine zweite Batterie im Wagen eingebaut, die gleichzeitig mit der anderen Batterie von der Lichtmaschine aufgeladen wird. Ein kleines Zusatzgerät erlaubt dabei, daß der Ladestrom zur zweiten Batterie hinfließen, aber kein Strom von dieser Batterie abgezogen werden kann. Vorteil des Ganzen: Man hat immer eine zweite, voll aufgeladene Batterie in Reserve. Eine Anschaffung von 200 bis 300 $ inklusive Einbau, die sich immer bezahlt macht.

## Zusatzausrüstung des Wagens

Die im folgenden beschriebenen Ausrüstungsgegenstände sind bei einigen Strecken unter bestimmten Bedingungen von Vorteil, aber nicht unbedingt notwendig.

### Dachgepäckträger (roof rack)

Dachgepäckträger sind nützlich, wenn man auf langen Strecken unterwegs ist und einige leichtere, sperrige Sachen hat, die dort verstaut werden können. Besonders zu achten ist auf Stabilität des Dachgepäckträgers und seine Befestigung am Chassis. Überlädt man den Gepäckträger, so wird nicht nur der Schwerpunkt des Wagens nach oben verlagert und damit die Gefahr des Umkippens bei abschüssigen Passagen erhöht, sondern auch Halterungen, Regenrinne oder Windschutzscheibe können Schaden nehmen. Im Extremfall kann sich sogar das Dachblech lösen.

Wenn möglich, sollte die Ausrüstung im Wagen verstaut werden. Wenn ein Dachgepäckträger montiert wird, dann sollte er auf jeden Fall stabil genug sein, um auch auf holprigen Pisten nicht auseinanderzubrechen.

### Fliegenschutznetz oder Grasschutz

Das Fliegenschutznetz dient nicht nur dazu, Fliegen abzuhalten. Es wird auf einigen Strecken benötigt, um die Samen des Spinifexgrases vom Kühler fernzuhalten. An der Front des Wagens (vor dem Kühler) angebracht, verhindert es, daß sich die harzigen Grassamen in den Kühler setzen und die Rippen verkleben. Die Scheinwerfer müssen natürlich ausgespart werden.

## *Klimaanlage (air conditioning)*

Wer Wert auf angenehme Temperaturen im Wageninnern legt, für den ist die Klimaanlage unerläßlich. Zu bedenken ist, daß die kühle Luft den Spritverbrauch um 1 bis 2 Liter auf 100 Kilometer erhöht. So sind bei einer Strecke von 1.500 km ca. 30 Liter zusätzlich einzuplanen. Die meisten Wagen sind zwar mit Klimaanlage ausgestattet, doch trifft man im *outback* nur selten Australier, die sie dauernd nutzen. Verläßt man den wohltemperierten Wagen und begibt sich nach draußen, in eine Umgebungstemperatur von 30 bis 40° C, erlebt der Körper einen regelrechten Schock. Setzt man die Fahrt fort, ist es natürlich angenehm, in einen relativ kühlen Wagen einzusteigen, wobei der Körper wieder einmal die Umstellung verkraften muß. Das Ergebnis einer derartigen körperlichen Belastung und des Fahrens im kühlen Wagen ist meist eine handfeste Erkältung. Gute Dienste leistet die Klimaanlage allerdings, wenn der Wagen längere Zeit in der Sonne geparkt war. Mit ihrer Hilfe läßt sich die Innentemperatur schnell herabsetzen. Von Vorteil ist sie auch, wenn man bei Passagen mit *bulldust* die Fenster geschlossen halten sollte.

**Fazit:** Eine Klimaanlage ist angenehm, sollte aber maßvoll eingesetzt werden, d. h. nicht ständig in Betrieb sein.

## *Luftansaugstutzen oder Schnorchel (snorkel)*

Der Schnorchel dient dazu, bei Überflutung des Motorraumes (z. B. bei einer Flußdurchquerung) zu verhindern, daß Wasser in den Motor gelangt. Es handelt sich im Prinzip um einen erhöhten Luftansaugstutzen. So ein Schnorchel wirkt zwar sehr expeditionsmäßig, ist aber nicht notwendig, denn sicherlich haben 95 % aller mit einem Schnorchel ausgerüsteten Geländewagen noch nie einen Fluß, der tiefer als 50 oder 60 cm ist, durchquert. Gerade bei einer Flußdurchquerung kommt es ja nicht nur auf die Wassertiefe, sondern auch auf die Beschaffenheit des Untergrundes und die Fließkraft des Wassers an. Man kann also getrost davon ausgehen, daß es bei Flüssen mit mehr als einem Meter Wasserstand sowieso keine Durchquerungsmöglichkeiten gibt. Selbst bei einem Wasserstand von nur 60 bis 70 cm ist die Strömung in der Regel sehr stark, oder der Untergrund ist sehr weichsandig, so daß auch mit Schnorchel keine Durchquerung möglich ist. Steht man in der Trockenzeit doch einmal an einem Fluß und hat Bedenken wegen der Tiefe, kann man immer noch die Motorhaube öffnen, den Ansaugstutzen losschrauben und ihn nach oben biegen (→ "Fahrtechniken und Problemlösungen", hier "Flußdurchfahrten"). Das erhöht die mögliche Durchfahrttiefe um mindestens 20 cm. Sollte das noch nicht reichen, nimmt man, sofern man richtig ausgerüstet ist, noch ein 50 cm langes, flexibles Stück Schlauch (Durchmesser ca. 5 bis 10 cm) und befestigt es am Luftansaugstutzen.

## *Zusatzscheinwerfer (additional driving lights)*

Sind sie schon am Fahrzeug angebracht, ist das sicherlich eine gute Sache. Zusätzliche Scheinwerfer extra anzuschaffen, lohnt sich wirklich nur für den, der überwiegend nachts unterwegs ist. Das aber sollte man nach Möglichkeit vermeiden (Gefahr, mit Tieren zusammenzustoßen oder sich zu verfahren).

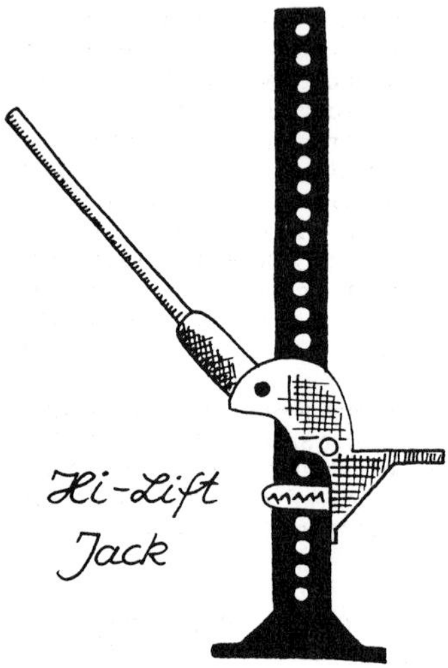


## Werkzeug und Ersatzteile

Ein Minimum an Werkzeug, gewissermaßen eine Basisausrüstung, sollte in jedem Wagen, egal ob in 4-WD oder Pkw, vorhanden sein. Dazu gehören Zange, Hammer, Schraubenzieher, Schraubenschlüssel, Wagenheber, Radmutternschlüssel und Erste-Hilfe-Kasten. Mit dieser Ausrüstung kann man sich begnügen, wenn lediglich Strecken wie der *Stuart Highway, Eyre Highway* und ähnliche gefahren werden. Viele begeben sich mit dieser Ausrüstung auch auf den *Oodnadatta-* oder *Birdsville Track.* Wir möchten von soviel Leichtsinn dringend abraten.

Für schwierigere und weniger befahrene Strecken ist eine umfangreiche Grundausrüstung an Werkzeug erforderlich. Wer die langen, einsamen und schwierigen Strecken, wie z. B. in *Simpson Desert* oder die *Canning Stock Route,* bewältigen möchte, sollte zur Grundausrüstung noch zusätzliches Werkzeug mitnehmen, um unterwegs anfallende Reparaturen ausführen zu können. Aus diesem Grund teilen wir das Werkzeug und die Ersatzteile ein nach *Basisausrüstung*, die immer an Bord ist und nicht gesondert erwähnt wird, *Grundausrüstung*, die jeder dabeihaben sollte, wenn er im *outback* unterwegs ist, und *Zusatzausrüstung*, die man bei schwierigeren Strecken benötigt.

### Grundausrüstung an Werkzeug und Ersatzteilen

#### Feuerlöscher (fire extinguisher)

Das ist ein Utensil, daß man auf jeden Fall dabeihaben sollte. Nicht selten sieht man in Australien ausgebrannte Autowracks am Straßenrand stehen. Ein absolutes "Muß" ist der Feuerlöscher auf Strecken, die einen Mittenbewuchs mit Spinifex aufweisen. Das Gras bildet nach der Blüte einen harzigen Samen aus. Dieser sammelt sich unter dem Fahrzeugboden in allen nur erdenklichen Nischen und Ritzen und entzündet sich leicht am heißen Auspuff. Ist dann kein Feuerlöscher parat, dürfte die Reise vorzeitig beendet sein. Außerdem kann der Feuerlöscher wertvolle Dienste leisten, wenn beim abendlichen Campfeuer doch mal ein Funke fliegt und das umliegende Gras in Brand setzt. Er bietet also nicht nur Schutz für die eigene Person, sondern könnte auch einen Buschbrand verhindern.

#### Langhubiger Wagenheber (Hi-Lift-Jack)

Das ist zweifelsfrei der wichtigste Ausrüstungsgegenstand auf einer

Tour durchs *outback*. Ihn benötigt man, um Reifen zu wechseln und zu reparieren, um den Wagen aus einem Schlammloch zu bergen, wenn er aufgesetzt hat oder als Behelfswinde.

Wer nicht gerade während der Regenzeit im Norden unterwegs ist, kann sich den Kauf einer Winde, die mindestens 500 $ kostet, zumeist sparen. Der langhubige Wagenheber leistet ebenso gute Dienste (→ "Der Hi-Lift-Jack richtig eingesetzt"). *Hi-Lift-Jacks* sind bei allen *off road*-Ausrüstern zu bekommen und kosten ca. 120 $. Zu diesen Wagenhebern gehört immer eine stabile Unterlage *(base plate)*. Diese sollte - wenn möglich - eine Stahlplatte, ca. 5 mm dick und 30 bis 40 cm im Durchmesser, sein. Sie ist zusätzlich als Grillplatte oder - wenn sie in der Mitte ein Loch hat - als Erdanker für die Winde zu benutzen. Allerdings kann man sich auch mit einem stabilen Brett als Unterlage behelfen. Improvisation im *outback* ist eben äußerst wichtig.

### *Kompressor (compressor)*

Ständig wechselndes Terrain (Anpassung des Reifendrucks) oder ein platter Reifen machen den Einsatz eines Kompressors erforderlich. Man könnte das natürlich auch mit einer Luftpumpe erledigen, wenn man ca. ein bis zwei Stunden Zeit in glühender Hitze opfern und sich abmühen würde. Kompressoren gibt es in den Autozubehörläden oder im Heimwerkermarkt schon für ca. 30 $. Sie sind für den zumeist kurzen Aufenthalt ausreichend. Es empfiehlt sich, zur Sicherheit immer noch eine Luftpumpe oder einen zweiten Kompressor mitzunehmen, falls einer unbrauchbar wird. Qualitativ hochwertige Kompressoren bieten die vielen *off road*-Ausrüster an (die Preise beginnen bei ca. 300 $). Hier sollte man zwei Kompressoren der billigen Sorte den Vorzug geben, zumal man auch bei einem teuren Gerät die Möglichkeit einer Beschädigung auf der Reise in Betracht ziehen muß oder für diesen Fall einen zweiten Kompressor dabeihaben sollte. Für die Haltbarkeit der Kompressoren ist es wichtig, daß sie nicht überhitzen (deshalb nie in der prallen Sonne betätigen und nie mehrere Reifen hintereinander aufpumpen). Bei Betrieb auf sandigem Untergrund immer eine Plane unterlegen.

Zu Kompressor und Luftpumpe gehört auf jeden Fall auch ein Reifenluftdruckmesser *(pressure gauge)*, der schon für wenige Dollar in großen Heimwerkermärkten zu haben ist.

### *Liste mit Werkzeug, Ausrüstungs- und Ersatzteilen*

- Aerosol - Starthilfe für Diesel (7 $)
- Arbeitshandschuhe (*gloves*; 5 $)
- *billy*-Haken aus dickem Draht gebogen (3 $; → "Camping", hier "Grill, Kocher, Töpfe und Geschirr")
- Bremsflüssigkeit (*brake fluid*; 8 $)
- Draht - Bindedraht (*wire*; 2 $)
- Erste-Hilfe-Kasten (*first aid kit*; 10 $)
- Expandergummis (*straps*; mindestens 5 Stück; 5-10 $)
- Flickzeug für Reifen und Schlauch (*puncture repair kit for tubes and tyres*; 20 $)
- Gummihammer (*hammer*; 10 $)
- Isolierband (*tape*; 1 $)
- Keilriemen (*fan belt*; 7 $)
- Montiereisen (*tyre lever*; 2 Stück; 10 $)
- Motoröl (*engine oil*; 7 $)
- Plastikplanen (*plastic tarpaulins;* 2 $)
- Plastiksäcke, durchsichtig (*plastic bags;* 2 $)

- Plastikschlauch (*plastic hose;* 5 $)
- Schnallgurte (*buckle straps;* 3 Stück; 10 $)
- Radmutternschlüssel (*wheel spanner* oder *wheel brace*; 10 $)
- Schaufel oder Klappspaten (*shovel*; 15-25 $)
- Schraubenziehersatz (*screwdriver set*; 15-25 $)
- Schraubenschlüsselsatz oder Steckschlüsselsatz (*spanner set*; 25-50 $)
- Sicherungen (*fuses*; 2 $)
- Taschenlampe (*torch*; 10 bis 20 $)
- Zange (*tong*; 5 $)
- Zündkerzenschlüssel beim Benziner (*spark plug spanner*; 5 $)

## Zusatzausrüstung an Werkzeug und Ersatzteilen

### Snatch-em-Strap

Dieser teilelastische Gurt, der sich ab einem bestimmten Grad der Überdehnung ruckartig zusammenzieht, ist eine der einfachsten Möglichkeiten, um ein im Sand oder Schlamm festsitzendes Fahrzeug zu befreien. Man spannt ihn zwischen dem steckengebliebenen Fahrzeug und einem anderen Wagen. Letzterer fährt dann an, wobei sich der Gurt dehnt, bis er den Punkt der Überdehnung erreicht. Dann zieht es sich ruckartig zusammen und katapultiert das festsitzende Fahrzeug regelrecht aus seiner Position. Allerdings hat es, wie schon oben erwähnt, den Nachteil, daß man dazu einen zweiten Wagen braucht. Ein *snatch-em-strap* kostet 25 bis 40 $.

### Überbrückungskabel (jumper leads)

Ein Überbrückungskabel kann auf längeren Strecken, auch wenn man allein unterwegs ist, hilfreich sein. Wer sich im Schweißen etwas auskennt, wird wissen, daß mit einem Überbrückungskabel und zwei Batterien ganz gute Schweißergebnisse zu erzielen sind. Ohne fremde Hilfe und Ersatzteile kann das Überbrükkungskabel vielleicht dazu beitragen, die Fahrt nicht abbrechen zu müssen (Wie das mit dem Schweißen funktioniert → "Reparaturen im Busch leicht gemacht").

### Winde (winch)

Hier muß man unterscheiden zwischen fest am Chassis montierten elektrischen oder motorgetriebenen Winden und den universell einsetzbaren Handwinden. Die Kaufentscheidung wird dabei allein oft schon vom Anschaffungspreis bestimmt: Eine annehmbare Elektrowinde kostet zwischen 1.300 und 1.500 $; hinzu kommt der Einbau, der nicht bei jedem Fahrzeug problemlos ist. Wesentlich günstiger sind Handwinden, die schon ab 500 $ zu haben sind. Handwinden haben zudem den Vorteil, daß sie flexibel einsetzbar sind. Das heißt, die Winde ist sowohl vorne als auch hinten am Fahrzeug zu befestigen. Eine festmontierte, elektrische Winde dagegen kann immer nur in einer Zugrichtung arbeiten. Ist man mit mehreren Fahrzeugen unterwegs, reicht eine Winde.

Zu einer Winde gehört selbstverständlich auch das richtige Zubehör: ein Baumschutzgurt *(tree trunk protector)*, mindestens zwei Schäkel *(shackles)*, eine Umlenkrolle *(snatch block)*, eventuell ein zusätzliches Stück Kette (5 m) und - nicht zu vergessen - mindestens 50 m Stahlseil oder ein vergleichbares Kunststoffseil. Auch dafür muß man noch einmal 150 bis 200 $ rechnen. Eine Winde ist aber nur dann erforderlich, wenn man auf Strecken unterwegs ist, die entweder schlammig oder sandig sind und auf Strecken, auf denen tiefere Flüsse zu durchqueren sind. Eine Ersatzwinde, wenn auch ungleich schwieriger zu handhaben, wäre der *Hi-Lift-Jack* mit dem oben genannten Windenzubehör (→ "Der Hi-Lift-Jack richtig eingesetzt").

***Liste mit Werkzeug und Ersatzteilen***

- Axt oder Beil (*axe* oder *hatchet*; 10 bis 20 $)
- Dichtungspapier (*sealpaper*)
- Feilen, grobe und feine (*files*; 5 $)
- Kraftstoffilter (*fuel filter*; 5 $)
- Kühlerschläuche (*hoses*; 5 bis 20 $)
- Meißel (*chisel*; 3 $)
- Motoröl für kompletten Ölwechsel (*engine oil for complete oil change*; 20 bis 40 $)
- Ölfilter (*oil filter*; 15 $)
- Reparaturhandbuch (*repair manual*; 15 bis 25 $)
- Spachtelmasse (*putty*; 5 $)
- Schweißbrille (*welding goggles*; 10 $; → "Reparaturen im Busch leicht gemacht")
- Schweißelektroden, 2,5 mm (*welding electrode*; 5 bis 10 $; → "Reparaturen im Busch leicht gemacht")
- Unterlegplane - kann gleichzeitig als Regen- oder Sonnenschutz benutzt werden (*sheet tarpaulin*; 15 $)
- Zündkerzen beim Benziner (*spark plugs*; 10 $)

# Camping

Camping in Australien könnte man fast schon als Philosophie bezeichnen. Kein Wunder, denn der gesamte Kontinent bietet gute Wetterbedingungen und grenzenlose Weiten, wo jeder Platz findet. Wer nur einmal unter Australiens funkelndem Sternenhimmel eingeschlafen ist und morgens von vielstimmigem "Vogelgezwitscher" geweckt wurde, wird das nie vergessen. Im *outback* hat der Camper die Möglichkeit, sein Zelt dort aufzustellen, wo immer es ihm gefällt. Selbst wenn man auf dem Gelände einer Farm campt, gibt es in der Regel keine Probleme (falls möglich, den Farmer vorher fragen). Ist das Campen an bestimmten Plätzen nicht erlaubt, steht dort meist auch ein Verbotsschild. Ganz gleich, wo man sein Lager aufschlägt, die allgemeinen Campingregeln sollten immer beachtet werden (→ "Allgemeine Campingregeln und Tips").

Anders dagegen sieht es in Nationalparks, Naturreservaten und anderen Schutzgebieten aus. Hier sind meist feste Campingstellen eingerichtet, die unter Umständen sogar noch über Plumpsklos, Feuerstellen und Grilleinrichtungen *(barbecues)* verfügen. Die Benutzung dieser *camping areas* oder *bushcamps* (Campingstelle ohne sanitäre Einrichtungen und Feuerstellen) ist je nach Bundesstaat preisgünstig bis kostenlos.

Wer vor seiner Nachtruhe noch eine Dusche nehmen und auch auf Strom nicht verzichten möchte, muß seine Strecke so einteilen, daß er nach Möglichkeit abends eine Ortschaft mit Campingplatz *(caravan park)* erreicht. Für 10 bis 15 $ pro Platz (bei zwei Personen) genießt man auf den Campingplätzen zwar keine unberührte Natur, dafür aber die Vorzüge der Zivilisation.

## Allgemeine Campingregeln und Tips

► Das Lager möglichst an leicht erreichbaren Stellen aufschlagen. Unnötiges Umherfahren trägt nur zur Erosion bei. In Nationalparks oder anderen Schutzgebieten nur an den ausgewiesenen Stellen zelten.

- Wenn möglich, das Fahrzeug so parken, daß man in einer Notsituation schnell losfahren kann.
- Nicht in trockenen Flußbetten campen. Weit entfernte Regenfälle können plötzliche Fluten *(flash floods)* auslösen, die alles rasch wegspülen.
- Nie unmittelbar an Viehtränken oder Wasserlöchern campen (möglichst mehrere 100 m entfernt). Rinder, Schafe und wilde Tiere sind sehr scheu und kommen so nicht zum lebensnotwendigen Wasser.
- Für das Lagerfeuer schon vorhandene Feuerstellen nutzen oder ein ca. 30 cm tiefes Loch graben und das Feuer darin entzünden. Das beugt zum einen der Brandgefahr durch Funkenflug vor, zum anderen braucht man am nächsten Tag das Loch nur mit Erde aufzufüllen, und von der Feuerstelle ist nichts mehr zu sehen.
- Die Feuerstelle nicht unmittelbar unter Bäumen oder neben brennbarem Material anlegen. Grundsätzlich gilt: Alles entflammbare Material sollte im Umkreis von 3 m um das Lagerfeuer entfernt werden. Gerade in den trockenen Monaten ist die Brandgefahr nicht zu unterschätzen. Jährlich werden durch Unachtsamkeit mehrere hundert Quadratkilometer Busch vernichtet, Menschen und Tiere gefährdet.
- Das Feuer nie unbeaufsichtigt lassen und nach Verlassen des Camps sorgfältig löschen. Zigaretten nie achtlos wegwerfen.
- Ist die Brandgefahr durch ein offenes Feuer zu groß, verwendet man besser einen Gas- oder Spirituskocher. In einigen Regionen weisen Warntafeln darauf hin, welche Art von Feuer erlaubt bzw. verboten ist. An Tagen mit *Total Firebans* ist jegliches Feuer verboten (auch das Anzünden von Gaskochern, Gasgrills, Kerzen etc.). Warntafeln in brandgefährdeten Gebieten, Hinweise auf Brände in Zeitung, Radio und Fernsehen sollte man unbedingt beachten.
- Feuerholz sparsam verwenden. Besonders in den trockenen Gebieten ist Holz ein nur langsam nachwachsender Brennstoff. Unnötig große Lagerfeuer *(bon fires)* sind deshalb unbedingt zu vermeiden.
- Abfall ist soweit wie möglich zu verbrennen. Dosen werden vor dem Schlafengehen auf das Feuer gelegt und morgens wieder heruntergenommen. Mit einem Hammer sind sie nun leicht auf kleine, gut zu verstauende Platten zu reduzieren und durch das Ausbrennen sauber und geruchsneutral. So bleibt selbst nach einer Woche im Busch nicht mehr als eine kleine Tüte Abfall. Grundsätzlich gilt die Regel: Was man mit in den Busch hineinbringt, nimmt man auch wieder mit heraus.
- Wer seinen Abfall unbedingt vergraben möchte, wie das manchmal empfohlen wird, sollte ihn vorher ebenfalls ausbrennen und erst dann in einem mindestens 50 bis 60 cm tiefen Loch vergraben, soweit wie möglich von Flußläufen entfernt. Oberflächlich vergrabenen Müll buddeln Tiere wieder aus, oder der nächste Regen bzw. die Flut fördern ihn wieder zutage. Im trockenen Wüstenboden dauert es Jahrzehnte, bis der Müll einigermaßen verrottet ist; deshalb ist es in jedem Fall besser, den Müll wieder mitzunehmen.
- Wo wenig Wasser zur Verfügung steht, sollte man auch sparsam damit umgehen. Nachfolgende Camper sind notfalls darauf angewiesen.

- Seife, Waschpulver, Müll u.ä. gehören nicht ins Wasser. Gerade in trockenen Gebieten sind diese Ökosysteme sehr empfindlich gegenüber Verunreinigungen. Duschen und Wäschewaschen immer weit von Gewässern entfernt erledigen.
- Sind keine Toiletten vorhanden, verrichtet man sein Geschäft mindestens 20 m vom nächsten Wasserlauf entfernt. Und daran denken: Wer tritt schon gerne in Sch... oder atmet ihren "Duft": Also ein Loch graben, hinterher auf das Papier ein brennendes Streichholz werfen und nach dem Abbrennen zuschaufeln. So beugt man auch dem Ausbuddeln durch Tiere vor.
- Fluß-Eukalypten *(river red gums)* werfen oft alte oder trockene Äste ab. Wer sich vor Überraschungen im Schlaf schützen möchte, sollte keinesfalls sein Lager unter diesen Bäumen aufschlagen.

**Fazit:** *Take only photographs and just leave footprints!* - frei übersetzt: *Nimm nichts mit außer Fotos, und hinterlasse nichts außer Fußspuren!*

## Swag, Zelt oder Auto

Um die Frage nach der Art der Übernachtung zu entscheiden, sei im folgenden zunächst erklärt, was ein *swag* ist. Im Prinzip handelt es sich dabei um einen etwas größeren Schlafsack mit einer eingearbeiteten Schaumstoffmatratze, der unter freiem Himmel ausgerollt wird. *Swags* sind ein Relikt aus der Pionierzeit Australiens, als sie zur Ausrüstung der Wanderarbeiter gehör-

Camping im Busch

ten (→ Streckenbeschreibungen, Strecke 21, Matilda Highway). Heute gibt es sie sowohl in der Einzelals auch Doppelversion. Der *swag* besteht aus grobem Baumwoll- oder Segeltuch, was ihn nicht gerade komfortabel in nassen Nächten macht. Nicht unwichtig für die Anschaffung eines *swag*, der immerhin um die 150 bis 300 $ kostet, sind deshalb auch Reisezeit und Reisegebiet. Ist man in den trockenen Jahreszeiten oder in den Wüstengegenden unterwegs und liegt abends in seinem *swag* unter einem funkelnden Sternenhimmel, dann ist das fürwahr ein einmaliges Erlebnis. Fährt man allerdings in der feuchten Jahreszeit in Gebiete mit relativ hohem Niederschlag, dann wird das Schlafen in einem *swag* eher zu einem Alptraumerlebnis, und man verbringt womöglich lieber mehrere Nächte auf unbequemen Autositzen. Natürlich ist so ein *swag* auch ein schönes Reiseandenken. Ein Nachteil, der hier nicht unerwähnt bleiben sollte, ist seine relativ unhandliche Packgröße. Da er ein Stück australischer Geschichte und Lebensphilosophie ist, benutzen ihn vor allem Australier, seltener Europäer. Alternativ zum *swag* bieten sich Schlafsack und Zelt an. Schlafsäcke sind handlicher und in guter Qualität zu kaufen. Zelte gibt es in allen Größen und Variationen, wobei Leichtgewichtzelte den Nachteil haben, wenig Raum für zwei Personen zu bieten. Wer es etwas komfortabler liebt und ein größeres Zelt bevorzugt, sollte es sich in Australien zulegen. Diese Möglichkeit ist aber nur bei längeren Aufenthalten in Betracht zu ziehen. Zu empfehlen sind größere Kuppelzelte oder die australischen *bush-tents,* die auch meistens bei organisierten Touren verwendet werden. Ihr Vorteil ist die einfache Handhabung und die große Innenfläche.

Wer über einen Wagen mit stabilem Dachgepäckträger verfügt, kann sich dafür auch ein Dachzelt anschaffen. Die Miet- und Kaufwagen der kleineren Firmen sind häufig bereits mit einem solchen Dachzelt ausgerüstet.

Wer gar keine Lust hat, sich mit Auf- und Abbau des Zeltes zu beschäftigen oder nicht im Freien schlafen möchte, ist am besten mit einem Kombi mit Ladefläche *(panelvan)* oder mit geschlossener Kabine *(station wagon)*, mit einem Campingbus *(campmobil)* oder 4-WD-Campingwagen *(bushcamper)* bedient. Die beiden ersteren haben den Nachteil, daß man abends das Gepäck ausladen oder auf die Vordersitze verfrachten muß. Bei Campingbussen und -wagen entfällt diese Prozedur. Man zieht abends einfach das Bett aus und legt sich schlafen. Nachteil jedoch bei allen Typen ist, daß das Fahrzeug den ganzen Tag der Hitze ausgesetzt ist, und es daher abends in dem relativ kleinen Innenraum und bei entsprechendem Wetter sehr warm und stickig werden kann.

## *Kühlschrank oder Kühlbox (fridge oder eski)*

Wer auf längeren Strecken unterwegs ist, muß sich darüber Gedanken machen, wie Lebensmittel aufbewahrt werden können. Wenn man jeden zweiten Tag in eine Ortschaft kommt, reicht sicherlich eine Kühlbox *(eski)*. Den *eski* gibt es in zwei Versionen: einmal als Kunstoffkühlbox, wie wir sie aus Europa kennen, und als einfache Styropor-ausführung. Kühlboxen sind für 10 $ (das einfache Styropormodell) bis 50 $ (stabile Kunststoffmodelle) in jedem Supermarkt zu haben. Eis gibt es fast an jeder Tankstelle (ca. 2,50 $).

Jedoch für eine längere Tour auf einsamen Strecken lohnt sich die Anschaffung eines Kühlschrankes, die mit ca. 700 $ für ein kleines Modell zu Buche schlägt. Allerdings kann man ihn am Ende der Reise auch wieder gut verkaufen; man verliert nur 100 bis 200 $. Diese Summe muß man auf einer längeren Reise auch für die Anschaffung einer Kühlbox und das benötigte Eis ausgeben. Zudem kann man im Kühlschrank Lebensmittel länger frisch halten und so die Möglichkeit des Großeinkaufs in größeren Städten nutzen. Die Anschaffung eines Kühlschranks erübrigt sich natürlich dann, wenn im Mietfahrzeug oder beim gekauften Auto bereits ein Kühlgerät installiert ist.

## *Grill, Kocher, Töpfe und Geschirr*

Die Grundausrüstung eines jeden australischen Campers besteht aus einem Gaskocher, einem Grillrost, einem oder zwei Blechgefäß(en) *(billy)*, einem gußeisernen Topf, Teller, Besteck, Tasse und einer Schüssel. Heutzutage trifft man auch noch Leute - wenn auch selten -, die eine Art Sandwichtoaster *(jaffle-iron)* mit langen Stiel dabeihaben (Rezepte → "Essen und Trinken"). Diese sind bei den Campingausrüstern in Einzel- oder Doppelausführung zu bekommen und kosten 10 bis 15 $.

Der Gaskocher ist in Australien sicher die Kochgelegenheit, die neben dem Campfeuer am häufigsten genutzt wird. Zum einen kann man Gaskocher jeglicher Art und Größe selbst in kleineren Städten kaufen, zum anderen ist es ebenso problemlos, eine Gasflasche füllen zu lassen. Viele Camper nutzen zudem das Gas, um in der Nacht eine Gaslampe oder den Kühlschrank zu betreiben. Zum Kochen reicht allerdings auch ein Spirituskocher (Trangiakocher).

Viele Australier nehmen noch einen Grill mit auf die Tour. Dieser besteht aus einem Grillrost und einer Stahlplatte. Für Reisende, die nur einen oder zwei Monat(e) unterwegs sind, lohnt diese Anschaffung nicht. In den Nationalparks oder an Campingstellen an der Straße sind vielerorts schon Grills *(barbecues)* vorhanden.

Der *billy*, obwohl eigentlich nur ein einfacher Blechtopf, ist wohl eines der ureigensten Kochgeschirre Australiens. Für Australier ist ein *billy* zugleich Kochgerät und Lebensanschauung. Fragt man einen australischen Camper, wie der beste Tee zubereitet wird, dann kommt wahrscheinlich folgende Antwort:

... leave only your footprints.

"Nimm Deinen *billy*, wirf eine Handvoll Tee hinein, fülle mit Wasser auf und hänge ihn über das offene Feuer." Zu Hause würde er seinen Tee ganz anders zubereiten, aber hier draußen im *outback* gehört der *billy* zur allabendlichen Teezubereitung wie etwa in Deutschland die Kaffeemaschine zum Kaffeekochen. Da *billies* sehr preisgünstig sind - ein 2-Liter-Topf kostet etwa 8 $ - und man sie für alles verwenden kann, was in Wasser gekocht wird (Nudeln, Kartoffeln etc.), lohnt sich die Anschaffung auf jeden Fall.

Zweitwichtigstes Gerät ist der gußeiserne Topf. Er kann für die verschiedensten Zubereitungen, wie Fleisch braten, Eintopf kochen, den Toast fürs Frühstück bräunen, Pizza backen und für Buschbrot - die zweite Spezialität der *outback-camper* (→ "Essen und Trinken", hier "Damper-Rezept") genutzt werden. Die gußeisernen Töpfe kosten 25 bis 65 $ je nach Größe. Aber auch hier lohnt sich die Anschaffung, wenn die Reise etwas länger dauert.

Wichtig für den *billy* wie auch für den gußeisernen Topf ist ein entsprechender Haken (*billy*-Haken). Das ist im Grunde nichts anderes als ein etwa 50 cm langer, stabiler Draht (mindestens 3, besser 5 mm Durchmesser), dessen unteres Ende zu einem Haken und dessen oberes Ende zu einem Griff geformt wird. Damit kann man den Topf vom Feuer nehmen und auch das Feuer schüren.

Ganz nützlich ist auch eine Thermoskanne für unterwegs. Man kann sie morgens mit frischem Kaffee füllen und hat so auch mittags noch Kaffee, ohne den Kocher wieder auspacken zu müssen.

Alle oben erwähnten Kochutensilien wie auch Tassen, Teller, Besteck und Schüsseln sind in Campingläden, *outdoor*-Läden und in den großen Super- oder Heimwerkermärkten erhältlich. Solche Gerätschaften von zu Hause mitzunehmen, lohnt nicht.

Ein Problem kann am Ende der Reise auftreten, wenn man die Sachen wieder verkaufen möchte. Eine Möglichkeit sind *second-hand*-Läden, die aber wie überall versuchen, den Preis zu drücken. Wer das Auto privat und möglicherweise an andere Reisende verkauft, kann das Kochgeschirr umsonst dazugeben und dafür den Preis für das Auto etwas nach oben setzen.

## Sonstige Campingutensilien

Eine wichtige Frage - vor allem bei längeren Touren - ist: "Wie verstaue ich am besten alle Sachen?" Dazu gibt es folgende Möglichkeiten: Für die Aufbewahrung des Geschirrs kauft man eine oder zwei der auch bei uns bekannten Plastikboxen mit Deckel. Diese sind ziemlich staub- und bruchsicher, können leicht übereinander gestapelt werden und kosten nur ca. 10 $ pro Stück. Für Essensvorräte und andere Sachen kann man sich mit Pappkartons behelfen, die es in jedem Super- oder Heimwerkermarkt gratis gibt. Wenn man Glück hat und stabile Kartons bekommt, stehen diese den Plastikboxen in nichts nach. Auf einer längeren Tour haben sie sogar den Vorteil, daß sie zu verbrennen sind, wenn man sie nicht mehr benötigt.

Wer es abends gern gemütlich hat, kauft noch einen Campingtisch und Klappstühle, die in jedem größeren Supermarkt erhältlich sind.

## Essen und Trinken

Neben Trinkwasser ist die Lebensmittelaufbewahrung auf langen Strecken ein Problem, insbesondere,

*Willkommen im Outback*

*Pisten im Outback - sandig, steinig, ausgewaschen oder überflutet*

*Nach den seltenen Regenfällen blüht das Land auf.*

*Typische Outbacklandschaften: Busch mit Spinifex oder nur Spinifex, so weit das Auge reicht.*

Bewohner des Outback
*links: Emu, Kragenechse, Tannenzapfenskink*
*rechts: Känguruh, Sandwaran, Zebrafink*

*Grünes und Blühendes*
*links: Eukalyptus, Grasbaum*
*rechts: Banksie, Mangroven*

*Kuriositäten an der Strecke*

wenn man ohne Kühlschrank unterwegs ist. Kochen fängt ja bekanntlich schon mit dem Einkauf an, was einfach ist, solange ein Supermarkt in der Nähe ist. Wie sieht aber so ein Einkaufszettel aus, wenn man für ein oder zwei Wochen kein Geschäft anfahren kann? Wichtig dabei ist, daß schon vorher ein Speiseplan zusammengestellt wird.

## Speiseplan

So könnte ein Speiseplan für zehn Tage aussehen, wenn nur eine Kühlbox zur Verfügung steht (F = Frühstück, M = Mittagessen, A = Abendessen)

### 1. Tag

F: Brot, Margarine, Marmelade, Schinken, Käse, Cornflakes
M: Sandwiches, Käse, Tomaten, eingelegtes Gemüse, Salat, Gurken, Äpfel
A: Steak, eingelegtes Gemüse, Kartoffeln, Zwiebeln

### 2. Tag

F: Toast Hawaii mit Ananas und Schinken, Marmelade, Cornflakes
M: Sandwiches, Salami, Tomaten, eingelegtes Gemüse, Gurken, Birnen
A: Spaghetti Bolognese

### 3. Tag

F: *jaffles* mit Käse, Salami, Tomaten oder Bananen und Honig
M: Sandwiches, Salami, Käse, eingelegtes Gemüse, Gurken, Tomaten, Kuchen
A: Steak, eingelegtes Gemüse, Kartoffeln, Mais

### 4. Tag

F: Brot, Margarine, Marmelade, Erdnußbutter, Eier, Cornflakes
M: Sandwiches, Geflügelwurst, Käse, Tomaten, Gurke, Pfirsiche (in der Dose)
A: Eintopf mit Würstchen, Fladenbrot *(damper)*

### 5. Tag

F: Pfannkuchen (instant) mit Marmelade, Honig oder Zucker, Cornflakes
M: Sandwiches, Eier, Käse, Tomaten, Salat, Gurke, Kekse, Äpfel
A: Fleisch (Dose), Gemüse, Kartoffelpüree

### 6. Tag

F: Brot, Spiegeleier, Salami, Cornflakes, Marmelade, Nutella
M: Sandwiches, Salami, Käse, Tomaten, Gurken, Äpfel
A: Curry-Fleisch (Dose), Nudeln, Gemüse

### 7. Tag

F: Pfannkuchen mit Marmelade, Honig, Cornflakes
M: Sandwiches, Salami, Käse, Gurken, Kuchen
A: Bratkartoffeln mit Spiegelei und Speck

### 8. Tag

F: Brot, Salami, Marmelade, Nutella, Erdnußbutter, Cornflakes
M: Sandwiches, Eier, Käse, Salat, Gurken, Milchreis, Erdbeeren (Dose)
A: Spaghetti Carbonara, *damper*

### 9. Tag

F: Omelett mit Champignons, Brot, Marmelade, Nutella
M: Sandwiches, Geflügelwurst, Käse, Salat, Gurken, Kekse, Biskuits
A: Fleisch (Dose), Champignons, Zwiebeln, Reis, Gemüse

### 10. Tag

F: Brot, Marmelade, Nutella, Erdnußbutter, Honig, Cornflakes
M: Sandwiches, Salami, Käse, Salat, Gurken, Kuchen

**Damper-Rezept**

3 Tassen Mehl *(self raising flour)*, 1 Tasse Wasser oder eventuell 1 Dose Bier, 1 Handvoll Rosinen (je nach Geschmack), 1 Teelöffel Zucker und ½ Teelöffel Salz.

Alle Zutaten werden vermischt und gut geknetet. Den Boden des gußeisernen Topfes mit Mehl bestäuben und die Teigkugel hineinlegen. Dann den Teig an einem warmen Ort (neben dem Lagerfeuer) 20 Minuten gehen lassen. Anschließend kommt der Deckel auf den Topf. Ist das Lagerfeuer heruntergebrannt, kann der Topf direkt auf die Glut gesetzt werden. Auf den Deckel und rund um den Topf herum werden glühende Holzkohlestücke geschaufelt. Nach ca. 20 Minuten zieht ein angenehmer Duft durchs Camp. Der *damper* ist fertig und wird aus dem Topf genommen. In Stücke gebrochen, genießt man ihn mit Marmelade und einer Tasse kräftigem *billy-tea.*

Sollte kein gußeiserner Topf zur Verfügung stehen, kann man den *damper* auch im Sand backen. Dazu gräbt man eine kleine Mulde in den Sand und legt den Teig hinein, deckt ihn mit heißem Sand zu und schaufelt Holzkohlestücke auf. Nach 15 bis 20 Minuten ist auch diese Variante gebacken. Den Sand und die Asche einfach abklopfen - fertig.

A: Schinken (Dose), Weiße Bohnen, Fladenbrot *(damper)*

Hat man einen Speiseplan ausgearbeitet (auf Haltbarkeit der Zutaten achten), kann man eine Liste mit den benötigten Zutaten anfertigen (→ Einkaufsliste). Dabei ist es wichtig, daß man von Tag zu Tag vorgeht und auch beachtet, welche Mengen jeweils gebraucht werden. Zum Schluß zählt man die Mengen zusammen und addiert etwas Reserve hinzu. Beim Einkaufen sollte man durchaus noch ein paar extra Leckereien für den kleinen Hunger zwischendurch mitnehmen. Die Auswahl der oben genannten Waren erfolgte nach den Gesichtspunkten der Haltbarkeit und Einfachheit der Zubereitung. Salami am Stück z. B. ist selbst ungekühlt über Wochen haltbar. Steaks kann man beim Metzger vakuumverpacken *(vacuum-packed)* lassen; im *eski* bleiben sie so zumindest vier bis fünf Tage lang frisch. Auch noch unreife Tomaten, feste Gurken und Obst halten sich - wenn sie einzeln in Papier eingewickelt sind - über eine Woche oder länger. Vakuumverpackter roher Schinken hält sich ebenfalls gut. Das australische Brot wird nach drei bis fünf Tagen hart, dann muß frisches gebacken oder auf Knäckebrot zurückgegriffen werden. Der australische Scheiblettenkäse muß wohl recht viel Chemie enthalten, denn ohne Kühlung war er selbst nach vier Wochen in Aussehen und Geschmack unverändert. Wir verwandten ihn vor allem für *jaffles* oder einen heißen überbackenen Toast am Morgen. Eine gute Alternative zu Dosengemüse ist Trokkengemüse, das in kleinen Tüten angeboten wird. Es nimmt weniger Platz in Anspruch als Dosen und ist wesentlich leichter (Auf langen Touren sollte, wo immer möglich, an Gewicht gespart werden). Auch andere Lebensmittel sind in Pulverform oder getrocknet erhältlich (z. B. Milch, Champignons, Tomaten, Krabben, Gemüse, Zwiebeln, Obst).

## *Einkaufsliste*

Die folgende Liste ist abgestimmt auf den durchschnittlichen Bedarf von zwei Personen in 10-14 Tagen. Außerdem ist darin eine Notreserve enthalten. Alle Lebensmittel sind so gewählt, daß sie sich in Kühltasche bzw. Kühlbox halten.

- 1 Packung Margarine (500 g)
- 1 Glas Marmelade (500 g)
- 1 Glas Honig (500 g)
- 1 Glas Nuß-Nougat-Creme (500 g)
- 1 Glas Erdnußbutter (500 g)
- 2 Packungen Cornflakes (á 750 g)
- 1 Packung Scheiblettenkäse (48 Scheiben)
- 3 Packungen Brot (á 680 g)
- 2 Dutzend Eier
- 2 Packungen Instant-Pfannkuchen
- 16 feste Tomaten
- 2 Köpfe Eisbergsalat
- 2 Salatgurken
- 4 Steaks (1 kg)
- 1 Beutel Kartoffeln (1,5 kg)
- 1 Beutel Zwiebeln (1,5 kg)
- 8 Äpfel
- 1 Dose Ananas (425 g)
- 1 Packung Kochschinken (250 g)
- 1 Salami (750 g)
- 4 Birnen
- Hackfleisch (300 g)
- 1 Packung Bolognese-Fix
- 1 Packung Parmesan (100 g)
- 4 Bananen
- 2 abgepackte Fruchtkuchen (á 800 g)
- 2 Maiskolben
- 1 Dose Pfirsiche (850 g)
- 1 abgepackte Geflügelwurst o.ä. (400 g)
- 1 Dose (850 g) oder Tüte (125 g) Linseneintopf
- 1 Glas Würstchen (300 g)
- 3 Packungen Kekse
- 3 Pakete Mehl (1 kg)
- 8 Tütchen Backpulver
- 2 Dosen Fleisch (400 g)
- 2 Dosen (425 g) Gemüse oder 4 Tüten (á 50 g) Trockengemüse
- 1 Packung Instant-Kartoffelpüree (300 g)
- 1 Dose Curry-Fleisch (400 g)
- 1 Packung Nudeln (250 g)
- 1 Packung Spaghetti (500 g)
- 1 Stück abgepackten Speck (250 g)
- 1 Dose Erdbeeren (425 g)
- 1 Dose Milchreis (425 g)
- 1 Packung haltbare Sahne (200 g)
- 1 Dose Champignons (850 g)
- 1 Packung Reis (500 g)
- 1 Dose Frühstücksfleisch, z. B. von *Spam* (400 g)
- 2 Dosen Weiße Bohnen (á 425 g)
- und natürlich Salz, Zucker, Gewürze, Kaffee, Tee, Milchpulver, Wasser und Getränke etc. je nach persönlichem Bedarf.

Wer anstelle einer Kühlbox einen Kühlschrank dabeihat, kann diese Einkaufsliste um entsprechende frische Ware ergänzen.

### *Jaffles-Rezepte*

In das aufgeklappte *jaffle*-Eisen *(jaffle iron)* wird auf jede Seite eine außen gebutterte Toastscheibe gelegt (außen gebuttert deshalb, damit sie nicht anbacken). Auf die Scheibe einer Seite kommt nun die Füllung: entweder deftig mit Tomaten, Käse, Salami oder mit gebackenen Bohnen *(baked beans)* oder süß, z. B. mit Honig und Bananenscheiben - der Phantasie sind keine Grenzen gesetzt. Anschließend wird das Eisen zugeklappt und ins Feuer gelegt. Nach zwei bis drei Minuten auf jeder Seite ist der Toast goldbraun und die Füllung heiß. Allerdings ist beim Essen Vorsicht geboten: Auch wenn der Toast außen schon abgekühlt ist, die Füllung ist immer noch höllisch heiß.

## Wasser

Ob man nur eine kurze Strecke fährt oder sich auf eine längere Wüstenfahrt begibt, eines sollte auf keinen Fall fehlen: Trinkwasser. Viele Menschen, die in der trockenen Einöde Australiens unterwegs sind, unterschätzen diesen Aspekt, und es kommt zwangsläufig immer wieder zu Situationen mit tödlichem Ausgang. Auch auf Aussagen anderer Leute bezüglich Wasserstellen auf der Strecke sollte man sich auf keinen Fall verlassen. Grundsätzlich gelten folgende Regeln:

- Pro Person und Tag mindestens 2 Liter Trinkwasser (im Sommer mindestens 3 Liter).
- Pro Person und Tag 2 Liter Wasser zum Kochen, Waschen, Zähneputzen etc.
- Außerdem ist immer eine Reserve für mindestens fünf Tage mitzuführen.

Daß bei den oben genannten Wassermengen auf die tägliche Dusche verzichtet werden muß, versteht sich von selbst. Wer das nicht kann, muß entsprechend mehr Wasser einkalkulieren, das aber wieder Gewicht bringt. Bevor man zu einer längeren Tour aufbricht, sollte man auf einer kleineren Tour die persönlich benötigte Menge Wasser pro Tag ermitteln. Zur Sicherheit sollte man auf Entkeimungstabletten (Mikropur) zurückgreifen, denn nicht immer ist das Wasser im *outback* von bester Qualität. Erkrankungen unterwegs sind nicht gerade angenehm und können auf langen Strekken zum Problem werden. Da vom Trinkwasser das Überleben abhängen kann, sollte man beim Kauf der Wasserkanister auf deren Stabilität besonders achten. Meist werden sie auf den unwegsamen Geländestrekken hin- und hergerüttelt und dadurch enorm strapaziert. Bei den angebotenen Kanistern ist auf die Wandstärke zu achten und die Verarbeitung an den Nähten, Kanten und Ecken. Wenn man einen zu dünnwandigen Kanister auf den Boden stellt, kann es passieren, daß feine Dornen mühelos durchdringen. Gute Kanister sind bei *K-Mart* zu finden, einer Einkaufskette, die in den *shopping centre* fast aller größeren Städte vertreten ist. Wenn man sich für gebrauchte Kanister entscheidet, sollte man sich vorher erkundigen, was darin gewesen ist.

Wer in einem Mietwagen unterwegs ist, hat oft einen eingebauten Wassertank zu Verfügung. Ist noch Wasser im Tank, sollte dies ausgeleert und frisches eingefüllt werden. Bei diesen relativ großen Tanks spielt die Entkeimung eine größere Rolle als bei den kleinen Kanistern. Also nie vergessen, Mikropur (ist auch in Australien das gängigste Mittel) hinzuzugeben. Zur Sicherheit sollte dennoch ein Kanister mit mindestens 20 Litern mitgeführt werden. Da die Tanks eingebaut sind, bemerkt man undichte Stellen oft zu spät, und das wertvolle Naß versikkert im heißen Wüstenboden.

Kanister sind im Wagen so zu verstauen, daß sie nirgendwo scheuern. Auf langen, holprigen Strecken kann schnell ein Leck entstehen. Deshalb: eine Polsterung unter und zwischen die Kanister legen (ein Stück stabile Pappe reicht zumeist völlig).

## Unterwegs im Geländewagen

Während noch vor einigen Jahren lediglich in der Land- und Forstwirtschaft allradgetriebene Geländewagen im Einsatz waren, hat sich dieses Bild in den letzten Jahren enorm gewandelt. Vor allem Städter entdeckten nicht nur in Australien, wo sie scherzhaft "Pitt-Street-Farmer" (*Pitt Street* ist die Hauptgeschäftsstraße in Sydney) genannt werden, den *four-wheel drive* als angenehme Art der Fortbewegung. Es ist aber ein großer Unterschied, ob man seinen Wagen in Mitteleuropa durch den Stadtverkehr lenkt oder auf Australiens einsamen und nicht immer einfachen Pisten fährt. Dem Allradeinsteiger möchten wir hier einen kurzen Einblick geben:

Zwei wesentliche Dinge unterscheiden einen Geländewagen von einem "normalen" Auto: erstens der Antrieb aller vier Räder und zweitens die höhere Bodenfreiheit (Ausnahme: normale Pkw mit Vierradantrieb, z. B. Subaru, Audi). Der Vierradantrieb *(four-wheel drive)* ist bei den meisten Wagen zuschaltbar, d. h. er wird nur dann benutzt, wenn es nötig ist. Dazu werden die Freilaufnaben *(free-wheel-hubs)* an den Vorderrädern auf *lock* gestellt und der Schalthebel im Wageninneren (meist direkt neben dem Schaltknüppel) auf H4 *(high-range-four-wheel-drive)* gestellt. Nun hat man den Allradmodus eingeschaltet, und die Kraft überträgt sich auf alle vier Räder. Stellt man den Schalthebel wieder auf H2, werden nur noch die Hinterräder angetrieben. Fordert die Piste häufigen Wechsel zwischen Allrad- und Zweiradantrieb, kann man die Freilaufnaben in der Stellung *lock* belassen. Es ist dann möglich, während der Fahrt von H2 auf H4 und umgekehrt zu schalten (Kupplung treten nicht vergessen). Ist abzusehen, daß die Strecke den Allradantrieb in der nächsten Zeit nicht erfordert, sollte man die Freilaufnaben auf jeden Fall wieder in die Position *free* stellen. Fast alle neueren Geländewagenmodelle besitzen automatisch sperrende Freilaufnaben, bei denen das Sperren von *free* auf *lock* von Hand entfällt. Wer als Käufer die Wahl zwischen beiden Modellen hat, sollte sich für die von Hand zu sperrenden entscheiden. Sie sind wesentlich zuverlässiger und störunanfälliger als die automatischen. Bei einigen neueren Modellen ist der Schalthebel durch einen kleinen Schalter ersetzt, der den Wechsel von H2 auf H4 oder L4 per Elektronik regelt. Dies ist zwar bedienungsfreundlicher, aber aufgrund der zusätzlichen Elektronik auch störanfälliger und von Laien nicht mehr zu reparieren.

Der Schalthebel im Inneren des Wagens hat neben der Position H4 noch eine weitere: L4 *(low-range-four-wheel-drive).* Es ist eine Untersetzung, die die Geschwindigkeit des Fahrzeugs erheblich verringert, dafür aber die Kraft erhöht. Man benötigt diesen Allradmodus vor allem bei steilen Streckenabschnitten, Flußdurchfahrten und felsigen Passagen. Dabei muß wie immer darauf geachtet werden, daß beide Freilaufnaben an den Vorderrädern gesperrt *(lock)* sind. Im H4-Modus würde der Wagen ein Fahren mit ungesperrten Freilaufnaben noch überstehen, aber im L4-Modus wäre die auf die Hinterachse wirkende Kraft so groß, daß diese unweigerlich Schaden nehmen würde. Reparaturen an der Achse oder dem Differential sind zum einen teuer und zum anderen nur in einer Werkstatt möglich. Der L4-Modus darf im Gegensatz zum H4-Modus nur im Stand zugeschaltet werden, will man sich Ärger mit dem Getriebe ersparen. Neuere Fahrzeuge verfügen oftmals auch über zuschaltbare Differentialsperren *(diff locks).* Diese sind ebenso wie der Allradantrieb zuschaltbar und verhindern ein einseitiges Durchdrehen der Räder, wenn man sich im Schlamm oder Sand festgefahren hat. Im Prinzip hat man also echten Vierradantrieb nur mit eingeschaltetem Allradmodus und zugeschalteten Differentialsperren. In der Praxis kommt man jedoch ganz gut ohne Differentialsperren aus.

## Kilometerangaben

Zur Erstellung der Strecklogs wurde ein *Toyota Landcruiser* mit vom Werk geeichtem Tachometer genutzt. Häufig weichen die Tachometer unterschiedlicher Fahrzeuge jedoch stark voneinander ab, d.h. eine Kreuzung, die laut Buch bei KM 200 kommen soll, erreicht man vielleicht erst bei KM 205. Die Abweichung von "nur" 5 km würde dann bei 1.200 gefahrenen Kilometern laut Streckenlog schon 30 km betragen. Deshalb sollte man seinen Tachometer vor Fahrtbeginn (oder während der ersten 100 Kilometer) anhand des Streckenlogs überprüfen und die Differenz zu den Kilometerangaben im Buch entsprechend addieren oder subtrahieren.

## Highways, Tracks, Routes, Roads und Lines

Was in Australien manchmal *highway* genannt wird, würde hierzulande nicht mal die Bezeichnung "Feldweg" verdienen. Dies gilt aber nur für wenige Straßen im *outback*. Bestes Beispiel dafür ist der *Gunbarrel Highway.* Die fast 1.500 km lange Piste ist zwar nicht die übelste aller australischen Strecken, aber mit ihrer wellblechartigen Beschaffenheit *(corrugations)* und den an manchen Stellen tiefen Auswaschungen gleicht sie wirklich einem schlechteren Feldweg.

Kommt die Bezeichnung *track* oder *route* im Namen vor, dann handelt es sich um eine unbefestigte Piste. In der Regel sind es alte Viehtreiberstrecken, die heute ihre Bedeutung verloren haben und oftmals nicht mehr instandgehalten werden. Das gleiche gilt für *lines (French Line* oder *Overland Telegraph Line).* Es sind zum Teil alte Trassen, überwiegend angelegt von Minengesellschaften auf der Suche nach Bodenschätzen; sie dienten als Versorgungsstrecken zu abgelegenen Gebieten oder aber als Zugangswege für die Instandhaltung der Telegraphenverbindungen.

Grundsätzlich unterscheidet man in Australien vier Straßenkategorien:

- *bitumen* oder *sealed road* (Teer- oder Asphaltstraße): Alle Hauptverkehrsstrecken, die - manchmal nur einspurig - geteert sind.
- *gravelroad* (planierte Strecke mit Schotterbelag): Straße mit aufgeschüttetem Schotterbelag (z. B. *Oodnadatta Track*), die instandgehalten wird. Wie bei den geteerten Straßen gibt es hier meist auch an *creeks* Brücken, betonierte Furten und am Rand Dämme.
- *formed earth road* (planierte Strecke, naturbelassen): Straße mit naturbelassener Oberfläche (z. B. *Gibb River Road*), die je nach Bedarf instandgehalten wird. Die Strecken werden nicht aufgeschüttet; so liegen sie meist tiefer als das umliegende Land und bilden eine Art Kanal. Da sie obendrein keinen festen Belag haben, verursacht Regen starke Auswaschungen. Der Untergrund reicht von fester Erde über Sand und Staub bis zum talkähnlichen, alles durchdringenden *bulldust*.
- *earth road, sand road* etc. (naturbelassene Strecke): Zum Teil vor langer Zeit angelegte Strecken

(z. B. *French Line*) mit naturbelassener Oberfläche oder einfach nur ein Weg, den sich Autos gesucht haben (z. B. auf der *Canning Stock Route*). Die Pisten haben keine verkehrstechnische Bedeutung und werden nicht instandgehalten. Charakteristisch sind oftmals der Bewuchs in der Mitte der Fahrspur und der wechselnde Untergrund von Sand, Geröll und Felsen.

## Fahrtechniken und Problemlösungen

Grundsätzlich sollte jeder, der keine Fahrpraxis mit einem Geländewagen hat, sich vor einer Fahrt durch Australiens einsame Weiten mit einem solchen Fahrzeug vertraut machen. Magazine wie *Auto-Off, Allrad Abenteuer, Offroad* oder ähnliche bieten Informationen und viele Daten von *off road*-Veranstaltungen sowie Adressen der verschiedenen Clubs, bei denen eventuell erste Fahrübungen absolviert werden können. Auch die australischen Automobilclubs bieten 4-WD-Kurse an (meist für 1 oder 2 Tage). Wichtig ist eine gute Vorbereitung auf eine solche Reise. Erst einmal unterwegs, wird es schwer, Versäumtes nachzuholen.

### Sandpassagen

Reine Sandpisten sind in Australien sehr selten. Werden verschiedene Pisten (Geröll, Schotter o. ä.) befahren, für die widerstandsfähigere Reifen nötig sind, sollte die Wahl auf normal breite Reifen fallen. Auf Sandstrecken wird dann der Reifendruck reduziert, um den gleichen Effekt wie bei Breitreifen zu bekommen. Ohne weiteres kann der Druck bei schlauchlosen Reifen um 50 % und bei Reifen mit Schlauch um 60 % gesenkt werden. Da das meiste Gewicht in der Regel auf der Hinterachse liegt, kann der Druck der Vorderreifen um zusätzliche 10 % reduziert werden.

Auf den meisten Strecken im *outback* trifft man irgendwann auf einen sandigen Streckenabschnitt. Das kann auch eine Passage mit tiefem, sehr feinkörnigem, lockerem Sand sein. Geschieht das unerwartet, ist Fahrzeugbeherrschung gefragt. Ähnlich wie auf Eis fängt das Auto an zu schlingern und versucht auszubrechen. Das kann an solchen Stellen sehr schnell zum Verhängnis werden, da die Ränder der Pisten (insbesondere der Sandpisten) oft sehr hoch und schräg sind - ein Überschlag ist geradezu vorprogrammiert. Ein wichtiger Faktor beim Befahren von Sandpisten ist auch die Stärke des Motors. Vor allem untermotorisierte Fahrzeuge ha-

Grid - in die Fahrbahn eingelassene Roste

ben es im Sand schwer. Dadurch, daß die Reifen im Sand einsinken, müssen sie immer wieder Höhenunterschiede überwinden. Dies erfordert einen enorm hohen Kraftaufwand, so daß der Wagen immer langsamer wird. Dem begegnet man durch schnelles Herunterschalten. Wer sich dabei jedoch verschaltet, hat verloren. Das Fahrzeug bleibt stehen, und nichts geht mehr. Durch unnötiges Gasgeben gräbt sich der Wagen ein, und die Lage wird verschlimmert. Dann helfen meist nur noch Schaufel oder Winde. Ist der Sandabschnitt nur noch wenige Meter lang, läßt sich die *Tausend-Umdrehungen-Technik* anwenden. Dabei wird die Drehzahl des Motors konstant im Bereich von 1.000 Umdrehungen gehalten und das Lenkrad in rascher Folge nach links und rechts bewegt (je eine halbe Umdrehung). Hilft der Beifahrer schieben, kann man ziemlich sicher sein, wieder frei zu kommen. Zweige, Bretter, Steine oder auch Gras unter den Reifen unterstützen die Befreiungsaktion zusätzlich. Ist diese Methode erfolglos, sollte man versuchen, rückwärts aus dem *sandpatch* herauszufahren (das geht meist etwas einfacher, da die eigene Fahrspur genutzt werden kann), und die Durchfahrt erneut mit mehr Schwung und eventuell im L4-Modus probieren. Mit etwas Erfahrung wird die Bewältigung von Sandpassagen schnell zur Routine.

## Bulldust

Eine besonders tückische Angelegenheit auf einigen Strecken ist der *bulldust*, ein puderähnlicher, feiner Staub, der durch jede noch so kleine Ritze dringt und alles überzieht. Schon nach wenigen *bulldust*-Passagen ist das gesamte Wageninnere, inklusive der sich darin befindenden Personen, mit einer dünnen Staubschicht bedeckt. Doch neben diesem lästigen Effekt birgt dieser feine Staub drei große Gefahren: Fährt ein entgegenkommendes Fahrzeug durch einen *bulldust*-Abschnitt, wird die Sicht gleich Null. Der explosionsartig meterhoch aufgewirbelte Staub verdeckt alles, und man fühlt sich wie ein Pilot beim Blindflug durch die Wolken. Oberstes Gebot in einer solchen Situation: sofort vom Gas gehen; am besten zur Seite ausweichen und anhalten. Ganz besonders übel ist es, wenn auf einer vielbefahrenen Strecke (z. B. auf *Cape York*) gleich hinter dem entgegenkommenden Fahrzeug ein zweites Auto sozusagen im Windschatten folgt. Im allgemeinen wird auch mitten auf dem *track* gefahren, darauf hoffend, daß entgegenkommende Fahrzeuge anhalten oder ausweichen. Man kann dann nur froh sein, wenn die ganze Sache ohne größeren Personenschaden ausgeht.

Die zweite Gefahr besteht darin, daß sich das Auto bei *bulldust*-Passagen wie auf einer Eisschicht verhält und ins Schlingern gerät. Schnelle Reaktionen und Fahrzeugbeherrschung sind unerläßlich. Sind *bulldust*-Abschnitte extrem tief und lang, kann es sogar vorkommen, daß der Wagen steckenbleibt. Glücklich schätzen kann sich dann, wer im Konvoi unterwegs ist, eine Winde oder zumindest eine Schaufel mitführt.

Die dritte Gefahr sind einzelne *bulldust*-Löcher (tiefe Auswaschungen, gefüllt mit Staub), die nicht rechtzeitig erkannt werden. Bei entsprechender Tiefe und zu hoher Geschwindigkeit sind Schäden an Rädern oder Achse keine Seltenheit.

## Dünenüberquerungen

Dünen sind ein Hindernis, mit dem man im *outback* nur auf wenigen

Strecken konfrontiert wird. Schwierigste Dünenüberquerungen erwarten den Besucher in *Simpson Desert* und auf der *Canning Stock Route*. Eine Grundregel bei den Überquerungen könnte lauten: Sich ein Herz fassen, Vollgas geben und hoffen, daß man es im ersten Anlauf schafft. Bevor man sich aber an die wirklich schwierigen Dünen wagt, sollte vorher an kleineren geübt werden, um ein Gefühl für die richtige Geschwindigkeit zu bekommen. Stärker als beim Fahren im ebenen Sand macht sich hier eine Untermotorisierung unangenehm bemerkbar. Grundsätzlich jedoch gelten die gleichen Regeln wie beim Fahren auf Sand. Ist die Düne zu steil oder der Sand zu locker, muß der Reifendruck reduziert werden. Gefahren wird im 2. oder 3. Gang im H4-Modus mit höchstmöglicher Geschwindigkeit und Drehzahl. Schnelles Herunterschalten ist hier besonders wichtig, da sonst ein neuer Anlauf nötig ist. War der erste Versuch erfolglos, wird zurückgesetzt und das Ganze mit einem längeren Anlauf *(run up)* und höherer Geschwindigkeit versucht. Das strapaziert nicht nur die Nerven, es kostet auch jede Menge Sprit. Steht man beim sechsten oder siebten Versuch immer noch auf der selben Seite der Düne, sollte man besser sein Lager aufschlagen und es vor Sonnenaufgang am nächsten Morgen noch einmal wagen. Dann nämlich ist der Sand abgekühlt und die Oberfläche wesentlich fester als in der prallen Sonne oder am Abend nach einem heißen Tag. Bringt auch das nicht den gewünschten Erfolg, gibt es immer noch die Möglichkeit, den Wagen zu entladen, das Gepäck über die Düne zu tragen, die Anfahrt mit der Schaufel etwas zu glätten, die Spitze abzutragen (viel Vergnügen!) oder auf andere Reisende zu warten, die helfen könnten. Wer es dann immer noch nicht geschafft hat, sollte besser umkehren.

Ist endlich die Dünenspitze erreicht, heißt es sofort stoppen, denn sonst folgt womöglich ein unfreiwilliger Flug mit unsanfter Landung, bei zu hoher Geschwindigkeit vielleicht sogar ein Überschlag. Man sollte sich auch nicht dem Trugschluß hingeben, daß eine Düne leichter zu bewältigen ist, wenn man sie schräg anfährt. Das stimmt nur, wenn auch ein entsprechender Weg gebahnt ist. Wer eine unbefestigte Düne schräg anfährt, riskiert leichtfertig einen Überschlag *(roll over)* und damit Fahrzeug und Gesundheit.

Wichtigste Ausrüstung auf Dünenpisten sind Schlauchreifen, Reifendruckmesser, eine 3 bis 4 m lange Stange mit Fahne (vorne am Fahrzeug angebracht, hilft sie, Kollisionen zu vermeiden, sollte tatsächlich einmal ein anderes Fahrzeug zur gleichen Zeit die Düne von der anderen Seite her überqueren wollen), Kompressor und zur Sicherheit eine Fußpumpe. Der Reifendruck ist dann mindestens alle drei Stunden kurz zu überprüfen.

### Problemlösungen

Hat man eine Dünenüberquerung auch beim vierten oder fünften Mal nicht geschafft, und waren auch das Warten bis zum nächsten Morgen, Schaufeln und Verringerung des Reifendrucks erfolglos, dann könnte die Winde zum Einsatz kommen. Das ist leichter gesagt als getan, denn in der Wüste ist nur selten ein Baum zu finden, der stark genug wäre, um das Seil daran zu befestigen. Die Lösung dazu heißt *Erdanker*. Dazu können das Reserverad oder die *barbecue*-Platte, wenn sie groß genug ist, umfunktioniert werden (→ "Die Winde richtig eingesetzt"). Wer keine Winde

Achtung Krokodile!

dabeihat, kann sich auch mit dem *Hi-Lift-Jack* behelfen (→ "Einsatz des Hi-Lift-Jack").

## Flußdurchfahrten

Mit Flußdurchfahrten wird der Reisende vor allem im nördlichen Teil Australiens konfrontiert. Dabei hängt die Chance einer erfolgreichen Durchquerung vor allem vom Wetter ab. Im Winter (Juni bis September) wird es kaum Probleme geben. Viele Flüsse und *creeks* sind trocken, zu Rinnsalen verkümmert, oder die Durchfahrtstiefe liegt meist deutlich unter 50 cm. Allerdings ist das umliegende Land ebenso trocken und damit nicht so reizvoll wie in der Regenzeit *(wet season)* von Dezember bis März oder kurz danach. Die besten Reisemonate für diesen Landstrich sind März, April und Mai, je nachdem wie lange die Regenfälle anhalten. Sofern man ein paar Grundregeln beachtet und Durchfahrten erst an kleineren Flüssen übt, steht einer erfolgreichen Durchquerung auch größerer Flüsse nichts im Wege.

Bevor man sich auf eine Strecke mit Flußdurchquerungen begibt, wird die Höhe des Luftansaugstutzens vom Boden bis zur Öffnung gemessen. Die Wassertiefe sollte mindestens 15 bis 20 cm unter der Öffnung des Ansaugstutzen liegen, um sicher zu gehen, daß kein Wasser in den Motor eindringen kann, denn das bedeutet vor allem beim Dieselmotor das Aus. Dann sind Erkundigungen über die zu durchquerenden Flüsse einzuholen. Dies kann einmal bei der nächsten Polizeistation - wie wir feststellten leider meistens keine allzu große Hilfe -, besser aber bei einem *roadhouse* an der Strecke geschehen. So läßt sich schon vorher entscheiden, ob eine Strecke überhaupt zu befahren ist. Am Fluß angekommen, wird die Wassertiefe erkundet. Ist das Wasser klar, kann man das oftmals trokkenen Fußes vom Ufer aus tun. Ist das Wasser trübe und der Grund nicht zu erkennen, muß man hindurchwaten. Dabei werden die Strömungsstärke festgestellt und auch gleich der Untergrund auf Löcher oder Felsbrocken und Steine kontrolliert. Wichtig ist vor allem, sich die Fahrspur zu merken. Hat man beim Waten keine größeren Probleme, wird die Durchfahrt auch mit dem Auto zu schaffen sein. Im allgemeinen können alle Flüsse mit festem oder ebenem Untergrund unter 20 cm Wassertiefe auch ohne Allradantrieb im 1. oder 2. Gang durchquert werden. Wer sich nicht sicher ist, schaltet am besten den Allradantrieb zu. Flüsse ab ca. 20 cm Wassertiefe mit losem Untergrund werden grundsätzlich im Allradantrieb (H4-Modus; 1. oder 2. Gang) angegangen. Bei sehr felsigem, sandigem oder schlammigem Untergrund ist sogar der L4-Modus vorzuziehen. Alles, was tiefer als 40 cm ist, sei es auch nur eine größere "Pfütze", wird im Allradmodus mit Untersetzung durchquert (L4-Modus; 1. oder 2. Gang). Vor allem auf *Cape York* gibt es einige Flüsse und Bäche dieser Kategorie. Für alle Flußdurchfahrten, ganz gleich welcher Tiefe oder Untergrundbeschaffenheit, gelten folgende Regeln:

- Nie im Wasser anhalten! Falls es sich um sandigen Untergrund handelt, spült die Strömung den Sand unter den Reifen weg, und der Wagen sinkt ein.
- Nie während der Durchfahrt die Kupplung betätigen! Wasser läuft zwischen Druckplatte und Kupplungsscheibe, die Kupplung rutscht, und der Wagen bleibt unweigerlich stehen.
- Immer vorher erkundigen (z. B. bei anderen Reisenden oder Bewohnern der Gegend), ob sich Krokodile im Wasser aufhalten könnten! Auch wenn es Krokodile gibt, kommt man manchmal nicht umhin, die Furt zuvor abzugehen und den Fahrer auf sandige und tiefe Stellen hinzuweisen. Zur eigenen Sicherheit sollte man einen Stock mitnehmen.
- Bei schwierigen Durchquerungen ist es immer besser, wenn ein Mitreisender vor dem Auto hergeht und den Fahrer einweist.
- Wer sich nicht sicher ist, sollte auf andere Reisende warten und im Konvoi fahren.
- Ist der Wasserstand höher als der Luftansaugstutzen, muß der Wagen entsprechend vorbereitet werden. Man öffnet die Motorhaube, biegt den Ansaugstutzen nach außen und verlängert ihn mit einem Stück Schlauch um einige Zentimeter (nicht mehr als 20-30 cm; darauf achten, daß er auch dicht ist, denn sonst gelangt Wasser in den Luftfilter). Auch der Keilriemen wird gelockert oder abgenommen, damit während der Fahrt kein Wasser hochgewirbelt wird und der Ventilator nicht den ganzen Motorraum mit Wasser bespritzt. Da das Schlauchstück aus dem Motorraum herausragt, steht die Motorhaube einen Spalt offen. Über dieser wird dann eine Plane befestigt, die am besten bis über den Kühler nach unten reicht. Dadurch kann zum einen von oben und von der Seite kein Wasser in den Motorraum eindringen, zum anderen wird vor dem Auto eine kleine Bugwelle erzeugt, die wie der Planierschild eines Bulldozers wirkt und dafür sorgt, daß durch den entstehenden Unterdruck im Motorraum der Wasserstand hier niedrig bleibt. Die Elektrik, vor allem bei Benzinmotoren, sollte man vorher mit Isolierband abdichten. Auch das Gepäck im hinteren Teil des Wagens nicht vergessen! Sachen, die auf keinen Fall naß werden dürfen (Kamera, Essen etc.), sollte man nach oben legen. Zusätzlich können die Türritzen mit Klebeband abgedichtet werden. Wir empfehlen solche Durchfahrten nur, wenn ein zweites Auto in der Nähe ist, das im Notfall den Wagen aus dem Fluß ziehen kann. Bei Fahrzeugen mit Turbolader ist darauf zu achten, daß vor der Durchquerung eines Flusses der Turbolader abgekühlt ist, damit er durch den großen Temperaturunterschied keine Risse bekommt.
- Nach jeder Flußdurchquerung sind die Bremsen auf ihre Funktionsfähigkeit zu überprüfen. Mittels Ölstab kann kontrolliert werden, ob Wasser in den Motor eingedrungen ist.

### Problemlösungen

Sollte man doch einmal im Fluß steckenbleiben, heißt es erst mal Ruhe bewahren. Ist ein zweites Fahrzeug in der Nähe, wird es kein Problem sein, den Wagen herauszuziehen. Ansonsten kommt die Winde zum Einsatz (→ "Die Winde richtig eingesetzt"). Die Bergungsaktion kann man zusätzlich unterstützen, indem man versucht, größere Steine aus dem Weg zu räumen.

## Schlammpisten

Schlammlöcher umfährt man am besten weiträumig (Vorsicht: die Umfahrung vorher zu Fuß abgehen). Wer jedoch durchfährt und steckenbleibt, bekommt - neben viel Arbeit - eine unfreiwillige Fangopakkung. Grundsätzlich gibt es im trokkenen Australien keine Schlammpisten, die das ganze Jahr über in diesem Zustand sind. Im Norden und an der Nordostküste verwandeln sich die Straßen nur während der Regenzeit oder nach besonders heftigen Schauern in schlammige Pisten. Zu dieser Zeit sind sie zumeist unpassierbar oder ganz gesperrt. Aber auch im trockenen Landesinnern reichen ein bis zwei kräftige Regengüsse aus, um eine einfach zu befahrende Piste in eine unpassierbare Schlammstrecke zu verändern. Wer noch nicht vom Ausgangsort abgefahren ist oder unterwegs einen sicheren Platz und genug Verpflegung hat, legt am besten eine Pause ein. Man wartet, bis die Strecke einigermaßen getrocknet ist und fährt dann weiter. Das schont neben den eigenen auch die Nerven der nachfolgenden Fahrer. Fahren auf aufgeweichten Strecken verursacht tiefe Furchen, die später von der Sonne hartgebacken werden. Manch ein Farmer, für den die Piste die einzige Verbindung zur Außenwelt ist, sieht wegen solch rücksichtsloser Fahrer Touristen nicht gerne. Andere Farmer, über deren Land die Strecke verläuft, sperren ihre Pisten für Touristen, sobald der erste Regentropfen fällt, denn sie sind es leid, ihre Zeit und ihr Geld für die Ausbesserung zu opfern.

Hat man jedoch keine andere Wahl, als die Fahrt durch den Schlamm fortzusetzen, dann geht man folgendermaßen vor: Reifendruck wie beim Sandfahren verringern. Möglichst vorher ist zu überprüfen, ob tiefere Löcher im Schlamm sind. Dann schaltet man den Allradantrieb zu (H4-Modus) und fährt bei hoher Drehzahl mit Schwung durch den Matsch. Schalten und abrupte Lenkbewegungen sind dabei tunlichst zu vermeiden. Man fährt auf Schlamm ähnlich wie auf Eis. Droht das Fahrzeug stehen zu bleiben, sofort den Fuß vom Gas. Mit viel Glück kommt man rückwärts wieder aus dem Schlamm und kann einen neuen Anlauf nehmen.

### Problemlösung

Mit einer Winde und eventuell einem Erdanker (→ "Die Winde richtig eingesetzt") muß der Wagen in stundenlanger Arbeit befreit werden. Wenn man steckengeblieben ist und keine Winde dabeihat, nutzt auch Brachialgewalt nichts. Die Räder wühlen sich nur immer tiefer in den Schlamm ein. Man versucht, das Fahrzeug anzuheben, um Holz, Steine oder ähnlich festes Material unter die Räder zu legen. Dazu benötigt man zunächst eine feste Unterlage *(base plate)* für den Wagenheber *(Hi-Lift-Jack)*, der unentbehrlich ist. Wenn sichergestellt ist, daß der Wagenheber nicht wegrutschen kann und guten Halt hat, bockt man das Fahrzeug langsam hoch. Sobald die Räder sich vom Boden lösen, können Holzstücke, Gras, Matten und alles, was den

Rädern festen Halt gibt, untergelegt werden. Wenn die Unterlage richtig unter den Reifen liegt, läßt man den Wagenheber herunter und versucht, aus dem Schlamm herauszufahren, was dann mit etwas Glück auch meistens klappt.

## Gravelroads und Corrugations

Australiens häufigste Streckenart ist die Schotterpiste *(gravelroad)*. Der Belag stellt in der Regel keine hohen Anforderungen an die Fahrtechnik, dafür aber an die Reifen und das Durchhaltevermögen der Reisenden.

Instandgesetzte Pisten mit neuem Schotterbelag laden zu schnellem Fahren ein. Dadurch verwandeln sich dann die einstmals guten Straßen in waschbrett- oder wellblechartige Pisten *(corrugations)*. Im Abstand von 10 bis 25 cm bilden sich parallel verlaufende Bodenwellen, die das ständige Rütteln verursachen. Um nur einigermaßen sanft über diese Pisten zu kommen, ist eine Geschwindigkeit von 60 bis 80 km/h nötig. So fährt man nicht durch jedes kleine Rillental, sondern rollt annähernd gleichmäßig über die Bodenwellen. Vorsicht ist besonders in Kurven oder an unübersichtlichen Stellen geboten. Leicht verliert man aufgrund der mangelnden Bodenhaftung die Kontrolle über das Fahrzeug und kann sich sogar überschlagen. Der Traum vom Abenteuerurlaub ist dann erstmal ausgeträumt.

Wird der Belag gröber, hat man es meist mit einer Geröllpiste zu tun. Wichtigste Voraussetzungen, um platte Reifen zu vermeiden, sind richtige Reifen mit entsprechendem Druck und verminderte Geschwindigkeit (→ "Ausrüstung des Geländewagens", hier "Grundausrüstung des Wagens"). In der Regel entstehen die Reifenpannen nicht durch schlechte oder falsche Reifen, sondern durch zu schnelles Fahren. Denn dann passiert es leicht, daß scharfkantiges Geröll die Reifen aufschlitzt oder sich hineinbohrt. Also: je größer die Steine, desto niedriger die Geschwindigkeit. Dann lassen sich auch größere Steine oder Geröllbrocken leichter erkennen. Wer sie übersieht, muß zudem mit Beschädigungen am Unterboden rechnen. Zur Gefahr auf solchen Pisten können auch entgegenkommende Fahrzeuge werden: Steine werden katapultartig in die Windschutzscheibe geschleudert. Nicht umsonst gibt es in Australien an fast jeder Ecke eine Werkstatt, die Windschutzscheiben repariert *(windscreen repair)*.

## Auswaschungen und steile Böschungen

Mit Auswaschungen oder abschüssigen Stellen ist grundsätzlich auf allen Strecken im *outback* zu rechnen. Durch das Anlegen einer Piste wird der spärliche, aber extrem wichtige Oberflächenbewuchs zerstört, und die Erde liegt frei. Bei heftigen Regenfällen verwandeln sich diese *tracks* dann in wahre Sturzbäche und spülen die Erde bis zum blanken Felsen weg. Je steiler ein bestimmter Streckenabschnitt oder je heftiger die Regenfälle, desto verheerender die Erosion. An vielen Stellen, wo die Auswaschungen besonders stark sind, scheint ein Weiterkommen fast unmöglich. Um diese Hindernisse, sei es auf ebener Strecke oder an steilen Passagen, möglichst problemlos zu überwinden, gelten folgende Regeln:

- Auswaschungen möglichst umfahren.
- An steilen Hängen und abschüssigen Böschungen vorher aussteigen und eine günstige Fahrspur suchen.

- L4-Modus und 1. Gang einlegen.
- Die Passage nie schräg anfahren (Überrollgefahr).
- Langsam und gleichmäßig fahren.
- Immer den Fuß am Bremspedal haben.
- Während der Ab- oder Auffahrt niemals die Kupplung betätigen.

Ähnlich den Flußdurchfahrten schaut man sich steile oder ausgewaschene Stellen auf den Pisten vorher genau an und sucht den besten Weg hindurch bzw. vorbei, hinauf oder hinunter. Dabei wird in den beiden letzteren Fällen im 1. Gang des L4-Modus gefahren und nie, aber auch wirklich nie, die Kupplung betätigt. Wenn es in einem Winkel von fast 45° auf einer unbefestigten Piste bergab oder bergauf geht, hätte ein Betätigen des Kupplungspedals schlimme Folgen. Zwei oder mehr Tonnen Gewicht entwickeln bei diesem Gefälle bzw. dieser Steigung eine enorme Schubkraft, und nur mit der Bremse ist der Wagen nicht mehr zu halten. Unweigerlich kommt man von der Piste ab und riskiert einen Überschlag mit all seinen Folgen.

Im 1. Gang des *Low-Range-Modus* (L4) kriecht das Auto langsam bergab oder bergauf. Wichtig ist, daß eine gleichmäßige Geschwindigkeit beibehalten wird, damit die Traktion der Reifen erhalten bleibt. Ist Anhalten erforderlich, bremst man einfach und würgt den Motor ab. Möchte man wieder anfahren, bleibt der Gang eingekuppelt, man startet den Motor und läßt gleichzeitig die Bremse langsam los. Angehalten wird erst wieder, wenn das Ende der Passage erreicht ist. Sind die Auswaschungen (Rinnen, tiefe Löcher etc.) so groß, daß der Unterboden des Autos aufsetzen würde, sucht man eine Umfahrung oder versucht, die Piste mit Steinen, Geröll, Erde oder auch Holz, so gut es geht, auszubessern. Bei sehr schwierigen Passagen ist es immer von Vorteil, wenn ein Mitreisender aussteigt und dem Fahrer den richtigen Weg weist. Vom erhöhten Fahrersitz ist die Sicht voraus meistens nicht ausreichend.

## Salzseen und Lehmpfannen

Eine nicht zu unterschätzende Gefahr geht von Salzseen und Lehmpfannen aus. Absolut ruhig liegen sie da; die ebenmäßige Salz- oder Lehmkruste wirkt glatt und fest wie eine frisch geteerte Autobahn. Aber Vorsicht, oft ist es nur eine sehr dünne Schicht, die wirklich fest ist, gerade dick genug, um einen Menschen zu tragen. Ein Auto mit dem zwanzig- oder gar dreißigfachen Gewicht würde bis zum Unterboden einsinken!

Aus diesem Grund heißt es auch hier wieder: vorher die Strecke zu Fuß abgehen. Sind frische (!) Fahrspuren zu erkennen, ist die Durchfahrt sicher. Sonst wird mit einem langen, spitzen Stock, den man ab und zu in die Erde stößt, die Festigkeit getestet. Ist man sich dennoch nicht sicher, ob man heil auf der anderen Seite ankommen wird, umfährt man die Pfanne am besten weiträumig (!).

### Problemlösung

Wer in einer Salz- oder Lehmpfanne feststeckt, ist ziemlich schlecht dran. Der nächste Baum oder Anker, an dem die Winde befestigt werden könnte, ist zumeist nicht in Sicht. Will man nicht auf ein Fahrzeug warten, das den Wagen herauszieht, kommt nur die Winde mit einem Erdanker als Rettung in Frage (→ "Die Winde richtig eingesetzt"). Einfach wird es auf keinen Fall. Die Bergungsaktion kann man zusätzlich unterstützen, indem festes Material

(Steine, Äste o.ä.) unter die Räder gelegt wird.

Ist man befreit, sollte das Fahrzeug gründlich vom Salzschlamm gereinigt werden. Erst einmal trokken, wird er steinhart und kann Räder, Bremsen oder andere Fahrzeugteile blockieren.

## *Die Winde richtig eingesetzt*

Wer umsichtig fährt, wird die Winde gar nicht oder nur in Ausnahmesituationen einsetzen müssen. Ein guter Geländewagenfahrer sollte einschätzen können, ob eine Strecke zu bewältigen ist; wie oft man sich aus bedrohlichen Situationen befreien konnte, zählt da weniger. Dennoch kann es jedem einmal passieren, daß er im Schlamm, im Fluß oder im Sand festsitzt und eine Winde benötigt. Hat der Wagen eine fest an der Front montierte Elektrowinde, gibt es nur die Möglichkeit, sich nach vorne aus der mißlichen Lage zu befreien. Das ist aber dann nicht sehr sinnvoll, wenn man erkennen kann, daß die Probleme im weiteren Steckenverlauf zunehmen. Die Alternative dazu heißt "Handwinde". Diese erfordert zwar etwas mehr Körperkraft - was bei hohen Temperaturen sehr anstrengend sein kann - bietet aber mehr Möglichkeiten, da sie immer in der gewünschten Richtung einzusetzen ist.

Bevor die Arbeit mit der Winde beginnt, ist zu klären, in welche Richtung ein Befreiungsversuch die meiste Aussicht auf Erfolg hat. Dann sucht man einen geeigneten Haltepunkt für die Winde, was in einer baumreichen Gegend kein Pro-

Verdoppelung der Zugkraft durch eine Umlenkrolle (Handwinde)

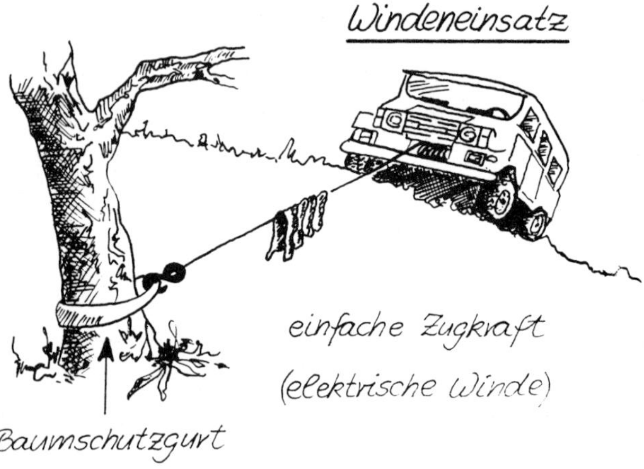
Windeneinsatz
einfache Zugkraft
(elektrische Winde)
Baumschutzgurt

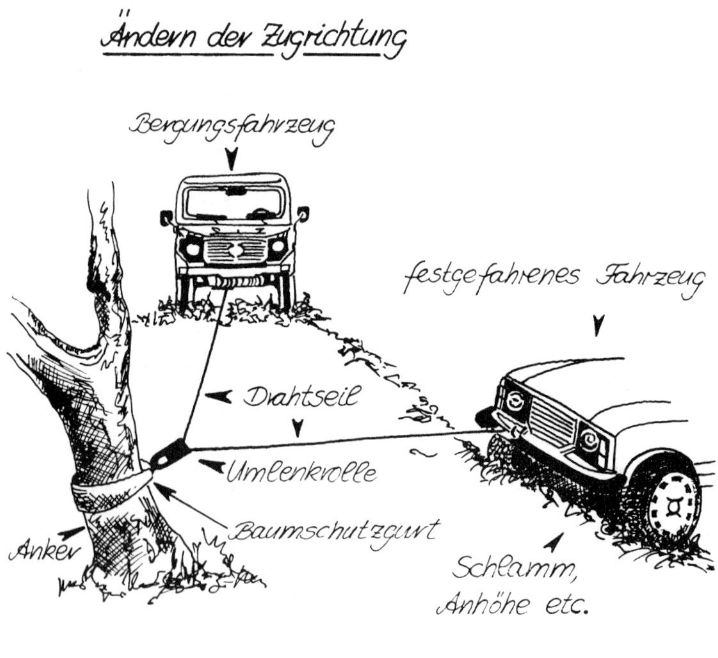
Ändern der Zugrichtung
Bergungsfahrzeug
festgefahrenes Fahrzeug
Drahtseil
Umlenkrolle
Baumschutzgurt
Anker
Schlamm,
Anhöhe etc.

## Windeneinsatz (allgemein)

① Drahtseil abrollen und zwischen Winde und Fahrzeug legen.

② Gurt um einen geeigneten Ausgangspunkt (Baum) legen und am Hals der Winde einhaken.

③ Hebel B ziehen, bis er einrastet. Hebel C nach hinten drücken.

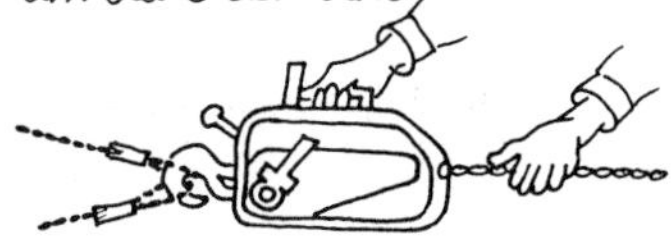

④ Drahtseil in den Eingang A einführen und durch die Winde schieben, bis es am Ausgang E herauskommt.

⑤ Drahtseil straffziehen und darauf achten, daß Ausgang E nicht blockiert.

⑥ Hebel B lösen, so daß er in seine ursprüngliche Position zurückspringt. Die Winde ist jetzt betriebsbereit.

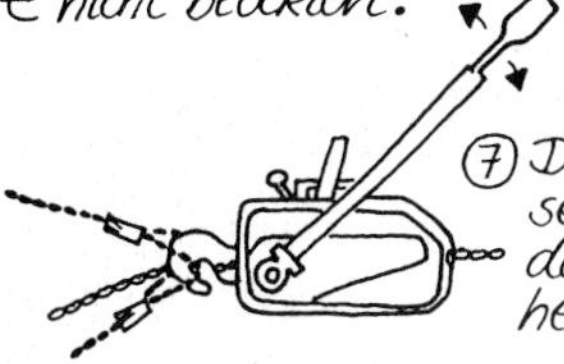

⑦ Den Verlängerungshebel auf Hebel C setzen (zum rückwärtigen Lockern des Drahtseils auf Hebel D) und hebeln.

blem ist. Um den Baum wird der Baumschutzgurt gelegt und anschließend die Winde eingehängt. Das Seilende mit Haken wird nun am Auto befestigt, das Seilende ohne Haken in die Winde eingeführt. Wenn alles richtig eingestellt ist, kann es losgehen. Erleichtern kann man sich die Arbeit, wenn die eingegrabenen Räder vorher freigeschaufelt oder der Wagen mit dem *Hi-Lift-Jack* angehoben und Steine, Äste oder ähnliches festes Material unter die Räder gelegt wurden. Stehen die Bäume für eine Bergungsaktion nun aber zu weit abseits der Straße, d. h. der Wagen kann nicht geradeaus gezogen werden, kommen die Umlenkrolle *(snatch block)* und die Kette zum Einsatz. Die Umlenkrolle wird ebenfalls benötigt, wenn der schwere Wagen steil nach oben gezogen werden muß und eine höhere Zugkraft erforderlich ist.

Wo aber befestigt man die Winde in einer baumlosen Landschaft? In diesem Fall hilft ein Erdanker. In entsprechender Entfernung vom "Tatort" wird ein Loch von ca. 1 m Tiefe gegraben. Es sollte groß genug sein für das Reserverad oder für die Unterlegplatte vom *Hi-Lift-Jack* (→ "Ausrüstung des Geländewagens", hier "Grundausrüstung des Wagens"). Wenn das Rad liegt, nimmt man ein Radkreuz, eine Brechstange, den Reifenhebel, einen starken Schraubenschlüssel oder etwas ähnliches und schiebt es unter das Rad vor die Nabenöffnung. Daran wird mittels Karabinerhaken das Windenkabel befestigt und in

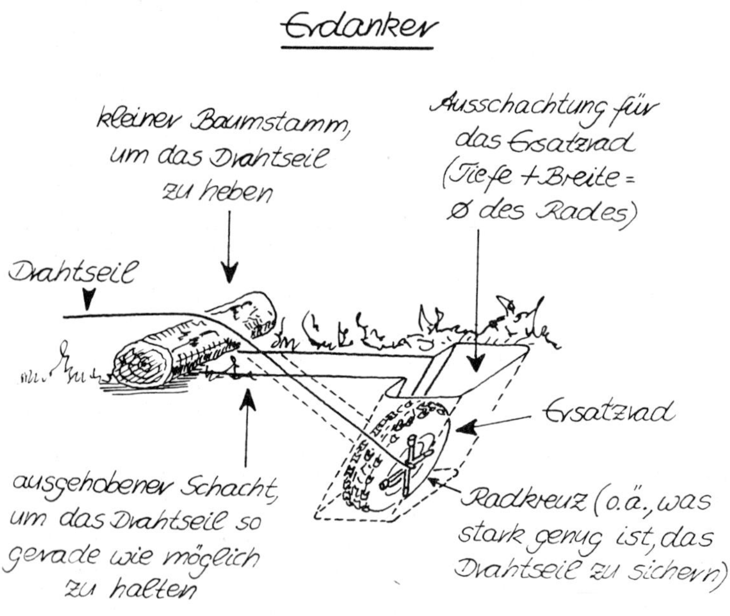

Richtung des Wagens gelegt. Nun wird vom Loch ausgehend, unter dem Seil ein Seilkanal gegraben, der verhindert, daß der Anker nach oben aus dem Loch gezogen wird. In losem Sand ist es schwierig, einen kleinen Seilkanal zu graben. In diesem Fall wird der Kanal entsprechend größer ausgehoben, das Seil hineingelegt und danach wieder zugeschaufelt. Zum Schluß wird das ganze Loch zugeschüttet. Dann befestigt man das Kabel an der Winde, und bei der Handwinde (die bei dieser Methode am Wagen befestigt wird) beginnt die schweißtreibende Arbeit des Herauswindens. Wer eine elektrische Winde am Fahrzeug hat, braucht vom eingegrabenen Erdanker nur die Erde abtragen und kann ihn dann mit Hilfe der Winde vorsichtig herausziehen. *Off road*-Läden bieten auch Anker an, die in den Sand einzuschrauben sind. Wir hatten auf der *Canning Stock Route* einmal Gelegenheit, einen solchen Anker zu testen. Das Einbohren gelang mühelos, doch noch bevor sich der Wagen vorwärts bewegte, verbog sich der immerhin 1,5 cm dicke Anker zu einer U-Form.

Folgende Regeln sollten bei der Arbeit mit einer Winde immer beachtet werden:

- Grundsätzlich Handschuhe tragen, um Quetschungen oder anderen Verletzungen vorzubeugen.
- Die Befestigungspunkte müssen stabil genug sein, d. h. keine zu dünnen Bäume auswählen und das Loch für den Erdanker nicht zu flach graben.
- Aus der Gefahrenzone zwischen den Endpunkten gehen. Ein unter Spannung stehendes Stahlseil, das reißt, kommt in etwa der Wirkung eines Fallbeils gleich.
- Vor Antritt der Fahrt unbedingt mit der Winde vertraut machen und nicht erst auf den Notfall warten.
- Seil und Winde nach Gebrauch immer gründlich reinigen.
- Bei Befestigungen an Bäumen, sofern kein Baumschutzgurt vorhanden ist, zwischen Seil und Rinde ein paar Äste oder eine Decke stecken, um den Baum nicht zu beschädigen.

## *Einsatz des Hi-Lift-Jack*

Der *Jack* (Wagenheber) kommt immer dann zur Anwendung, wenn das Fahrzeug angehoben werden muß. Dies ist meistens der Fall, wenn man sich tief in Schlamm, Sand oder ähnlich losen Untergrund eingegraben hat. In einer solchen Situation einfach die Winde einzusetzen, kann - wenn der Boden des Wagens aufliegt oder während der Bergungsaktion aufzusetzen droht - Schäden am Fahrzeug verursachen. In diesem Fall wird der Wagen mittels *Hi-Lift-Jack* angehoben (die Unterlegplatte nicht vergessen). Aufgrund des langen Hubweges kommt das Hebelgesetz - langer Hebel, wenig Kraft - zum Tragen, denn in nur wenigen Minuten ist der Wagen bis zu 1 m über dem Boden. Anschließend wird soviel festes Material (Steine, Äste u. ä.) wie möglich unter die Räder gelegt. Zum einen liegt der Wagen dann nicht mehr auf, zum anderen ist eine anschließende Bergung sehr viel leichter, da ein halbwegs fester Untergrund entstanden ist. Liegt vor dem Wagen Geröll oder ist eine Kante zu überwinden, so kann es ohne weiteres sein, daß die Motorkraft der Winde nicht stark genug ist. Hier wird der Wagen ebenfalls mittels *Jack* angehoben und der Niveauunterschied zusätzlich mit Steinen und Ästen ausgeglichen. Daß der *Hi-Lift-Jack* nur mit einer kleinen Bodenplatte ausgerüstet ist, hat - wenn auch

Einsatz des Hi-Lift-Jack beim Reifenwechsel

zunächst nicht ersichtlich - seinen Sinn. Hat man sich in tiefen Spurrillen festgefahren und ist seitlich davon fester Grund, wird der Wagen hochgebockt (keine *base plate* unterlegen) und anschließend der Wagenheber einfach seitlich weggekippt. Dies wäre mit einer großen Bodenplatte nicht möglich. Der Wagen landet so auf festem Grund. Weitaus häufiger als zur Unterstützung der Winde wird der *Jack* jedoch bei Reifenpannen verwendet (→ "Reifenflicken leicht gemacht").

## Jeden Morgen Autocheck

Wer im *outback* unterwegs ist, muß sich weitestgehend auf sich allein verlassen können. Der nächste Ort ist vielleicht 300 oder mehr Kilometer entfernt. Ersatzteile zu beschaffen, ist bei solchen Entfernungen eine langwierige und teure Angelegenheit. Um möglichen Pannen vorzubeugen, gehört der morgendliche Autocheck zur täglichen Routine. Das heißt, eigentlich fängt diese Kontrolle schon vor dem Schlafengehen an, wenn man nachschaut, ob alle elektrischen Verbraucher wie Licht, Kühlschrank o. ä. ausgeschaltet sind. Eine leere Batterie kann schon alle Pläne durchkreuzen. Morgens werden folgende Kontrollen durchgeführt:

- Wasserstand im Kühler prüfen
- Ölstand kontrollieren
- Batteriebefestigungen und Säurepegel prüfen
- Reifendruck messen
- Motorraum nach gelockerten Kabeln durchsehen
- zuletzt ein Gang ums Auto (auf gebrochene Teile oder gelockerte Schrauben achten)

Diese allmorgendliche Inspektion lohnt, denn so läßt sich vielleicht tagelanges Warten auf Hilfe vermeiden.

## Reparaturen im Busch leicht gemacht

Grundsätzlich legt man bei Reparaturen am Auto immer Bremsklötze unter. Steht der Wagenheber nicht sicher, ist es wichtig, das Fahrzeug zusätzlich durch das Ersatzrad oder stabile Ersatzkanister abzustützen.

### Probleme mit dem Kraftstoff

- *Wasser im Tank (stotternder Motor)*
  Die Treibstoffleitung am Tank lösen und den Sprit in Kanister abfüllen. Durch vorsichtiges Umfüllen kann das Wasser meist separiert werden.

- *Verunreinigungen in der Kraftstoffleitung (stotternder Motor)*

Meist ist die Ursache ein verschmutzter Kraftstoffilter, der dann am besten ausgewechselt wird. Zusätzlich den Schlauch vom Tank zur Kraftstoffpumpe an einem Ende lösen und kräftig durchblasen.

- *Leck oder Loch im Tank (Spritverbrauch erhöht sich drastisch)*
  Eine Möglichkeit bieten Blechschrauben, die man - mit einer Gummidichtung (evtl. selbst gebastelt) versehen - einfach in das Loch schraubt. Mit etwas Spachtelmasse oder Glasfiberhärter zusätzlich abdichten. Ist das Loch zu groß, den Tank leerlaufen lassen (aber bitte in einen Kanister!), eine Münze über das Loch legen und mit Glasfiberhärter befestigen. Nach der Fachliteratur sollen kleine, punktförmige Löcher kurzzeitig mit Seife, die einfach in das Loch geschmiert wird, abzudichten sein.
- *Ausfall der Kraftstoffpumpe (Motor bekommt keinen Sprit)*
  Die Leitung von der Pumpe am Vergaser abnehmen. Einen Kraftstoffkanister oberhalb des Vergaserniveaus plazieren (am besten auf dem Dach) und einen Schlauch mit einem größeren Durchmesser (kann auch erst mit der entfernten Kraftstoffleitung probiert werden) am Vergaser anschließen. Wird der Kraftstoff mit dem Mund angesaugt, fließt er dann von selbst. Der Vergaser regelt dabei die Menge selbsttätig.
- *Leergefahrener Tank (Tankanzeige kontrollieren)*
  Beim Benziner kein Problem, denn der Kraftstoff wird einfach nachgefüllt und durch Betätigen des Gaspedals wieder zum Vergaser gepumpt. Beim Dieselfahrzeug ist vorher die Leitung zu entlüften. Da das Entlüften nicht ganz einfach ist, läßt man es sich am besten vor der Reise in einer Werkstatt zeigen. Wer ein Reparaturhandbuch mitführt, kann danach vorgehen.

**_Öllampe leuchtet auf_**

- *Zu wenig Öl*
  Den Unterboden nach Öl absuchen. Ist kein Leck zu entdecken, Öl nachfüllen und starten. Leuchtet die Öllampe weiterhin auf, deutet es auf eine der folgenden Ursachen hin:
- *Verstopfter Ölfilter*
  Das läßt sich meist nur feststellen, wenn der Ölfilter im Fahrzeug durch einen neuen ersetzt wird. Ist kein neuer Filter zur Hand, kann man folgendermaßen kontrollieren, ob ein verstopfter Ölfilter Schuld an der Misere ist: Der Filter wird abgeschraubt und die Einschraubstelle mit einer passenden Schraube, einem Stück Gummi oder ähnlichem Material (fest auf die Einschraubstelle pressen) verschlossen. Zur Not kann man den Gummi mit einem Stück Holz oder einem Schraubenzieher festkeilen. Das Abdichten ist wichtig, da sonst beim Starten Öl herausspritzen würde. Erlischt die Lampe nun beim Starten, dann war der verstopfte Ölfilter die Ursache. Leuchtet die Lampe immer noch, ist der Ölfilter in Ordnung, aber vermutlich die Ölpumpe defekt.
- *Defekte Ölpumpe*
  Abschleppwagen bestellen oder auf Hilfe warten.
- *Leck in der Ölwanne*
  Wird wie ein Leck im Tank repariert.
- *Fehler in der Elektrik*

**_Verlorener Schlüssel oder defektes Zündschloß_**

- Ein Kabel vom Pluspol der Batterie zum Pluspol der Zündspule legen.

Zum Starten wird der Starter mit einem weiteren Kabel kurzgeschlossen.

- *Starter klemmt (Anzeigen leuchten auf; es ist ein leises Klicken beim Drehen des Zündschlüssels zu hören)*
  Wahrscheinlich klemmt der Magnetschalter im Starter. Höchsten Gang einlegen und das Fahrzeug vor und zurück bewegen, oder mit dem Hammer während des Startens auf den Starter schlagen (aber nichts beschädigen).

### Fehler im Bremssystem

- *Abgerissene Bremsleitung (Bremswirkung läßt nach)*
  Das Ende der vom Bremszylinder kommenden Leitung mit einem Hammer zusammenklopfen und mindestens zweimal umbiegen, eventuell noch mit Isolierband abdichten. Verlorene Bremsflüssigkeit wieder auffüllen und mit kräftigen Tritten auf das Bremspedal testen, ob das Ende der Leitung dicht ist. Das Auto bremst jetzt nur noch mit drei Rädern, also Vorsicht!

### Kühlsystem

- *Keilriemen gerissen (die Temperatur steigt an)*
  Selbst etwa in Deutschland ist bekannt, daß auch eine Nylonstrumpfhose einen Keilriemen für kurze Zeit ersetzen kann. Ansonsten ist der gerissene Keilriemen durch einen neuen auszutauschen.

- *Gebrochenes Ventilatorblatt (Ventilator läuft unrund)*
  Bei gerader Ventilatorblattzahl werden das gebrochene und das gegenüberliegende Blatt entfernt. Bei ungerader Blattzahl muß der ganze Ventilator entfernt werden. Sehr langsames Fahren und viele Pausen helfen vielleicht bis zur nächsten Reparaturwerkstatt.

- *Kühler leckt (Die Temperatur steigt an)*
  Kleinere, undichte Stellen können durch Kaugummi (von außen), Mehl (man empfiehlt einen Eßlöffel auf 4 Liter Wasser), aufgelöste Seife oder eines der im Handel erhältlichen Kühlerdichtmittel *(radiator sealant)* behoben werden. Größere Löcher versucht man, mit Spachtelmasse oder Glasfiberhärter abzudichten.

- *Kühlschlauch leckt (Die Temperatur steigt an)*
  Den Schlauch mit Isolierband abdichten. Hat man ein Stück Gummi, wird es über den Schlauch gelegt und mit einer Schlauchschelle oder Draht fixiert.

- *Gebrochene Schlauchschelle*
  Wie oben beschrieben mit einem Stück Draht fixieren.

### Achsen, Räder und Federn

- *Gebrochene Antriebswelle*
  Da ein Geländewagen zwei davon hat, ist der Verlust einer Antriebswelle (streckenabhängig) nicht tragisch. Die beschädigte Welle wird abmontiert und man fährt mit Zweiradantrieb weiter oder, falls der Rückweg kürzer ist, zurück.

- *Verlorene Radmuttern*
  Fehlt mehr als eine Mutter und man hat keinen Ersatz, kann vorübergehend eine Mutter von einem anderen Rad abgenommen werden.

- *Gebrochene Feder oder Federblatt*
  Meist bricht das obere Federblatt an einer der Befestigungen. Mit einer Kette oder einem starken Seil wird die Feder am Chassis fixiert, und zwar so, daß sie ungefähr ihre normale Position hat.

Man kann auch versuchen, die Bruchstelle zu schweißen (→ "Schweißen im Busch"). Bei sehr vorsichtiger Fahrweise hält das vielleicht bis zur nächsten Werkstatt. Ist die Feder ganz kaputt, kann sie auch durch einen starken, frischen Ast (leicht biegsam und nicht spröde oder brüchig) ersetzt und - wie oben beschrieben - befestigt werden. Diese Methode erfordert allerdings einiges an technischem Können.

- *Defektes Radlager*
  Ein Hinterrad kann entfernt und durch einen starken Ast ersetzt werden. Der Ast wird so unter der Feder befestigt, daß er wie eine Kufe wirkt. Dreht sich beim Hinterrad gar nichts mehr, dann muß die Antriebswelle abmontiert und mit dem Frontantrieb gefahren werden.

## Schweißen im Busch

Das funktioniert leichter als man denkt. Die Batterien werden - wie in der Zeichnung zu sehen - hintereinander geschaltet und der Pluspol der ersten Batterie mittels Starthilfekabel mit dem zu schweißenden Stück verbunden. Das andere Kabel wird am Minuspol der zweiten Batterie befestigt, und in die Klammer kommt die Schweißelektrode. Schon ist das Schweißgerät fertig. Zum Schweißen gehört auch die Brille zum Schutz der Augen. Wenn

Notreparatur bei festgefressenem Radlager

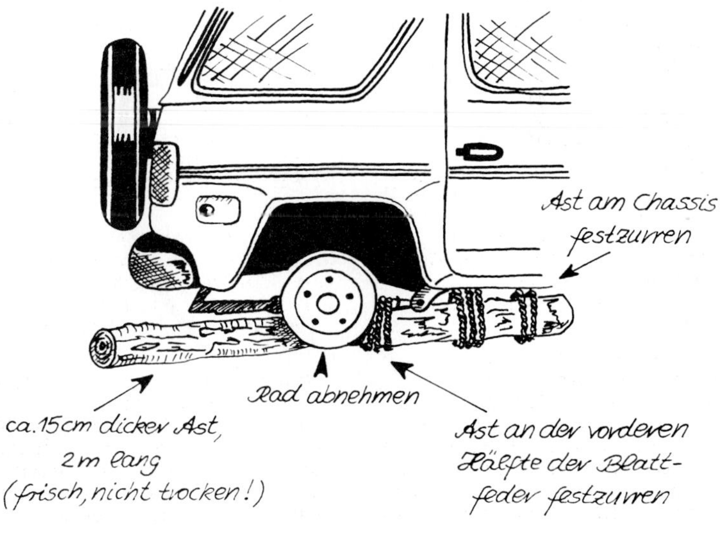

nur die Scheibe einer Schweißerbrille vorhanden ist, kann diese leicht in einen Karton eingeklebt werden, und die Schutzbrille ist fertig. Natürlich ist aber zu bedenken, daß man mit einem reparierten Wagen nicht weit kommt, wenn die Batterien leer sind.

## Reifenflicken leicht gemacht

Wie geht man vor, wenn das Fahrzeug einen "Plattfuß" hat?

Wie man das Rad vom Wagen löst, braucht wohl nicht erklärt zu werden (nicht vergessen, das Fahrzeug durch einen Bremsblock zu sichern). Man nimmt dazu den zum Wagen gehörenden kleinen Wagenheber. Aus dem Reifen wird zunächst das Ventil herausgeschraubt und das Rad anschließend unter die Stoßstange gelegt. Das Ventil sicher ablegen, d. h. am besten auf eine Plane oder in einen Kasten, denn wenn es in den weichen Wüstensand fällt, beginnt die sprichwörtliche Suche nach der "Nadel im Heuhaufen". Dann wird der zweite Wagenheber, ein *Hi-Lift-Jack*, auf den Reifen gesetzt (siehe Foto Seite 84). Beim Hochbocken des Wagens wird so der Reifen heruntergedrückt und von der Felge gelöst. Ist der Reifen stellenweise gelöst, so wird der *Jack* abgelassen, der Reifen ein Stück gedreht, und das Ganze beginnt von vorne, so lange, bis der Reifen auf einer Seite vollständig gelöst ist. Auf der anderen Seite wird dann genauso verfahren. Nachdem die Reifenwülste von der *splitrim*-Felge gelöst sind (siehe Foto Seite 84), kommen die Reifenhebel

Schweißen mit zwei Batterien

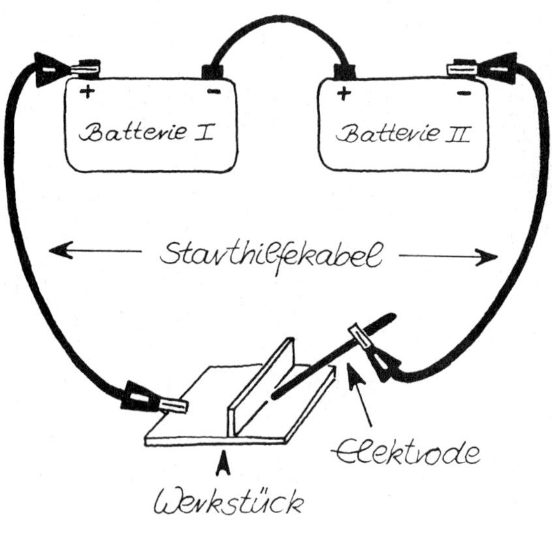

(Montiereisen) zum Einsatz. Gegenüber dem Ventil befindet sich der Felgenkranzschlitz. Ungefähr 4 bis 5 cm rechts davon ist im Felgenkranz (kaum zu sehen) ebenfalls ein Schlitz, in den der erste Reifenhebel eingesetzt (wenn nötig den Hammer zu Hilfe nehmen) und dann der Felgenkranz nach außen gedrückt wird. Der andere Reifenhebel wird am Felgenkranzschlitz angesetzt und der Ring nach oben gedrückt. Das erfordert zum einen Geschick, zum anderen aber auch Kraft. Am Anfang wird man sicherlich Probleme damit haben, aber nach zwei bis drei Reifenreparaturen wird das zur Routine. Ist der Felgenkranz an einer Stelle von der Felge gelöst, wird mit den Reifenhebeln oder mit einem anderen Hebel (z. B. sehr stabiler Schraubenzieher) und einem Hammer der Ring ganz von der Felge abgenommen. Danach muß noch das Ventil durch die Felge gedrückt werden, und der Reifen sollte von selbst von der Felge fallen. Sind die Reifen lange nicht gewechselt worden, geht das etwas schwerer.

Eine andere Möglichkeit, den Reifen von der Felge zu lösen, besteht darin, mit dem Wagen immer wieder über die Reifenwülste zu fahren (Vorsicht, nicht die Felge beschädigen). Diese Methode, das Problem zu lösen, ist weitaus zeitaufwendiger und nervenaufreibender und nur anzuwenden, wenn sich die Reifen nicht, wie schon erwähnt, an der Felge festgesaugt haben.

Bei normalen Stahlfelgen wird der Reifenwulst wie bei einer Fahrradreifenreparatur mit zwei Montiereisen über den Felgenrand gehebelt. Wie beim Fahrradreifen geht es dann auch weiter. Man sucht das Loch im Schlauch, säubert die Stelle, rauht sie großflächig auf, gibt

Werkzeug zum Reifenflicken

den Kleber darauf, wartet, bis er angetrocknet ist, und klebt den Flicken auf. Vor dem Zusammensetzen des Rades wird die Reifeninnenseite nach der Ursache des "Plattfußes" abgesucht. Oftmals steckt der Dorn, Nagel oder Stein noch im Reifen und muß entfernt werden. Das Zusammensetzen geht wesentlich einfacher, wenn der Schlauch etwas aufgepumpt wird. Er läßt sich dann leichter und vor allem ohne Knicke in den von innen gesäuberten Reifen legen. Dann kommt die Felgenunterlage drauf, und der Reifen wird wieder über die Felge gestülpt. Hierbei sollte man darauf achten, daß das Ventil nicht beschädigt wird. Wer Schmierseife, Reifenfett oder Talkum dabeihat, reibt vorher die Wülste damit ein. Das erleichtert die nächste Reparatur um einiges, da sich der Reifen auf der Felge nicht so festsetzen kann. Dann wird der Felgenkranz auf die Felge gelegt, wobei unbedingt darauf zu achten ist, daß der Schlitz des Felgenkranzes genau gegenüber dem Ventil sitzt. Der Kranz wird an einem Endpunkt in die Felge gedrückt und dann zum anderen Ende hin mit dem Hammer in Position gebracht. Anschließend wird noch einmal das Ventil überprüft, das in der Mitte der Aussparung sitzen sollte. Zum Schluß wird der Reifen aufgepumpt. Dabei ist der Felgenkranz in regelmäßigen Abständen mit dem Hammer zu bearbeiten, damit sich der Felgenkranz richtig in die Nut der Felge einpaßt. Dies ist äußerst wichtig, denn sitzt der Felgenkranz nicht richtig auf der Felge, wird er beim Aufpumpen des Reifens katapultartig abgesprengt. Wird man davon getroffen, können die Verletzungen schwer sein. Am besten erledigt man das Aufpumpen hinter dem Fahrzeug und achtet darauf, daß niemand in der Nähe ist. Sobald der richtige Reifendruck erreicht ist, wird das Rad wieder montiert, und die Fahrt kann fortgesetzt werden.

Auf die gleiche Art und Weise sind nicht nur die Schläuche, sondern auch die Reifen selbst zu flikken. Allzu oft entstehen Löcher durch spitze Steine, die sich durch die Reifen in den Schlauch bohren. Spezielle Flicken, die je nach Größe 3 bis 10 $ kosten, gibt es in den Autoläden. Dabei ist zu beachten, daß es unterschiedliche Flicken für Radialreifen und Diagonalreifen gibt. Auch sollten aus Gründen der Sicherheit nur die Laufflächen der Reifen repariert werden, nie die Seitenflächen.

## Karten, Schilder, Kompaß und Satellitennavigation

Wer im *outback* unterwegs ist, für den gehören zur notwendigen Ausrüstung die richtigen Karten. Ohne diese ist jeder Fahrer mehr auf sein Glück angewiesen, als ihm eigentlich lieb sein kann. Doch selbst Karten enthalten bei den riesigen Gebieten, die es abzudecken gilt, nur allzuoft Ungenauigkeiten, nicht nur bei den Kilometerangaben. Ebenso bedeutet das neueste Veröffentlichungsdatum nicht, daß die Karte auf dem aktuellen Stand ist. Vielfach sind immer noch Wege eingetragen, die es schon seit Jahren nicht mehr gibt. Eine *gravelroad* hat mittlerweile einen Teerbelag, oder es gibt Abzweigungen, wo laut Karte gar keine sein dürften. Aus diesem Grund ist es für *outback*-Touristen überaus sinnvoll, möglichst zwei oder drei verschiedene Karten eines Gebietes mitzuführen und zu vergleichen. Zu empfehlen sind die Karten der Automobilclubs und die "Heritage Maps" von *Westprint*, die überall erhältlich sind. Auch die Touristenbüros sind bei der Suche nach Kartenmaterial behilflich. Wer auch mal abseits der Piste unterwegs sein möchte, sollte niemals ohne entsprechende topographische Karten fahren. Diese sind auch in *outdoor*-Läden erhältlich. Eine andere Möglichkeit, Informationen über bestimmte Strecken zu bekommen, sind Tankstellen oder Camps, wo man andere Reisende trifft. Sie können über gerade bewältigte Streckenabschnitte berichten oder gar eine selbstgezeichnete Karte *(mud-map)* liefern. Karten, die es an abgelegenen *roadhouses* zu kaufen gibt, sind meist veraltet; die Informationen jedoch, die die Besitzer über Zustand und Passierbarkeit der Strecke geben, können sehr wertvoll sein.

Zu vielen Pisten bzw. Gegenden im *outback* sind auch Bücher erschienen. Sie bieten neben guten Streckenlogs viele Hintergrundinformationen zur Strecke, so z. B. über *Kimberleys, Cape York, Canning Stock Route* und andere.

Die Beschilderung von Pisten und Wegen fällt im gesamten *outback* größtenteils sehr spärlich aus. Je entlegener die ausgesuchte Strecke, desto weniger Schilder weisen den Weg. Oft sind es umfunktionierte Topfdeckel, Radkappen, Holz- bzw. Blechstücke, Holzpfähle oder weißbemalte Reifen. Trotz ihrer Einfachheit sind diese Beschilderungen in der Regel nicht zu übersehen und ausreichend. Zu bestimmten Anlässen, etwa der 200-Jahrfeier Australiens, wurden Strecken wie die *Canning Stock Route* auch mal vollständig beschildert. Leider sind die Schilder bei Souvenirjägern beliebt oder werden bei Überschwemmungen weggespült. In diesem Fall helfen nur noch gute Karten weiter. Da man sich aber, wie oben schon erwähnt, nicht immer auf die Karten verlassen kann, ist es ratsam, einen Kompaß mitzunehmen. Wenn auch nur selten benötigt, so ist er im Notfall doch ein wichtiges Hilfsmittel, um zumindest die richtige Richtung festzustellen. Natürlich hilft er wenig, wenn man nicht weiß, wie er anzuwenden ist. Wer noch nie einen Kompaß benutzt hat, sollte sich schon zu Hause damit vertraut machen. Wer außerdem wenig oder keine Erfahrung im Querfeldeinfahren *(cross-country driving)* hat, sollte Ausflüge abseits der Piste auch mit Kompaß tunlichst unterlassen!

Abschließend noch ein Wort zur Satellitennavigation. Die kleinen handlichen Geräte sind heute schon für rund 1.000 $ zu haben und arbeiten absolut präzise. Der Umgang mit einem solchen Gerät ist nicht besonders schwierig: Man peilt die entsprechenden Satelliten an und erhält seine momentane Position. Mit Hilfe der Daten von zur Zeit 24 Satelliten zeigt das *Globale Positionierungssystem* (GPS) den Standpunkt bis auf wenige Meter genau an. Nützlich ist dieses Gerät jedoch nur, wenn man auch die entsprechenden genauen topographischen Karten dabeihat.

## Die Sache mit dem Funkgerät

In Australien sind zwei Arten von Funkgeräten gebräuchlich: das *CB-Radio* (CB-Funk) und das *RFDS-Radio* (auch HF-Radio = Hochfrequenzradio).

Das CB-Radio ist in Deutschland wie auch in Australien recht bekannt. Meistens wird es, wie auch hierzulande, von Lastwagenfahrern benutzt, die sich während der langen, eintönigen Fahrt Neuigkeiten erzählen oder vor der nächsten Verkehrskontrolle warnen. Viele *outback*-Fahrer nutzen CB-Funk bei Konvoifahrten, um etwa den besten Weg über die Düne oder durch den

Fluß an den nachkommenden Fahrer weiterzugeben. Diese CB-Radios haben eine sehr begrenzte Reichweite. Meist funktionieren sie nur, solange der Abstand zwischen den Wagen nicht mehr als zehn Kilometer beträgt. Die CB-Funkgeräte sind in Australien sehr preisgünstig (ab 100 $) und man benötigt, anders als in Deutschland, keine Lizenz dafür.

Die andere Variante sind die RFDS-Radios *(Royal Flying Doctor Service Radio)*. Sie haben Reichweiten von über tausend Kilometern und können so selbst abgelegene Farmen oder Alleinreisende mit der Zivilisation verbinden.

Die Frage, ob sich die Anschaffung oder Miete eines Geräts für einen *outback*-Reisenden lohnt, ist grundsätzlich mit *ja* zu beantworten, wenn die Fahrt in abgelegene Gebiete führt; man sollte aber bedenken, daß es mit der Anschaffung des Geräts allein nicht getan ist. Die Beherrschung des Englischen ist zum Umgang damit eine wichtige Voraussetzung. Es nutzt nichts, einen Notruf *(mayday)* abzusetzen und dann die Instruktionen, die über Funk erteilt werden, nicht zu verstehen. Kann man keine detaillierten Angaben in Englisch über die Position oder die benötigte Hilfe machen, können auch die "Fliegenden Ärzte" nicht viel weiterhelfen. So genau wie möglich müssen die Verletzung oder Krankheit, der Zustand des Patienten und die Symptome beschrieben werden. Der zuständige Arzt gibt dann Anweisungen für Erste Hilfe und stellt eine Ferndiagnose. Für den Fall, daß man die Anweisungen akustisch nicht richtig verstanden hat, darf man sich nicht scheuen, immer wieder nachzufragen. Sollte ärztliche Hilfe sofort notwendig sein, fliegen die Ärzte los. Bevor diese Entscheidung getroffen werden kann, muß zudem geklärt sein, ob in der Nähe eine Landemöglichkeit besteht. Die Zeitspanne von der Nachricht an den *Royal Flying Doctor Service* bis zum Eintreffen der Hilfe kann aufgrund der großen Entfernungen durchaus ein paar Stunden dauern und muß mit Selbsthilfe überbrückt werden.

Das Gleiche gilt für den Hilferuf bei einer Panne. Genaue Angaben zur Position sind Grundvoraussetzung für eine erfolgreiche Suche.

Eine weitere Voraussetzung für das Zustandekommen einer Kommunikation ist der richtige Umgang mit dem Funkgerät. Wer darüber keine Kenntnisse hat, sollte sich vorher eingehend schon zu Hause in der Fachliteratur informieren und sich in Australien vom Verkäufer oder Vermieter die Handhabung und die Gepflogenheiten im Umgang per Funk genau erklären lassen.

Ein tragbares Funkgerät ist ab 1.500 $ zu haben, ein im Wagen installiertes ab 2.000 $. Es gibt allerdings auch einige Vermieter von RFDS-Funkgeräten (→ Adressen im Anhang). Der Mietpreis beträgt ca. 50 $ pro Woche.

Für den Betrieb eines RFDS-Funkgerätes ist eine Lizenz notwendig, die in jeder größeren Stadt beim *Department of Communications* beantragt und sofort ausgestellt wird. Mit der Lizenz erhält man gleichzeitig sein Rufzeichen, das beim Funkverkehr zu benutzen ist.

**Fazit:** Wer sich für ein RFDS-Funkgerät entscheidet, sollte sich schon vorher die notwendigen Grundkenntnisse für den Funkverkehr und gute Englischkenntnisse aneignen. Man sollte sich auch nicht durch das Funkgerät in einer trügerischen Sicherheit wiegen. Kenntnisse in Erster Hilfe, die richtige Ausrüstung und gründliche Vorbereitung sind unerläßlich für das Gelingen einer Reise. Das Funkgerät bietet dann eine zusätzliche Absicherung für den Notfall.

## *Genehmigungen*

Australien ist ein Land (fast) grenzenloser Freiheit. Dennoch gibt es einige Vorschriften, was das Befahren von Pisten betrifft. Für Straßen, die durch Gebiete der Aborigines führen, wird ein *permit* benötigt. Davon ausgenommen sind alle geteerten Hauptstraßen, das Gebiet um *Hermannsburg*, der *Tanami Track* und Straßen, die nur für wenige Kilometer durch Aboriginal-Land führen. Wer eine Gemeinde *(community)* der Ureinwohner besuchen möchte, braucht ebenfalls - solange diese nicht an der Strecke liegt - eine Genehmigung der zuständigen Behörde *(Land Council)*. Viele *communities* allerdings legen keinen Wert auf Touristen, die auf der Durchfahrt kurz zum Gaffen und Fotografieren bei ihnen anhalten - ein verständlicher Wunsch, der respektiert werden sollte. Die meisten dieser Gemeinden befinden sich zudem in einem - unserem Verständnis nach - recht verwahrlosten Zustand und sind keine besonderen "Schmuckstücke".

Die *permits* sind außerdem an bestimmte Bedingungen gebunden. So gilt die Genehmigung nur für einen festgesetzten Zeitraum und eine vorgeschriebene Strecke, die nur in absoluten Notfällen verlassen werden darf. Weiter ist jedes Ureinwohnergebiet ein sogenanntes "Trockengebiet" *(dry area)*, d. h., es darf in der Regel zwar Alkohol für den eigenen Bedarf mitgeführt, nicht aber an Aborigines verkauft oder verschenkt werden. Ebenfalls verboten ist es, Alkohol für Aborigines zu kaufen. Um das Alkoholproblem in den Griff zu bekommen, haben sich manche Gemeinden das Verbot von Alkoholkonsum selbst auferlegt. Auch beim Fotografieren der Ureinwohner sollte Zurückhaltung geübt werden. Niemand hat etwas dagegen, wenn Landschaften, Pflanzen oder Tiere auf Film gebracht werden. Wer aber Menschen fotografieren möchte, sollte sich grundsätzlich vorher deren Erlaubnis einholen. In den Siedlungen der Aborigines ist zudem Fotografieren gänzlich verboten. Bei Mißachtung drohen empfindlich hohe Geldstrafen. Für welche Strecke eine Genehmigung benötigt wird, steht jeweils in den Kurzinfos vor jeder Streckenbeschreibung. Bei den folgenden Adressen sind diese Genehmigungen zu beantragen:

Für Strecken in Western Australia:
*Aboriginal Affairs Department*
Permits Officer, PO Box 7770,
Cloisters Square, Perth WA 6850,
Tel. 08/ 9235 80 00
Fax 08/ 9235 80 33

Für Strecken in Northern Territory:
*Central Land Council*
33 Stuart Highway, PO Box 3321,
Alice Springs
Tel. 08/ 8951 63 20
Fax 08/ 8953 43 45
*Central Land Council*
PO Box 42921,
Casuarina (Darwin) NT 0871
Tel. 08/ 8920 51 78
Fax 08/ 8945 26 33

*Permits* sollten mindestens sechs Wochen vorher beim zuständigen Büro beantragt werden. Sofern dies schon von zu Hause aus erledigt wird, sendet die Behörde die Genehmigungen zu; sie können aber auch bei Antritt der Reise im Büro selbst abgeholt werden. Natürlich ist die Genehmigung auch an Ort und Stelle zu beantragen, wobei dann aber mit einer Wartezeit von zwei bis drei Wochen gerechnet werden muß. Mitunter hält man das Papier aber auch schon nach zwei Tagen in Händen, doch darauf sollte sich niemand verlassen.

## Eintrittsgebühren

Wenn für ein Nationalpark oder ein Schutzgebiet Eintrittsgebühren verlangt wird, so zahlt man diese in der Regel am Parkeingang. Die Campinggebühren werden zumeist an den ausgewiesenen Campingstellen im Park erhoben. Zum Teil kassiert sie der Ranger, zum Teil entrichtet man sie in einen eigens dafür vorgesehenen Kasten. Bei einigen Naturschutzgebieten in South Australia werden die Eintrittsgebühren nicht vor Ort gezahlt. Man benötigt in diesem Fall den *Desert Park Pass* des *National Park & Wildlife Service* (NPWS); er kostet 60 $ und ist zwölf Monate gültig. Dafür erhält der Käufer Informations- und Kartenmaterial sowie die Erlaubnis, folgende Gebiete zu besuchen und dort zu campen: *Innamincka Regional Reserve, Simpson Desert Conservation Park, Simpson Desert Regional Reserve, Witjira National Park (Dalhousie Springs), Elliot Price Con-servation Park* und *Lake Eyre National Park.* Der Paß ist bei vielen Außenstellen des *National Park & Wildlife Service* oder an folgenden Stellen erhältlich: *Innamincka Trading Post* in Innamincka, *Khan's Marree General Store* in Marree, *William Creek Hotel* in William Creek, *Pink Roadhouse* in Oodnadatta, *Mt. Dare Homestead* im Witjira-Nationalpark sowie an Tankstellen auf der jeweiligen Strek-ke, bei der Polizei in *Tibooburra, Birdsville* und *Lyndhurst.* Schriftlich kann er angefordert werden bei:

*Department on Environment*
Regional Office Port Augusta
PO Box 78, 9 Mackay Street,
Port Augusta SA 5710
Tel. 08/ 8648 53 00

Für die Parks der anderen Bundesstaaten gibt es einen *Annual Pass* (Jahresausweis), mit dem eine Reihe von Parks im jeweiligen Staat zu besuchen ist. Dieser Ausweis berechtigt nur zum Eintritt in die Parks, nicht aber zum Campen. Die Gebühren dafür werden extra erhoben. Die Anschaffung dieses Ausweises lohnt nur, wenn man mehrere Nationalparks besuchen möchte. Ansonsten ist es preisgünstiger, die Eintrittsgebühr am jeweiligen Nationalpark zu entrichten.

## Ab- und Rückmeldung bei der Polizei

Bei einigen Strecken ist es nicht nur angebracht, sondern sogar überaus wichtig, sich bei der Polizei ab- und rückzumelden. Bei Nichteintreffen am Zielort wird eine Suchaktion eingeleitet. Da solche Aktionen aber hohe Kosten verursachen, die vom Reisenden zu übernehmen sind, darf die Rückmeldung am vereinbarten Ort nicht vergessen werden. Wichtig ist auch, daß man die bei der Polizei angegebene Strecke auf keinen Fall verläßt. Abweichungen von der Route lassen die Retter im Notfall am falschen Ort suchen, und die Chance, gefunden zu werden, ist dann sehr gering. Notwendig ist die Ab- und Rückmeldung auf allen wenig befahrenen Strecken, wie z. B. *Gunbarrel Highway, Canning Stock Route* und *Simpson Desert.* Es muß jedoch erwähnt werden, daß nicht alle Polizisten ihren Job gleichermaßen ernstnehmen. Manche sind sehr auf die Sicherheit der Reisenden bedacht und lassen Unerfahrene nur im Konvoi schwierige Routen fahren, andere zeigen wiederum kaum Interesse und sind froh, wenn sie nicht allzulange belästigt werden.

Abschließend bleibt nur zu sagen: Wer sich auch auf vermeintlich leichteren Strecken ab- und rückmelden möchte, sollte dies tun und sich nicht von desinteressierten Polizisten davon abhalten lassen. Aber bitte nie vergessen: RÜCKMELDEN!!

## *Verhalten im Notfall*

Wie schon mehrfach erwähnt, soll dieses Buch Leser auf Reisen durchs *outback* möglichst gut vorbereiten. Dazu gehören auch Tips für das Verhalten in einem Notfall, der ja nichts anderes ist als ein unvorhergesehenes Ereignis, das es durch gute Vorbereitung der Reise zu vermeiden oder aber mit gesundem Menschenverstand und richtiger Verhaltensweise zu bewältigen gilt. Von den immer wiederkehrenden Meldungen über vermißte Personen und Dramen, die sich im *outback* abspielten, sollte man sich auf keinen Fall erschrecken lassen. Hier gingen zumeist eine schlechte Vorbereitung und/ oder mehrere Verhaltensfehler der betroffenen Personen voraus.

Einer der größten Fehler ist es, anzunehmen, daß ein Unglück immer nur andere trifft. Wenn der Notfall, sprich Autopanne, Unfall oder ähnliches, dann aber doch eintritt, steht man da wie ein "begossener Pudel". Das Auto war doch nicht so gut, wie man glaubte, die Mechanikerkünste reichten doch nicht aus, um es zu reparieren, das benötigte Werkzeug war nicht vorhanden, und es wurde niemand über das Vorhaben informiert. In Notsituationen gelten folgende wichtige Grundregeln, die jeder kennen und auch beherzigen sollte:

- Unbedingt beim Auto bleiben. Ein Auto ist, z. B. aus der Luft, wesentlich leichter zu erkennen als herumirrende Menschen.
- Keine Panik aufkommen lassen. Panik führt zu Fehlentscheidungen, die die Lage nur noch verschlimmern. In Ruhe über das Problem und die möglichen Lösungen nachdenken.
- Raus aus der Sonne. Entweder eine Plane spannen oder den Schatten von Bäumen, Büschen oder Auto nutzen.
- Ist abzusehen, daß man das Problem nicht allein lösen kann und auf Hilfe warten muß, ist sämtliches Essen und Trinken in Rationen einzuteilen.
- Bequeme, den Temperaturen angepaßte, leichte Kleidung wählen. Die meiste Körperflüssigkeit geht durch Schwitzen verloren.
- Wenn das Auto, aus welchen Gründen auch immer, doch verlassen werden muß, ist auf jeden Fall eine Nachricht mit Richtung, Ziel und Datum des Aufbruchs am Fahrzeug zu hinterlassen.

Wer sich gut vorbereitet hat, wird Notreserven an Wasser und Lebensmitteln für mindestens fünf Tage bei sich führen. Sind sogar Wasser und Lebensmittel für zehn bis vierzehn Tage vorhanden, sollte sich der erzwungene Kurzurlaub am Pistenrand unproblematisch gestalten, sofern jemand vor Antritt der Fahrt benachrichtigt wurde.

Das Überleben in Wüstengebieten hängt letztendlich von drei Faktoren ab: Wasser, Schutz vor Hitze oder Kälte und Nahrung. Erfahrungsgemäß kann man ohne Nahrung etwa drei Wochen, ohne Wasser allerdings je nach Konstitution und Außentemperatur nur zwei bis fünf Tage überleben; das gilt auch, wenn man sich nur im Schatten aufhält und jede körperliche Anstrengung vermeidet. Panikartiges Herumlaufen in der Hitze des Tages führt schon nach ein paar Stunden zu einem enormen Flüssigkeitsverlust. Es gilt aber, diesen möglichst gering zu halten und die Wasservorräte möglichst zu vergrößern, um die Überlebenschance zu erhöhen.

Wie setzt man nun den Flüssigkeitsverbrauch des Körpers herab?

- Im Schatten bleiben und leichte

Kleidung tragen, um unnötiges Schwitzen zu vermeiden.

- Körperliche Anstrengung vermeiden. Dazu zählt nicht nur Arbeit, sondern auch Sprechen oder gar Streiten. Notwendige Arbeiten werden auf den Abend und die Nacht verlegt.
- Am ersten Tag nur wenig bis gar nichts trinken, damit sich die Nieren auf den kommenden Wassermangel einstellen können.
- In den nächsten Tagen Wasser möglichst nicht am Tage trinken, sondern frühmorgens und abends. In der Hitze wird ein Großteil der Flüssigkeit sofort wieder ausgeschwitzt.
- Salzhaltige oder "wasserziehende" Nahrung (z. B. Fleisch) vermeiden und stattdessen möglichst viel Obst essen. Das enthält zum einen Flüssigkeit, zum anderen wird für die Verdauung wenig Flüssigkeit benötigt.
- Auf keinen Fall Alkohol trinken! Er entzieht dem Körper notwendige Salze und Flüssigkeit.
- Nur dann urinieren, wenn absolut unumgänglich.

Sollte tatsächlich mal das Wasser ausgegangen sein, hält man, sofern man noch fahrbereit ist, nach den Bohrschächten Ausschau, die Armee oder Viehzüchter angelegt haben. Meistens ragt ein helles Kunststoffrohr aus dem Boden, von dem man nur den Deckel abnehmen muß, um dann mit einem Gefäß Wasser hochzuholen. Immer wieder schießt das Wasser aber an vielen Stellen auch einfach aus dem Boden. Es handelt sich dabei um angezapfte artesische Brunnen, deren Wasser meistens ziemlich heiß und salzig ist. Man muß also aus dem salzigen Wasser Trinkwasser bereiten. Mit einer selbstgebastelten Destillieranlage funktioniert das folgendermaßen: Einen Kanister mit dem Salzwasser auf ein Feuer stellen (Die Hitze niedrig halten, damit das Wasser nicht zu schnell kocht). In den Kanister wird ein kleines Loch gebohrt und ein Plastikschlauch angebracht, der zu einem Gefäß führt. Mit Salzwasser werden auch die Stoffetzen oder Lappen getränkt, die den Schlauch kühl halten sollen. Wenn der entstehende Dampf dann durch den Schlauch kommt, kühlt er ab und kondensiert. Im Gefäß sammeln sich dann salzfreie Wassertropfen. Um so eine Tasse Trinkwasser zu gewinnen, braucht man ein bis zwei Stunden, aber in einer Notlage kann man mit einer solch simplen Apparatur genügend Wasser destillieren, um zu überleben.

Woran viele nicht denken, ist an das Wasser im Kühler und in der Scheibenwaschanlage. Es lagen schon Menschen verdurstet neben ihrem Wagen und hatten dieses Wasser nicht angetastet. Da es aber meistens mit Chemikalien versetzt ist, sollte es auch in der beschriebenen, selbstgebastelten Destillieranlage aufbereitet werden.

Flußbetten, auch wenn sie staubtrocken sind, enthalten meist in der Tiefe noch Wasser. Ein Indiz für das Vorhandensein von Wasser sind Fluß-Eukalypten, Coolabah-Eukalypten, dichter Uferbewuchs und feuchte Stellen. Nur dort lohnt das Graben. Trifft man auf schlammiges Wasser, wird es mit Tüchern oder Kleidungsstücken aufgesogen und in ein Gefäß gewrungen. Meistens ist es mit Sand vermischt. Läßt man es eine Weile stehen, setzen sich die Sandbeimengungen ab, und man hat gutes, klares Wasser.

In felsigem Gelände gibt es Spalten und Vertiefungen ohne Abflußmöglichkeit, in denen sich nach Regen Wasser sammelt. Noch Wochen oder Monate nach dem letzten Regen kann man hier oft noch Wasser finden.

Auch körner- und samenfressende Vögel wie Finken, Wellensittiche oder Rosakakadus können anzeigen, daß es Wasser in der Nähe gibt. Wenn man Schwärme dieser Vögel sieht, achte man darauf, wohin sie fliegen und wo sie landen. Sie wissen mit Sicherheit, wo sich Wasser findet, denn sie brauchen, im Gegensatz zu fleischfressenden Vögeln wie Adler oder Kookaburras, die ihren Flüssigkeitsbedarf größtenteils aus der Nahrung decken und nur selten entfernte Wasserstellen aufsuchen, jeden Tag Wasser. Bevor man allerdings blindlings einem Vogel hinterherläuft, schaut man am besten auf den hoffentlich mitgeführten Karten nach, wo z. B. eine Felsenformation, ein ausgetrocknetes Flußbett oder ähnliches zu suchen sind. Manchmal sind die Wasserstellen der Vögel nur ein kleines, tiefes Loch im Boden, ehemalige Bohrschächte oder alte Brunnen der Ureinwohner. Problematisch an einem solchen Brunnen sind dann die vielen toten Vögel, die im Wasserloch ertrinken. Hier gefundenes Wasser sollte immer vorher abgekocht oder entkeimt werden.

Sofern keine der genannten möglichen Wasserstellen in der Nähe (!) sind, ist Trinkwasser auch ganz einfach aus Laub zu gewinnen. Die Blätter von Bäumen und Büschen, die oft auf Sanddünen oder in den Dünentälern wachsen, enthalten einiges an Feuchtigkeit. Diese muß man nur aus den Blättern herausbekommen. Zwei Möglichkeiten der Wassergewinnung durch Transpiration sind wegen ihrer Einfachheit besonders geeignet: Bei der ersten Methode werden Plastiksäcke über je einen Zweig gestülpt und fest zugebunden. Durch die von der Sonneneinstrahlung bewirkte Erhitzung entsteht so ein Treibhauseffekt, der die Blätter zur Abgabe des gespeicherten Wassers veranlaßt. Schon nach kurzer Zeit fangen sie an,

Trinkwassergewinnung: Salzwasserdestillation

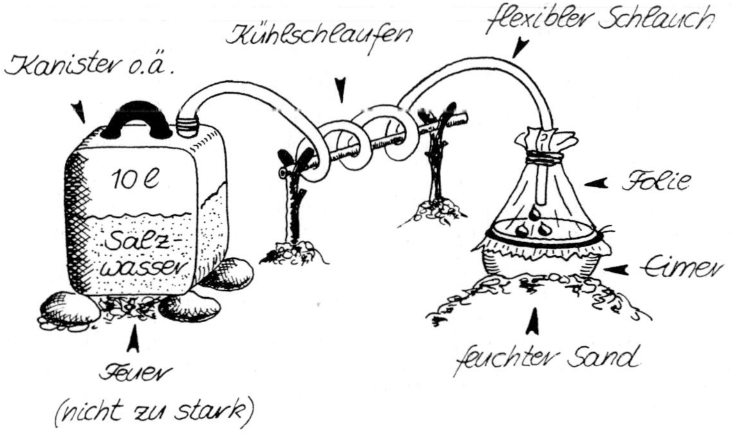

Feuchtigkeit "auszuschwitzen". Das Wasser kondensiert im Inneren des Sacks, läuft an der Folie herunter und sammelt sich. Das Ende sollte mit einem Stück Draht abgebunden werden, damit Blätter und kleine Zweige nicht mit in das Wasser gelangen, und man einen "Tee" bekommt. Ist die Pflanze unbekannt, muß unbedingt ein Verträglichkeitstest gemacht werden. Dieser Test kann lebenswichtig sein, denn die Blätter enthalten mitunter Giftstoffe. Man nimmt zunächst nur einen Teelöffel voll Wasser und behält es ein paar Minuten im Mund. Verspürt man kein Brennen oder ähnliches, schluckt man das Wasser hinunter und wartet vier Stunden. Fühlt man sich danach gut, wiederholt man das Ganze mit einer Tasse Wasser. Nach weiteren vier Stunden ohne Beschwerden kann man das Wasser bedenkenlos trinken. Um nicht jedesmal den Plastikbeutel zum Entleeren abnehmen zu müssen, wird beim Zubinden immer ein dünner Plastikschlauch in den Beutel miteingeführt. Das Wasser braucht so nur noch angesaugt zu werden. Das Ansaugen bzw. Entleeren des Beutels sollte ruhig öfter geschehen, da sonst die Luftfeuchtigkeit im Sack zu hoch wird, und die Blätter die Transpiration einstellen.

Nach der zweiten Methode gräbt man ein Loch von 0,50 bis 1 m Tiefe und 1 m Durchmesser. Da dies sehr kräftezehrend ist, sollte man das nur am frühen Morgen

Trinkwassergewinnung: Transpirationsmethode I

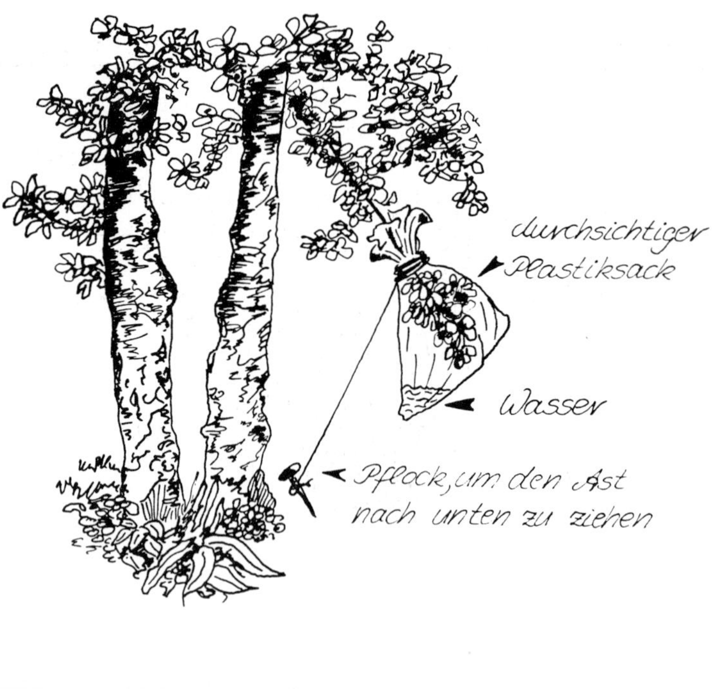

oder in der Nacht tun. In die Mitte des Loches wird ein Gefäß gestellt, in das wieder ein Stück Plastikschlauch zum Absaugen des Wassers hängt. Um das Gefäß herum kommt alles, was Feuchtigkeit enthält: Zweige und Blätter, Wurzeln, Salzwasser und sogar Urin. Das Loch wird dann mit einer Plastikplane abgedeckt und die Ränder der Plane mit Erde abgedichtet. In die Mitte der Plane kommt ein kleiner Stein, der die Plane trichterförmig nach unten zieht. Dabei ist darauf zu achten, daß der Stein direkt über dem Gefäß liegt. Wenn das Material im Loch durch die Sonnenstrahlen erhitzt wird, entsteht wieder ein Treibhauseffekt, der das gespeicherte Wasser abgeben läßt; dieses kondensiert an der Unterseite der Plane, läuft in die Mitte und tropft in das Gefäß. Mit Hilfe des Plastikschlauchs kann das Trinkwasser nun angesaugt und umgefüllt werden. Natürlich ist auch bei dieser Methode wieder ein Verträglichkeitstest zu machen. Wer keinen Plastikschlauch dabeihat, muß die ganze Plane immer wieder aufdekken. Am besten wird das Loch morgens vor Sonnenaufgang gefüllt und mit der Plane abgedeckt. Natürlich müssen Zweige, Blätter oder anderes Material mit der Zeit erneuert werden. Wenn man so zwei oder drei Löcher anlegt und dazu etwa zehn Beutel um Zweige bindet, bekommt man in der Regel genügend Trinkwasser, um schließlich überleben zu können.

Das zweite Problem, vor dem ein "Gestrandeter" steht, ist der Schutz vor extremer Hitze am Tag oder Kälte in der Nacht. In Wintermonaten, der bevorzugten Reisezeit in

Trinkwassergewinnung: Transpirationsmethode II

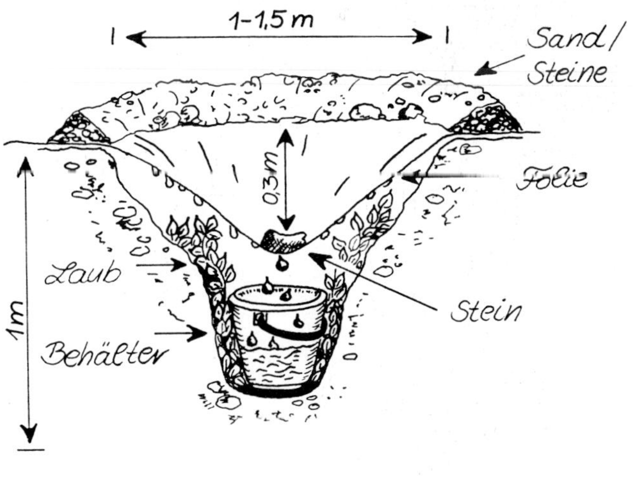

Wüstengebieten, klettern die Temperaturen tagsüber immer noch auf 30° bis 40° C, während sie in der Nacht bis in den Minusbereich fallen können. Steht das Auto nach wie vor zur Verfügung, oder hat man Zelt, Schlafsack oder Decken dabei, stellt dies keine größere Gefahr dar. Ohne Fahrzeug oder Zelt sollte man sich einen Unterschlupf oder Windschutz aus Ästen und möglichst belaubten Zweigen bauen. Schließlich kann man noch ein Lagerfeuer anzünden, am einfachsten natürlich mit Feuerzeug oder Streichhölzern. Wer keines von beiden dabeihat, kann sich in einer Notsituation auch mit der Autobatterie behelfen. Man sammelt zunächst trockenes Gras und anderes brennbares Material (kleine Holzstücke, Äste u. ä.), schichtet es zu einem kleinen Haufen und träufelt etwas brennbare Flüssigkeit (Benzin, Spiritus u. ä.; Diesel entzündet sich nicht!) darauf. Anschließend tränkt man einen kleinen Lappen mit Benzin oder Spiritus, legt ihn auf den vorbereiteten Haufen. An den beiden Polen der Batterie bringt man ein jeweils ca. 50 cm langes Stück Draht an. Hält man die Drahtenden kurz aneinander, entstehen durch den so verursachten Kurzschluß Funken, die den Lappen und das Gras entzünden. Ist man z. B. mit einem Dieselfahrzeug unterwegs und hat keine brennbare Flüssigkeit dabei, kann auch ein kleines Knäuel Stahlwolle hilfreich sein. In die Stahlwolle stopft man etwas Toilettenpapier und hält dann beide Drahtenden an die Stahlwolle. Dadurch entsteht ein Kurzschluß, der schon nach wenigen Sekunden das Papier entzündet und das trokkene Gras in Brand setzt. Aber Vorsicht: Bei beiden Methoden sollte man auf jeden Fall Arbeitshandschuhe tragen und - wenn möglich - die Drahtenden, die ziemlich heiß werden können, mit einer isolierten Zange oder mit einem Lappen festhalten. Auch der Zigarettenanzünder im Wagen kann gute Dienste beim Feuermachen leisten. Etwas zusammengerolltes Papier mehrmals an den glühenden Anzünder halten, pusten und schon brennt es.

Die sicherste Methode, ohne Streichhölzer und Feuerzeug im Busch ein Feuer zu entzünden, ist aber ein Vergrößerungsglas, das zuverlässig und schnell funktioniert. Man braucht dazu nur ein bißchen Sonne. Man hält das Glas über etwas trockenes Gras, und schon nach wenigen Minuten qualmt es. Auch mit der Linse der Kamera kann man die Sonnenstrahlen bündeln. Für die Nacht zündet man mehrere Feuer im Kreis an, so daß man die Wärme um sich herum hat. Natürlich sucht man vorher ausreichend Feuerholz, damit man nachts nicht herumwandern muß.

Der dritte Überlebensfaktor ist die Nahrung. Sofern nur wenig Wasser vorhanden ist, sollte auch wenig gegessen werden, denn der Verdauungsvorgang verbraucht Flüssigkeit. Drei Wochen kann man bei genügend Flüssigkeit ohne Nahrung durchstehen. Eine Möglichkeit, die Rationen zu vergrößern, ist das Sammeln pflanzlicher Nahrung. Samen, Beeren, Wurzeln und Gräser wachsen fast überall. Um zu testen, ob das Gesammelte eßbar ist, geht man folgendermaßen vor: Eine kleine Portion davon zerreiben und auf eine empfindliche Hautstelle (Hals oder Armbeuge) streichen. Treten nach ca. zwei bis drei Stunden kein Ausschlag oder keine Rötung auf, ißt man eine geringe Menge. Hat man nach weiteren drei bis vier Stunden keine Beschwerden, kann man getrost auch eine etwas größere Portion davon essen. Fühlt man sich am nächsten Tag auch noch wohl, hat man eine sichere Nahrungsquelle gefunden.

Von allen Tieren im *outback*, die als Nahrung dienen könnten, kommt für einen in Not befindlichen Europäer zuerst der Waran in Frage. Sein Bau (Erdloch) ist leicht auszumachen. Mit einem dünnen Stock stochert man am Eingang des Baus und versucht, den Verlauf des Ganges festzustellen. Der Waran kann vorne sitzen, aber ebenso gut weiter hinten im Bau. Man gräbt also den Gang ganz einfach frei. Hat man schließlich den Waran ausfindig gemacht, kann man ruhig mit der Hand in den Bau hineingreifen. Man braucht keine Angst zu haben, gebissen zu werden, denn Warane sitzen immer mit dem Kopf voran im Bau, und man kann sie am Schwanz herausziehen. Man erschlägt das Tier sofort. Die Echse sollte ohne viel Flüssigkeitsverlust auf Ureinwohnerart zubereitet werden: An der Bauchseite wird nur ein kleiner Schnitt gemacht, um die Innereien herauszunehmen; so bleibt der ganze Saft erhalten, wenn der Waran gebraten wird. Das Tier kommt dann für ein bis zwei Minuten in die Glut. So schließen sich die Poren, und die Haut wirkt wie eine Alufolie. Anschließend kommt der Braten in eine Mulde aus heißem Sand (am Feuer), wird mit Holzkohlestücken umhüllt und buchstäblich gebacken. Wichtig ist dabei (auch bei allen anderen Fleischarten), daß keine Flammen entstehen, die würden das Fleisch von außen verbrennen statt es zu garen. Natürlich kann man den Waran auch in einen Topf geben und auf die gleiche Weise backen. Schon nach ein paar Minuten ist die Mahlzeit (englisch) fertig.

Sollte man in einer Gegend, in der es viele Kaninchen gibt, eine Panne haben und dringend Nahrung brauchen, kann man sich aus dünnem Draht eine Schlinge machen und versuchen, ein Tier zu fangen. Die Schlinge wird in den Eingang des Kaninchenbaus gelegt. Das andere Ende des Drahtes wird mit einem Stein beschwert oder an einen Stock angebunden, mit ein paar Stöckchen fixiert und so gleichzeitig etwas getarnt. Auf diese Art und Weise werden mehrere Schlingen ausgelegt, denn nicht immer hat man Erfolg. Beim Verlassen des Baus verfängt sich das Kaninchen in der Schlinge, die sich um seinen Hals zusammenzieht und es tötet. Wir gehen davon aus, daß diese Methode, sich etwas zu Essen zu besorgen, nur im äußersten Notfall angewendet wird!

Allen, die sich dennoch in der Kunst des Jagens mit Schlingen oder ähnlichen Fallen üben wollen, denen sei das Buch "Survival" von Deutschlands Überlebenskünstler Nr. 1, *Rüdiger Nehberg*, empfohlen, in dem alles Wichtige zum Überleben steht.

Ein ganz besonderer Buschimbiß Mittelaustraliens ist die Honigameise. Allerdings ist sie sehr schwer zu finden. Die Aborigines suchen in dem mit Akaziensträuchern bedeckten Buschland, wo sie heimisch ist. Sie ist sehr klein und hat einen gelben Leib. Wenn man einen Bau gefunden hat, muß man ziemlich lange graben, denn besonders in der Trockenzeit sitzen die Tiere tief in der Erde. Sie hängen zeitlebens an den Decken ihrer unterirdischen Kammern. Die Arbeitsameisen zapfen Honigtau von den Schildläusen ab und füttern damit die Honigameisen. Somit ist in Dürrezeiten ein Nahrungsvorrat für das Ameisenvolk garantiert, denn die ganze Kolonie melkt dann die Honigameisen, deren Hinterleib dick angeschwollen und voller Honig ist. Aber wie gesagt, diese unterirdischen Behausungen sind für Europäer normalerweise nur durch Zufall zu finden.

Wer an einem Fluß gestrandet ist und auf Hilfe warten muß, braucht sich in der Regel keine Sorgen um Nahrung, die in Form von Fischen, Muscheln und Krustentieren fast immer reichlich vorhanden ist, zu machen. Um den Fisch möglichst so zuzubereiten, daß keine Flüssigkeit verlorengeht, backt man ihn in einer Schlammpanade. Man nimmt den ungeschuppten Fisch (nicht zerteilen oder aufschneiden!), umhüllt ihn vollständig mit einer dicken Schlammschicht (1 bis 2 cm), packt ihn in den heißen Sand und bedeckt ihn rundum mit glühender Holzkohle. Der Schlamm wirkt wie eine Alufolie und wird durch die Hitze hart gebacken, die Glut ersetzt eine Backröhre. Wichtig ist, daß das Feuer soweit niedergebrannt ist, daß nur noch glühende Holzkohle bleibt, da sonst der Fisch verbrennen würde. Je nach Größe des Fisches dauert der Backvorgang ca. zwanzig Minuten oder länger. Die harte Schlammkruste wird vorsichtig entfernt, die Schuppen und Haut mit abgezogen, und zum Vorschein kommt zartes, saftiges Fleisch. Viele Aborigines bereiten traditionell ihre Fische auf diese Art und Weise zu. Die ganze Flüssigkeit bleibt so im Fisch, und erstaunlicherweise kann man den Fisch ohne ein einziges Sandkorn essen.

Wenn man nach schweren Regenfällen im *outback* festsitzt, keinen Proviant mehr hat und an einem der nur zur Regenzeit gefüllten Wasserlöcher lagert, gibt es immer etwas Eßbares. Im Schlick findet man meist überall Süßwassermuscheln. Meistens ist der ganze Boden damit bedeckt, und man braucht sie nur aufzulesen. 20 bis 30 dieser Muscheln sind ausreichend für eine Mahlzeit. Die Aborigines legen sie einfach für ein paar Minuten in die Glut. Die Muscheln sind ziemlich zäh und schmecken etwas moderig, aber wenn man richtig Hunger hat, sind sie eine Delikatesse. Wer sie kurzgebacken nicht essen möchte, kann auch eine schmackhafte Muschelsuppe daraus kochen (1 Stunde). Die Tiere werden aus der Schale genommen und etwa eine Stunde gekocht.

Nachdem Wasser, Unterschlupf und Nahrung gesichert sind, heißt es, auf seine Notsituation aufmerksam zu machen. Hat man sich vor einer Fahrt in abgelegene Gebiete abgemeldet und das voraussichtliche Ankunftsdatum mitgeteilt, dann wird auch eine Suche eingeleitet, wenn das Datum überschritten ist. Die richtige Verhaltensweise und einige Signale erleichtern die Suche.

Ist eine Anhöhe in der Nähe, wird dort ein Signal vorbereitet (erhöhte Punkte sind leichter auszumachen). Das kann ein Stück Stoff in auffälligen Farben sein, ein Signalfeuer aus nassen Zweigen, Öl oder ähnlichem (Rauchentwicklung wichtig), Blinksignale mit einem Spiegel, ein Feuer in der Nacht oder die folgenden Signale, die mit Steinen, Ästen, Lappen und ähnlichem in mindestens drei Meter großen Zeichen ausgelegt werden sollten.

### *Signale 'Grund zu Luft'*

| | |
|---|---|
| V | Benötige Hilfe. |
| X | Benötige medizinische Hilfe. |
| L | Benötige Treibstoff. |
| F | Benötige Nahrung und Wasser. |
| Y | Yes (Ja) |
| N | No (Nein) |
| -> | Bin in diese Richtung gegangen. |
| ■ | Benötige Kompaß und Karte. |
| ⅃ | Habe nicht verstanden. |

### *Signale 'Luft zu Grund'*

Signal gesehen und verstanden - der Pilot wackelt mit den Tragflächen des Flugzeuges.

Signal gesehen, aber nicht verstanden - der Pilot fliegt Kreise rechtsherum (in Flugrichtung gesehen).

Natürlich gibt es noch mehr Signale. Aber das hier sind die wichtigsten, die man kennen sollte. Im Notfall hilft jedoch auch immer das altbewährte SOS *(save our souls)*.

Abschließend sei noch einmal angemerkt: Je besser und gewissenhafter eine Reise vorbereitet ist, desto weniger Enttäuschungen und Probleme wird es unterwegs geben.

## Verhalten bei einem Buschfeuer

Buschfeuer vernichten in Australien jährlich viele tausend Quadratkilometer Busch und Weidegründe. Nicht selten gefährden die Brände auch Wohnhäuser und ganze Städte. In den Städten kann zur Brandbekämpfung die Feuerwehr eingesetzt werden. In entlegenen Buschgebieten ist man zunächst auf sich allein gestellt, und in jedem Jahr kommen bei diesen Buschbränden immer wieder Menschen um. Im folgenden geben wir ein paar wichtige Grundregeln, die zu beherzigen sind, wenn man von einem plötzlichen Buschbrand überrascht wird:

- Wie bei allen Notsituationen ist oberstes Gebot: Ruhe bewahren! Nicht panikartig losrennen, sondern ruhig und besonnen über die Situation nachdenken und das Feuer - wenn möglich - im Auge behalten.
- Sollte man Kleidung aus synthetischen Fasern tragen, diese schnell wechseln (besser ist Baumwollkleidung) und sich in Decken, die nach Möglichkeit feucht sein sollten, hüllen.
- Wer bei seinem Fahrzeug bleibt, ist bei einem Buschbrand am sichersten; das jedenfalls raten die einschlägigen Informationsblätter in Australien. Man schließt alle Fenster und bleibt, in feuchte Decken gehüllt, im Wagen. Das Feuer braucht nur wenige Minuten, um vorbeizuziehen, so daß man keine Angst vor einer möglichen Tankexplosion zu haben braucht. Selbst wenn der Wagen Feuer fangen sollte, ist man noch ein paar Minuten sicher und sollte auf das Vorbeiziehen der Flammenfront warten. Wer einen Feuerlöscher im Wagen hat, kann anschließend den Fahrzeugbrand löschen.
- Wer auf einer Wanderung von einem Buschbrand überrascht wird und keine Möglichkeit hat, rechtzeitig zum Wagen zurückzukehren, sucht nach freien Flächen. Wenn möglich geht man dorthin, wo der Unterwuchs bereits niedergebrannt ist. Ansonsten sucht

Achtung - heute hohe Buschbrandgefahr!

man Flächen auf, die nur einen niedrigen Bewuchs aufweisen (Gras etc.), und hält sich von baumbewachsenen Gebieten fern. Dann entzündet man selbst eine kleine Grasfläche, läßt sie abbrennen und bleibt auf der abgebrannten Stelle.

- Sollte man sich entschieden haben, dem Feuer davonzulaufen, muß man darauf achten, immer (!) hangabwärts zu gehen, denn das Feuer bewegt sich in der Regel hangaufwärts weitaus schneller als hinunter.
- Niemals durch eine hohe Flammenfront laufen! Kann man den Flammen nicht ausweichen, legt man sich flach auf den Boden und bedeckt seinen Körper möglichst mit nassen Decken oder ähnlichen Materialien (keine synthetischen!). Sollte noch Zeit genug sein, gräbt man ein Loch, legt sich hinein, deckt mit der Decke das Loch ab und läßt das Feuer über sich hinwegziehen. In der Regel geht dies sehr rasch, denn Waldbrände bewegen sich schnell voran und sind schon nach vier bis fünf Minuten am Erdloch vorbei. Bei Grasbränden dauert es nur 30 bis 60 Sekunden. Auch bei starker Rauchentwicklung sollte man sich flach auf den Boden legen oder in einem Erdloch bleiben.

## Die Reiseapotheke

Australien ist ein sehr unproblematisches Reiseland, was Krankheiten anbelangt. So ist zur Zeit keine Impfung vorgeschrieben, es sei denn, man reist aus tropischen Ländern ein. Zur Vorbereitung in Deutschland gehören auf jeden Fall eine Routineuntersuchung bei Haus- und Zahnarzt, eventuell eine Auffrischung der Tetanus-Impfung und der Abschluß einer Reisekrankenversicherung. Dringend benötigte Medikamente sollten in ausreichender Menge mitgenommen werden.

Australien hat einen guten medizinischen Standard, dennoch sollte jeder eine Reiseapotheke mitführen. Wahrscheinlich wird nur wenig tatsächlich benötigt, aber es ist gut zu wissen, daß man für den Notfall gerüstet ist. Am besten läßt man sich bei der Auswahl der Medikamente vom Arzt beraten und besorgt sich die entsprechenden Mittel bereits zu Hause. Dazu gehören: Wundantiseptikum, Schmerztabletten, Mittel gegen Insektenstiche, Zugsalbe, Kohletabletten, Antibiotikum (Breitspektrum), Mineralsalztabletten, Fieberthermometer, Schere, Pinzette, Pflaster und einige Päckchen Mullkompressen.

Ebenso sind Sonnenschutzmittel, die es mittlerweile auch in Deutschland mit einem hohen Lichtschutzfaktor gibt, nicht zu vergessen. Man kann sie aber auch in Australien besorgen.

Das Gros der Reisenden hat außer mit den Nachwirkungen des langen Fluges und der Zeitumstellung besonders mit dem Temperaturunterschied Probleme. Der Körper braucht Zeit, sich auf die neuen Gegebenheiten einzustellen, bevor das große Abenteuer *outback* beginnen kann.

Deshalb immer daran denken, ausreichend Flüssigkeit zu sich zu nehmen und direkte Sonneneinstrahlung zu vermeiden. Für Wanderungen sind die kühleren Morgen- oder Abendstunden die beste Zeit. Zur Grundausrüstung fürs *outback* gehören ein Hut und eine gute Sonnenbrille.

## Wenn die Erste Hilfe nicht zur Letzten werden soll

Wir Europäer sind es gewohnt, bei einer Erkrankung einen Arzt oder zumindest einen Apotheker aufsuchen zu können, der uns medizinisch versorgt. Im *outback* ist das etwas anders. Hier muß der Reisende oft Hunderte von Kilometern zurücklegen, bevor er den nächsten Arzt erreicht. Wer Touren in einsame Landstriche unternimmt, muß folglich entsprechende Grundkenntnisse in der medizinischen Erstversorgung haben. Am besten ist es, die bei der Führerscheinprüfung erworbenen Kenntnisse durch einen Kurs beim *Roten Kreuz* oder einer anderen Organisation aufzufrischen. Bescheid wissen sollte man über Lagerung eines Verletzten, Erkennen von Atemstillstand, Hitzschlag und Sonnenstich, Wiederbelebungstechniken u. a. Im folgenden stellen wir einige der häufigsten Beschwerden und Krankheitsfälle sowie ihre Erstbehandlungsmethoden vor:

### Blasen

Meist entstehen Blasen durch schlecht sitzende Schuhe oder längeres Gehen.

- Maßnahmen: Die Blase mit Pflaster, einem Taschentuch oder ähnlichem polstern. Die Blase erst nach der Wanderung mit einer desinfizierten (über das Feuer halten) Nadel aufstechen und das Wundwasser ausdrücken. Wenn möglich, die Stelle dann der Luft aussetzen, damit sie trocknet.
- Vorbeugung: Schuhe eine Nummer größer kaufen und zwei Paar Socken anziehen. Vor längeren Wanderungen sollte man die Schuhe gut einlaufen und sich in den ersten Tagen nicht zuviel zumuten.

### Blutende Wunden

Wir unterscheiden hier zwischen Schürf- und Schnittwunden. Bei Schürfwunden ist meist nur die obere Hautschicht großflächig betroffen, wobei allerdings mehr Schmutz in die Wunde gelangt, als bei einem Schnitt, der dafür aber tiefer ist.

- Maßnahmen: Schürfwunden werden mit sterilem Material gut abgetupft, um den Schmutz zu entfernen und danach mit Wundantiseptikum behandelt. Die Wunde sollte möglichst nicht verbunden werden.
  Schnittwunden werden mit Wundantiseptikum behandelt und danach mit einem Pflaster oder Verband abgedeckt. Bei sehr starken Blutungen ist eventuell ein Druckverband anzulegen und nach Möglichkeit ein Arzt aufzusuchen.
- Vorbeugung: Die häufigste Ursache für blutende Wunden sind Unvorsichtigkeit beim Wandern (Stürze) oder unsachgemäßer Umgang mit scharfen Gegenständen wie Messern, Äxten oder ähnlichem. So ist Vorsicht geboten in unwegsamem Gelände und im Umgang mit scharfen Gegenständen.

### Durchfall

Durchfall kann sowohl durch verunreinigte oder verdorbene Speisen und Wasser als auch durch Klima- und Zeitumstellung hervorgerufen werden oder Folge einer nicht gewohnten Ernährungsweise sein. Wenn sich der Durchfall über Tage hinzieht, wenn Begleiterscheinungen wie Fieber oder Krämpfe auftreten, ist ärztliche Hilfe erforderlich.

- Maßnahmen: Zunächst fasten und Tee ohne Zucker trinken; Kohletabletten einnehmen. Keinen Alkohol zu sich nehmen und auf Zigaretten verzichten. Anschließend nur Leichtverdauliches (keine fetten Speisen) essen und langsam wieder zur gewohnten Nahrung übergehen. Zucker steigert die Flüssigkeitsaufnahme. Deshalb bei starken Flüssigkeitsverlusten viel Tee mit einem Teelöffel Salz und zehn Löffeln Zucker pro Liter trinken. Bequemer sind hier stark zuckerhaltige Limonaden (zimmerwarm trinken!), in die zusätzlich ein Teelöffel Salz pro Liter gegeben wird.

- Vorbeugung: Dem Körper Zeit zur Umstellung lassen. Nach ein paar Tagen der Eingewöhnung wird man in der Regel auch von Durchfall verschont bleiben. Lebensmittel gerade bei großer Hitze nicht zu lange lagern und beim kleinsten Anzeichen von Verderb besser nicht mehr essen.

### Entzündungen und Furunkel

Entzündungen entstehen durch in Wunden eingedrungenen Schmutz, Furunkel durch in die Wurzelbälge der Körperhaare eingedrungene Eiterkeime, meist an Kniekehlen, Armbeugen oder Stellen, an denen Kleidungsstücke scheuern.

- Maßnahmen: Furunkel sollten niemals ausgedrückt werden, da dann die Gefahr einer Blutvergiftung besteht. Sie sollten einfach Zeit zum "Ausreifen" bekommen. Danach werden sie von ganz alleine verschwinden. Furunkel wie auch Entzündungen werden mehrmals täglich großflächig desinfiziert; danach wird ein Zugsalbenverband angelegt.
- Vorbeugung: Auf Sauberkeit achten. Leichte, luftige Kleidung tragen, durch die der Schweiß gut verdunsten kann. Auch kleine Wunden gut desinfizieren und wenn möglich nicht verbinden, damit sie an der Luft trocknen können.

### Erschöpfung

Treten Erschöpfung oder ein Mattigkeitsgefühl (als Begleiterscheinung auch häufig Kopfschmerzen) ein, hat das meistens eine der folgenden Ursachen:

- Der Körper hat zuviel Flüssigkeit durch Schwitzen verloren. Maßnahme: mehr Wasser trinken, auch wenn man keinen Durst verspürt.
- Durch das ständige Schwitzen verliert der Körper zuviele Mineralstoffe. Maßnahme: das Essen kräftiger salzen oder zusätzlich Salztabletten einnehmen.
- Der Vitaminhaushalt ist durch zuviel Dosennahrung in Unordnung. Maßnahme: Hier schaffen Vitamintabletten Abhilfe.
- Vorbeugung: Für einen ausgewogenen Speiseplan sorgen und die oben genannten Ratschläge nicht erst bei Auftreten der Symptome beherzigen.

### Fieber

Eine erhöhte Körpertemperatur bis hin zum Fieber kann durch vielerlei Ursachen hervorgerufen werden. Meist jedoch tritt Fieber bei Infektionskrankheiten durch Viren oder Bakterien auf.

- Maßnahmen: Stündlich kalte Wadenwickel; kalte Tücher auf die Stirn legen, für ausreichend Flüssigkeitszufuhr sorgen (kein Alkohol), eventuell fiebersenkende Medikamente verabreichen und wenn möglich die Ursache für das Fieber herausfinden. Stellt sich keine Besserung ein, oder steigt das Fieber unaufhörlich, so schnell wie möglich einen Arzt aufsuchen.

### Insektenstiche

Allergiker reagieren meist auch auf an sich ungefährliche Stiche besonders heftig. Häufigste Stiche sind die der harmlosen Moskitos im tropischen Norden Australiens.

- Maßnahmen: Auf die Stiche kühlendes Gel (z. B. Soventol) auftragen oder nasse Umschläge anlegen. Vor allen Dingen, auch wenn es schwer fällt, nicht kratzen. Aufgekratzte Insektenstiche können sich leicht entzünden.

- Vorbeugung: Insektenschutzmittel verwenden oder insektensichere Kleidung tragen.

### *Knochenbrüche*

Auch ein äußerlich nicht sichtbarer Knochenbruch verursacht große Schmerzen bei Bewegung des betroffenen Gliedes. Außerdem können Wunden, Schwellungen oder Blutergüsse im Bereich des Bruchs auftreten.

- Maßnahmen: Es ist so schnell wie möglich ein Arzt aufzusuchen. Bis dahin muß das betroffene Glied ruhiggestellt werden, d. h. es wird auf einer Schiene (Brett, Äste oder was gerade zur Verfügung steht) stabilisiert.

### *Ohnmacht, Kollaps oder Schock*

Merkmale eines Kollapses oder einer Ohnmacht sind Schweißausbrüche, Schwindel und Übelkeit, blasse Hautfarbe und, besonders beim Schock, ein zwar rasender, aber schwacher Puls und schnelle Atmung. Während eine Ohnmacht oder ein Kollaps gewöhnlich nur kurze Zeit anhalten und nicht lebensbedrohlich sind, ist der Schock ein gefährlicher Kreislaufzusammenbruch. Meist wird er durch Schrekkerlebnisse wie z. B. einen Unfall, einen Schlangenbiß, durch große Schmerzen oder durch Überanstrengung ausgelöst. Oftmals sterben z. B. Unfallverletzte nicht an den Folgen des Unfalls, sondern am Schock. Da es für einen Laien schwer ist, zwischen einer harmloseren Ohnmacht und einem lebensgefährlichen Schock zu unterscheiden, sollte immer nach der Ersten Hilfe sobald wie möglich ein Arzt aufgesucht werden.

- Maßnahmen: Zunächst die betreffende Person an einen kühlen, schattigen Platz bringen (Beine hochlegen) und den Puls ständig kontrollieren. Extrem starke Gerüche oder auch leichte Schläge auf die Wangen können die Person vor Bewußtlosigkeit bewahren. Tritt diese dennoch ein, ist die Person in die stabile Seitenlage zu bringen; setzt die Atmung aus, muß künstlich beatmet werden; wird kein Pulsschlag mehr registriert, sofort eine Herzmassage vornehmen.
- Vorbeugung: Für alle Notfälle gerüstet sein und sich bei Wanderungen nicht überschätzen.

### *Schlangenbiß*

Folgende Symptome können kurze Zeit nach dem Biß einer Giftschlange auftreten: starke Schmerzen oder Schwellung an der Bißstelle, Sehstörungen und Schwindelanfälle, Erbrechen, Blutdruckabfall, rasender Puls, Sprechstörungen, Lähmungserscheinungen der Muskeln bis zur Atemlähmung.

- Maßnahmen: Als erster Grundsatz gilt: Ruhe bewahren! Wenn man gebissen worden ist, auf keinen Fall herumlaufen und versuchen, die Schlange zu töten. Das würde nur das Gift weiter in den Körper pumpen. Das entsprechende Gliedmaß oberhalb der Wunde abbinden und ruhigstellen! Der Druckverband verlangsamt so den Giftfluß durch den Blutkreislauf. Den Verband alle 15 bis 30 Minuten kurz lösen (Der Druckverband kann solange ungelöst bleiben, bis das Körperteil anfängt, blau zu werden).

  Auf keinen Fall darf die Bißwunde aufgeschnitten oder das Gift ausgesaugt werden! Durch kleine Risse in der Mundschleimhaut

kann sich der Helfer selbst vergiften. Im Schlangenbißset, das es überall in australischen *outdoor*-Läden zu kaufen gibt, befindet sich auch ein sog. "Schröpfer". Diesen Gummipfropfen setzt man sofort auf die Bißwunde und "schröpft" mindestens eine halbe Stunde lang. So kann immerhin bereits ein Drittel des Giftes abgesaugt werden.
Die Wunde nicht säubern! Der Arzt stellt anhand von Giftresten an der Wunde fest, um welche Schlange es sich gehandelt hat und kann erst so das entsprechende Serum injizieren.

- Vorbeugung: Bei Buschwanderungen feste Schuhe und lange Hosen tragen. Keine Steine oder ähnliches unbedacht aufheben. Vorsicht beim Holzsammeln für das Lagerfeuer (→ Artikel "Australische Schlangen").

### Sonnenbrand

Merkmal ist eine stark gerötete Haut bis hin zur Bläschenbildung.

- Maßnahmen: Kühlendes Gel lindert die Schmerzen, ansonsten den natürlichen Heilungsprozeß abwarten. Bei Gewebezerstörung der unteren Hautschichten sofort den Arzt aufsuchen (→ Verbrennungen).
- Vorbeugung: Am besten gar nicht erst soweit kommen lassen, nie ungeschützt in die Sonnne gehen. Leichte, luftige Kleidung und ein Hut beugen dem Sonnenbrand vor. Ausgiebige Sonnenbäder schon wegen der Hautkrebsgefahr vermeiden.

### Sonnenstich und Hitzschlag

Merkmale eines Sonnenstichs oder Hitzschlags sind rote, trockenheiße Haut, Schwindelgefühl, Kopfschmerzen, schneller Puls und in schweren Fällen sogar Ohnmacht, bei Hitzschlag auch hohes Fieber. Ausgelöst wird der Sonnenstich durch direkte, längere Sonneneinstrahlung auf den Kopf. Hitzschlag wird oft durch falsche Kleidung hervorgerufen. Der Körper kann seine Temperatur nicht mehr durch Schwitzen regeln, und es kommt zu einem Hitzestau.

- Maßnahmen: Die Person sofort in den Schatten legen und von beengenden Kleidungsstücken befreien. Ein feuchtes Tuch auf die Stirn legen und eventuell den Körper damit abtupfen. Wichtig beim Hitzschlag ist das Herabsetzen der Körpertemperatur.
- Vorbeugung: Leichte, luftige Kleidung und einen Hut tragen. Immer für ausreichende Flüssigkeitszufuhr sorgen (kein Alkohol!). Körperliche Anstrengung während der größten Hitze vermeiden.

### Spinnenbisse und Skorpionstiche

Abgesehen von der Trichterspinne *(funnel-web spider)* und der Rotrükkenspinne *(red-back spider)* sind Spinnenbisse in Australien kaum lebensgefährlich und treten noch seltener als Schlangenbisse auf. Die Möglichkeit, von einer Trichterspinne gebissen zu werden, beschränkt sich auf den Großraum *Sydney*, so daß die notwendige stationäre Behandlung schnell und problemlos erfolgen kann. Die Rotrückenspinne, eine kleine Unterart der Schwarzen Witwe (mit rotem Flecken auf dem Rücken), kommt dagegen auch in den Wüstengebieten ganz Australiens vor. Die Symptome sind ähnlich denen eines Schlangenbisses, treten jedoch erst nach Stunden oder Tagen auf, so daß ein Arzt rechtzeitig benachrichtigt werden kann, bevor der Zustand lebensbedrohlich wird. Allergiker sollten natürlich so schnell wie möglich einen Arzt konsultieren.

Skorpionstiche sind zwar äußerst schmerzhaft, aber höchstens bei Allergikern lebensbedrohend.

- Maßnahmen: Wie bei einem Schlangenbiß.
- Vorbeugung: Vor allem nicht unbedacht überall hin- und hineingreifen. Beim Holzsammeln Handschuhe tragen. Skorpione lieben die Wärme und stellen sich abends beim Lagerfeuer ein. Deshalb sind Kleidung, Schuhe und Taschen am besten im Auto oder Zelt aufgehoben. Hat man die Sachen doch mal im Freien gelassen, sollten sie morgens gut ausgeschüttelt werden.

***Verbrennungen***

Merkmal ist eine rote und geschwollene Haut bis hin zur Zerstörung der Haut und der darunterliegenden Gewebeschichten.

- Maßnahmen: Bei schweren Verbrennungen ist der Verletzte sofort zu einem Arzt zu bringen. Bei leichteren Verbrennungen wird die Fläche mit Wasser gekühlt und danach mit leichten Mullbinden verbunden. Brandblasen dürfen nie geöffnet werden, denn dann kann Schmutz in die Wunde gelangen, die sich so sehr leicht entzündet.
- Vorbeugung: Beim Kochen am offenen Feuer aufpassen.

***Vergiftungen***

Meist sind sie leichterer Art und treten durch verdorbenes Essen auf. Merkmale sind Übelkeit, Erbrechen, Magenkrämpfe und Fieber.

- Maßnahmen: Am besten sofort einen Arzt aufsuchen. Bis dahin muß der Betroffene zum Erbrechen gebracht werden, damit der Magen leer wird. Dies erreicht man entweder durch die bewährte Methode "Finger-in-den-Hals" oder durch Trinken von warmem, gesalzenem Wasser. Ist Rizinusöl zur Hand, wird auch der Darm entleert. Danach heißt es erst einmal für einen Tag fasten, bevor man mit Zwieback und Tee langsam wieder Nahrung aufnimmt.

# Strecken-beschreibungen

# *Strecke 1*
# *Tibooburra - Innamincka*
# *(Sturt National Park, Cameron Corner, Moomba Gasfield Road)*

- **Entfernung:** 402 km; max. Entfernung ohne Tankmöglichkeit: 265,5 km
- **Empfohlene Reisedauer:** 1 bis 2 Tage
- **Reine Fahrzeit:** 8 Stunden
- **Empfohlene Reisezeit:** April bis Oktober (beste Zeit April und Mai); im Sommer extrem heiß; nach heftigen Regenfällen können Teile der Strecke gesperrt sein.
- **Ab- und Rückmeldung:** nur im Sommer erforderlich
- **Ausrüstung:** Geländewagen (4-WD) mit Grundausrüstung bei Wagen und Werkzeug; Pkw mit hoher Bodenfreiheit können die Strecke bei vorsichtiger Fahrweise auch bewältigen.
- **Pistenart und -zustand:** abwechselnd Schotter-, Sand- und Erdpiste; wellblechartige Abschnitte; leichte Dünenüberquerungen
- **Versorgung:** Tibooburra (Lebensmittelladen, Hotel, caravan park, Tankmöglichkeit); Cameron Corner/ 133 km (roadhouse); Innamincka/ 402,5 km (Lebensmittelladen, Hotel, Camping, Duschen, Tankmöglichkeit)
- **Telefonnummern:** National Park & Wildlife Service Tibooburra 08/ 80 91 33 08; Cameron Corner Store, 08/ 80 91 39 72; Innamincka Hotel und Store 08/ 86 75 99 01; Road Report Hotline 08/ 89 22 32 32
- **Besondere Hinweise:** *Desert Park Pass* für *Innamincka Regional Reserve* erforderlich (→ "Reisevorbereitung", hier "Genehmigungen - permits")

*Charles Sturt* brach 1844 von Adelaide zu einer Expedition auf. Er hoffte, den angeblich riesigen Inlandsee zu finden und folgte dem Lauf von *Darling River* in Richtung Norden. Später wechselte er nach Nordwesten und erreichte mit seinen Männern das heutige *Fort Grey*. Hier errichteten sie ein Basislager, von dem Sturt schließlich mit vier Begleitern aufbrach, um das Landesinnere zu erkunden. Er durchquerte die Steinwüste, die heute seinen Namen trägt *(Sturt's Stony Desert)*, und kehrte im Januar 1846, ohne den See gefunden zu haben, nach Adelaide zurück. Obwohl sein Vorhaben also nicht den gewünschten Erfolg hatte, war es doch der Beginn der Erschließung dieses Landstrichs durch Farmer.

Noch heute folgt die Strecke von Tibooburra nach Innamincka größtenteils dem Weg dieser Entdeckungsreise. Die Piste ist in gutem Zustand und während der trockenen Wintermonate auch von Fahrzeugen ohne Allradantrieb zu befahren. Doch schon nach wenigen Millimetern Niederschlag verwandelt sie sich in eine Rutschbahn und wird von der *Road Transport Authority* (R.T.A.) für unpassierbar erklärt. Auf der Strecke trifft man auf zahl-

### *Wie man Kaninchen und Dingo zu Leibe rückte*

Während der großen Kaninchenplage 1880, als die Verhandlungen über den Bau eines Schutzzaunes mit den anderen Staaten scheiterten, übernahm Queensland die alleinige Verantwortung und errichtete 15 m nördlich der eigentlichen Grenze einen Schutzwall gegen die gefräßigen Nager. Doch die Plage ließ sich auch durch Einzäunung nicht aufhalten.

Nach den Kaninchen erklärten die Farmer die Dingos, eine verwilderte Hunderasse, zur Plage. Sie sind die größten Feind der Schafzüchter. Man nimmt an, daß die Aborigines sie vor Tausenden von Jahren von Asien mit nach Australien brachten. Hier konnte sich der Dingo als eines der wenigen Raubtiere schnell vermehren und über den ganzen Kontinent ausbreiten. So wurde der Kaninchenzaun um die Jahrhundertwende verstärkt und erweitert, um nun die Schafe vor den angeblich blutrünstigen Dingos zu schützen.

Heute gilt der Zaun als das längste von Menschenhand geschaffene "Bauwerk". Mit 8.000 bis 10.000 Kilometer war er mindestens dreimal so lang wie die chinesische Mauer. In den ersten Jahren nach Baubeginn reichte er von *Ceduna* quer durch South Australia bis zur Grenze von New South Wales und weiter bis nach *Winton* in Queensland. In den letzten Jahren ist er erheblich verkürzt worden, hat aber immer noch eine Gesamtlänge von 4.850 Kilometern. Jeder Staat kontrolliert den Zaun in seinem Territorium, wobei eine Inspektion der gesamten Länge alle zwei Wochen ansteht. Stark gefährdete Abschnitte kontrolliert man alle paar Tage.

reiche, in den Boden eingelassene Viehgitter *(grids)* und Gatter *(gates)* sowie auf den berühmten Kaninchen- und Dingozaun (→ Artikel "Wie man Kaninchen und Dingo zu Leibe rückte").

Die beschriebene Route nach Innamincka beginnt etwa 1 km südlich des Ortes Tibooburra und führt in nordwestlicher Richtung durch sanft gewelltes Hügelland mit meist spärlichem Mulgabewuchs. Weite baum- und strauchlose Geröllebenen fügen sich hier und da in die Landschaft ein. Rote Sanddünen, die karg bewachsen sind, bestimmen das Bild hinter *Strzelecki Crossing*. Hier wurden seit 1960 riesige Öl- und Gasfelder entdeckt. Federführend bei der Erschließung der Vorkommen ist die Firma *SANTOS*, die heute weite Teile Australiens mit Erdgas versorgt. Sie baute hier die meisten Pisten und unterhält sie auch. Die Sicherheitsvorkehrungen des Konzerns sind streng. Besucher sind in Moomba nicht erwünscht, und Hilfe, z. B. bei einer Panne, sollte man wirklich nur im äußersten Notfall erwarten.

## *Tibooburra*

*Tibooburra*, Anfangspunkt der Route, bedeutet in der Sprache der Aborigines "viele Steine". Das kleine, verschlafene Nest in der Nordwestecke des Bundesstaates New South Wales entstand erst in den späten sechziger Jahren des 18. Jahrhunderts, als Siedler den Expeditionsrouten von *Sturt, Burke* und *Wills* folgten und riesige Ländereien in Besitz nahmen. 1880 ließ ein kurzer Goldrausch die Gegend aufleben, und die Einwohnerzahl von Ti-

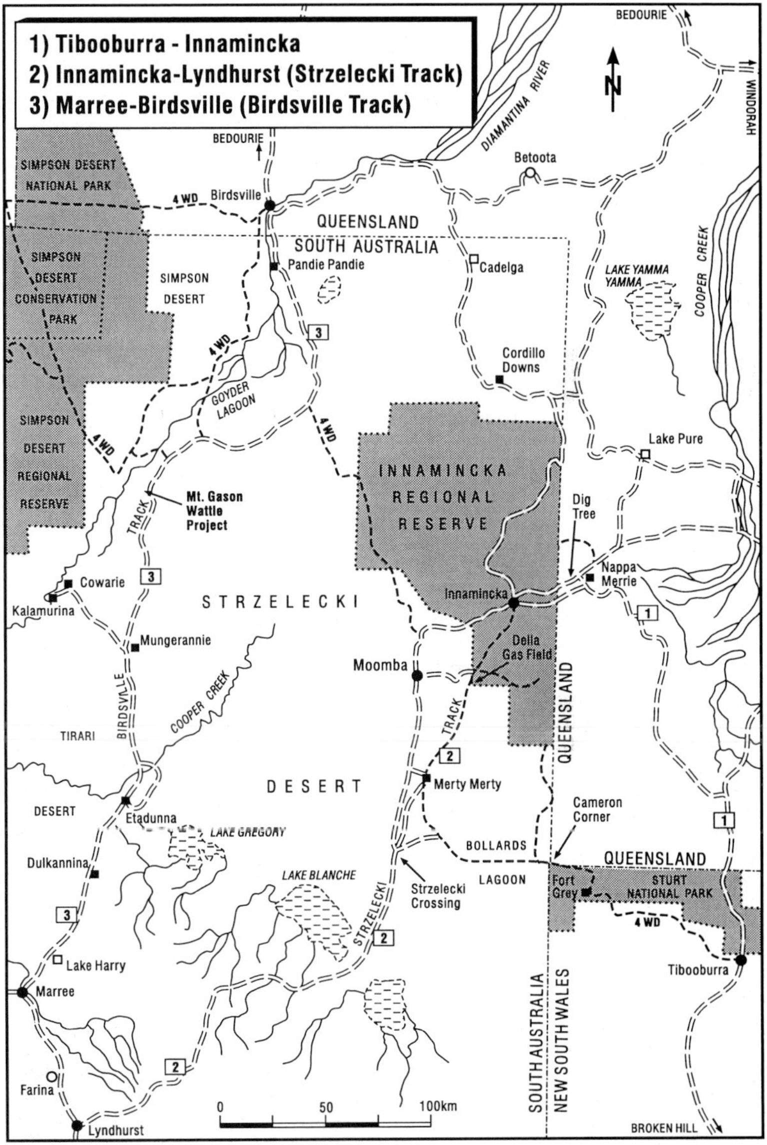
1) Tibooburra - Innamincka
2) Innamincka-Lyndhurst (Strzelecki Track)
3) Marree-Birdsville (Birdsville Track)
BEDOURIE
WINDORAH
DIAMANTINA RIVER
N
Betoota
BEDOURIE
SIMPSON DESERT NATIONAL PARK
4 WD
Birdsville
QUEENSLAND
SOUTH AUSTRALIA
Pandie Pandie
Cadelga
LAKE YAMMA YAMMA
COOPER CREEK
SIMPSON DESERT CONSERVATION PARK
SIMPSON DESERT
3
4 WD
Cordillo Downs
GOYDER LAGOON
SIMPSON DESERT REGIONAL RESERVE
4 WD
4 WD
Lake Pure
INNAMINCKA REGIONAL RESERVE
Mt. Gason Wattle Project
TRACK
Dig Tree
Nappa Merrie
Cowarie
Kalamurina
3
STRZELECKI
Innamincka
1
Mungerannie
Della Gas Field
Moomba
BIRDSVILLE
COOPER CREEK
TRACK
QUEENSLAND
TIRARI
2
Merty Merty
DESERT
DESERT
Etadunna
LAKE GREGORY
Cameron Corner
1
BOLLARDS
QUEENSLAND
Dulkannina
LAKE BLANCHE
LAGOON
Fort Grey
STURT NATIONAL PARK
Strzelecki Crossing
3
STRZELECKI
2
4 WD
Lake Harry
Tibooburra
Marree
SOUTH AUSTRALIA
NEW SOUTH WALES
2
Farina
0
50
100km
Lyndhurst
BROKEN HILL

booburra wuchs auf 3.000 an. Schnell entwickelte sich der Ort zum Versorgungszentrum der Minenarbeiter. Spärliche Funde, extrem harte Lebensbedingungen und Krankheiten bereiteten dem Boom schon zehn Jahre später ein Ende. Verschiedene Gerätschaften aus dieser Zeit sind noch heute an *Golden Gully* zu finden. Tibooburra, der heißeste Ort in New South Wales, ist Ausgangspunkt für Fahrten in den nach *Charles Sturt* benannten Nationalpark, der sich nordwestlich an der Grenze zwischen Queensland und South Australia erstreckt. Die besondere Attraktion des Wüstenparks sind die großen Herden Roter Riesenkänguruhs, die schon Sturt aufgefallen waren. Wer den Park erkunden möchte, wählt am besten die *Jump Up Loop Road* oder die *Gorge Loop Road*. Gute Informationen über Fauna, Flora und Geologie in dieser Gegend erhält man im Informationszentrum des *National Park & Wildlife Service* in Tibooburra.

## Streckenlog

| | | |
|---|---|---|
| 0 | 402,5 | *Tibooburra* |
| 1,2 | 401,3 | Abzweigung rechts zu *Cameron Corner* und nach *Innamincka* nehmen; geradeaus nach *Broken Hill* (338 km)<br>Der *track* ist überwiegend Schotterpiste und verläuft durch sanftwelliges Hügelland mit spärlichem Mulgabewuchs und vielen kleineren Bächen (meist trocken), die zu durchfahren sind. |
| 13,6 | 388,9 | Geradeaus fahren; Abzweigung links zu *Hewart Downs* (76 km)<br>Nach der Abzweigung kommen stellenweise sandige und wellblechartige Abschnitte. Die Schotterpiste geht dann in eine Erdpiste über. |
| 44,3 | 358,2 | Abzweigung links zu *Cameron Corner* (85 km) nehmen; geradeaus zu *Toona Gate* (34 km) |
| 78,6 | 323,9 | *Waka Homestead* |
| 78,7 | 323,8 | Weggabelung; links zu *Cameron Corner* |
| 79,4 | 323,1 | Weggabelung; rechts zu *Cameron Corner* (50 km); links zu *Lake Stewart* (10 km) |
| 86,2 | 316,3 | Beginn bzw. Ende von *Sturt National Park*<br>Dieser Park erstreckt sich über ein weites Halbwüstenland. Überflutungsebenen mit vereinzelten Bäumen im Osten des Parks wechseln mit kleinen Felsenschluchten und Flußbetten, umsäumt von Eukalypten, im Gebiet um *Olive Downs* - dem sogenannten *Jump Up Country*. Bis zu 150 m hohe Tafelberge erheben sich über rote Geröll- und Kieswüsten *(gibber plains)*, die aus dem verwitterten Gestein der Berge bestehen. Weiter im Westen erstrecken sich die Sandhügel von *Strzelecki Desert*.<br>Etwa 1,5 km hinter der Parkgrenze breitet sich *Frome Swamp* aus, eine große Grasebene, die sich nach starken Regenfällen in einen See verwandelt. Von hier aus sind es noch ca. 5 km bis zur Flutmarkierung, an der |

| | | |
|---|---|---|
| | | man sehen kann, wie hoch das Wasser im Jahr 1974 hier stand. |
| 109,0 | 293,5 | Weggabelung; rechts zu *Cameron Corner* und zu *Fort Grey Camping Area* fahren; links zu *Fort Grey Homestead* (privat) |
| 109,4 | 293,1 | Geradeaus fahren; Abzweigung rechts zu *Fort Grey Camping Area* (200 m) mit Toiletten und Gasbarbecues |
| 118,2 | 284,3 | Weggabelung; links zu *Cameron Corner* (21 km) fahren; rechts zu *Fortville Gate* (1 km) |
| 132,6 | 269,9 | Grenze zwischen New South Wales und Queensland; Gatter; dahinter zu *Cameron Corner Store*; Ende bzw. Beginn von *Sturt National Park*<br>An diesem Punkt steht man vor einem der längsten Zäune der Welt: dem Dingozaun (*Dog Proof Fence*; → Artikel "Wie man Kaninchen und Dingo zu Leibe rückte"). Hinter dem ersten Tor liegt *Cameron Corner*, bekannt als der Punkt, an dem die Grenzen der Staaten Queensland, South Australia und New South Wales zusammentreffen. Benannt wurde der Punkt nach dem Landvermesser *John Cameron*, der in den Jahren 1881 und 1882 diese Gegend vermaß und kartographierte. Den ursprünglich hölzernen Grenzpfosten ersetzte man durch einen Betonpfosten. Die Strecke |

Blick vom Aussichtspunkt Olive Downs

| | | |
|---|---|---|
| | | nach *Innamincka* führt durch ein zweites Tor und weiter über eine meist sandige Piste mit kleinen Dünen, die in Nord-Süd-Richtung verlaufen. Hinter Cameron Corner sollte man vermehrt auf herumstreunende Rinder achten, die in dieser unwirtlichen Gegend nach Futter suchen. |
| 132,7 | 269,8 | Grenze zwischen Queensland und South Australia; Gatter<br>Uhren um eine halbe Stunde zurückstellen |
| 140,6 | 261,9 | Geradeaus fahren; Abzweigung links zu *Lindon Homestead* (16 km) |
| 141,7 | 260,8 | Geradeaus fahren; Abzweigung rechts führt über den *Bore Track* nach *Innamincka*<br>Diese Piste verläuft parallel zur Grenze zwischen South Australia und Queensland nach Norden. Sie ist meist in gutem Zustand und führt über rote Sanddünen und durch trockene Salzseen. |
| 147,6 | 254,8 | *Bollards Lagoon Homestead* rechts<br>Man überquert nun zahllose kleinere Sanddünen. Die Piste wurde auf den Dünen mit Lehm befestigt, der stellenweise weggebrochen ist und große Löcher hinterlassen hat. |
| 192,4 | 210,1 | Geradeaus fahren; Wegeinmündung von rechts |
| 216,5 | 186,0 | *Strzelecki Crossing* |

Auf dem Weg nach Innamincka

Am Wegesrand ungenießbare Kamelmelonen

| | | |
|---|---|---|
| 216,8 | 185,7 | Geradeaus fahren; Abzweigung links zu *Yaningurie Waterhole* |
| 219,7 | 182,8 | *Strzelecki Creek*<br>Hohe Fluß-Eukalypten säumen die Ufer. |
| 262,9 | 139,6 | Geradeaus fahren; Abzweigung rechts zu *Merty Merty Homestead* (12 km), *Lindon Homestead* (130 km) und *Bollards Lagoon Homestead* (106 km) |
| 312,9 | 89,6 | Abzweigung rechts nach *Innamincka* nehmen; geradeaus zu den *Moomba*-Gasfeldern<br>Diese wurden 1966 entdeckt. Mittels einer 780 km langen Pipeline gelangt das Gas nach *Adelaide*. Seit 1976 ist eine weitere Pipeline in Betrieb, die das Gas über 1.300 km bis nach *Sydney* leitet. |
| 316,3 | 86,2 | Abzweigung links nach *Innamincka* nehmen; geradeaus zu *Strzelecki Track* und *Bore Track* |
| 340,6 | 61,9 | Abzweigung rechts nach *Innamincka* nehmen; geradeaus nach *Gidgealpa* (30 km) und *Birdsville* (280 km) |
| 368,8 | 33,7 | Beginn bzw. Ende von *Innamincka Regional Reserve*<br>1988 wurde die gesamte Fläche von *Innamincka Station*, einer der renommiertesten Farmen der Familie *Kidman*, zum *Regional Reserve* erklärt. Im Unterschied zu Nationalparks sind in dieser Art Schutzgebiet, das unter der Aufsicht des *National Park & Wildlife Service* steht, Landwirtschaft, Tourismus, Bergbau und andere wirtschaftliche Nutzung erlaubt. |
| 388,1 | 14,4 | Geradeaus fahren; Abzweigung links zu *Wills Grave* (6 km; → Streckenbeschreibung 2, Innamincka - Lyndhurst via Strzelecki Track) |
| 395,6 | 6,9 | Geradeaus fahren; Abzweigung links zu *Kings Site* (4 km; → Streckenbeschreibung 2, Innamincka - Lyndhurst via Strzelecki Track) |
| 401,2 | 1,3 | Abzweigung links nach *Innamincka* nehmen; rechts Beginn von *Strzelecki Track* |
| 402,0 | 0,5 | *Strzelecki Creek* |
| 402,5 | 0 | *Innamincka Hospital*<br>Das alte Hospital wurde 1994 vom *Department of Environment & Land Management SA* nach Originalplänen und historischen Fotografien wieder aufgebaut. |

## *Innamincka*

*Innamincka*, an den Ufern von *Cooper Creek*, ist heute ein kleiner Ort im *outback*. Sein Zentrum sind zweifelsohne die *Innamincka Trading Post* und das *Innamincka Hotel*. Von Lebensmitteln, Eis und gekühltem Bier bis zu nützlichen Informationen, Tips und guten Ratschlägen ist hier alles zu haben. Neben dem gemütlichen Pub sind sogar die öffentlichen sanitären Anlagen (es sind vermutlich die besten in ganz Australien) in diesem Nest ein Schmuckstück.

Eine gute und kostenlose Campingmöglichkeit unter ausladenden Fluß-Eukalypten *(river red gums)* gibt es am Ufer von *Cooper Creek* - die Einheimischen nennen ihn kurz "The Cooper" oder "Barcoo". Es ist eine wahre Wohltat, sich nach der anstrengenden Fahrt im kühlen Naß zu erfrischen. Wer eine Angelausrüstung dabeihat, kann sich im *Cooper* sein Abendessen selbst fangen. Schlangenhalsschildkröten, die mitunter öfter am Haken zappeln als ein Fisch, sollte man vorsichtig an Land bringen, vom Haken lösen und anschließend wieder in ihr Element entlassen.

In der Nähe von Innamincka scheiterte 1860 die Expedition von *Burke* und *Wills* (→ Artikel "Acht Stunden entschieden über Leben und Tod - Die Expedition von Burke & Wills"). Nach *Charles Sturt* (1844/45) waren sie die nächsten Europäer, die diesen wüstenähnlichen Landstrich erforschten. Viehtreiber *(cattle drover)* folgten, und bald entstand ein kleiner Ort namens *Hopetoun* - heute Innamincka. Hier versorgten sich die Viehtreiber mit Bier und Lebensmitteln für ihren langen Marsch durch *Strzelecki Desert* in Richtung Adelaide. Bis vor kurzem stand aus der alten Zeit noch die Ruine des *Australian Inland Mission Hostel*. 1994 wurde das alte Hospital in Eigeninitiative und dank vieler Spenden wieder originalgetreu aufgebaut. Am 22. Juli wurde es dann vor mehr als 2.800 Gästen eingeweiht. Heute dient es als Informationszentrum und Verwaltungssitz von *Innamincka Regional Reserve*. Außerdem gibt es hier eine historische Ausstellung und medizinische Versorgungstation.

Im Jahr 1988 wurde das Gebiet zum Naturschutzgebiet *(Innamincka Regional Reserve)*, das vom *National Park & Wildlife Service* verwaltet wird. Der heutige Name "Innamincka" leitet sich von "Yidniminckanie" aus der Sprache der Aborigenes ab; das Wort beschreibt ein nahe gelegenes Wasserloch. An *Cullyamurra Waterhole*, ebenfalls eine immer gefüllte Wasserstelle an *Cooper Creek*, kann man am östlichen Ende des beliebten Angelplatzes Steinritzungen der Yantrwantas-Aborigines finden. Außer hier bei Innamincka führt *Cooper Creek* sonst nur während der Regenzeit Wasser, so daß er für die hier lebenden Aborigines von großer Bedeutung war.

## Strecke 2
## Innamincka - Lyndhurst (Strzelecki Track)

- **Entfernung:** 409 km; max. Entfernung ohne Tankmöglichkeit: 408,6 km
- **Empfohlene Reisedauer:** 1 bis 2 Tage
- **Reine Fahrzeit:** 8 Stunden
- **Empfohlene Reisezeit:** April bis Oktober (beste Zeit April und Mai); im Sommer extrem heiß; nach heftigen Regenfällen kann der *track* gesperrt sein.
- **Ab- und Rückmeldung:** nur im Sommer erforderlich
- **Ausrüstung:** Geländewagen (4-WD) mit Grundausrüstung bei Wagen und Werkzeug; Pkw mit hoher Bodenfreiheit können die Strecke bei vorsichtiger Fahrweise gut bewältigen.
- **Pistenart und -zustand:** Der nördliche Teil des alten *Strzelecki Track* ist eine gute Erdpiste mit sandigen Abschnitten. Sie verläuft parallel zu den Dünen und durchquert nur wenige *creeks*. Ab *Strzelecki Crossing* hat die Piste Schotterbelag und die Flußdurchfahrten sind zumeist trocken. Der

**"Acht Stunden entschieden über Leben und Tod - Die Expedition von Burke & Wills"**
Der Landvermesser *William John Wills* und der Polizist *Robert O'Hara Burke* brachen 1860 mit ein paar Männern aus Melbourne auf, um erstmals Australien in Süd-Nord-Richtung mit Kamelen zu durchqueren. Auf halber Strecke bekamen sie Schwierigkeiten mit ihren Tieren und schlugen etwa 40 km nordöstlich des heutigen *Innamincka* (kurz hinter der Grenze zwischen South Australia und Queensland, bei Nappa Merrie Homestead) an *Cooper Creek* ein Basislager auf. Sie und zwei weitere Männer (*Charles Grey* und *John King*) setzten die Expedition in Richtung des Golfs von Carpentaria fort. Die anderen sollten im Lager auf ihre Rückkehr warten, solange die Lebensmittel reichen würden. Tatsächlich erreichten die vier Männer die Küste, doch auf dem langen Fußmarsch zurück zu *Cooper Creek* starb *Grey* in der Nähe von *Coongie Lakes* (Seen). Die anderen drei erreichten mit letzter Kraft ihr Basislager, das sie verlassen vorfanden. Die Zurückgebliebenen hatten fünf Monate dort ausgeharrt, bis sie nicht mehr an eine Rückkehr ihrer Freunde glaubten. Nachdem sie einige Vorräte unter einem Baum *(Dig Tree)* vergraben hatten, brachen sie in Richtung Süden auf, nur acht Stunden bevor Burke, Wills und King eintreffen sollten. King und Wills wollten den noch frischen Spuren der Freunde folgen, aber Burke bestand darauf, zu *Cooper Creek* zu gehen. Burke und Wills starben kurze Zeit später an Entkräftung. King wurde von Aborigines gefunden und überlebte. Der *Dig Tree* am Basislager erinnert noch heute an das Drama 1860. Das Grab von Wills liegt westlich, das von Burke östlich von Innamincka, beide an den Ufern des Flusses, wo sie heute noch besucht werden können.

alte Streckenabschnitt ist weitaus interessanter und nicht so monoton wie der neue über *Moomba* (→ Streckenbeschreibung 1, Tibooburra - Innamincka via Moomba Gasfield Road).

- **Versorgung:** Innamincka (Lebensmittelladen, Hotel, Camping, Duschen, Tankmöglichkeit) - Lyndhurst/ 408,6 km (Lebensmittelladen, Hotel, Tankmöglichkeit)
- **Telefonnummern:** Innamincka Hotel und Store 08/ 86 75 99 01; Lyndhurst Store und Tankstelle 08/ 86 75 77 82; Road Report Hotline 08/ 8922 32 32
- **Besondere Hinweise:** *Desert Park Pass* für *Innamincka Regional Reserve* und *Coongie Lakes* erforderlich.
- **Karte:** → Seite 115.

Der *Strzelecki Track* entstand 1870 und erlangte damals auch seine Berühmtheit. *Harry Redford* (alias *Captain Starlight*), ein *bush-ranger,* trieb tausend Rinder, die er seinem Arbeitgeber gestohlen hatte, an *Strzelecki Creek* entlang, um sie auf *Blanchewater Station* zu verkaufen. Als man das Fehlen der Rinder auf *Wombundery Station*, nahe dem heutigen Windorah, bemerkte, machten sich drei Männer auf, ihn zu verfolgen. Erst zwei Jahre später wurde Redford verhaftet und in Roma vor Gericht gestellt. Die Geschworenen waren jedoch von seiner Kühnheit und seinem Mut so begeistert, daß sie ihn freisprachen. Daraufhin schloß die Regierung das Gericht wegen Unfähigkeit für zwei Jahre. Trotz seiner kriminellen Vergangenheit engagierte man Harry Redford kurze Zeit später, um dreitausend Rinder aus dem Gebiet um *Barco River* zum neu entdeckten *Barkly Tableland* zu treiben. Dort gründete er *Brunette Downs Station*, eine der drei größten Farmen in Northern Territory.

Die Entdeckung großer Gasvorkommen in *Cooper Basin* weckte neuerliches Interesse am *Strzelecki Track*, und eine neue Strecke zu den *Moomba*-Gasfeldern entstand (→ Streckenbeschreibung 1, Tibooburra - Innamincka via Moomba Gasfield Road). Nördlich des Ortes Innamincka verläuft der *track* durch den Südwesten von Queensland, bis er südwestlich von Betoota auf den *Windorah - Birdsville Track* stößt. Es ist ein wenig befahrenes, schwieriges Teilstück, auf dem nur ein einziges Zeichen von Zivilisation zu finden ist: *Cordillo Downs Station*, 176 km nördlich gelegen, eine riesige Schaffarm.

## *Innamincka*

(→ Streckenbeschreibung 1, Tibooburra - Innamincka)

## *Streckenlog*

| | | |
|---|---|---|
| 0 | 408,6 | *Innamincka Hospital* |
| 0,5 | 408,1 | Überquerung von *Strzelecki Creek* |
| 0,9 | 407,7 | Geradeaus *Strzelecki Track* (ST); Abzweigung rechts nach *Moomba* (89 km), zu *Wills Grave* (19 km) und *Kings Site* (7 km) |
| 45,2 | 363,4 | Geradeaus fahren; Abzweigung rechts zum *Della*-Gasfeld und *Bore Track*<br>Die Strecke verläuft zwischen parallel verlaufenden Sanddünen und verläßt nun *Innamincka Regional Reserve*. Langsam geht die graubraune Farbe der Erdpiste ins Rötliche über. |
| 45,7 | 362,9 | Abzweigung links auf *ST* nach *Lyndhurst* nehmen; geradeaus zu den *Moomba*-Gasfeldern |
| 112,7 | 295,9 | T-Kreuzung; links nach *Lyndhurst* via *Strzelecki Track* fahren; rechts nach *Moomba* und *Lyndhurst* via *Moomba Gasfield Road* (→ Streckenbeschreibung 1, Tibooburra - Innamincka via Moomba Gasfield Road) |
| 114,3 | 294,3 | *Merty Merty Homestead* ist rechts zu sehen<br>*Ted Reiks* Haus, errichtet auf einem aufgeschichteten Hügel, ist ein gutes Beispiel durchdachter Bauweise. Es hat ein großes schattenspendendes Vordach, das vor Wind, Staub und Hitze schützt, aber auch den selten fallenden Regen auffangen kann.<br>Ab *Merty Merty* sind bisweilen kleinere Sanddünen zu überqueren. |
| 122,6 | 286,0 | Geradeaus *ST*; Wegeinmündung von links<br>Langsam lichtet sich der Bewuchs zwischen den roten |

| | | |
|---|---|---|
| | | Dünen, und die Eukalypten werden seltener. |
| 138,4 | 270,2 | *Strzelecki Crossing* |
| 188,1 | 220,5 | Geradeaus *ST*; Abzweigung rechts zu *Montecollina Bore*<br>Zu Zeiten der Viehtriebe war dies der einzige Brunnen auf der gesamten Strecke, wo die Rinder getränkt werden konnten. Seit seiner Restaurierung ist hier ein beliebter Platz zum Campen. Feuerholz sollte man allerdings schon vorher sammeln. |
| 202,0 | 206,6 | *Moppa Collina Channel*<br>Mit dieser flachen, grasbewachsenen Ebene beginnt die sogenannte *cobbler desert* zwischen *Lake Callabonna* und *Lake Blanche*. Ihren Namen erhielt sie von Schafscherern, die von *Cordillo Downs* und anderen nördlich gelegenen Farmen nach Süden zogen. Der *cobbler* ist das letzte "schwierige Schaf, das es zu scheren gilt", und meint in diesem Zusammenhang wohl das letzte schwierige Stück der Reise in Richtung *Lyndhurst*. Die Strecke ist jetzt überwiegend eine Schotterpiste. |
| 214,1 | 194,5 | Geradeaus *ST*; Abzweigung links nach *Arkaroola* (187 km) und zu *Mount Hopeless Homestead*<br>Links ist in der Ferne *Gammon Range* zu erkennen. Auf dem Weg nach Süden sind jetzt einige - in der Regel trockene - *creeks* zu durchqueren. |
| 239,4 | 169,2 | *Petermorra Creek* |
| 253,3 | 155,3 | *MacDonnell Creek*<br>Kurz hinter diesem *creek* liegen die Ruinen des ehemaligen Farmhauses *Blanchewater* mit ein paar Koppelpfosten. Als *Burke* und *Wills* 1860 Australien durchquerten, war *Blanchewater Station* die nördlichste Farm dieser Region. Sie war bekannt für ihre erstklassigen Pferde, von denen in guten Jahren bis zu 20.000 Tiere den Reichtum der Farm begründeten. Um 1890 verlegte der Eigentümer die Verwaltung der Farm nach *Murnpeowie Homestead*. |
| 278,9 | 129,7 | Geradeaus *ST*; Abzweigung links zu *Murnpeowie Homestead*<br>Vier Jahre nachdem *Elder* die Verwaltung seiner Farm von *Blanchewater House* hierher verlegt hatte, zählte Murnpeowie 106.000 Schafe, die mehr als 340 Tonnen Wolle pro Jahr produzierten. |
| 305,6 | 103,0 | Dingozaun *(dog fence)* |
| 329,9 | 78,7 | Geradeaus *ST*; Abzweigung links nach *Moolawatana* (via *Talc Mine* 88 km) |
| 372,1 | 36,5 | Geradeaus *ST*; Abzweigung links zu *Mt. Lyndhurst Homestead* |
| 407,7 | 0,9 | Geradeaus *ST*; Abzweigung rechts zu *Talcalf Carvings* (1 km) |
| 408,6 | 0 | *Lyndhurst*, Tankstelle |

## *Lyndhurst*

Von Süden kommend, ist *Lyndhurst* Ausgangspunkt des *Strzelecki Track*. Als man 1879 hier eine Poststation eröffnete und zehn Jahre später die Eisenbahnstrecke durch dieses Gebiet verlegte, entstand Lyndhurst als kleiner Versorgungsstandort für Kamelkarawanen, die Waren zu weit entfernten Farmen transportierten. Ursprünglich sollte *Farina*, 25 km nördlich, diese Funktion übernehmen. Dieser Ort, gegründet 1878, setzte seine ganzen Hoffnungen auf die Weizenproduktion. Einige gute Regenjahre ließen die Erwartungen wachsen, daß tatsächlich auf der roten Erde Getreide gedeihen und Gewinn bringen könnte. Ein paar trockene Jahre in Folge ließen dann jedoch alle Hoffnungen schwinden, und obwohl 1882 die Eisenbahn Farina erreichte, wurde nie Weizen verladen. Dennoch zog die Aussicht, daß Farina Umschlagplatz für Vieh, Wolle und Kupfer werden könnte, viele Menschen an und ließ den Ort auf 600 Einwohner anwachsen. Als die Eisenbahn zwei Jahre später *Marree* erreichte, das daraufhin die Versorgung des Nordens übernahm, und weil das Gebiet um Farina keinerlei Agrargewinne abwarf, verließen immer mehr Menschen den Ort. 1968 schloß der letzte Laden und besiegelte damit das Ende von Farina, das nur 90 Jahre bestanden hatte. Lyndhurst, obwohl strategisch gesehen ohne Bedeutung, blieb bestehen. Heute endet hier die asphaltierte Straße, und die staubigen Pisten in Richtung Norden beginnen.

# *Strecke 3*
# *Marree - Birdsville (Birdsville Track)*

- **Entfernung:** 517 km; max. Entfernung ohne Tankmöglichkeit: 313 km
- **Empfohlene Reisedauer:** 2 Tage
- **Reine Fahrzeit:** 9 bis 10 Stunden
- **Empfohlene Reisezeit:** April bis Oktober (beste Zeit April, Mai und Juni); im Sommer extrem heiß; nach heftigen Regenfällen ist die Strecke gesperrt.
- **Ab- und Rückmeldung:** nur im Sommer erforderlich
- **Ausrüstung:** Geländewagen (4-WD) mit Grundausrüstung bei Wagen und Werkzeug; bei trockener Piste (Winter) ist die Strecke auch mit einem Pkw ohne Allradantrieb zu befahren.
- **Pistenart und -zustand:** Der Untergrund wechselt ständig zwischen Sand, scharfkantigen Steinen und Erde mit einigen Schotterabschnitten. Die überwiegend trockenen Fahrten durch *creeks* sowie kleinere Dünen stellen auch für Fahrzeuge ohne Allradantrieb in der Regel keine Probleme dar.
- **Versorgung:** Marree (Lebensmittelladen, Hotel, caravan park, Werkstatt, Tankmöglichkeit); Mungerannie/ 204 km (roadhouse/ Pub); Birdsville/ 517 km (Grundversorgung)
- **Telefonnummern:** Road Report Hotline 08/ 89 22 32 32; Marree CP und Tankmöglichkeit 08/ 86 75 83 71; Marree (Polizeistation) 08/

86 75 83 46, Mungerannie Roadhouse 08/ 86 75 83 17, Kalamurina Homestead 08/ 86 75 83 10, Birdsville (Polizeistation) 07/ 46 56 32 20

- **Besondere Hinweise:** keine
- **Karte:** → Seite 115

Der *Birdsville Track* verbindet seit mehr als einem Jahrhundert die beiden Städte *Marree* in South Australia und *Birdsville* in Queensland. Die landwirtschaftliche Erschließung der Überschwemmungsgebiete von *Diamantina River* motivierte *E.A. Burt* in den siebziger Jahren des 19. Jahrhunderts, einen kleinen Laden an *Diamantina Crossing* zu errichten. Zunächst "Burtsville" genannt, entstand eine kleine Siedlung. Als die Eisenbahn Marree (damals noch *Hergott Springs*) erreichte, bestand die Möglichkeit, Rinder von dort zu den Schlachthöfen nach Adelaide und Melbourne zu transportieren. Burtsville entwickelte sich rasch zum Ausgangspunkt einer Viehtriebroute, um die Herden zur Verladestation *Hergott Springs* zu bringen. Der legendäre *Birdsville Track*, als Verbindungslinie zwischen den reichen Weidegründen im Südwesten Queenslands und dem Süden Australiens, war entstanden. Die Probleme der Viehtreiber waren bald in ganz Australien legendär: sengende Hitze, beißende Sandstürme, unerwarteter, heftiger Regen, Rinder, die an Entkräftung eingingen. Hätte die Regierung nicht alle 40 Kilometer das artesische Becken angezapft und Brunnen angelegt, wäre es unmöglich gewesen, eine Herde hier entlang zu treiben. Im Zuge der Motorisierung übernahmen *roadtrains* die Aufgabe der Viehtreiber, so daß der *track* heute überwiegend von Touristen genutzt wird. Auch der Verlauf der Strecke hat sich mit der Zeit geändert. Heute ist nur noch der *Outside Track* befahrbar. Der *Inside Track* ist für jeglichen Verkehr geschlossen. Diese Zweiteilung der Strecke folgte dem Wechsel der Transportmittel vom Pferd zum Auto. Pferde brauchen Wasser und haben in Schlamm oder Flußbetten keine Probleme, Autos aber fahren sich dort hoffnungslos fest. Es entstand eine Umgehung (Outside Track) der problematischen Stellen. Mit dem Aufkommen der *roadtrains* in den sechziger Jahren verlor der Inside Track, über den bis dahin die Herden getrieben wurden, an Bedeutung, bis er schließlich ganz geschlossen wurde.

Damals wie heute stellt das Gebiet um den Birdsville Track einen der extremsten Landstriche Australiens dar. In der Gegend von *Mulka Homestead* fallen im Durchschnitt weniger als 100 mm Niederschlag jährlich. In den Sommermonaten klettern die Temperaturen in einigen Gebieten nicht selten auf mehr als 50° C, in den kurzen Wintern (drei bis vier Monate) aber können die Temperaturen nachts auch schon mal unter den Gefrierpunkt sinken. Queenslands Flüsse, die westlich von *Great Dividing Range* entspringen, fließen ins Landesinnere und speisen *Diamantina River*, *Goyder Lagoon* und *Cooper Creek*. Während der Regenzeit im Osten ist der *Birdsville Track* kaum zu befahren. Man muß damit rechnen, an oder in einigen *creeks* für Tage oder Wochen festzusitzen. Die meisten Flüsse treten dann über die Ufer, ein Durchkommen ist unmöglich. In den Wintermonaten ist die Strecke durchaus mit konventionellen Fahrzeugen befahrbar. Einzige Schwierigkeit sind dann die Lehmpfannen *(claypans)*, überwiegend in den Überschwemmungsgebieten von *Cooper Creek* und *Goyder Lagoon*, die sich nach den seltenen Regenfällen in wahre Schlammgruben verwandeln. Sie trocknen in dieser Zeit jedoch rasch wieder aus, so daß eine Weiterfahrt oft schon nach ein paar Stunden, je nach Heftigkeit und Dauer der Niederschläge, möglich ist.

## Marree

Von der Geschichte her ist zwar *Birdsville* Ausgangspunkt des gleichnamigen *track*, doch die meisten Fahrten ins *outback* beginnen im 517 km weiter südlich gelegenen *Marree*. Seine Entstehung geht auf die Entdeckung einer Quelle, 2 km nördlich des Ortskerns, zurück. Nach *David Hergott*, Mitglied bei *John McDouall Stuarts, John McDouall* erster Nord-Süd-Forschungsreise benannt, entstand hier 1883 eine neue Siedlung - *Hergott Springs*. Obwohl wenig später offiziell "Marree" (in der Sprache der Aborigines "Platz des Kusu") genannt, hielt sich der alte Name noch bis ins darauffolgende Jahrhundert. So war die Bezeichnung "Marree" auch erst 1918 auf Hinweisschildern und Karten zu lesen. Durch die Streckenverlegung der Eisenbahn von Marree nach Alice Springs Anfang 1884 wuchs die Bevölkerungszahl rasch auf 600 an, und der Ort entwickelte sich zum bedeutendsten Versorgungszentrum für die entlegenen *outback*-Farmen im Norden. Afghanische Kamelkarawanen (→ Artikel "Wie die 'Wüstenschiffe' nach Down Under kamen") übernahmen die in Marree ankommenden Waren und brachten sie zu den Farmen. Dazu waren 1910 mehr als 1.500 Kamele im Einsatz. Als man 1980 die Eisenbahnstrecke stillegte und 200 km südlich eine neue Trasse als Verbindung zwischen Adelaide und Alice Springs eröffnete, verlor Marree seine Bedeutung als wichtiger Verkehrsknotenpunkt mit einem Bahnhof. Heute erinnern nur noch alte Lokomotiven und Waggons sowie eine restaurierte Moschee an alte Glanzzeiten.

Die kleine Gemeinde der Arabana-Aborigines unterhält ein Kommunikations- und Informationszentrum, das Ausstellungen über Kultur und Lebensgewohnheiten der Ureinwohner dieser Gegend zeigt. Außerdem kümmern sich die Aborigines um den Erhalt der artesischen Quellen (→ Streckenbeschreibung 4, Ooodnadatta Track). Seit 1993 versucht Marree wieder an alte Zeiten anzuknüpfen und den Ruf eines trostlosen Nestes loszuwerden. An jedem zweiten Wochenende im Juli soll von nun an der *Marree Australian Camel Cup* Besucher in den Ort locken. Bei einem Preisgeld von 9.000 $ hofft man, mit *William Creek* oder *Birdsville* konkurrieren zu können und einen ähnlichen Bekanntheitsgrad zu erlangen.

## Streckenlog

| | | |
|---|---|---|
| 0 | 517,5 | *Marree*; Abzweigung zum *Birdsville Track* (BT)<br>Die Strecke führt zunächst durch Ebenen mit spärlichem Grasbewuchs und vereinzelten Büschen. In der Ferne sind hier und da Hügel und Tafelberge zu sehen. |
| 30,0 | 487,5 | Geradeaus *BT*; Abzweigung rechts zu *Lake Harry Ruins*<br>Während der sechziger Jahre des 19. Jahrhunderts pflanzte die südaustralische Regierung an *Lake Harry* (eine trockene Salzpfanne östlich des *track*) eine Dattelpalmenplantage. Weitere Plantagen entstanden bei |

| | | |
|---|---|---|
| | | *Marree, Coward Springs* und *Oodnadatta,* doch *Lake Harry* war mit mehr als 2.000 Palmen die größte und ertragreichste. Der enorme Aufwand bei der Bewässerung, hohe Lohnkosten und geringe Ernteerfolge hatten zur Folge, daß man die Plantage 1915 aufgab. |
| 42,0 | 475,5 | Dingozaun (→ Artikel "Wie man Kaninchen und Dingo zu Leibe rückte" und → "Streckenbeschreibung 1, Tibooburra - Innamincka"). |
| 51,7 | 465,8 | *Clayton Creek* (meist ausgetrocknet) |
| 52,5 | 465,5 | Geradeaus *BT*; Abzweigung rechts zu *Clayton Homestead* |
| 82,2 | 435,3 | *Dulkaninna Creek;* 400 m weiter liegt auf der rechten Seite *Dulkaninna Homestead.* Ein artesischer Brunnen speist den kleinen Fluß. |
| 109,7 | 407,8 | *Cannuwaukaninna Creek;* 300 m weiter führt links ein Weg zu *Cannuwaukaninna Bore* (guter Platz zum Campen) |

## *Wie die "Wüstenschiffe" nach Down Under kamen*

Die Afghanen, von den Australiern "Afghans" oder "Ghans" genannt, kamen im späten 19. Jahrhundert nach Australien. 1846 führte man zunächst einige Kamele ein, um ihre Brauchbarkeit in Australien und auf einer kleinen Expedition ihre Leistungsfähigkeit zu testen. Da die Europäer keine Erfahrungen im Umgang mit den zum Teil halsstarrigen Tieren hatten, stellten sie einen erfahrenen Treiber aus dem Vorderen Orient ein, der zusammen mit seinen Kamelen nach Australien kam. Der Erfolg der Kamelexpedition war überwältigend. Landstriche, die für Pferde, Esel oder Ochsen unzugänglich waren, bewältigten die "Wüstenschiffe" problemlos. Die Fähigkeiten der Tiere, mit wenig Wasser auszukommen, schwere Lasten über lange Strecken und durch trockene Gebiete - ob sandig oder steinig - tragen zu können, machten sie für die Erforschung und Besiedlung des *outback* unabkömmlich.

Man setzte aber die Tiere nicht nur für Expeditionen ins Landesinnere ein, sondern auch für den Warenverkehr zwischen den kleinen Orten und den entlegenen Farmen im *outback*, den isolierten Goldfeldern wie Coolgardie und Kalgoorlie oder beim Bau der *Overland Telegraph Line* von Adelaide nach Darwin. Bis zum Jahr 1900 gab es in Australien bereits mehr als 6.000 Kamele und ca. 390 orientalische Treiber. Die Treiber aus Afghanistan stellten zwar die Mehrheit, doch kamen einige auch aus Rajasthan, Baluchistan, Pakistan, Ägypten, dem Iran und der Türkei. Ihnen allen gemeinsam war der moslemische Glaube und der vertraute Umgang mit Kamelen.

Mit dem Beginn des Automobilzeitalters und dem Einsatz von Zügen verloren die Kamelkarawanen mehr und mehr an Bedeutung. In Erinnerung an die vielen Karawanen, die von Adelaide aus das Landesinnere versorgten, und an die Treiber, die später die Bahnlinie nutzten, um zu ihren Siedlungen zwischen Marree und Oodnadatta zu fahren, nannte man die Bahnverbindung von Adelaide nach Alice Springs *The Ghan*.

| | | |
|---|---|---|
| | | Das Wasser aus diesem artesischen Brunnen ist so heiß, daß es erst nach 800 m Oberflächenverlauf für Rinder trinkbar ist. Westlich dieses Punkts liegt am Rand der *Tirari*-Wüste das Schutzgebiet *Lake Palankarinna Fossil Reserve*. |
| 120,9 | 396,6 | *Etadunna Homestead* rechts<br>Am Farmhaus steht ein Gedenkstein für die Lutherischen Ureinwohnermissionen. Eine davon, *Killalpanin na*, etwa 20 km nordwestlich, wurde 1867 gegründet. Extreme Trockenheit war der Grund für die baldige Aufgabe. 1873 machte *Pastor Vogelsang* einen neuerlichen Versuch. Doch auch ihn zwangen die Dürreperioden 1919 zur Aufgabe. 1929 ging das ehemalige Missionsgebiet an *Etadunna Station*. |
| 122,2 | 395,3 | Geradeaus *BT*; Abzweigung rechts ist die *Bypass-Road*<br>Diese Straße ist eine Umleitung für den Fall, daß die Hauptstrecke überflutet ist. Eine Fähre bringt tagsüber maximal zwei Wagen pro Fahrt mit Passagieren über *Cooper Creek* (Wohnwagen sind nicht erlaubt). |
| 133,5 | 384,0 | *Cooper Ferry Monument* links<br>Der restaurierte Lastkahn mit Namen "Tom Brennan" brachte Reisende, Post und Waren von 1949 bis 1956 über *Cooper Creek*. Vorbei am alten *Kopperamanna Bore* führt der Weg nun durch das teilweise 10 km breite Überflutungsgebiet *(floodplains)* des "Cooper" zu *Natteranie Sandhills*. |
| 133,8 | 383,7 | Beginn bzw. Ende der Überflutungsgebiets von *Cooper Creek* |
| 138,9 | 378,6 | Ende bzw. Beginn des Überflutungsgebiets von *Cooper Creek*<br>Ab hier flankieren Sanddünen die Piste, und der Bewuchs wird dichter. |
| 139,0 | 378,5 | Beginn bzw. Ende von *Natteranie Sandhills*<br>Diese Dünenlandschaft war besonders nach der Einführung des Postbusses 1936 für ihre Unzugänglichkeit berüchtigt. Nur mittels Eisenplatten, die man unter die Räder legte, konnte der Bus die bis zu 9 m hohen Dünen überwinden. Eine Prozedur, die manchmal Tage, mindestens aber einige Stunden dauerte. Der Postbus war sozusagen der Pionier des Autotransports auf dem *Birdsville Track*. |
| 144,3 | 372,7 | Geradeaus *BT*; Abzweigung rechts ist die Bypass-Road (→ KM 122,2) |
| 155,8 | 361,7 | Ende bzw. Beginn der *Natteranie Sandhills*<br>Der Strauchbewuchs nimmt allmählich ab. Übrig bleiben riesige Schotterpfannen, bewachsen mit kümmerlichen Grashalmen. |
| 164,1 | 353,4 | Geradeaus *BT*; Abzweigung links zu *Mulka Ruins* (1 km) |
| 176,8 | 340,7 | *Ooraniellanie Ruins* links<br>Beides sind Überreste ehemaliger *homesteads*. Sie |

*Stacheliges im "roten Zentrum": Dornenteufel und Spinifexgras*

*Strecke 1: Mulgabüsche bestimmen weite Landstriche*
*Jump up Loop Road in Sturt National Park*

*Strecke 1: Inland Mission Hospital als Ruine*
*Der Dingozaun - der längste Zaun der Welt*

*Strecke 3: Marree - ein Außenposten im Outback*
*Vögel und noch mal Vögel - auf dem Birdsville Track*

*Strecke 3: Eine Wüste aus roten Steinen - Sturt's Stony Desert*

*Strecke 5: Reifenentsorgung auf australisch*
*Stuart Highway - ein endloses Asphaltband*

*Strecke 6: Rosakakadus auf Wachposten*

Strecke 7: Rot und Grün - ein schöner Kontrast in Simpson Desert
Alte Unterkunft für Arbeiter auf Old Andado Station

| | | |
|---|---|---|
| | | stammen aus der Zeit der ersten Besiedlung am *Birdsville Track*. |
| 203,2 | 314,3 | *Derwent River* |
| 203,4 | 314,1 | Geradeaus *BT*; Abzweigung rechts zu *Mungerannie Roadhouse* (700 m). Hier gibt es Versorgungsmöglichkeiten; außerdem ist Zelten unter den Bäumen an *Derwent River* möglich. |
| 205,6 | 311,9 | Geradeaus *BT*; Abzweigung links zu *Cowarie Homestead* (48 km) und *Kalamurina Homestead* (63 km)<br>Die Australier behaupten, *Kalumarina Homestead* sei der isolierteste *caravan park* der Welt. Von hier hat man einen hervorragenden Ausblick auf *Simpson Desert* und *Warburton River.* Campen (10 $ pro Fahrzeug) ist unter Eukalypten am Fluß möglich. Am Farmhaus kann man sich auch Boote ausleihen. |
| 211,4 | 306,1 | *Mungerannie Gap.*<br>Vom höchsten Punkt der Strecke (150 m NN) führt der Weg nun ca. 3 km hinab durch *Mungerannie Gap*. |
| 239,0 | 278,5 | *Mirra Mitta Bore* rechts. Windrad und Ruinen sind die letzten Überreste eines kleinen Ladens mit Gemüsegarten an einer heißen Quelle (gute Campingmöglichkeit). Langsam verläuft die Strecke durch die endlos weiten Flächen von *Sturt's Stony Desert* (Steinwüste). |
| 285,1 | 232,4 | Geradeaus *BT*; Abzweigung links zu *Mt. Gason Bore* (2 km), benannt nach *Samuel Gason*, einem Polizisten, der lange Jahre im *outback* verbrachte. Er verfaßte ein Wörterbuch über die Sprache der Dieyere-Aborigines. |
| 297,1 | 220,4 | *Mt. Gason Wattle Project* links<br>*Mt. Gason wattles* (Acacia picardii) sind eine seltene Akazienart, die nur sehr wenig Samen produziert und sich vermutlich durch Wurzelsprossen fortpflanzt. Nur ein weiteres Verbreitungsgebiet dieses Baums ist bekannt: Es liegt im Northern Territory bei *Andado Station*, in der Nähe einer kleinen Gruppe von *waddi trees* (Acacia peuce). Diese Akazien sind die seltensten Bäume Australiens. (→ Streckenbeschreibung 7, Birdsville - Alice Springs via Old Andado) |
| 311,9 | 205,6 | Geradeaus *BT*; Abzweigung links *Santos Pedirka Basin*<br>Durch *Santos Pedirka Basin* gelangt man auf der *Rig Road* durch *Simpson Desert* nach *Dalhousie Springs* (→ Streckenbeschreibung 8, Birdsville - Alice Springs via Rig Road). |
| 321,9 | 195,6 | Geradeaus *BT (Outside Track)*; Abzweigung links zum gesperrten *Inside Track* |
| 322,9 | 194,6 | Geradeaus *BT*; Abzweigung links *zu Clifton Hill Homestead* |
| 359,5 | 158,0 | *Damparinie Creek* und Überflutungsebene |
| 385,0 | 132,5 | *Lake Surprise Sandhill* |
| 399,9 | 117,6 | *Kooncheera Sandhill*. Diese Sanddüne ist die größte im Überschwemmungsgebiet von *Diamantina River*. Am nahen Wasserloch wurde vermutlich eine große Zahl |

| | | |
|---|---|---|
| | | Aborigines umgebracht. Das Massaker war die Antwort der Siedler auf die Tötung eines Weißen - er hatte eine Ureinwohnerfrau entführt - durch Aborigines. Der steinige Untergrund weicht langsam einer Erdpiste. *Strzelecki Desert* mit ihren Sanddünen beiderseits der Strecke löst nun die Steinwüste ab. Gräser und Büsche treten wieder vermehrt auf. |
| 440,9 | 76,6 | *Moongara Channel*<br>Auf dieser dichter bewachsenen Ebene zwischen den Dünen finden sich sogar kleine Eukalypten. Nach *Moongara Channel* führt der *track* abwechselnd über kleinere, mit Büschen und Sträuchern bewachsene Sanddünen und weite Ebenen. |
| 489,3 | 28,2 | Geradeaus *BT*; Abzweigung links zu *Pandie Pandie Station* (2 km)<br>Ab hier verläuft die Strecke parallel zu *Diamantina River*, der an dieser Stelle nie ganz austrocknet. Wasserlöcher abseits der Piste laden zum Schwimmen und Fischen ein. |
| 504,4 | 13,1 | Grenze zwischen South Australia und Queensland |
| 513,7 | 3,8 | Abzweigung links nach *Birdsville* nehmen (4 km); rechts nach *Windorah* (384 km) |
| 517,5 | 0 | *Birdsville, Brooklands Store*<br>Uhren um eine halbe Stunde vorstellen. |

### *Birdsville*

Seine Berühmtheit verdankt der Ort seiner Abgeschiedenheit und *Birdsville Race*, einem Pferderennen. Jedes Jahr im September kommen Tausende von Besuchern hierher, um das dreitägige Spektakel zu erleben. Trotz dieses Rennens sind aus der Glanzzeit mit drei Hotels, drei Krämerläden *(general stores)*, zwei Hufschmieden, einer Schule und etwa 270 Einwohnern (darunter 180 Aborigines) lediglich ein Hotel, ein Laden und das Missionshospital übriggeblieben. Die Einwohnerzahl ist auf etwa hundert geschrumpft. Attraktiv ist *Birdsville* aufgrund seiner Nähe zu *Simpson Desert* besonders für Allrad-Enthusiasten, die hier in Richtung Westen zur Durchquerung der Wüste aufbrechen (→ Streckenbeschreibungen 7.1 und 7.2, Birdsville - Alice Springs via Simpson Desert). Etwa 8 km nördlich von Birdsville, an der Bedourie Road, wachsen einige Exemplare von *waddi trees* (Acacia peuce).

## *Strecke 4*
## *Marree - Oodnadatta - Marla (Oodnadatta Track)*

- **Entfernung:** 621 km; max. Entfernung ohne Tankmöglichkeit: 222 km
- **Empfohlene Reisedauer:** 2 bis 3 Tage
- **Reine Fahrzeit:** 10 Stunden

- **Empfohlene Reisezeit:** April bis Dezember (beste Zeit April bis Oktober); im Sommer extrem heiß; nach heftigen Regenfällen ist die Strecke schwer zu befahren.
- **Ab- und Rückmeldung:** nicht erforderlich
- **Ausrüstung:** Geländewagen (4-WD) mit Grundausrüstung bei Wagen und Werkzeug; bei guten Bedingungen ist die Strecke auch mit einem Pkw (auch Campmobil) zu befahren.
- **Pistenart und-zustand:** Überwiegend Erd- und Schotterpiste mit wellblechartigen Abschnitten, wenigen sandigen Stellen und zahlreichen Durchquerungen von meist trockenen *creeks*.
- **Versorgung:** Marree (Lebensmittelladen, Hotel, caravan park, Werkstatt, Tankmöglichkeit); William Creek/ 209 km (roadhouse/ Hotel); Oodnadatta/ 399 km (Lebensmittelladen, Hotel, Camping, Tankmöglichkeit); Marla/ 621 km (roadhouse, Hotel)
- **Telefonnummern:** Marree CP und Tankstelle 08/ 86 75 83 71; William Creek Hotel 08/ 86 70 78 80; Pink Roadhouse Oodnadatta 08/ 86 70 78 22; Marla Roadhouse 08/ 86 70 70 01; Road Report Hotline 08/ 89 22 32 32; Coward Springs Campground 08/ 86 75 83 36
- **Besondere Hinweise:** *Desert Park Pass* für *Lake Eyre National Park* und *Elliot Price Conservation Park* erforderlich.

Der *Oodnadatta Track* wird heute oft als Alternative zum *Stuart Highway*, der South Australia mit Northern Territory verbindet, genutzt. Er verläuft parallel zur alten Telegraphen- und Eisenbahnverbindung *Marree - Oodnadatta.* Viele Relikte aus der Blütezeit des *Ghan* haben die Strecke zu einer geschichtsträchtigen Route gemacht (→ Artikel "Wie die 'Wüstenschiffe' nach Down Under kamen"). Einige der alten Bahnstationen sind noch heute in relativ gutem Zustand oder wurden restauriert. Überreste alter Brücken und Bahnschwellen findet man überall längs der Route. Von Alice Springs in südlicher Richtung wurde ein kurzes Stück Bahnlinie wieder hergerichtet, so daß Touristen heute noch einmal das Flair des *Old Ghan*-Zugs genießen können.

Bei einer Fahrt über den Oodnadatta Track ist man gleichzeitig auf den Spuren des Entdeckers *John MacDouall Stuart*. Er wählte diese Route, um den Kontinent in Süd-Nord-Richtung zu durchqueren. Im März 1860 verließ *Stuart,* finanziert von *William Finke* und *James Chambers*, mit zwei Männern und dreizehn Pferden zum ersten Mal Adelaide in Richtung Norden. Nördlich des heutigen *Tennant Creek* kam es zu Auseinandersetzungen mit Aborigines, und die Männer kehrten nach Adelaide zurück. Bereits 1861 wagte Stuart einen zweiten Versuch, der ebenfalls mißlang. Diesmal erreichte die Gruppe *Newcastle Water*, 250 km nördlich von Tennant Creek. Da sie kein Trinkwasser fanden, mußten sie erneut umkehren. Der dritte Versuch war schließlich von Erfolg gekrönt. Am 24. Juli 1862 stand Stuart in der Nähe des heutigen *Darwin* am Strand. Bei seiner Rückkehr nach Adelaide hatte er während der drei Versuche, Australien zu durchqueren, insgesamt 16.000 km zurückgelegt. Aufgrund dieser erfolgreichen Expedition, die er in Karten und Aufzeichnungen dokumentiert hatte, plante die australische Regierung 1870 eine Telegraphenverbindung von *Port Augusta* zum damaligen *Port Darwin.* Nur ein Jahr später war die Verbindung fertiggestellt und wurde im Dezember des gleichen Jahres in Betrieb genommen.

Während des Baus legte man gleichzeitig längs der Telegraphenverbindung einen einigermaßen erkennbaren Weg sowie Wasserversorgungsstellen an. Jeder, der auf dieser Strecke in Schwierigkeiten geriet, brauchte nur einen Telegraphenmast hinaufzuklettern und ein Kabel zu unterbrechen; dann konnte er sicher sein, daß ihn eine Reparaturmannschaft fand.

Schließlich begann *Central Australian Railway* mit dem Bau einer Bahnverbindung. Sie sollte von Adelaide über das gerade entstehende *Marree, Oodnadatta* und *Alice Springs* bis *Darwin* führen. 1884 erreichten die Bahnschwellen Marree, das sich daraufhin zu einem bedeutenden Knotenpunkt entwickelte. Die Bevölkerungszahl stieg rasch an, und Marree wuchs zu einem Versorgungszentrum für die entlegenen Farmen im Norden (→ Streckenbeschreibung 3, Birdsville Track). Kamele brachten die per Bahn angelieferten Waren und Güter zu ihren weiteren Bestimmungsorten. Am 1. Januar 1890 erreichte die Bahn Oodnadatta, und im August 1929 Alice Springs. Die vielen afghanischen Kamelkarawanen, die die Bahnlinie nutzten, um zu ihren Siedlungen zwischen Marree und Oodnadatta zu fahren, brachten der Bahnverbindung schließlich ihren noch heute bekannten Namen ein: *The Ghan* (→ Artikel "Wie die 'Wüstenschiffe' nach Down Under kamen"). Was zunächst so vielversprechend begann, entwickelte sich jedoch zu einem kostspieligen Unterfangen. Überflutungen, sogenannte *flash floods*, verursachten immer wieder große Schäden an der Bahntrasse. Brückenpfosten konnten den Wassermassen zumeist nicht standhalten und stürzten regelmäßig ein. So ging man dazu über, die Bahnschwellen direkt durch die Flußbetten zu verlegen. Natürlich wurden auch sie jedes Jahr weggespült, doch es war wesentlich kostengünstiger, diese neu zu verlegen, als neue Brücken zu bauen. 1980 wurde die Strecke schließlich stillgelegt und 200 km weiter westlich eine neue Verbindung zwischen *Adelaide* und *Alice Springs* eröffnet. Damit verlor Marree auch seine Bedeutung als Versorgungsstation.

## *Marree*

(→ Streckenbeschreibung 3, Birdsville Track)

## *Streckenlog*

| | | |
|---|---|---|
| 0 | 621,0 | *Marree*, Hotel/ Pub |
| 3,1 | 617,9 | Geradeaus *Oodnadatta Track* (OT); Abzweigung rechts zu *Muloorina Station* (54 km)<br>Diese Rinder- und Schaffarm besteht seit mehr als 110 Jahren. Zunächst züchtete man zwanzig Jahre lang Schafe, bevor die australische Regierung das Gebiet erwarb, um dort Kamelzucht zu betreiben. Als in den dreißiger Jahren die Nachfrage nach Kamelen zurückging, kaufte *Elliot Price* die Farm. Wegen der Nähe zu *Lake Eyre* richtete er dort einen Platz zum Campen ein. Der See faszinierte die Menschen seit jeher besonders in den Jahren, in denen er sich füllte. So war es nicht verwunderlich, daß in den Flutjahren 1950, 1974 und |

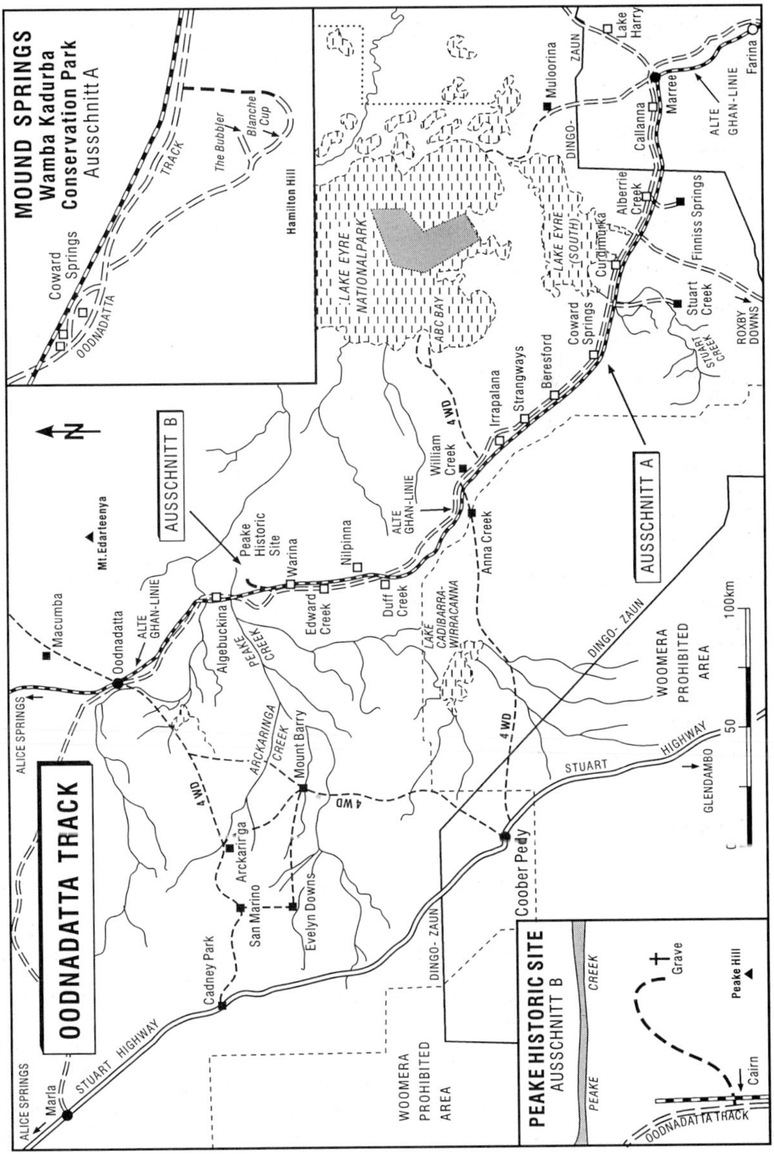
OODNADATTA TRACK
MOUND SPRINGS
Wamba Kadurba
Conservation Park
Ausschnitt A
Coward Springs
OODNADATTA
TRACK
The Bubbler
Blanche Cup
Hamilton Hill
AUSSCHNITT B
AUSSCHNITT A
PEAKE HISTORIC SITE
AUSSCHNITT B
PEAKE
CREEK
Grave
Peake Hill
Cairn
OODNADATTA TRACK
ALICE SPRINGS
Marla
STUART HIGHWAY
Cadney Park
San Marino
Evelyn Downs
Arckaringa
Mount Barry
ARCKARINGA CREEK
4 WD
Oodnadatta
ALTE GHAN-LINIE
Macumba
Algebuckina
PEAKE CREEK
Mt.Edarteenya
Peake Historic Site
Warina
Edward Creek
Nilpinna
Duff Creek
LAKE CADIBARRA-WIRRACANNA
Anna Creek
William Creek
Irrapalana
Strangways
Beresford
Coward Springs
Curdimurka
Alberrie Creek
Callanna
Marree
Farina
Lake Harry
Muloorina
DINGO-ZAUN
LAKE EYRE NATIONALPARK
ABC BAY
LAKE EYRE (SOUTH)
Finniss Springs
Stuart Creek
STUART CREEK
ROXBY DOWNS
WOOMERA PROHIBITED AREA
Coober Pedy
GLENDAMBO
0
50
100km

**Lake Eyre - Australiens größter See**

*Edward John Eyre* entdeckte den See bereits 1840. Doch erst in den zwanziger Jahren wurde der Salzsee wissenschaftlich untersucht. *Dr. C.T. Madigan* kam schließlich zu dem Schluß, daß wenig bis gar kein Wasser den See erreicht und er folglich niemals Wasser führen würde. Kurz nach seinem Tod wurden die Einwanderer eines Besseren belehrt. Die heftigen Regenfälle in Queensland ließen um die Jahre 1949 und 1950 *Diamantina River* und *Cooper River* über die Ufer treten und den gesamten See füllen. Zum ersten Mal in der Geschichte Australiens sahen Europäer dieses seltene Phänomen, das nur alle paar Jahre auftritt. Es stellte sich heraus, daß der Wassereinzugsbereich von *Lake Eyre* etwa ein Sechstel (1.300.000 km²) von ganz Australien umfaßt. 1974 kam es zu einer Jahrhundertflut, die den See beträchtlich ansteigen ließ. Die Überschwemmungsgebiete von *Diamantina-, Georgina-* und *Cooper River* erreichten Ausdehnungen von 1.000 km², bevor sie sich in einem riesigen Drainagebecken vereinigten und *Lake Eyre* erreichten. Plötzlich wimmelte es von Leben: Frösche quakten, Fische schnellten aus dem Wasser, und große Kolonien von Pelikanen und anderen Wasservögeln stellten sich ein. Die Lebenszyklen der Tiere sind aber nur kurz, denn so schnell wie sich der See füllt, so schnell trocknet er auch wieder aus. Dann heißt es warten auf die nächste Flut. Vermutungen gehen dahin, daß der See vor 50.000 bis 20.000 Jahren, als das Klima noch wesentlich feuchter war, ständig Wasser führte und in der Nähe von Port Augusta ins Meer mündete. Durch die Klimaänderung vor etwa 15.000 Jahren trocknete der See langsam aus. Der Wind trug den Sand des Seebodens ab, und es bildeten sich die Sanddünen von *Simpson-, Tirari-* und *Strzelecki Desert.* Auch viele Mythen der Ureinwohner ranken sich um den See. Nach einer von ihnen entstand er, als ein Junge hier das Fell eines erlegten Känguruhs ausbreitete. Die meisten Geschichten sind allerdings nur den Aborigines bekannt. Sie glauben, daß das Erzählen der Mythen an Nichteingeweihte Gefahr für das Land bringe.

1984 Hunderte von Menschen herbeiströmten. Damit *Lake Eyre* in seiner Ursprünglichkeit erhalten bliebe, schenkte Price der südaustralischen Regierung *Hunt Peninsula* im Norden des Sees. Sie wurde zu *Elliot Price Conservation Park*, sowie der Rest des nördlichen Sees zum Nationalpark. Noch heute führen Nachkommen von Price *Muloorina Station*.

14,0 607,0 *Callanna Siding* links

"Siding" bedeutet soviel wie Rangier-, Abstell- oder Nebengleis und ist gleichbedeutend mit den kleinen Siedlungen, die neben den Schienen entstanden. An solchen Stationen, die meist im Abstand von 30 bis 40 km lagen, tankten die Dampfloks Wasser auf. Daß die Lokomotiven schon 14 km nach Marree ihren ersten Stopp einlegten, verdankte Callanna dem Regenwasser aus *Callanna Creek*, denn es bildete bei der Dampferzeugung keinen Kesselstein.

| | | |
|---|---|---|
| 18,2 | 602,8 | *Callanna Creek* |
| 35,5 | 585,5 | *Wangianna Siding* links |
| 41,5 | 579,5 | Dingozaun *(dog fence)* |
| | | Die Farmer, und mit ihnen Tausende von Schafen, folgten den ersten Eroberern des *outback* sehr schnell. Riesige Farmen entstanden, und Herden mit mehr als 3.000 Schafen waren keine Seltenheit. Bewacht wurden sie von Schafhirten, die darauf achteten, daß keine Tiere zu Nachbarfarmen überliefen. Für die Nacht trieb man sie in hölzernen Umzäunungen zusammen. Das reduzierte die Verluste durch Dingos auf ein Minimum. Später zäunte man riesige Farmgebiete ein und ließ die Schafe nachts auf ihren Weidegründen. Eine Bewachung durch Schäfer war dadurch überflüssig. Die Verluste durch Dingos allerdings erreichten alarmierende Zahlen, so daß bis 1950 der Dingozaun entstanden war (→ Artikel "Wie man Kaninchen und Dingo zu Leibe rückte"). |
| 53,0 | 568,0 | Geradeaus *OT*; Abzweigung links zu *Finniss Springs Homestead* (15 km) |
| 68,9 | 552,1 | *Bopeechee Bore* links |
| | | Das Bohrloch mit täglich etwa 33 Millionen Litern Förderleistung versorgt die Minengesellschaften bei *Roxby Downs* mit Wasser. |
| 69,4 | 551,6 | Geradeaus *OT*; Abzweigung links zu *Roxby Downs* (128 km), *Andamooka* (158 km), *Woomera* (235 km) |
| 74,6 | 546,4 | *Gregory Creek* (Brücke) |
| | | Das Flußbett ist hier an der Brücke exakt auf Meereshöhe. Bevor *Gregory Creek* in den südlichen *Lake Eyre* mündet, fällt er um 13 m ab. (Der nördliche Abschnitt des Sees liegt 16 m unter dem Meeresspiegel). |
| 84,0 | 537,0 | *Lake Eyre South* rechts |
| | | *Lake Eyre* besteht aus zwei Seen, die durch den rund 13 km langen *Goyder Channel* miteinander verbunden sind. Zusammen bedecken sie eine Fläche von 9.300 km$^2$ (→ Artikel "Lake Eyre - Australiens größter See"). |
| 84,9 | 536,1 | Weggabelung: rechts *OT* nach *William Creek;* links zu *Stuart Creek Homestead* (36 km) |
| 101,2 | 519,8 | Ruinen von *Curdimurka Siding* rechts |
| | | Der Name "Curdimurka" kommt aus der Sprache der Aborigines und bezieht sich auf Monsterwesen, die in dieser Gegend ihr Unwesen treiben sollen. Als 1886 der *Ghan* diesen Punkt erreichte, baute man erste Häuser und eine Pumpstation an *Stuart Creek* und leitete das Wasser zum Wassertank. Eine Flut spülte die Pumpstation weg, und 1909 wurden Wassertank und Pipeline entfernt. Im Zweiten Weltkrieg legte man einen Brunnen an, richtete einen neuen Wassertank und - da der hohe Salzgehalt des Wassers zur Korrosion in den Dampfkesseln der Lokomotiven führte - |

### *Wasser aus der Tiefe - artesische Quellen*

Dort, wo widerständige, wasserundurchlässige Gesteinsschichten über wasserspeichernden Schichten liegen, tritt Grundwasser aufgrund von Druck durch Risse oder Spalten im Gestein zutage - ein artesischer Brunnen ist entstanden.

Die Kegelform der *mound springs* ist durch abgestorbene Pflanzenteile enstanden, die im Laufe der Zeit Schicht um Schicht gebildet haben. Wie ein Ringwall umgeben sie die Quelle. Wegen ihrer Form hielt man sie früher für kleine Vulkankegel. Artesiche Quellen erstrecken sich in einem Bogen von *Lake Callabonna* bis nördlich von *Oodnadatta*. Die größte Quelle ist *Dalhousie Springs* in *Witjira National Park*, 70 km nördlich von Oodnadatta (→ Streckenbeschreibungen 7 und 8, Birdsville - Alice Springs via Simpson Desert). Die Eingeborenen nutzten die Quellen als natürliches Wasserreservoir. Eine der Quellen, *The Bubbler*, entstand der Legende nach durch den Todeskampf einer Schlange, die von den Ahnen der Aborigines hier erlegt wurde. *Blanche Cup*, eine weitere Quelle, war die Feuerstelle über der die Schlange gekocht wurde.

Viele andere artesischen Quellen wurden von europäischen Forschern entdeckt und als sichere Wasserstellen auf ihren Expeditionen durchs Zentrum angesteuert. Auch *Stuart* erkannte ihre immense Bedeutung. So ist es nicht verwunderlich, daß Telegraphenverbindung und Bahnlinie ihnen folgen und Bahnstationen meistens in ihrer Nähe liegen. Die frühen Entdecker schilderten das Land und die offenbar sichergestellte Wasserversorgung in solcher Übertreibung, daß sich Dutzende aufmachten, eine Farm zu gründen. Für viele endete der Neuanfang in einem Desaster. Sie überschätzten sich, die vorhandenen Wasserreserven und vor allem den Ertrag des Landes: Sie trieben vier- bis fünfmal soviele Rinder auf das Land, wie es eigentlich ernähren konnte. Überweidung war die Folge. Dazu kamen vielfach Dürreperioden, und die Rinder starben zu Tausenden. Das bedeutete für die meisten den Ruin, und nur wenige Farmer erholten sich nach den Pleiten der ersten Jahre.

| | | |
|---|---|---|
| | | einen "Wasserentsalzer" ein. Mit der Stillegung der Strecke verfielen die Gebäude. Heute sind drei Hütten, ein paar Unterstände und der Wassertank restauriert. |
| 105,9 | 515,1 | *Stuart Creek* (Brücke). Diese Brücke ist die zweitlängste auf der Linie des alten *Ghan*. Sie mißt 433 m und besteht aus 57 Bögen. |
| 106,7 | 514,3 | Geradeaus *OT*; Abzweigung links zu *Stuart Creek Homestead* (25 km) |
| 132,9 | 488,1 | Geradeaus *OT*; Abzweigung links zu artesischen Quellen *(mound springs)* und *Hamilton Hill* (3 km) in Wamba Kadurba Conservation Area<br>Der Polizeibeauftragte *Major Peter Warburton* entdeckte 1858 diese grünbewachsenen Hügel *(mound springs)* inmitten der großen Salzpfanne. Auch heute noch wird jeder, der diese Hügel erklimmt und vor kristallklarem Wasser steht, genauso verwundert sein. |

Läßt man den Blick über die wüstenähnliche Landschaft schweifen, ist es schwer vorstellbar, daß man tatsächlich auf dem größten artesischen Wasserbekken der Welt steht.
Heute ist der Wasserspiegel vieler artesischer Quellen gesunken, verursacht durch unkontrollierte Bohrungen und Brunnenschächte, die damals das Wasser aus dem artesischen Becken zutage förderten (→ Artikel "Wasser aus der Tiefe - artesische Quellen").

134,9 486,1 Ruinen von *Coward Springs* rechts
Ein guter Platz zum Campen (Coward Springs Camp Ground mit Duschen und Toiletten; 10 $ pro Fahrzeug kassiert der Wärter oder werden in die Box geworfen).

146,2 474,8 *Kewson Hill* rechts

159,5 461,5 *Beresford Siding* rechts
Der kleine Teich, der die Wasserversorgung der Lokomotiven sicherstellte, ist ein Paradies für Vögel. Große Kakaduschwärme sitzen in den Bäumen am Ufer.

170,0 451,0 *Strangeways Siding* rechts
1858 entdeckte *Warburton* auch hier einige Quellen. Das Land um sie herum nutzte man bis in die sechziger Jahre des vorigen Jahrhunderts als Schaffarm. Die Überreste von Wohnhaus, Scherschuppen, Wassertank, Friedhof und Teile von Umzäunungen sind noch

Mound Springs - einzigartige Biotope in der Wüste

| | | |
|---|---|---|
| | | heute zu sehen (links vom *track*). 1870 wurde hier eine Telegraphenstation errichtet, die bis 1896 in Betrieb war. Dann legte man die Verbindung an die Bahnlinie, und das Telegraphenbüro in *William Creek* übernahm die Aufgaben von Strangeways. Nördlich von Strangeways verläuft seit 1988 der *Oodnadatta Track*, am alten Bahndamm entlang, um eine etwas kritische Flußüberquerung zu umgehen. |
| 172,7 | 448,3 | *Warrina Creek* |
| 185,1 | 435,9 | *Irrapatana Siding* links |
| 201,5 | 419,5 | Geradeaus *OT*; Abzweigung rechts zu *Lake Eyre* (57 km) und *ABC Bay* (67 km)<br>Je näher man *Lake Eyre* kommt, desto mehr ändert sich die Landschaft. Wenn die Vermutungen der Wissenschaftler stimmen, führt die Fahrt auf einem Jahrtausende alten Seeboden bis zu den jetzigen Ufern von *Lake Eyre*. Über den Zustand der nur mit Allradantrieb zu befahrenden Strecke erkundigt man sich am besten in *William Creek*. |
| 209,0 | 412,0 | *William Creek,* Hotel/ Pub (→ Artikel "William Creek - der kleinste Ort Südaustraliens") |
| 209,1 | 411,9 | Geradeaus *OT* (Oodnadatta 203 km); Abzweigung links zu *Anna Creek Homestead* (17 km) und nach *Coober Pedy* (167 km)<br>*Anna Creek* ist mit mehr als 20.000 Rindern und etwa 500 Pferden nicht nur die größte Rinderfarm von South Australia, sondern auch die größte der Welt! Sie besteht aus den drei gepachteten Gebieten von *Anna Creek-, Stuart Creek-* und *The Peake Station.* Der gesamte Landbesitz der Familie *Kidman* beläuft sich auf rund 117.706 km² - ein Gebiet, das größer als Nordrhein-Westfalen und Bayern zusammen ist, ja in etwa der Größe Großbritanniens entspricht.<br>Hier kann man den *Oodnadatta Track* verlassen und zur 167 km entfernten Opalstadt *Coober Pedy* Richtung Westen abbiegen (→ Streckenbeschreibung 5, Stuart Highway). Die wenig befahrene Piste ist sandig, verläuft hier und da parallel zu kleineren Sanddünen und führt an einem See vorbei mit dem fast unaussprechlichen Namen "Lake Cadibarrawirracanna". |
| 243,6 | 377,4 | *Mt. Anna* rechts |
| 278,0 | 343,0 | Geradeaus *OT*; *Duff Creek Siding* links; Abzweigung rechts zu *Nilpinna Homestead* (7 km) |
| 278,1 | 342,9 | *Duff Creek* |
| 284,1 | 336,9 | Geradeaus *OT*; die Abzweigung rechts zu *Nilpinna Homestead* (6 km) |
| 296,8 | 324,2 | *Edward Creek* |
| 301,7 | 319,3 | Geradeaus *OT*; die Abzweigung rechts zu *Peake Homestead* |
| 310,6 | 310,4 | Geradeaus *OT*; die Abzweigung rechts zu *Peake Homestead* |

### *William Creek - der kleinste Ort Südaustraliens*

Das *outback* als ein Landstrich voller Extreme - diese Meinung findet hier Bestätigung: *William Creek*, die kleinste Ortschaft von South Australia - schenkt man den Hinweisschildern Glauben, leben hier nur zwei Menschen, tatsächlich sind es nur unwesentlich mehr (10) - liegt auf dem Gebiet von *Anna Creek Station*. Mit 30.114 km² aber ist sie halb so groß wie Tasmanien und Südaustraliens größte Rinderfarm. Selbst in der Blütezeit des *Ghan* bestand die Haltestelle hier nur aus ein paar Hütten, einer kleinen Schule und einem Hotel - heute findet der Besucher noch weniger an Gebäuden vor. Doch wer schon vorbeikommt, hält kurz an, um sich im *William Creek Hotel* (1887) ein gekühltes Getränk zu genehmigen. Interessant sind vor allem die Bilder an den Wänden, die William Creek "Land unter" zeigen. Jeder kann hier ein Andenken hinterlassen, z. B. ein Foto von sich oder eine Visitenkarte. Die Wände sind damit gepflastert. Wer dem *Royal Flying Doctor Service* spenden möchte, kann das hier tun, indem er Geld in den BH steckt, der von der Decke hängt.

Einmal im Jahr verwandelt sich der verschlafene Ort in einen "Hexenkessel". *Gymkhana* heißt das magische Wort. Ein zweitägiges Fest am Wochenende vor Ostern mit Pferderennen, Kamelrennen, Wahl der *Miss Gymkhana* und vielem mehr, zu dem die Familien der umliegenden Farmen herbeiströmen. Der Erlös kommt den "Fliegenden Ärzten" zugute.

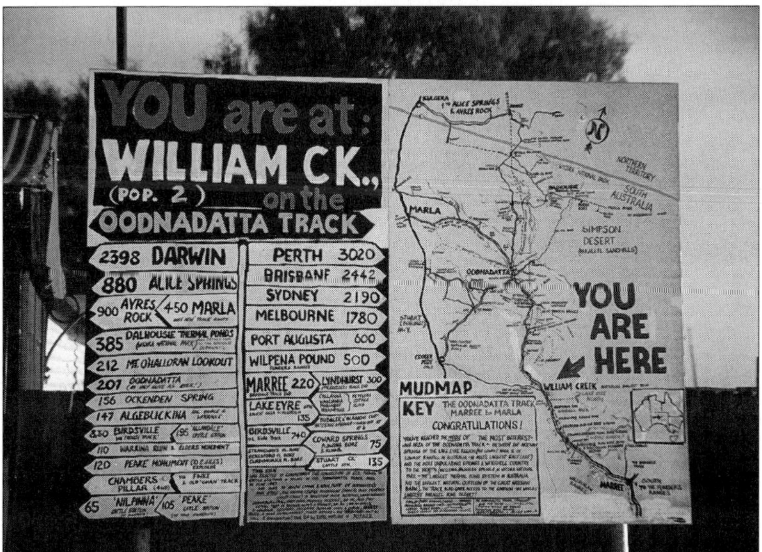


Hinweisschild im kleinsten Ort South Australias

**Gestern "Afghan Town", heute Etappenort für Outback-Fahrer**

Ein ähnliches Schicksal wie *Marree* ereilte auch *Oodnadatta*, das als Versorgungsstation während des Baus der Telegraphenverbindung errichtet wurde. 1890 entdeckte man beim Bau der Telegraphenverbindung hier in 430 m Tiefe artesische Becken. Da die Quelle mit etwa 1,2 Millionen Liter pro Tag genug Wasser für Menschen und Maschinen lieferte, war dies ein idealer Platz für ein Versorgungslager. *Oodnadatta* - abgeleitet vom Wort der Ureinwohner für Mulgablüten *(Utnadata)* - entwickelte sich schnell zum nördlichsten Versorgungspunkt. Nordwestlich des Ortes errichteten die afghanischen Kameltreiber ihre Siedlung. Nicht selten bevölkerten über 400 Kamele die sogenannte *Afghan Town*. Die Stillegung des *Ghan* schien auch für Oodnadatta das Ende zu sein. Doch die "4-WD-Ghan-Reisenden" auf dem Oodnadatta Track halfen der Stadt zu überleben und gaben ihr eine neue Bestimmung: den Tourismus. Man erkannte, daß die Vergangenheit von Oodnadatta gleichzeitig auch die Zukunft des Ortes bedeuten könnte. Die alte Bahnstation wurde restauriert und beherbergt heute ein Museum samt Touristeninformation. Dabei ist Oodnadatta einer der wenigen Orte in Zentralaustralien, der sich seinen *outback*-Charme bis in die heutige Zeit erhalten hat. Im Mai findet der *Oodnadatta Cup* statt, wo man seiner Wettleidenschaft fröhnen kann.

| | | |
|---|---|---|
| 311,5 | 309,5 | *Warrina Siding* rechts |
| 315,6 | 305,4 | Geradeaus *OT*; Abzweigung rechts zu *Peake Historic Site* (7,5 km)<br>Während des Baus der Telegraphenverbindung nutzte man *Peake* zunächst als Depot und später als Übertragungsstation. 1891 verlegte man die Station nach Oodnadatta. |
| 324,3 | 296,7 | *Peake Creek* |
| 347,2 | 273,8 | *Algebuckina Siding* und *Algebuckina Hill* links |
| 347,5 | 273,5 | *Neales River* (Brücke). Über diesen Fluß spannt sich die mit 578 m längste Brücke der alten Bahnverbindung: *Algebuckina Bridge*. Gerüchten zufolge sollte die Brücke ursprünglich den Murray überspannen, doch da man Fehler in der Konstruktion gemacht hatte, soll sie hier ins *outback* gebracht worden sein. |
| 353,5 | 267,5 | *Mount Dutton Siding* rechts |
| 354,5 | 266,5 | *Mt. Dutton* links |
| 361,7 | 259,3 | *Ockenden Creek* |
| 380,5 | 240,5 | Geradeaus *OT*; Abzweigung rechts zu *Allendale Homestead* (10 km) |
| 393,6 | 227,4 | T-Kreuzung: rechts nach *Oodnadatta* (6 km) fahren; links nach *Coober Pedy* (195 km) |
| 399,3 | 221,7 | *Oodnadatta*, Hotel/ Pub (→ Artikel "Gestern 'Afghan Town', heute Etappenort für Outback-Fahrer")<br>Etwa 17 km nördlich von Oodnadatta gabelt sich die Strecke. Der *Oodnadatta Track* führt weiter in westlicher Richtung nach *Marla* am *Stuart Highway*. Wer zu |

| | | |
|---|---|---|
| | | den *Dalhousie Springs* möchte, fährt weiter in Richtung Norden. Von dort sind es noch ca. 520 km über *Old Andado* oder *Finke Community* bis *Alice Springs* (→ Streckenbeschreibungen 7.1 und 7.2, Birdsville - Alice Springs via Simpson Desert). |
| 416,2 | 204,8 | Weggabelung: links *OT*; rechts zu *Hamilton Homestead* (90 km); *Dalhousie Springs* (163 km) und *Finke Community* (268 km) |
| 475,8 | 145,2 | Geradeaus *OT*; Abzweigung rechts zu *Todmorden Homestead* (14 km) |
| 485,5 | 135,5 | Geradeaus *OT*; Abzweigung rechts zu *Todmorden Homestead* (9 km) |
| 518,1 | 102,9 | Weggabelung: links *OT*; rechts zu *Lambina Homestead* (56 km) und nach *Granite Downs Community* (109 km) |
| 568,2 | 52,8 | Geradeaus *OT*; Abzweigung links zu *Wellbourn Hill Homestead* (2,5 km) und *Hawks Nest Well* (23,5 km) |
| 573,0 | 48,0 | Geradeaus *OT*; Abzweigung links zu *Wellbourn Hill Homestead* (3 km) und *Hawks Nest Well* (24 km) |
| 617,1 | 3,9 | T-Kreuzung: rechts *Stuart Highway* in Richtung *Marla* nehmen (4 km); links ist der *Stuart Highway* nach *Coober Pedy* (240 km) |
| 621,0 | 0 | *Marla*; Tankstelle<br>"Marla" kommt aus der Sprache der Ureinwohner und bedeutet "Känguruh" *(marlu).* Es ist eine neue Ortschaft, die *Greg Oakley* und seine Eltern 1982 gegründet haben. Sie waren der Meinung, daß hier, auf halbem Weg zwischen Adelaide und Alice Springs, eine gute Stelle sei, um einen Versorgungspunkt für Reisende auf dem Stuart Highway einzurichten. Wie sich herausstellte, eine gute Wahl. Heute gibt es in *Marla* jeglichen Service; eine besonders empfehlenswerte Erfrischung nach einer anstrengenden Fahretappe bietet der Campingplatz mit Swimming-pool und klimatisiertem Pub. Von Marla sind noch knapp 410 km auf dem geteerten Stuart Highway zu bewältigen, bis schließlich Alice Springs im "roten Zentrum" erreicht ist. |

# *Strecke 5*
## *Port Augusta - Katherine (Stuart Highway)*

- **Entfernung:** 2.394 km
- **Empfohlene Reisedauer:** 5 bis 6 Tage
- **Reine Fahrzeit:** 25 Stunden
- **Empfohlene Reisezeit:** das ganze Jahr Über (beste Zeit April bis Oktober)
- **Ab- und Rückmeldung:** nicht erforderlich

- **Ausrüstung:** keine besondere Ausrüstung erforderlich
- **Pistenart und -zustand:** geteerte Straße
- **Versorgung:** (aufgeführt sind nur die Hauptversorgungspunkte) Port Augusta (kompletter Service); Glendambo/ 941 km (Lebensmittelladen, Hotel, Camping, Tankmöglichkeit); Coober Pedy/ 687 km (kompletter Service); Cadney Homestead/ 534 km (roadhouse); Marla/ 451 km (roadhouse); Kulgera/ 274 km (Lebensmittelladen, Hotel, Camping, Tankmöglichkeit); Erldunda/ 200 km (roadhouse); Alice Springs (kompletter Service); Ti Tree/ 975 km (roadhouse); Tennant Creek/ 664 km (Lebensmittelladen, Hotel, caravan park, Tankmöglichkeit); Highway Inn/ 270 km (roadhouse/ Pub); Katherine (kompletter Service)
- **Telefonnummern:** Port Augusta Touristeninformation (Wadlata Outback Centre) 08/ 86 42 45 11; Coober Pedy Touristeninformation 08/ 86 72 52 98; Alice Springs Touristeninformation 08/ 89 52 58 00; Katherine Touristeninformation 08/ 89 72 26 50
- **Besondere Hinweise:** keine

Auf dem *Stuart Highway*, der nach *John MacDouall Stuart* benannt ist und in etwa seiner Expeditionsroute folgt (→ "Land und Leute", hier "Die Erforschung Australiens"), fährt man durch eine der vermutlich ältesten Landschaften dieser Erde und passiert Überreste einst wohl gigantischer Gebirgsketten. Wasserstellen, bizarre Felsenformationen, aber auch einzelne Bäume und Hügel sind heilige Stätten der Ureinwohner - für Touristen allerdings nur als markante Punkte in der Landschaft zu erkennen.

Während Stuart sich noch zu Pferd durch das heiße Inneraustralien quälen mußte, können *outback*-Fahrer heute im bequemen Wagen fahren. Noch vor einigen Jahren war der Highway eine zermürbende wellblechartige Piste und hatte den Ruf der längsten und härtesten Strecke Australiens. Dem Zweiten Weltkrieg verdankt der Abschnitt von *Alice Springs* bis *Darwin* seinen Asphaltbelag, denn die Strecke wurde ausgebaut, um bei einer japanischen Invasion die Menschen an der Küste so schnell wie möglich evakuieren zu können und ebenso schnell Kriegsgerätschaften in Richtung Norden zu bringen. Erst seit März 1987 ist der Stuart Highway durchgehend zweispurig asphaltiert.

Die Landschaft auf dem südlichen Streckenabschnitt mit glitzernden Salzseen, weitem, lichtem Waldland und endlosen Ebenen gehört zu den schönsten im *outback*. Die flirrende Hitze und Windhosen, sogenannte *willie willies*, verleihen ihr ein fast surreales Aussehen. Nördlich von *Erldunda*, einer ehemaligen Schaffarm, treten rote, mit Wüstenkasuarinen bewachsene Sanddünen - letzte Ausläufer von *Simpson Desert* - auf. Wenn *Finke River* überquert ist, erhebt sich *MacDonnell Range* am Horizont. Vorbei an den *Henbury*-Meteoritenkratern und der *Virginia Camel Farm* gibt eine Kluft im Gebirge *(The Gap)* den Weg nach Alice Springs frei (→ Streckenbeschreibung 8 und 9, Westlich und östlich von Alice Springs). Von dort bis *Barrow Creek* geht es nun an dichtem Mulgabewuchs vorbei über weite Ebenen. Nördlich von *Barrow Creek* streift der Stuart Highway die westlichen Ausläufer von *Tanami Desert*, die mit Spinifex bewachsen sind. Bis *Wycliff Well* dominieren unzählige Termitenhügel die Landschaft. *Devils Marbles* - riesige, murmelähnliche Granitkugeln - in *Devonport Range* gehören zu den besonderen Attraktionen auf der Strecke. Nach dem Versorgungspunkt *Tennant Creek* und der Tanami-Wüste wird das Klima zunehmend tropischer. Obwohl sich die Landschaft zunächst kaum verändert, gehen hier zwei Ökosysteme ineinander über: im Osten *Barkly Tableland* und im Westen *Tanami Desert* und *Lake Woods*. Von *Dunmarra* nach *Katherine* nimmt der wüstenähnliche Charakter der Landschaft allmählich ab, und Eukalypten wie *woollybutts* oder *stringybarks* treten stärker in den Vordergrund.

## Port Augusta

Dieser Ort, auch "Gateway to the Outback" (Tor zum outback) genannt, ist Ausgangspunkt für diese Route. Hier ist der Knotenpunkt der Fernstraßen aus *Adelaide, Alice Springs* und *Perth. Matthew Flinders* ging 1802 südlich der heutigen Stadt am Spencer-Golf an Land. 1841 kam *John Eyre* auf dem Landweg erstmals in diese Region. Doch die Besiedlung begann erst elf Jahre später, als das Gebiet für Farmen erschlossen wurde. Schließlich entstand die kleine Stadt 1852 als Verladehafen für die neuen Farmgebiete am Golf. Bereits zwei Jahre später verschiffte man von hier die erste Wolladung. Nachdem man 1859 Kupfervorkommen nahe *Blinman* entdeckt hatte, wurde *Port Augusta* schnell zu einem wichtigen Exporthafen. 1862 versorgte das "Liverpool des Südens", wie der Ort schon damals hieß, über 6.000 Farmer und Bergbauarbeiter. Heute wohnen in Port Augusta mehr als 16.000 Menschen, die hauptsächlich von Schafzucht, Wollindustrie und Fischfang leben, und deren Zukunft durch Eisenerzvorkommen bei *Whyalla* und durch Kohle bei *Leigh Creek* gesichert ist. Der Ort bietet mit dem *Wadlata Outback Centre* (41 Flinders Terrace) einen guten Einblick in das Leben der Aborigines in dieser Region.

## Streckenlog

| | | |
|---|---|---|
| 0 | 2394,0 | *Port Augusta*<br>Nördlich von Port Augusta liegen *North-* und *South Tent Hill*, zwei zeltförmige Berge, die vermutlich vor mehr als hundert Millionen Jahren entstanden sind. Heute heißt die Ebene, die beide Berge umgibt und sich bis zum Spencer-Golf erstreckt, *Arcoona Plateau*; sie hat kilometerlange Abbruchkanten. Nach etwa 50 km erscheint am östlichen Horizont *Uro Bluff*, eine markante, schroffe Erhebung in den ansonsten eher sanften Hügeln. In den Legenden der Aborigines ist dies einer der Orte, an denen die Ahnen von *quolls* (possumähnlichen Raubbeutlern) hausten. Nach knapp 100 km befindet man sich auf *Arcoona Plateau*, dessen lehmige Oberfläche mit kleinen Steinen *(pebbles)* bedeckt ist. Auffallend ist der spärliche Baumbewuchs. Dafür gibt es eine einfache Erklärung: Während heftiger Regengüsse saugt sich der Lehm mit Wasser voll. Die sengende Sonne backt regelrecht den Lehm, so daß er Risse bekommt und aufbricht. Damit reißen auch die Wurzeln der Bäume auseinander, so daß nur eine dünne Vegetationsdecke entstehen kann. |

| | | |
|---|---|---|
| 172,0 | 2222,0 | *Pimba*; geradeaus *Stuart Highway* (STH); Abzweigung rechts nach *Woomera* (7 km)<br>"Woomera", an der südöstlichen Grenze von *Woomera Prohibited Area*, bedeutet in der Sprache der Ureinwohner "fliegender Speer". Dieses Gebiet wurde 1947 in Zusammenarbeit mit Großbritannien als Sperrzone ausgewiesen. In dem Gebiet, das von *Lake Torrens* im Südosten bis *Maralinga* im Südwesten (600 km) reicht und sich nördlich bis auf 250 km der Grenze zu Northern Territory nähert, testeten *E.L.D.O.* (Europa Launcher Development Organisation) und *NASA* zwischen 1960 und 1972 Geschosse und Raketen aller Art. Die Experimente wurden größtenteils in *Great Victoria Desert* durchgeführt. Daß dort die Maralinga Tjarutja-Aborigines lebten, interessierte die Verantwortlichen wenig. Während der Atombombenversuche ließ man sie ungehindert durch verseuchtes Gebiet ziehen. Erst nach Jahren erfuhr die Öffentlichkeit davon, und man siedelte die Überlebenden nach Yalata am Highway No. 1 (kurz vor der Grenze zwischen Western und South Australia) um, wo einige Aborigines auch ein *roadhouse* betreiben. Seit 1982 ist der Ort Woomera, vom Verteidigungsministerium verwaltet, auch Besuchern zugänglich.<br>Etwa 20 km hinter Pimba liegt rechts *Eucolo Bluff*, eine heilige Stätte der Aborigines. An *Eucolo Creek* finden sich noch viele Felsenritzungen, deren Bedeutung allerdings unbekannt ist. Nach knapp 50 km breitet sich rechts *Lake Hart* aus, dessen schimmernde Salzkruste wirklich ein beeindruckendes Bild bietet. |
| 268,0 | 2126,0 | *Coondambo Homestead*<br>Coondambo war eine der ersten Schaffarmen, die ganz vom Kaninchen- und Dingozaun eingefaßt war (→ Artikel "Wie man Kaninchen und Dingo zu Leibe rückte"). |
| 285,0 | 2109,0 | *Glendambo*<br>Etwa 8 km nach Glendambo beginnt *Woomera Prohibited Area*, die bis kurz vor *Coober Pedy* reicht. Für die Fahrt auf dem *Stuart Highway* ist keine Genehmigung erforderlich. |
| 534,0 | 1860,0 | Geradeaus *STH*; Abzweigung rechts nach *William Creek* (167 km)<br>Der *track* ist sandig, aber nicht allzu schwierig. Eine Genehmigung für die Fahrt durch *Woomera Prohibited Area* ist nicht erforderlich. |
| 539,0 | 1855,0 | *Coober Pedy* (→ Artikel "Coober Pedy - Eldorado für Glücksritter") |
| 692,0 | 1702,0 | *Cadney Homestead* |
| 775,0 | 1619,0 | *Marla*; geradeaus *STH*; Abzweigung rechts ist der *Oodnadatta Track* (→ Streckenbeschreibung 4) nach *Oodnadatta* (209 km) und *Marree* (614 km) |

### ***Coober Pedy - Eldorado für Glücksritter***

Schon von weitem sind die Erdhügel von *Coober Pedy* zu sehen. Ein vierzehnjähriger Junge fand hier den ersten Opal, als er mit seinem Vater auf Goldsuche war. Während sie einen Platz zum Übernachten suchten, entdeckte der Junge noch mehr dieser funkelnden Steine. Nach acht Tagen bereits wurde der erste *claim* abgesteckt und nur wenige Monate später systematisch nach den Steinen gegraben. Zunächst war das Gebiet als *Stuart Range Opal Field* bekannt. 1920 entschieden sich die damaligen Bewohner der kleinen Siedlung für den Namen "Coober Pedy". Der Name kommt wie so oft aus der Sprache der Aborigines; er leitet sich aus dem Wort "Kupa Piti" ab, was soviel bedeutet wie "Wasserloch eines Jungen", aber übersetzt wurde mit "weißer Mann im Loch". Heute ist Coober Pedy das größte und bedeutendste Opalzentrum der Welt. Obwohl die Vorkommen schier unbegrenzt scheinen, findet sich hier keine große Minengesellschaft, denn die australische Regierung erließ ein Dekret, daß niemand ein Gebiet größer als 10.000 m² abstecken dürfe. *Claims* dieser Größenordnung sind natürlich für Minengesellschaften völlig unrentabel. So meißeln noch heute Glücksritter aus der ganzen Welt die Opale in harter Arbeit aus dem Boden. Etwa 80 % aller Opale der Welt kommen von hier. Für dreißig Dollar pro Jahr kann hier jeder eine Schürflizenz erwerben und einen 2.500 m² großen Claim umgraben. Da Opaladern sich bis zu 25 m tief im Gestein unter der Erdoberfläche befinden, kann sich jeder denken, daß Spitzhacke, Schaufel, guter Wille und Optimismus allein nicht zum Erfolg führen. Opalsuche bedeutet neben harter Knochenarbeit auch hohe Investitionen für Maschinen. Wer es nicht so hart mag oder kein Geld für die notwendige Ausrüstung hat, kann es den Aborigines gleichtun. Mit einem geliehenen Sieb (gibt es in Coober Pedy für 1 $) kann man den zutage geförderten Abraum der professionellen Opalgräber durchwühlen. Wer das Glück hat, unter sengender Sonne und im Kampf gegen Heerscharen lästiger Fliegen mal kleine Steinchen oder Opalsplitter in der staubigen Erde zu finden, kann sie direkt im Ort schleifen und zu einem Schmuckstück verarbeiten lassen.

Früher lebten die meisten Einwohner von Coober Pedy wegen der extremen sommerlichen Hitze (bis zu 50° C) untertage; d. h. sie bauten sich ihre Wohnungen *(dug-outs)* in die kühlen Felsen oder lebten ganz einfach in den Minenschächten. Erst seit den sechziger Jahren, dank Klimaanlagen, sind viele "Übertage-Wohnungen" hinzugekommen. Unter den heute rund 4.000 Einwohnern sind mehr als vierzig Nationen vertreten, die alle mehr oder weniger ins Opalgeschäft eingebunden sind. Insgesamt ist das Gebiet, in dem die heißbegehrten Steine gesucht werden, ca. 675 km² groß.

| | | |
|---|---|---|
| 933,0 | 1461,0 | Geradeaus *STH*; Abzweigung links zum *Old Gunbarrel Highway* |
| 952,0 | 1442,0 | *Kulgera*<br>Mit Erreichen von Kulgera, einer der ehemaligen Schaffarmen im Landesinneren, beginnt das Viehzuchtgebiet *(cattle-country)*. Der Abschnitt bis *Alice Springs* unterscheidet sich auffallend vom südlichen |

### *Die "Traumpfade" der Ahnen*

Wenn es auch viele verschiedene Sprachen der Aborigines in einzelnen Regionen gab (vermutlich über 250 allein auf dem Festland) oder sich die Riten zu zeremoniellen Anlässen je nach Volk unterschieden, so ist allen Aborigines ihr Ursprung gemeinsam, der für sie - ebenso wie der Ursprung allen Lebens - auf die Schöpfung *(dreamtime)* zurückgeht. Nach ihr erschienen die Vorfahren der Aborigines *(totemic ancestors),* die man in unserer Sprache als Geist- oder Schöpfungswesen bezeichnen könnte, aus der Dunkelheit der Nacht und schufen die Welt, indem sie sie besangen. Jeder Schritt des Ahnen war eine Strophe, jede Strophe aus den Namen gebildet, die er beim Wandern der Umgebung gab. Ein Lied war somit eine ununterbrochene Kette von Strophen. Der gesamte Kontinent war von solchen "Traumpfaden" *(songlines)* der Ahnen durchzogen. Ein Aborigine konnte sich sein Territorium nicht als ein von Grenzen umschlossenes Gebiet vorstellen, sondern sah in ihm ein verzweigtes Netz von Linien.

In allen Sprachen der Aborigines war das Wort für "Land" identisch mit den Wörtern für "Linie". Jeder Aborigine erbte ein Stück vom Lied des Ahnen und ein Stück Land, über das dieses Lied führte. Die Strophen waren seine "Besitzurkunde". Er konnte sie zwar anderen ausleihen oder sich selbst Strophen borgen, nur anderweitig veräußern konnte er sie nicht. Längs dieser "Traumpfade" gab es Knotenpunkte, an denen sich die Träume verschiedener Clans überschneiden konnten. Wenn die Ältesten eines Clans beschlossen, den ganzen, ihnen bekannten Liederzyklus zu singen, wurden Botschafter ausgesandt, die auf den Pfaden alle zur *corroboree* (besondere Zeremonie) herriefen, die ihren Teil zum Lied beisteuern konnten. Jeder sang dann seinen Teil, den Fußspuren der Ahnen folgend, in der korrekten Reihenfolge. Die Strophen nicht in der richtigen Folge zu singen, bedeutete den Tod, denn der Sänger machte damit die Schöpfung ungeschehen. Zu den *corroborees* versammelten sich Aborigines vieler Völker, die Lieder sangen, Tänze vorführten, Botschaften, Gedanken und Waren austauschten oder sich gegenseitig die "Wegerechte" auf den "Traumpfaden" garantierten. Lieder auszutauschen hieß, seine "Lied-Karte" zu erweitern, Sprachbarrieren zu überwinden und "rituelles Wissen" zu erlangen. Ein "Traumpfad" konnte im äußersten Nordwesten beginnen, sich durch den ganzen Kontinent winden, durch Dutzende von Sprachen gehen und im Südosten enden, ohne daß sich seine Melodie änderte. Die Melodie des Liedes (d. h. die Tonfolge) schien die Landschaft zu beschreiben, durch die das Lied führte - gleich kartographischen Hinweisen. So konnte ein erfahrener *songman* an der Folge der Strophen erkennen, an welcher Stelle man sich auf einer *songline* befand. An bestimmten Stellen ging das Lied der Ahnen in den Besitz eines anderen über.

Nach Beendigung der Schöpfung versanken die Ahnen in der Erde und hinterließen neben ihrem Geist in Menschen, Tieren, Pflanzen und Landschaften auch etwas von ihren "Lebenszellen" an den einzelnen Linien ihrer Fußspuren.

| | | |
|---|---|---|
| | | Teil des Stuart Highway. Weite, spärlich bewachsene Ebenen *(gibber plains)* beherrschen das Bild. |
| 1025,0 | 1369,0 | Geradeaus *STH*; Abzweigung links ist der *Lasseter Highway* zu *Uluru (Ayers Rock) National Park* (244 km; → Streckenbeschreibung 8) |
| 1026,0 | 1368,0 | *Erldunda*<br>Etwa 50 km nördlich der ehemaligen Schaffarm liegt ein besonders bedeutsames Gebiet für Aborigines. Ihr Schöpfungsmythos erzählt, daß hier die "Traumpfade" von Känguruh *(malu)*, Wallaby *(warru)*, Dingo *(papa)*, Keilschwanzadler *(impimpe)* und der Raupe *(ulpe)* zusammentreffen (dazu auch → Artikel "Die 'Traumpfade' der Ahnen"). |
| 1093,0 | 1301,0 | Geradeaus *STH*; Abzweigung links zu *Henbury Meteorites Crater Conservation Reserve* (11 km) und *Kings Canyon* (196 km)<br>Das Schutzgebiet der Meteoritenkrater umfaßt zwölf Krater. Der größte mißt 180 m im Durchmesser, der kleinste 6 m. Sie entstanden vor etwa 4.700 Jahren, als ein Meteorit in die Erdatmosphäre eintrat und seine Trümmer hier auf der Erde einschlugen. Daß Aborigines dieses Ereignis miterlebten, erzählen ihre Überlie- |

Roadtrains versorgen viele Orte im Outback

ferungen. Sie sprechen von einer feuerspeienden Sonne und von Felsen, die durch die Luft flogen. Die Krater waren lange Zeit von Interesse für die Weltraumforschung, da ihre Oberfläche der des Mondes gleicht. Bevor die Amerikaner ihre erste bemannte Rakete zum Mond schickten, simulierten sie hier eine Landung. Hinweisschilder und Tafeln erklären dem Besucher alles Wissenswerte.

1133,0 1280,0 *Virginia Camel Farm*

Die Kamelfarm liegt in *James Range*, die nach der nach der Schöpfungsgeschichte *(dreamtime)* der Ureinwohner durch den *quoll*-Ahnen *Atylipe* entstanden ist, der in dieser Gegend einst rastete. Der Boden unter ihm gab nach - Senken, Täler und Berge entstanden. Atylipe gilt gleichsam als Begründer der Initionsriten der Ureinwohnerstämme im "roten Zentrum".

1154,0 1240,0 Geradeaus *STH*; Abzweigung rechts zu *Rainbow Valley Nature Park* (22 km)

Neben den Ockerzeichnungen der Aborigines sind die freistehenden Klippen von *Rainbow Valley* bei Sonnenauf- und -untergang beliebte Fotomotive. Die Zufahrt zum Regenbogental, das seinen Namen den farbigen bänderartigen Einlagerungen in den Sandsteinwänden verdankt, ist schwierig und nicht für Fahrzeuge ohne Allradantrieb geeignet.

1226,0 1168,0 *Alice Springs*

Oft wird fälschlicherweise angenommen, *Alice Springs* (→ Streckenbeschreibungen 7, 8, 9 und 10) liege genau im Zentrum des Fünften Kontinents. Andere sind der Meinung, *Ayers Rock* befände sich genau in der Mitte Australiens. Dabei muß man unterscheiden zwischen dem geographischen Mittelpunkt und dem Gravitationsschwerpunkt. Bereits im April 1860 errechnete *John MacDouall Stuart* auf seiner Forschungsreise mittels Sextanten, daß sich der geographische Mittelpunkt Australiens exakt am später nach ihm benannten *Central Mt. Stuart* befindet. 1988 wies das *Department of Geographic Information* einen zweiten Mittelpunkt Australiens nach: den Gravitationsschwerpunkt auf *Lilla Station* an *Finke River*, südlich von *MacDonnell Range*, am westlichen Rand von *Simpson Desert*. Interessant ist, daß man nach allen Computeranalysen und Berechnungen fast genau auf den Punkt kam, den *Cecil Thomas Madigan* bereits 1930 als Mittelpunkt Australiens angenommen hatte. Er hatte ihn allein mit Hilfe eines an einem Pendel aufgehängten Australienmodells herausgefunden. Meint man mit dem Zentrum Australiens aber das Landesinnere, so reicht es von der Grenze zwischen Northern Territory und South Australia bis etwa *Tennant Creek*.

| | | |
|---|---|---|
| 1246,0 | 1148,0 | Geradeaus *STH*; Abzweigung links nach *Halls Creek* (1057 km; → Streckenbeschreibung 10) |
| 1255,0 | 1129,0 | *Wendekreis des Steinbocks*<br>Der Wendekreis liegt am Beginn von *Burt Plain* (→ Streckenbeschreibung 11.1, Plenty Highway), einer weiten Ebene, die besonders den Arrente-Aborigines, die hier leben, heilig ist. Nasenbeutler *(bandicoot),* Honigameise und Känguruh waren ihre Totems (→ Artikel "Aborigines und ihre Verbundenheit zum Land"). |
| 1275,0 | 1120,0 | Geradeaus *STH*; Abzweigung rechts zu *Arltunga Historical Reserve* (74 km) |
| 1294,0 | 1100,0 | Geradeaus *STH*; Abzweigung rechts ist der *Plenty Highway* nach *Mt. Isa* (773 km; → Streckenbeschreibung 11.1) |
| 1359,0 | 1035,0 | *Aileron* |
| 1419,0 | 975,0 | *Ti Tree* |
| 1435,0 | 900,0 | Geradeaus *STH*; Abzweigung links nach *Willowra Community*<br>Etwa 30 km nach der Abzweigung deuten große Eukalyptusbestände *(coolabahs)* auf ein Feuchtgebiet - *Stirling Swamp* - hin. |
| 1510,0 | 884,0 | *Barrow Creek*<br>Die Telegraphenstation hier entstand 1872, während der ersten Bauphase der Telegraphenverbindung. Die Gräber nahe der Station sind die letzten Ruhestätten |

Alice Springs

### *Aborigines und ihre Verbundenheit zum Land*

Die einzelnen Clans eines Volkes waren jeweils mit einem mythischen Vorfahren verbunden, der Landschaften erschaffen hatte und sich in Besonderheiten der Natur widerfand. Jeder Baum, jeder Felsen oder jedes Tier hatte eine bestimmte Bedeutung. Dabei besaß jeder Clan einen ureigenen Totem, der ihn mit der "Traumzeit" verband. In Arnhem Land und einigen anderen Teilen Australiens war es die Regenbogenschlange, ein mythologisches Wesen, das man in Verbindung mit Regen, Gewitter und Stürmen brachte und für einige Völker auch Sinnbild der Fruchtbarkeit war. Manchmal hatte ein Geistwesen auch menschliche Gestalt; immer aber entsprach es Formen aus der Natur, einem Tier oder einer Pflanze, die im Gebiet des Clans zu finden waren. Ihnen durfte kein Leid angetan, es durfte nichts zerstört oder gegessen werden.

Das Land und die Natur waren für die Aborigines die allumfassende Quelle ihres Geistes. Nach ihrem Glauben setzt sich das menschliche Wesen aus einem sterblichen körperlichen und einem unsterblichen geistigen Teil zusammen; nach dem Tod lebt die Seele weiter, allerdings ohne die Persönlichkeit des vormaligen Individuums. Alle Bestattungsrituale zielten demnach darauf ab, die befreite Seele zu ihrem Ursprung, dem Land, zurückzuführen. Nur so nämlich können neue Menschen entstehen. Aborigines, die von ihrem Land vertrieben oder umgesiedelt wurden, waren somit nicht Flüchtlinge in materieller, sondern in seelischer Hinsicht. Kriege um ein Stück Land zu führen, waren ohne Sinn. Die traditionelle Gesellschaft war zwar nicht frei von Auseinandersetzungen, aber wahrscheinlich die einzige der Welt, die es mit Hilfe ihres Glaubens geschafft hatte, ohne Kriege und Landraub zu leben. Nichts war ihnen fremder als die Vorstellung Land zu besitzen, es für Geld zu kaufen oder mit Gewinn oder Verlust zu verkaufen. Diese sehr enge Verbundenheit der Aborigenes zu ihrem Land war und ist immer noch Auslöser für viele Konflikte mit den eingewanderten Europäern, wann immer Aborigines von ihrem Land vertrieben und umgesiedelt wurden, Minengesellschaften in ihr Gebiet eindringen oder Touristen heilige Stätten entweihen.

| | | |
|---|---|---|
| | | von *Stapleton* und *Franks*, zwei Arbeitern der Telegraphengesellschaft, die von Kaytej-Aborigines getötet wurden. |
| 1598,0 | 796,0 | *Wycliffe Well* |
| 1616,0 | 778,0 | *Wauchope* |
| | | In jedem Jahr wird hier ein besonderes *cricket-match* veranstaltet: "Wauchope versus the rest of the world" ("Wauchope gegen den Rest der Welt"), zu dem sämtliche Viehtreiber und Farmer der Umgebung kommen und dem beliebtesten Spiel Australiens frönen. |
| 1626,0 | 768,0 | *Devils Marbles Conservation Reserve* |
| | | Die durch Wind und Wassererosion eigenwillig geformten "Teufelsmurmeln" - große Granitkugeln - wurden nach dem Glauben der Ureinwohner von der Regenbo- |

| | | |
|---|---|---|
| | | genschlange aufgetürmt (→ Artikel "Aborigines und ihre Verbundenheit zum Land"). Eine der Kugeln transportierte man - sehr zum Unwillen der Aborigines, denen sie heilig sind - nach *Alice Springs*, um sie dort auf *John Flynns* (Gründer des *Royal Flying Doctor Service*) Grab zu stellen. |
| 1730,0 | 664,0 | *Tennant Creek*<br>Die knapp 2.000 Einwohner dieses kleinen Ortes leben größtenteils von Bergbau und Tourismus. |
| 1742,0 | 652,0 | Geradeaus *STH*; Abzweigung links zu *Devils Pebbles* (6 km)<br>Die Miniaturausgaben der "Teufelsmurmeln" stehen den großen Granitkugeln in nichts nach, und es lohnt sich, sie vor allem bei Sonnenauf- und -untergang zu fotografieren. |
| 1754,0 | 640,0 | *Three Ways;* geradeaus *STH*; Abzweigung rechts ist der *Barkly Highway* nach *Mt. Isa* (642 km) |
| 1888,0 | 506,0 | *Renner Springs Roadhouse*<br>Die Quellen, die der Raststätte den Namen gaben, liegen südlich davon versteckt unter dichtem Akazienbewuchs. Woher ihr Wasser kommt, ist nicht genau bekannt. |
| 1980,0 | 414,0 | *Elliott* |
| 2080,0 | 314,0 | *Dunmarra* |
| 2088,0 | 306,0 | Geradeaus *STH*; Abzweigung links ist der *Buchanan Highway* nach *Top Springs* (180 km) |
| 2124,0 | 270,0 | *Highway Inn;* Abzweigung rechts ist der *Carpentaria Highway* nach *Booroolola* (391 km) |
| 2128,0 | 266,0 | Geradeaus *STH*; Abzweigung links nach *Daly Waters* (1 km) |
| 2217,0 | 177,0 | *Larrimah Roadhouse* |
| 2278,0 | 116,0 | Geradeaus *STH*; Abzweigung rechts ist der *Roper Highway* nach *Roper Bar* (176 km; → Streckenbeschreibung 19, Roper Bar - Normanton/ Gulf-Savannah-Track) |
| 2285,0 | 109,0 | *Mataranka*; Abzweigung rechts zu *Old Elsey Homestead* und den *Thermalquellen* (8 km).<br>Die 34° C warmen Quellen sind eine Attraktion am Stuart Highway. Sie liegen inmitten des *Never Never*-Gebiets, so genannt, weil die Menschen hier sagen: "Wer dieses Land liebt, verläßt es niemals, niemals!" Berühmtheit erlangte die Region mit dem Buch von *Jeannie Gunns* "We of the Never Never". Die Autorin hielt es allerdings nur wenige Jahre hier aus und kehrte nach Melbourne zurück. Auf dem Gelände von *Mataranka Homestead* errichtete man eine Nachbildung von *Elsey Homestead*, das für die Verfilmung des Buches als Kulisse diente. |
| 2339,0 | 55,0 | Geradeaus *STH*; Abzweigung rechts nach *Maranboy Community* (18 km) und *Arnhemland* (Besuchserlaubnis erforderlich!) |

| | | |
|---|---|---|
| 2364,0 | 30,0 | Geradeaus *STH*; Abzweigung links zu *Cutta Cutta Caves Nature Park* (1,5 km) Die bizarren Höhlen des Schutzgebietes sind die einzigen Tropfsteinhöhlen in Northern Territory, die mit Führung zu besichtigen sind. Hier leben auch die seltenen Gespenst- und Hufeisenfledermäuse. |
| 2394,0 | 0 | *Katherine* |

## *Katherine*

Zwar nicht Endpunkt des *Stuart Highway*, aber Endpunkt des *outback* ist *Katherine*, mit mehr als 5.000 Einwohnern drittgrößte Stadt in Northern Territory, die von Viehzucht und von Tourismus lebt.

Der erste Europäer, der 1844 in die Region um *Katherine River* vordrang, war *Ludwig Leichhardt*. Doch erst 18 Jahre später entdeckte *Stuart* den Fluß, an dem die Jawoyn-Aborigines lebten. Er nannte ihn "Katherine", nach der Tochter des Sponsors, der ihm diese Expedition ermöglicht hatte. Stuart berichtete von einer Gegend mit viel fruchtbarem Land, ideal für die Landwirtschaft. Die Besiedlung ließ nicht lange auf sich warten, ebensowenig wie die Verfolgung der hier lebenden Eingeborenen. Um die Telegraphenstation *Katherine* entstand ein kleiner Ort, der an Bedeutung gewann, als die Eisenbahnstrecke von Darwin in Richtung Süden gebaut wurde und 1917 Katherine erreichte.

Katherine Gorge

Anziehungspunkt für Touristen ist zweifelsfrei *Nitmiluk National Park*, nördlich der Stadt, mit *Katherine Gorge* und *Edith Falls*. Die etwa 12 km lange Schlucht, die sich in dreizehn Abschnitte gliedert - lediglich neun sind zu Fuß zu erreichen - schuf *Katherine River* in Millionen von Jahren. Die tiefe Schlucht weitet sich stromaufwärts zu einem breiten Tal, das den südlichsten Teil von *Arnhem Plateau* bildet. In der Trockenzeit von April bis November fließt der Fluß um Sandbänke und Felsenbrocken träge dahin. In der Regenzeit von Dezember bis März aber verwandelt er sich in einen reißenden Strom mit tosenden Wasserfällen. Erst dann wird deutlich, wie die Wasserkraft diese Schluchten im Laufe von Jahrmillionen auswaschen konnte. In der Hauptsaison (Trockenzeit im Winter) verkehren täglich mehrere Touristenboote. Nur mit Kanus sind die entlegeneren Schluchten zu erreichen. Trockengefallene Stromschnellen und Felsenblöcke muß man dabei oft zu Fuß überwinden. Außerdem gibt es viele eindrucksvolle Wanderwege. Wer die steil aufragenden Felsenwände aus der Vogelperspektive erleben möchte, kann in der Stadt einen Rundflug buchen (zu haben ab 50 $ pro Person).

In der Mythologie der *Jawoyns* entstand *Katherine Gorge* durch das Geistwesen *Balu*. Er durchstreifte das Land in der "Traumzeit" *(Burr)* in südlicher Richtung. Doch erst *Nabilil*, ein drachenähnliches Wesen, brachte das Wasser in die Schlucht. Er zog mit Feuerstöcken und einem Beutel Wasser durch die trockene Landschaft. Da die Tiere Durst litten, versuchten viele, Nabilil das Wasser zu stehlen, was ihnen aber nicht gelang. In der Schlucht von Katherine schlug Nabilil sein Lager auf und hörte dem Zirpen der Zikaden zu: "Nit! Nit! Nitnit!" Daraufhin nannte er den Ort "Nitmiluk". Als er weiterzog, kam er an einen Platz, wo die Fledermaus *Walarr* lebte. Diese versteckte sich gut unter Blättern, um nicht von Nabilil gesehen zu werden. Um an sein Wasser zu kommen, tötete sie Nabilil aus dem Hinterhalt mit einem Speer. Der Wasserbeutel fiel zu Boden, das Wasser floß aus und füllte die gesamte Schlucht - *Katherine River* war geboren.

## Strecke 6
## Birdsville - Mt. Isa (via Boulia)

- **Entfernung:** 681 km; max. Entfernung ohne Tankmöglichkeit: 198 km
- **Empfohlene Reisedauer:** 2 bis 3 Tage
- **Reine Fahrzeit:** 9 Stunden
- **Empfohlene Reisezeit:** das ganze Jahr über (beste Zeit April bis Oktober)
- **Ab- und Rückmeldung:** nicht erforderlich
- **Ausrüstung:** Geländewagen (4-WD) mit Grundausrüstung bei Wagen und Werkzeug; bei trockener Piste ist die Strecke auch mit Pkw zu befahren.
- **Pistenart und -zustand:** Von Birdsville bis Boulia vorwiegend gute, aber sehr staubige Schotter- und Erdpiste mit einigen wellblechartigen Abschnitten. Von Boulia bis Mt. Isa schmale Teerstraße.
- **Versorgung:** Birdsville (Grundversorgung); Bedourie/ 192 km (Lebensmittelladen, Hotel, Camping, Tankmöglichkeit); Boulia/ 390 km (Grundversorgung), Dajarra/ 534 km (Lebensmittelladen, Hotel, Werk-

statt, Tankmöglichkeit); Mt. Isa/ 685 km (kompletter Service)

- **Telefonnummern:** Birdsville (Polizeistation) 07/ 46 56 32 20; Bedourie Hotel 07/ 47 43 79 66; Boulia Hotel 07/ 47 46 31 44; Mt. Isa Touristeninformation 07/ 47 43 79 66
- **Besondere Hinweise:** keine

Der kleine Ort *Birdsville* (→ Streckenbeschreibung 3, Birdsville Track), bekannt durch das in jedem Jahr hier veranstaltete *Birdsville Race* (Pferderennen), war Ausgangspunkt der einstigen Karawanenstrecke nach Bedourie. Diese Piste, heute nur noch von motorisierten Reisenden benutzt, verläuft fast parallel zur Route von *Burke* und *Wills*. Sie waren die ersten, die diesen Landstrich in Süd-Nord-Richtung durchquerten (→ Artikel "Acht Stunden entschieden über Leben und Tod - Die Expedition von Burke & Wills"). Ihnen folgte *McKinlay*, der bei seiner Rückkehr von fruchtbarem Land im Gebiet von *Diamantina*- und *Cooper River* berichtete. 1867 folgten die ersten Siedler und begannen mit der Viehzucht. Die Versorgung der entlegenen Farmen im Norden übernahmen afghanische Karawanen, die in Birdsville loszogen. Das Grab eines afghanischen Kameltreibers, das nach Mekka ausgerichtet ist, kann man heute noch bei *Cluney*, das auf dem Weg liegt, sehen. Im weiteren Verlauf der Strecke, zumeist Schotter-, Sand- oder Erdpiste, folgt *Boulia*, das Verwaltungszentrum von *Diamantina Shire*, bevor die geteerte Piste nach *Mount Isa* führt.

## Birdsville

(→ Streckenbeschreibung 3, Birdsville Track)

## Streckenlog

| | | |
|---|---|---|
| 0 | 681,0 | *Birdsville,* Polizeistation<br>Etwa 8 km nördlich von Birdsville liegt eines der drei Verbreitungsgebiete der seltenen Akazienart *Acacia peuce* (→ Streckenbeschreibung 7, Birdsville - Alice Springs via Simpson Desert; → Artikel "Eine Rarität - Acacia peuce"). |
| 9,0 | 672,0 | *Mt. Lewis* rechts |
| 80,0 | 601,0 | Geradeaus fahren; rechts zu *Carcoory Ruins* und auf einer schmalen Verbindungspiste zur *Birdsville Developmental Road.*<br>1899 kaufte *Sidney Kidman Carcoory Station*, mußte sie jedoch schon wenige Jahre später, nach Verlust von 3.000 Rindern durch anhaltende Dürre, wieder verkaufen. |
| 82,0 | 599,0 | *Oasis Bore* rechts<br>Das wirklich treffend benannte Bohrloch spendet heißes Wasser. |
| 111,5 | 569,5 | Geradeaus fahren; Abzweigung rechts Umgehung von *Lake Machattie*. Nur nach einer Überschwemmung bot |

| | | |
|---|---|---|
| | | das sonst trockene Bett von *Lake Machattie* reichlich Futter für Rinder. Er ist einer der wenigen Seen unmittelbar an einer Piste. Nach heftigen Regenfällen kann es sein, daß er umfahren werden muß. |
| 134,5 | 546,5 | *Glengyle Station* rechts<br>1903 kaufte *Sydney Kidman* neben anderen Farmen auch die 10.000 km² große *Glengyle Station*. Heute ist die Farm wesentlich kleiner, gehört aber immer noch zum Kidman-Imperium. Der große Baum in der Nähe des Hauses heißt *Kidman*-Baum, weil Sidney Kidman auf seinen ersten Reisen durch diesen Landstrich hier sein Lager aufschlagen hatte. |
| 168,0 | 513,0 | Geradeaus fahren; Abzweigung rechts nach *Cluney (Afghan Grave)*; zur Umgehung von *Lake Machattie* und nach *Windorah* (371 km)<br>Das Wasserloch an *King Creek* war eine beliebte Übernachtungsstelle für afghanische Kameltreiber auf ihrer Route von *Birdsville* nach *Bedourie*. |
| 191,0 | 490,0 | *Bedourie*<br>Es ist Zentrum von *Diamantina Shire*, mit 94.690 km² zweitgrößter Verwaltungsbezirk in Queensland. Die Geschichte der Ortschaft begann 1880 mit dem Bau eines Hotels. Bis auf ein neues Wellblechdach ist es in seinem ursprünglichen Zustand erhalten geblieben. Der Name "Bedourie" leitet sich von einem Wort der Ureinwohner für Staubsturm ab, ein Naturereignis, das hier nicht selten auftritt. |
| 198,0 | 483,0 | Geradeaus fahren; Abzweigung links zu *Kamaran Downs Homestead* (18 km), *Sandringham Homestead* (56 km) und *Ethabuka Homestead* (161 km) |
| 211,0 | 470,0 | *Road Development Cairn*<br>Hier wurde ein kleines Stück der Strecke asphaltiert und anläßlich der Fertigstellung von immerhin 20 Kilometern Straße feierlich enthüllt und eingeweiht. |
| 259,0 | 422,0 | Gatter |
| 262,0 | 419,0 | *Breadalbane Homestead* links<br>Von hier bis *Marion Downs Homestead* erstrecken sich weite Überflutungsebenen von *Georgina-*, *King-*, *Burke-* und *Eyre River*; sie sind typisch für große Teile in Queensland. Nach Überflutungen sprießt neues Gras und bedeckt das Land östlich der Piste. Die Höhe der Flut ist leicht am Grasbewuchs zu erkennen: Das Gras, das unter Wasser war, zeigt eine bräunliche Färbung. |
| 265,0 | 416,0 | Gatter |
| 296,0 | 385,0 | *Twelve Mile Mountain* rechts |
| 322,0 | 359,0 | *Marion Downs Homestead* links |
| 385,0 | 296,0 | T-Kreuzung *(Kennedy Developmental Road)*: links nach *Boulia* fahren; rechts nach *Winton* (360 km)<br>Nach 108 km auf der *Kennedy Developmental Road* in Richtung *Winton* liegen die Ruinen von *Min Min Hotel*, um das sich seltsame Geschichten ranken. Seit über |

| | | |
|---|---|---|
| | | 70 Jahren sollen hier nachts umherschwirrende Lichter zu sehen sein. Sie treten mal als leuchtende Bälle, mal als stehende, rollende oder hüpfende Leuchtpunkte auf, jedoch immer weit genug entfernt, um nicht eindeutig identifiziert werden zu können. Jüngste Vermutungen gehen dahin, daß es sich um eine "Nacht Fata Morgana" handele, ähnlich den Sinnestäuschungen an heißen Tagen. Eine heiße Luftschicht, die bis zu 150 m über dem Boden schwebt, könnte eine helle Lichtquelle aus einer Distanz von 50 km oder gar mehr reflektieren.<br>Kurz vor Boulia liegt das zweite der drei Verbreitungsgebiete der seltenen Akazienart *Acacia peuce* (→ Streckenlog von Streckenbeschreibung 7, Birdsville - Alice Springs via Old Andado; KM 678,3; → Artikel "Eine Rarität - Acacia peuce"). |
| 386,5 | 294,5 | *Boulia*<br>Es wird erzählt, daß schon *Burke* und *Wills* an einem Wasserloch in der Nähe des heutigen *caravan park* ihre Wasserflaschen füllten. Wahr ist auf jeden Fall, daß sie diese Gegend im Jahr 1861 auf ihrem Weg zum Golf von Carpentaria durchquerten. 25 Jahre später kamen die ersten Siedler, und 1879 trennte man 5 km² Farmland ab, auf denen man den Ort gründete. Schließlich fuhr 1948 von Boulia der erste *roadtrain* zum Viehtransport ab, wie er noch heute üblich ist. Von *Boulia* bis nach *Mount Isa* ist die einspurige Straße geteert. |
| 393,5 | 287,5 | Geradeaus fahren; Abzweigung links ist der *Plenty Highway* (256 km) nach *Alice Springs* (828 km)<br>Über den *Donohue Highway* und *Plenty Highway* (→ Streckenbeschreibung 11.1, Plenty Highway) ist dies der kürzeste Weg ins "rote Zentrum". |
| 448,5 | 232,5 | Geradeaus fahren; Abzweigung rechts zu mehreren *homesteads* |
| 517,0 | 164,0 | Geradeaus fahren; Abzweigung rechts zu *Phosphate Hill Mine* und mehreren *homesteads* |
| 530,0 | 151,0 | *Dajarra*; von hier geht eine Straße nach *Cloncurry* (185 km)<br>Dajarra ist Endpunkt der Eisenbahnstrecke von *Cloncurry*. Wenige Kilometer weiter führt die Fahrt vorbei an einigen kleineren Bergketten, die sich durch weite Ebenen ziehen. |
| 563,0 | 118,0 | Geradeaus fahren; Abzweigung links nach *Urandangi* (112 km) |
| 608,0 | 73,0 | Geradeaus fahren; Abzweigung links nach *Urandangi* (110 km) |
| 681,0 | 0 | *Mount Isa* |

## *Mount Isa*

1923 entdeckte *John Campbell Miles* hier Silber und steckte die ersten beiden *claims* ab. Das ganze Gebiet nannte er "Mount Isa" nach seiner Schwester *Isabella*. Aus den beiden *claims* entwickelte sich eine der blühendsten Städte Australiens. Miles folgten Glücksritter, die insgesamt 500 *claims* absteckten und nach Silber suchten. Die Gegend war sehr abgelegen, und Firmeninvestitionen flossen spärlich, bis 1925 die Mount-Isa-Minengesellschaft das gesamte Areal pachtete und durch Verhandlungsgeschick erreichte, daß britische und amerikanische Investoren acht Millionen Dollar zur weiteren Erschließung zur Verfügung stellten. Die Investition lohnte sich, denn das Gebiet verfügt über unermeßlich große Vorkommen an Silber, Blei, Kupfer und Zink. Heute kann man hier eines der größten Untertagebergwerke der Welt besichtigen. Im Guinness-Buch der Rekorde steht Mount Isa als größte Stadt der Welt. Bei einer Einwohnerzahl von gerade einmal 24.000 entspricht die gesamte Fläche der Stadt mit knapp 41.000 km² in etwa der Größe der Schweiz.

# *Strecke 7*
# *Birdsville - Alice Springs (via Simpson Desert)*

*Simpson Desert*, mit einer Gesamtfläche von 150.000 km², liegt im Grenzdreieck South Australia, Queensland und Northern Territory. Diese Landschaft wurde nach dem Präsidenten der in Adelaide ansässigen *Royal Geographical Society of Australasia - Alfred Allen Simpson* - benannt. Es ist eines der letzten und bedeutendsten Rückzugsgebiete bedrohter Pflanzen- und Tierarten im *outback*. Charakteristisch für *Simpson Desert* sind die Sanddünen, die parallel von Nord-Nordwest nach Süd-Südost verlaufen. Sie erreichen eine Länge bis zu 80 km. Der Abstand der bis zu 20 m hohen Dünen zueinander beträgt bis zu 200 m. Auffallend sind die Farbunterschiede des Sandes. In der Nähe von Wasserwegen sind die Dünen von der angeschwemmten Erde weiß; rot sind sie dort, wo Eisenoxid die Sandkörner überzogen hat. Im Westen *(French Line)* verlaufen die Dünen dicht beieinander und haben eine kräftig rote Färbung. Im Süden *(Rig Road)* liegen sie weiter auseinander, sind von vielen Salzseen durchbrochen und weisen eine fahlrote Farbe auf. Weiter im Osten erstrecken sich zwischen den gelbroten Dünen riesige, oft mit einer Salzkruste bedeckte Lehmpfannen.

Die Vegetation des östlichen Streckenabschnitts unterscheidet sich von der an der French Line. Grundsätzlich hängt sie mit den Wetterbedingungen zusammen. Viele Pflanzen haben sich mit einem kurzen Lebenszyklus den ungünstigen Verhältnissen angepaßt. Sie wachsen, blühen und produzieren Samen in den wenigen Monaten der Regenzeit.

Die Dünenköpfe von *Simpson Desert* sind nur spärlich bewachsen. Die Flanken und Zwischenräume allerdings haben einen dichten Teppich aus Spinifex und Dünenrohrgras. In den Ebenen zwischen den einzelnen Dünen überwiegen Proteen und Akazien. In den westlichen Gebieten der Wüste haben sich neuerdings Sandhügelakazien *(sandhill wattles)* stark verbreitet, was vermutlich auf die heftigen Regenfälle 1970 zurückzuführen ist. Obwohl die Wüste meist sehr leblos erscheint, entwickelt sie doch auch eine reiche Fauna. Fleischfressende Beuteltiere wie Inneraustralische Beutelmäuse *(wongai ningauis)*, Doppelkammbeutelmäuse *(mulgaras)*, Schmalfußbeutelmäuse *(dunnarts)* und Flachkopfbeutelmäuse *(planigales)* sind ebenso vertreten wie Reptilien. Interessant sind Wüstenrenner oder Sandschwimmer *(banded skinks)*, die sich während des heißen Tages im Sand vergraben und nur am frühen Morgen oder späten Abend auf Futtersuche gehen. Ebenso sind viele Vögel in *Simpson Desert* anzutreffen, z. B. Habichtsfalken, Rosakakadus, Nacktaugenkakadus und Pfeifhonigesser. Neben dem Dingo sind die einzigen höher entwickelten Säugetiere der Wüste verwilderte Kamele, Esel, Kaninchen und Katzen.

Lange bevor die ersten Europäer den Kontinent besiedelten, lebten Aborigines in diesem unwirtlichen Teil Australiens. Für sie war die Wüste keineswegs so wasserlos wie sie uns erscheinen mag. Brunnen *(mikiris)* bis zu 7 m Tiefe waren über das gesamte Gebiet verteilt und sicherten die Wasserversorgung. Die Schächte der Brunnen sind zwar heute eingefallen und versandet, doch noch immer könnte man hier Wasser fördern. An vielen von ihnen finden Archäologen alte Gebrauchsgegenstände der Aborigines, die wichtige Hinweise auf die frühere Lebensweise geben. Um Schäden durch Touristen zu vermeiden, sind die genauen Standorte der Brunnen nur Ureinwohnern und Wissenschaftlern bekannt und zugänglich.

1845 begann mit *Charles Sturt* die Erforschung der Wüste, die zuvor nur den Aranda-, Jeljendi-, Ngameni-, Wongkamala-, Wongkanguru- und Karanguru-Aborigines bekannt war. *Augustus Poeppel* war einer der Ersten, der die Wüste vermaß. Er markierte 1880 den Grenzpunkt zwischen South Australia, Queensland und Northern Territory - heute als *Poeppel Corner* bekannt. 1936 durchquerte *Edmund Colson* als erster Europäer *Simpson Desert*, aber erst 1939 lagen nach einer weiteren Expedition von *Cecil Thomas Madigan* zum ersten Mal systematische Forschungsdaten vor. Ölgesellschaften folgten den Pionieren in der Hoffnung auf große Ölfunde. Sie legten kreuz und quer Trassen durch die Wüste. So entstand die *Rig Road,* die eigentlich aus verschiedenen Forschungstrassen besteht, die Ölfirmen in der Wüste bauten und später als Versorgungspisten nutzten. Um Sandpisten und Dünen für vollbeladene Lkw mit Anhängern, die Maschinen und Bohrgeräte transportierten, befahrbar zu machen, karrte man tonnenweise Lehm und Erde aus den Dünentälern an. Die gesamte Strecke wurde so mit einer Lehmschicht überzogen, gewalzt und befestigt. Der Zustand der Piste war anfänglich so gut, daß sogar Fahrzeuge ohne Allradantrieb die Strecke meistern konnten. Heute sollte man dies auf keinen Fall mehr riskieren, denn nach Regen verwandelt sich die Rig Road in eine glitschige Schlammpiste, auf der man nur mit einem geländegängigen Fahrzeug vorwärtskommt.

Nach Abschluß ihrer Untersuchungen walzte die *French Petroleum Company* 1964 einen weiteren Korridor durch die Wüste - den sogenannten *French Line Track*. Er verläuft nahezu geradlinig nach Westen und überquert dabei Sanddüne um Sanddüne. Auf der weiteren Suche nach dem begehrten "Schwarzen Gold" zog man ein Netz von Wegen. Auf der Jagd nach Ruhm und Ehre gab es dann vielfältige Durchquerungen: die erste Durchquerung zu Fuß, die erste motorisierte Durchquerung, die erste Ost-West-

Durchquerung, und so weiter.

1967 erklärte Queensland 5.052 km² von *Simpson Desert* zum Nationalpark, woraufhin South Australia und Northern Territory dem Beispiel folgten und ähnliche Schutzgebiete auswiesen. Heute ist ein Gebiet von fast 30.000 km² als *National Park, Conservation Park* und *Regional Reserve* geschützt.

Insgesamt zählt *Simpson Desert* mehr als 1.100 Sanddünen. Auf dem French Line Track wird bis *Purni Bore* etwa die Hälfte davon überquert, wobei wir lediglich die größeren zählten, und wohl jeder auf eine andere Zahl kommt. Allgemein gilt, daß eine Durchquerung von Osten nach Westen schwieriger ist als umgekehrt. Der Grund ist in den steileren und weichsandigeren Anfahrten auf der Ostseite (windabgewandte Seite) der Dünen zu suchen. Stark untermotorisierte Fahrzeuge werden Probleme bei den Dünenauffahrten bekommen. Bei richtiger Ausrüstung (→ "Reisevorbereitung") steht einer Ost-West-Durchquerung aber nichts im Wege.

Wer nicht allein fahren möchte, sollte etwas Zeit mitbringen und in *Birdsville* auf Gleichgesinnte warten. Am besten setzt man sich mit der örtlichen Polizei in Verbindung. Da sich jeder, der *Simpson Desert* ansteuert, hier abmelden muß, weiß sie genau, wann andere Fahrer zur Durchquerung aufbrechen, so daß man im Konvoi fahren kann. Das ist grundsätzlich von Vorteil, vorausgesetzt, die Teilnehmer kommen gut miteinander aus.

## *Birdsville*

(→ Streckenbeschreibung 3, Birdsville Track)

---

### *Strecke 7.1*
### *French Line und Old Andado Track*

---

- **Entfernung:** 967 km; max. Entfernung ohne Tankmöglichkeit 536 km
- **Empfohlene Reisedauer:** 7 bis 8 Tage
- **Reine Fahrzeit:** 33 Stunden
- **Empfohlene Reisezeit:** April bis Oktober; im Dezember und Januar extrem heiß und nicht zu empfehlen; nach Regenfällen gesperrt.
- **Ab- und Rückmeldung:** unbedingt erforderlich!
- **Ausrüstung:** Geländewagen (4-WD) mit Grundausrüstung bei Wagen (wenn möglich RFDS-Radio) sowie mit Grund- und Zusatzausrüstung für Werkzeug; eventuell eine Winde (nur begrenzt einsetzbar).
- **Pistenart und -zustand:** Von *Birdsville* bis *Purni Bore* Sandstrecke mit vielen, zum Teil sehr steilen Dünen. Insgesamt sind mehr als 500 Dünen zu überqueren; rund ein Dutzend gilt als schwierig. Ab *Purni Bore* ist die Lehmpiste festgefahren und geht in eine feste Erd-, Sand- und teilweise Schotterpiste über. Hinter *Old Andado* verläuft der *track* mit einigen sandigen Abschnitten und *bulldust*-Löchern parallel zu den Dünen. Ab *Allambie* ist überwiegend Schotterpiste.
- **Versorgung:** Birdsville (Grundversorgung); Mt. Dare Homestead/ 536 km (roadhouse/ Pub); Alice Springs/ 967 km (kompletter Service)
- **Telefonnummern:** Birdsville (Polizeistation) 07/ 46 56 32 20; Mt. Dare

Homestead 08/ 86 70 78 05; Aputula Community Office (Finke) 08/ 89 56 09 68; Alice Springs (Polizeistation) 08/ 89 51 88 88; Road Report Hotline 08/ 89 22 32 32

- **Besondere Hinweise:** *Desert Park Pass* für *Simpson Desert* und *Witjira National Park*; wer keine Erfahrung mit Wüstendurchquerungen hat, sollte im Konvoi fahren.
  Ein RFDS-Funkgerät steht an Poeppel Corner (KM 177,2), ein weiteres an Freeth Junction (KM 401,2); beide sind nur im Notfall zu benutzen.

## Streckenlog

| | | |
|---|---|---|
| 0 | 967,3 | *Birdsville,* Polizeistation (ab- bzw. rückmelden!) |
| 2,2 | 965,1 | Weggabelung; rechts in Richtung *French Line Track* und *Big Red* fahren<br>Ein paar Kilometer hinter *Birdsville* beginnt das Überflutungsgebiet von *Diamantina River.* Bei starken Regenfällen ist es nördlich zu umfahren. |
| 41,2 | 926,1 | Weggabelung; links in Richtung *French Line Track* und *Big Red* fahren |
| 42,5 | 924,8 | *Big Red*<br>Das ist eine der größten Sanddünen, die auf der Fahrt zu überwinden sind. Wer Probleme mit der Überquerung hat, sollte nicht schon zu Beginn der Reise verzweifeln: 1 km weiter nördlich gibt es den sogenannten *chicken track* (Umgehung). Wer allein unterwegs ist und an dieser Düne Schwierigkeiten hat, wartet besser auf andere und fährt im Konvoi weiter. Andere |

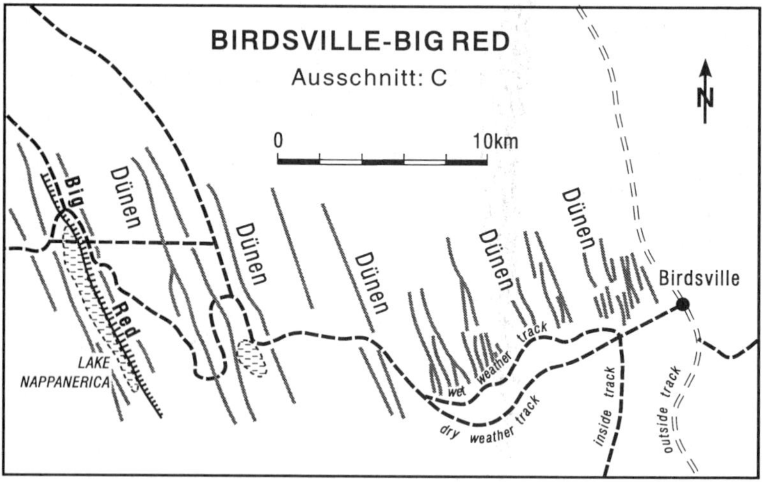

Dünen im Verlauf der Strecke sind nicht unbedingt schwieriger, liegen aber im Unterschied zu dieser mitten in der Wüste und nicht nur 40 km von *Birdsville* entfernt.

Ab *Big Red* muß auch der Reifendruck reduziert werden (→ "Fahrtechniken und Problemlösungen", hier "Dünenüberquerungen"), denn nun beginnt das Abenteuer der Dünenüberquerung. Die meisten Dünen sind ohne nennenswerte Probleme zu überwinden. Einige sind jedoch auch für geübte Sandfahrer schwierig: Ihre Auffahrt ist besonders weichsandig, oder der *track* macht auf dem Kopf oder bei der Anfahrt der Dünen eine Kurve. Beides kostet Schub und Geschwindigkeit. An den Anfahrten zu den Dünen wachsen oft kleine Akazien *(Acacia murrayana)*, die durch die kräftige, grüne Farbe ihrer Blätter und während der Blütezeit durch gelbe Blütenbällchen auffallen. Auf den nächsten 350 km erreicht man selten höhere Geschwindigkeiten als 20 km/h.

60,7 906,6 *Nullanaringie Waterhole*

64,0 903,3 *Eyre Creek*

Wenn dieser Fluß, gesäumt von Eukalyptus *(coolabahs)*, Wasser führt, ist eine Weiterfahrt praktisch unmöglich. Es existiert zwar eine Furt weiter nördlich

Auf der "Big Red" in der Simpson Desert

| | | |
|---|---|---|
| | | an *Dickeree Waterhole* (50 km), doch um dort hinzukommen, muß man den *track* verlassen und querfeldein fahren. Ohne topographische Karten und Kompaß ist das aber ein großes Wagnis. Diesen Weg sollte man wirklich nur dann in Betracht ziehen, wenn ein Weiterkommen auf dem Hauptweg absolut unmöglich ist. Ob am Wasserloch eine Überquerung möglich ist, kann nämlich erst bei der Ankunft dort festgestellt werden. |
| 79,6 | 887,7 | Beginn bzw. Ende von *Simpson Desert National Park*<br>Die heutige Grenze des Nationalparks ist der ehemalige Kaninchenschutzzaun, der um die Jahrhundertwende hier entlangführte. Aufgrund der schwierigen Instandhaltung hatte er keine lange Lebensdauer. Der *track* führt hier auf der *QAA Line*, die zu Ölforschungszwekken angelegt wurde, bis *Poeppel Corner*. Zwischen den Dünen liegen weite, mit *gidgee trees* (eine übelriechende Akazienart) bewachsene Ebenen oder steinige Pfannen. |
| 122,4 | 844,9 | Hinweispfosten links: *Site 6 - saltbushflats* |
| 136,1 | 831,2 | Hinweispfosten links: *Site 7 - gypcrete interdunes; Poeppel Corner* (33,3 km) |
| 146,5 | 820,8 | Hinweispfosten links: *Site 8 - narrow-leafed hopbush; Poeppel Corner* (28,3 km) |
| 154,6 | 812,7 | Beginn bzw. Ende einer Salzpfanne; Hinweispfosten links: *Site 9 - saltpan or playa; Poeppel Corner* (20,6 km) |
| 156,3 | 811,0 | Ende bzw. Beginn einer Salzpfanne; Kreuzung mit Hinweisschild: K 1 Line links und rechts; K 1 Line nach *Poeppel Corner* und zu *French Line* links fahren; geradeaus ist die Alternativroute nach *Poeppel Corner,* wenn *Lake Poeppel* unpassierbar ist. |
| 173,6 | 793,7 | Ende bzw. Beginn von *Simpson Desert National Park* |
| 174,6 | 792,7 | Abzweigung rechts nach *Poeppel Corner* (French Line) nehmen; geradeaus *K1 Line* |
| 176,2 | 791,1 | Abzweigung rechts nach *Poeppel Corner* nehmen (1 km); geradeaus *French Line* |
| 177,2 | 790,1 | *Poeppel Corner*<br>Uhren um eine halbe Stunde zurückstellen.<br>*Augustus Poeppel* setzte nach seinen Vermessungsergebnissen den ersten Grenzpfosten, der dieses Bundesstaatendreieck markieren sollte, in *Lake Poeppel*, etwa 1 km westlich der jetzigen Markierung. Bei seiner Rückkehr nach Adelaide stellte Poeppel fest, daß seine Berechnungen aufgrund fehlerhafter Instrumente falsch waren. 1884 beauftragte man *Larry Wells* mit einer neuen Vermessung. Er stellte den neuen Pfosten nahe der heutigen Position auf. Der nächste Europäer, der diesen Markierungspfosten sah, war *Ted Colson* auf dem Rückweg von seiner Wüstendurchquerung im |

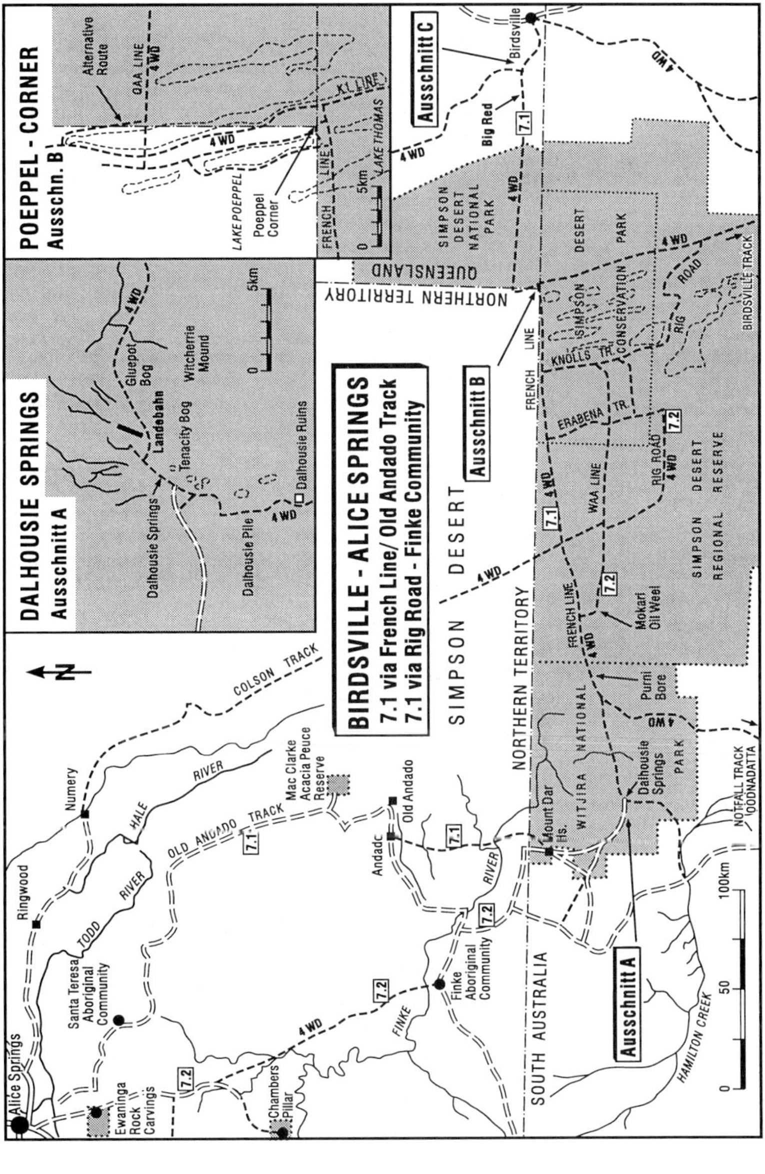
BIRDSVILLE - ALICE SPRINGS
7.1 via French Line/ Old Andado Track
7.1 via Rig Road - Finke Community
DALHOUSIE SPRINGS
Ausschnitt A
POEPPEL - CORNER
Ausschn. B
Ausschnitt A
Ausschnitt B
Ausschnitt C
Alice Springs
Ewaninga Rock Carvings
Santa Teresa Aboriginal Community
Ringwood
Numery
TODD RIVER
HALE RIVER
COLSON TRACK
OLD ANDADO TRACK
Mac Clarke Acacia Peuce Reserve
Old Andado
Andado
Chambers Pillar
FINKE RIVER
Finke Aboriginal Community
Mount Dar Hs.
SIMPSON DESERT
NORTHERN TERRITORY
SOUTH AUSTRALIA
QUEENSLAND
WITJIRA NATIONAL PARK
Dalhousie Springs
Purni Bore
Mokari Oil Well
FRENCH LINE
WAA LINE
ERABENA TR.
KNOLLS TR.
RIG ROAD
SIMPSON DESERT CONSERVATION PARK
SIMPSON DESERT REGIONAL RESERVE
SIMPSON DESERT NATIONAL PARK
BIRDSVILLE TRACK
NOTFALL TRACK OODNADATTA
HAMILTON CREEK
Big Red
Birdsville
4 WD
7.1
7.2
0 50 100km
Dalhousie Pile
Dalhousie Ruins
Tenacity Bog
Landebahn
Gluepot Bog
Witcherrie Mound
0 5km
Alternative Route
QAA LINE
KL LINE
LAKE POEPPEL
LAKE THOMAS
Poeppel Corner

Jahr 1936. Bei einer erneuten Vermessung in den sechziger Jahren ersetzte *Red Sprigg* den Originalpfosten durch die heutige Betonmarkierung. In den neunzig Jahren seit Augustus Poeppel verirrten sich nur vier Europäer in diese Ecke des Kontinents. Seit einigen Jahren jedoch ist *Poeppel Corner* ein beliebtes Ziel für viele Allradenthusiasten. Aus diesem Grund installierte man auch ein RFDS-Notfall-Funkgerät und legte ein Gästebuch zum Schmökern und Schreiben aus. Ab *Poeppel Corner* gibt es viele kleinere, eng beieinanderliegende Sanddünen auf dem Weg.

177,3 790,0 Durchquerung von *Lake Poeppel* (300 m)
Kurz hinter dem See mündet rechts die Umgehung ein (→ KM 156,3). Ab hier werden mehrere große und kleine Salzseen durchquert.

204,7 762,6 Geradeaus fahren; Wegeinmündung von rechts

219,9 747,4 Geradeaus fahren nach *Purni Bore* (155 km) und *Dalhousie* (225 km); Abzweigung links über *Knolls Track* und *WBY-Line* zur *Rig Road*

221,3 746,0 Durchquerung von *Lake Tamblyn*

257,7 709,6 Kreuzung mit Hinweisschild: geradeaus fahren nach *Purni Bore* (120 km), *Dalhousie* (190 km), *Mt. Dare* (256 km) und *Oodnadatta* (370 km); links ist der *Erabena Track* zu *Rig Road Junction* (42 km)

313,7 653,6 Kreuzung mit Hinweisschild: geradeaus fahren; rechts ist der *Colson Track* zu *Numery Homestead* und *Alice Springs*; links über den *Colson Track* zur *WAA-Line* (20 km) und *Rig Road* (21 km)
Der Colson Track wurde als Verbindungslinie zwischen *Alice Springs* und *Colson Oil Survey Lease* angelegt. Benannt wurde er nach *Ted Colson*, einem erfahrenen *bush-ranger*, der die meiste Zeit seines Lebens im *outback* verbrachte. Als Junge wanderte er mit seinem Vater von *Southern Cross* zu den Goldfeldern von *Coolgardie*. Später arbeitete er für die Telegraphengesellschaften, suchte nach *Lasseters* Goldriff (→ Streckenbeschreibung 13, Gunbarrel Highway) und leitete zahlreiche Expeditionen der Ölfirmen.
Viele der nun kommenden Dünen haben scharfe Kurven im oberen Dünendrittel, oder/ und sind im unteren Bereich der Anfahrten sehr holprig. Das erschwert das Überqueren, denn das Auto wird kräftig durchgeschüttelt und verliert an Geschwindigkeit.

353,6 613,7 Geradeaus fahren nach *Purni Bore* (29 km), *Freeth Junction* (48 km), *Dalhousie* (99 km), *Mt. Dare* (175 km) und *Oodnadatta* (via *Dalhousie* 279 km); Abzweigung links ist die *Rig Road*.
Ab hier sind die Dünen nicht mehr so weichsandig, dafür aber ist mit starken Auswaschungen zu rechnen. Die Durchschnittsgeschwindigkeit erhöht sich wieder auf 40 bis 60 km/h. Die Reifen können wieder aufge-

pumpt werden (Reisende von West nach Ost müssen nun den Reifendruck vermindern (→ "Fahrtechniken und Problemlösungen", hier "Dünenüberquerungen").

375,5 591,8 Ende bzw. Beginn von *Simpson Desert Regional Reserve*

Beginn bzw. Ende von *Witjira National Park*

383,9 583,4 *Purni Bore*

Das Bohrloch wurde in den Jahren 1963 und 1964 von der *French Petroleum Company* auf der Suche nach Öl niedergebracht. Als man bei 1.400 m Tiefe den Grundwasserspiegel unterschritt, nutzte man es zur Wasserversorgung für weitere Forschungsarbeiten in der Umgebung. Bis 1988 floß das Wasser unkontrolliert aus dem Bohrloch. Dann entschloß man sich, ein Ventil einzubauen, das die ausfließende Wassermenge kontrolliert.

Heute bietet *Purni Bore* Reisenden aus Richtung Osten das erste Bad auf ihrer Wüstendurchquerung. Mittels eines dicken Rohres, das kochendes Grundwasser in einen kleinen *pool* leitet (Hahn aufdrehen), ist die Wassertemperatur zu regulieren. Wem es draußen nicht warm genug ist, der kann hier auf Wunsch sogar ein heißes Bad nehmen. Interessant sind die Wasserpflanzen um den Teich, deren Samen vermutlich durch

Purni Bore - eine Oase in der Wüste

Wasservögel oder Wind hierher gelangten. Sie finden hier ideale Wachstumsbedingungen vor. Es lohnt sich, hier zu übernachten, denn in den frühen Morgenstunden kann man mit etwas Glück Vögel, Dingos, Kamele oder Esel am *pool* beobachten. Ganz sicher jedoch findet man unzählige Spuren ihrer nächtlichen Anwesenheit (Nicht vergessen: Das Lager muß mindestens 150 m vom Bohrloch entfernt sein, damit die Tiere ungestört das Wasser aufsuchen können). Ab hier sind keine Dünen mehr zu überqueren.

392,0 575,3 Landebahn *(airstrip)* links

401,2 566,1 *Freeth Junction:* geradeaus fahren

Die Abzweigung links ist eine Verbindungsstrecke nach *Oodnadatta* für den Notfall. Das Gebiet ist für die hier ansässigen Aborigines von großer Bedeutung. Ein Befahren ist wirklich nur im Notfall gestattet! An der Kreuzung steht ebenfalls ein RFDS-Notfall-Funkgerät.

429,7 537,6 *Gluepot Bog*

Nach dieser großen Salz- und Lehmpfanne verschwindet der weiche, sandige Untergrund. Scharfkantige, spitze Steine treten vermehrt auf, und steinwüstenähnliche Ebenen *(gibber plains)* bestimmen allmählich das Landschaftsbild.

449,0 518,3 *The Gluepot*

452,4 514,9 *Dalhousie Springs*

Benannt nach dem *Marquis von Dalhousie*, stellten diese heißen Quellen für die Aborigines jahrtausendelang einen der wichtigsten Orte am Rand der Wüste dar. Hier fanden sie nicht nur Wasser im Überfluß, sondern auch Nahrung, Schutz und notwendige Pflanzen zur medizinischen Versorgung. Als *Stuart* 1859 durch dieses Gebiet kam, schafften es die Aborigines noch, ihre Quellen vor ihm zu verbergen. Doch 1870 entdeckten *Alfred T. Woods*, ein Aufseher der Telegraphengesellschaft, und seine Männer zufällig diese Oase. Heute ist das etwa 70 km² große Gebiet um die artesischen Quellen (→ Streckenbeschreibung 4, Ooodnadatta Track) durch *Witjira National Park* geschützt. Die Quellen, die eine ganze Landschaft bestimmen, sind von großem historischen und wissenschaftlichen Interesse. Obwohl sich ihre Umgebung durch den Einfluß großer Schaf- und Rinderherden stark verändert hat, ist die Ursprünglichkeit dieser Quellen erhalten geblieben. Ein Bad im über 30° C warmen Wasser der Hauptquelle ist geradezu ein "Muß". Unmittelbar an den Quellen liegt ein Campingplatz der Nationalparkverwaltung.

456,4 510,9 Geradeaus fahren; Abzweigung links zu *Dalhousie Ruins* (13 km)

*Ned Bagot*, zuständig für den Bau des südlichen Abschnitts der *Overland Telegraph Line*, war 1872 der

| | | |
|---|---|---|
| | | erste Pächter des Gebiets um *Dalhousie*. Er erbaute in den darauffolgenden zehn Jahren Wohnhaus, Außengebäude und Koppeln. Wer für die Pflanzung der hohen Dattelpalmen verantwortlich war, ist bis heute umstritten. Die einen vermuten, daß Bagot sie selbst anpflanzte, andere sind der Meinung, die Datteln wurden von afghanischen Kameltreibern, die die Quellen als Rastplatz nutzten, mitgebracht.<br>Später wurde 60 km nordwestlich ein neues Farmhaus - *Mt. Dare* - errichtet, und das alte verfiel. Mt. Dare ist heute ebenfalls Teil des Witjira-Nationalparks. |
| 504,1 | 463,2 | Abzweigung rechts zu *Mt. Dare Homestead* (33 km) nehmen; geradeaus nach *Finke Community* |
| 536,5 | 430,8 | *Mt. Dare Homestead* rechts<br>*Phil* und *Rhonda Hellyer* haben die *outback-station* vom *National Park & Wildlife Service* gepachtet. Sie sorgen in dem abgelegenen Park für die Besucher. Phil erschloß außerdem wieder den seit mehr als zwanzig Jahren stillgelegten Weg zu *Old Andado Homestead*. Sowohl Phil und Rhonda, als auch *Molly Clark* von *Old Andado* halten viele nützliche Informationen und interessante Geschichten über das *outback* bereit. |
| 550,6 | 416,7 | Gatter und Ende bzw. Beginn von *Witjira National Park* |
| 607,6 | 359,7 | *Peebles Bore* (Windrad) rechts |

Ruinen von Dalhousie

| | | |
|---|---|---|
| 622,3 | 345,0 | *Andado Homestead* links<br>Es ist die größte Farm am Rand der Wüste und mit 10.859 km² nach *Wave Hill* und *Brunette Downs* die drittgrößte Einzelfarm in Northern Territory. |
| 624,2 | 343,1 | Weggabelung: rechts nach *Alice Springs* via *Old Andado* und *Santa Teresa* fahren; links nach *Kulgera* (250 km) |
| 640,0 | 327,3 | *Old Andado Homestead*<br>Das alte Farmhaus am Rand von *Simpson Desert* wird als Touristenattraktion von *Molly Clark*, einem der letzten Originale des *outback*, geführt. Jeder Besucher wird zum Tee eingeladen und kann einen Rundgang durch die alten Wohnstätten machen. Wer möchte, kann auf der Farm auch übernachten. Mit Sicherheit ein Erlebnis ganz besonderer Art, nicht nur durch die Anwesenheit der liebenswerten Molly. |
| 678,3 | 289,0 | Weggabelung: links fahren; rechts zu *Mac Clark Acacia Peuce Reserve* (8,8 km); → Artikel "Eine Rarität - Acacia peuce". |
| 712,1 | 255,2 | *Highway Bore* links |
| 858,5 | 108,8 | *Allambie Homestead* links |
| 873;5 | 93,8 | *Santa Teresa Aboriginal Community* |
| 957,3 | 10,0 | Stuart Highway; nach *Alice Springs* 10 km |
| 967,3 | 0 | *Alice Springs Shopping Centre* |

## *Eine Rarität - Acacia peuce*

Die *Acacia peuce*, in Australien besser bekannt als *waddi tree*, ist der seltenste Baum in Australien, vermutlich ein Überbleibsel aus der Eiszeit. Die geradlinig wachsende Akazie wird zwischen 13 und 17 m hoch. Ihr Laub ist besonders in jungen Jahren sehr stachlig. Lediglich drei Standorte dieser Akazie sind bekannt: in der Nähe von *Boulia* auf einem etwa 100 km² großen Areal, bei *Old Andado* das kleinste Gebiet mit etwa 10 km² und ca. tausend Exemplaren und schließlich 8 km nördlich von *Birdsville* ein weiteres Areal. Ihr Wachstum beträgt nur durchschnittlich 30 cm jährlich und ist abhängig von der Niederschlagsmenge. Größere Exemplare können über 500 Jahre alt sein. Früher nutzte man ihr Holz für Zaunpfähle und Markierungspfosten (der originale Grenzpfosten bei *Poeppel Corner* war ebenfalls aus einem *waddi tree*), denn es ist extrem hart. Als man die Seltenheit dieser Bäume erkannte, stellte man sie unter Schutz. Nach den heftigen Regenfällen 1974 hat sich der Bestand ein wenig regeneriert. Doch solche Niederschläge kommen in 500 Jahren vielleicht nur einmal vor, so daß eine neue Generation vorerst nicht zu erwarten ist.

## *Strecke 7.2*
## *Rig Road - Finke Community*

- **Entfernung:** 1.216 km; max. Entfernung ohne Tankmöglichkeit: 777 km
- **Empfohlene Reisedauer:** 6 bis 7 Tage
- **Reine Fahrzeit:** 27 Stunden
- **Empfohlene Reisezeit:** April bis Oktober; im Dezember und Janaur extrem heiß und nicht zu empfehlen; nach Regenfällen gesperrt.
- **Ab- und Rückmeldung:** unbedingt erforderlich!
- **Ausrüstung:** Geländewagen (4-WD) mit Grundausrüstung bei Wagen (wenn möglich RFDS-Radio) sowie mit Grund- und Zusatzausrüstung für Werkzeug; eventuell eine Winde (nur begrenzt einsetzbar).
- **Pistenart und -zustand:** Die *Rig Road* ist zwar länger als die *French Line,* aber auch wesentlich einfacher zu fahren, denn die Dünen sind mit Lehm befestigt. Von *Purni Bore* bis *Alice Springs* wechseln Erd-, Sand- und Schotterpiste immer wieder ab.
- **Versorgung:** Birdsville (Grundversorgung); Mt. Dare Homestead/ 777 km plus 33 km (roadhouse/ Pub); Aputula Community (Finke)/ 933 km (Tankmöglichkeit); Alice Springs/ 1.216 km (kompletter Service)
- **Telefonnummern:** Birdsville (Polizeistation) 07/ 46 56 32 20; Mt. Dare Homestead 08/ 86 70 78 05; Aputula Community Office (Finke) 08/ 89 56 09 68; Alice Springs (Polizeistation) 08/ 89 51 88 88; Road Report Hotline 08/ 89 22 32 32
- **Besondere Hinweise:** *Desert Park Pass* für *Simpson Desert* und *Witjira National Park*; wer keine Erfahrung mit Wüstendurchquerungen hat, sollte im Konvoi fahren.
  Ein RFDS-Funkgerät steht an Freeth Junction (KM 609,8), das nur im Notfall zu benutzen ist.

## *Streckenlog*

| | | |
|---|---|---|
| 0 | 1216,0 | *Birdsville,* Polizeistation (an- bzw. rückmelden), auf dem *Birdsville Track* in Richtung *Marree* fahren. Nach Abfahrt Uhren eine halbe Stunde zurückstellen. |
| 205,6 | 1010,4 | Abzweigung rechts nehmen; geradeaus nach *Marree* |
| 214,6 | 1001,4 | *Warburton Creek* Wenn der Fluß Wasser führt, kann die Durchfahrt zu einer Katastrophe werden. Der Untergrund ist weich und schlammig, und man bleibt unweigerlich stecken. In jedem Fall vorher zu Fuß durchwaten. |
| 233,7 | 982,3 | Weggabelung: links fahren; rechts zum *Inside Track* (geschlossen) |
| 242,6 | 973,4 | Alte Viehkoppel links |
| 243,8 | 972,2 | Abzweigung rechts auf die *K1 Line* nehmen |
| 267,5 | 948,5 | Beginn bzw. Ende von *Simpson Desert Regional Reserve* |
| 301,7 | 914,3 | Kreuzung: Abzweigung links auf die *Rig Road* nehmen; geradeaus *K1 Line* nach *Poeppel Corner* (88 km); rechts zu *Kuncherinna Oil Well* |

| | | |
|---|---|---|
| 406,7 | 809,3 | *Poolawanna Oil Well* links |
| 411,0 | 805,0 | Abzweigung links nehmen; geradeaus ist der *Knolls Track* zu *WAA Line* (10 km) und *French Line* (44 km) |
| 444,2 | 771,8 | Geradeaus fahren; Abzweigung rechts ist der *Erabena Track* zu *WAA Line* (13 km) und *French Line* (43 km) |
| 447,8 | 768,2 | *Lone Gum Tree* rechts<br>Vermutlich wird es immer ein Rätsel bleiben, wie der Eukalyptus an dieser Stelle der Wüste wachsen und überleben kann, denn hier gibt es offensichtlich kein Wasser. |
| 544,3 | 671,7 | Weggabelung: links auf die *WAA Line* fahren; rechts ist die *WAA Line* zu *Colson Track* (2 km), *Erabena Track* (54 km) und *Knolls Track* (84 km) |
| 580,6 | 635,4 | *Mokari*-Landebahn und *Mokari Oil Well* links<br>Ölgesellschaften errichteten Mokari als Basisstation und Ausgangspunkt für ihre Suche nach Bodenschätzen. Eine Gedenktafel am Rand der Landebahn erinnert an einen Mann namens *Pecanek*. Er versorgte die Arbeiter in der Wüste mit Treibstoff, Nahrungsmitteln und Wasser von Oodnadatta aus. |
| 593,7 | 622,3 | T-Kreuzung: links auf die *French Line* in Richtung *Dalhousie* fahren; rechts ist die *French Line* nach *Poeppel Corner* (176 km) |
| 624,0 | 592,0 | Ende bzw. Beginn von *Simpson Desert Regional Reserve;* Beginn bzw. Ende von *Witjira National Park*<br>Der Witjira-Nationalpark schützt die *Dalhousie Springs*, die im Überflutungsgebiet von *Finke River* liegen (→ Streckenbeschreibung 7.1, Birdsville - Alice Springs via Simpson Desert, French Line). |
| 632,1 | 583,9 | *Purni Bore*<br>Das Bohrloch wurde in den Jahren 1963 und 1964 von der *French Petroleum Company* auf der Suche nach Öl gebohrt und ermöglicht Reisenden heute ein willkommenes Bad (→ Streckenbeschreibung 7.1, Birdsville - Alice Springs via Simpson Desert, French Line). |
| 641,3 | 574,7 | Landebahn links |
| 669,8 | 546,2 | *Freeth Junction:* geradeaus fahren |
| 689,1 | 526,9 | *Gluepot Bog* |
| 692,5 | 523,5 | *The Gluepot* |
| 696,5 | 519,5 | *Dalhousie Springs* (→ Streckenbeschreibung 7.1, Birdsville - Alice Springs via Simpson Desert, French Line) |
| 744,2 | 471,8 | Geradeaus fahren; Abzweigung links zu *Dalhousie Ruins* (13 km; → Streckenbeschreibung 7.1, Birdsville - Alice Springs via Simpson Desert, French Line) |
| 776,6 | 439,4 | Geradeaus zu *Finke Community* fahren; Abzweigung rechts zu *Mt. Dare Homestead* (33 km) |
| 791,6 | 424,4 | Weggabelung: links nach *Finke Community* fahren; der *track* geradeaus ist gesperrt; rechts zu *Mt. Dare Homestead* (30 km) |

| | | |
|---|---|---|
| 809,0 | 407,0 | Überquerung der *Old-Ghan*-Bahnlinie (→ Streckenbeschreibung 4, Ooodnadatta Track) |
| 828,6 | 387,4 | T-Kreuzung: rechts fahren; links zu *Eringa Homestead* (Ruinen) Das nahe Wasserloch war für *Stuarts* Expeditionen ein wichtiger Versorgungspunkt. |
| 833,5 | 382,5 | *Bloods Creek* Der *creek* wurde nach *J.H.S. Blood*, 1872 Stationsvorsteher der Telegraphenstation von *Peake*, benannt. Konstrukteure und Arbeiter der *Overland Telegraph Line* nutzten seine zwei natürlichen Wasserlöcher, bis man in der Nähe die gleichnamige, kleine Versorgungsstation baute, die die Arbeiter mit Trinkwasser versorgte. Die Regierung stellte das Material zum Brunnenbau und für ein Windrad, das Wasser zur Oberfläche pumpt, zur Verfügung. *Ted Colson*, der *Simpson Desert* in beiden Richtungen durchquerte, war vermutlich der letzte Besitzer von Bloods Creek. |
| 834,2 | 381,8 | Ende bzw. Beginn von *Witjira National Park* |
| 845,6 | 370,4 | *Bahnstation Abminga* (Ruine) Abminga war eine Nebenstrecke für *Mount Dare* und *Bloods Creek*. Der Name "Abminga" kommt aus der Sprache der Aborigines und bedeutet soviel wie "Weg der Regenbogenschlange". |

Informationsaustausch an der Strecke

| | | |
|---|---|---|
| 871,1 | 344,9 | Geradeaus fahren; Abzweigung rechts zu *Mt. Dare Homestead* (41 km) |
| 872,0 | 344,0 | *Charlotte Waters Homestead* (Ruinen) rechts<br>Die Wasserstelle nahe den Ruinen entdeckten im Januar 1871 zwei Arbeiter der Telegraphengesellschaft - *McMinn* und *Knuckey*. Es stellte sich heraus, daß hier ein idealer Platz für eine Übertragungsstation war. Im Dezember 1871 begann man mit dem Bau von Häusern für Stationsvorsteher, Streckenkontrolleure, Arbeiter sowie der Station selbst. |
| 902,5 | 313,5 | T-Kreuzung: links fahren; Abzweigung rechts zu *Andado Homestead* (70 km) und *Old Andado Homestead* (88 km); *New Crown Homestead* rechts |
| 932,5 | 283,5 | Abzweigung rechts nach *Finke Community* nehmen; geradeaus zum *Stuart Highway* (147 km) |
| 933,1 | 282,9 | *Finke Community*<br>Finke wurde 1929 als Streckenwärterposten für die Bahnlinie von Oodnadatta nach Alice Springs errichtet. Da die Strecke hier durch *Finke River* führte und durch Überschwemmungen regelmäßig beschädigt wurde, erweiterte sich der Außenposten bald zu einer kleinen Ortschaft der Streckenarbeiter. Bis 1980 war Finke der Verladebahnhof der umliegenden Farmen und Unterkunftszentrum für Bahnarbeiter. Der Anteil weißer Australier überstieg aber nie 60 Personen. Sie verwalteten Post, Polizei, Hotel etc. Als man 1980 die *Ghan*-Linie stillegte, verließen die meisten Weißen Finke. Die verbliebenen Aborigines übernahmen die Verwaltung. Heute bewohnen rund 200 Ureinwohner die kleine Siedlung, die als "trockene" *community* gilt (Alkohol darf nicht mitgebracht oder dort getrunken werden). Ebenso verboten ist Fotografieren, es sei denn, man hat die ausdrückliche Genehmigung. |
| 937,1 | 278,9 | *Finke River*<br>*John MacDouall Stuart* benannte den Fluß nach einem Freund, der seine Expeditionen unterstützte. Die Aborigines dagegen gaben den verschiedenen Abschnitten des 700 km langen Flusses unterschiedliche Namen. Einer der bekanntesten ist "Larapinta". Da der Fluß seinen Verlauf länger als alle anderen Flüsse nicht verändert hat, vermutet man hier das älteste Flußbett der Erde. Luftaufnahmen zeigen, daß er zahlreiche Gebirge tief eingeschnitten hat. Wahrscheinlich gab es ihn schon, als die Berge gerade erst im Entstehen waren. Damit wäre er über 2.000 Millionen Jahre alt, denn die meisten Gebirge hier stammen aus dem Präkambrium. Früher füllten seine Wassermassen *Lake Eyre*. Heute führt er nur noch ein- bis zweimal im Jahr Wasser, und dann auch nicht über die gesamte Länge. Das Wasser versickert größtenteils am südwestlichen Rand von *Simpson Desert*. Der Rekord 1974, als *Finke* |

| | | |
|---|---|---|
| | | *River* für ganze neun Monate Wasser führte, ist bis heute ungebrochen. Über 1.000 mm Niederschlag verzeichnete Zentralaustralien damals. Auch *Lake Eyre* erreichte zu der Zeit seinen höchsten Wasserstand. |
| 969,1 | 246,9 | Weggabelung: rechts fahren; links zu *Horseshoe Bend Homestead* (27 km) |
| 972,0 | 244,0 | Geradeaus fahren; links zu *Horseshoe Bend Homestead* (27 km); rechts zu *Colson Pinnacle* und zu *Mt. Rumbalara*<br>Seit der Entdeckung der merkwürdig geformten Berge (*Colson Pinnacle* und *Mt. Rumbalara*) zogen sie immer wieder Besucher an, die ihnen die unterschiedlichsten Namen gaben: z. B. "Maidens Breast" (Jungfrauenbrust) - wohl nach dem Wort aus der Eingeborenensprache "Rumbalara", was soviel wie "Frauenbrust" bedeutet. Besonderen Eindruck müssen die Berge bei einem Amerikaner, der während des Zweiten Weltkrieges in dieser Gegend war, hinterlassen haben. Er kletterte bis zum Gipfel von *Colson Pinnacle*; und von diesem Moment an war sein letzter Wille, daß seine Asche hier über den Berg verteilt werden sollte. Ein Beerdigungsinstitut aus Alice Springs erfüllte ihm schließlich diesen Wunsch. |

### *Fotomotiv und Dreamtime-Mythos - Chambers Pillar*

1860 von *Stuart* bei seinem ersten Versuch, Australien zu durchqueren, entdeckt, lockt *Chambers Pillar* nach wie vor Forscher und Reisende an. Die 50 Meter hohe Sandsteinsäule ist die Attraktion des 3,4 km² großen Schutzgebietes. Sie diente den ersten Reisenden als sicherer Orientierungspunkt auf ihrem Weg durch die Wüste von *Charlotte Waters* nach *Alice Springs* Wie viele andere außergewöhnliche Formationen hat auch dieser Sandstein für die Aborigines eine Bedeutung nach der Schöpfungsgeschichte *(dreamtime):* Ein Gecko-Ahne (ähnlich den in diesem Gebiet lebenden Knopfschwanzgeckos - *knob-tailed geckos*) namens *Itirkawara* verließ seine Heimat an *Finke River* und reiste in nordöstlicher Richtung durch das Land. Auf dieser Reise wuchs er zu einem Mann mit übermenschlichen Kräften heran. Auf seiner Heimreise änderte sich seine Wesensart. Er wurde gewalttätig und tötete mit seinem Steinmesser viele andere Wesen aus der "Traumzeit". Maßlos überzeugt von seiner Kraft und den siegreich bestandenen Kämpfen, mißachtete er die strikten Heiratsvorschriften und nahm sich eine Frau vom falschen Familienclan. Seine Verwandten waren darüber sehr erbost und verbannten daraufhin beide. Itirkawara und seine Frau flüchteten in die Wüste; er war wütend und tobte, seine Frau aber wandte sich voller Angst und Scham von ihm ab. Bald wurden beide müde, und zwischen den Dünen der Wüste verwandelten sie sich in die heute noch hier stehenden Steinformationen: Itirkawara in *Chambers Pillar* und das Mädchen in eine flache Formation, 500 m entfernt.

| | | |
|---|---|---|
| 1016,6 | 199,4 | Geradeaus fahren; Abzweigung links zu *Alice Well*; rechts Bahnstation *Bundooma* (Ruine)<br>An den Ufern von *Hugh River* gelegen, wurde *Alice Well* von *Ross* und *Harvey* im Oktober 1870 entdeckt. Sie suchten eine mögliche Strecke für die neu zu errichtende Telegraphenverbindung. Schnell wurde die Wasserstelle als Versorgungspunkt für die Arbeiten an der Telegraphenverbindung und als Viehtränke genutzt. Sogar ein Polizeiaußenposten war von 1911 bis 1928 hier tätig. Den alten Brunnen hat man mittlerweile durch ein neues Bohrloch mit Tank ersetzt. Da die meisten Rinderherden heute mit *roadtrains* befördert werden, dient der Brunnen heute vornehmlich den Rindern der umliegenden Farmen als Tränke. |
| 1052,8 | 163,2 | T-Kreuzung: rechts fahren; Abzweigung links zu *Maryvale Homestead* (15 km) und *Chambers Pillar Historical Reserve* (44 km; 4-WD)<br>(→ Artikel "Fotomotiv und Dreamtime-Mythos - Chambers Pillar") |
| 1085,8 | 130,2 | T-Kreuzung: rechts nach Alice Springs fahren; links zum *Stuart Highway* (61 km) |
| 1096,0 | 120,0 | Überquerung der Bahnlinie des *Ghan*; rechts zu *Deep Well Homestead* |
| 1166,1 | 49,9 | *Ewaninga Rock Carvings Conservation Reserve* links<br>Von den Felsenritzungen im weichen Sandstein wird angenommen, daß sie 1.000 bis 5.000 Jahre alt sind. Ein kurzer Weg mit Informationstafeln erklärt die wichtigsten Abbildungen. |
| 1206,0 | 10,0 | T-Kreuzung: rechts auf den *Stuart Highway* nach *Alice Springs* (10 km) fahren; ab hier ist geteert. |
| 1216,0 | 0 | *Alice Springs Shopping Centre* |

## *Alice Springs*

1870 sollte *John Ross*, ein erfahrener *bush-ranger* und Forschungsreisender, im Auftrag der Regierung und der Britisch-Australischen Telegraphengesellschaft einen Weg für die Telegraphenverbindung von Süden nach Norden suchen. Als Grundlage dienten ihm Karten und Aufzeichnungen von *Stuart*. Innerhalb von zwei Jahren war die Strecke festgelegt, 36.000 Telegraphenmasten gesetzt und elf Telegraphenstationen errichtet. Solche Stationen waren im Grunde die ersten Siedlungen im heißen Zentrum. Einer der Landvermesser der Gesellschaft entdeckte ein trockenes Flußbett und eine Reihe kleiner Quellen. Die Hauptquelle nannte er "Alice", nach der Frau von *Charles Todd*, dem damaligen Postminister. So beschloß man, auch hier eine Telegraphenstation zu bauen, die man nach *Stuart* benannte. Sie wurde ein wichtiges Depot für den Bau des mittleren Abschnitts der Telegraphenverbindung und war Ausgangspunkt bzw. Basislager für viele Expeditionen. Die ersten Siedler ließen sich Ende der siebziger Jahre in der Umgebung nieder. *Owen Springs, Hermannsburg* und *Tempe Downs*, um nur einige zu nennen, entstanden. Trotzdem ließ das Bevölkerungswachstum zu wünschen übrig. 1888 entstand eine Siedlung 3 km südlich der Telegraphenstation. Als 1929 die Gleise den Bahnhof von Stuart (→ Streckenbeschreibung 4, Oodnadatta Track) erreichten und am 4. August der *Ghan* einlief, lebten in der Siedlung südlich von Stuart gut hundert Menschen. Um Verwechslungen mit der Telegraphenstation zu vermeiden, taufte man die Siedlung 1933 in *Alice Springs* um. Mit dem wöchentlichen Zug kamen mehr und mehr Besucher und Zuwanderer. Die meisten flüchteten vor den wirtschaftlichen Problemen im Süden. Doch erst als man 1940 bis 1943 die Straße nach Darwin asphaltierte, erlebte Alice Springs einen Aufschwung. Mit den steigenden Touristenzahlen wurde Alice Springs bald die bekannteste Stadt in Northern Territory - lag sie doch in "unmittelbarer Nähe" zu *Ayers Rock* - und entwickelte sich mit heute rund 24.000 Einwohnern zur zweitgrößten Stadt des Bundesstaates. Von großer Bedeutung für Alice Springs ist die Viehwirtschaft im Umland, aber noch mehr der Tourismus. So ist die Stadt Ausgangspunkt für Touren in die Nationalparks von *MacDonnell Range*. Obwohl schon eine Stadt, erhielt sich Alice Springs bis heute - worauf die Bewohner übrigens auch großen Wert legen - seinen *outback*-Charakter.

## *Strecke 8*
## *Alice Springs - Kings Canyon und Ayers Rock (Yulara) via Finke Gorge National Park*

- **Entfernung:** 360 km bis Kings Canyon; 470 km bis Ayers Rock; max. Entfernung ohne Tankmöglichkeit: 202 km
- **Empfohlene Reisedauer:** 4 bis 5 Tage
- **Reine Fahrzeit:** 10 Stunden bis Kings Canyon; 12 Stunden bis Ayers Rock
- **Empfohlene Reisezeit:** beste Zeit März bis Oktober; im Sommer extrem heiß.
- **Ab- und Rückmeldung:** nicht erforderlich
- **Ausrüstung:** Geländewagen für *Palm Valley, Finke Gorge National Park, Mereenie Loop Road;* mit Grundausrüstung bei Wagen und bei Werkzeug.
- **Pistenart und -zustand:** Bis *Hermannsburg* ist die Strecke geteert. Die Strecke durch *Finke Gorge National Park* führt größtenteils durch das steinige und sandige Flußbett von *Finke River*. *Palmer River* ist breit und tiefsandig, so daß man damit rechnen muß, sich festzufahren. Die *Ernest Giles Road* in Richtung *Kings Canyon* und *Yulara* ist eine Schotterpiste; die *Luritja Road* nach *Yulara* ist geteert. Auf der *Mereenie Loop Road* muß man mit starken Auswaschungen nach Regen rechnen.
- **Versorgung:** Alice Springs (kompletter Service); Hermannsburg/ 120 km (Lebensmittelladen, Tankmöglichkeit); Kings Creek Station/ 322 km (roadhouse, caravan park, Tankstelle); Kings Canyon Resort/ 363 km (Hotel, caravan park, Tankmöglichkeit); Yulara/ 458 km (kompletter Service)
- **Telefonnummern:** Alice Springs Touristeninformation 08/ 89 52 58 00; National Park & Wildlife Service 08/ 89 51 82 11, Kings Creek Station 08/ 89 56 74 74; Kings Canyon Resort und Caravan Park 08/ 89 56 74 42; Yulara Informationszentrum 08/ 89 56 22 40

### *Westlich und östlich von Alice Springs*

Im Inneren Australiens dominieren zwei Landschaftsformen: zum einen weite Sandebenen mit Dünen, zum anderen imposante Bergketten. Eine dieser Ketten, *MacDonnell Range*, erhebt sich westlich und östlich von Alice Springs. Es handelt sich um eine zerklüftete Gebirgsbarriere aus parallel verlaufenden Bergrücken mit steilen, roten Kämmen, die über eine Länge von mehr als 400 km aus der weiten Ebene aufragt. Sie ist vulkanischen Ursprungs und war vor 400 Millionen Jahren noch über 3.000 m hoch. Wind und Regen trugen Zentimeter um Zentimeter ab und ließen sie schließlich auf 600 m schrumpfen. Flüsse gruben tiefe Schluchten in das Gestein, hinterließen Vertiefungen und Auswaschungen, die heute kleine, ständig gefüllte *pools* sind. Diese geschützt liegenden Wasserstellen sind immer noch Lebensräume für seltene Pflanzen einer längst vergangenen, feuchteren Epoche. Auch in den Bildern *Albert Namatjiras*, eines eingeborenen Malers, wiederholt sich immer wieder diese Gebirgslandschaft (→ Artikel "Albert Namatjira - ein Leben zwischen Anerkennung und Verachtung"). In der Mythologie der Aborigines sind die Wasserstellen in *Western MacDonnell Range* Heimat der großen Wasserschlange, die alle unbesonnenen Besucher tötet.

Viele Gebiete von *MacDonnell Range* sind als Nationalparks geschützt. Erreichen kann man die Parks westlich von Alice Springs entweder über den *Namatjira Drive* (Western MacDonnell National Park) oder über den *Larapinta Drive*; östlich von Alice Springs über den *Ross Highway*. Die Sehenswürdigkeiten wie *Ormiston Gorge, Standley Chasm* oder *Simpsons Gap* am Namatjira Drive sind problemlos über eine asphaltierte Straße mit Pkw zu erreichen. Für einen Besuch von *Finke Gorge National Park* und *Palm Valley* ist ein Fahrzeug mit Allradantrieb notwendig. Ähnliches gilt für *Eastern MacDonnell Range*. Bis zu *Trephina Gorge* ist die Strecke geteert und mit Pkw befahrbar. Zu *Ruby Gap Nature Reserve* kommt man nur mit Geländewagen. Nach heftigen Regenfällen ist besonders die Strecke durch *Finke Gorge National Park* ab → Ntaria (Hermannsburg) oft unpassierbar. *Mereenie Loop Road,* 1994 zwischen Hermannsburg und Watarrka National Park freigegeben, ist eine interessante Alternative für eine Rundfahrt durch *MacDonnell Range*. Ungewohnt hoch sind die Temperaturen (bis zu 40° C im Sommer) und äußerst gering die Luftfeuchtigkeit (20 % und weniger). Dabei ist die Verdunstungsrate zehnmal höher als der jährliche Niederschlag von 250 mm. Daher ist auf allen Wanderungen und Fahrten unbedingt genügend Wasser mitzunehmen (1 Liter pro Person und Stunde!).

▸ **Besondere Hinweise:** Für *Uluru National Park* (Ayers Rock und Olgas) wird eine Eintrittsgebühr von 15 $ pro Person erhoben (gültig für 5 Tage). Camping ist im Park nicht erlaubt. Für die *Mereenie Loop Road* ist eine Genehmigung erforderlich (Mereenie Tour Pass 2 $), die in Hermannsburg, Alice Springs oder beim Kings Canyon Resort erhältlich ist.

## *Alice Springs*

(→ Streckenbeschreibung 7, Birdsville - Alice Springs)

## *Streckenlog*

| | | |
|---|---|---|
| 0 | 360,0 | *Alice Springs*; auf dem *Larapinta Drive* in Richtung *Hermannsburg* fahren |
| 17,0 | 343,0 | Geradeaus fahren; Abzweigung rechts zu *Simpsons Gap*, Teil des *West MacDonnell National Park*<br>Dieser Nationalpark ist ideal für einen Tagesausflug von Alice Springs aus. Die Quarzitberge sind Heimat von Dingos, Bergkänguruhs, Ringsittichen, Adlern, Milanen und harmlosen Gefleckten Pythons. Eine kleine Attraktion ist die Kolonie fast zahmer Schwarzfuß-Felsenkänguruhs. Obwohl in den Gebirgen Zentralaustraliens häufig vertreten, bekommen Besucher diese kleine Känguruhart nur selten zu Gesicht. Der eigentliche Anziehungspunkt für den alljährlichen Besucheransturm ist jedoch der schmale Flußdurchbruch *Simpsons Gap*. Da diese Schlucht stark besucht ist, empfiehlt es sich, über Pfade (nicht beschildert!) einen der drei anderen Durchbrüche (*Rocky Gap, Bond Gap* oder *Wallaby Gap*) zu erkunden. Nur bei längeren Wanderungen (z. B. zu *Wallaby Gap,* 20 km) ist Buschcamping erlaubt. Informationen zu den Wanderwegen gibt es beim Besucherzentrum im Park. Es ist täglich von 8-20 Uhr geöffnet. |
| 41,0 | 319,0 | Geradeaus fahren; Abzweigung rechts zu *Standley Chasm*<br>Der schmale, nur 5 bis 9 m breite Felseneinschnitt liegt auf Land, das den Aborigines zuerkannt wurde. *Hugh River* bahnte sich hier seinen Weg durch *Western MacDonnell Range*. Er hat dabei fast senkrechte, bis zu 90 m hoch aufragende Felsenwände geschaffen. Nur wenn die Sonne am höchsten steht, zeigt sich der Flußdurchbruch von seiner schönsten Seite: Dann schimmern die Wände von zartem Rosa bis zu kräftigen, roten Farbtönen. Leider ist es dann fast unmöglich, einen Platz in der Schlucht zu ergattern, denn kein Tourist möchte sich dieses Schauspiel entgehen lassen. Der Weg durch den Durchbruch ist gut 1 km lang und führt durch das zumeist staubtrockene Flußbett. Geöffnet ist der Park von 7.30 bis 18 Uhr. Das Eintrittsgeld (3 $) fließt den Aborigines einer nahen Siedlung zu. |
| 46,0 | 314,0 | Weggabelung: links in Richtung *Hermannsburg* fahren; rechts ist der *Namantjira Drive* zu *West MacDonnell National Park* (Serpentine-, Ormiston-, Glen Helen-, Redbank Gorge) |
| 49,7 | 310,3 | Geradeaus fahren; Abzweigung links zu *Owen Springs Homestead*<br>Im März 1861 fand *Stuart* in der Nähe des heutigen Farmhauses eine Quelle, die er nach dem Sohn eines südaustralischen Parlamentariers "Owen Springs" |

**Hermannsburg - eine Mission vergangener Tage**

Im Jahr 1874 sprach man der *Lutherischen Kirche* ein zunächst 320 $km^2$ großes Gebiet in Zentralaustralien zu. 1875 schickte die Kirchenleitung zwei Missionare, *Schwarz* und *Kempe*, sowie fünf Arbeiter und zwei *stockmen* mit 30 Pferden, 2.000 Schafen, 20 Rindern, 5 Hunden und ein paar Hühnern aus Südaustralien los, um dort eine Mission *(Hermannsburg)* zu gründen. Die Gruppe brauchte für die Reise fast 2 Jahre und kam erst im Juni 1877 an. Sie hatten die sengende Hitze im Landesinnern unterschätzt und "strandeten" bei *Dalhousie Mound Springs*. Erst nach 10 Monaten hatten sich Mensch und Tier an die Temperaturen einigermaßen gewöhnt, so daß sie in Richtung *Finke River* weiterziehen konnten. Hermannsburg lag im Stammesgebiet der Aranda-Aborigines. Unter Leitung der Missionare wurden Hütten, Schafscherschuppen und Unterstände gebaut. Kempe studierte die hier lebenden Ureinwohner und schrieb ein Wörterbuch in der Sprache der Aranda. Doch das ursprüngliche Ziel, Schafzucht, Gemüse- und Getreideanbau zu betreiben, machten karger Boden und ungünstige klimatische Bedingungen immer wieder zunichte. Auch die Bekehrung der Aborigines machte nicht die gewünschten Fortschritte, denn die meisten hielten an ihren Mythen und Riten fest. Schließlich übernahm 1894 *Karl Strehlow*, Pastor der Immanuel-Synode, die heruntergekommene Mission. Er ersetzte Schafe durch Rinder, die sich hier besser an die harschen Bedingungen anpaßten. Zudem profitierte er vom Wörterbuch seines Vorgängers, übersetzte die Bibel in die Sprache der Aborigines und hatte so auch mit der Missionierung mehr Erfolg. Hermannsburg baute er zur ersten europäischen Siedlung in Zentralaustralien aus. Strehlows Nachfolger, *Pastor Albrecht*, legte 1935 eine Wasserleitung, die den Betrieb einer Gerberei ermöglichte. Erfolgreich produzierte man von da an Lederwaren und Schuhe, die sogar Absatzmärkte in Kanada eroberten. 1982 wurde die Mission den Aranda-Aborigines zurückgegeben und trägt heute den Namen "Ntaria".

nannte. Stuart nutzte diese Quelle viele Male bei seinen zahlreichen Kontinentdurchquerungen. Später errichtete man in der Nähe ein Lager für die Mitarbeiter der Telegraphengesellschaft. Seit 1873 liegt die Quelle auf dem Grundbesitz von *Owen Springs Station* (kein Zugang für Touristen).

91,0 269,0 Geradeaus fahren; Abzweigung links nach *Wallace Rock Community* (18 km). Die Gemeinde gilt als Vorbild unter den Ureinwohnersiedlungen Australiens. *Gordon Abott*, ein Eingeborener, der mit zwölf Mitgliedern seiner Familie Hermannsburg verließ und hierher zog, gründete die kleine Gemeinde. Wer sie besuchen oder hier campen möchte, braucht dazu einen Erlaubnisschein *(permit)*. Alkohol ist wie immer verboten!

120,3 239,7 Abzweigung links nehmen (nicht ausgeschildert!); geradeaus nach *Hermannsburg* (100 m weiter rechts ab) Mereenie Loop Road (Kings Canyon), zu *Palm Valley* (22 km; → KM 138,9), *Gosse Bluff Na-*

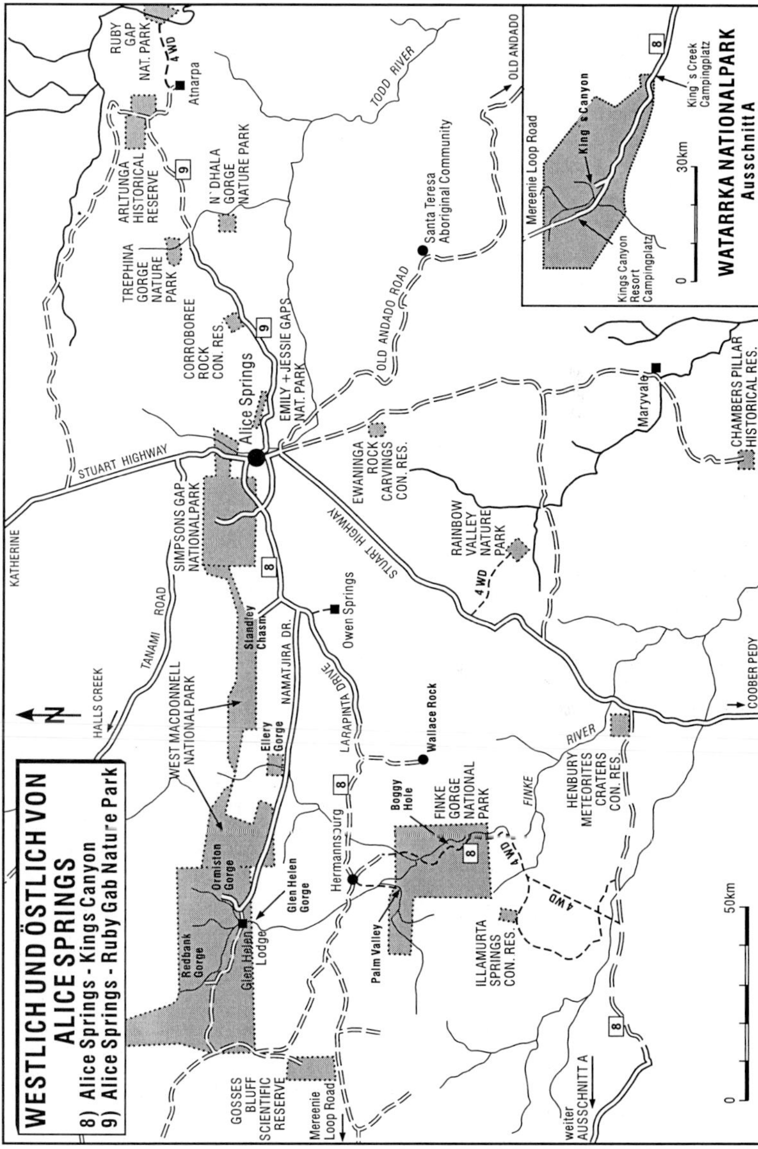
WESTLICH UND ÖSTLICH VON ALICE SPRINGS
8) Alice Springs - Kings Canyon
9) Alice Springs - Ruby Gab Nature Park
HALLS CREEK
KATHERINE
TANAMI ROAD
STUART HIGHWAY
SIMPSONS GAP NATIONALPARK
WEST MACDONNELL NATIONALPARK
Standley Chasm
NAMATJIRA DR.
Owen Springs
LARAPINTA DRIVE
Ellery Gorge
Ormiston Gorge
Redbank Gorge
Glen Helen Lodge
Glen Helen Gorge
GOSSES BLUFF SCIENTIFIC RESERVE
Mereenie Loop Road
Hermannsburg
Palm Valley
Boggy Hole
Wallace Rock
FINKE GORGE NATIONAL PARK
4WD
ILLAMURTA SPRINGS CON. RES.
FINKE RIVER
HENBURY METEORITES CRATERS CON. RES.
weiter AUSSCHNITT A
COOBER PEDY
0
50km
Alice Springs
EMILY + JESSIE GAPS NAT. PARK
CORROBOREE ROCK CON. RES.
TREPHINA GORGE NATURE PARK
N´DHALA GORGE NATURE PARK
ARLTUNGA HISTORICAL RESERVE
RUBY GAP NAT. PARK
Atnarpa
TODD RIVER
OLD ANDADO ROAD
OLD ANDADO
Santa Teresa Aboriginal Community
EWANINGA ROCK CARVINGS CON. RES.
RAINBOW VALLEY NATURE PARK
Maryvale
CHAMBERS PILLAR HISTORICAL RES.
WATARRKA NATIONALPARK
Ausschnitt A
Mereenie Loop Road
King´s Canyon
Kings Canyon Resort Campingplatz
King´s Creek Campingplatz
30km

| | | |
|---|---|---|
| | | *tional Park* (60 km) und weiter zum *Namatjira Drive.* (Zu Hermannsburg → Artikel "Hermannsburg - eine Mission vergangener Tage" und "Albert Namatjira - ein Leben zwischen Anerkennung und Verachtung".) |
| 129,7 | 230,3 | Weggabelung: rechts zu *Kings Canyon* (Hinweisschild links) |
| 130,5 | 229,5 | Weggabelung: links zu *Kings Canyon* (Hinweisschild rechts) |
| 132,9 | 227,1 | Weggabelung: rechts zu *Kings Canyon* (Hinweisschild) |
| 138,9 | 221,1 | Beginn bzw. Ende von *Finke Gorge National Park* Das 1967 zum Nationalpark erklärte Gebiet und seine unmittelbare Umgebung weisen neben Stellen von großer kultureller Bedeutung für Aborigines auch Zeugnisse europäischer Besiedlung auf, wie *Old Boggy Hole Police Depot*, die Ruinen einer alten Polizeistation. Das Bett von *Finke River* war jahrtausendelang die Hauptwanderroute vieler Ureinwohnerstämme. Der Park wurde eingerichtet, um eine für Zentralaustralien einzigartige Flora zu schützen: Etwa 3.000 Exemplare der Marienpalme *(cabbage palms)* konnten die letzten 10.000 Jahre in *Palm Valley* überleben, dank des gleichnamigen *creek*, der sie mit ausreichend Wasser versorgt. Sie sind Relikte einer Zeit, als das Landesin- |

Camping in Western MacDonnell Range

## Albert Namatjira - ein Leben zwischen Anerkennung und Verachtung

*Albert Namatjira* (1902 - 1959), bekanntester Bewohner von Hermannsburg, wuchs in der Missionssiedlung auf, wurde einerseits im christlichen Glauben erzogen, lernte andererseits aber auch alle Initionsriten seines Volkes kennen. Von einem australischen Maler, der sich auf einer Reise durch das Landesinnere befand, erhielt er ein halbes Jahr lang Unterricht im Aquarellzeichnen. Namatjira malte daraufhin ein Bild nach dem anderen, ganz im Stil europäischer Künstler. Seine Landschaftsbilder von *MacDonnell Range* spiegeln die große Liebe zu seiner Heimat wider. Die Werke verkauften sich gut; er wurde zu Empfängen eingeladen und sogar der englischen Königin vorgestellt. Durch seinen Erfolg aufmerksam geworden, meldete sich auch bald das Finanzamt und belegte Namatjira mit horrenden Steuerforderungen. Einerseits besaß er keinerlei Bürgerrechte, galt wie alle anderen Aborigines als sogenanntes "Staatsmündel", andererseits sollte er wie ein vollwertiger Staatsbürger Steuern zahlen. Die Konflikte waren vorprogrammiert. Da ihm Landbesitz nicht gestattet war, ließ sich Namatjira mit seiner Familie in einem Lager nahe Alice Springs nieder. 1957 sprach die australische Regierung ihm und seiner Frau, nicht aber seinen Kindern, die australische Staatsbürgerschaft zu, was zu neuerlichen Auseinandersetzungen führte, diesmal mit seinen Stammesgenossen. Als vollwertiger Staatsbürger war er berechtigt, Alkohol zu erwerben, und als Aranda verpflichtet, seinen Besitz mit dem Stamm zu teilen und den Wünschen seiner Stammesbrüder nachzukommen. Seine Angehörigen baten ihn, Alkohol für den Familienclan zu kaufen. Als es eines Tages nach Alkoholgenuß zu Streitigkeiten im Lager kam, gab es einen Toten. Namatjira wurde daraufhin verhaftet, da er es war, der den Alkohol besorgt hatte. Zwar fiel die Strafe für damalige Verhältnisse recht milde aus, aber Namatjira war ein gebrochener Mann. Er suchte, wie viele Aborigines vor und nach ihm, Trost im Alkohol und starb mit 57 Jahren, arm und innerlich zerrüttet. Namatjiras Leben war geprägt vom verzweifelten Kampf, zwei Welten - die der Ureinwohner und die der Einwanderer - miteinander in Einklang zu bringen. Ein Kampf, den er letztendlich durch das Unverständnis und die Ignoranz der Europäer verlieren mußte.

nere Australiens noch mit tropischer Vegetation bedeckt war. Bisher ist kein Ort auf der Welt bekannt, wo diese Palmenart noch wächst. Die Entstehungsgeschichte der über 300 Jahre alt werdenden MacDonnell-Palmfarne reicht noch weiter in die Vergangenheit zurück als die der Marienpalmen. Sie begann bereits vor Jahrmillionen. In *Cycad Gorge* kann man schöne Exemplare dieser "Reliktpflanzen" bewundern.
Die wenigen Wasserlöcher von *Finke River* sind während langer Trockenperioden ein wichtiges Rückzugsgebiet für Fische und Wasservögel. Markante Sandsteinformationen, darunter amphitheaterähnliche, beherrschen die Szenerie des Parks. Hauptanziehungs-

| | | |
|---|---|---|
| | | punkt ist jedoch das "Palmental". Da auch viele Bustouristen aus Alice Springs die Schlucht besuchen, ist der frühe Morgen oder der späte Nachmittag die beste Zeit, sie in Ruhe zu genießen. Dann sind eventuell auch scheue Tiere wie Dingos, Felsenkänguruhs oder Bergkänguruhs zu beobachten. |
| 143,8 | 216,2 | Hinweisschild: zu *Palm Valley* (für entgegengesetzte Richtung) |
| 154,3 | 205,7 | *Boggy Hole* links<br>Sehr guter Platz zum Campen. In der Nähe befinden sich die Ruinen des alten *Boggy Hole Police Depot*. |
| 155,2 | 204,8 | Weggabelung: rechts zu *Kings Canyon* (Hinweisschild) |
| 161,2 | 198,8 | Weggabelung: rechts zu *Kings Canyon* (Hinweisschild); Hinweisschild zu *Palm Valley* (für entgegengesetzte Richtung) |
| 163,4 | 196,6 | Weggabelung: rechts zu *Kings Canyon* (Hinweisschild) |
| 166,9 | 193,1 | Hinweisschild: *Palm Valley* geradeaus (für entgegengesetzte Richtung) |
| 174,5 | 185,5 | Gatter; Ende bzw. Beginn von *Finke Gorge National Park*<br>(→ KM 138,9) |
| 177,4 | 182,1 | Hinweisschild: *Kings Canyon* geradeaus; Hinweisschild: *Palm Valley* geradeaus (für entgegengesetzte Richtung) |
| 182,0 | 178,0 | Hinweisschild: *Kings Canyon* geradeaus |
| 182,1 | 177,9 | Hinweisschild: *Palm Valley* geradeaus (für entgegengesetzte Richtung) |
| 182,3 | 177,7 | *Running Water Yard* (alte Viehkoppel) links |
| 193,7 | 166,3 | Abzweigung links zu *Kings Canyon* nehmen; geradeaus zu *Illamurta Springs Conservation Reserve* (9 km)<br>An dieser Wasserstelle wurde 1893 von Rinderzüchtern ein Lager eingerichtet, in dem bis 1912 Wächter lebten, um Dingos und Viehdiebe von den Rindern fernzuhalten. Ein paar Umzäunungen und Ruinen kann man noch heute sehen. *Ilpurla Community* in der Nähe bietet eine kleine Campingstelle mit Toilette. |

### *Alternativstrecke über Illamurta Springs* (♦)

| | | |
|---|---|---|
| 0 | 47,4 | Geradeaus fahren ab Abzweigung links zu *Kings Canyon* |
| 9,0 | 38,4 | *Illamurta Springs* |
| 33,0 | 14,4 | *White Horse Gap;* Gatter |
| 33,1 | 14,3 | Geradeaus fahren; Abzweigung rechts zu *Tempe Downs Station* (34 km) |
| 45,5 | 1,9 | Gatter |
| 47,4 | 0 | Kreuzung: rechts fahren in Richtung *Kings Canyon;* links nach *Hermannsburg* und zu *Palm Valley;* geradeaus zu *Rogers Pass* an der *Ernest Giles Road* (13 km) |

***Weiterfahrt auf der Hauptstrecke***

| | | |
|---|---|---|
| 193,8 | 166,2 | Hinweisschild: *Palm Valley* rechts ab (für entgegengesetzte Richtung) |
| 197,2 | 162,8 | Gatter; Hinweisschild: *Palm Valley* links ab (für entgegengesetzte Richtung) |
| 197,4 | 162,6 | Hinweisschild: *Kings Canyon* links ab |
| 215,3 | 144,7 | Durchquerung von *Palmer Creek* (tiefsandig) |
| 216,8 | 143,2 | Kreuzung: geradeaus in Richtung *Kings Canyon* fahren; Abzweigung rechts zu *Illamurta Springs Conservation Reserve;* Abzweigung links zu *Rogers Pass* |
| 222,4 | 137,6 | Hinweisschild: *Palm Valley* 140 km, Fahrzeit 6 bis 7 Stunden (für entgegengesetzte Richtung) |
| 222,7 | 137,3 | T-Kreuzung: rechts auf der *Ernest Giles Road* in Richtung *Kings Canyon* fahren; links zum *Stuart Highway* |
| 251,5 | 108,5 | Geradeaus fahren; Abzweigung rechts nach *Tempe Downs Station* |
| 258,4 | 101,6 | Geradeaus fahren; Abzweigung links ist die *Luritja Road* nach *Yulara* und zu *Uluru* (Ayers Rock) *National Park* (220 km; Beschreibung dieser Strecke → am Ende des Streckenlogs) |
| 259,1 | 100,9 | *Stockyard Homestead (Wallara Ranch)* rechts; Übernachten ist auf der Farm nicht mehr möglich. |
| 261,9 | 98,1 | Beginn der Asphaltstrecke |
| 322,4 | 37,6 | *Kings Creek Caravan Park* und *-Roadhouse* links. Der *caravan park* ist eine gute, kostengünstige Alternative zu dem von *Kings Canyon Resort*, 35 km westlich. |
| 338,4 | 21,6 | Beginn von *Watarrka National Park* |

Der Park umschließt das westliche Ende von *George Hill Range* mit dem bekannten *Kings Canyon*, vielen Höhlen und bizarren Felsenformationen. Wind und Wasser schufen im Laufe von Jahrmillionen eine atemberaubende Landschaft, die erst seit einigen Jahren für Touristen zugänglich ist. *Kings Canyon* selbst zeichnet sich durch ein Plateau mit Felsdomen und bis zu 100 m hohen Steilwänden aus. Viele Dome haben Höhlen, die schon Aborigines in frühester Zeit als Schlaf- und Kultstätten nutzten.

Watarrka ist aus botanischer Sicht eines der bedeutendsten Gebiete in Zentralaustralien. Bei einer Zählung 1986 registrierte man fast 600 Pflanzenarten, u. a. 17 sogenannte "Reliktpflanzen" (hier: Pflanzenarten der feuchttropischen Vegetation), die nur an wenigen Stellen überlebten. Außerhalb der feuchtigkeitsspeichernden Schlucht gibt es nur eine kümmerliche Vegetation mit Spinifex, Wüstenkasuarinen und Geistereukalypten. Auch die Tierwelt konzentriert sich mehr auf die kühlen, geschützten Schluchten mit ständigem Vorrat an Trinkwasser. Neben den häufig anzutreffenden Wellensittichen, Zebrafinken und Diamanttäubchen ist hier und da ein Rotbürzelliest zu sehen. Diese kleine Eisvogelart hält sich oft sogar weit

| | | |
|---|---|---|
| | | entfernt vom Wasser auf. |
| 344,4 | 15,6 | Rangerstation links |
| 357,4 | 2,6 | Abzweigung rechts zu *Kings Canyon* (2,6 km) nehmen; geradeaus zu *Kings Canyon Resort* und Campingplatz (6 km) |
| 360,0 | 0 | *Kings Canyon,* Parkplatz<br>Von hier läßt sich der Canyon auf zwei gut markierten Wanderwegen erkunden: *Kings Creek Walk* (1,5 km) und *Kings Canyon Walk* (6 km). Letzterer führt an *Lost City* und *Garden of Eden* mit seiner üppigen Vegetation vorbei. Für die Wanderung oberhalb der Steilwände sind mindestens drei bis vier Stunden zu veranschlagen. Der Sandstein ist sehr brüchig; deshalb sollte man unbedingt auf den markierten Wegen bleiben. Wer nicht zu Ayers Rock möchte, kann über das *Kings Canyon Resort* und die dort beginnende *Mereenie Loop Road* nach Alice Springs fahren (320 km). |

## Strecke zu Ayers Rock (Yulara)

| | | |
|---|---|---|
| 0 | 212,0 | Abzweigung *Kings Canyon/ Ayers Rock* (→ KM 258,4) |
| 68,0 | 144,0 | T-Kreuzung: rechts auf den *Lasseter Highway* zu *Ayers Rock*; links zum *Stuart Highway* |
| 92,0 | 120,0 | Rastplatz links |

Ayers Rock (Yulara)

| | | |
|---|---|---|
| 100,0 | 112,0 | *Mt. Connor Lookout* und Rastplatz links |
| 107,0 | 105,0 | Geradeaus fahren; Abzweigung links zu *Mulga Park Homestead* ((68 km) und *Mt. Connor* |
| 118,0 | 94,0 | *Curtin Springs Roadhouse* |
| 173,0 | 39,0 | Rastplatz links |
| 200,0 | 12,0 | *Yulara* |
| | | "Yulara" - was in der Sprache der Pitjantjatjara-Aborigines "weinen" bedeutet - ist die viertgrößte Stadt in |

**Uluru - ein erster Schritt in Richtung Verständigung**

Das ist *Ayers Rock (Uluru) National Park*, der 1985 als solcher ausgewiesen wurde. Eine herausragende Stellung hat er mit den Felsenformationen *Ayers Rock* und *Olgas*, zwei der nationalen Wahrzeichen.

*E.Giles* und *W. C. Gosse* vermaßen in den Jahren 1872 und 1873 das Land um den roten Berg und betrachteten es von da an - wie zu dieser Zeit üblich - als ihr Eigentum. In den Folgejahren entstanden große Schaf- und Rinderfarmen. In den dreißiger und fünfziger Jahren verfrachtete man die noch verbliebenen unerwünschten Aborigines in Missionen und staatliche Siedlungen oder nutzte sie auf Rinderfarmen als billige Arbeitskräfte aus. Obgleich "Zivilisationsbemühungen" der Europäer in vollem Gange waren, versuchten die *Anangu* (selbstgewählter Name der Pitjantjatjara- und Yankunytjatjara-Aborigines), ihre traditionelle Lebensweise beizubehalten. Sie führten weiterhin ein Nomadenleben, ernährten sich von dem, was das Land ihnen gab und lehrten ihre Nachkommen den Glauben und die Gesetze der "Traumzeit". Jahrelang sahen die *Anangu* zunächst taten- und machtlos zu, wie ihr Land Stück für Stück ausgebeutet wurde. Schafe und Rinder fraßen und zertrampelten alles, Minengesellschaften gruben auf der Suche nach Bodenschätzen Landstrich für Landstrich um, Touristen plünderten ihre heiligen Stätten. 1976 entschlossen sich die *Anangu* zum Kampf um ihr Land. Ganze zehn Jahre brauchte die Regierung, bis sie den Aborigines die Rechte am eigenen Land zugestand. Am 26. Oktober 1985 gab man den Ureinwohnern ihr Land zurück. Damit erkannte die Regierung sie als ursprüngliche Besitzer von Uluru und Kata Tjuta an. Man schloß einen 99jährigen Pachtvertrag mit ihnen und erklärte das Gebiet zum Nationalpark. Seitdem wird *Uluru (Ayers Rock) National Park* vom *Uluru - Kata Tjuta Board of Management* in Zusammenarbeit mit dem *National Park & Wildlife Service* betreut.

Von der Besteigung des Felsens ist dringend abzuraten, wenn man an hohem Blutdruck, Herzbeschwerden, Asthma oder Höhenangst leidet. Unfälle und Herzinfarkte sind keine Seltenheit. Vor dem Aufstieg sollte man in jedem Fall über folgendes nachdenken: *Uluru* ist eine heilige Stätte der Ureinwohner. Es war eine Auflage der Regierung, daß die Möglichkeit zum Besteigen des Gipfels als Touristenattraktion bestehen bleibt, wenn das Land an die Ureinwohner zurückgeht. Nur aus diesem Grund tolerieren die Anangu den täglichen Massenansturm auf den Gipfel. T-Shirts mit dem Aufdruck "I didn't climb Ayers Rock" sind mittlerweile beliebter als die Angabe, oben gewesen zu sein.

Northern Territory. Sie wurde für den Touristenstrom aus aller Welt aus dem Boden gestampft. Das gesamte Projekt kostete mehr als 200 Millionen Dollar. Dabei ist es im großen und ganzen gelungen, die Stadt harmonisch in die Umgebung einzupassen. Die Gebäude sind größtenteils in blaßrosa Farbtönen gehalten. Weiße Sonnensegel spenden Schatten und reflektieren die Sonneneinstrahlung. Drei Viertel der Energie, die zur Erwärmung des Wassers notwendig ist, werden mit Sonnenkollektoren gewonnen. Außer jeder nur denkbaren Unterkunftsmöglichkeit bietet Yulara einen *caravan park*. Mindestens eine Übernachtung ist in Yulara einzuplanen, um das Farbenschauspiel von *Ayers Rock* zu erleben. Gewissermaßen ein "Muß" für jeden Besucher ist *Yulara Visitors Centre.* In diesem Informationszentrum direkt neben *Four Seasons Hotel* kann man sich durchaus mehrere Tage aufhalten. Wer sich mit *Ayers Rock*, den Felsenformationen der *Olgas* und der Kultur der Ureinwohner vertraut machen will, wird hier gut informiert. Das Zentrum ist täglich von 8 bis 22 Uhr geöffnet (außer am 25.12.)

205,0 7,0 Beginn von *Uluru (Ayers Rock) National Park;* Kasse (→ Artikel "Uluru - ein erster Schritt in Richtung Ver-

## *Ayers Rock und Olgas - zwei uralte Felsenformationen*

Die Entstehung von *Ayers Rock* und *Olgas* ist bis heute umstritten. Vermutlich entstanden beide vor etwa 600 Millionen Jahren. Zu dieser Zeit (Präkambrium) gab es in Zentralaustralien riesige Faltengebirge. Wind und Wasser wirkten in den folgenden 200 Millionen Jahren so darauf ein, daß die Berge schließlich abgetragen waren. Unmengen an Geröll und Sand lagerten sich in tiefen Flußbetten ab. Bei einem weiteren Faltungsprozeß wurden die Schichten nach oben gedrückt - Ayers Rock und Olgas entstanden. Beide Felsenformationen erhielten ihre heutige Form durch Verwitterung. Während *Ayers Rock* aus Arkose-Sandstein, versetzt mit verschiedenen Mineralien, besteht, sind die *Olgas* ein Konglomerat aus Sand und Geröll. *Ayers Rock* überragt die Ebene um 382 m (940 m über NN), hat ein Flächenmaß von 3,3 km² und einen Umfang von 9,4 km. Damit ist er der zweitgrößte Monolith der Welt, nach *Mount Augustus* in Westaustralien. Seine eigentliche Farbe ist grau. Das eigentümliche Rot entsteht durch die Verbindung unzähliger Eisenpartikel mit Sauerstoff (Eisenoxid). Während des Sonnenauf- oder -untergangs wirkt es besonders intensiv. Felsenformationen wie der "Känguruh-Schwanz" (kangaroo tail) oder das "Gehirn" (brain) sind markante Punkte und beliebte Fotomotive. *Ayers Rock* wurde von *William Cristie Gosse* nach dem damaligen Staatssekretär *Sir Henry Ayers* benannt.

Die *Olgas* setzen sich aus 36 Kuppeln (Kata Tjuta = viele Köpfe) zusammen, erstrecken sich über eine Fläche von 35 km² und haben einen Gesamtumfang von 22 km. Die höchste Kuppel ist mit 546 m *Mt. Olga*, benannt nach der Königin *Olga von Württemberg*.

| | | |
|---|---|---|
| | | ständigung" und "Ayers Rock und Olgas - zwei uralte Felsenformationen") |
| 210,0 | 2,0 | Geradeaus fahren; Abzweigung rechts zu Olgas; *Dokker River* und Gunbarrel Highway (→ Kapitel Streckenbeschreibung 13, Gunbarrel Highway) |
| 212,0 | 0 | *Ayers Rock Sunset Viewing Area*<br>Die besten Fotos von *Ayers Rock* und *Olgas* werden bei Sonnenauf- oder -untergang geknipst. Es ist ein Spektakel ohnegleichen, wenn sich Touristen schon Stunden vorher an den Fotografierstellen einfinden, um sich einen guten Platz zu sichern. |

## Strecke 9
## Alice Springs - Ruby Gap Nature Park

- **Entfernung:** 147 km; max. Entfernung ohne Tankmöglichkeit: 80 km
- **Empfohlene Reisedauer:** 2 bis 3 Tage
- **Reine Fahrzeit:** 3 Stunden
- **Empfohlene Reisezeit:** beste Zeit März bis Oktober; im Sommer extrem heiß
- **Ab- und Rückmeldung:** nicht erforderlich
- **Ausrüstung:** Geländewagen (4-WD) für N'Dhala Gorge und Ruby Gap; ansonsten Pkw (auch Campmobil).
- **Pistenart und -zustand:** Die Strecke ist bis *Trephina Gorge* (66 km) geteert. Ab der Abzweigung zu Trephina Gorge wird die Strecke zur *gravelroad*. Mit Pkw ist sie bis Atnarpa (26 km vor Ruby Gorge) befahrbar. Um zu *N'Dhala Gorge* und *Ruby Gorge* zu gelangen, ist ein Allradfahrzeug nötig, da der *track* durch die steinigen Betten von *Ross-* bzw. *Hale River* führt.
- **Versorgung:** Alice Springs (kompletter Service); Ross River Tourist Lodge/ 80 km (Lebensmittelladen, Camping)
- **Telefonnummern:** Alice Springs Touristeninformation 08/ 89 52 58 00; Ross River Tourist Lodge 08/ 89 56 97 11, Arltunga Hotel & Bush Resort 08/ 89 56 97 97
- **Besondere Hinweise:** keine
- **Karte:** → Seite 179

## Alice Springs

(→ Streckenbeschreibung 7, Birdsville - Alice Springs)

## Streckenlog

| | | |
|---|---|---|
| 0 | 147,0 | *Alice Springs* (Stuart Highway/ Abzweigung zum Ross Highway)<br>Gleich hinter der Abzweigung wird *Todd River* auf ei- |

| | | |
|---|---|---|
| | | ner Brücke überquert; anschließend rechts auf den *Ross Highway* abbiegen. |
| 13,0 | 134,0 | Geradeaus fahren; Abzweigung links zu *Emily Gap*<br>Es ist einer von zwei tiefen Einschnitten in der Kette von *Eastern MacDonnell Range*. Felsenmalereien der Aranda-Aborigines und *pools* mit vielen Wasservögeln zeichnen das Naturreservat aus. Bei hohem Wasserstand sind die Wände mit den Malereien nur mit einem Boot zu erreichen. |
| 18,0 | 129,0 | Geradeaus fahren; Abzweigung links zu *Jessie Gap*<br>Dieser zweite Einschnitt ist wie *Emily Gap* häufig auf Bildern zu sehen. Der Regen im Winter sammelt sich im Schatten der steilen Felsenwände und verdunstet nur langsam. Die fast ständig gefüllten *pools* sind ein wichtiges Wasserreservoir für viele Tiere. |
| 30,0 | 117,0 | Geradeaus fahren; Abzweigung rechts zu *Todd River Homestead* (42 km); *Mt. Undoolya* links<br>Mt. Undoolaya liegt auf dem Gebiet der gleichnamigen Farm. Ihr gehörten 1886 über 7.000 Rinder. Ein paar Jahre Trockenheit und Dürre überlebten nur 600 Tiere. Die großen Erwartungen der Zuwanderer erfüllten sich wie bei vielen anderen nicht, und die Farm mußte mit großem Verlust verkauft werden. |
| 42,0 | 105,0 | Geradeaus fahren; Abzweigung links zu *Corroboree Rock Conservation Reserve*<br>An dieser Kalksteinformation bewahrten Aborigines ihre heiligen Bretter oder Platten *(tjuringas)* auf, die gewöhnlich oval aus Stein oder Mulgaholz gefertigt waren und bestimmte Zeichen trugen. Tjuringas stellten eine Beziehung zu den Geistwesen her und wurden nur bei zeremoniellen Riten wie Initiation, Begräbnissen oder anderen heiligen Handlungen eingesetzt. Sie waren nur bereits eingeweihten Mitgliedern eines Clans zugänglich (siehe → Artikel "Die 'Traumpfade' der Ahnen").<br>Vermutlich suchten sich die Aborigines diesen Ort aus, weil er sich von den Felsen der Umgebung markant abhob. Camping ist hier nicht erlaubt. |
| 66,0 | 81,0 | Geradeaus fahren (ab hier ungeteert); Abzweigung links zu *Trephina Gorge Nature Park* (4 km)<br>Der Park ist berühmt für seine steilen Quarzhänge und Wasserläufe, an deren Ufern Bäume stehen. Bekannte Punkte sind *Trephina Gorge* und *John Hayes Rockhole*. Früher war der Park Teil von *Undoolaya Station. John Hayes* und *Tryphina Benstead* (später Trephina), nach denen man die beiden Attraktionen benannte, waren zwei der ersten Pioniere. Sie bauten unter den schwierigen Bedingungen im Landesinnern einen landwirtschaftlichen Betrieb auf. Leider sind noch heute die Zeichen der intensiven Weidenutzung zu sehen, und die eingeführten Kaninchen, Esel und Ziegen tra- |

gen dazu bei, daß sich die Natur nur sehr langsam erholt.
Die enge Felsenschlucht von *John Hayes Rockhole*, die noch lange nach dem letzten Regen Wasser führt, steht in krassem Gegensatz zu Trephina-Schlucht weiter nördlich, die breit und sandig ist. Spinifextaube, Staffelschwanz, Ringsittich, Schwarzkehlwürgatzel, Sperbertäubchen, Schwalben-Mistelfresser und Schwarzkehl-Honigesser sind die häufigsten Vogelarten, die vor allem an den quarzreichen Schluchtwänden vorkommen. An *John Hayes*- und *Trephina Creek* entlang fällt vielleicht der Tüpfellaubenvogel auf. In den frühen Morgen- und späten Abendstunden sieht man in den Schluchten oft das Bergkänguruh. Das seltene Schwarzfuß-Felsenkänguruh dagegen bekommt man nur mit viel Glück und gut geschultem Auge zu Gesicht.
Fünf Wanderwege erschließen den Nationalpark. Sie ermöglichen kurze Spaziergänge durch die Schlucht ebenso wie stundenlange Wanderungen. Beschreibungen der Pfade sind jeweils an den Anfangspunkten erhältlich.
Dem Besucher stehen drei Campingstellen zur Verfügung: *John Hayes Rockhole Camp, Trephina Bluff*

Ruine bei Arltunga

| | | |
|---|---|---|
| | | *Camp* (nur vier Plätze; aber schattig gelegen) und *Trephina Gorge Camp* (sechs Plätze und Grillmöglichkeit). |
| 72,0 | 75,0 | Geradeaus fahren; Abzweigung rechts zu *Ross River Homestead* und *Tourist Lodge* (8 km) sowie zu *N'Dhala Gorge Nature Park* (20 km, 4-WD)<br>*Ross River Homestead* (ehemals *Love Creek Station*) bietet Touristen Buschatmosphäre pur. Hier kann der Besucher erfahren, was es bedeutet, im *outback* zu leben. Die Farm wird heute nicht mehr bewirtschaftet und ist ganz auf Tourismus eingestellt. Gäste werden gerne zu Nachbarfarmen gefahren, wo sie die Arbeit der *stockmen* und den Viehtrieb beobachten können. Vom Farmhaus sind es noch etwa 16 km bis N'Dhala Gorge. Für diese Strecke ist ein Fahrzeug mit Allradantrieb nötig. Die Schlucht ist bekannt für ihre mehr als 10.000 Jahre alten Zeichnungen an den Felsen. Leider kennen auch die hier lebenden Aborigines ihre Bedeutung nicht mehr, wissen nicht, wer sie hinterließ oder warum sie gerade hier an den Felsen gemalt wurden. Die Zeichnungen sind bei einer Wanderung durch die Schlucht gut an den Felsen zu erkennen. |
| 104,0 | 43,0 | Weggabelung: rechts fahren zu *Ruby Gap Nature Park*; links via *Arltunga Historical Reserve* nach *Clara Ville* (11 km); zum *Plenty Highway* und *Stuart Highway*<br>In *Arltunga Historical Reserve* liegen viele Ruinen alter Goldgräbersiedlungen. Der Friedhof, das Gefängnis und die alten Minenschächte kann man teilweise auf eigene Faust erkunden (Taschenlampe mitnehmen!). Camping ist auf einem privaten *caravan park* möglich. |

**Der Rubinrausch und sein jähes Ende**

Im März 1886 buddelte *David Lindsey* auf der Suche nach Wasser im sandigen Boden von *Hale River*. Anstelle von Wasser fand er einen glitzernden roten Stein. Das war der Beginn von Zentralaustraliens erstem Edelsteinrausch und der Geschichte der Rubinschlucht. Zunächst wurde diesem angeblichen Rubinfund wenig Beachtung geschenkt, denn das Gebiet war den europäischen Siedlern kaum bekannt und lag weit abseits jeglicher Zivilisation. Ende 1887 herrschte jedoch schon Hochbetrieb: Minengesellschaften steckten *claims* ab und überall wurde gegraben. Mittlerweile brachten die Steine in London als "Orientrubine" sagenhafte Preise, die schönsten sogar mehr als das Hundertfache des damaligen Goldpreises. Unglücklicherweise fand man soviele Rubine, daß der Markt schnell überschwemmt war. Die Käufer begannen, an der Qualität des Steins zu zweifeln, und die Preise purzelten in den Keller. Achtzehn Monate nach dem Rubinrausch stand es dann fest: Die Steine waren in Wirklichkeit nur erstklassige Granate - schön, aber kaum wertvoll. Über Nacht war der Rubinboom und damit ein anfänglich vielversprechendes Kapitel australischer Geschichte zu Ende.

| | | |
|---|---|---|
| 121,0 | 26,0 | Weggabelung: links fahren zu *Ruby Gap Nature Park;* rechts zu *Atnarpa Homestead* (1 km) Ab der Gabelung ist ein Fahrzeug mit Allradantrieb notwendig, um bis *Ruby Gap* zu gelangen. |
| 147,0 | 0 | *Ruby Gap Nature Park* *Ruby Gap* bietet eines der besten Buschcampinggebiete im "roten Zentrum". Da es kaum Touristen hierher verschlägt, hat man die Schlucht oft ganz für sich allein. Mit dem Geländewagen kann man im Flußbett bis kurz vor *Glen Annie Gorge* fahren. In dieser Schlucht, die er nach seiner Frau benannte, fand *David Lindsey* die meisten und besten Steine (→ Artikel "Der Rubinrausch und sein jähes Ende"). Wer sich auf die Spuren des "Edelsteinrauschs" begeben möchte, möge hier im Sand sein Glück versuchen. |

## *Strecke 10*
## *Alice Springs - Halls Creek*
## *(Tanami Track/ Lajamanu Track)*

- **Entfernung:** 1.077 km nach Halls Creek; 1.412 km nach Timber Creek; max. Entfernung ohne Tankmöglichkeit: 507 km
- **Empfohlene Reisedauer:** 2 bis 3 Tage
- **Reine Fahrzeit:** 15 Stunden nach Halls Creek; 25 Stunden nach Timber Creek
- **Empfohlene Reisezeit:** März bis November (beste Zeit Mai bis September); im Sommer extrem heiß; nach heftigen Regenfällen unpassierbar
- **Ab- und Rückmeldung:** nicht erforderlich; nur bei der Fahrt über *Lajamanu* sollte man sich ab- und rückmelden.
- **Ausrüstung:** Geländewagen (4-WD) mit Grundausrüstung bei Wagen und Werkzeug; bei guten Bedingungen auch mit Pkw befahrbar (auch Campmobil); wer über den *Lajamanu Track* (4-WD) fährt, sollte auch beim Werkzeug Zusatzausrüstung (Winde nicht erforderlich) mitnehmen.
- **Pistenart und -zustand:** Gute festgefahrene Schotter-Sand-Straße mit einigen wellblechartigen Abschnitten. Die ersten 100 km hinter der Grenze zwischen Northern Territory und Western Australia sind schwieriger. Der *Lajamanu Track* ist eine Sandpiste mit einigen Weichsandpassagen.
- **Versorgung:** Alice Springs (kompletter Service); Tilmouth Well Roadhouse/ 162 km (Tankmöglichkeit, Camping); Yuendumu Community/ 264 km (Tankmöglichkeit); Rabbit Flat/ 570 km (roadhouse); Halls Creek/ 1.077 km (Grundversorgung); Lajamanu/ 908 km (Lebensmittel, Tankmöglichkeit); Kalkarindji/ 1.013 km (Lebensmittelladen, caravan park, Tankmöglichkeit); Timber Creek/ 1.412 km (Lebensmittelladen, Hotel, caravan park, Tankmöglichkeit)
- **Telefonnummern:** Alice Springs Touristeninformation 08/ 89 52 58 00; Rabbit Flat Roadhouse 08/ 89 56 87 44; Lajamanu Service Station 08/ 89 51 15 73; Kalkarindji (roadhouse und Polizei) 08/ 89 75 07 88; Yuen-

dumu Store 08/ 89 56 40 06; Tilmouth Well Roadhouse 08/ 89 56 87 77; Halls Creek (Polizeistation) 08/ 91 68 60 00

- **Besondere Hinweise:** Tankstelle in Lajamanu geöffnet Mo-Fr 10-12, 15-17 Uhr, Sa 10-12 Uhr. Bei der letzten Recherche war Carranya Roadhouse (→ KM 946) geschlossen (Wiedereröffnung war nicht absehbar).

Von *Alice Springs* folgen Pisten und Straßen strahlenförmig den Wegen der Erforscher vom australischen Zentrum in alle Richtungen. Eine dieser Pisten ist der *Tanami Track*, der nordwestlich von Alice Springs durch die weite *Tanami Desert* verläuft. Rote Sanddünen gibt es hier nicht, stattdessen erstreckt sich die flache, spinifexbedeckte Wüste nordöstlich des *track* bis zum Horizont. Neben Spinifex gedeihen nur noch die widerstandsfähigen Mulgas, Akazien und Grevilleen. Unterbrochen wird die fast endlose Weite durch zumeist trockene Flußbetten, an denen vereinzelte Eukalypten *(coolabahs)* in den Himmel ragen. Wasserstellen sucht man hier vergeblich. In der Vergangenheit hat die Wüste zwischen Alice Springs und den Kimberleys immer wieder zahlreiche Menschenleben gefordert. Die Grabsteine auf dem alten Friedhof in *Halls Creek* erinnern an die vielen mißlungenen Durchquerungsversuche. Die ursprüngliche Piste verlief hinter *Tanami Gold Mine* in nordwestlicher Richtung und endete auf der *Duncan Road.* Heute verläuft sie ab der Goldmine in westlicher Richtung, führt am Meteoritenkrater *Wolfe Creek* vorbei, und stößt 18 km vor *Halls Creek* auf den Great Northern Highway. In den Anfangsjahren diente sie als Versorgungspiste zu den Goldfeldern und Minen in der Wüste. Der Tanami Track ist auch heute noch die einzige, direkte Verbindung von Alice Springs zum Nordwesten Westaustraliens. Abgesehen von einigen kürzeren Sandpassagen und trokkenen Flußdurchquerungen stellt die Strecke keine großen Anforderungen - Durchhaltevermögen ausgenommen. Trotz des guten bis sehr guten Straßenzustands ist die Wüste niemals zu unterschätzen. Auch heute noch sterben Menschen, die das Abenteuer "Tanami" allzu leicht nehmen, in der Abgeschiedenheit dieser Wüste. 1993 verdurstete eine Gruppe Aborigines unweit vom *Tanami Track* auf einem Seitenweg. Ihr Fahrzeug war mit Kühlerproblemen stehengeblieben. Sie hatten kaum Wasser mitgenommen, wohl weil sie die Strecke schon hundertmal ohne Zwischenfälle gefahren waren. Da sie niemanden über ihre Absicht informiert hatten, also keine Hilfe zu erwarten war, versuchte eine Gruppe die nächste Siedlung zu Fuß zu erreichen. Eine zweite Gruppe machte sich zu einem Brunnen in der Nähe auf. Nur eine hochschwangere Frau und ein junger Mann blieben beim Fahrzeug zurück. Tatsächlich schafften es zwei Frauen bis zur 50 km entfernten Siedlung. Die schwangere Frau hatte in der Zwischenzeit im Wagen entbunden. Sie grub ihr Neugeborenes in den Sand ein, um es vor der sengenden Sonne zu schützen. Beide wurden in letzter Minute gerettet. Für alle anderen kam jede Hilfe zu spät. Ein Kind fand man tot, nur wenige Kilometer vom rettenden Brunnen entfernt.

Ab der Abzweigung vom Stuart Highway sind die ersten 120 km einspurig geteert, anschließend geht der *track* in eine breite, gut ausgebaute Schotterpiste über. Allmählich verschwinden die Bergketten im Westen, und eine Spinifexlandschaft erstreckt sich, soweit das Auge reicht. Wenngleich auf der Strecke nur selten Auswaschungen auftreten, ist Vorsicht geboten. *Wash-outs* sind recht tief, leicht zu übersehen und verlaufen oftmals quer zur Fahrspur. Bei zu hoher Geschwindigkeit bricht leicht eine Blattfeder oder gar die Achse. Nicht selten verliert man die Kontrolle über das Fahrzeug und landet kopfüber im Busch. Etwa 94 km hinter *Rabbit Flat*, einem kleinen *roadhouse*, zweigt die Lajamanu Road in Richtung Norden ab. Sie führt über Lajamanu und Kalkarindji nach Top Springs. Die Strecke ist in erstaunlich gutem Zustand. Sie besteht überwiegend aus festem, rotem Sand, der fast staubfrei zu befahren ist. Erst ab der Abzweigung zu *Wave Hill* tritt vermehrt *bulldust* auf.

Wer auf dem Tanami Track bleibt, überquert nach 745 km die Grenze zu Westaustralien. Gekennzeichnet ist die Staatsgrenze weniger durch ein paar einsame Schilder, als vielmehr durch den Pistenzustand, der sich abrupt verschlechtert. Es wird sandiger, und tiefe *corrugations* schütteln Wagen und Insassen kräftig durch. Die zaunlose Grenzüberquerung ist vermutlich eine der einsamsten und abgelegensten in ganz Australien, vielleicht sogar der ganzen Welt. Nach ein paar Stunden Fahrt durch Westaustralien beginnt das Viehzuchtgebiet *(cattle-country)*. Damit trifft man auch auf die ersten Zeichen der Zivilisation in Form von Zäunen, Windrädern und vereinzelten Brunnen. Schließlich erreicht man die Abzweigung zu *Wolfe Creek Meteorite Crater* an *Carranya Roadhouse* (→ Streckenbeschreibung 15, Canning Stock Route). Von hier sind es noch knappe zwei Stunden Fahrt bis zum Endpunkt der Tanami-Durchquerung: *Halls Creek* - Tor zu den Kimberleys.

## Alice Springs

(→ Streckenbeschreibung 7, Birdsville - Alice Springs)

## Streckenlog

| | | |
|---|---|---|
| 0 | 1077,2 | *Alice Springs;* auf den *Stuart Highway* in Richtung *Tennant Creek* fahren |
| 20,0 | 1057,2 | Abzweigung links auf den *Tanami Track* (TT) zu *Yuendumu Community* nehmen; geradeaus führt der *Stuart Highway* nach *Darwin* |
| 20,3 | 1056,9 | *Department of Defence Radio Receiving Station* rechts |
| 30,2 | 1047,0 | *Kunoth Bore* links |
| 30,3 | 1046,9 | Geradeaus *TT*; Abzweigung links zu *Hamilton Downs Youth Camp*; Beginn bzw. Ende des *Larapinta Trail* |
| 50,4 | 1026,8 | Geradeaus *TT*; Abzweigung links zu *Hamilton Downs Station* (10 km) |
| 71,2 | 1006,0 | Geradeaus *TT*; Abzweigung rechts zu *Amburla Homestead* (8 km) |
| 92,3 | 984,9 | Geradeaus *TT*; Abzweigung links zu *Milton Park Homestead* (8 km) |
| 103,1 | 974,1 | *Charley Creek* |
| 106,5 | 970,7 | Rastplatz rechts |
| 110,7 | 966,5 | Weggabelung: rechts auf den ungeteerten *Tanami Track* in Richtung *Yuendumu Community* fahren (152 km); links nach *Narwietooma* (23 km) |
| 124,3 | 952,9 | Geradeaus *TT*; Abzweigung links zu Papunya Community (96 km), für die eine Genehmigung nötig ist. |

| | | |
|---|---|---|
| 162,9 | 914,3 | *Napperby Creek* |
| 163,0 | 917,0 | *Tilmouth Well Roadhouse* (Tankmöglichkeit, kleine Campingstelle; geöffnet täglich 7-21 Uhr). |
| 172,3 | 904,9 | *Mt. Hammond* rechts |
| 185,2 | 892,0 | Geradeaus *TT*; Abzweigung links zu *Mt. Wedge Homestead* (31 km), *Newhaven Homestead* (140 km) und *Gurner Station* (160 km) |
| 226,2 | 851,0 | Geradeaus *TT*; Abzweigung rechts nach *Yuelamu Community* und zu *Yuelamu Dreaming Gallery* an *Mt. Allen* (35 km) |
| 263,8 | 813,4 | *Yuendumu Community*<br>Diese Ureinwohnersiedlung darf ohne Genehmigung zum Auftanken angefahren werden. |
| 293,5 | 783,7 | Geradeaus *TT*; Abzweigung links zu *Vaughn Springs Station* (77 km) |
| 391,5 | 685,7 | *Chilla Well Homestead* links |
| 397,8 | 679,4 | Geradeaus *TT*; Abzweigung rechts *Mt. Theo Station* |
| 417,9 | 659,3 | Rastplatz links |
| 519,0 | 558,2 | *The Granites* rechts<br>Diese alte Goldmine entstand 1900, als man hier zum ersten Mal Gold entdeckte. Aufgrund des Wassermangels und der kaum zu ertragenden Hitze förderte das Bergwerk nur ein Jahr. Erst 1986 errichtete man ein neues Werk, das bis heute in Betrieb ist. Zugang ist weder zu den Ruinen des alten Werks noch zur neuen Anlage gestattet. |
| 568,6 | 508,6 | Geradeaus *TT*; Abzweigung links zu *Tanami Downs Station* (50 km) |
| 570,5 | 506,7 | Geradeaus *TT*; Abzweigung rechts zu *Rabbit Flat Roadhouse* (2 km)<br>Das 1969 zunächst als Wetterstation errichtete *roadhouse* ist nur freitags bis montags von 7 bis 22 Uhr geöffnet. Kaffee und Erfrischungen werden über die Theke gereicht, die vergittert ist. Doch sobald die eher kühle Atmosphäre durch etwas *small talk* erwärmt ist, geben die Besitzer gerne Auskunft über ihr Leben in diesem einsamen Landstrich. Wer von Dienstag bis Donnerstag auf dem *track* unterwegs ist, steht allerdings vor verschlossenen Türen. Nach dem Benzinpreis fragt man besser, als den Schildern zu glauben. Auch die Bierpreise sind stolz (42 $ für den Karton!). Dafür kann man aber kostenlos campen. |
| 662,0 | 415,2 | *Tanami Goldmine* rechts<br>Auch diese Mine war während des Goldrauschs nur kurze Zeit in Betrieb. Die Lebensbedingungen hier waren hart und die Fördermengen gering. Im Laufe der folgenden Jahrzehnte wurde der Betrieb zwar immer wieder mal reaktiviert, stand aber die meiste Zeit still. Zur Zeit läuft die Förderung, und es ist verboten, sich der Mine und damit den Goldfunden zu nähern. Man |

| | | |
|---|---|---|
| | | handelt sich bei Mißachtung der Warnschilder eine Menge Ärger ein. |
| 664,7 | 412,5 | Weggabelung: links *TT*; rechts nach *Lajamanu* (243 km) und *Kalkarindji* (347 km) |

***Track über Lajamanu nach Kalkarindji (♦)***
***(4-WD erforderlich)***

| | | |
|---|---|---|
| 0 | 747,5 | Weggabelung *Lajamanu Road - Tanami Track* |
| 95,3 | 652,2 | Geradeaus fahren; Abzweigung links zu *Suplejack Homestead* |
| 243,0 | 504,5 | *Lajamanu Community; Hooker Creek*<br>Eine Siedlung von Aborigines: ein paar Häuser und Baracken, viele Hunde, viel Staub - ein trostloser Anblick. |
| 337,5 | 410,0 | Weggabelung: links zur *Kalkarindji Community* (10,7 km); rechts nach *Top Springs* (172 km) |
| 348,2 | 747,5 | *Kalkarindji*<br>Die ehemalige Polizeistation *Wave Hill* ist heute ein kleiner Ort, der als Verwaltungsstelle von *Daguragu Land Trust* (Stiftung) dient. Von Kalkarindji kann man in nördlicher Richtung oder in Richtung Top Springs zu einer Fahrt durch *Gregory National Park* (→ Streckenbeschreibung 18, The Big Run) aufbrechen. Die Strekke ist bis Top Springs asphaltiert. |

***Weiterfahrt auf der Hauptstrecke***

| | | |
|---|---|---|
| 701,3 | 375,9 | Weggabelung: links *TT*; rechts zu *Gordon Downs Station* (168 km) |
| 744,6 | 332,6 | Grenze zwischen Northern Territory und Western Australia<br>Ein einsamer Grenzübergang, der sich nur durch ein paar Schilder und die Zeitverschiebung bemerkbar macht (die Uhr um 90 Minuten zurückstellen). |
| 803,1 | 274,1 | Geradeaus *TT*; Wegeinmündung von rechts |
| 830,8 | 246,4 | Kreuzung: geradeaus *TT*; links nach *Balgo Community;* Wegeinmündung von rechts |
| 854,1 | 223,1 | Weggabelung: rechts *TT* nach *Billiluna Community* (49 km) und *Halls Creek* (218 km); links nach *Balgo Community* (10 km) und zur Umgehung von *Lake Gregory;* geradeaus nach *Old Billiluna Community* (→ Streckenbeschreibung 15, Canning Stock Route) |
| 903,1 | 174,1 | Weggabelung: rechts fahren zu *Carranya Roadhouse* (41 km), *Carranya Station* (47 km) und *Halls Creek* (169 km); links nach *Billiluna Community* (2 km) und zur *Canning Stock Route* (→ Streckenbeschreibung 15, Canning Stock Route) |
| 945,9 | 131,3 | Geradeaus fahren; Abzweigung rechts zu *Carranya Roadhouse, Carranya Station/ Wolfe Creek Meteorite Crater National Park* (→ Streckenbeschreibung 15, Canning Stock Route) |

| | | |
|---|---|---|
| | | In diesem Park am Rand von *Great Sandy Desert* liegt der nach dem Chubb-Krater in Kanada zweitgrößte Meteoritenkrater der Welt. Vom Picknickplatz führt der steile *Crater Lip Walk* (100 m) hinauf zum Kraterrand. Von hier kann man den gesamten Krater überblicken, Rundgänge auf dem Kraterrand unternehmen und auch hinab in den Kessel steigen. Der Inka-Kakadu *(Major Mitchell cockatoo)* macht sich lautstark bemerkbar. Er ernährt sich vom Samen der Akazien *(wattles)* und Papierrindenbäume *(paperbarks)*, die am Kraterboden wachsen. Vom Aussichtspunkt am Ende des Weges sind diese Vögel oft im Flug zu beobachten. |
| 1018,6 | 58,6 | Geradeaus fahren; Abzweigung links zu *Ruby Plains Homestead* |
| 1059,0 | 18,2 | T-Kreuzung; rechts nach *Halls Creek* (18 km) fahren; links nach *Fitzroy Crossing* (282 km)<br>Hier trifft der *Tanami Track* auf den *Great Northern Highway,* und es geht auf Asphalt weiter bis *Halls Creek* oder alternativ in Richtung Westen nach *Fitzroy Crossing.* |
| 1077,2 | 0 | *Halls Creek,* Polizeistation |

Ruinen von Old Halls Creek

## Halls Creek

Seinen Namen erhielt der kleine Ort am Rand der Kimberleys nach *Charlie Hall*, der 1885 hier das erste Gold fand. Mit 200 Unzen im Gepäck kehrte er nach Derby zurück, wo er einst aufgebrochen war, und löste damit den ersten Goldrausch in Westaustralien aus. Von überall auf dem Kontinent strömten die Menschen herbei. Selbst aus Neuseeland brachten Schiffe Glücksritter nach Derby; innerhalb von zwei Jahren landeten hier 10.000 Menschen. Von hier zogen sie nach Halls Creek, um dort nach dem kostbaren Metall zu suchen. Mehr als 5.000 Goldsucher kamen aus Wyndham, und eine schier endlose Prozession aus Queensland. Unterkünfte wurden gebaut, zwei Hotels und eine Poststation entstanden - *Halls Creek* war geboren. Nur wenige fanden allerdings was sie suchten, und der Traum von Wohlstand und Reichtum erfüllte sich nicht. Der Transport der benötigten Maschinen war zu teuer, und die Funde selbst standen in keinem Verhältnis zu den anfallenden Kosten. Als man einige Jahre später im Süden Gold fand, verließen die meisten Halls Creek, um dort ihr Glück zu versuchen.

Weniger durch spektakuläre Funde als durch den einzigartigen Einsatz bei der Rettung eines Freundes erlangte der Goldsucher *Russian Jack* zu dieser Zeit Berühmtheit. Mit einer Schubkarre war er von Halls Creek zu den Goldfeldern unterwegs, wo er auf einen schwerkranken Goldsucher traf. Jack lud ihn kurzerhand auf seine Karre und schob ihn über 300 Kilometer (!) weit zum nächsten Doktor nach Wyndham. Ein Monument neben dem Gemeindehaus in Halls Creek erinnert an seine heroische Tat.

Während der dreißiger Jahre erlebte Halls Creek dann einen zweiten Boom. Viele von der Wirtschaftskrise betroffene Menschen versuchten erneut ihr Glück bei der Goldsuche. Die Lage des jungen Ortes war allerdings nicht ideal, denn das Gebiet war sehr unwirtlich - dem Wachstum waren natürliche Grenzen gesetzt. 1955 entschloß man sich, Halls Creek 15 km vom alten Ortskern entfernt neu aufzubauen.

Heute sieht Halls Creek seine Zukunft im Tourismus. Der Ort ist Ausgangspunkt für Fahrten in die Kimberley-Region und die Landschaft der Bungle Bungles, die erst seit 1983 von Touristen besucht wird. Zu den Sehenswürdigkeiten in unmittelbarer Nähe von Halls Creek gehören u. a. *Old Halls Creek*, *Ruby Queen Mine*, die bis 1954 Gold förderte, und *China Wall*, eine Formation, die mit ihrem weißlich schimmerndem Quarz- und Sandstein an die chinesische Mauer erinnert.

# Strecke 11
# Alice Springs - Mount Isa

Der *Plenty Highway* ist die etwas abenteuerlichere Alternative zum geteerten und gut ausgebauten *Barkly Highway* weiter nördlich. Obwohl wesentlich kürzer als der Barkly Highway, bringt der Plenty Highway keine nennenswerte Zeitersparnis. Wer eine einfache Piste kennenlernen möchte und genug von der Monotonie der Teerstraßen hat, ist auf dem "Plenty" richtig. Auf der Fahrt passiert man einige Schaffarmen und Ländereien früherer Pioniere, die sich in der Umgebung von Alice Springs angesiedelt haben. In jüngster Zeit hat sich das Bild gewandelt: Wo früher Schafe kärgliches Futter fanden, weiden heute Rinder. Sie sind wesentlich anspruchsloser und erfordern weit weniger Arbeitsaufwand.

Ein *highway* ist der "Plenty" unter europäischen Gesichtspunkten natürlich nicht. Betrachtet man ihn aber vom Standpunkt der Bewohner damals, die ihn noch als eine von *bulldust* bedeckte, schmale Versorgungs- und Viehtreiberroute kannten, ist er heute doch eine Schnellstraße. Er folgt der Route von *Ridley Williams*, der als erster seine Rinder von Queensland in Richtung *Alice Springs* getrieben hatte. Williams besaß *Bierbank Station* an *Paroo River* zwischen Quilpie und Charleville. 1883 verkaufte er 2.000 Kühe an die *Barrow Creek Pastoral Company* (Simpsons Gap Station). Mit ein paar *stockmen* machte er sich auf, einen Weg ins Landesinnere zu finden. Da es unterwegs nur wenige Wasserstellen gab, versuchte Williams alleine, die *Overland Telegraph Line* weiter südlich zu erreichen. Dort wollte er Hilfe holen. Die Männer der Telegraphengesellschaft brachten den Viehtreibern Wasser und Lebensmittel und halfen, die Rinder nach Alice Springs bzw. zu Simpsons Gap Station zu treiben.

Die ersten 166 km auf dem "Plenty" sind noch asphaltiert, dann wird der *highway* zur breiten, ungeteerten, teils sandigen Piste. Sie verläuft zunächst durch die Weidegebiete von *Bushy Park Station* und anschließend an *Harts Range*, einer Bergkette im Süden, entlang. Hier gibt es noch viele alte Glimmerminen aus den späten vierziger und frühen fünfziger Jahren. Glimmer diente lange als Isoliermaterial, z. B. für Kabel, bis Plastik und Kunststoff ihn als Rohstoff überflüssig machten. Heute ist das Gebiet bei Hobbyedelsteinsuchern *(fossicker)* beliebt. Sie graben nach Halbedelsteinen (z. B. Granate) oder Edelsteinen (z. B. Rubine).

Nach *Jervois Station* und der Durchquerung von *Plenty River* streift der *highway* die Nordgrenze von *Simpson Desert*.

Kurz vor der Grenze zu Queensland erreicht man eine Weggabelung und muß sich entscheiden, ob man nach *Boulia* oder *Mount Isa* fahren möchte. Entscheidet man sich für Boulia und fährt weiter in Richtung Osten, ändert der *highway* kurz hinter der Grenze seinen Namen in *Donahue Highway*; sonst bleibt alles beim alten. Nach weiteren 130 km kommt man zu *Georgina River*. Die Durchfahrt ist in der Regel trockenen Fußes bzw. Reifens möglich. Nach guten Regenjahren hat der Fluß einige größere Wasserlöcher, an die riesige Schwärme von Nacktaugenkakadus und andere Vögeln kommen. Nach rund 800 km ist die Strecke für die letzten 8 km bis Boulia wieder asphaltiert.

Wer sich für *Mount Isa* entscheidet, fährt kurz vor der Staatsgrenze in nördlicher Richtung weiter. Dabei führt der Weg ein ganzes Stück an der Grenze entlang, bevor man sie schließlich 50 km vor Urandangi überschreitet. Von diesem kleinen Außenposten an *Georgina River* sind es noch 183 km über gute Schotterpiste bis Mount Isa.

Der *Sandover Highway* wie auch der Plenty Highway, die durch eine klassische *outback*-Landschaft führen, sind relativ stark befahren. Nahezu ebenes, spärlich bewachsenes Land, das sich in der flimmernden Hitze am Horizont allmählich verliert, hinterläßt einen besonderen Eindruck. Ab und an tauchen aus den Hitzeschleiern kleine Punkte auf, die rasch näherkommen und sich im Vorbeidonnern als überlange *roadtrains* herausstellen, die Rinder transportieren. Dies war auch die ursprüngliche Bedeutung des "Sandover": eine sogenannte *beef road*, um die Rinder der weit verstreut liegenden Farmen einzusammeln und zu den Schlachthöfen zu bringen. Heute wird die Piste auch von Touristen, die sie als willkommene Abkürzung und Alternative zum Barkly Highway sehen, häufig genutzt. Ihren Namen hat die Schotterpiste von *Sandover River*, dessen Verlauf sie für etwa 200 km folgt. Nur selten führt der Fluß Wasser, das dann *Georgina River* oder gar *Lake Eyre* erreicht.

Wie auch beim Plenty Highway ist der Streckenabschnitt in Northern Territory besser als in Queensland.

Westlich von *Lake Nash* wird empfohlen, die Strecke über *Austral Downs* zu nehmen. Diese mündet dann in den Barkly Highway und führt weiter nach Mount Isa. Mit guten Karten kann man versuchen, den zahlreichen tracks, die im Zickzack-Muster von und zu den Farmen hier angelegt worden sind, zu folgen. Etwa 35 km nördlich von Mount Isa kommt man dann wieder auf den *highway*.

Obwohl es kaum etwas Nennenswertes auf dieser Strecke zu sehen gibt, ist die Fahrt doch ein Erlebnis. Wer sie hautnah erleben möchte, sollte ein Stück zu Fuß gehen, am besten in der prallen Mittagssonne (aber dann mit Hut!). So erhält man annäherungsweise einen Eindruck von den Strapazen der ersten Entdecker im Landesinnern Australiens.

Ausgangsort für beide Strecken in Richtung Queensland ist Alice Springs. Endpunkt von Plenty- wie auch Sandover Highway ist Mount Isa.

## *Alice Springs*

(→ Streckenbeschreibung 7, Birdsville - Alice Springs)

---

### *Strecke 11.1*
### *via Sandover Highway*

---

- **Entfernung:** 993 km; max. Entfernung ohne Tankmöglichkeit: 555 km
- **Empfohlene Reisedauer:** 3 bis 4 Tage
- **Reine Fahrzeit:** 17 Stunden
- **Empfohlene Reisezeit:** beste Zeit April bis Oktober; ansonsten das ganze Jahr über, im Sommer wird die Strecke durch Regenfälle gelegentlich unpassierbar.
- **Ab- und Rückmeldung:** nicht erforderlich!
- **Ausrüstung:** Geländewagen (4-WD) mit Grundausrüstung bei Wagen und Werkzeug; bei guten Bedingungen ist die Strecke auch mit Pkw zu befahren.
- **Pistenart und -zustand:** In der Regel gute Schotterpiste mit einigen Erd- und Sandabschnitten. Nach heftigen Regenfällen ist der *Sandover Highway* geschlossen.
- **Versorgung:** Alice Springs (kompletter Service); Urapuntja Community/ 250 km (Tankmöglichkeit), Camooweal/ 805 km (Hotel, Camping, Tankmöglichkeit), Mount Isa/ 993 km (kompletter Service)

- **Telefonnummern:** Alice Springs Touristeninformation 08/ 89 52 58 00; Gemtree CP 08/ 89 56 98 55; Harts Range Police Station 08/ 89 56 97 72, Jervois Station 08/ 89 56 63 07; Urandangi (roadhouse/ Pub) 07/ 47 48 49 88; Camooweal (Polizei, chairman) 07/ 47 48 21 48; Mount Isa Touristeninformation 07/ 47 43 79 66; Road Report Hotline 08/ 89 22 32 32; Arlparra Store 08/ 89 56 99 10; Alpurrurulam Council Office 07/ 47 484 800
- **Besondere Hinweise:** keine

## *Streckenlog*

| | | |
|---|---|---|
| 0 | 993,0 | *Alice Springs;* auf den *Stuart Highway* in Richtung *Tennant Creek* fahren |
| 20,0 | 973,0 | Geradeaus fahren; Abzweigung links ist der *Tanami Track* nach *Yuendumu Community* |
| 50,0 | 943,0 | Geradeaus fahren; Abzweigung rechts zu *Arltunga Historical Reserve* (74 km)<br>Gold, entdeckt im Jahr 1887, war auch hier ausschlaggebend für die Gründung einer kleinen Stadt. Doch nur zwanzig Jahre später war der Traum von großen Goldfunden ausgeträumt. Der Ort versank in einen Dornröschenschlaf, aus dem er während der Wirtschaftskrise der dreißiger Jahre noch einmal kurz geweckt wurde, um dann endgültig in Vergessenheit zu geraten. |
| 69,0 | 924,0 | Abzweigung rechts auf den *Plenty Highway* nehmen; geradeaus ist der *Stuart Highway* in Richtung *Darwin* |
| 94,3 | 898,7 | Abzweigung links auf den ungeteerten *Sandover Highway* (SH) nach *Urandangi* (637 km) und *Mount Isa* nehmen; geradeaus *Plenty Highway* nach *Mount Isa*. |
| 178,5 | 814,5 | Kreuzung: geradeaus *SH*; Abzweigung links nach *Ti Tree* am Stuart Highway (100 km); Abzweigung rechts zu *Atartinga Homestead* (4 km)<br>Auf der Weiterfahrt sind links die Erhebungen von *Mt. Skinner* zu sehen. |
| 214,5 | 778,5 | Geradeaus *SH*; Abzweigung rechts nach *Utopia* (5 km). Die kleine Gemeinde, verwaltet in Arlparra, liegt im Gebiet von *Angarapa Land Trust*. Wer hier tanken möchte, sollte schon in *Alice Springs* telefonisch abgeklärt haben, ob Kraftstoff erhältlich ist (bei der Polizei anfragen). Ab hier folgt der Streckenverlauf für fast 200 km *Sandover River*. Das Flußbett ist allerdings nur schwer durch den dichten Baumbewuchs auszumachen. Wer auf ein erfrischendes Bad hofft, dürfte wenig Glück haben, denn nur selten führt der Fluß Wasser. |
| 249,3 | 743,7 | *Community* (hier gilt das gleiche wie für Utopia) und Alparra Store |
| 313,3 | 679,7 | *Ammaroo Homestaed* rechts; Abzweigung links zum *Stuart Highway* (156 km)<br>Die Piste verläuft durch Farmland mit abgegrasten Bö- |

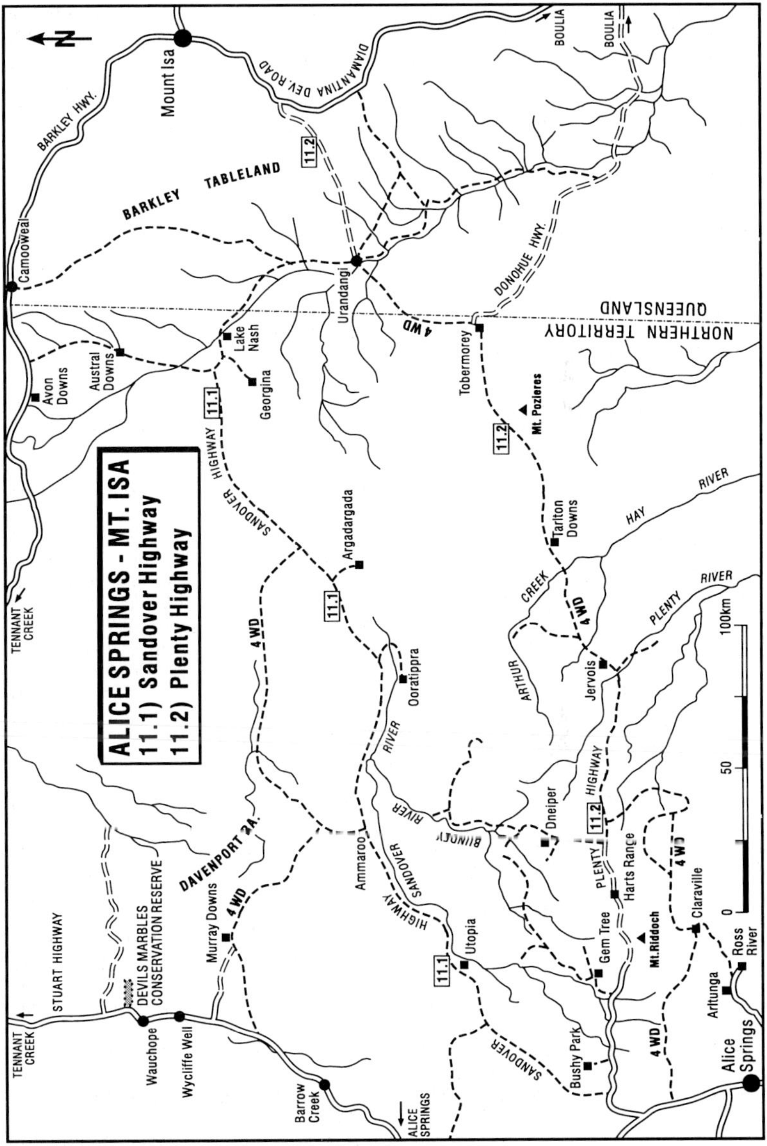
ALICE SPRINGS - MT. ISA
11.1) Sandover Highway
11.2) Plenty Highway
Mount Isa
Camooweal
BARKLEY HWY.
BARKLEY TABLELAND
DIAMANTINA DEV. ROAD
BOULIA
Urandangi
DONOHUE HWY.
QUEENSLAND
NORTHERN TERRITORY
Tobermorey
Mt. Pozieres
Lake Nash
Georgina
Austral Downs
Avon Downs
SANDOVER HIGHWAY
Argadargada
Ooratippra
Tarlton Downs
HAY RIVER
ARTHUR CREEK
PLENTY RIVER
Jervois
PLENTY HIGHWAY
4 WD
Dneiper
BINDLEY RIVER
SANDOVER RIVER
Ammaroo
DAVENPORT 2A
Murray Downs
DEVILS MARBLES CONSERVATION RESERVE
STUART HIGHWAY
TENNANT CREEK
Wauchope
Wycliffe Well
Barrow Creek
ALICE SPRINGS
Utopia
Gem Tree
Mt.Riddoch
Harts Range
Claraville
Ross River
Arltunga
Bushy Park
Alice Springs
0
50
100km

| | | |
|---|---|---|
| | | den, die den Eindruck von Einöde noch verstärken, denn selten sieht man auf dem kargen Land Rinder. |
| 410,5 | 582,5 | Geradeaus *SH*; Abzweigung rechts zu *Ooratippra Homestead* |
| 470,4 | 522,6 | Geradeaus *SH*; Abzweigung rechts zu *Argadargada Homestead* (15 km) |
| 487,4 | 505,6 | Geradeaus *SH*; Abzweigung links zu *Annitowa Homestead* (37 km) |
| 635,7 | 357,3 | Abzweigung links zum *Barkly Highway* (128 km) und nach *Camooweal* (171 km) nehmen; geradeaus nach *Alpurrurulam Community* (32 km) und *Urandangi* (131 km) |
| | | Die "Rindviehstraße" *(beef road)* über Austral Downs führt weiter zum Barkly Highway und nach Camooweal. Wer möchte, kann hier den "Sandover" verlassen und über Urandangi, das ein urgemütliches Wirtshaus hat, weiter nach Mount Isa, über Boulia nach Birdsville oder über Boulia gen Osten zur Küste fahren. Bis dahin sind es aber noch 1.550 km. |
| 692,3 | 300,7 | *Ranken River* |
| 707,3 | 285,7 | *Austral Downs Station* rechts |
| 763,0 | 230,0 | T-Kreuzung: Rechts auf den *Barkly Highway* nach *Camooweal* (43 km) fahren; links nach *Three Ways* am *Stuart Highway* (405 km) |
| 792,8 | 200,2 | Grenze zwischen Northern Territory und Queensland Uhren um eine halbe Stunde vorstellen. |
| 805,8 | 187,2 | *Camooweal*; in Richtung *Mount Isa* fahren |
| | | Bekannt ist Camooweal durch den gleichnamigen Nationalpark in der Nähe. Seine Höhlen bieten Tausenden von Fledermäusen Unterschlupf. Viele senkrechte Schächte führen zu teilweise unerforschten Höhlen, die sich über mehrere hundert Meter Länge erstrecken. |
| 807,8 | 185,2 | Geradeaus auf dem *Barkly Highway* bleiben; Abzweigung links nach *Burketown* (332 km). Burketown liegt nicht weit vom Golf von Carpentaria entfernt (→ Streckenbeschreibung 19, Gulf-Savannah Track) |
| 816,8 | 176,2 | *Nowranie Creek* |
| 868,0 | 125,0 | Geradeaus auf dem *Barkly Highway* bleiben; Abzweigung links zu *Split Rock Homestead* (20 km) |
| 875,2 | 117,8 | Geradeaus fahren; Abzweigung links nach *Burketown* (307 km) |
| 878,2 | 114,8 | *Inca Creek* |
| 893,2 | 98,8 | *David Hall Monument* links |
| 903,0 | 90,0 | *Cattle Creek* |
| 926,3 | 66,7 | Geradeaus auf dem *Barkly Highway* bleiben; Abzweigung links zu *Boomerang Mine* (40 km) |
| 948,5 | 44,5 | Geradeaus auf dem *Barkly Highway* bleiben; Abzweigung links zu *Endeavour Mine* (50 km) |
| 973,5 | 19,5 | *Hilton Mine* rechts |
| 983,5 | 9,5 | *Spear Creek* |
| 989,0 | 4,0 | Geradeaus in Richtung *Mount Isa* fahren; Abzweigung |

| | | |
|---|---|---|
| | | links zu *Lake Moondarra* (16 km)<br>Der Moondarra ist ein künstlich angelegter Stausee (1957) an *Leichhardt River*, dessen Wasserstand je nach Dauer und Ergiebigkeit der Regenzeit schwankt. Für die Bewohner von Mount Isa ist er ein beliebtes Ausflugsziel. |
| 993,0 | 0 | *Mount Isa* |

---

**_Strecke 11.2_**
**_via Plenty Highway_**

---

- **Entfernung:** 842 km; max. Entfernung ohne Tankmöglichkeit: 317 km
- **Empfohlene Reisedauer:** 2 bis 3 Tage
- **Reine Fahrzeit:** 14 Stunden
- **Empfohlene Reisezeit:** beste Zeit April bis Oktober; ansonsten das ganze Jahr über, im Sommer wird die Strecke durch Regenfälle manchmal unpassierbar.
- **Ab- und Rückmeldung:** nicht erforderlich
- **Ausrüstung:** Geländewagen (4-WD) mit Grundausrüstung bei Wagen und Werkzeug; bei guten Bedingungen ist die Strecke auch mit Pkw zu befahren.
- **Pistenart und -zustand:** Die meist gute Schotterpiste geht lediglich an der Grenze zu Queensland für einige Zeit in Erdpiste über und weist einige Schlaglöcher auf, stellenweise leichtere Sandpassagen. Nach heftigen Regenfällen ist der *Plenty Highway* geschlossen.
- **Versorgung:** Alice Springs (kompletter Service); Gemtree/ 140 km (caravan park, Tankmöglichkeit); Harts Range/ 205 km (Lebensmittelladen, Camping, Tankmöglichkeit); Jervois/ 341 km (Kiosk, Tankmöglichkeit); Urandangi/ 658 km (roadhouse/ Pub); Mount Isa/ 842 km (kompletter Service)
- **Telefonnummern:** Alice Springs Touristeninformation 08/ 89 52 58 00; Gemtree CP 08/ 89 56 98 55; Harts Range Police Station 08/ 89 56 97 72, Jervois Station 08/ 89 56 63 07; Urandangi (roadhouse, Pub) 07/ 47 48 49 88; Arlparra Store 08/ 89 56 99 10; Camooweal (Polizei) 07/ 47 48 21 48; Mount Isa Touristeninformation 07/ 47 43 79 66; Road Report Hotline 08/ 89 22 32 32
- **Besondere Hinweise:** keine
- **Karte:** → Seite 201

## Streckenlog

| | | |
|---|---|---|
| 0 | 842,0 | *Alice Springs*; auf den *Stuart Highway* in Richtung *Tennant Creek* fahren |
| 20,0 | 822,0 | Geradeaus fahren; Abzweigung links ist der *Tanami Track* zu *Yuendumu Community* und *Halls Creek* |
| 29,5 | 812,5 | *Wendekreis des Steinbocks* |
| 50,0 | 792,0 | Geradeaus fahren; Abzweigung rechts zu *Arltunga Historical Reserve* (74 km) |

| | | |
|---|---|---|
| | | Bevor man auf den *Plenty Highway* abbiegt, durchfährt man *Burt Plain*. Die weite Ebene, heute bewachsen mit Mulgas und Spinifex, entstand vor Jahrmillionen, als das Klima im Landesinnern Australiens wesentlich feuchter als heutzutage war. Wind und Regen trugen die Berge soweit ab, daß nur noch flaches Land, durchzogen von Wasserläufen, zurückblieb. Heute machen die Bewohner das Gebiet urbar, indem sie Windräder errichten, die das unterirdische Wasser zutage fördern. |
| 69,0 | 773,0 | Abzweigung rechts auf den *Plenty Highway* (PH) nehmen; geradeaus ist der *Stuart Highway* in Richtung *Darwin* |
| 94,3 | 747,7 | Geradeaus *PH*; Abzweigung links ist der *Sandover Highway* nach *Urandangi* (637 km) und *Mount Isa* |
| 104,5 | 737,5 | *West End Bore* links |
| 104,9 | 737,1 | Geradeaus *PH*; Abzweigung links zu *Bushy Park Homestead* (5 km) |
| 123,0 | 719,0 | *Muller Bore* links |
| 140,3 | 701,7 | *Gemtree Caravan Park*<br>Wer auf die Suche nach Halbedelsteinen gehen möchte, kann hier fündig werden. Die Besitzer des Campingplatzes verleihen die notwendige Ausrüstung, zeigen die besten Fundstellen und erklären, worauf zu achten ist und welche Steine man finden kann. Im Laufe der Zeit haben sie selbst eine große Sammlung von Steinen zusammengetragen, die interessierte Besucher sich ansehen können. |
| 147,3 | 694,7 | Geradeaus *PH*; Abzweigung rechts führt vorbei an *Mud Tank* über den *Pinnacle Track* (nur mit Geländewagen) zu *Arltunga Historical Reserve* (117 km) und nach *Alice Springs*<br>Dieser *track* geht zu einem anderen Halbedelsteinfeld, wo sich die Suche lohnt. Eine Reihe kleiner Wege zweigt vom *Pinnacle Track* ab und führt zu *Specimen Hill*. Wer hier sein Glück versuchen möchte, erhält ebenfalls alle nötigen Informationen beim *Gemtree Caravan Park*. |
| 166,6 | 675,4 | Ab hier *gravelroad* |
| 184,0 | 658,0 | *Mt. Riddock Homestead* rechts |
| 205,3 | 636,7 | *Harts Range Police Station* mit Tankstelle rechts<br>Einst verwaltete sie vermutlich den größten Polizeibezirk der Welt, denn nur zwei Polizisten kontrollierten ein 110.000 km² großes Areal, auf dem rund 1.500 Menschen lebten, die sich auf 28 Farmen und 15 Siedlungen der Ureinwohner verteilten. Die Tankstelle liegt ein paar Kilometer östlich der alten Polizeistation. |
| 225,5 | 616,5 | Weggabelung: rechts *PH*; links zu *Dneiper Homestead* (35 km) und *Boxhole Meteorite Crater* (35 km; Besuchserlaubnis erforderlich; erhältlich an *Dneiper Homestead*) |

| | | |
|---|---|---|
| | | Der Krater mißt ungefähr 170 m im Durchmesser und ist 15 m tief. Er entstand durch einen aus Eisen und Nickel bestehenden Meteoriten, der vor rund 5,4 Millionen Jahren hier auf die Erde traf. Beim Aufprall flogen Fragmente mehrere Kilometer weit. |
| 260,0 | 582,0 | Geradeaus *PH*; Abzweigung rechts zu *Indiana Homestead; Huckitta Homestead* links<br>Kurz nach Passieren des Farmhauses fallen die vielen *gidgee trees*, eine in Zentralaustralien weit verbreitete Akazienart, in den Überflutungsgebieten von *Plenty River* auf. Sie sind leicht an ihren silbrig-grauen Blättern oder den gelben Blütenbällchen zu erkennen. Die hier vorkommende Unterart ist die *Acacia cambagei georginae*, zu erkennen an ihren spiralförmig gedrehten Samenkapseln. Sie wächst von hier bis zu *French Line* in *Simpson Desert*. Wer seine Nase an die gelben Blütenbällchen hält, wird schnell verstehen, warum man diese Akazien auch *stinking wattle* nennt. |
| 336,2 | 505,8 | Weggabelung: links *PH*; rechts zu *Atula Homestead* (36 km) |
| 341,5 | 500,5 | *Jervois Station* links<br>An der erst 1960 erbauten Farm kann man auftanken, seinen Durst löschen oder einfach nur rasten. |
| 362,8 | 479,2 | Geradeaus *PH*; Abzweigung links zu *Jervois Mine* (18 km) und *Lucy Creek Homestead* (45 km)<br>Die ehemalige Goldmine ist geschlossen und für Besucher nicht zugänglich. |
| 393,0 | 449,0 | Riesiger Termitenbau rechts |
| 424,2 | 417,8 | Weggabelung: links *PH*; rechts zu *Tarlton Downs Station* (10 km) |
| 459,3 | 382,7 | Weggabelung: links *PH*; rechts zu *Marqua Homestead* (36 km) |
| 564,5 | 277,5 | Weggabelung: links fahren in Richtung *Urandangi* (94 km); rechts ist der *Donohue Highway* nach *Boulia* (238 km) |
| 658,5 | 183,5 | *Urandangi*, Hotel/ Pub<br>Uhren um eine halbe Stunde vorstellen.<br>Die kleine Siedlung *Urandangi* an *Georgina River* wurde 1885 gegründet. Zunächst gab es nur einen Lebensmittelladen, um die Viehtreiber zu versorgen. Später kamen ein Hotel und eine Polizeistation hinzu. Seine Blütezeit erreichte Urandangi in den dreißiger Jahren, als es außer zwei Hotels (eins brannte 1932 nieder) ein Tanzsaal, zwei kleine Krämerläden, eine Post- und Polizeistation, eine Schule und etliche Wohnhäuser aufweisen konnte. Heute ist davon nicht mehr viel übriggeblieben. Einen Besuch im Pub sollte man sich aber nicht entgehen lassen. Man wird erstaunt sein, wieviele Reisende, vor allem Deutsche und Schweizer, sich an diesem Tag schon in das Gästebuch eingetragen haben. Beim Bier kommt man |

| | | |
|---|---|---|
| | | sehr schnell mit Wirt und Gästen ins Gespräch. Von Urandangi geht die Fahrt durch *Barkly Tableland* weiter. Um 1884 grasten in dem ca. 80.000 km² großen Gebiet über 100.000 Schafe. Doch das Tafelland erwies sich für Schafe als weniger geeignet, und so weiden heute ausschließlich Rinder auf den kargen Flächen. |
| 658,6 | 183,4 | Abzweigung rechts auf die *Urandangi Road* nach *Mount Isa* (183 km) nehmen; geradeaus nach *Camooweal* (198 km) |
| 768,8 | 73,2 | T-Kreuzung: links auf den *Diamantina Highway* in Richtung *Mount Isa* (73 km) fahren; rechts ist der *Diamantina Highway* nach *Dajarra* (78 km) und *Boulia* (222 km) *Dajarra* ist umgeben von niedrigen Bergen, wo viele Zeichnungen und Ritzungen der *Kalkadoon* zu finden sind (→ Artikel "Der Widerstand des Kalkadoon-Volkes"). |
| 842,0 | 0 | *Mount Isa* |

## *Mount Isa*

(→ Streckenbeschreibung 6, Birdsville Mount Isa via Boulia)

### *Der Widerstand des Kalkadoon-Volkes*

Das Volk der *Kalkadoon* war als das kriegerischste unter den Ureinwohnervölkern bekannt. *Burke* und *Wills* waren die ersten Europäer, die die Kalkadoon zu Gesicht bekamen. Sie waren ein stolzes Volk, das sich länger als alle anderen Völker der Landnahme durch die Europäer widersetzte. Bei ihren Überfällen wandten sie regelrechte Guerilla-Taktiken an und verschwanden anschließend wieder in den unzugänglichen Bergen. Immer wieder forderten sie die Siedler heraus. Schließlich wurde Inspektor *Beresford* nach Cloncurry geschickt, um sich des Problems anzunehmen. Im Januar 1883 wurden Beresford und seine Männer bei einem Patrouilleritt von den Kalkadoon angegriffen. Beresford wurde getötet, doch einer seiner Männer entkam und schlug Alarm.

In der folgenden Zeit konnte das Volk lange dem Rachefeldzug unter dem neu ernannten Inspektor *Urquhart* aus Boulia entgehen. Für mehr als ein Jahr hatten die Eingeborenen die absolute Oberhand. Sie griffen an, wann und wo immer sie wollten, töteten das Vieh der Farmer und verschwanden sofort wieder in den Bergen. Schließlich, im September 1884, schlossen sich die Kalkadoon mit anderen Völkern zusammen, um die Eindringlinge von ihrem Land zu vertreiben. Urquharts Truppen waren allerdings darauf vorbereitet und gut bewaffnet. Hunderte, mit Speeren bewaffnete Aborigines starben im Kugelhagel der Gewehre, und die Europäer konnten die Schlacht für sich entscheiden. Das Massaker ging als die größte Schlacht gegen Aborigines in die Annalen der australischen Geschichte ein.

# *Strecke 12*
# *Port Augusta - Kalgoorlie (Eyre Highway)*

- **Entfernung:** 1.880 km
- **Empfohlene Reisedauer:** 3 bis 4 Tage
- **Reine Fahrzeit:** 20 Stunden
- **Empfohlene Reisezeit:** beste Zeit April bis Oktober; Juni bis Oktober sind Wale zu beobachten.
- **Ab- und Rückmeldung:** nicht erforderlich
- **Ausrüstung:** Pkw (auch Wohnmobil); keine besondere Ausrüstung erforderlich.
- **Pistenart und -zustand:** geteerte Straße ohne nennenswerte Schwierigkeiten
- **Versorgung:** (Aufgeführt sind nur die Hauptversorgungsorte) Port Augusta (kompletter Service); Ceduna/ 465 km (kompletter Service); WA/ SA Border Village/ 947 km (roadhouse); Caiguna/ 1.298 km (roadhouse); Norseman/ 1.673 km (kompletter Service); Kalgoorlie (kompletter Service)
- **Telefonnummern:** Port Augusta Touristeninformation (Wadlata Outback Centre) 08/ 86 42 45 11; Ceduna Touristeninformation 08/ 86 25 29 72; Yulata Roadhouse 086/ 25 69 90; Eyre Bird Observartory 08/ 90 39 34 50; Norseman Touristeninformation 08/ 90 39 01 71; Kalgoorlie Touristeninformation 08/ 90 21 19 66 oder 08/ 90 21 14 13
- **Besondere Hinweise:** Für Walbeobachtungen von *Yalata Aboriginal Land* und *Nullarbor National Park* aus ist eine Genehmigung erforderlich, die an *Yalata-* und *Nullarbor Roadhouse* erhältlich ist.

Die Geschichte der Überlandstrecke von *Port Augusta* nach *Kalgoorlie* ist eng mit der ersten Besiedlung der Küstenregion an *Great Australian Bight* und mit der Telegraphenverbindung nach Westaustralien verknüpft. *John Eyres* Bericht über seine Ost-West-Reise im Jahr 1841 machte zunächst wenig Hoffnung auf eine Möglichkeit zum Viehtrieb zwischen *Perth* und *Adelaide*. Dreißig Jahre später versuchte *Forrest* aber doch eine Route für Rinder zu finden. Er hielt sich weiter nördlich als John Eyre und berichtete zum Erstaunen vieler von Wasserstellen und gutem Weideland. Die Regierung prüfte daraufhin auch die Möglichkeit einer Telegraphenverbindung zwischen Adelaide und Perth, die schließlich verwirklicht wurde und 1877 erste Nachrichten übermittelte. Zwanzig Jahre später entstand eine weitere Verbindung, die Coolgardie, Norseman, Balladonia und Eucla einbezog. Als die *Trans Australian Railway* gebaut wurde, um auch Westaustralien zum Zusammenschluß mit allen Staaten im *Commonwealth of Australia* zu bewegen, verlegte man die Telegraphenverbindung neben die Eisenbahnstrecke, die 1937 fertiggestellt wurde. Überreste der alten Telegraphenstationen sind in Eucla und Balladonia zu sehen, sofern sie noch nicht unter Sanddünen begraben sind. Der Zweite Weltkrieg und die Angst vor einer möglichen Invasion waren letztendlich die Gründe für den Bau des heutigen *Highway No. 1* von Adelaide nach Norseman, insgesamt 1.980 km lang.

Von Ceduna bis Caiguna folgt der *highway* größtenteils der Küstenlinie von *Great Australian Bight*, vorbei an den Ausläufern der Nullarbor-Ebene.

Dann knickt er in nordwestlicher Richtung nach Norseman ab und trifft auf den Coolgardie - Esperance Highway. *Nullarbor Plain* ist eine etwa 700 km lange und etwa 400 km breite baumlose Ebene (Nullarbor = kein Baum), die sich nahe der Schienenstrecke vom Indischen Ozean bis zu *Great Victoria Desert* erstreckt. Da diese Strecke, neben dem Victoria Highway im Norden, die einzige durchgehend geteerte Verbindung zwischen Ost und West ist, wird sie von vielen *roadtrains* und Reisebussen genutzt. Diesem regen Verkehr fallen auch viele Känguruhs zum Opfer, die dann am Straßenrand liegenbleiben. So zählten wir auf einer Strecke von 100 km über 230 tote Känguruhs. Für die Beuteltiere zu bremsen, wäre bei der Länge der "Straßenzüge" nicht nur überaus gefährlich, sondern bestimmt auch aussichtslos.

Zwischen *Nullarbor Roadhouse* und der Grenze zu Westaustralien zweigen zahlreiche Schotterpisten in Richtung Küste von der Straße ab. Sie führen zu Aussichtspunkten, die einen unvergeßlichen Blick auf die Steilklippen bieten. Wer zwischen Juni und Oktober reist, hat zusätzlich die Chance, majestätische Glattwale *(southern right whales)* zu sehen, die jedes Jahr zur Paarung hierher vor die Küste kommen. Man sollte nicht zu nahe an die Klippenkante gehen, da die Aussichtspunkte nicht mit Zäunen gesichert sind. Ein kräftiger Windstoß, brüchiges Gestein - und die Reise ist jäh beendet. Nach *WA/SA Border Village* gibt es an der Strecke immer wieder überdachte Rastplätze mit Wassertanks. Von diesen Rastplätzen sollte man so oft wie möglich Gebrauch machen, denn das lange und ständige Geradeausfahren ermüdet leicht. Auch Campen ist hier möglich.

Von der Goldstadt Norseman geht es in nördlicher Richtung vorbei an der ehemals blühenden, heute aber trostlosen Siedlung Coolgardie zur zweiten Goldstadt Kalgoorlie, die auch Endpunkt der Strecke ist.

Da die Strecke keinerlei Probleme aufweist, sind alle Kilometerangaben im folgenden Streckenlog ohne Stellen nach dem Komma.

## Port Augusta

(→ Streckenbeschreibung 5, Port Augusta - Katherine)

## Streckenlog

| | | |
|---|---|---|
| 0 | 1880,0 | *Port Augusta*; auf den *Eyre Highway* in Richtung *Kalgoorlie* fahren. |
| 26,0 | 1854,0 | Geradeaus *Eyre Highway*; Abzweigung links ist der *Lincoln Highway* über *Whyalla* nach *Port Lincoln*<br>Die Fahrt an der Küste der Eyre-Halbinsel führt nicht unbedingt durch das *outback*, ist aber landschaftlich sehr reizvoll. Wer zudem noch keine Erfahrung mit Sandfahrten oder Dünen hat, kann dies auf den Zufahrtswegen in *Coffin Bay National Park* üben. *Port Lincoln* und der gleichnamige Nationalpark am südlichen Zipfel sind ebenfalls einen Besuch wert. An der Westküste der Halbinsel locken zudem weiße, einsame Strände. |

69,0 1811,0 *Iron Knob*
Das ist der Geburtsort der australischen Stahlindustrie. In dem kleinen Bergarbeiterstädtchen wird seit 1894 Eisenerz gefördert, das vor allem in Whyalla zu Stahl verarbeitet wird.
Auf dem Weg nach *Kimba* passiert man *Gilles Conservation Park* - ein "Muß" für Vogelliebhaber. Der Park ist nur mit Geländefahrzeug zugänglich.

156,0 1724,0 *Kimba*
Kimba ist Zentrum einer florierenden Farmgemeinde und einer der Hauptorte im zentralen Weizengürtel *(central wheat belt)*. Lohnend ist der Besuch von *Kimba Pioneer Home*, einem historischen Museum mit einigen typischen Gebäuden und Kunstgegenständen der Region. Kimba ist außerdem "Eingangstor" zu *Gawler Ranges*, die im Frühling durch ihren farbenprächtigen Wildblumenteppich beeindrucken.

245,0 1635,0 *Kyancutta*

258,0 1622,0 *Wudinna*
Hier befindet sich mit 261 m Höhe einer der größten Granitfelsen *(Mt. Wudinna Rock)* Australiens: Sein Alter wird auf 1.800 Jahre geschätzt. Ein Besuch lohnt, denn von einigen der umliegenden Felsen hat man eine herrliche Aussicht. Bei Sonnenauf- oder -untergang

Achtung: Kamele, Wombats, Känguruhs

| | | |
|---|---|---|
| | | lassen sich stimmungsvolle Fotos machen. Eine ausgeschilderte Piste führt zu den Felsen. |
| 296,0 | 1584,0 | *Minnipa* |
| | | Hier befindet sich das Forschungszentrum der Weizenindustrie. Außer den riesigen Weizensilos gibt es auch hier einige auffallende Felsenformationen. |
| | | Zwischen Minnipa und Ceduna kommen noch einige Orte mit außergewöhnlichen Namen wie *Poochera, Cungena* und *Wirulla* - alles Namen aus der Sprache der Aborigines. |
| 465,0 | 1415,0 | *Ceduna* |
| | | Die 3.000-Seelen-Gemeinde ist der letzte größere Ort für die nächsten 1.200 km und gleichzeitig westlichste Stadt von South Australia. Ceduna ist zugleich Ferienort mit schönen Stränden, Hafenstadt und Versorgungszentrum für die umliegenden Landwirtschaftsbetriebe. Von hier bis zur Grenze gilt es, die Schönheit der Landschaft zu entdecken. Einzige Voraussetzung dazu: Zeit. |
| 538,0 | 1342,0 | *Penong* |
| | | Der nahe Küstenabschnitt *Cactus Beach* ist ein El Dorado für Surfer. Auf der weiteren Strecke sollten Touristen, die gerne auch mal angeln, der verlassenen Siedlung *Fowlers Bay* einen Besuch abstatten. Die Küste hier bietet nämlich hervorragende Angelgründe. |
| 617,0 | 1263,0 | *Nundroo* |
| 669,0 | 1211,0 | *Yalata Roadhouse* |
| | | Das neuerbaute Rasthaus betreiben die Bewohner von *Yalata Community* (→ Streckenbeschreibung 5, Stuart Highway). Neben den üblichen Waren sind hier auch handgefertigte Kunstgegenstände der Ureinwohner erhältlich, ebenso wie für 7 $ pro Person (Kinder unter 16 frei) die Genehmigung, um von *Yalata Aboriginal Land* und *Nullarbor National Park* den Hauptaussichtspunkt für Walbeobachtungen aufzusuchen. |
| 761,0 | 1119,0 | *Nullarbor Roadhouse* |
| | | Nach dieser Raststätte beginnt *Nullarbor National Park*. Bis zur Grenze zweigen mehrere Pisten ab, die zu Aussichtspunkten an der Steilküste von *Great Australian Bight* führen. |
| 947,0 | 933,0 | *WA/ SA Border Village*; Uhren werden um 45 Minuten zurückgestellt. |
| | | Nach zähen Anfängen ist hier eine kleine Siedlung entstanden, die sich vornehmlich um das leibliche Wohl der Durchreisenden kümmert und billige Urlaubsmitbringsel zum Kauf anbietet. Beliebtestes Fotomotiv ist der Wegweiser, der die Entfernungen zu Weltstädten angibt. |
| 959,0 | 921,0 | *Eucla Roadhouse* |
| | | Neben Border Village ist Eucla der bekannteste Ort am Eyre Highway. Die Ruine der alten Telegraphenstation |

| | | |
|---|---|---|
| | | in den Dünenfeldern zieht immer wieder Besucher an, auch wenn sie fast vollkommen im Sand verschwunden ist. Auch die Strände hinter der Raststätte lohnen einen Besuch. |
| 1025,0 | 855,0 | *Mundrabilla Roadhouse*<br>Außer den wenigen durchaus sehenswerten Kalksteinhöhlen hat Mundrabilla nicht viel zu bieten. |
| 1141,0 | 739,0 | *Madura Roadhouse*<br>Auf *Madura Station* (1876) wurden früher Pferde gezüchtet, die man dann nach Indien verschiffte. Heute sind die Ruinen des alten Farmhauses zu besichtigen. Wer einen Geländewagen hat, kann einen Ausflug zur malerischen Küste unternehmen. |
| 1232,0 | 648,0 | *Cocklebiddy Roadhouse*<br>Bekannt ist das Gebiet wegen *Cocklebiddy Cave*, einer Höhle, die bis heute noch nicht vollständig erforscht ist. Besuchern ist sie leider nicht zugänglich. Einige Kilometer vor Cocklebiddy führt eine Stichstraße zum Eyre-Vogelobservatorium (nur 4-WD). Die Beobachtungsstation ist in einer ehemaligen Telegraphenstation eingerichtet. Besucher sollten sich vorher anmelden (08/ 90 39 34 50). |
| 1298,0 | 582,0 | *Caiguna Roadhouse*<br>Hier beginnt das längste Stück gerader Teerstraße |

Die Ruine der alten Telegraphenstation von Eucla versinkt im weißen Dünensand

| | | |
|---|---|---|
| | | (145 km) der Welt; Uhren um 45 Minuten zurückstellen. |
| 1480,0 | 400,0 | *Balladonia Roadhouse*<br>20 km vor der Raststätte zweigt rechts ein Weg zu den Felsen *Afghan Rocks* ab, wo es natürliche Wasserlöcher gibt. Ihren Namen erhielten die Felsen nach einer Auseinandersetzung zwischen Goldgräbern und afghanischen Kameltreibern (→ Artikel "Wie die 'Wüstenschiffe' nach Down Under kamen")<br>Angeblich hatte sich ein Kameltreiber mit dem kostbaren Trinkwasser die Füße gewaschen und wurde daraufhin erschossen. |
| 1673,0 | 207,0 | *Norseman*<br>Nach vielen Kilometern erreicht man diese größere Ansiedlung. Hier muß man sich entscheiden, ob man nach Süden zur Küste oder nach Norden zu den Goldfeldern fahren will. Beide Ziele aber haben ihren eigenen Reiz.<br>Norseman erhielt seinen Namen nach einem Pferd, das 1894 mit den Hufen zufällig einen *nugget* aus der Erde scharrte. Auch heute noch wird in Norseman Gold abgebaut, allerdings ist der Glanz der frühen Jahre dahin. Wer sein Glück versuchen und graben möchte, kann sich für wenige Dollar ein *miners right* besorgen. |
| 1764,0 | 116,0 | *Widgiemooltha Roadhouse* |
| 1841,0 | 39,0 | *Coolgardie*<br>Auch Coolgardie ist eine alte Goldgräberstadt, die vom Ruhm vergangener Tage lebt. Heute hat der Ort gerade mal 900 Einwohner, während es in der Blütezeit 15.000 waren. *Goldfields Exhibition*, eine Ausstellung zur Geschichte des Goldrauschs in dieser Gegend, dokumentiert am besten das Geschehen in jener Zeit. Der Besuch lohnt. |
| 1880,0 | 0 | *Kalgoorlie* |

## *Kalgoorlie*

Im Juni 1893 fanden drei irische Goldsucher östlich des Goldfeldes bei *Coolgardie*, das ein Jahr zuvor entdeckt worden war, weitere Vorkommen. Die Pioniere der ersten Tage durchsiebten die staubigen Böden um *Kalgoorlie* Quadratmeter um Quadratmeter mit den einfachsten Geräten. Die Entdeckung eines weitaus größeren Feldes südlich dieser Stelle lockte dann um die Jahrhundertwende Scharen von Glücksrittern in das heiße Landesinnere Westaustraliens. Mit Kamelkarawanen durchstreiften sie den Busch und spürten die großen Goldadern auf - der Goldrausch war nicht mehr aufzuhalten. Über Nacht veränderten die Funde die westaustralische Wirtschaft, die bis dahin um ihr Überleben gekämpft hatte. Den Tausenden von Abenteurern folgten kleine Minengesellschaften, die schnell erkannten, daß es sich hier nicht um eine Eintagsfliege handelte. Sie beuteten die Goldvorkommen schließlich auch untertage aus und schufen regelrechte unterirdische Labyrinthe. Schließlich kam es zur Gründung der Städte Coolgardie, Kalgoorlie und Boulder. 1896 wurde eine Eisenbahnlinie gebaut, die Perth mit den Goldfeldern verband. Der nicht abreißende Strom von Arbeitern ließ die Bevölkerung der *Golden Mile* (Goldene Meile) auf mehr als 200.000 Menschen anwachsen. Australien stieg zum wichtigsten Goldlieferanten der Welt auf.

Ein Problem dieser trockenen Gegend bestand in der Wasserversorgung. Ein Liter Wasser kostete zeitweilig mehr als 4 DM, und man erzählt noch heute, daß die Goldsucher besser auf ihre Wassersäcke aufpaßten als auf ihre Brieftaschen. 1903 baute man eine 483 km lange Pipeline vom *Mundaring*-Wehr bei Perth und pumpte nach Kalgoorlie das dort dringend benötigte Trinkwasser.

Mit dem Rückgang der Goldfunde in den dreißiger Jahren wanderten die Menschen ab. Als Mitte der sechziger Jahre die Minengesellschaften Fördertiefen erreichten, die den Abbau unrentabel werden ließen, schien das Ende auch für Kalgoorlie gekommen zu sein. Doch wie es der Zufall wollte, schnellten die Marktpreise für Nickel weltweit in die Höhe und man entdeckte ausgerechnet um Kalgoorlie riesige Reserven des begehrten Rohstoffes. Sie bescherten der Stadt eine zweite Blüte. Seit den achtziger Jahren hat sich die Weltmarktsituation entspannt, und Kalgoorlie fördert neben Nickel auch wieder Gold, dessen Abbau dank gestiegener Preise und fortgeschrittener Technologie heute wieder rentabel ist. Nur noch eine Goldmine betreibt den gesamten Goldabbau in Kalgoorlie. Die vielen kleinen Minen und Siedlungen im Umland sind mittlerweile nur noch Geisterstädte in ei-

Kalgoorlie - man spürt noch immer den Goldrausch der vergangenen Jahre nem großen "Buschmuseum". Hier wird der Glanz der alten Tage langsam vom roten Sand zugeweht. Von Kalgoorlies ehemaligem Reichtum zeugen nur noch die guterhaltenen alten Gebäude, Hotels und Pubs. Letztere waren zur Blütezeit rund um die Uhr geöffnet.

## *Strecke 13*
## *Yulara - Wiluna (Gunbarrel Highway)*

- **Entfernung:** 1.424 km; max. Entfernung ohne Tankmöglichkeit: 733 km
- **Empfohlene Reisedauer:** 6 bis 7 Tage
- **Reine Fahrzeit:** 33 Stunden
- **Empfohlene Reisezeit:** April bis Oktober; im Sommer extrem heiß; nach heftigen Regenfällen ist die Strecke oft für Wochen gesperrt.
- **Ab- und Rückmeldung:** erforderlich; Yulara (Polizei) oder Carnegie Station
- **Ausrüstung:** Geländewagen (4-WD) mit Grundausrüstung bei Wagen (wenn möglich RFDS-Radio) und Grund- wie auch Zusatzausrüstung bei Werkzeug (Winde nicht erforderlich)
- **Pistenart und -zustand:** Die Strecke ist bis zur Abzweigung zu den *Olgas* geteert und geht dann bis zu *Warakurna Roadhouse* in eine gute Schotterpiste über. Wer über den alten, stillgelegten *Gunbarrel Highway* fährt (nur mit Genehmigung erlaubt), sollte sich auf Weichsandpassagen, spinifexüberwucherte Abschnitte, einige nicht ausgeschilderte Verzweigungen und Auswaschungen einstellen. Die neue Strecke ist bis zur Abzweigung des *Heather Highway* relativ gut befahrbar, danach treten wieder vermehrt Auswaschungen, Sandpassagen und wellblechartige Abschnitte auf. Manchmal verläuft ein *track* parallel zur extrem schlechten Hauptpiste. Von *Carnegie* bis *Wiluna* wird die Erdpiste wieder etwas besser.
- **Versorgung:** Yulara (kompletter Service); Kaltukatjara (Docker River) Community/ 232 km (Lebensmittelladen, Tankmöglichkeit); Warakurna Roadhouse/ 339 km (roadhouse); Carnegie Station/ 1.072 km (roadhouse); Wiluna (Grundversorgung)
- **Telefonnummern:** Yulara (Polizeistation) 08/ 89 56 21 66; Kaltukatjara 08/ 89 56 73 37; Warakurna Roadhouse 08/ 89 56 73 44; Carnegie Station 08/ 99 81 29 91; Wiluna (Polizeistation) 08/ 99 81 70 24
- **Besondere Hinweise:** Für die Durchquerung von *Peterman Aboriginal Land* und *Central Aboriginal Land* ist ein *permit* vom westaustralischen *Aboriginal Land Trust* und vom *Central Land Council* von Northern Territory erforderlich (Adressen → "Reisevorbereitung", hier "Genehmigungen").

Ende der fünfziger Jahre walzten Männer einer Straßenbaugesellschaft *(Gunbarrel Construction Party)* unter Führung von *Len Beadell* den *Gunbarrel Highway* quer durch *Gibson Desert* (→ Artikel "Das Ende einer Ära - Len Beadell"). Gedenktafeln und Aluminiumplaketten an Bäumen erinnern noch heute an den Bau dieser Piste, der den Arbeitern harte Entbehrungen auferlegte. Obwohl die Strecke auch heute noch die einzige Ost-West-Route Zentralaustraliens ist, wird sie kaum gewartet. Instandhaltungsarbeiten werden selten, und dann nur an bestimmten Abschnitten, durchgeführt. So ist z. B.

die Strecke durch *Rawlinson Range* nordwestlich von Giles, obwohl landschaftlich eine der schönsten, ganz stillgelegt. Trotzdem stellt der "Gunbarrel" für entsprechend ausgerüstete Allradfahrzeuge mit hoher Bodenfreiheit kaum ein Problem dar, immer vorausgesetzt, es hat nicht geregnet.

Die Strecke beginnt eigentlich 100 km südlich von Erldunda am Stuart Highway, doch die meisten Touristen, die sich in dieser Gegend aufhalten, beginnen ihre Fahrt gen Westen an *Ayers Rock*. Aus diesem Grund ist Yulara Ausgangspunkt der Streckenbeschreibung (→ Streckenbeschreibung 9.1, Alice Springs - Kings Canyon und Ayers Rock via Finke Gorge National Park).

Mit Verlassen des Uluru-Nationalparks führt die Strecke vorbei an *Peterman Range*, sicherlich einer der landschaftlich schönsten Abschnitte auf dem "Gunbarrel". Hier verbrachte *Harold Lasseter* auf der vergeblichen Suche nach seiner legendären Goldader fast einen Monat in einer kleinen Höhle *(Lasseter's Cave)*. Ist die Grenze überschritten, wird der *track* zunächst etwas schmaler, verbreitert sich aber wieder, nachdem man *Rebecca Creek* passiert hat. Bereits in Westaustralien liegt die Giles-Wetterstation. Hier ist u. a. eines der Planierfahrzeuge Beadells zu besichtigen. Der weitere Streckenverlauf des "Gunbarrel" führt durch Gebiet der Ureinwohner. Für diesen Abschnitt wird nur selten eine Genehmigung ausgestellt, da die Strecke vor Jahren stillgelegt wurde. Ein Schild am Beginn der Strecke versucht mit den Worten "road closed; unsafe from this point", die noch Zögernden zur Umkehr zu bewegen. Wer keinen Erlaubnisschein für diesen

### Das Ende einer Ära - Len Beadell

Der Bau der Strecke von Yulara bis Wiluna wie auch vieler anderer Strecken verlief immer nach dem gleichen Schema: Zunächst wurden alle notwendigen Vermessungen durchgeführt, dann schaffte man die Maschinen heran und säuberte den geplanten Streckenverlauf mit einem Bulldozer vom ohnehin nur spärlichen Bewuchs. Es folgte ein Planierfahrzeug *(grader)*, das die Spuren des Raupenfahrzeugs ebnete und die Strecke befestigte.

Auf diese Art erschlossen *Len Beadell* und seine Männer insgesamt über 2,5 Millionen km² von *Gibson-, Great Sandy- und Great Victoria Desert*. Grund für die Erschließung der Wüstengebiete waren die Versuche auf dem Gebiet der Atomforschung. Um Atombombenversuche erfolgreich durchführen zu können, benötigte man eine ganze Reihe von Wetterstationen. Sie sollten sicherstellen, daß bei den Zündungen günstige Windverhältnisse herrschten und der radioaktive Staub in der Wüste niederging. Beadell wählte zunächst *Emu* und später *Maralinga* als geeignete Standorte aus. Die ihm übertragene Aufgabe, die Standorte für atomare Raketen des *Blue Streak Missile Programme* zu bestimmen, prägte sein Leben voller Entbehrungen in den heißesten Gebieten Zentralaustraliens. Mehrmals entging er nur knapp dem Tod durch Verdursten.

Im Jahr 1958 erhielt Beadell für die Arbeit an der 1.600 km langen Ost-West-Verbindung die *British Empire Medal*. Heute gilt er als einer der letzten großen Erforscher des *outback*.

Abschnitt hat, sollte besser in Richtung Warburton fahren, denn im Fall einer Panne ist keine Hilfe zu erwarten. Oberstes Gebot im *outback* heißt schließlich: Nicht von der angegebenen Route abweichen! Der stillgelegte Abschnitt besteht, da er nicht mehr planiert wird, überwiegend aus einer schmalen Fahrspur. Die Mitte ist oft mit hohem Spinifex bewachsen (Kühlerschutz anbringen! → "Ausrüstung des Geländewagens", hier "Zusatzausrüstung des Geländewagens"), und Sträucher und Bäume reichen dicht an die Piste heran. Nicht selten gibt es kleinere Termitenhügel mitten auf dem Weg, der zunächst parallel zu *Rawlinson Range* verläuft. An manchen Stellen erschweren starke Auswaschungen und steinige Passagen das Vorankommen. Nach 174 km auf dem "Old Gunbarrel" trifft man auf eine breite, gut ausgebaute Schotterpiste. Von hier ist es nicht mehr weit bis *Jackie Junction*. Von *Todd Range* bis *Mt. Samuel* ist die Strecke an manchen Stellen stark ausgewaschen; aber hier und da sind sie auf schmalen Seitenpisten zu umfahren. Das kurze Stück von *Mt. Samuel* bis *Heather Highway* hat es dann noch einmal in sich: tiefe ausgewaschene Stellen. Ab der Abzweigung zum Heather Highway verwandelt sich der schmale *track* wieder in eine breite Sandpiste mit gelegentlichen Tiefsandpassagen, und so bleibt es bis Wiluna. Nachdem man *Everard Junction*, wo *Gary Highway* zur *Canning Stock Route* abzweigt, hinter sich gelassen hat, wird *Mungilli Claypan*, eine riesige Lehmpfanne, durchquert. Je näher man *Carnegie Station* kommt, desto häufiger säumen rote Sanddünen und anmutige Wüstenkasuarinen *(desert oaks)* die Strecke. In *Carnegie* endet auch der *Gunbarrel Highway*. Von hier sind es noch 355 km auf breiter Schotterpiste, bevor man Wiluna, Versorgungsstelle der wenigen Farmen im Umkreis, erreicht.

## Yulara

(→ Streckenbeschreibung 8, Alice Springs - Kings Canyon und Ayers Rock/ Yulara via Finke Gorge National Park)

## Streckenlog

| | | |
|---|---|---|
| 0 | 1423,7 | *Yulara,* Polizeistation (an- bzw. rückmelden!) |
| 1,6 | 1422,1 | Abzweigung links in Richtung *Ayers Rock* nehmen; rechts nach *Alice Springs* |
| 5,6 | 1418,1 | Parkeingang von *Uluru (Ayers Rock) National Park* (→ Streckenbeschreibung 9.1, Alice Springs - Kings Canyon via Finke Gorge National Park)<br>Wer über den Gunbarrel Highway fahren möchte, muß keinen Eintritt zahlen. |
| 9,8 | 1413,9 | Abzweigung rechts in Richtung *Olgas* und nach *Kaltukatjara (Docker River) Community* nehmen; geradeaus zu *Ayers Rock* |
| 50,2 | 1373,5 | Abzweigung links nach *Kaltukatjara Community* nehmen; geradeaus zu *Olgas*<br>Hier geht die Asphaltstraße in eine breite Schotterpiste über, die bis zur Giles-Wetterstation gut zu befahren ist und kaum wellblechartige Stellen aufweist. |

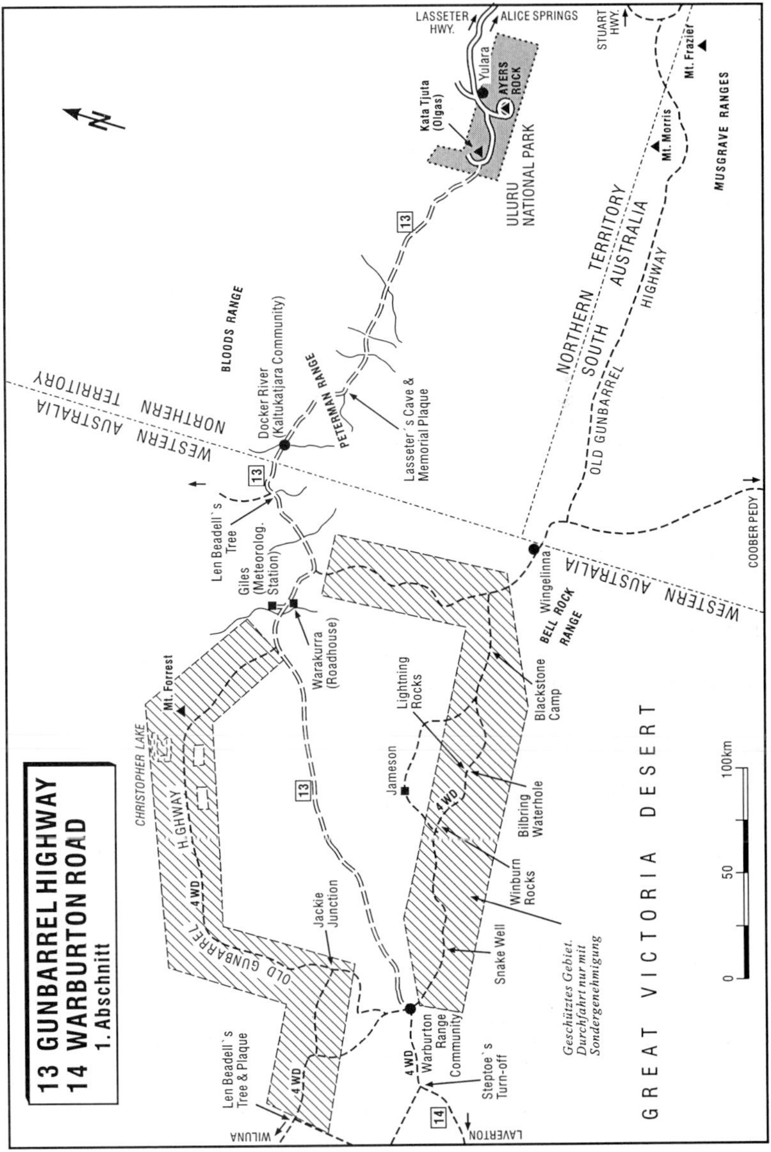
13 GUNBARREL HIGHWAY
14 WARBURTON ROAD
1. Abschnitt
N
LASSETER HWY.
ALICE SPRINGS
STUART HWY.
Yulara
AYERS ROCK
Kata Tjuta (Olgas)
ULURU NATIONAL PARK
Mt. Frazier
Mt. Morris
MUSGRAVE RANGES
NORTHERN TERRITORY
SOUTH AUSTRALIA
OLD GUNBARREL HIGHWAY
13
BLOODS RANGE
Docker River (Kaltukatjara Community)
PETERMAN RANGE
Lasseter´s Cave & Memorial Plaque
NORTHERN TERRITORY
WESTERN AUSTRALIA
Len Beadell´s Tree
Giles (Meteorolog. Station)
Warakurra (Roadhouse)
COOBER PEDY
Wingelinna
WESTERN AUSTRALIA
BELL ROCK RANGE
Blackstone Camp
Lightning Rocks
Jameson
Bilbring Waterhole
4 WD
Winburn Rocks
Snake Well
Mt. Forrest
CHRISTOPHER LAKE
OLD GUNBARREL H.GHWAY
Jackie Junction
Warburton Range Community
Steptoe´s Turn-off
Len Beadell´s Tree & Plaque
14
WILUNA
LAVERTON
Geschütztes Gebiet. Durchfahrt nur mit Sondergenehmigung
GREAT VICTORIA DESERT
0
50
100km

| | | |
|---|---|---|
| 53,7 | 1370,0 | Ende bzw. Beginn von *Uluru National Park*<br>Der dichte Mulgabewuchs geht langsam in Spinifex mit vereinzelten Wüstenkasuarinen über. |
| 106,3 | 1317,4 | *Armstrong River* |
| 131,4 | 1292,3 | *Irving River* |
| 157,3 | 1266,4 | *Shaw River* |
| 160,6 | 1263,1 | *Peterman Ranges* rechts<br>*Ernest Giles* benannte die Bergkette 1874 nach dem deutschen Geographen Dr. *Augustus Petermann*. Giles erforschte auf mehreren Expeditionen zwischen 1872 und 1875 *Gibson*- und *Great Victoria Desert*. Er lieferte wichtige Informationen über Inneraustralien und seine Wüsten, erhielt aber kaum offizielle Anerkennung. |
| 165,6 | 1258,1 | *Chirnside River* |
| 191,9 | 1231,8 | Geradeaus fahren; Abzweigung links zu *Lasseter's Cave* (800 m); → Artikel "Harold Lasseter und der Traum vom großen Goldfund". |
| 192,0 | 1231,7 | *Hull River* |
| 229,3 | 1194,4 | Geradeaus fahren; Abzweigung rechts nach *Kulail* (20 km) |
| 230,6 | 1193,1 | *Docker River*<br>200 m nach dem Fluß führt ein Privatweg nach *Kaltukatjara Community*, die für Touristen verboten ist. |

Olgas (Katatjuka) - eine Felsenformation mit vielen Köpfen

### *Harold Lasseter und der Traum vom großen Goldfund*

*Harold Lasseter* - der Name steht für eine der bekanntesten Legenden Australiens. Er behauptete, bei seiner Wanderung von *Alice Springs* in Richtung Westen im Jahr 1900 in der Gegend zwischen *Gibson Desert* und *Blackstone Range* eine märchenhafte Goldader gefunden zu haben. All seine Bemühungen, später diese Ader wiederzufinden, schlugen fehl. Erst dreißig Jahre nach seinem angeblichen Fund gelang es ihm schließlich, genügend Investoren zu finden, um eine größere Suchexpedition zu finanzieren. Die Gruppe unter der Leitung von *Fred Blakeley* brach in Alice Springs auf. Sie bestand aus sechs Männern, die einige Lastwagen und ein Flugzeug mitnahmen. Schon nach kurzer Zeit hatten sie sich hoffnungslos verirrt und fanden nur mit Glück den Weg nach *Hermannsburg*. Auch bei einem zweiten Versuch von Hermannsburg aus verirrten sie sich. Die Vorräte waren nahezu aufgezehrt, die Lastwagen schwer beschädigt und das Flugzeug durch mehrfache Abstürze unbrauchbar. Die Männer verloren das Vertrauen in Lasseter, vor allem aber in seine angeblich existierende Goldader, und gaben auf.

Lasseter jedoch ließ sich nicht von seinem Vorhaben abbringen und versuchte es noch einmal auf eigene Faust. Unterwegs traf er einen Kameltreiber, den er von seinem Vorhaben und der Existenz der Goldader überzeugen konnte. Sie machten sich gemeinsam auf die Suche. Doch die "Freundschaft" hielt nicht lange. Dem Kameltreiber waren der Goldfund und offensichtlich auch die Art und Weise der Suche Lasseters suspekt. Nach heftigen Auseinandersetzungen kehrten beide nach Hermannsburg zurück.

Doch Lasseters Wille war ungebrochen. Mit geliehenen Kamelen machte er sich erneut auf die Suche, diesmal allein. Seine Männer sollten an den Olgas auf ihn warten. Auf dem Rückweg machten sich 15 km östlich der Höhle, die heute *Lasseter's Cave* heißt, zu allem Unglück seine Kamele mit dem Proviant auf und davon. Lasseter, am Ende seiner Kraft, suchte in der Höhle Unterschlupf und verbrachte hier ungefähr 25 Tage. Mit einer Ureinwohnerfamilie, die ihn glücklicherweise fand, machte er sich dann mit weniger als 2 Litern Wasser zu Fuß auf den Weg, um seine Männer zu treffen. Er kam nur bis *Irving Creek*, wo er am 28. Januar 1931 vermutlich an Entkräftung starb. Aus seinen später gefundenen Aufzeichnungen geht hervor, daß er seine Goldader ganze fünf Tagesritte westlich der Höhle wiedergefunden haben will. Ob diese legendäre Goldader aber tatsächlich existiert, vermag auch heute noch niemand zu sagen. Einige sind felsenfest davon überzeugt, andere halten Lasseter für einen Spinner und Lügner. Noch heute machen sich immer wieder Glücksritter auf, die Ader zu finden. Leider machte Lasseter nur unvollständige und ungenaue Angaben, wo sie zu suchen wäre, so daß der Fund weiterhin nur Legende bleibt.

| | | |
|---|---|---|
| 232,5 | 1191,2 | Geradeaus fahren; Abzweigung links zu *Kaltukatjara Community* (4 km bis zur Tankstelle)<br>Die Siedlung darf auf diesem Weg nur zum Auftanken angefahren werden. |
| 243,3 | 1180,4 | Grenze zwischen Western Australia und Northern Territory |

| | | |
|---|---|---|
| | | Uhren um 90 Minuten zurückstellen. |
| 260,8 | 1162,9 | Weggabelung (direkt nach *Rebecca Creek*): links fahren; rechts zu *Sandy Blight Junction* |
| | | Die Piste in Richtung *Sandy Blight Junction* wird nur selten befahren und führt über *Haasts Bluff* und *MacDonnell Range* wieder zurück nach *Alice Springs*. |
| 270,3 | 1153,4 | *Len Beadell's Tree* rechts |
| | | *Len Beadell* markierte den Verlauf der Strecke an diesem hohen Geistereukalyptus *(ghost gum)*, der leicht an seiner weißen Rinde zu erkennen ist, mit einer Aluminiumplakette. |
| 273,7 | 1150,0 | *Schwerin Mural Crescent* rechts |
| | | Ein Holzschild weist auf die Gebirgskette in der Ferne hin, die *Ernest Giles* 1874 so benannte. |
| 292,2 | 1131,5 | *Giles Creek* |
| | | Nach dem Bach fallen beiderseits der Piste viele Wüsteneichen *(desert oaks)* auf. Unter allen Kasuarinenarten Australiens gelten sie als die anmutigsten. Vielleicht liegt das daran, daß sie auf den roten Sanddünen im heißen, trockenen Landesinneren besonders gut zur Geltung kommen. Junge Bäume wachsen schlank in die Höhe und haben wenig Laub. Deshalb fallen besonders die älteren Exemplare mit ihrem dicken Stamm und den tiefhängenden Blättern, die eher |

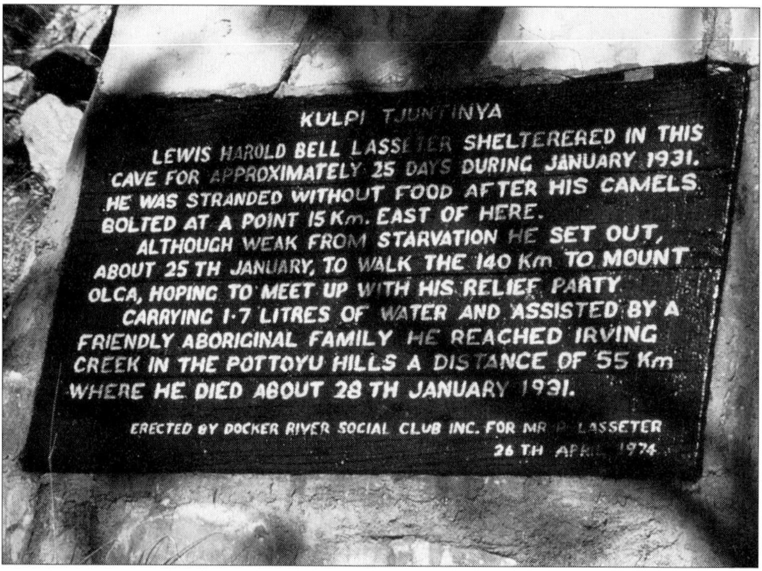


Zum Gedenken an Harold Lasseter

Nadeln ähneln, ins Auge. Aufgrund dieser Blattform verdunstet weniger Wasser, und der Baum kann auch in trockenen Gebieten überleben. Selten werden Wüstenkasuarinen höher als 10 m.

310,1 1113,6 Weggabelung: rechts nach *Warakurna, Giles, Warburton, Laverton* und *Wiluna* fahren; links ist der *Old Gunbarrel Highway* zum *Stuart Highway*

339,3 1084,4 *Warakurna Roadhouse*
Hier kann man sich am besten über den aktuellen Straßenzustand informieren. Das Rasthaus bietet Verpflegung, Duschen und Campingmöglichkeit.

339,6 1084,1 Geradeaus nach *Giles* und *Warakurna Community* fahren; Abzweigung links nach *Warburton* und *Laverton*

339,9 1083,8 Geradeaus nach *Warakurna* und *Wiluna* fahren; Abzweigung rechts zur *Giles-Wetterstation* (1,6 km)
In der Wetterstation arbeiten schichtweise vier Personen für jeweils sechs Monate. Ihre Hauptaufgabe besteht darin, Wetterballons steigen zu lassen und Messungen, z. B. der Niederschläge und Temperaturen, vorzunehmen. Alle Daten werden per Computer ausgewertet. Besucher sind gern gesehen, weil sie Abwechslung bieten. Obwohl eigentlich eine Genehmigung für den Besuch notwendig wäre, fragt hier niemand danach. Wer möchte, kann sich also die ge-

Trinkwasser nicht vergessen!

samte Anlage unter sachkundiger Führung ansehen und sogar beim Steigen eines Wetterballons zuschauen. Das geschieht täglich um 2.30 Uhr in der Nacht wie auch um 8.30 Uhr, 14.30 Uhr und 20.30 Uhr. Die beste Zeit ist morgens um 8.30 Uhr; dann wird der größte Ballon, ausgerüstet mit einem Radiosender, aufgelassen. Von 21.30 bis 2.30 Uhr ist Nachtruhe und Besuch unerwünscht. Bei einer Führung über das Gelände erfährt man viel über Niederschlagsmengen, Verdunstungsrate, Tiefst- und Höchsttemperaturen, Gewitter und alles, was ein Wetter so ausmacht. Auch die Art und Weise der Datengewinnung und deren Auswertung werden erklärt. Bis vor einigen Jahren bot man Gästen hier auch noch ein gekühltes Bier an. Doch um die Aborigines der umliegenden Siedlungen nicht in Versuchung zu führen, entzog man der Station die Alkohollizenz. Ein altes Planierfahrzeug *(grader)*, das beim Bau des Gunbarrel Highway im Einsatz war und insgesamt 30.000 km planierte, steht hier auch noch herum.

356,0 1067,7 Weggabelung: rechts auf den *Old Gunbarrel Highway* fahren; links ist die *Warburton Road* nach *Warburton* (→ Streckenbeschreibung 14, Warburton Road)

356,3 1067,4 Hinweisschild: *Road closed, unsafe from this point*
Die Piste ist offiziell gesperrt, aber befahrbar. Sie verläuft zunächst parallel zu *Rawlinson Range*. Überwiegend ist es eine schmale Erd- und Sandpiste mit gelegentlichen steinigen Passagen oder tiefsandigen Dünenköpfen. Termiten haben sich stellenweise auf der Fahrspur häuslich niedergelassen. Manchmal versteckt sich so ein Hügel auch hinter einem Busch mitten auf der Fahrbahn! An einigen Stellen weist die Strecke hohen Mittenbewuchs von Spinifex auf. Zur Zeit der Blüte sollte man einen Kühlerschutz anbringen (→ "Ausrüstung des Geländewagens", hier "Zusatzausrüstung des Geländewagens").

529,4 894,3 T-Kreuzung: Abzweigung links nehmen
Für knapp 90 km verläuft der Weg bis *Jackie Junction* auf einer breiten Schotterpiste.

619,9 803,8 *Jackie Junction:* Abzweigung rechts nach *Carnegie* nehmen (455 km); geradeaus nach *Warburton* (69 km)
Eine Metallplakette *Len Beadells* gibt genaue Angaben über Längen- und Breitengrad, auf dem *Jackie Junction* liegt (S 25°42'27"/ E 126°39'47"). Benannt hat er die Kreuzung nach seiner Tochter Jackie.
Auf den folgenden Kilometern muß man mit zum Teil starken Auswaschungen *(wash-outs)* rechnen. Manche sind auf schmalen Seitenwegen zu umfahren.

666,7 757,0 Geradeaus fahren; Abzweigung links nach *Warburton*
In dem Gebiet von *Todd Range*, die hier durchfahren wird, sind die *wash-outs* besonders tückisch.

| | | |
|---|---|---|
| 697,1 | 726,6 | Geradeaus fahren; Abzweigung links zu *Mt. Samuel* (200 m)<br>Die Spitze des Berges, von der man einen herrlichen Panoramablick genießt, ist durch einen Steinhaufen *(cairn)* markiert.<br>Auf dem weiteren Streckenverlauf bis zum *Heather Highway* kommt man nur sehr langsam voran. Die Auswaschungen gleichen Kratern und sind nur stellenweise zu umfahren. |
| 703,0 | 720,7 | Geradeaus nach *Wiluna* fahren; Abzweigung links zum *Heather Highway* und nach *Warburton* |
| 713,9 | 709,8 | *Len Beadell's Tree* rechts; links zu einem Bohrloch mit Handpumpe (400 m)<br>Die Plakette an diesem Baum ist mittlerweile verschwunden, wahrscheinlich als Souvenir mitgenommen worden. Aus diesem Grund werden die Originalplaketten meist in der Giles-Wetterstation aufbewahrt und Nachbildungen an den Bäumen angebracht, die aber auch immer wieder Liebhaber finden.<br>Das Bohrloch liefert bestes Trinkwasser, und bietet einen guten Platz zum Campen. |
| 739,4 | 684,3 | *Notabilis Hill Bore* mit Handpumpe links<br>Dieses Bohrloch liefert ebenfalls Trinkwasser, und ist - wie das vorherige - ein guter Platz zum Übernachten. |

Blick von Mt. Samuel

| | | |
|---|---|---|
| | | Bis zu *Mungilli Claypan* (173 km) ist es auf dem "Gunbarrel" kein Vergnügen. Ausgeprägte Vertiefungen quer zur Fahrbahn machen die Piste zu einem "Waschbrett". Fahrspuren beiderseits des Weges deuten darauf hin, wie nervenaufreibend diese Schüttelei ist, denn wo immer möglich, sucht man neben dem eigentlichen *highway* einen angenehmeren Weg. So entstanden die vielen parallel verlaufenden Fahrspuren. |
| 744,5 | 679,2 | *Notabilis Hills* rechts<br>Ein aufgeschichteter Steinhaufen deutet auf die sanften Erhebungen in der Ferne hin. |
| 769,5 | 654,2 | Geradeaus fahren; Abzweigung links zu *Len Beadell's Camp* (300 m)<br>Leider ist von diesem ehemaligen Camp der Straßenbaugesellschaft *Gunbarrel Construction Party* nichts mehr zu erkennen. Nur mit viel Phantasie läßt sich erahnen, wie es zu Zeiten *Len Beadells* hier ausgesehen haben könnte. |
| 775,0 | 648,7 | Weggabelung: geradeaus zu *Carnegie Station* fahren; links zu *Mt. Beadell* |
| 775,9 | 647,8 | Geradeaus fahren; Abzweigung links zu *Mt. Beadell* |
| 790,6 | 633,1 | Beginn bzw. Ende von *Gibson Desert Nature Reserve* |
| 815,1 | 608,6 | Alte Landebahn rechts<br>Kurz nach dieser Landebahn ist *Brown Range* mit der höchsten Erhebung *Mt. Everard* zu sehen. Steinige Passagen und starke Auswaschungen kennzeichnen den folgenden Streckenabschnitt. Er wird nur selten von Sandpassagen unterbrochen. |
| 831,9 | 591,8 | *Everard Junction:* geradeaus fahren; Abzweigung rechts via *Gary Highway* zur *Canning Stock Route* (Well 24/ 402 km; Well 35/ 386 km)<br>Diese Kreuzung ist ein Knotenpunkt im *outback*. Der *Gary Highway,* ebenfalls von *Len Beadell* in den Busch gewalzt und nach seinem Sohn Gary benannt, trifft nach 386 bzw. 402 km in nördlicher Richtung über *Windy Corner* auf die *Canning Stock Route* (→ Streckenbeschreibung 15, Canning Stock Route). An der Kreuzung ist an einem ausrangierten Reifen eine Plakette angebracht, die die Entfernungen angibt. Wie auf allen anderen Zeichen Beadells sind die Angaben in Meilen, denn das metrische System wurde erst Anfang der siebziger Jahre in Australien eingeführt. |
| 863,0 | 560,7 | Ende bzw. Beginn von *Gibson Desert Nature Reserve* |
| 864,2 | 559,5 | Geradeaus fahren; Abzweigung links zu *Geraldton Historical Society Bore* (100 m)<br>Das Bohrloch ist in ein etwa 15 cm dickes Plastikrohr gefaßt, das in den Boden eingelassen ist. An einer Schnur hängt eine kleine Blechbüchse, mit der - wenn der Brunnen nicht trocken ist - Wasser geschöpft werden kann. Vorsicht, Ameisen! |

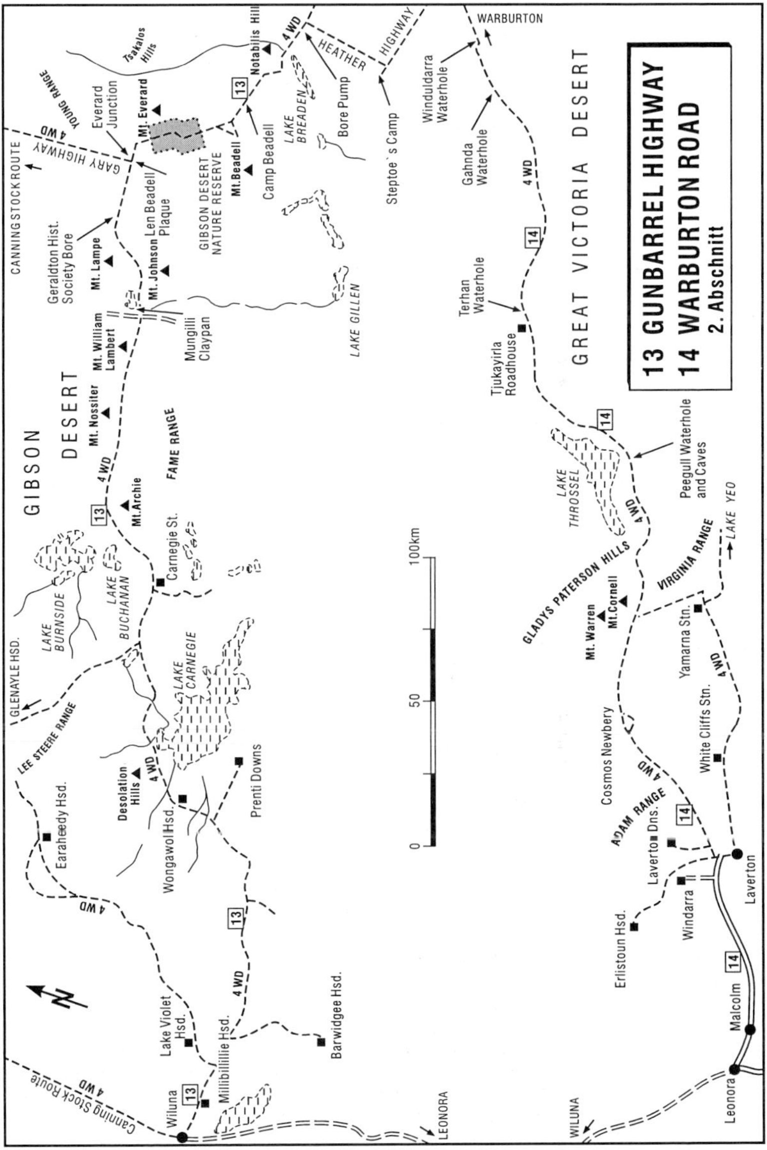
13 GUNBARREL HIGHWAY
14 WARBURTON ROAD
2. Abschnitt
GIBSON DESERT
GREAT VICTORIA DESERT
CANNING STOCK ROUTE
GARY HIGHWAY
4 WD
YOUNG RANGE
Everard Junction
Mt. Everard
Tsakalos Hills
Notabilis Hill
HEATHER HIGHWAY
WARBURTON
Bore Pump
Steptoe's Camp
Winduldarra Waterhole
Gahnda Waterhole
Camp Beadell
Mt. Beadell
LAKE BREADEN
GIBSON DESERT NATURE RESERVE
Len Beadell Plaque
Geraldton Hist. Society Bore
Mt. Lampe
Mt. Johnson
Mungilli Claypan
LAKE GILLEN
Mt. William Lambert
Terhan Waterhole
Tjukayirla Roadhouse
Mt. Nossiter
FAME RANGE
Mt. Archie
Peegull Waterhole and Caves
LAKE THROSSEL
LAKE YEO
VIRGINIA RANGE
GLADYS PATERSON HILLS
Mt. Cornell
Mt. Warren
Carnegie St.
LAKE BURNSIDE
LAKE BUCHANAN
LAKE CARNEGIE
GLENAYLE HSD.
LEE STEERE RANGE
Yamarna Stn.
White Cliffs Stn.
Cosmos Newbery
ADAM RANGE
Laverton Dns.
Laverton
Windarra
Erlistoun Hsd.
Desolation Hills
Prenti Downs
Wongawol Hsd.
Earaheedy Hsd.
100km
50
0
Lake Violet Hsd.
Millibillillie Hsd.
Barwidgee Hsd.
Wiluna
Canning Stock Route
LEONORA
WILUNA
Leonora
Malcolm
13
14

| | | |
|---|---|---|
| | | Bis zur Mungilli-Lehmpfanne finden sich links am Streckenrand häufiger Markierungen. |
| 912,2 | 511,5 | Beginn bzw. Ende von *Mungilli Claypan Nature Reserve*<br>Knapp 5 km nach dem Hinweisschild beginnt die große Lehmpfanne. Meistens ist sie ausgetrocknet, schimmert aber durch die dunklen Ablagerungen immer feucht. Nach heftigen Regenfällen verwandelt sie sich in rutschigen Morast. Tiefe Furchen deuten auf die Schwierigkeiten hin, die dann beim Durchfahren entstehen. |
| 919,6 | 504,1 | Geradeaus fahren; Abzweigung links und rechts ist die *Eagle Road*<br>In Richtung Süden ist über die Eagle Road die Warburton Road zu erreichen. Die Strecke ist wenig befahren; sie ist überwiegend Sand- und Erdpiste. In Richtung Norden führt sie zu *Hutton Range* und zu *Mt. Madley* (45 km). 200 m weiter ist noch einmal eine Abzweigung zur Eagle Road. |
| 919,8 | 503,9 | Ende bzw. Beginn von *Mungilli Claypan Nature Reserve*<br>Langsam wird die Piste besser, und es gibt nur noch gelegentlich kleinere ausgewaschene Stellen. Auch die wellblechartigen Abschnitte werden weniger. |
| 946,3 | 477,4 | Geradeaus fahren; Wegeinmündung von rechts |
| 1031,3 | 392,3 | Geradeaus fahren; Wegeinmündung von rechts |
| 1062,6 | 361,1 | Gatter |
| 1071,4 | 352,3 | Geradeaus fahren; Abzweigung links zu *Carnegie Station* (300 m); hier an- bzw. zurückmelden!<br>Das erste, was an Carnegie ins Auge sticht, ist die Grünfläche vor dem großen Aufenthaltsraum (gekühlte Getränke und Grundnahrungsmittel sind hier erhältlich). Den ganzen Tag über rieselt kostbares Wasser auf das Grün, das die meisten Australier beeindruckt, wohl weniger wegen der Wasserverschwendung, als vielmehr durch den saftig grünen Rasen in der roten, sandigen Umgebung.<br>Wer vom harten Wüstenboden genug hat und gerne in einem weichen Bett schlafen möchte, kann hier für 15 $ pro Person übernachten; Camping kostet 8 $ pro Person. Für 3 $ pro Person kann man den Staub der letzten Tage unter der Dusche abspülen.<br>An der Farm endet der Gunbarrel Highway, und die weitere Strecke verwandelt sich in eine vergleichsweise erstklassige Schotterpiste. Die Zivilisation hat einen wieder, und das monotone Viehzuchtgebiet mit abgegrasten Ebenen beginnt. Immer wieder erstaunt es, daß Rinder bei diesem spärlichen Nahrungsangebot überleben. Wer aber einmal in der Pilbara im Nordwesten Westaustraliens unterwegs war, wird feststellen, daß die Rinder hier gut genährt sind. |

| | | |
|---|---|---|
| 1101,7 | 322,0 | Geradeaus fahren; Abzweigung rechts zu *Glenayle Homestead* (91 km) |
| 1139,9 | 283,8 | *Harry Johnston Water Creek*<br>200 m nach dem *creek* ist eine Einfahrt zu einem kleinen Unterstand mit Tisch und Grill am Fluß - ein idealer Platz für einen Picknick. Die vielen schattenspendenden Fluß-Eukalypten laden geradezu zu einer Rast ein, während der man auch Schwärme von Rosakakadus *(galahs)* und Ringsittichen *(ring-necked parrots)* beobachten kann. |
| 1172,1 | 251,6 | Geradeaus fahren; Wegeinmündung von rechts |
| 1199,9 | 223,8 | Geradeaus fahren; links geht es zu *Wongawol Station* |
| 1201,0 | 222,7 | *creek*<br>Kurz vor dem Wasserlauf sieht man von einer kleinen Anhöhe aus *Princess Range* im Westen. Der Bach speist in regenreichen Jahren *Lake Carnegie*, einen Salzsee. Am *creek* und auf dessen Überschwemmungsgebiet wachsen zahlreiche *creekline miniritchies*, eine Akazienart, deren rostrote, gelockte Rinde immer wieder fasziniert. |
| 1203,2 | 220,5 | Geradeaus fahren; Wegeinmündung von links |
| 1218,6 | 205,1 | *Wongawol Creek* |
| 1222,9 | 200,8 | Geradeaus fahren; Abzweigung rechts zu *Wongawol Trucking Yard*<br>Ein *trucking yard* ist eine Verladestation für Rinder. Sie werden in große Pferche getrieben und dann durch schmale, umzäunte Gänge auf *roadtrains* verladen. Im weiteren Verlauf der Piste zweigen immer wieder Wege ab, die zu solchen Verladestationen führen. Windräder und Tanks stellen hier die Wasserversorgung für das Vieh sicher. In kurzen Abständen folgen Abzweigungen zu Farmen; Telefon- und Stromleitungen lassen keinen Zweifel aufkommen: Mit der Einsamkeit ist es nun vorbei und die Zivilisation wieder erreicht. |
| 1228,7 | 195,0 | Kreuzung: geradeaus nach *Wiluna* fahren; Abzweigung links zu *Prenti Downs* (106 km) und nach *Windidda* (32 km); Abzweigung rechts nach *Lorna Glen* |
| 1254,0 | 169,7 | Geradeaus fahren; Wegeinmündung von links |
| 1254,6 | 169,1 | Geradeaus fahren, Wegeinmündung von links |
| 1263,6 | 160,1 | Geradeaus fahren; Wegeinmündung von links |
| 1279,2 | 144,5 | Geradeaus nach *Wiluna* fahren; Abzweigung links zu *Wonganoo Homestead* (51 km), zu *Mt. Fisher Mine* (268 km) und nach *Leonora* |
| 1364,5 | 59,2 | Geradeaus fahren; Abzweigung links zu *Barwidgee Homestead* und *Wonganoo Homestead* |
| 1368,4 | 55,3 | Geradeaus fahren; Wegeinmündung von rechts<br>Achtung - ab hier sind besonders viele *roadtrains* der Minengesellschaften unterwegs! |
| 1377,7 | 46,0 | Geradeaus fahren; Abzweigung rechts zu *Gourdis Goldmine* |

| | | |
|---|---|---|
| 1381,1 | 42,6 | Geradeaus fahren, Abzweigung rechts zu *Lake Violet Homestead, Millrose Homestead, Lorna Glen Homestead, Granite Peak Homestead, Eara Heedy Homestead* und *Glenayle Homestead* |
| 1405,0 | 18,7 | Geradeaus fahren; Wegeinmündung von links |
| 1412,8 | 10,9 | *Millibillillie Homestead* links |
| 1418,0 | 5,7 | Geradeaus fahren; zwei Abzweigungen links führen zu *Gourdis Goldmine.* |
| 1418,2 | 5,5 | Geradeaus fahren; Abzweigung rechts zu *Desert Gold Orange Farm* (9,0 km) und *Emu Farm* (9,0 km)<br>Wer von Wiluna kommend, den "Gunbarrel" befahren möchte oder aber von Wiluna zur *Canning Stock Route* aufbricht, sollte der Orangenfarm auf jeden Fall einen Besuch abstatten. Hier bekommt man zur Erntezeit für wenig Geld - manchmal sogar geschenkt - soviele Orangen, wie man tragen kann. Die Früchte halten sich, einzeln in Papier eingepackt, über Wochen und sind nicht nur eine willkommene Abwechslung zum lauwarmen Wasser, sondern liefern auch Vitamine. Die Erntesaison beginnt in der Regel im April bzw. Mai.<br>Ebenso erfolgreich wie die Orangenfarm entwickelte sich die Emufarm. Aborigines begannen hier mit der Zucht von Emus. Was zunächst nur ein wirtschaftliches Experiment war, weitet sich für den nahen Ort Wiluna immer mehr zu einem eigenständigen Wirtschaftszweig. Emufleisch und Emuleder werden immer beliebter, so daß die Produktion heute kaum noch mit der Nachfrage Schritt halten kann. |
| 1418,4 | 5,3 | Beginn bzw. Ende der Asphaltstraße |
| 1423,5 | 0,2 | Kreuzung: rechts in die *Wotton Street* abbiegen; geradeaus nach *Meekatharra*, links nach *Sandstone* |
| 1423,7 | 0 | *Wiluna,* Polizeistation |

## *Wiluna*

Heute ist es unvorstellbar, daß in *Wiluna* einmal 8.000 bis 10.000 Menschen lebten. 1930 hatte Wiluna vier Hotels (ein fünftes kam 1936 hinzu), darunter das *Weeloona*, das für sich beanspruchte, über die längste Theke der Welt zu verfügen; die Straßen waren fast alle asphaltiert, und die Taxiflotte zählte zwölf Wagen; eine Buslinie brachte die Arbeiter täglich zur Mine und wieder nach Hause; fünf Molkereien versorgten die Stadt mit frischer Milch, und man plante sogar zwei Vororte, *Red Hill* und *Lakeside*. Der Grund für die Massenabwanderung aus Wiluna war der Zweite Weltkrieg. Die Männer wurden zur Armee eingezogen, und in der folgenden Zeit ging die Bevölkerungszahl zurück, auf 360 im Jahr 1953. Heute leben noch etwa 550 Menschen in Wiluna, größtenteils Aborigines, die zumeist um das einzige verbliebene Wirtshaus herumstehen oder -liegen und ihr auf der Orangenplantage oder der Emufarm verdientes Geld vertrinken.

# Strecke 14
## Yulara - Leonora (Warburton Road)

- **Entfernung:** 1.256 km; max. Entfernung ohne Tankmöglichkeit: 569 km
- **Empfohlene Reisedauer:** 5 bis 6 Tage
- **Reine Fahrzeit:** 25 Stunden
- **Empfohlene Reisezeit:** April bis Oktober; im Sommer extrem heiß; nach heftigen Regenfällen ist die Strecke oft für Wochen gesperrt
- **Ab- und Rückmeldung:** nicht erforderlich
- **Ausrüstung:** Geländewagen (4-WD) mit Grundausrüstung bei Wagen (wenn möglich RFDS-Radio) und Grund- wie auch Zusatzausrüstung bei Werkzeug (Winde nicht erforderlich); bei guten Bedingungen ist die Strecke auch mit Pkw (hohe Bodenfreiheit erforderlich) befahrbar.
- **Pistenart und -zustand:** Die Piste ist wesentlich einfacher als der Gunbarrel Highway zu befahren, doch tiefe *corrugations* schütteln kräftig durch.
- **Versorgung:** Yulara (kompletter Service); Kaltukatjara (Docker River) Community/ 237 km (Lebensmittelladen, Tankmöglichkeit); Warburton Community/ 572 km (roadhouse); Tjukayirla Roadhouse/ 827 km (Tankmöglichkeit, Camping); Laverton/ 1.141 km (Lebensmittelladen, *caravan park*, Tankmöglichkeit); Leonora/ 1.256 km (Lebensmittelladen, *caravan park*, Tankmöglichkeit)
- **Telefonnummern:** Yulara (Polizeistation) 08/ 89 56 21 66; Kaltukatjara, 08/ 89 56 73 37; Warburton Roadhouse 08/ 89 56 76 56; Warakurna Roadhouse 08/ 89 56 73 44; Tjukayirla Roadhouse 08/ 90 37 11 08; Laverton (Touristeninformation) 08/ 90 37 60 44; Leonora (Touristeninformation) 08/ 90 31 12 02
- **Besondere Hinweise:** Zur Durchquerung von *Peterman Aboriginal Land* und *Central Aboriginal Land* ist eine Erlaubnis vom westaustralischen *Aboriginal Land Trust* und vom *Central Land Council* von Northern Territory erforderlich (→ "Reisevorbereitung", hier "Genehmigungen - permits").
- **Karten:** → Seiten 217 und 225

Die *Warburton Road* nach Leonora wird weit häufiger befahren als die Strecke nach Wiluna. Wer vom Landesinnern in den Südwesten Australiens fahren will und dabei die Goldfelder bei Kalgoorlie nicht auslassen möchte, hat hiermit die kürzeste Strecke. Sie ist, was Auswaschungen und Beschilderung betrifft, etwas besser als der *Gunbarrel Highway*, doch eine ausgeprägte wellblechartige Piste nahezu auf der gesamten Distanz erfordert Nerven und Durchhaltevermögen. Die Strecke wird zwar jedes Jahr neu planiert, aber schon nach kurzer Zeit entstehen durch zu schnelles Fahren wieder Wellenlinien. Dies ist jedoch das einzige Ärgernis der Piste, und sie kann bei vorsichtiger Fahrweise auch von Fahrzeugen ohne Allradantrieb bewältigt werden. Von Laverton bis Leonora und weiter nach Kalgoorlie ist die Strecke sogar geteert.

Der Streckenverlauf ist zunächst von Yulara bis zur Giles-Wetterstation identisch mit dem Verlauf des Gunbarrel Highway (→ Streckenbeschreibung 13, Gunbarrel Highway). Von Giles aus knickt nach 16 km die Warburton Road, weiterhin eine gute Schotterpiste, nach Südwesten ab. Warburton selbst ist wie Kaltukatjara (Docker River) eine kleine Siedlung von

Aborigines, wo man lediglich Treibstoff erhält. Kurz hinter Warburton liegt *Steptoe's turn-off*. Hier zweigt der *Heather Highway* in Richtung Gunbarrel Highway ab. Geradeaus sind es noch 563 km bis *Laverton*. Dazwischen: *outback* und Einsamkeit pur. Von den ehemaligen Goldminen dieser Gegend sind heute nur noch Überreste zu sehen. Auf der asphaltierten Straße geht es dann ins nicht weit entfernte Leonora.

*John Forrest* kam 1869 als erster Weißer in diese Gegend. Auf der Suche nach der verschwundenen Expeditionsgruppe unter der Leitung von *Ludwig Leichhardt* benannte er einen kleinen Berg nach der Frau des damaligen Gouverneurs Westaustraliens - *Mt. Leonora*. Wer sich für Goldförderung interessiert, sollte von Leonora nach Kalgoorlie fahren und dort eine der Minen besichtigen.

## Yulara

(→ Streckenbeschreibung 8, Alice Springs - Kings Canyon und Ayers Rock/ Yulara via Finke Gorge National Park)

## Streckenlog

| | | |
|---|---|---|
| 0 | 1256,3 | *Yulara,* Polizeistation<br>Bis KM 356,0 (Weggabelung Warburton Road/ Old Gunbarrel Highway) identisch mit dem Gunbarrel Highway (→ Streckenbeschreibung 13). |
| 356,0 | 900,3 | Weggabelung: links auf die *Warburton Road* nach *Warburton* fahren; rechts ist der *Old Gunbarrel Highway*. |
| 562,8 | 693,5 | Weggabelung: links nach *Warburton* fahren |
| 571,8 | 684,5 | *Warburton Community*<br>Sie gilt als eine der isoliertesten Aborigines-Gemeinden Australiens. Touristen ist der Besuch nicht gestattet. Auftanken und Übernachten ist nur am *roadhouse* möglich. |
| 612,0 | 644,3 | Weggabelung *(Steptoe's Turn-off):* links fahren; ist rechts der *Heather Highway* zum *Gunbarrel Highway* (85 km)<br>Der Heather Highway, ebenfalls von *Len Beadell* erbaut, ist eine gute Schotterpiste ohne jegliche Schwierigkeiten. Wer keinen Erlaubnisschein hat, um den stillgelegten Teil des Gunbarrel Highway zu befahren und deshalb in Warburton landet, kann nun über den *Heather Highway* zum "Gunbarrel" (147 km) zurückkehren. |
| 652,1 | 604,2 | *Winduldarra Waterhole* rechts |
| 673,3 | 583,0 | *Gahnda Waterhole* rechts |
| 802,4 | 453,9 | *Terhan Waterhole* rechts |
| 827,0 | 429,3 | *Tjukayirla Roadhouse* |
| 869,3 | 387,0 | *Lake Throssel* rechts |

| | | |
|---|---|---|
| 908,4 | 347,9 | *Peegull Waterhole* links |
| 944,7 | 311,6 | Geradeaus fahren; Abzweigung links zu *Yamarna Station* (45 km) und nach *Laverton* (190 km)<br>In Richtung Norden hat man einen guten Ausblick auf *Gladys Paterson Hills*. |
| 985,9 | 270,4 | Geradeaus fahren; Abzweigung links zu *Amarna Station* (42 km) |
| 1048,0 | 208,3 | Geradeaus fahren; Abzweigung links nach *Cosmo Newberry* (2,5 km) |
| 1051,8 | 204,5 | Geradeaus fahren; Abzweigung links nach *Cosmo Newberry* (2,5 km) |
| 1093,8 | 162,5 | Durchfahren von *Adam Range* |
| 1126,9 | 129,4 | Geradeaus fahren; Abzweigung rechts zu *Laverton Downs* (20 km) |
| 1131,0 | 125,3 | Geradeaus fahren; Abzweigung rechts zu *Erlistoun Homestead* (85 km) |
| 1134,5 | 121,8 | T-Kreuzung: rechts nach *Leonora* fahren (120 km); links nach *Laverton* (6 km)<br>Laverton galt um die Jahrhundertwende als Tummelplatz für Glücksritter, die sich im Zuge des Goldrausches hier niederließen. In den siebziger Jahren erlebte Laverton einen neuerlichen Aufschwung, als man im nahen *Windarra* Nickel fand. Wer Interesse hat, kann die umliegenden Ruinen der alten Minen *Burtville, Gladiator, Heffernans* und *Just in Time* auf eigene Faust erkunden. Aber Vorsicht bei den unzähligen Schächten im Boden! |
| 1144,6 | 111,7 | Geradeaus fahren; Abzweigung rechts zu *Windarra Homestead* (12 km) |
| 1236,3 | 20,3 | *Malcolm*; in Richtung *Leonora* weiterfahren (20 km); Abzweigung links zu *Kookynie Homestead* 75 km) und nach *Kalgoorlie* (250 km) |
| 1256,3 | 0 | *Leonora*, Ortseingang |

## *Leonora*

1896 wurden in *Leonora* und dem Nachbarort *Gwalia* (gallischer Name für Wales) die ersten *claims* abgesteckt. *Sons of Gwalia Mine* wurde neben *Golden Mile* von Kalgoorlie in kürzester Zeit die größte Untertagemine Australiens. In der Blütezeit des Goldrausches wuchs die Bevölkerung von Gwalia auf 1.200 Einwohner an. Als man die Mine 1963 schloß, wanderten die Menschen ab, und es wurde still in Gwalia. Heute ist es eine Geisterstadt. Der 1 km lange *heritage walk* gibt Einblick in die Geschichte des Ortes und zeigt viele guterhaltene Überreste der Mine. Im Gegensatz zu Gwalia und anderen umliegenden Ortschaften, wie Kookynie weiter südlich, überlebte Leonora das Ende des Goldrauschs. Der Ort entwickelte sich zum Verwaltungszentrum der Kupfer-, Nickel- und verbliebenen Goldminen.

# Strecke 15
# Wiluna - Halls Creek (Canning Stock Route)

- **Entfernung:** 1.820 km (nur Besichtigung der Brunnen unmittelbar an der Piste); 2.131 km (mit Besichtigung aller Brunnen); 2.418 km (mit Besichtigung aller Brunnen, Quellen und solcher Stellen, wo man nach Wasser gräbt); max. Entfernung ohne Tankmöglichkeit: 1.107 km, 1.418 km, 1.701 km
- **Empfohlene Reisedauer:** mindestens 14 Tage (besser 18 Tage)
- **Reine Fahrzeit:** 80 bis 90 Stunden (nur Besichtigung der Brunnen unmittelbar an der Piste); 90 bis 100 Stunden mit Besichtigung aller Brunnen
- **Empfohlene Reisezeit:** April bis Oktober; im Sommer ist es extrem heiß. Nach Regenfällen im Norden ist die Strecke teilweise oder sogar ganz unpassierbar.
- **Ab- und Rückmeldung:** unbedingt erforderlich!
- **Ausrüstung:** Geländewagen (4-WD) mit Grundausrüstung (plus Feuerlöscher, Überbrückungskabel, *snatch-em-strap* bei Konvoifahrten, Winde, wenn möglich RFDS-Radio); für die Besichtigung von *Gunyana Spring* (King Edward Spring) sind topographisches Kartenmaterial und Kompaß mitzuführen. Werkzeug in Grund- und Zusatzausrüstung, eventuell noch ein Federblatt mitnehmen.
- **Pistenart und -zustand:** Durchgehend schmale Fahrspur; Erdpiste, steiniger oder felsiger Untergrund; viele Durchquerungen von zumeist trokkenen Flußbetten, Lehm- und Salzpfannen. Einfache Sandpiste bis zu extrem schwierigen Dünenüberquerungen charakterisieren die *Canning Stock Route*. Der Verlauf des Weges ist manchmal unklar. Selbst während der Reisezeit (im australischen Winter) begegnet man nur selten Fahrzeugen.
- **Versorgung:** Wiluna (Grundversorgung); Bill Shephard's Fuel Dump (Well 23)/ 713 km (Tankmöglichkeit); Halls Creek/ 1.820 km/ 2.131 km/ 2.414 km (Grundversorgung)
- **Telefonnummern:** Wiluna (Polizeistation) 08/ 99 81 70 24; Halls Creek (Polizeistation) 08/ 91 68 60 00; Bill Shephard (Capricorn Roadhouse, Great Northern Highway, Newman 6753) 08/ 91 75 15 35; Glen-Ayle Station 08/ 99 81 29 90, Granite Peaks Station 08/ 99 81 29 83, Carranya Roadhouse 08/ 91 68 89 27 (→ Besondere Hinweise)
- **Besondere Hinweise:** Länge und Schwierigkeit der *Canning Stock Route* erfordern eine besondere Vorbereitung, auf die wir im folgenden hinweisen möchten. Wer bei Brunnen 5 oder 9 auf die Canning Stock Route fährt, benötigt die Genehmigung von Glen-Ayle- bzw. Granite Peaks Station (10 $ pro Fahrzeug). Bei der letzten Recherche war Carranya Roadhouse (→ KM 1688,5) geschlossen (Wiedereröffnung nicht absehbar).

## Vorbereitung

Für die *Canning Stock Route* sind mindestens zwei Wochen Fahrzeit zu veranschlagen, während man vollkommen auf sich allein gestellt ist. Es gibt keine Versorgungspunkte unterwegs. Da es nicht zu empfehlen ist, zuviel Spritvorrat mitzuführen - der Wagen wird durch das Gewicht zu schwer, und man bekommt Probleme an den Dünen - muß schon sechs Wochen vorher die Versorgung mit Kraftstoff bei Brunnen 23 organisiert werden. Das geschieht über *Bill Shephard* von *Capricorn Roadhouse*, dem man mitteilt, wann man Brunnen 23 ungefähr erreicht und welche Art von Kraftstoff man benötigt. Die Bezahlung erfolgt mittels Scheck per Post. Es gibt nur 200-Liter-Fässer (ca. 220 $). Kleinere Mengen sind nicht zu bekommen. Ist das geregelt, muß sich jeder darüber klar werden, ob er die Sicherheit eines *RFDS-Radios* (Royal Flying Doctor Service) nicht missen möchte. Immerhin besteht dann die Möglichkeit, unterwegs Hilfe zu organisieren (alles Wissenswerte zum Funkgerät → "Ausrüstung des Geländewagens", hier "Die Sache mit dem Funkgerät").

Daneben ist die Ausrüstung sehr wichtig. Im einführenden Text zur Streckenbeschreibung ist unter dem Punkt "Ausrüstung" nur das Minimum erwähnt. Es empfiehlt sich, noch einige andere Dinge mitzunehmen (z. B. eine Signalfahne, die mit einem langen Stock vorne am Fahrzeug befestigt wird. Bei der Überquerung der Dünen, die mit Vollgas angefahren werden, muß man nämlich durchaus damit rechnen, daß ein Fahrzeug von der anderen Seite entgegenkommt). Ersatzteile sind natürlich nur dann sinnvoll, wenn man in der Lage ist, sie auch selbst einzubauen. Es versteht sich von selbst, daß der Wagen in Topzustand sein sollte. Dabei spielt das Alter des Fahrzeugs eine eher untergeordnete Rolle, solange alles auch auf längere Sicht funktioniert. Bei der Inspektion sind folgende Teile besonders in Augenschein zu nehmen: Radlager, Federn, Stoßdämpfer, Kühler, Leitungen, Dichtungen und Batterien. Teile, die nicht vollständig in Ordnung sind, sollten ausgetauscht werden!

Ebenfalls vorher ist die Entscheidung zu treffen, ob man allein oder im Konvoi fahren will. Wer allein unterwegs ist, muß über Erfahrung im Geländefahren, Kenntnisse in Automechanik und möglichst über Grundkenntnisse in der Ersten Hilfe verfügen. Wer auf die Sicherheit des Konvois nicht verzichten möchte, teilt dies am besten der Polizeistation im Abfahrtsort mit. Sie kann Kontakte herstellen. Daß dabei wahrscheinlich einige Wartetage zu überbrücken sind, sollte man in der Zeitplanung einkalkulieren.

Neben der Ausrüstung und dem einwandfreien Zustand des Wagens spielt die Versorgung auf der Strecke die wichtigste Rolle. Auf unserer Fahrt erstellten wir schon in Alice Springs einen Speiseplan für insgesamt vier Wochen und kauften alle haltbaren Lebensmittel ein. Anschließend fuhren wir über den Gunbarrel Highway nach Wiluna und versorgten uns dort noch einmal mit Brot, Gemüse, Obst und Fleisch. In der nahe gelegenen Orangenplantage bekommt man in der Erntezeit für ein paar Dollar jede Menge frische Zitrusfrüchte (→ Streckenbeschreibung 13, Gunbarrel Highway). Ein genauer Speiseplan ist gerade bei dieser Strecke wichtig, da unterwegs keine Versorgungsmöglichkeiten bestehen. Ähnlich geht man beim Bemessen des Trinkwassers vor. Nie zuwenig, aber auch nicht (schon aus Gewichtsgründen) für Monate vorrätig halten. Wichtig ist allerdings, bei Lebensmitteln wie auch Trinkwasser eine Reserve für mindestens eine Woche einzuplanen (weiteres dazu → "Reisevorbereitung", hier "Essen und Trinken" und "Wasser").

Die *Canning Stock Route*, eine alte Viehtreiberroute, ist die längste und einsamste Piste Australiens. Ihre Geschichte begann in den neunziger Jahren des 19. Jahrhunderts, als die großen Goldfelder um Coolgardie und Kalgoorlie entdeckt wurden.

Heute sind die Canning Stock Route (seit der Zweihundert-Jahr-Feier 1988 ein besonders schützenswerter Weg (ein sogenannter *Heritage Trail*) und das angrenzende Land eines der letzten Wildnisgebiete und Abenteuer Australiens. Zwar haben Aborigines ihre Feindseligkeiten Weißen gegenüber schon lange eingestellt, doch die Forderung, ihr Land zurückzubekommen, wird lauter, wenn auch immer noch vielfach von der westaustralischen Regierung überhört. Die wenigen verbliebenen Aborigines, die zumeist in Siedlungen wie Billiluna, Balgo oder auch Wiluna leben, fordern die Schließung der Route. Nur allzuoft werden Kultstätten von Touristen mißachtet, Relikte als Souvenirs mitgenommen, Felsenzeichnungen verwischt usw.

Die heutige Canning Stock Route ist relativ gut beschildert. Sie ist streckenweise zwar nicht identisch mit der ursprünglichen Viehtreiberroute (→ im Streckenlog: ursprüngliche *CSR*), doch sind alle der damals angelegten 54 Brunnen (51 von *Alfred Canning*, darunter 3 natürliche Quellen, und 3 von Albert Snell) zu besichtigen. Jeder Brunnen war ausgestattet mit zwei Schöpfeimern, einer Handwinde, einer Umlenkrolle und einer 13 Meter langen Tränkrinne aus Stahl. Übrig geblieben sind bei den meisten nur ein Eimer, ein paar Stücke Eisen oder ein wenig Holz, das mit etwas Phantasie die Konstruktion der Brunnen erahnen läßt. Etwa zwanzig liefern noch Wasser, wenn auch in der Regel versalzen oder ungenießbar, weil nachlässige Touristen vergaßen, die Abdeckung zu schließen, so daß Tiere hineinfielen. Zum größten Teil jedoch sind sie eingefallen, und lediglich ein Loch im Boden zeugt von ihrer Existenz. Zum 75. Jahrestag der unglaublichen Leistung Alfred Cannings wurde im Juni 1983 in einer Privatinitiative unter Leitung von *David Hewitt* Brunnen 26 vollständig restauriert. Im Januar 1991 setzte man Brunnen 46 in Stand, und im Juli 1991 folgte ein Allradclub aus Geraldton dem Beispiel und erneuerte Brunnen 6.

Der *track* verläuft quer durch *Great Sandy Desert*, deren Name vermuten läßt, daß es durch eine vegetationsarme Sandwüste geht. Doch die meisten werden erstaunt sein, wie artenreich die Tier- und Pflanzenwelt ist und daß auf den rötlichen Sanddünen Bäume bis zu 12 m Höhe wachsen. Die Dünen mit zumeist mehreren Dünenköpfen verlaufen parallel zueinander und bestimmen das Bild der Landschaft. Die Vegetation zwischen den Dünen besteht vorwiegend aus Spinifex, Wüstenkasuarinen, Akazien und Mulgas, sowie Grevileen und Proteen. An Wasserläufen und Quellen finden sich hohe Eukalypten und Papierrindenbäume *(paperbarks)*. Die Standorte der Brunnen erkennt man leicht am ungewöhnlich dichten Baumbewuchs. Zumeist sind sie von buschähnlichen Papierrindenbäumen umsäumt. An Tieren fallen die lästigen Fliegen, die von Sonnenauf- bis Sonnenuntergang aktiv sind, als erstes auf. Dingos oder Känguruhs bekommt man nur selten zu Gesicht. Nicht selten versperren Kamele die Fahrspur. An Wasserstellen und Brunnen sind die verschiedensten Finken (Zebrafink, Feuerschwanz-Amadine, Gemalter Astrild), Rosakakadus *(galahs)*, Wellensittiche und Spinifextauben häufige Gäste. Raubvögel wie Falken, Keilschwanzadler, Habichte und Milane kreisen am Himmel. Zahlreiche Flußbetten, Bergmassive und Lehmpfannen *(claypans)* unterbrechen die Dünenlandschaft und gestalten die Fahrt abwechslungsreich. An Bergmassiven finden sich häufig Felsenzeichnungen von Aborigines und auch natürliche Wasserstellen.

## Wiluna

(→ Streckenbeschreibung 13, Yulara - Wiluna via Gunbarrel Highway)

## Streckenlog

| | | |
|---|---|---|
| 0 | 1819,5 | *Wiluna*, Polizeistation (an-/ rückmelden!) |
| 3,7 | 1815,8 | Geradeaus *Canning Stock Route* (CSR); Abzweigung links zu *Well 1* (3 km)<br>Der erste Brunnen ist umsäumt von Mulgabüschen der Art *Acacia aneura*, einer einst wichtigen Nahrungsquelle für die hier lebenden Aborigines. Sie aßen die Samen, zu einer Paste verrührt, und tranken den süßen Saft aus den rötlichen Schuppen, mit Wasser vermengt. Es ist der einzige Brunnen auf der Strecke mit zwei Tränkrinnen. |
| 10,1 | 1809,4 | Geradeaus *CSR*; Abzweigung links zu *Well 1 A/ North Pool* (10 km)<br>*North Pool*, umgeben von hohen Fluß-Eukalypten, bietet gute Campmöglichkeiten. |
| 39,0 | 1780,5 | Abzweigung rechts *CSR* und zu *Well 2;* geradeaus auf der breiten *gravelroad* zu *Cunyu Station* |
| 41,3 | 1778,2 | Rechts *Well 2;* an der Weggabelung rechts fahren<br>Ein Windrad pumpte hier früher das Wasser in einen Tank. |
| 41,8 | 1777,7 | Weggabelung: links *CSR* |
| 44,0 | 1775,5 | Geradeaus *CSR*; Wegeinmündung von rechts |
| 58,4 | 1761,1 | Hinweisschild rechts: *CSR*<br>Am Weg entlang stehen viele Rotkapsel-Eukalypten *(red bud mallees)*, die durch ihre großen Samenkapseln auffallen. |
| 77,7 | 1741,8 | Geradeaus *CSR*; Wegeinmündung von rechts |
| 79,4 | 1740,1 | Geradeaus *CSR*; Abzweigung rechts zu *Well 2 A* bzw. *The Granites* (60 m)<br>Von diesem Brunnen brach *Canning* 1910 in Richtung Wiluna auf, um Lebensmittel für seine Männer zu besorgen (→ Artikel "Eine Reise durch die Geschichte - Canning Stock Route"). Der fertiggestellte Brunnen enthielt gefüllt 43.640 Liter erstklassiges Wasser. |
| 103,9 | 1715,6 | *creek* (steinig) |
| 105,0 | 1714,5 | Zwei Steinhaufen *(cairns)* rechts<br>An den kleinen *creeks* entlang stehen viele *creekline miniritchies*, eine Akazienart, die durch ihre rötliche, lockenähnliche Rinde auffällt. |
| 111,0 | 1708,5 | Weggabelung: links *CSR*; rechts zu *Well 3* (90 m)<br>Der Brunnen, umgeben von Eukalyptus, lieferte einst 591 Liter Wasser pro Stunde. Da er auf dem Gebiet von *Cunyu Station* liegt, trifft man hier in dieser Gegend häufig auf Rinder. |
| 115,2 | 1704,3 | *creek* |

| | | |
|---|---|---|
| | | Ab hier fährt man links an einem alten Zaun (→ KM 127,5) entlang. |
| 117,4 | 1702,1 | Geradeaus *CSR*; *White Well* (Windrad und Tank) rechts |
| 122,7 | 1696,8 | Geradeaus *CSR*; *Corners Well* (Windrad und zwei Tanks) rechts; Wegeinmündung von links |
| 122,9 | 1696,6 | Kreuzung: geradeaus fahren (*CSR* via *Lake Nabberu*); Abzweigung rechts (durch das Gatter) zu *Cunyu Well 2* (auch Alternativroute, um *Lake Nabberu* zu umfahren, wenn er überflutet ist); Abzweigung links zu *Cunyu Station* |
| 127,2 | 1692,3 | Weggabelung: rechts *CSR* (Hinweisschild *CSR*) |
| 127,5 | 1692,0 | *Government Well 3 A* links |
| | | Brunnen 3 A ist einer von fünf Brunnen, die 1929 unter *Snell* ausgehoben wurden. Kurz vorher endete ein Zaun (→ KM 115,2), an dem man seit entlangfuhr. |
| 133,0 | 1686,5 | Weggabelung: rechts *CSR* |
| 134,4 | 1685,1 | Hinweisschild links: *Lake Nabberu* |
| | | Bevor dieser See, von den Aborigines "Mangiri" genannt, durchquert wird, sollte man den Untergrund kurz prüfen. Nach Regenfällen kann es sehr schlammig sein, so daß man sich leicht festfährt. Wenn der See Wasser führt, ist es sicherer, ihn auf der Alternativstrecke zu umfahren. Zu diesen Zeiten kann man oft große Schwärme von Zugvögeln beobachten, u. a. eine Strandläuferart *(red-necked stints)* auf ihrem Weg von Nordsibirien nach Südwesten. |
| 142,8 | 1676,7 | *Well 4* rechts |
| | | Ein altes Windrad und ein leerer Tank markieren diesen Brunnen, der einmal 2.500 Liter Wasser pro Stunde förderte und eine Speicherkapazität von mehr als 18.400 Litern hatte. Als Platz zum Campen ist diese Stelle nicht zu empfehlen, da die umliegenden Mulgabüsche kaum Schatten bieten. Der weitere Weg führt von hier an *Frere Range* entlang. |
| 143,3 | 1676,2 | Links *CSR*; Wegeinmündung von rechts |
| 148,3 | 1671,2 | T-Kreuzung: rechts *CSR*; links zu *Mt. Lockeridge* |
| | | Der Berg bietet eine gute Aussicht auf *Lake Nabberu* im Westen und *Frere Range*. |
| 149,4 | 1670,1 | Kreuzung *(Canning Gap):* geradeaus *CSR*; die Wegeinmündung von rechts ist die Alternativroute um *Lake Nabberu* via *Cunyu Well 2* |
| 150,2 | 1669,3 | T-Kreuzung: links *CSR*; rechts zu einer Viehtränke |
| 156,7 | 1662,8 | *No. 6 Bore* (Bohrloch) links |
| 160,5 | 1659,0 | *No. 8 Bore* (Bohrloch) rechts |
| 171,2 | 1648,3 | Weggabelung: links *CSR* |
| 171,4 | 1648,1 | Weggabelung: links *CSR* |
| 176,1 | 1643,4 | *Kennedy Bore* rechts |
| | | Diese Stelle ist leicht an einem blauen Fiberglastank zu erkennen, der 45.500 Liter faßt. Von hier führt ein kaum erkennbarer Weg zu *Government Well 4 A* |

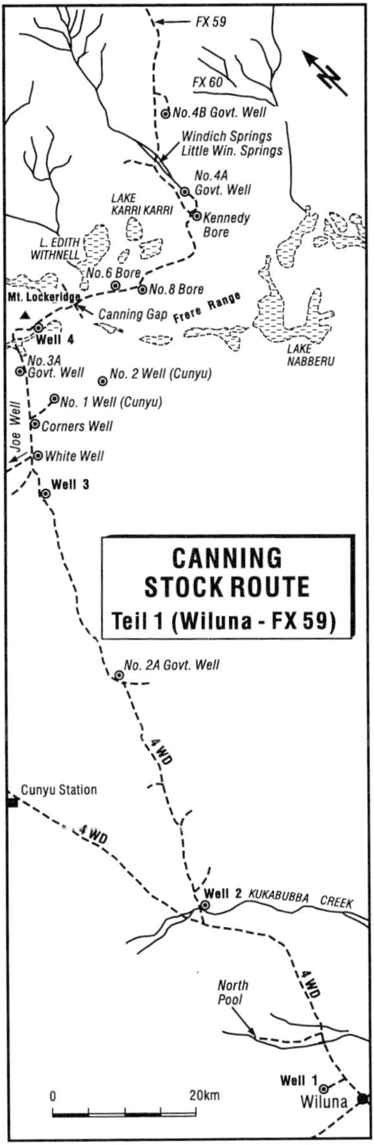
CANNING
STOCK ROUTE
Teil 1 (Wiluna - FX 59)
FX 59
FX 60
No.4B Govt. Well
Windich Springs
Little Win. Springs
No.4A
Govt. Well
LAKE
KARRI KARRI
Kennedy
Bore
L. EDITH
WITHNELL
No.6 Bore
No.8 Bore
Mt. Lockeridge
Canning Gap
Frere Range
Well 4
LAKE
NABBERU
No.3A
Govt. Well
No. 2 Well (Cunyu)
No. 1 Well (Cunyu)
Joe Well
Corners Well
White Well
Well 3
No. 2A Govt. Well
4 WD
Cunyu Station
4 WD
Well 2
KUKABUBBA
CREEK
4 WD
North
Pool
Well 1
Wiluna
0
20km

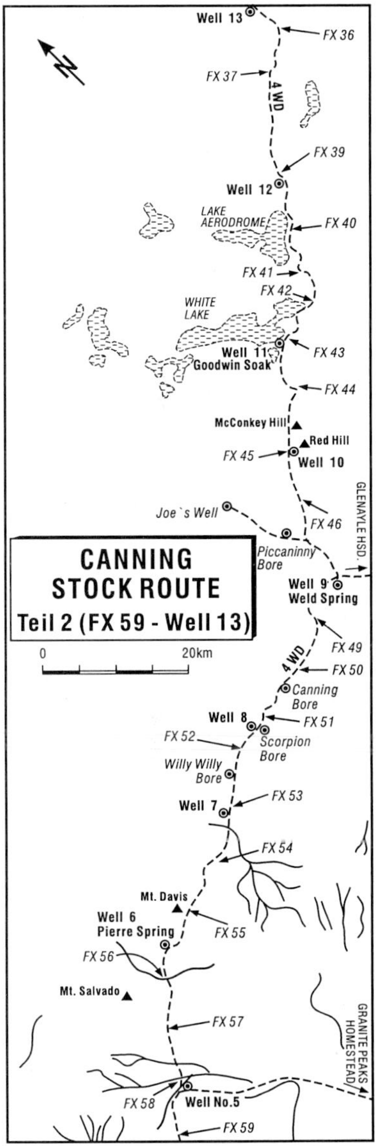
CANNING
STOCK ROUTE
Teil 2 (FX 59 - Well 13)
Well 13
FX 36
FX 37
4 WD
FX 39
Well 12
LAKE
AERODROME
FX 40
FX 41
FX 42
WHITE
LAKE
Well 11
Goodwin Soak
FX 43
FX 44
McConkey Hill
Red Hill
FX 45
Well 10
GLENAYLE HSD.
Joe`s Well
FX 46
Piccaninny
Bore
Well 9
Weld Spring
FX 49
0
20km
4 WD
FX 50
Canning
Bore
Well 8
FX 51
FX 52
Scorpion
Bore
Willy Willy
Bore
FX 53
Well 7
FX 54
Mt. Davis
Well 6
Pierre Spring
FX 55
FX 56
Mt. Salvado
FX 57
GRANITE PEAKS
HOMESTEAD
FX 58
Well No.5
FX 59

## *Eine Reise durch die Geschichte - Canning Stock Route*

Die Bevölkerung der damaligen *Eastern District Goldfields* wuchs stetig, und bald fehlte es an Nahrungsmitteln, insbesondere Fleisch. *David Carnegie*, ein erfolgreicher Unternehmer und Goldschürfer, und der reiche Ingenieur *Alfred Calvert* sahen unabhängig voneinander die Lösung des Problems im Zusammenhang mit den Viehfarmen im Norden. Ohne voneinander zu wissen, rüsteten sie 1896 Expeditionen aus, um das Land in Nord-Süd-Richtung zu erforschen und eine günstige Route für das Vieh aus dem Norden zu finden. Beide waren nach dem Scheitern ihrer Expeditionen der Überzeugung, daß es unmöglich sei, Vieh durch diese Wüstengebiete zu treiben. Neun Jahre später jedoch lebte die Idee einer Viehroute durchs Landesinnere wieder auf. In den östlichen Kimberleys litt das Vieh unter tropischen Zecken *(Boophilis micropulus)*, die 1872 durch die Einführung asiatischer Zebu-Rinder nach Northern Territory eingeschleppt worden waren. Um den Qualen der Zeckenbisse zu entgehen, stellten sich die Rinder ins Wasser, das sich durch den bluthaltigen Urin der Tiere rot färbte und der Krankheit den Namen "Rotwasserfieber" gab. Die Regierung ordnete eine Quarantäne an, und die Rinder durften nicht mehr durch die zeckenfreien Gebiete um Pilbara und in den westlichen Kimberleys getrieben werden. Die Farmer verschifften daraufhin ihr Vieh in Richtung Süden, doch um die Verbreitung der Zecken zu verhindern, wurde für die kranken Tiere strenge Quarantäne angeordnet. Den Farmern kam der Gedanke, daß die ursprünglich in Tropengebieten heimischen Zecken einem Wüstenklima nicht angepaßt und unter den extremen Bedingungen nicht lebensfähig sein würden. Rinder, die man also durch *Great Sandy Desert* nach Süden trieb, müßten dort folglich zecken- und krankheitsfrei ankommen. Eine Route durch Inneraustralien kam wieder ins Gespräch, und die um ihr Überleben kämpfenden Farmer schrieben Petitionen an die Regierung. Unter dem Druck der Farmer, die sich an den Kosten beteiligen wollten, stimmte die Regierung einer neuerlichen Expedition schließlich zu. *Alfred W. Canning* wurde als Leiter der Forschungsreise eingesetzt. Canning machte sich mit acht Männern, darunter der Ureinwohnerführer *Charlie*, 23 Kamelen, zwei Pferden und Proviant für acht bis neun Monate am 29. Mai 1906 auf den Weg von Wiluna gen Norden. Am 1. Juli 1907 trafen sie, allerdings ohne den Brunnenbauer *Michael Tobin*, wieder in Wiluna ein. Nach seiner Berichterstattung übertrug man ihm die Leitung und Planung einer Viehtreiberroute. Tobin war am heutigen Brunnen 40 vom Speer eines Ureinwohners getötet worden. Für dessen Tod machte *Edward Blake,* Koch der Expedition, Canning indirekt verantwortlich. Er beschuldigte ihn, die Eingeborenen in geradezu unmenschlicher Weise behandelt zu haben. Um sie dazu zu bringen, den Weg zu natürlichen Quellen zu zeigen, wo man Brunnen bohren wollte, soll er die Aborigines brutal mißhandelt haben. Er ließ sie einfangen, in Ketten legen, gab ihnen Salz zu essen und wartete, bis sie am Verdursten waren. Nach dieser Behandlung waren sie bereit, ihn zu ihren Wasserstellen zu führen. Aus Rache hätten die Eingeborenen Tobin, der eigentlich als Freund der Aborigines galt, anschließend getötet. Canning bestätigte die Vorwürfe, verteidigte sich jedoch damit, daß die Eingeborenen ihre Quellen niemals freiwillig verraten hätten, so daß sie zur Zusammenarbeit gezwungen werden mußten. Da Aborigines keinerlei Rechte besaßen, beließ man es bei einer Ermahnung an Canning, die Eingeborenen mit Respekt zu behandeln und sie für ihre Mitwirkung zu belohnen. Gewalt sei in jedem Fall zu vermeiden.

Am 17. März 1908 verließ Alfred Canning mit 35 Männern, 70 Kamelen, 267 Ziegen, vier Planwagen (bis Goodwin Soak) und mehreren Tonnen Material Wiluna, um - wie er sagte - die beste Viehtreiberroute der Kolonie anzulegen. Etwa acht Tage brauchte die Mannschaft, um einen einzigen Brunnen fertigzustellen (51 sollten zunächst errichtet werden). Eine bemerkenswerte Leistung, wenn man bedenkt, daß Schächte auszuheben waren und Holz zum Verschalen gefällt, transportiert und bearbeitet werden mußte; ebenso waren Umlenkrollen zu installieren und Schöpfeimer anzubringen. Nicht zu vergessen, daß Tränken angelegt werden mußten. Canning teilte dabei die Mannschaft in ein Vorbereitungsteam, das die Standorte suchte und Bohrlöcher eintrieb, und in zwei Brunnenbauteams, die die Brunnen fertigstellten. Dabei ging man so vor, daß immer zwei Brunnen gleichzeitig in Arbeit waren. Für die Verschalung der Schächte und die Umzäunung nahm man das Holz von Wüsteneichen *(desert oaks)*, einem der härtesten Wüstenhölzer. Um es zusätzlich vor gefräßigen Termiten zu schützen, wurde es in großen Trögen gekocht.

Dadurch, daß Aborigines bei ihren Besuchen immer etwas zu Essen bekamen und die Vorräte ohnehin für eine solche Expedition zu knapp bemessen waren, ging an Brunnen 51 der Proviant aus. Canning ritt nach *Halls Creek*, um Lebensmittel zu besorgen. Während seiner Abwesenheit streikten die Männer und nahmen die Arbeit erst wieder auf, als er mit frischem Proviant zurückkehrte. Im Juli 1909, nach fünfzehn harten Monaten, erreichten die Männer schließlich *Halls Creek*. 31 Brunnen hatten sie fertiggestellt, die restlichen 17 sollten auf dem Rückweg errichtet werden. An einigen Stellen stellten natürliche Quellen (North Pool, Windich Springs und Killagurra) oder ständig gefüllte Wasserlöcher (Wardabunna) die Trinkwasserversorgung sicher. Auch auf dem Rückweg war die Verpflegung falsch berechnet, und Canning machte sich erneut auf den Weg, diesmal nach Wiluna. Es wurde eine Reise von mehr als 800 Kilometern: Als er in Wiluna eintraf, mußte er erfahren, daß der Versorgungszug steckengeblieben war. Er organisierte eine Sammelaktion unter den Einwohnern des Ortes und schickte das Zusammengetragene zu seinen Männern. Anschließend ritt er zu dem feststeckenden Versorgungszug und besorgte sich den noch fehlenden Proviant. Er traf nördlich von Wiluna wieder auf seine Mannschaft, die gerade Brunnen 2 A fertiggestellt hatte. Gemeinsam kehrten sie im April 1910 nach Wiluna zurück. Zwei Jahre nach dem Beginn der Arbeit schickte Canning seinem Chef ein Telegramm, auf dem lediglich drei Worte standen: "Arbeit beendet - Canning".

Die Viehtreiber *Shoesmith* und *Thompson*, begleitet von dem Ureinwohner *Chinaman*, brachen ein Jahr später mit der ersten Herde von *Halls Creek* auf. Nur wenige Wochen später folgte *Tom Cole* mit seiner Herde. Er fand die Leichen von Shoesmith, Thompson und Chinaman nahe Brunnen 37, offensichtlich von Aborigines ermordet. Cole stellte außerdem fest, daß die Brunnen für größere Viehherden nicht genügend

Wasser lieferten. Da aus Angst vor feindseligen Eingeborenen zwischen 1911 und 1931 lediglich acht Herden auf der Route getrieben wurden, sah man jedoch keine Veranlassung, die kostspielige Vergrößerung der Brunnen in Angriff zu nehmen. Bereits 1914 meldete *Edward Kidson*, der im Auftrag vom *Carnegie Institute of Washington* Land vermaß, die erste Beschädigung eines Brunnens durch Eingeborene. Sie fürchteten mit Recht um ihre Kultstätten und Wasserstellen. Sie schütteten Brunnen zu, demontierten das Holz und die Tränken oder zerstörten sie, indem sie sie ganz einfach niederbrannten. Drei Jahre später berichtete ein Treiber, daß viele der Seile verrottet seien und das Holz teilweise starken Termitenbefall zeige. 1927 wurde bei einer Inspektion der Brunnen festgestellt, daß nur zwei Brunnen eingestürzt waren, alle übrigen benötigten lediglich eine Säuberung und Erneuerung der Abdeckungen, der Tränken, des Holzes und der Seile. 1928 stimmte die Regierung einer Renovierung der Brunnen zu und beauftragte damit *Albert W. Snell*, Bürgermeister von Leonora. Im Februar 1929 brachen vierzehn Männer mit sechzehn Kamelen, acht Pferden und einer Herde Ziegen von Wiluna auf, um mit den Reparaturen zu beginnen. Leider erwies sich das Restaurierungsprojekt als Mißerfolg. Auf seinem Weg nach Norden ließ Snell zunächst drei neue Brunnen ausheben: Brunnen 4 B, 10 km nördlich von Windich Springs, Brunnen 4 A, 9 km südlich von Windich Springs und Brunnen 3 A, zwischen Brunnen 3 und Lake Nabberu. Letzterer wurde zu tief gegraben, so daß das Wasser versalzte und das Vieh daran starb. An den Brunnen 6 bis 10 errichtete man Windräder und an 6, 8 und 10 zusätzliche Wassertanks. Im August erreichte Snells Mannschaft *Durba Hills* und bereits Ende September die Brunnen östlich von *McKay Range*. Da Eingeborene mittlerweile die Brunnen 20 bis 23 total zerstört hatten, mußte Wasser von Brunnen 24 herangeschafft werden. Die Brunnen 25 bis 29 wurden wegen Holzmangel nicht repariert, und Brunnen 31 etwa 3 km vom alten Brunnen an einer Quelle der Eingeborenen *(Wullowla)* neu ausgehoben. Schließlich gab die Gruppe im Oktober 1929 an Brunnen 35 auf.

Snells Unfähigkeit, die Brunnen instandzusetzen, veranlaßte die Regierung zu einer neuerlichen Reparaturexpedition unter Führung des bereits siebzigjährigen *Alfred Canning*. Er sollte die begonnene Arbeit beenden. Die Truppe, bestehend aus 13 Männern, 52 Kamelen, 6 Pferden, 50 Schafen und 60 Ziegen, startete am 23. März 1930. Sie fand die meisten Brunnen, selbst die, die von Snell repariert worden waren, in ziemlich desolatem Zustand vor. Die Hauptarbeit jedoch begann ab Brunnen 20. Dort schlugen die Männer bereits das Holz für die Brunnen 25 bis 29 und karrten es nordwärts. Da Canning für die Reparaturarbeiten lediglich zehn Monate geplant hatte, sie aber mehr Arbeit als ursprünglich angenommen vorfanden, wurden die Lebensmittel an Brunnen 40 knapp. Wieder einmal ritt Canning nach Halls Creek, um Proviant für seine Männer zu besorgen. Diesmal streikten die Männer während Cannings Abwesenheit nicht und erledigten alle Arbeiten bis zu *Billiluna Homestead*, wo sie wieder mit Canning zusammentrafen. Am 27. Juni 1931 war schließlich der letzte Brunnen restauriert, und die Männer machten sich auf den Heimweg. Sechs Wochen später trafen sie müde und erschöpft in Wiluna ein. Alfred W. Canning starb fünf Jahre später im Alter von 76 Jahren in Perth.

Da immer wieder Überfälle gemeldet wurden, waren nur wenige Viehtreiber bereit, das Risiko *Canning Stock Route* einzugehen. Seit Bestehen der Route waren insgesamt elf Tote zu beklagen. So wurden auch nach 1931 lediglich 23 Herden auf dieser Strecke getrieben; die größten waren von *George* und *Eileen Lanagan*. Während des Zweiten Weltkrieges, in den Jahren 1942 bis 1944, wurden die Brunnen erneut repariert, um bei einer möglichen japanischen Invasion Menschen und Tiere aus dem Norden zu evakuieren. Die Invasion blieb jedoch aus, und mit dem Aufkommen der Lastwagen verlor die Route immer mehr an Bedeutung. 1958 trieben *George Lanagan* und *Len Brown* die letzten Rinder über die *Canning Stock Route*.

Den ersten Versuch, die Viehtreiberroute mit dem Auto zu befahren, unternahm 1942 die Armee. Ihr Ziel war die Inspektion aller Brunnen, um festzustellen, ob es nach wie vor möglich sei, hier entlang Vieh zu treiben. Die Truppe kam lediglich bis *Lake Aerodrome*, an dessen Ufern sie sich festfuhr und aufgab. Die erste Bewältigung der Route mit dem Auto gelang 1968 den Landvermessern *David Chudleigh* und *Russell Wenholz*, die manchmal Tage suchten, bis sie einen Brunnen fanden.

| | | |
|---|---|---|
| | | (hinter dem Tank 500 m geradeaus fahren; an der Weggabelung links halten auf 1 km; an der nächsten Gabelung wieder links für weitere 600 m). Dieser Brunnen war der zweite, den *Snell* neu angelegte. |
| 185,1 | 1634,4 | Weggabelung: rechts *CSR* |
| 185,2 | 1634,3 | Weggabelung: rechts *CSR* |
| 186,2 | 1633,3 | Weggabelung: links *CSR*; rechts zu *Little Windich Springs*<br>Vor 1965 reichte diese Quelle über 18 m tief. Heute ist sie versandet (→ Windich Springs). |
| 186,5 | 1633,0 | Weggabelung: links *CSR*; rechts zu *Windich Springs/ Water 4 A* (200 m)<br>Als *John Forrest* im Mai 1874 bei einer seiner Erkundungsreisen an diesen Ort kam, beschrieb er die Quelle, die an einem Ort für kultische Feste lag, als beste Quelle, die er je gesehen habe: Wasserbecken von mehr als 400 m Länge und fast 4 m Tiefe, die von hohen Fluß-Eukalypten umgeben waren. Er nannte sie "Windich Springs" nach seinem Freund *Tommy Windich*, der ihn auf drei seiner Expeditionen begleitete. Zyklon "Joan" schüttete 1965 einen halben Meter Regen pro Quadratmeter auf das gesamte Gebiet. Die gewaltigen Wassermassen, die jede Menge Schlamm mitführten, ließen die Quelle versanden. Viele Rinder und Pferde nutzen sie als Tränke, da sie leichten Zugang zum Wasser haben. Ihre Exkremente sind der ideale Nährboden für Myriaden von Fliegen. In guten Jahren mit viel Wasser sind häufig Großwarane *(perenties)* auf Nahrungssuche zu beobachten. Sie werden von kleinen Fröschen angelockt, die mit Anbruch der Dämmerung quakend die Ufer aufsuchen. |

| | | |
|---|---|---|
| | | Deshalb suche man sich zum Campen besser einen anderen Platz, so malerisch es hier auch sein mag. |
| 187,5 | 1632,0 | *creek* |
| 197,1 | 1622,4 | Kreuzung: geradeaus *CSR*; rechts zu *Government Well 4 B* (800 m) |
| | | Der dritte 1929 von *Snell* ausgehobene Brunnen, der heute nur noch eine Tiefe von ca. 1 m hat und salziges Wasser enthält. |
| | | Bis zu *Well 5* durchquert man jetzt viele Lehmpfannen. |
| 207,3 | 1612,2 | *Marker FX 59* rechts |
| 211,1 | 1608,4 | Alte Zaundurchfahrt (Gatter) |
| 215,4 | 1604,1 | *creek* |
| 215,5 | 1604,0 | Geradeaus *CSR* (Zaundurchfahrt); *Marker FX 58* links; Abzweigung rechts zu *Well 5* (700 m) und *Granite Peaks Homestead* (nur mit Genehmigung!) |
| | | Dieser von Mulgabüschen umgebene Brunnen war, als *Canning* ihn ausheben ließ, der tiefste auf der gesamten Strecke. Er lieferte damals etwa 270 Liter bestes Wasser pro Stunde. 1942 baute die Armee ein Windrad, um Wasser zu fördern, und einen Tank mit einem Fassungsvermögen von 6.820 Litern. Das Windrad existiert heute nicht mehr, doch der Tank ist noch in relativ gutem Zustand, jedoch leer. Ein paar Kilometer weiter nördlich erhebt sich *Mt. Salvado*. |
| 215,8 | 1603,7 | Geradeaus *CSR*; Wegeinmündung rechts von *Well 5* |
| 219,2 | 1600,3 | *creek* |
| 222,8 | 1596,7 | Kreuzung: geradeaus *CSR*; Wegeinmündungen von links und rechts |
| | | Beiderseits der Piste fallen vermehrt *miniritchies* (→ KM 105,0) und große Grasbäume der Art *Xanthorrhoea preissii* auf. Der sandige *track* ist einer der schönsten Abschnitte der alten Viehtreiberroute. |
| 223,8 | 1595,7 | *creek*; 500 m weiter steht rechts *Marker FX 57* |
| 232,3 | 1587,2 | *Marker PA 38* links; 500 m weiter *creek*-Durchfahrt |
| 235,1 | 1584,4 | *Well 6* und *Pierre Springs* |
| | | Pierre Springs wurde 1874 von *John Forrest*, der sich auf seiner Expedition von Geraldton nach Südaustralien befand, nach einem seiner Ureinwohnerführer *Tommy Pierre* benannt. Die eigentliche Quelle liegt ca. 250 m südlich des Brunnens unter einem großen Papierrindenbaum. Leider ist auch sie nach dem Zyklon 1965 versandet. Der Brunnen wurde 1991 von einem Allradclub aus Geraldton restauriert und liefert Wasser von guter Qualität. Umgeben von hohen Eukalypten eignet sich dieser Ort hervorragend als Campingplatz, wenn auch die lästigen Fliegen und vor allem Ameisen einen schier zur Verzweiflung treiben. |
| 239,7 | 1579,8 | Weggabelung: geradeaus *CSR*; links zum Fuß von *Mount Davis*. |
| | | Der Berg erhebt sich etwa 700 m über den Meeresspiegel. Am Fuß des Berges kann man ein paar Zeich- |

| | | |
|---|---|---|
| | | nungen der Ureinwohner sehen. Eine Besonderheit von *Mt. Davis* sind Zypressenfichten *(white cypresses)* auf der Bergkuppe. Wer sich diese "Überlebenskünstler" ansehen will, kann durch einen schmalen Felsenspalt (am Fuß des Berges ein paar Meter rechts gehen) den Weg nach oben erklettern (etwa 15 Minuten). |
| 242,3 | 1577,2 | *Marker FX 55* links<br>Ein paar Kilometer weiter wird die erste kleinere Sanddüne überquert. |
| 251,1 | 1568,4 | *Marker FX 54* links |
| 258,4 | 1561,1 | Geradeaus *CSR*; Abzweigung links zu *Well 7* (150 m)<br>Nicht viel ist von diesem Brunnen erhalten, doch der dichte, schattenspendende Mulgabewuchs macht diesen Ort zu einem idealen Platz zum Campen. |
| 259,7 | 1559,8 | *Marker FX 53* rechts |
| 263,4 | 1556,1 | Weggabelung: geradeaus *CSR*; links zu *Willy Willy Bore* |
| 267,5 | 1552,0 | *Marker PA 47* links |
| 268,3 | 1551,2 | *Marker FX 52* links |
| 271,3 | 1548,2 | Weggabelung: links *CSR* zu *Well 8;* rechts zu *Scorpion Bore* |
| 271,5 | 1548,0 | *Well 8* rechts<br>Der Brunnen ist ca. 18 m tief und meistens trocken. Ursprünglich hatte er ein Fassungsvermögen von |

Nach einem kräftigen Regen verwandeln sich Teile der Strecke in Schlammpisten

| | | |
|---|---|---|
| | | 15.680 Litern und lieferte 2.500 Liter Wasser in der Stunde. |
| 271,6 | 1547,9 | Links halten |
| 273,1 | 1546,4 | Geradeaus *CSR*; Wegeinmündung rechts von *Scorpion Bore* |
| 279,7 | 1539,8 | Weggabelung: links *CSR*; rechts zu *Canning Bore* |
| 281,4 | 1538,1 | Geradeaus *CSR*; Wegeinmündung rechts von *Canning Bore* |
| 283,5 | 1536,0 | *Marker FX 50* rechts |
| 284,4 | 1535,1 | Geradeaus *CSR*; Wegeinmündung von rechts |
| 288,0 | 1531,5 | *creek* |
| 288,5 | 1531,0 | *creek* |
| 290,7 | 1528,8 | *Marker FX 49* rechts; 100 m weiter rechts ein Steinhaufen |
| 294,3 | 1525,2 | *creek* |
| 294,5 | 1525,0 | *creek* |
| 295,2 | 1524,3 | Geradeaus *CSR*; Wegeinmündung von links; 200 m weiter steht links *Marker PA 53* |
| 297,4 | 1522,1 | *Marker PA 54* rechts; abseits *Well 9* und *Weld Springs*; Weiterfahrt ab *Marker PA 54* (ab hier zählen die Kilometerangaben) |
| | | Weld Springs wurde im Juni 1874 ebenfalls von *Forrest* und *Tommy Pierre* entdeckt. Nach einem nächtlichen Überfall durch Aborigines bauten sie eine Art Schutzhütte, deren Überreste, versehen mit einer Gedenktafel, heute noch rechts vom *track* zu sehen sind. 60 m von der Quelle entfernt ließ *Canning* den neunten Brunnen bohren. Die Familie *Ward*, Eigentümer von *Glen Ayle Station* (56 km nordöstlich), errichtete ein Windrad und stellte einen Tank auf. Heute ist das 10 km² große Gebiet *Historical Reserve* und untersteht dem Westaustralischen Museum in Perth. Die Wasserqualität ist sehr gut. Finken, die diese Stelle als Stammtränke nutzen, bevölkern die umstehenden Papierrindenbäume *(melaleucas)* und Büsche. |
| 298,6 | 1520,9 | Hinweisschild: *CSR* links halten; rechts zu *Glen-Ayle Station* (nur mit Genehmigung!) |
| 304,8 | 1514,7 | Weggabelung: rechts *CSR*; Wegeinmündung von links |
| 306,0 | 1512,7 | Weggabelung: geradeaus *CSR* (Hinweisschild: Halls Creek); links zu *Piccaninny Bore* und *Joe's Well* |
| 307,4 | 1512,1 | Lehmpfanne |
| 311,6 | 1507,9 | *Marker FX 46* (ohne Eisenpfosten) rechts |
| 312,8 | 1506,7 | *Marker PA 58* rechts |
| 319,0 | 1500,5 | *Well 10* rechts; *Marker FX 45* links |
| | | Brunnen 10 war bei den Viehtreibern besser unter dem Namen "Lucky Well" bekannt. Vermutlich, weil sie sich von nun an auf Farmgelände befanden und die unzähligen Sanddünen hinter sich gelassen hatten. Zwischen Brunnen 10 und 11 werden bereits die ersten kleinen Dünen überquert. |
| 322,4 | 1497,1 | *McConkey Hill* rechts |

| | | |
|---|---|---|
| 327,3 | 1492,2 | *Marker FX 44* rechts |
| 334,1 | 1485,4 | *Well 11* und *Goodwin Soak* links; Hinweisschild: "NOTICE TO TRAVELLERS" (Sicherheitshinweise durchlesen!) Bei der Erschließung der Strecke und bei Reparaturen an den Brunnen kamen die Planwagen genau bis zu diesem Punkt (→ Artikel "Eine Reise durch die Geschichte - Canning Stock Route"). Ab *Goodwin Soak* mußten sämtliches Material und Proviant auf Kamele verladen werden. Die Wagen ließ man hier zurück und nahm sie auf der Rückreise wieder mit. Brunnen 11 war mit kaum mehr als 14 m von geringer Tiefe. Die Wasserqualität reichte nie für Trinkwasser - außer für Tiere. *Canning* entschloß sich, ab hier allen Brunnen Namen zu geben, unter denen sie den Aborigines bekannt waren. So konnten Viehtreiber, falls sie nach der Richtung fragen mußten, von den Eingeborenen verstanden werden. |
| 335,3 | 1484,2 | Ein Teil von *Lake White* wird durchquert. |
| 335,7 | 1483,8 | *Marker FX 43* rechts |
| 343,8 | 1475,7 | *Marker FX 42* links Wer den Reifendruck noch nicht reduziert hat, sollte dies nun tun, denn ab dieser Markierung beginnt das Sanddünengebiet *(sandune-country)*. |

Markierungspfosten an der Canning Stock Route

| | | |
|---|---|---|
| 348,6 | 1470,9 | *Lake White* links |
| 352,4 | 1467,1 | *Marker FX 41* links |
| 361,4 | 1458,1 | *Marker FX 40* rechts |
| 363,6 | 1455,9 | *Lake Aerodrome* links<br>Seinen Namen erhielt der See von *Snell*, dessen Auftrag es außer den Brunnenarbeiten war, nach Landemöglichkeiten für Flugzeuge Ausschau zu halten. Er hielt den See in ausgetrocknetem Zustand für eine ideale Landebahn und nannte ihn "Lake Aerodrome".<br>Die Route führt meistens am rechten Seeufer entlang. Auf keinen Fall sollte man versuchen, den Weg abzukürzen und durch den See zu fahren. 1980 kostete das einen Armeekonvoi viel Zeit und Mühe. Sie brauchten zehn Tage, um ihre Wagen, die einer nach dem anderen auf dem scheinbar festen Untergrund eingesunken waren, wieder freizuschaufeln. |
| 369,4 | 1450,1 | Abzweigung rechts *CSR*; geradeaus zu *Well 12* (500 m)<br>Das einzig Schöne hier sind die großen Wüstenkasuarinen. Vom ehemaligen Brunnen ist nicht mehr viel übrig. Bis hierher hat man bereits 30 kleinere Sanddünen überquert. Schenkt man den offiziellen Zählungen Glauben, kommen noch weitere 967. Bis zum nächsten Brunnen sind es nach unserer Zählung schon einmal acht. |
| 369,6 | 1449,9 | *Marker FX 39* rechts<br>Vier Kilometer nach der Markierung kommt eine sehr steinige Passage. Wer den Reifendruck nicht erhöhen will, fahre mit noch mehr Vorsicht und besonders langsam. |
| 385,9 | 1433,6 | *Marker FX 37* links |
| 393,4 | 1426,1 | *Marker FX 36* rechts |
| 396,2 | 1423,3 | Geradeaus *CSR*; Abzweigung links zu *Well 13/ Pulpurumal* (2 km)<br>Vom einstigen Brunnen ist lediglich ein Loch im Boden geblieben. Mulgas, Eukalypten und buschartige Papierrindenbäume laden dennoch zum Campen ein. Bis zum nächsten Brunnen muß man vier weitere Dünen überqueren. Wer im australischen Winter oder Frühling auf der Strecke unterwegs ist, dem fällt in dieser Gegend die gelb-orange blühende Honig-Grevillee *(honey grevillea)* auf. Ihre Blüten, in Wasser geschüttelt, ergeben ein erfrischendes Getränk. Man kann den süßen Nektar auch pur aus der Blüte saugen. Vorsicht, auch Ameisen schätzen den süßen Nektar! |
| 397,6 | 1421,9 | Rechts *CSR*; Wegeinmündung links von *Well 13* |
| 398,7 | 1420,8 | *Marker FX 35* rechts |
| 406,5 | 1413,0 | *Marker FX 34* rechts; 100 m weiter folgt ein *creek* |
| 414,4 | 1405,1 | *Marker FX 33* rechts |
| 414,5 | 1405,0 | *Well 14/ Djindjimal* rechts |

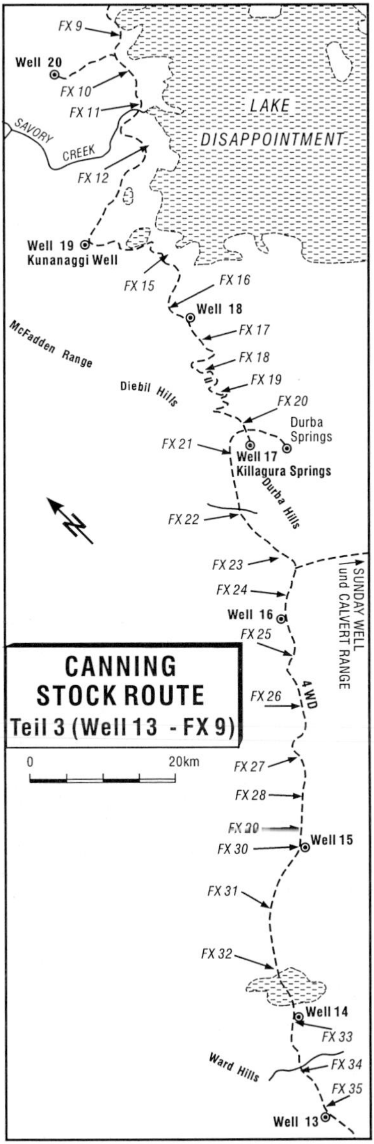
CANNING
STOCK ROUTE
Teil 3 (Well 13 - FX 9)
0
20km
LAKE
DISAPPOINTMENT
SAVORY
CREEK
Well 20
Well 19
Kunanaggi Well
Well 18
McFadden Range
Diebil Hills
Durba
Springs
Well 17
Killagura Springs
Durba Hills
SUNDAY WELL
und CALVERT RANGE
Well 16
4 WD
Well 15
Well 14
Ward Hills
Well 13
FX 9
FX 10
FX 11
FX 12
FX 15
FX 16
FX 17
FX 18
FX 19
FX 20
FX 21
FX 22
FX 23
FX 24
FX 25
FX 26
FX 27
FX 28
FX 29
FX 30
FX 31
FX 32
FX 33
FX 34
FX 35

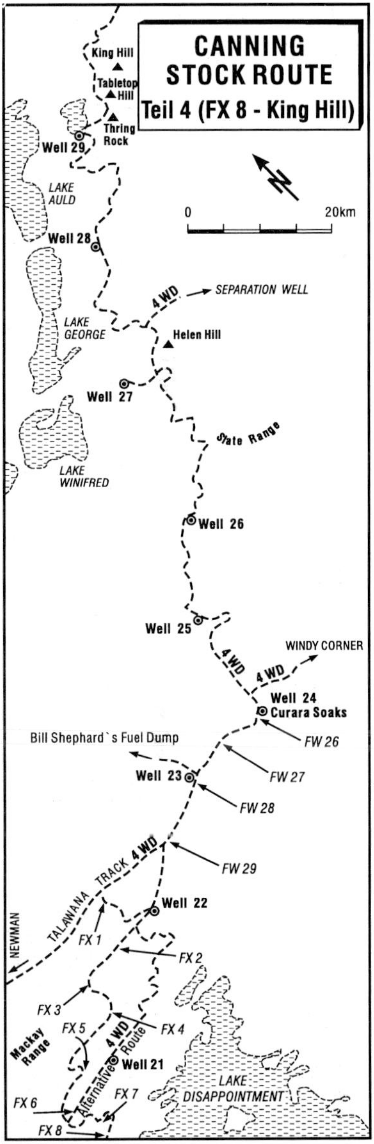
CANNING
STOCK ROUTE
Teil 4 (FX 8 - King Hill)
0
20km
King Hill
Tabletop
Hill
Thring
Rock
Well 29
LAKE
AULD
Well 28
SEPARATION WELL
4 WD
LAKE
GEORGE
Helen Hill
Well 27
State Range
LAKE
WINIFRED
Well 26
Well 25
WINDY CORNER
4 WD
Well 24
Curara Soaks
Bill Shephard`s Fuel Dump
Well 23
FW 26
FW 27
FW 28
FW 29
TALAWANA TRACK 4 WD
NEWMAN
Well 22
FX 1
FX 2
FX 3
FX 4
FX 5
Mackay Range
4 WD
Alternative Route
Well 21
FX 6
FX 7
FX 8
LAKE
DISAPPOINTMENT

| | | |
|---|---|---|
| | | Wie der letzte Brunnen, so ist auch Nr. 14 lediglich als Loch im Boden zu erkennen. Bis zum nächsten Brunnen ist nur eine Düne zu bewältigen. Die folgenden 5 km sind nach Regenfällen sehr sumpfig. |
| 422,6 | 1396,9 | *Marker FX 32* links |
| 426,4 | 1393,1 | Faß mit Metallplakette rechts: "Noah's Camp flooded out 20-22/ 7/ 84 Hi-Lux - 3 Subarus" (Noah's Lager war vom 20. bis 22.7.84 überflutet; 1 Hi-Lux und 3 Subarus). 1984 saß hier eine Gruppe für mehrere Tage fest und wartete darauf, daß die Lehmpfannen nach vorangegangenen Regenfällen austrockneten. Letztendlich aber umfuhren sie die Überflutungen. |
| 430,6 | 1388,9 | *Marker FX 31* links |
| 438,8 | 1380,7 | *Marker FX 30* links |
| 439,9 | 1379,6 | Weggabelung: links *CSR*; rechts zu *Well 15/ Madjangga* (200 m)<br>Seit 1988 ist dieser Brunnen, aus dem einst 8.200 Liter Wasser pro Stunde flossen, trocken. Bis Brunnen 16 kommen jetzt 22 Dünen. |
| 443,3 | 1376,2 | *Marker FX 29* links |
| 449,0 | 1370,5 | *Marker FX 28* links |
| 456,1 | 1363,4 | *Marker FX 27* links |
| 458,4 | 1361,1 | *Murray Rankin's Trolley* links<br>Im Juli 1974 wollte der Neuseeländer *Murray Rankin*, von den Briten *John* und *Peter Waterfall* begleitet, die *Canning Stock Route* zu Fuß von Süden nach Norden bewältigen. Proviant (ca. 82 kg) und Trinkwasser (55 l) verstauten sie auf zweirädrigen, rikschaähnlichen Handkarren. Schon am neunten Brunnen mußte John aufgeben, weil sein Karren zusammenbrach. Sein Bruder und Rankin schafften es noch bis zu dieser Stelle. Sand hatte sich in den Kugellagern festgesetzt und machte ein Weiterkommen unmöglich. Sie ließen die Karren einfach liegen und liefen zurück nach Wiluna. Zwei Jahre später wiederholte Rankin, diesmal mit *Kathy Burman* und dem sechzehnjährigen *Rex Shaw*, seinen Versuch, von Nord nach Süd zu kommen - diesmal ohne Handkarren, aber begleitet von einem *Landrover*. Kathy gab an Brunnen 11 auf. Rankin und Shaw vollendeten ihren Marsch tatsächlich und kamen per pedes in Wiluna an. |
| 464,2 | 1355,3 | *Marker FX 26* links |
| 472,8 | 1346,7 | *Marker FX 25* links |
| 478,7 | 1340,8 | Geradeaus *CSR*; Abzweigung links zu *Well 16/ Lawulawa* (400 m)<br>Pittoreske Eukalypten säumen Brunnen 16. In der Regel ist sein Wasser ungenießbar. Bis Brunnen 17 sind weitere fünf Sanddünen zu bewältigen. |
| 481,5 | 1338,0 | *Marker FX 24* links |
| 486,9 | 1332,6 | Weggabelung: links *CSR*; rechts zu *Sunday Well* (14 km) und *Calvert Range* |

| | | |
|---|---|---|
| 489,3 | 1330,2 | *Marker FX 23* links |
| 496,8 | 1322,7 | Weggabelung: links *CSR*; Weg rechts zu *Canning's Cairn* Der Steinhaufen befindet sich auf dem 62 m hohen *Durba Hills Plateau*. Der Aufstieg lohnt vor allem wegen der schönen Aussicht. Am Parkplatz, ebenfalls an einem kleinen Steinhaufen, steht außerdem eine kleine Büchse mit allerlei Zetteln von Besuchern und manchmal hilfreichen Informationen über den Zustand der Strecke. |
| 498,2 | 1321,3 | *Marker FX 22* links |
| 499,0 | 1320,5 | *creek* |
| 499,1 | 1320,4 | *creek* |
| 503,3 | 1316,2 | *creek;* unmittelbar dahinter ist eine Weggabelung: links *CSR*; rechts zu *Biella Springs* (2 km) Vom Parkplatz ist es noch ca. eine halbe Stunde Fußmarsch durch die Schlucht bis zur Quelle. Hier und da sieht man an den Schluchtwänden Zeichnungen der Ureinwohner. |
| 506,4 | 1313,1 | *Marker FX 21* rechts |
| 511,0 | 1308,5 | Kreuzung: links *CSR*; geradeaus zu *Durba Springs/ Jurrpa* (6 km); rechts zu *Killagurra Gorge* und *Well 17/ Jilukurru* (1 km) |

Murray Rankin's Trolley

Touristen sollten die Kultur der Aborigines respektieren und *Killagurra Gorge* aus ihrem Fahr- und Besichtigungsplan streichen. "Killagurra" oder "Jilukurru", wie die Martu-Aborigines dieses Gebiet nennen, ist ein heiliger Ort. Es ist nur eingeweihten Männern erlaubt, dieses Gebiet zu betreten. Weißen und grundsätzlich allen Frauen ist der Zutritt verboten. Aborigines von *Parnngurr Community* besuchen diese Schlucht regelmäßig zu rituellen Zeremonien. Vom 17. Brunnen ist nichts mehr zu sehen. Wassermassen und Felsenbrokken haben ihn begraben.

Nach weiteren 5 km gelangt man zu *Durba Springs*. Dieses Fleckchen Erde gleicht eher einem Park als *Great Sandy Desert*: hohe Eukalypten und weiches, grünes Gras. Rechts an den Felsen sind kleine *pools*, die je nach Jahreszeit und Regenfällen mehr oder weniger zum Bad einladen. Als wir im Monat Juni hierher kamen, standen wir vor zwei etwa 50 cm tiefen, mit Brackwasser gefüllten Becken, deren Oberfläche eine grüne Algenschicht überzog. Ein paar Tage später erfuhren wir von einem nachfolgenden Wagen, daß die Becken nach einem Gewitter fast bis zum Rand mit klarem Wasser gefüllt gewesen seien.

Auch wenn man kein Bad nehmen kann, lädt *Durba Springs* zum längeren Aufenthalt ein. Nach einigen Tagen Piste kann man bestimmt eine Pause vertragen, um Kraft für die nächsten Dünen zu sammeln. Von Süden kommend, liegen nun die höchsten Dünen (bis Brunnen 19 etwa 28 an der Zahl) auf der Strecke. Für eine Wanderung zum Ende der Schlucht, an deren Wänden zahlreiche Felsenmalereien zu sehen sind, benötigt man etwa ein bis zwei Stunden.

Den Reifendruck sollte man nun auf ein Minimum reduzieren. Die Dünenanfahrten sind oft steil und sehr holprig. Immer wieder wechseln Sandpassagen und felsige Abschnitte, so daß bei niedrigem Reifendruck äußerste Vorsicht geboten ist (steinige Passagen langsam fahren oder Reifendruck immer wieder anpassen).

| | | |
|---|---|---|
| 512,5 | 1307,0 | *Marker FX 20* rechts |
| 521,2 | 1298,3 | *Marker FX 19* rechts |
| 529,3 | 1290,2 | *Marker FX 18* rechts |
| 531,7 | 1287,8 | Geradeaus *CSR*; Abzweigung links nach *Diebill Springs/ Tirpirl* (18 km) |
| 540,4 | 1279,1 | *Marker FX 17* rechts<br>Ungefähr 2 km nach der Markierung stehen links viele anmutige Wüstenkasuarinen. |
| 545,7 | 1273,8 | Geradeaus *CSR*; Abzweigung rechts zu *Well 18/ Wanykiyu* (1 km)<br>Ursprünglich hatte Brunnen 18 eine Tiefe von etwa 5 m. Er lieferte zwischen 9.100 und 12.000 Litern pro Stunde. Heute ist er völlig versandet. 1983 sprachen |

Aborigines aus *Jiggalong* mit den Freiwilligen, die Brunnen 26 restauriert hatten, über die Instandsetzung auch dieses Brunnens. Leider ist bis heute nichts daraus geworden. Aborigines, die in dieser Gegend geboren wurden und ihr angestammtes Land regelmäßig aufsuchen, müssen weiterhin ohne Trinkwasser aus Brunnen 18 auskommen.
Wüstenkasuarinen, die die Route auf weiten Strecken säumen, und Termitenhügel bestimmen jetzt das Landschaftsbild.

548,7 1270,8 Geradeaus *CSR*; *Marker FX 16* rechts; Abzweigung rechts zu *Onegunyah Rockhole* (5,1 km)
Aborigines nennen *Onegunyah Rockhole* auch "Wankenyu". Zumeist ist das Wasserbecken trocken. Sehenswert sind die verblaßten Zeichnungen an den Felsenwänden.

553,9 1265,6 Geradeaus *CSR*; Abzweigung rechts zu *Lake Disappointment* (5 km)
Etwa 600 m vor der Abzweigung hat man vom Dünenkamm einen schönen Ausblick auf den See, die Berge *Durba* und *Diebil Hills* und *McKay Range*. Seinen Namen erhielt der Salzsee von *Frank Hann*, einem Abenteurer auf der Suche nach dem großen Inlandsee Australiens. Als er die Ufer des "Nguryana", wie ihn die Kartudjara- und Potidjara-Aborigines nennen, erreichte, brachte er durch die Namensgebung seine Enttäuschung, lediglich einen Salzsee vorzufinden, zum Ausdruck (→ KM 616,6). Die Mardujarra-Aborigines, die ebenfalls an seinen Ufern lebten, nannten den See "Gumbubindil". 1965 zogen die letzten hier lebenden Aborigines nach Jiggalong oder in andere Siedlungen.

557,0 1262,5 *Marker FX 15* rechts
Zwischen dieser Markierung und Brunnen 19 stehen viele Wüstenkasuarinen. Einige Lehmpfannen sind nun zu durchqueren. In trockenem Zustand stellen sie kein Problem dar (→ "Fahrtechniken und Problemlösungen", hier "Salzseen und Lehmpfannen"), wohl aber nach heftigen Regenfällen.

568,2 1251,3 *Wendekreis des Steinbocks*; Hinweisschild links: *Tropic of Capricorn 23°26'30"S*

571,9 1247,6 *Well 19/ Kunangurtiti* links
Dieser Brunnen liegt mitten in einer großen Lehmpfanne. Da nicht viel von der Holzkonstruktion übrig ist, kann es leicht vorkommen, daß man einfach vorbeifährt, weil man ihn nicht sieht. Der Brunnen soll früher erstklassiges Wasser geliefert haben. Heute müßte man allerdings danach graben, denn er ist völlig versandet. Nach Regenfällen ist es ratsam, die Pfanne zu umfahren (weitere Lehmpfannen 7 km und 22 km weiter nördlich). Bis zur Abzweigung zu Brunnen 20 sind dreißig Dünen zu überqueren.

| | | |
|---|---|---|
| 572,3 | 1247,2 | Geradeaus *CSR*; Wegeinmündung von links |
| 589,6 | 1229,9 | *Marker FX 12* rechts |
| 595,4 | 1224,1 | Durchquerung von *Savory Creek* |
| | | Wenn es kurz vorher nicht geregnet hat, dürfte die Durchquerung dieses *creek* keine Schwierigkeit sein. Erst nach Regenfällen muß man diesen Punkt als einen der kritischsten der Strecke ansehen. In jedem Fall die etwa 20 m lange Furt, in deren Mitte ein etwa 3 m breiter, unter der Salzkruste verborgener Kanal liegt, zunächst zu Fuß antesten! Unter der blaßrosa Salzkruste ist es schlammig, auch wenn sie den Anschein erweckt, trocken und fest zu sein. Bei Konvoifahrten erst mit der Durchquerung beginnen, wenn der erste Wagen das andere Ufer erreicht hat! Wer zu der Einsicht kommt, die Furt sei nicht zu passieren, kann entweder zurückfahren oder es 3 km weiter westlich versuchen. Dort ist der *creek* etwas schmaler. Unter Umständen muß das Gewicht reduziert werden, d.h. auspacken und die Sachen zu Fuß auf die andere Seite bringen! Zur Not kann man den Wagen auch mit einer Winde herüberziehen (→ "Unterwegs im Geländewagen", hier "Die Winde richtig eingesetzt"). Grundsätzlich ist diese Furt nach Regenfällen sicherer als die breite Durchfahrt. Nach einigen Kilometern erreicht man wieder die vertrauten Sanddünen. |
| 597,9 | 1221,6 | *Marker FX 16* links |
| 598,2 | 1221,3 | Weggabelung: links *CSR*; rechts zu *Lake Disappointment* |
| 598,8 | 1220,7 | Geradeaus *CSR*; Abzweigung links zu einer Campingmöglichkeit |
| 606,3 | 1213,2 | *Marker FX 10* links |
| 606,5 | 1213,0 | Weggabelung: links *CSR*; rechts zu *Lake Disappointment* (2,9 km) |
| 611,9 | 1207,6 | Geradeaus *CSR*; Abzweigung links zu *Well 20/ Karanyulu/ Wangutju* (10 km) |
| | | An diesen Brunnen, den die hier lebenden Aborigines "Karanyulu" und die im Süden lebenden Eingeborenen "Wangutju" nannten, erinnert nur noch ein Loch im Boden. 1955 erreichte der Viehtreiber *Jack Gordon* den Brunnen. Kurz vor seiner Ankunft erkrankte er allerdings so schwer, daß er nicht in der Lage war, seine 500 Rinder zu tränken. Erst nach Tagen war er wieder kräftig genug, die schweren Wassereimer nach oben zu ziehen. Doch da war bereits die Hälfte seiner Herde verdurstet. 1980 zerstörte ein Buschfeuer die bis dahin noch intakte Holzkonstruktion. |
| | | Von der Abzweigung bis Brunnen 21 warten lediglich fünf Dünen. |
| 614,2 | 1205,3 | *Marker FX* links, 200 m weiter Hinweisschild rechts: *Lake Disappointment* |

| | | |
|---|---|---|
| 616,6 | 1202,9 | Geradeaus *CSR*; Wegeinmündung von links; 400 m weiter Hinweisschild rechts: *Lake Disappointment*<br>Hier hat man den besten Blick auf den Salzsee. Interessant ist eine Erkundung des Sees zu Fuß, denn in seiner Salzkruste ist allerlei Getier wie Käfer oder Skorpione konserviert. |
| 621,6 | 1197,9 | *Marker FX* links |
| 624,5 | 1195,0 | Geradeaus *CSR*; Wegeinmündung von links |
| 625,9 | 1193,6 | T-Kreuzung: rechts am Rand des Sees entlangfahren; links Durchquerung des Sees |
| 626,8 | 1192,7 | Geradeaus *CSR*; Abzweigung rechts zu einem aufgegebenen Anhänger (100 m) |
| 631,2 | 1188,3 | *Marker FX 7* links |
| 634,6 | 1184,9 | Durchquerung einer großen Lehmpfanne (die angegebene KM-Zahl bezieht sich auf die Mitte der Pfanne) |
| 636,5 | 1183,0 | Weggabelung: links *CSR*; rechts zu *Well 21/ Tjilkabulka* (8 km)<br>Der Brunnen war, bezogen auf die Qualität, nie ein Garant für Trinkwasser. In der Regel war es für den menschlichen Genuß zu salzig und nur für Vieh geeignet.<br>Anstatt die 8 km wieder zurückzufahren, kann man nun von Brunnen 21 auf einer Alternativstrecke weiter bis Brunnen 22 und Brunnen 23 fahren. Der Strecke verläuft nach der ersten größeren Düne durch weite Spinifexebenen parallel zu den Dünen (gegebenenfalls Kühlerschutz anbringen; → "Ausrüstung des Geländewagens", hier "Zusatzausrüstung des Wagens"). Dabei spart man etwa 11 km bis Brunnen 22 und weitere 8 km bis Brunnen 23. Die Strecke trifft dann etwa 1 km vor *Marker FX 29* wieder auf die *Canning Stock Route*. Wer *Gunanya Spring* (Prince Edward Spring) besichtigen möchte (topographisches Kartenmaterial und Kompaß notwendig!), bleibt am besten auf dem Hauptweg. |
| 646,9 | 1172,6 | *Marker FX 5* rechts |
| 657,9 | 1161,6 | *Marker FX 4* rechts |
| 665,8 | 1153,7 | *Marker FX 3* links<br>Wer zu *Gunanya Spring* möchte, sollte nun Kompaß und topographische Karte bereithalten. Hier an der Markierung FX 3 links abbiegen (es gibt keinen Weg!) und parallel zu den Dünen fahren, bis man auf einen *creek* trifft. Diesem folgt man flußaufwärts bis zu den Quellen in *Mackay Range*. |
| 673,8 | 1145,7 | *Marker FX 2* rechts |
| 675,1 | 1144,4 | Geradeaus *CSR*; Wegeinmündung von links |
| 677,1 | 1142,4 | Geradeaus *CSR*; Abzweigung rechts Alternativstrecke (→ KM 636,5) zu *Well 21* (37 km) |
| 681,0 | 1138,5 | Abzweigung links nehmen; geradeaus zu *Well 22/ Matirlirri* (250 m) |

| | | |
|---|---|---|
| | | Der Brunnen war etwa 16 m tief und hatte ein Fassungsvermögen von ca. 7.200 Litern, aber heute ist er völlig ausgetrocknet. Auch von Brunnen 22 aus kann man auf der Alternativstrecke zu Brunnen 21 gelangen. Ebenso existiert eine Alternativstrecke zu *Well 23*. Vermutlich folgt die Strecke dem ursprünglichen Verlauf der Viehtreiberroute. Bis Brunnen 23, der "Tankstelle", sind keine Dünen zu überqueren. Kamelherden sind nun häufige Begleiter. Manchmal machen sie dem Auto sogar die Fahrbahn streitig. |
| 685,6 | 1133,9 | Geradeaus *CSR*; Wegeinmündung von links |
| 686,0 | 1133,5 | *creek* |
| 688,2 | 1131,3 | *creek*; 200 m weiter steht links *Marker FX 1* |
| 689,9 | 1129,6 | Weggabelung: geradeaus *CSR*; links zu *Georgia Bore* (250 m). Dieses Bohrloch mit Handpumpe gibt es seit 1991 und liefert gutes Trinkwasser; außerdem ein guter Platz zum Campen. |
| 690,4 | 1129,1 | T-Kreuzung: rechts *CSR* (Hinweisschild: *Well 26 restored in 1983;* 81 km); links der *Talawana Track* nach *Newman* (460 km)<br>*Len Beadell* (→ Streckenbeschreibung 13, Gunbarrel Highway) legte 1963 den *Talawana Track* an. Er führt zum 440 km entfernten *Capricorn Roadhouse*. Wer vom Schaukeln über die Dünen genug hat, kann hier die *Canning Stock Route* verlassen. *Bill Shephard* bringt über diese Zufahrt alle paar Wochen die vorbestellten Spritfässer zum *fuel dump* - frei übersetzt "Treibstofflager" - bei Brunnen 23. Die vielen Wegeinmündungen bis zum nächsten Brunnen zeugen von Aktivitäten der Minengesellschaften in diesem Gebiet. |
| 694,3 | 1125,2 | *Marker FW 30* rechts |
| 695,2 | 1124,3 | Geradeaus *CSR*; Abzweigung rechts die Alternativstrecke zu *Well 21* via *Well 22* (→ KM 636,5) |
| 702,5 | 1117,0 | *Marker FW 29* rechts |
| 710,5 | 1109,0 | *Marker FW 28* rechts |
| 712,3 | 1107,2 | *Well 23/ Kalypa* links; geradeaus *CSR*<br>Der Brunnen ist völlig verschlammt und das Wasser ungenießbar.<br>Die Abzweigung links führt zum "Treibstofflager" (1 km) und zur alten Landebahn (23 km). Dutzende silberfarbener 200-Liter-Fässer liegen hier und warten darauf, abgeholt zu werden. Natürlich sind alle Behälter mit Namen versehen, und man kann sich darauf verlassen, sein Faß auch tatsächlich gefüllt vorzufinden. Es ist lediglich ein Fall bekannt, wo ein Faß von anderen Reisenden leergepumpt worden war. Weitaus häufiger wird Sprit zurückgelassen und das Faß so gekennzeichnet, daß es zur freien Verfügung steht. Dies sind Notreserven, falls tatsächlich jemand Treibstoff stehlen sollte oder der Treibstoff falsch berechnet |

wurde. Darauf aber sollte man sich nicht verlassen! Ursprünglich führte von hier eine Alternativstrecke zu Brunnen 26. Die hohen Dünen zwischen *Well 25* und *Well 26* konnten so vermieden werden. Dieser sogenannte *Airstrip Track* umgeht viele Dünen, ist also prinzipiell einfacher zu befahren. Allerdings ohne topographisches Kartenmaterial und Kompaß raten wir dringend davon ab, diesen Weg zu wählen. Er wird so selten benutzt, daß er überwachsen ist und rein optisch nicht existiert. Der Weg mündet kurz hinter Brunnen 26 wieder in die *Canning Stock Route*. Zweifler, die von Norden kommen, können versuchen, diese Einmündung zu finden und sich ein Bild vom *Airstrip Track* machen. Etwas Wegähnliches war absolut nicht zu entdecken.
Die Strecke, jetzt eine Schotterpiste, führt am Fuß einer kleinen Gebirgskette entlang. Bis zum nächsten Brunnen sind also keine Dünen mehr zu überqueren. Dafür laufen quer über die Fahrbahn kleinere Rinnsale. Deshalb auf keinen Fall zu schnell fahren und daran denken, daß nach dem Tanken der Wagen erheblich schwerer geworden ist!

718,4 1101,1 *Marker FW 27* rechts
720,1 1099,4 *creek*

Bill Shephards Treibstoffdepot

| | | |
|---|---|---|
| 722,9 | 1096,6 | Bohrloch (zu erkennen an dem hellen PVC-Rohr) links |
| 726,5 | 1093,0 | *Marker FW 26* rechts; Weggabelung: links *CSR*; rechts zu *Well 24/ Kartarru* (500 m) |
| | | "Karara Soak", wie die hier lebenden Aborigines dieses Gebiet nannten, war ein beliebter Treffpunkt. Wer ein bißchen sucht, findet vielleicht noch einige Gegenstände wie z. B. Kratzer und Schaber, die auf die frühere Anwesenheit von Aborigines hindeuten. Auf keinen Fall sollte man einen solchen Gegenstand, was immer es auch sei, als Souvenir einstecken! Erstens steht es unter Strafe, zweitens wollen Nachfolgende auch etwas zu entdecken haben! |
| 729,1 | 1090,4 | Weggabelung: links *CSR* (Hinweisschild: *Well 25 restored in 1983;* 44 km); rechts über *Windy Corner* zum *Gary Highway* (210 km) |
| 734,0 | 1085,5 | Geradeaus *CSR*; Wegeinmündung von links |
| 744,7 | 1074,8 | *Rocky Hill* links |
| | | Eine Reihe von Lehmpfannen erstreckt sich nun bis Brunnen 25. |
| 750,6 | 1068,9 | *Well 25/ Warntili* links |
| | | Der Schacht des Brunnens ist bis zum Rand mit Sand gefüllt. Bis zum nächsten Brunnen sind es etwa dreizehn Sanddünen, darunter vier der höchsten auf der Strecke. Doch zuvor durchquert man etwa 800 m weiter eine große Lehmpfanne. |
| 761,9 | 1057,6 | Geradeaus *CSR*; Wegeinmündung von rechts |
| 771,5 | 1048,0 | Geradeaus *CSR*; Wegeinmündung von rechts (mit altem Faß blockiert); Hinweisschild steht im Busch: *to Well 26* |
| 772,4 | 1047,1 | *Well 26/ Tiwa* rechts |
| | | 1983 restaurierten 25 Freiwillige diesen Brunnen unter Leitung von *David Hewitt* und Aufsicht dreier Aborigines aus Jiggalong. Das Wasser des Brunnens ist von bester Qualität, also eine gute Gelegenheit, alle Wasserbehälter aufzufüllen. Eine Kiste, aufgestellt vom *Landrover Club of Victoria*, enthält ein Besucherbuch mit ebenso amüsanten wie nützlichen Informationen anderer Fahrer. Wer auf Schwierigkeiten auf der Strecke hatte, sollte dies den Nachfolgern mitteilen (Datum nicht vergessen!). |
| | | Etwa 150 m westlich des Brunnens befindet sich ein Platz zum Campen. |
| | | Von hier bis Brunnen 27 kommen acht weitere Dünen. 6,6 km nördlich des Brunnens soll der *Airstrip Track* auf die *Canning Stock Route* treffen (→ KM 712,3, Well 23) |
| 785,4 | 1034,1 | *creek;* Hinweisschild: *Canning Camp 1907 to west, rediscovered 1983; well building party Ian Johnson* |
| | | Selbst mit vier Leuten und viel Phantasie konnten wir nichts vom ehemaligen Lager *Cannings* entdecken. |

| | | |
|---|---|---|
| 804,0 | 1015,5 | *Well 27/ Rarrki* (250 m) links<br>Der Brunnen, von dem im Laufe der Zeit nicht viel übrigblieb, ist von blaßgrün belaubten Wüstenpappeln *(desert poplars)* umgeben. 650 m weiter westlich ist ein kleines Wasserloch *(soak)* der Aborigines leicht auszumachen, da seine Umgebung mit frischem Gras bewachsen ist. Um aber tatsächlich an Wasser zu kommen, muß man es schon den Dingos gleichtun und graben.<br>Auf der weiteren Strecke zu Brunnen 28 liegen 25 Dünen. |
| 819,0 | 1000,5 | Geradeaus *CSR*; Abzweigung rechts zu *Separation Well* (34 km); Hinweisschild: *Separation Well rediscovered at Lat 22°51'14"S and Long 124°00'42"E on 23.08.79* |
| 829,1 | 990,4 | Überreste eines alten Anhängers links |
| 835,5 | 984,0 | *Well 28/ Waranu* links<br>Vom ehemaligen Brunnen ist nichts mehr zu erkennen. Der Schacht ist eingestürzt und versandet, das Holz verrottet, von Termiten gefressen oder von gedankenlosen Reisenden als Feuerholz verwendet worden.<br>Etwa 18 km von hier wachsen beiderseits des Weges viele rotblühende Grevilleen. Bis Brunnen 29 sind dreizehn Sanddünen zu überqueren. |
| 867,0 | 952,5 | Geradeaus *CSR*; Wegeinmündunng von rechts |
| 867,9 | 951,6 | *Well 29/ Mamurnarra* links<br>Auch von diesem Brunnen sind lediglich ein paar Metallreste übriggeblieben. Ein guter Platz zum Campen liegt etwa 1 km weiter nördlich bei den vielen Mulgabüschen. Bis zum nächsten Brunnen sind zwölf Dünen zu überqueren. |
| 872,6 | 946,9 | Geradeaus *CSR*; Abzweigung rechts zu *Thring Rock* |
| 900,7 | 918,8 | Geradeaus *CSR*; Abzweigung links zu *Nangabbittajarra Native Well* (6 km) |
| 907,2 | 912,3 | *Well 30/ Juntujuntu/ Dunda Jinnda* links<br>Etwa 11 km vor Brunnen 30 hat man zunächst die Sanddünen hinter sich. Vom Kopf der letzten Düne blickt man auf eine weite Ebene, aus der unzählige Termitenbauten, kleinen Hütten ähnlich, herausragen. Der Brunnen zeigt sich schon von weitem mit hohen Eukalypten *(bloodwoods)* und Grevilleen. Leider ist aber vom Brunnenbauwerk nicht mehr viel zu erkennen. *Dunda Jinnda, Nangabittajarra* und *Munjingarra* sind natürliche Wasserstellen der Aborigines. |
| 907,3 | 912,2 | Weggabelung: links *CSR*; rechts zu *Mujingarra Cave* (3,7 km)<br>"Mujingarra", wie die Martu-Aborigines sie nennen, ist zunächst nur als etwa 10 m² großes Loch im Boden auszumachen. Wer hinunter klettert, entdeckt in der südlichen Ecke einen schmalen, engen Tunnel. Durch diesen 12 m langen Gang muß man hindurchkriechen, |

bevor man die eigentliche, ca. 8 m lange Höhle erreicht. Der leicht abschüssige Höhlenboden ist zur Hälfte mit kristallklarem Wasser bedeckt. Wer auch die zweite, weitaus größere Höhle sehen möchte, muß am östlichen Ende unter der Höhlendecke hindurchtauchen. Diese nämlich reicht fast bis zur Wasseroberfläche hinab. Am anderen Ende liegt ein 45 m langer, etwa 3 m breiter und 1,8 m hoher Tunnel mit bizarren Kalksteingebilden. Wer die Höhle erkunden möchte, sollte dies auf keinen Fall im Alleingang tun. Zum einen ist die Erkundung einer Höhle an sich schon gefährlich, zum anderen leben in der Höhle kleine Fledermäuse, die Leckerbissen für viele Schlangenarten sind, z. B. für Taipan oder Braunkönigsschlange. Diese halten sich oft im Eingangsbereich, im Tunnel oder in der Höhle selbst auf. Ein Biß könnte das Ende der Reise bedeuten - nicht, weil Bisse dieser Schlangen in jedem Fall sofort tödlich sind, sondern weil das Gegengift kaum schnell genug zu beschaffen wäre. Selbst wenn man mit Hilfe eines RFDS-Funkgerätes die *Flying Doctors* herbeirufen könnte, würden bis zu ihrer Ankunft vermutlich Stunden vergehen - und es wäre vielleicht zu spät. Aus diesem Grund den Boden und die Wände sehr gründlich mit einer Taschenlampe ableuchten, hohe Schuhe und lange Hosen tragen!

Nach Brunnen 30 folgt zunächst eine 15 km lange, sehr schwierige und steinige Passage.

| | | |
|---|---|---|
| 926,5 | 893,0 | Geradeaus *CSR*; Abzweigung rechts zu *Nurgurga Soak* (1,2 km) |
| 933,8 | 885,7 | Weggabelung: rechts fahren zu *Well 31* auf ursprünglicher *CSR*; links alternativ auf dem heutigen Streckenverlauf der *CSR* direkt zu *Well 32* |
| 937,5 | 882,0 | Abzweigung links zu *Well 32* nehmen; geradeaus zu *Well 31/ Walawarla* (300 m)<br>Hohe Eukalypten *(cabbage gums)*, die Brunnen 31 umgeben, bieten einen schattigen Campingplatz. Außer der Umlenkrolle und einigen verrosteten Eisenstangen ist nichts vom Brunnen erhalten. Außerdem ist der Brunnen trocken. Ursprünglich war er 7 m tief und lieferte mehr als 13.000 Liter Wasser pro Stunde. |
| 943,2 | 876,3 | T-Kreuzung: rechts auf ursprünglicher *CSR* zu *Well 32* fahren; links geht es auf dem heutigen Streckenverlauf der *CSR* zu *Well 30* |
| 975,1 | 844,4 | *Well 32/ Nyarruri* rechts; geradeaus fahren; Abzweigung links zu *Mallowa Native Soak* (2 km)<br>Brunnen 32 ist ebenfalls versandet und liefert kein Wasser mehr. Auch in *Mallowa Soak* müßte man schon knapp 2 m tief buddeln, um genießbares Wasser zu finden.<br>Der Strecke zum nächsten Brunnen ist eine wellblechartige Piste. Schon nach kurzer Zeit sehnt man sich |

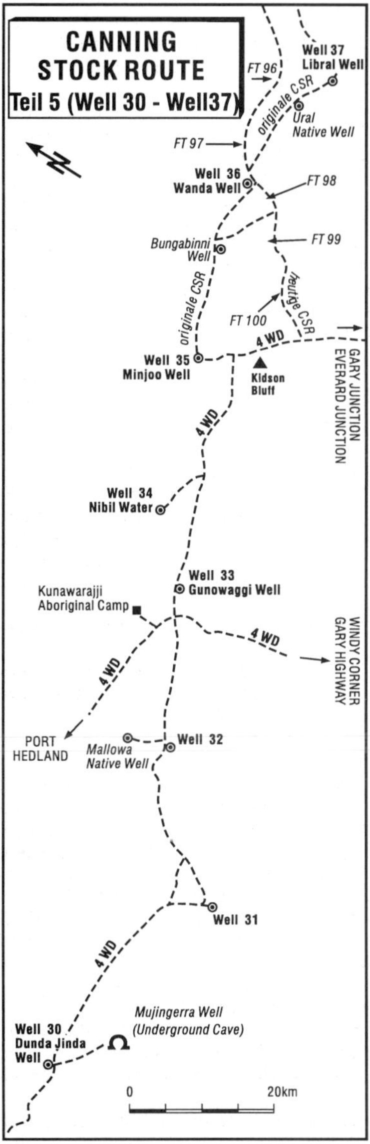
CANNING
STOCK ROUTE
Teil 5 (Well 30 - Well37)
Well 37
Libral Well
FT 96
originale CSR
Ural
Native Well
FT 97
Well 36
Wanda Well
FT 98
Bungabinni
Well
FT 99
heutige CSR
originale CSR
FT 100
4 WD
GARY JUNCTION
EVERARD JUNCTION
Well 35
Minjoo Well
Kidson
Bluff
4 WD
Well 34
Nibil Water
Well 33
Gunowaggi Well
Kunawarajji
Aboriginal Camp
4 WD
WINDY CORNER
GARY HIGHWAY
4 WD
PORT
HEDLAND
Mallowa
Native Well
Well 32
Well 31
4 WD
Mujingerra Well
(Underground Cave)
Well 30
Dunda Jinda
Well
0
20km

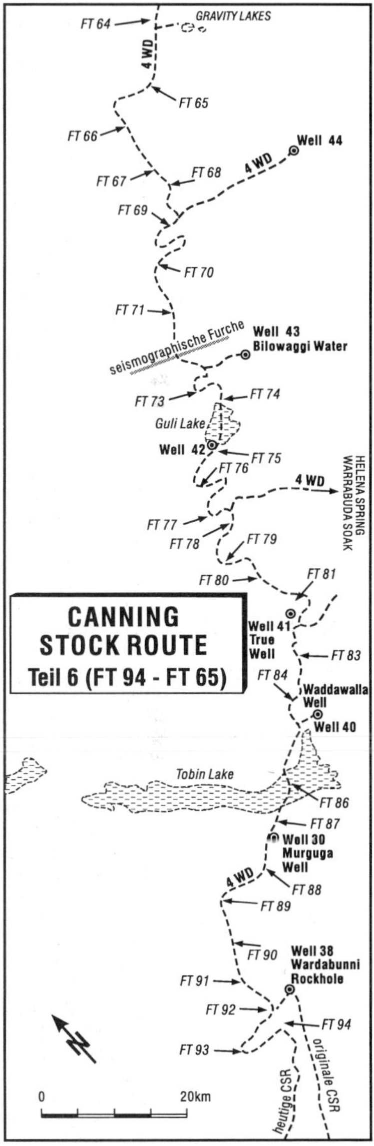
FT 64
GRAVITY LAKES
4 WD
FT 65
FT 66
Well 44
FT 67
FT 68
4 WD
FT 69
FT 70
FT 71
seismographische Furche
Well 43
Bilowaggi Water
FT 73
FT 74
Guli Lake
Well 42
FT 75
FT 76
4 WD
HELENA SPRING
WARRABUDA SOAK
FT 77
FT 78
FT 79
FT 80
FT 81
CANNING
STOCK ROUTE
Teil 6 (FT 94 - FT 65)
Well 41
True
Well
FT 83
FT 84
Waddawalla
Well
Well 40
Tobin Lake
FT 86
FT 87
Well 30
Murguga
Well
4 WD
FT 88
FT 89
FT 90
Well 38
Wardabunni
Rockhole
FT 91
FT 92
FT 94
FT 93
originale CSR
heutige CSR
0
20km

nach den Sanddünen zurück und hofft auf das Ende der Schüttelei.

981,4 838,1 *Starpicket* (im Querschnitt sternförmiger Stahlpfosten) *NIBIL C 524* links

984,9 834,6 Kreuzung: geradeaus *CSR*; Abzweigung links ist der *Kidson Track* nach *Port Hedland* (910 km); rechts ist die *Wapet Road* zu *Kidson Airstrip* (60 km), *Windy Corner* und *Gary Highway* (75 km).

Wer genug hat von Einsamkeit, Sand, Dünen, Wildnis und Fliegen, hat hier die Möglichkeit, die Canning Stock Route in zwei Richtungen zu verlassen: entweder in Richtung Meer oder nach Alice Springs via Sandy Blight Junction oder Gunbarrel Highway (→ Streckenbeschreibung 13, Gunbarrel Highway). An der Kreuzung steht ein Notfall-Telefon. Am Kidson Track liegt knapp 4 km von der Kreuzung entfernt die kleine Ureinwohnersiedlung *Kunawaraiji*, die aber nicht auf Besucher eingestellt ist. Niemand sollte auf die Idee kommen, am Wassertank der Bewohner die Wasservorräte aufzufüllen, denn die Menschen haben gerade genug, um sich selbst zu versorgen.

988,5 831,0 *Well 33/ Kunawaraiji* rechts

Das Wasser des Brunnens ist in der Regel von so guter Qualität, daß man hier getrost die Trinkwasservorräte auffüllen kann. Ein Windrad pumpt das kostbare Naß in ein aufgestelltes Faß. Buschähnliche Papierrindenbäume umgeben den Brunnen. 1986 pumpte die Armee den 7 m tiefen Brunnen vollständig leer und reinigte ihn. Man förderte u. a. über tausend Vogelschädel, hundert Töpfe *(billies)* und zahlreiche verrostete Eimer zutage. Auch jetzt muß immer wieder mit Verunreinigungen gerechnet werden. Bei unserer Reise 1993 war das Wasser jedoch einwandfrei und hatte einer Riech- und Geschmacksprobe standgehalten.

Die Schüttelei geht unvermindert weiter, da sich der Zustand der Piste seit Brunnen 32 nicht geändert hat. Dennoch kommt man gut voran und erreicht eine Durchschnittsgeschwindigkeit von 60 km/h. Papierrindenbäume wechseln mit Eukalypten *(coolabahs)* ab.

994,9 824,6 *Starpicket NIBIL C 548* rechts

998,1 821,4 *Starpicket NIBIL C 554* rechts

1001,4 818,1 *Starpicket NIBIL C 560* rechts

1008,0 811,5 Geradeaus *CSR*; Abzweigung links zu *Well 34/ Nyipily* bzw. *Nibil* (5,2 km)

Die Aborigines hier nannten die Gegend "Nyipily". *Canning* dagegen benutzte den Namen "Nibil". Akazien umsäumen den versandeten Brunnen, der an der Westseite einer flachen Pfanne liegt. Die Piste gleicht nach wie vor einem Waschbrett.

1024,1 795,4 T-Kreuzung: links auf der ursprünglichen *CSR* zu *Well 35* fahren (4 km); rechts ist der heutige Strek-

kenverlauf der *CSR* zu *Well 36* (→ Alternativstrecke: Heutige Canning Stock Route von der Abzweigung zu Well 35 bis zur Abzweigung von Well 38).
Im Januar 1989 folgten einige Leute aus Victoria den Spuren *Cannings* und legten wieder eine Direktverbindung von *Well 35* zu *Well 36* und weiter zu *Well 37* und *Well 38* an, die größtenteils der ursprünglichen Route folgt. Will man die genannten Brunnen besichtigen, spart man zum einen auf dieser Verbindung 45 km, zum anderen ist sie wesentlich interessanter als die heutige Route; sie führt, vorbei an *Bungabinni Native Soak*, durch regelrechte Wälder von Wüstenkasuarinen, die sich bis *Well 37* erstrecken.

---

***Alternativstrecke: Heutige Canning Stock Route von der Abzweigung zu Well 35 bis zur Abzweigung von Well 38* (♦)**

| | | |
|---|---|---|
| 0 | 81,0 | T-Kreuzung: rechts auf die *CSR* fahren; links zu *Well 35* (4 km) |
| 9,2 | 71,8 | Links *CSR*; geradeaus zu *Everard Junction* und zum *Gary Highway* |
| 16,7 | 64,3 | *Marker FT 100* links |
| 24,7 | 56,3 | *Marker FT 99* links |
| 31,2 | 49,8 | Geradeaus *CSR*; Abzweigung links zu *Bungabinni Native Well* (9 km) und zur ursprünglichen *CSR* |
| 32,4 | 48,6 | *Marker FT 98* links |
| 34,9 | 46,1 | Verlassener Anhänger links |
| 35,8 | 45,2 | Weggabelung: rechts *CSR*; links zu *Well 36* (1 km; → KM 1059,7) |
| 37,1 | 43,9 | Geradeaus *CSR*; Abzweigung rechts zu *Well 37* (22 km; → KM 1082,2) und auf der ursprünglichen *CSR* weiter bis *Well 38* |
| 39,8 | 41,2 | *Marker FT 97* links |
| 48,6 | 32,4 | *Marker FT 96* links |
| 55,6 | 25,4 | Steinhaufen *(cairn)* rechts |
| 64,7 | 16,3 | *Marker FT 94* rechts |
| 72,7 | 8,3 | *Marker FT 93* links |
| 81,0 | 0 | Geradeaus *CSR*; Abzweigung rechts zu *Well 38* (2,5 km; → KM 1111,9) und über die ursprüngliche *CSR* zu *Well 37, 36* und *35* |

---

***Weiterfahrt auf der Hauptstrecke***

| | | |
|---|---|---|
| 1028,4 | 791,1 | Weggabelung: rechts auf der ursprünglichen *CSR* weiterfahren; links zu *Well 35/ Kinyo* (30 m); Hinweisschild: *to Well 36 (32 km) via Bungabinni Native Well (20,3 km)*<br>Der Brunnen lieferte mehr als 6.800 Liter Wasser in der Stunde und war etwa 5 Meter tief. Für *Snell* war |

es der letzte Brunnen, den er restaurierte, bevor er aufgab und nach *Meekatharra* zurückkehrte. Aus dem Brunnen ragt heute ein PVC-Rohr, durch das verdrecktes Wasser hoch geholt werden kann. Etwa 6 m hinter dem Rohr liegt das natürliche Wasserloch *(native soak)* der Aborigines, von dem der Brunnen seinen Namen hat. Hier, wie auch in der Nähe des Brunnens, gedeihen die feuchtigkeitsliebenden Papierrindenbäume. Ab etwa 1 km weiter nördlich auf der Strecke bestimmen dann Wüstenkasuarinen das Landschaftsbild. Hier und da wachsen Eukalyptusbäume auf den Dünenkämmen und in den Tälern. Bis zum nächsten Brunnen sind 34 Sanddünen zu überqueren. Die Dünen liegen so unregelmäßig verteilt, daß es ständig rauf und runter, rechts und links geht. Dabei ist leicht die Orientierung zu verlieren.

1048,2 771,3 *Bungabinni Native Soak* rechts; Hinweisschild links: *Well 36* (11,7 km)

Das Wasserloch inmitten von Papierrindenbäumen wurde von *Peter Vernon* und den *Breakaway Adventurers*, einer Gruppe von Freiwilligen, bei der Wiederherstellung der Direktverbindung von *Well 35* zu *Well 36* am 11. Januar 1989 komplett gesäubert, mit einer Holzumrandung, einer Abdeckung und einem Wasserkübel versehen. Außerdem hinterließen sie ein Besucherbuch, in das man einige Grußworte und nützliche, aktuelle Informationen zur Strecke schreiben kann. Datum nicht vergessen!

1049,3 770,2 Weggabelung: links auf der ursprünglichen *CSR* zu *Well 36* (10,6 km) fahren; rechts geht zum heutigen Streckenverlauf der *CSR* (8,8 km)

1059,7 759,8 *Well 36/ Kirlkirl* rechts

Brunnen 36 liefert auch heute noch gutes, wenn auch warmes Wasser (20 °C). Wer hier campen will, sollte sich - besonders im Winter - auf kühle Nächte einstellen. Die topographische Besonderheit dieses offenen Geländes läßt die Luft sehr schnell abkühlen, denn schützende, wärmespeichernde Dünen fehlen. Auf dem weiteren Weg, der durch großflächige Wälder von Wüstenkasuarinen führt, muß man acht Dünen überwinden, bevor man den nächsten Brunnen erreicht.

1060,6 758,9 T-Kreuzung: links auf die *CSR* fahren; rechts *CSR* zu *Well 35*

1061,9 757,6 Abzweigung rechts auf der ursprünglichen *CSR* zu *Well 37* und *Well 38* nehmen; geradeaus auf dem heutigen Streckenverlauf der *CSR* zu *Well 38*

1072,6 746,9 Geradeaus fahren; Abzweigung rechts zu *Ural Native Soak*

Die Wasserstelle liegt verborgen hinter Büschen in der Südwestecke der Lehmpfanne.

### *Well 37* - Der "Spukbrunnen"

Dieser Brunnen erlangte traurige Berühmtheit, denn hier wurden im April 1911 die Viehtreiber *Shoesmith* und *Thompson* mit ihrem eingeborenen Begleiter *Chinaman* und im September 1922 der Ölsucher *McLernon* von Aborigines getötet. Thompson und Chinaman hatten sie vermutlich im Schlaf erschlagen. Shoesmith, wohl auf Wache, fand man etwas weiter entfernt. Sein Hals war von einem Speer durchbohrt und der Körper in zwei Teile gehackt. Gefunden und begraben hatte die Leichen zwei Monate später *Tom Cole*, der mit seiner Rinderherde in Richtung Süden unterwegs war. Die Gräber, von *George Lanagan* 1940 neu markiert, kann man etwa 50 bis 60 m nördlich vom Brunnen besuchen.

*John V. McLernon* war Ende 1921 mit einer Gruppe von insgesamt neun Leuten, darunter die beiden Geologen *Leo Jones* und *Bill Turner*, auf der Viehtreiberroute unterwegs, um nach Öl zu suchen. An Brunnen 37 errichteten sie ein Basislager. In der Nacht des 4. September lagerten McLernon, Turner und Jones auf einem ihrer kurzen Erkundungstrips östlich des Camps, wo sie überfallen wurden. Aborigines schlugen McLernon im Schlaf den Schädel ein, Jones wurde schwer verwundet. Turner schlief etwas abseits der beiden und eröffnete das Feuer. Daraufhin flüchteten die Aborigines. Erst im Morgengrauen konnten Turner und Jones zum Basislager zurückkehren. Man begrub McLernon unter einer Wüstenkasuarine, etwa 240 m entfernt vom Brunnen, und versah den Baum mit seinen Initialen und Datum.

In den siebziger Jahren - mit dem aufkommenden Tourismus auf der Canning Stock Route - berichtete man von unheimlichen Begegnungen mit den Unglückseligen, die aus ihren Gräbern stiegen. Die Geister der Ermorderten würden nachts umherirren und nach Vergeltung suchen. Aufgrund dieser Schauergeschichten campte niemand gern an Brunnen 27. Es dauerte nicht lange, und der Brunnen erhielt den Namen "Spukbrunnen" *(haunted well)*.

| | | |
|---|---|---|
| 1082,2 | 737,3 | Abzweigung links zu *Well 38* nehmen (29,7 km); geradeaus zu *Well 37/ Lipuru* (250 m)<br>Außer der Holzumzäunung ist fast noch alles vom Brunnen intakt. Nach wie vor liefert er frisches Trinkwasser (→ Artikel "Well 37 - Der 'Spukbrunnen'"). Von hier geht es seit Januar 1989 direkt weiter zur 38. Wasserstelle. Dabei sind auf diesem Stück 42 Dünen zu überwinden. |
| 1111,8 | 707,7 | Hinweisschild für entgegengesetzte Richtung links: zu *Well 37* via *Wandabura Rockhole* (11 km) |
| 1111,9 | 707,6 | *Wardabunni Rockhole* (Water No. 38) links<br>Diese Wasserstelle in einem Flußbett ist außer nach langen, kräftigen Regenfällen meistens trocken. Ist jedoch Wasser vorhanden, stellt sich in den Eukalypten (hier: *snappy gums*) am Wasserloch ein buntes und zwitscherndes Leben ein. Hunderte von Finken und Wellensittichen flattern dann herum. Bei eingehender Betrachtung der Felsenwände kann man hier und da |

| | | |
|---|---|---|
| | | Initialen einiger Abenteurer und Pioniere entdecken, wie z. B. von *Hubert Stanslake Trotman* (H.S.T.), Mitglied in Cannings Expedition 1906 (→ Artikel "Eine Reise durch die Geschichte - Canning Stock Route"). Einen guten Platz zum Campen findet man unter den 300 m entfernten Eukalypten (hier: *cabbage gums*).<br>Von *Wardabunni Rockhole* bis Brunnen 39 sind es 33 Dünen. Die meisten Dünenkämme sind mit Blutharz-Eukalypten *(bloodwoods)* bewachsen. |
| 1113,7 | 705,8 | *creek* |
| 1114,4 | 705,1 | T-Kreuzung: rechts auf *CSR* zu *Well 39* fahren; links *CSR* zu *Well 36*; *Marker FT 92* links; Hinweisschild rechts.<br>Ab hier befährt man wieder die Strecke der heutigen *CSR*. |
| 1120,0 | 699,5 | *Marker FT 90* rechts |
| 1127,4 | 692,1 | Geradeaus *CSR*; Abzweigung links zu einem Felsenplateau; 100 m weiter steht rechts *Marker FT 89*<br>Wer einen sehr schönen Panoramablick genießen möchte, sollte sich die Mühe machen und das Plateau erklimmen. |
| 1128,4 | 691,1 | Geradeaus *CSR*; Wegeinmündung von links |
| 1136,3 | 683,2 | *Marker FT 88* rechts |
| 1141,7 | 677,8 | *Well 39/ Murguga* rechts<br>Knapp 5 m tief ließ *Canning* diesen Brunnen, der ein Fassungsvermögen von 6.500 Litern hatte, ausheben. Heute ist er nicht mehr so tief, liefert aber immer noch Wasser, das im Notfall auch genießbar ist.<br>Bis zum nächsten Brunnen gilt es, weitere acht Sanddünen zu überwinden. |
| 1143,4 | 676,1 | *Marker FT 87* rechts |
| 1146,3 | 673,2 | Steinhaufen rechts |
| 1146,5 | 673,0 | Beginn bzw. Ende der Durchquerung von *Lake Tobin*<br>Natürlich ist wieder Vorsicht bei der Durchquerung geboten. 200 m vor dem Nordufer kann es nach Regenfällen besonders schlammig werden. |
| 1159,2 | 660,3 | Ende bzw. Beginn der Durchquerung von *Lake Tobin;* Hinweisschild: *Tobin Lake* |
| 1161,7 | 657,8 | T-Kreuzung: links *CSR* zu *Well 41;* rechts zu *Well 40/ Waddawalla* (2,4 km)<br>Auch an diesem Brunnen hat sich eine traurige Geschichte zugetragen: Am 5. April 1907 brachten sich *Michael Tobin* und ein hier lebender Ureinwohner gegenseitig um. Während Tobin vom Speer schwer verletzt wurde, erlag der Eingeborene noch am Ort seinen Schußverletzungen. Wie es zu der Auseinandersetzung kam, ist bis heute unklar. Tobin starb einen Tag später und wurde 250 m entfernt (Kompaßkurs 67°) auf einer Anhöhe begraben (→ Artikel "Eine Reise durch die Geschichte - Canning Stock Route"). Minengesell- |

| | | |
|---|---|---|
| | | schaften stifteten das heutige Grabkreuz, und 1987 wurde in privater Initiative das Grab eingefriedet.<br>Der Name "Waddawalla" rührt vom 15 m entfernten Wasserloch her *(native soak),* das versteckt unter Papierrindenbäumen liegt, aber völlig versandet ist.<br>Vom Brunnen sind lediglich Abdeckung und Tränke geblieben. Bis Brunnen 41 sind es weitere dreizehn Sanddünen. |
| 1165,9 | 653,6 | *Marker FT 84* links |
| 1173,9 | 645,6 | *Marker FT 83* rechts |
| 1179,2 | 640,3 | Altes, zurückgelassenes Planierfahrzeug rechts |
| 1184,3 | 635,2 | Kreuzung: geradeaus fahren; Abzweigung rechts zu *Helena Springs* (55 km); Abzweigung links ist eine seismische Furche *(seismic line)* - die Spuren vieler Minengesellschaften, die hier nach Erdöl und Erdgas suchten (Hinweisschild rechts). Oft mehrere Meter breit, beginnen sie plötzlich und verschwinden auch wieder so. Hier hat man künstliche Erdbebenwellen erzeugt, die sich in infolge der unterschiedlichen Beschaffenheit des Untergrundes in verschiedener Schnelligkeit ausbreiten und somit Rückschlüsse auf mögliche Lagerstätten zulassen.<br>Wer nach *Helena Springs* möchte, von *David Carnegie* "Perle der Wüste" genannt, muß hier abbiegen. Der Rundtrip über *Helena Springs* und *Warrabuda Soak* ist etwa 200 km lang. Auf die *CSR* trifft man dann entweder bei KM 1219,3 (Warrabuda Soak) oder KM 1266,4 (Helena Springs). |
| 1185,7 | 633,8 | Geradeaus *CSR*; Abzweigung links zu *Well 41/ Tiru* (1,9 km)<br>Dieser Brunnen liegt mitten in einer 500 mal 200 m großen Lehmpfanne, in der Papierrindenbäume wachsen. Die Brunnenumzäunung ist stark beschädigt.<br>Von *Well 41* bis *Well 42* sind 32 Dünen zu überwinden, darunter nach etwa 22 km auch die höchste (17 m) auf der gesamten Strecke. Nach etwa 34 km trifft man auf eine nur unwesentlich niedrigere Düne. Die Strecke zwischen *Well 41* und *Well 42* ist zugleich die längste zwischen zwei Brunnen, wobei der Verlauf nicht der ursprünglichen Route folgt. |
| 1190,7 | 628,8 | *Marker FT 81* links |
| 1198,6 | 620,9 | *Marker FT 80* links |
| 1207,3 | 612,2 | *Marker FT 79* rechts |
| 1215,8 | 603,7 | *Marker FT 78* rechts |
| 1219,3 | 600,2 | Geradeaus *CSR* zu *Well 42;* Abzweigung rechts via *Warrabuda Soak* (31 km) zu *Helena Springs* (87 km); Hinweisschild rechts (→ KM 1184,3) |
| 1230,9 | 588,6 | *Marker FT 76* rechts |
| 1239,2 | 580,3 | *Marker FT 75* rechts |
| 1241,6 | 577,9 | *Water Tank No. 42* und *Guli Lake* links<br>Von dem Brunnen, der einmal bestes Trinkwasser lie- |

| | | |
|---|---|---|
| | | ferte, ist heute kaum noch etwas übriggeblieben. Rücksichtslos haben Reisende die gesamte Holzumzäunung für Lagerfeuer benutzt. Früher bevölkerten Tausende von Zebrafinken und Wellensittichen die Papierrindenbäume hier, die ebenfalls als Brennholz herhalten mußten. Mit dem Verschwinden der schattenspendenden Bäume blieben schließlich Vögel und auch Dingos aus. Heute ist der Brunnen ganz mit Sand gefüllt. |
| | | Auf dem Weg zum nächsten Brunnen überquert man drei Dünen. Zuvor führt die Strecke für knapp 5 km durch *Guli Lake*, der nur nach starkem Regen Wasser führt. Vorsicht ist aber immer geboten, da die Oberfläche schon nach leichten Niederschlägen aufweicht, und man sich leicht festfahren kann. |
| 1241,8 | 577,7 | Hinweisschild rechts: *Guli Lake* |
| 1247,2 | 572,3 | Hinweisschild rechts: *Guli Lake* |
| 1248,4 | 571,1 | *Marker FT 74* links |
| 1256,9 | 562,6 | *Marker FT 73* rechts |
| 1260,1 | 559,4 | T-Kreuzung: links *CSR*; rechts zu *Well 43/ Billowaggi* (3,7 km) |
| | | Der ehemalige Brunnen zeigt sich lediglich als Loch in der Erde. Wasser ist hier nicht mehr zu finden. Ausgerüstet mit einer guten topographischen Karte und einem Kompaß kann man von hier direkt zu *Well 44* und von dort zu *Well 45* fahren, allerdings querfeldein *(cross-country)*. Die Entfernung beträgt bis *Well 44* etwa 32 km: vom Brunnen zunächst für 21,7 km auf Kompaßkurs 35° fahren und dann Kompaßkurs 27° bis Brunnen 44. Ohne Kompaß kann man noch von *Well 45* zu *Well 46* auf der ursprünglichen Strecke der *CSR* fahren. |
| | | Bis zur Abzweigung zu Brunnen 44 sind es 33 Sanddünen. |
| 1266,4 | 553,1 | Kreuzung: geradeaus *CSR*; rechts zu *Helena Springs*; links ist eine seismische Furche (→ KM 1184,3) |
| 1273,4 | 546,1 | *Marker FT 71* links |
| 1281,8 | 537,7 | *Marker FT 70* rechts |
| 1285,3 | 534,2 | Überreste eines Motorrads und Anhängers rechts |
| 1290,6 | 528,9 | *Marker FT 69* links |
| 1292,9 | 526,6 | Geradeaus *CSR*; Abzweigung rechts zu *Well 44* (17 km) |
| | | Der weit von der Strecke entfernte Brunnen wird selten besucht, da 1976 ein Feuer die ohnehin spärlichen Überreste völlig zerstörte und lediglich ein Loch im Wüstenboden zurückblieb. Von hier jedoch kann man auch querfeldein zum nächsten Brunnen fahren: für 3,2 km zunächst auf Kompaßkurs 25° bis zu *Jimberingga Claypan* fahren, dann für 11 km auf Kompaßkurs 347° bis zu *Pijalinga Claypan* und anschließend für weitere 11 km auf Kompaßkurs 10° bis *Well 45*. |

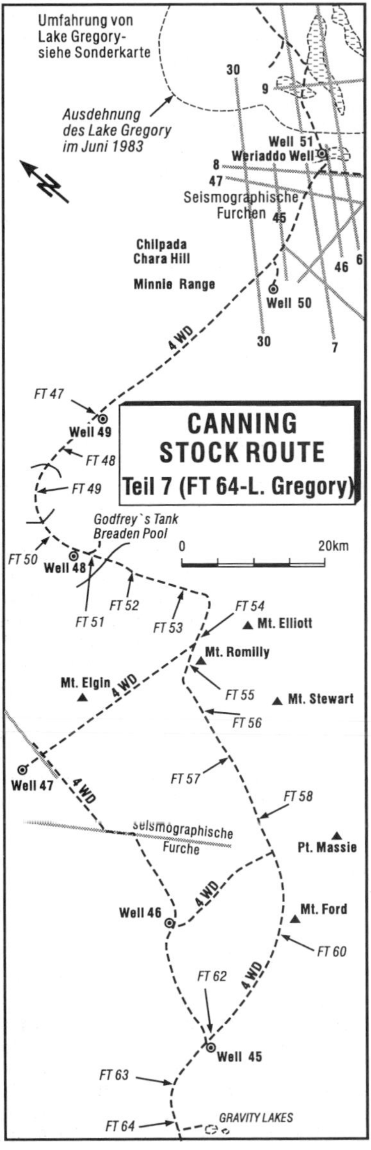
CANNING
STOCK ROUTE
Teil 7 (FT 64-L. Gregory)
Umfahrung von Lake Gregory- siehe Sonderkarte
Ausdehnung des Lake Gregory im Juni 1983
Well 51
Weriaddo Well
Seismographische Furchen
Chilpada Chara Hill
Minnie Range
Well 50
4 WD
FT 47
Well 49
FT 48
FT 49
Godfrey`s Tank
Breaden Pool
FT 50
Well 48
FT 51
FT 52
FT 53
FT 54
Mt. Elliott
Mt. Romilly
Mt. Elgin
FT 55
Mt. Stewart
FT 56
Well 47
FT 57
FT 58
seismographische Furche
Pt. Massie
Well 46
Mt. Ford
FT 60
FT 62
Well 45
FT 63
FT 64
GRAVITY LAKES
0
20km

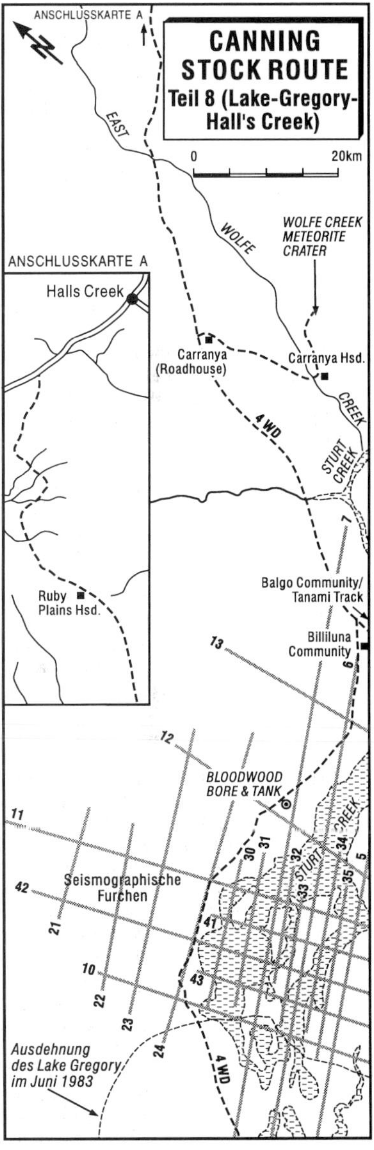
CANNING
STOCK ROUTE
Teil 8 (Lake-Gregory-Hall's Creek)
ANSCHLUSSKARTE A
EAST
WOLFE
WOLFE CREEK METEORITE CRATER
Halls Creek
Carranya (Roadhouse)
Carranya Hsd.
CREEK
4 WD
STURT CREEK
Ruby Plains Hsd.
Balgo Community/ Tanami Track
Billiluna Community
BLOODWOOD BORE & TANK
Seismographische Furchen
STURT CREEK
Ausdehnung des Lake Gregory im Juni 1983
0
20km

| | | |
|---|---|---|
| | | Ohne topographische Karte und Kompaß sollte man auf dieses Abenteuer jedoch lieber verzichten. Bis zum nächsten Brunnen sind es 31 Dünen. |
| 1293,9 | 525,6 | *Marker NMF 260* links |
| 1301,0 | 518,5 | *Marker FT 68* rechts |
| 1314,7 | 504,8 | *Marker FT 67* links |
| 1322,0 | 497,5 | *Marker FT 66* links |
| 1329,5 | 490,0 | *Marker FT 65* rechts |
| 1335,7 | 483,8 | Geradeaus *CSR*; Abzweigung rechts zu *Gravity Lake* |
| 1337,4 | 482,1 | *Marker FT 64* links |
| 1350,8 | 468,7 | *Well 45/ Tjinditjindi* rechts; Abzweigung links auf der ursprünglichen *CSR* zu *Well 46* nehmen; Hinweisschild links: *Well 46* - 24,5 km; geradeaus *CSR* (→ Alternativstrecke: Heutiger Streckenverlauf der Canning Stock Route ab Well 45 bis zur Abzweigung von Well 47 (bei Marker FT 54)) Der Brunnen wird selten besucht, da er vollständig eingefallen ist. Außerdem ist das brackige Wasser ungenießbar. Ab hier empfiehlt es sich, der ursprünglichen Strecke zu folgen, wenn man *Well 46* und *Well 47* besichtigen und dabei einige Kilometer sparen will. Die Dünen, die immer kleiner werden, deuten auf das baldige Ende der Wüste hin. |

---

***Alternativstrecke: Heutiger Streckenverlauf der Canning Stock Route ab Well 45 bis zur Abzweigung von Well 47 bei Marker FT 54* (♦)**

Der felsige *track* zu *Well 47* ist schwierig.

| | | |
|---|---|---|
| 0 | 63,7 | *Well 45* rechts |
| 0,5 | 63,2 | *Marker FT 62* links |
| 19,5 | 44,2 | *Marker FT 60* rechts |
| 20,0 | 43,7 | *Mt. Ford* rechts |
| 31,2 | 32,5 | Geradeaus *CSR*; Abzweigung links zu *Well 46* (14,6 km; → KM 1373,9) |
| 36,7 | 27,0 | *Marker FT 58* rechts |
| 45,3 | 18,4 | *Marker FT 57* links |
| 46,6 | 17,1 | *Mt. Stewart* rechts |
| 53,5 | 10,2 | *Marker FT 56* rechts |
| 58,5 | 5,2 | *Marker FT 55* rechts |
| 60,4 | 3,3 | *Mt. Romilly* rechts |
| 63,7 | 0 | Geradeaus *CSR*; Abzweigung links zu *Well 47* (25,7 km; → KM 1403,1) |

---

***Weiterfahrt auf der Hauptstrecke***

| | | |
|---|---|---|
| 1373,9 | 445,6 | *Well 46/ Kotjowari* links Dieser Brunnen liegt in einer weiten Grasebene, nahe einem See, aus dem weißrindige Eukalypten ragen, die sich im flachen Wasser spiegeln - zweifelsfrei eine der |

| | | |
|---|---|---|
| | | schönsten Landschaften an der Canning Stock Route. Häufig kann man Wat- und Stelzvögel, wie Reiher, beobachten. Westlich des Brunnens dominieren Mulgas und Eukalypten, während östlich und südlich Honigmyrthen *(tea trees)*, Blutharzeukalypten *(bloodwoods)* und Spinifex überwiegen. *Well 46* bietet ideale Plätze zum Campen. Er ist im Januar 1991 restauriert worden und liefert erstklassiges Trinkwasser. 100 m vom Brunnen entfernt steht ein Hinweisschild, das die Richtung zu *Well 47* angibt *(Dave Morton's Track to 47: Follow track 13,2 km thru N.W. & go 4,5 km to Gravity Base Jctn. Turn north & go 11,0 km along shotline to track. West is to Well 47: 3,6 km; east to main track: 22,4 km).* Ab hier sind noch einmal 25 Sanddünen zu überqueren, bevor *Well 47* erreicht ist. |
| 1374,0 | 445,5 | Weggabelung: links fahren; Hinweisschild; rechts zur *CSR* zurück. |
| 1387,2 | 432,3 | T-Kreuzung: links fahren zu *Well 47* (19,1 km); rechts ist eine seismische Furche. |
| 1389,8 | 429,7 | *Starpicket* links |
| 1391,9 | 427,6 | Abzweigung rechts nehmen (Hinweisschild); der Weg geradeaus ist durch alte Benzinfässer blockiert. |
| 1394,4 | 425,1 | *Starpicket* links |
| 1403,1 | 416,4 | Kreuzung: rechts fahren (Hinweisschild); links zu |

Frisches Wasser an Brunnen 46

| | | |
|---|---|---|
| | | *Well 47/ Kardalapuru* (3,6 km); geradeaus ist eine seismische Furche. Der Brunnen ist lediglich ein riesiges 8 m tiefes Loch inmitten von Eukalypten und Akazien. Wasser findet man kaum, obwohl der Brunnen einst eine Speicherkapazität von 6.800 Litern hatte und mehr als 5.000 Liter in der Stunde förderte. Von hier führt der Weg zurück auf die heutige Strecke der Canning Stock Route. Bis Brunnen 48 sind es nur sechs kleinere Dünen. Wer möchte, kann auch hier querfeldein direkt zu Brunnen 48 fahren (Kompaßkurs 48°), natürlich nur mit Kompaß und topographischen Karten! |
| 1425,2 | 394,3 | T-Kreuzung: links *CSR* zu *Well 48;* rechts *CSR* zu *Well 45* |
| 1425,3 | 394,2 | *Marker FT 54* rechts |
| 1428,6 | 390,9 | *creek* |
| 1449,1 | 370,4 | *Marker FT 51* rechts |
| 1449,8 | 369,7 | T-Kreuzung: links *CSR*; rechts zu *Breaden Pool* und *Godfrey's Tank* (4,6 km) Beide Wasserstellen liegen in den *Breaden Hills*, auch "Southesk Tablelands" genannt. Die letzten 200 m zu *Breaden Pool*, malerisch in einer Felsennische gelegen, sind zu Fuß zurückzulegen. Von hier aus geht es auf dem Plateau in nordwestlicher Richtung weiter, bis man auf einen *creek* trifft. Wer dem felsigen Bett folgt, trifft auf *Godfrey's Tank*. Er wird von einem kleinen Wasserfall, der leider nur selten fließt, gespeist und faßt mehr als 180.000 Liter Wasser, ist aber die meiste Zeit trocken. Die rußgeschwärzten Wände der überhängenden Felsen zeugen davon, daß Aborigines auch heute noch diese Gegend besuchen. Vom Plateau kann man einen herrlichen Ausblick auf *Breaden Hills* und Umgebung genießen. |
| 1451,3 | 368,2 | Geradeaus *CSR*; Abzweigung links zu *Well 48/ Koningara* (500 m) Der mittlerweile versandete Brunnen führte einst wenig, aber erstklassiges Wasser. Von seiner Konstruktion und den früher hier wachsenden Papierrindenbäumen und kleinen Eukalypten ist kaum noch etwas zu sehen. Die mühseligen Dünenüberquerungen sind jetzt vorbei, denn ab hier verläuft die Piste parallel zu den Dünen. Besonders westlich von *Breaden Hills* ist sie ausgewaschen, und das ablaufende Wasser hat tiefe, quer zur Fahrbahn verlaufende Rinnen gegraben. |
| 1455,7 | 363,8 | *Marker FT 50* links |
| 1456,4 | 363,1 | *creek* |
| 1461,5 | 358,0 | *Marker FT 49* rechts |
| 1461,8 | 357,7 | *Mt. Ernest* links |
| 1464,1 | 355,4 | *creek* |
| 1467,6 | 351,9 | *Marker FT 48* rechts |
| 1474,2 | 345,3 | *Marker FT 47* links |

| | | |
|---|---|---|
| 1474,9 | 344,6 | *Well 49/ Lambu* rechts<br>Auch hier kann man Trinkwasser auffüllen. Inmitten von Papierrindenbäumen gelegen, ist Brunnen 49 einer der am besten erhaltenen Brunnen auf der Strecke.<br>Der sandige *track* ist von nun an gut zu befahren, und man kommt schnell voran. |
| 1481,1 | 338,4 | Hinweisschild rechts: "NOTICE TO TRAVELLERS" (Sicherheitshinweise lesen!)<br>Unter den Wüstenkasuarinen hier kann man sehr gut ein letztes Mal fern jeglicher Zivilisation übernachten. |
| 1490,8 | 328,7 | *Minnie Range* links |
| 1507,3 | 312,2 | Geradeaus fahren; Abzweigung rechts zu *Well 50/ Tjgan* (2 km)<br>Eine große Senke und ein paar Pfosten sind alles, was vom 19 m tiefen Brunnen 50 übrig geblieben ist. Der *track* führt nun durch überwiegend flaches Gebiet mit Akazien, Korkholz *(corkwood)* und vereinzelten Eukalypten. |
| 1514,8 | 304,7 | Rechts trifft kaum erkennbar (nur durch einen Eisenpfosten markiert) die Trasse von *Cornish Line A* auf die *CSR*. |
| 1524,1 | 295,4 | *Starpicket* rechts |
| 1526,4 | 293,1 | Kreuzung: geradeaus *CSR*; Abzweigung rechts ist die Trasse von *seismic line 8*, Beginn einer möglichen Umgehung von *Lake Gregory* (→ Umgehung von *Lake Gregory*); links ist ebenfalls eine seismische Furche, die nordöstlich im Sande verläuft! |

### *Umgehung von Lake Gregory* (♦)

*Lake Gregory* ist ein System vieler Seen, die sich während der Regenzeit füllen und ein riesiges Gebiet überfluten (auch *Well 51*). Gespeist werden diese Seen von *Sturt Creek*, der sich nur alle drei bis vier Jahre füllt und dann Überflutungsbreiten von 8 bis 10 km erreicht! Während der Trockenzeit bleiben ständig gefüllte *pools* und Wasserlöcher zurück. Die Umgehung der Seenlandschaft ist nicht ganz einfach. Auf unserer Reise folgten wir den Spuren von Fahrzeugen, die zwei Tage vorher hier und da Markierungen und Wegweiser hinterlassen hatten. Wo wir keinerlei Orientierungspunkte finden konnten, folgten wir ihren Reifenspuren. Den anschließenden Streckenlog sollte man peinlichst genau befolgen, um sich nicht zu verirren. Zur Sicherheit bringt man an markanten Punkten Hinweise (kleine Fähnchen, Blechbüchsen etc.) an, um zurückzufinden, falls man sich doch nicht mehr orientieren kann. Die Wegweiser hoch genug anbringen, um sie später nicht zu übersehen! Zunächst folgt man *seismic line 8*. Später ist der Weg teilweise völlig weggespült oder überwachsen. Kratzer am Lack sind hier nicht zu vermeiden. Kompaß und topographische Karten sind hilfreich, aber nicht unbedingt erforderlich. Kommt man an diese Stelle und der See ist überflutet, hat man keine andere Wahl, als die folgende Umgehung zu nehmen.

| | | |
|---|---|---|
| 0 | 211,5 | Kreuzung *CSR/ line 8;* rechts auf die Trasse von *seismic line 8* fahren |
| 3,5 | 208,0 | geradeaus fahren; Wegeinmündung von rechts |
| 9,1 | 202,4 | Weggabelung: rechts fahren |
| 17,4 | 194,1 | *Starpicket AUG RB 81-8 SP 500* rechts |
| 18,7 | 192,8 | *Starpicket AUG RB 81-8 SP 518* rechts |
| 22,0 | 189,5 | *Starpicket AUG RB 81-8/ RB 82-48 SP 315* rechts; *seismic lines 8* und *48* kreuzen sich; weiter auf Trasse 8 bleiben |
| 24,4 | 187,1 | *Starpicket AUG RB 81-8 SP 598* rechts |
| 25,8 | 185,7 | *Seismic lines 8* und *49* kreuzen sich; weiter auf Trasse 8 bleiben |
| 29,3 | 182,2 | *Starpicket AUG RB 81-8 SP 666/ RB 81-3 SP 244* links; *seismic lines 8* und *3* kreuzen sich; weiter auf Trasse 8 bleiben |
| 31,3 | 180,2 | *Starpicket AUG RB 81-8 SP 698* links |
| 36,6 | 174,9 | *Starpicket AUG RB 81-8 SP 772/ RB 81-2 SP 452* links; *seismic lines 8* und *2* kreuzen sich; links auf Trasse 2 (in Richtung Norden) fahren |
| 40,2 | 171,3 | *Starpicket AUG RB 81-2 SP 600* links |
| 42,3 | 169,2 | Kreuzung: *Starpicket AUG RB 81-2 SP 628 SW 65 M;* Abzweigung rechts in Richtung *Balgo Community* nehmen; geradeaus geht es zu *Djaluwon Creek*. |

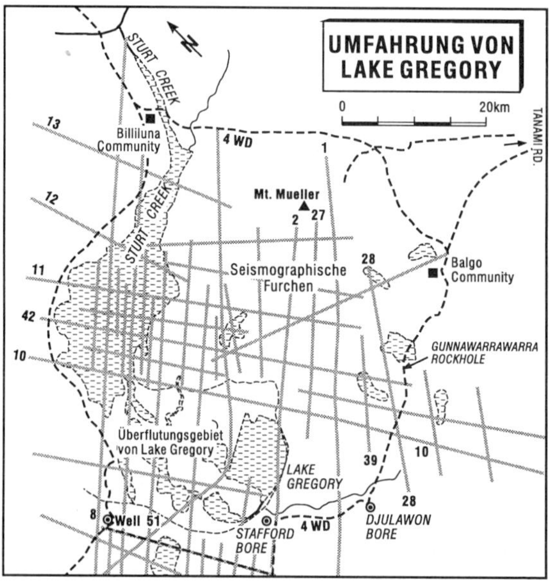

*Wasser ist rar - Das Windrad treibt die Pumpe an, die Grundwasser noch oben bringt.*

*Strecke 8: Ayers Rock (Uluru) und Olgas (Katatjuta) gehören zu den Hauptattraktionen in Zentralaustralien*

Strecke 12: Die Große Australische Bucht und die
Goldgräberstadt Kalgoorlie am Eyre Highway

*Strecke 13: Spinifexgras wächst bis zu einem Meter hoch*
*Auch Bäume säumen den "Highway"*

Strecke 15: *Mit viel Anlauf sind die Dünen auf der Canning Stock Route zu bewältigen. Kamele haben grundsätzlich Vorfahrt!*

*Strecke 16: Circular Pool in Hamersley Range*

*Strecke 17: Mitchell Falls - ein Abstecher, der sich lohnt.*

*Strecke 17: Üppiges Grün in den Kimberleys*
*Bizarres Kunstwerk der Natur - ein Baobab*

| | | |
|---|---|---|
| 43,6 | 167,9 | Rechts abfahren; geradeaus geht es zur ehemaligen Flußdurchfahrt. |
| 56,9 | 154,6 | Kreuzung: geradeaus fahren; rechts und links ist die Trasse von *seismic line 1.* |
| 59,5 | 152,0 | Lehmpfanne; rechts umfahren |
| 62,1 | 149,4 | Abzweigung links nehmen; geradeaus geht es zu *Djulawon Bore*. |
| 69,3 | 142,2 | Lehmpfanne<br>Bevor der *track* auf die Lehmpfanne trifft, führt er an der Westseite eines niedrigen Bergrückens entlang. Nach ein paar hundert Metern in der Lehmpfanne muß man links abbiegen, um zu *Djaluwon Creek* zu gelangen, der nach weiteren 100 m schließlich durchquert wird. Oftmals haben Vorgänger an den Abzweigungen Markierungen angebracht (auf Stock mit Tüte, Steinhaufen, in den Sand gemalte Pfeile o. ä. achten!). |
| 69,7 | 141,8 | *creek*<br>Nach der Flußdurchfahrt ist die Piste für viele Kilometer völlig zugewachsen und man muß häufig neben dem ursprünglichen *track* entlangfahren. |
| 91,8 | 119,7 | *Starpicket* links |
| 94,5 | 117,0 | *Starpicket AUG RB 82-42* links; *seismic line 42* kreuzt den *track* (kaum erkennbar) |
| 94,6 | 116,9 | *Starpicket* rechts |
| 98,4 | 113,1 | *creek (Gunawarrawarra Rockhole)* |
| 106,8 | 104,7 | Gatter |
| 108,7 | 102,8 | Gatter |
| 109,7 | 101,8 | *creek* |
| 121,9 | 89,6 | *Balgo Community*<br>In der Gemeinde leben etwa 500 Ureinwohner verschiedener Clans, die sich und ihr Dorf "Wirrumanu" nennen. Erst 1988 wurde eine Telefonverbindung zur Außenwelt eingerichtet. Heute ist die Gemeinde für ihre Künstlerkolonie und ein *Art Centre* bekannt, in dem Gemälde von zum Teil bekannten Aborigines-Malern ausgestellt werden. Die *community* betreibt außerdem eine Fluggesellschaft *(Brolga Airlines)*, die Rundflüge z. B. über die Olgas und den Meteoritenkrater *Wolfe Creek* anbietet. Für den Besuch der Gemeinde ist eine Genehmigung *(permit)* erforderlich. |
| 127,1 | 84,4 | Weggabelung: links in Richtung *Carranya Homestead fahren*; rechts zur *Tanami Road* |
| 162,0 | 49,5 | Geradeaus fahren; Abzweigung links nach *Mt. Mueller* und *Mulan* |
| 162,1 | 49,4 | T-Kreuzung: links fahren; rechts ist der *Tanami Track* nach *Alice Springs* (→ Streckenbeschreibung 10, Tanami Track). |
| 207,8 | 3,7 | Geradeaus fahren; Abzweigung links zu *Billiluna Community*<br>1978 wurde die knapp 350 km² (!) große Farm Billiluna dem *Aboriginal Land Trust* verkauft. Mittlerweile |

| | | |
|---|---|---|
| | | bewirtschaften Aborigines die Farm und erzielen gute Gewinne, die *Mundiwungu Community* zufließen. |
| 211,5 | 0 | Geradeaus fahren; Abzweigung links via *Billiluna* auf der *CSR* zu *Well 51* |

***Weiterfahrt auf der Hauptstrecke***

| | | |
|---|---|---|
| 1530,5 | 289,0 | *Well 51/ Weriaddo* links<br>Dies ist der letzte von *Canning* angelegte Brunnen auf der Canning Stock Route.<br>Wenn *Lake Gregory* über seine Ufer tritt, sind die Überreste dieses Brunnens nicht mehr zu sehen. Für Reisende, die die Strecke in Richtung Süden fahren, stehen jetzt insgesamt 48 Brunnenschächte, zwei Wassertanks, eine natürliche Wasserstelle in den Felsen (No. 38) und drei gefaßte, mutmaßlich nie versiegende Quellen (*North Pool, Windich Springs* und *Killagurra*) auf dem Programm. *Albert Snell* baute neben den von *Canning* anglegten Brunnen noch weitere fünf (*Government Wells 4 A, 4 B, 17* und den neu errichteten *Well 31*).<br>Mit Brunnen 51 ist auch das Viehzuchtgebiet wieder erreicht, und Hinweise auf die nahe Zivilisation sind mehr als deutlich. Rechts und links münden alle paar Kilometer seismische Furchen in die Route. |
| 1547,3 | 272,2 | *seismic line 9* kreuzt; geradeaus *CSR* |
| 1563,3 | 256,2 | *seismic line 7* kreuzt; geradeaus *CSR*; Wegeinmündung von links |
| 1583,2 | 236,3 | *seismic line 10* kreuzt; Geradeaus fahren (*CSR/ seismic line 24*); kurz dahinter führt links ein Weg zu *Chungla Well* (8 km)<br>Für etwa 15 km folgt die Canning Stock Route der seismischen Furche 24. |
| 1598,5 | 221,0 | Wegeinmündung links von *Chungla Well* (11 km); geradeaus *CSR/ seismic line 24* |
| 1615,7 | 203,8 | *Bloodwood Well* rechts |
| 1643,7 | 175,8 | *Billiluna Community* rechts (→ Umgehung von *Lake Gregory* bei KM 1526,4) |
| 1645,7 | 173,8 | Weggabelung: links nach *Halls Creek* fahren; rechts zum *Tanami Track* und nach *Alice Springs*<br>Hier endet die *Canning Stock Route* offiziell. |
| 1688,5 | 131,0 | Geradeaus fahren; Abzweigung rechts zu *Carranya Roadhouse; Carranya Station* (16 km) und *Wolfe Creek Meteorite Crater* (23 km)<br>*Caranya Station* wird ebenfalls von Aborigines geführt. Um zum Meteoritenkrater *Wolfe Creek*, dem zweitgrößten der Welt (größter ist *Canyon Diabolo Crater* in Arizona) zu gelangen, fährt man am alten Farmhaus vorbei. Häufig wird man dann von Aborigines angehalten, die Touristen anbetteln. Sieben Kilometer weiter |

| | | |
|---|---|---|
| | | befindet sich der Krater. Seine Maße: 25 m tief und 900 m im Durchmesser. Entstanden ist dieser Krater, so vermuten Wissenschaftler, vor rund einer Million Jahren, als ein zwischen 20.000 und 50.000 Tonnen schwerer Meteorit hier einschlug. Ursprünglich war das Loch, das er dabei in den Boden riß, 230 m tief. Im Laufe der Jahrtausende füllte es sich jedoch mit Sand. Der Kraterboden ist heute mit Spinifex, Eukalypten, Papierrindenbäumen und Sträuchern zugewachsen. Die Aborigines von *Balgo Community* nennen den Krater "Kandimalal". |
| 1761,2 | 58,3 | Geradeaus fahren; Abzweigung links zu *Ruby Plains Homestead* |
| 1801,3 | 18,2 | T-Kreuzung; rechts nach *Halls Creek* (18 km) fahren; links nach *Fitzroy Crossing* (282 km) Zum ersten Mal hat man nun - vielleicht seit Wochen - wieder Asphalt unter den Rädern. |
| 1819,5 | 0 | *Halls Creek,* Polizeistation (an- bzw. rückmelden!) |

## *Halls Creek*

(→ Streckenbeschreibung 10, Alice Springs - Halls Creek via Tanami Track)

# *Strecke 16*
# *Newman - Dampier*
# *(via Karijini- und Millstream-Chichester National Park)*

- **Entfernung:** 620 km; max. Entfernung ohne Tankmöglichkeit: 233 km
- **Empfohlene Reisedauer:** 6 bis 7 Tage
- **Reine Fahrzeit:** 9 Stunden
- **Empfohlene Reisezeit:** das ganze Jahr über (beste Reisezeit Mai bis August)
- **Ab- und Rückmeldung:** nicht erforderlich
- **Ausrüstung:** Geländewagen (4-WD) mit Grundausrüstung bei Wagen und Werkzeug; bei guten Wetterbedingungen ist die Strecke auch mit Pkw zu befahren.
- **Pistenart und -zustand:** Die ersten 210 km sind geteert, danach geht die Strecke in Schotter- und Erdpiste über. In *Hamersley Range* ist sie teilweise recht unwegsam. Von *Tom Price* nach *Dampier* geht es auf einer Versorgungsstrecke der Eisenbahn nach Dampier. Die Schotterpiste ist in wesentlich besserem Zustand als der *Roeburne - Wittenoom Highway.*
- **Versorgung:** Newman (kompletter Service); Wittenoom/ 233 km (Lebensmittelladen, Hotel, caravan park, Tankmöglichkeit); Tom Price/ 388 km (kompletter Service); Karratha/ 599 km (kompletter Service); Dampier/ 620 km (kompletter Service)

- **Telefonnummern:** Newman Touristeninformation 08/ 91 75 28 88; Hamersley Iron 08/ 91 89 23 75; Tom Price Touristeninformation 08/ 91 88 11 12; Karratha Touristeninformation 08/ 91 44 46 00; Port Hedland Touristeninformation 08/ 91 73 17 11; Straßenzustand 1800 01 33 14 (kostenlos)
- **Besondere Hinweise:** Für die Benutzung der Eisenbahnversorgungsstrecke ist eine Ge-nehmigung von *Hamersley Iron Mine* erforderlich. Sie ist am Eingang zum Minenkomplex in *Tom Price* erhältlich (Tel. 08/ 91 43 53 64).

Die Strecke von *Newman* bis *Dampier* führt mitten durch den heißesten und trockensten (nur 250 bis 300 mm Niederschlag jährlich) Verwaltungsbezirk Australiens - *Pilbara*, eine Region von über 510.000 km² mit weniger als 100.000 Einwohnern. Seinen Namen erhielt Pilbara von dem gleichnamigen Zufluß von *Yule River*. Die überaus komplexe Geologie dieses Landstrichs umfaßt u. a. die älteste Gesteinsformation Australiens, den Pilbara-Block. Die Besiedlung durch Europäer nahm mit der Entdeckung von Gold, Kupfer, Zinn, Asbest, Magnesium und vor allem Eisenerz zu. Letzteres ist Hauptprodukt des regen Bergbaus in dieser Region. 1960 stampften Minengesellschaften eine vollständige Infrastruktur, inklusive Bahnverbindung zum Hafen in Dampier, für zehn Ortschaften, darunter Newman, Tom Price und Wittenoom, aus dem Boden. Als zweiter Wirtschaftszweig zeichnet sich langsam der Tourismus ab, denn im Gebiet von Pilbara liegt *Hamersley Range* mit einzigartigen Schluchten, die im 6.176 km² großen *Karijini National Park* geschützt sind. Die Schluchten - jede hat ihren eigenen Charme und Charakter - verlaufen größtenteils in Nord-Süd-Richtung. Der hohe Mineralienanteil, u. a. Crocidolit (besser bekannt als Asbest), Kupfer und Eisen, läßt im Zusammenspiel mit der Sonne die steilen Felsenwände in vielen Farben erglühen. Ein miteinander verbundenes Schluchtensystem sind *Joffre-, Red-, Hancock-, Weano-* und *Knox Gorge*. Für Abenteurer, die sich fit fühlen und darauf vorbereitet sind, eiskalte Wasserlöcher zu durchqueren, steile Felsensimse zu erklimmen und hindernisreichen Wegen zu folgen, sind die Schluchten eine Herausforderung. Ein idealer Aussichtspunkt ist *Oxer's Lookout*. Vor allem bei Sonnenuntergang kann man Farbschauspiele bewundern, wie man sie in ähnlicher Brillianz nur an *Ayers Rock* zu sehen bekommt.

Etwa 160 km nordwestlich von *Wittenoom* liegt der Millstream-Chichester-Nationalpark. Er schützt eine lehmige Hochebene und ein Basaltgebirge der Pilbara-Region. In dieser unwirtlichen Landschaft findet man verborgene *pools*, die gewöhnlich von unterirdischen Quellen gespeist werden. Die größte ist die Millstream-Quelle, an der eine palmenbewachsene, von der Außenwelt abgeschnittene Oase entstanden ist.

Auf die nächste Oase, allerdings ganz anderer Art, trifft man erst kurz vor Dampier: *Karratha*. Der Name der Ortschaft kommt aus der Sprache der Aborigines und bedeutet "Gutes Land". Karratha ist eine junge Stadt, die eigentlich nur entstand, weil Dampier keine Ausdehnungsmöglichkeit mehr hatte. Das Verwaltungszentrum bietet jede Annehmlichkeit, die man nach der langen, staubigen Fahrt durchs *outback* schätzt.

## Newman

In *Newman* bestimmt der Eisenerzabbau in *Hamersley Range* das Bild des Ortes, dessen knapp 6.500 Einwohner größtenteils auch davon leben. Wie *Tom Price,* das von einer Minengesellschaft für ihre Arbeiter angelegt wurde, entstand auch Newman. Es gehört größtenteils *Mt. Newman Mining Company*. Nicht weit vom Ortskern entfernt ist *Mt. Whaleback* - der größte Tagebergbau der Welt - kostenlos zu besichtigen.

### Streckenlog

| | | |
|---|---|---|
| 0 | 620,0 | *Newman*; Touristeninformation |
| 1,3 | 618,7 | Abzweigung links auf den *Great Northern Highway* nehmen; rechts nach *Meekatharra* (400 km) und *Marble Bar* (297 km)<br>Wer möchte, kann über *Marble Bar,* einen der heißesten Orte Australiens, die Küste nördlich von *Port Hedland* (Eighty Mile Beach) erreichen. Marble Bar ist auch unter Hobbyedelsteinsuchern berühmt. Besuche sollte man wegen der unerträglichen Hitze auf den Winter beschränken. |

Kreuz und quer - Steinblöcke in Hamersley Range

| | | |
|---|---|---|
| 126,0 | 494,0 | Kreuzung: geradeaus fahren; links über die *Iron Ridge Road* zu *Yampire Gorge*; rechts über *Rhodes Ridge* zurück nach Newman<br>Schächte, Schienen und alte, verrostete Kessel sind in *Yampire Gorge* noch zu finden. Es sind Überreste der ersten Asbestmine in dieser Gegend. Manchmal findet man hier auch Mineralien wie Jaspis oder Eisenerz. (Offiziell ist die Durchfahrt wegen Asbestverseuchung geschlossen. Gleiches gilt auch für Wittenom Gorge). |
| 155,5 | 464,5 | Flußüberquerung (Brücke) |
| 191,3 | 428,7 | Kreuzung: links auf die *Munjina - Wittenoom Road* nach *Wittenoom* fahren; geradeaus nach *Port Hedland* (261 km); rechts zu *Marillana Homestead* (90 km)<br>*Port Hedland* wurde nach Kapitän *Peter Hedland*, der 1863 den heutigen Standort der Stadt sichtete, benannt. Die landwirtschaftlichen Erfolge der ersten Siedler, die Entdeckung von Perlmuscheln an der Küste und Goldfunde in *Marble Bar* ließen den Ort rasch wachsen. Doch erst vor dreißig Jahren erlangte *Port Hedland* Bedeutung, als die Eisenerzindustrie einen der geschäftigsten Häfen Australiens anlegte. |
| 209,7 | 410,3 | Abzweigung links auf *Juna Downs - Yampire Gorge Road* nehmen; geradeaus nach *Wittenoom* (24 km)<br>In Wittenoom erinnert heute kaum noch etwas an seine frühere Blütezeit. Seitdem man die Asbestmine in *Wittenoom Gorge* 1966 geschlossen hat, halten nur noch wenige Menschen im Dorf aus. Berichte über die hohe Asbestbelastung des Ortes und der Schlucht för- |

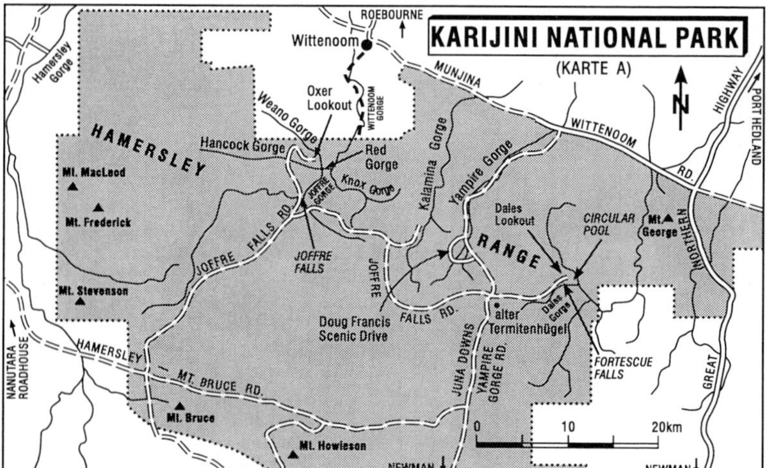

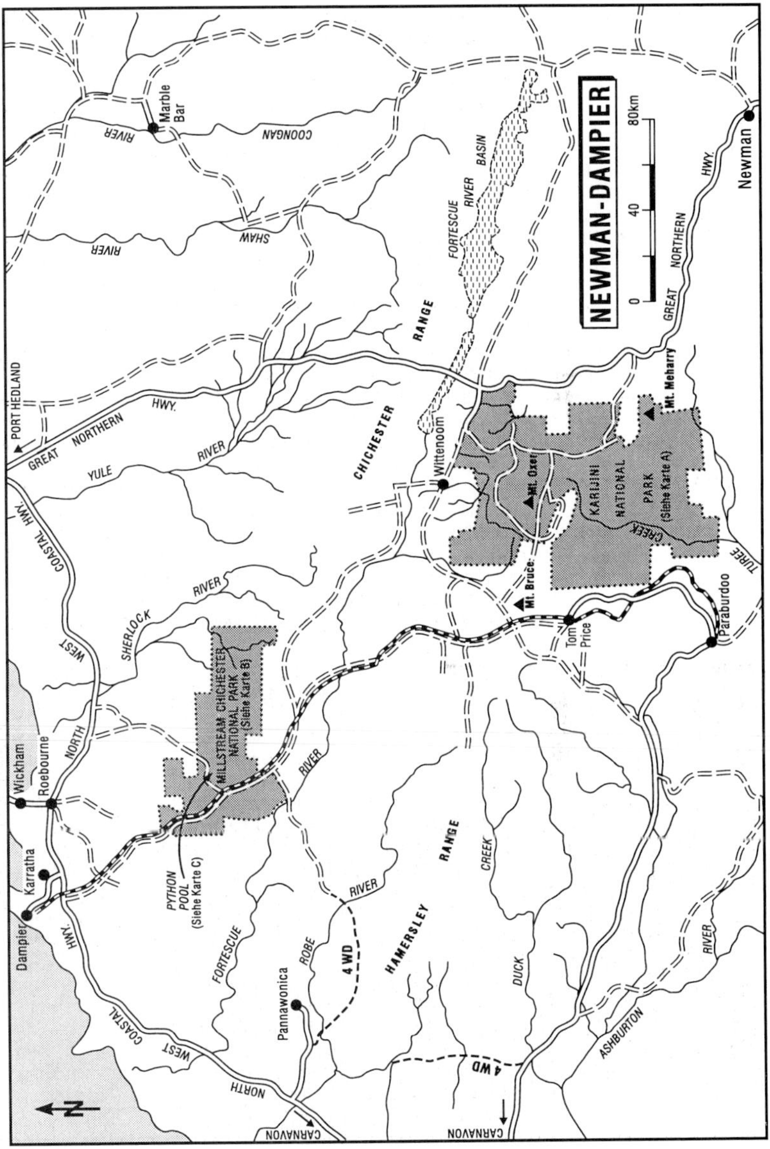
NEWMAN-DAMPIER
0
40
80km
PORT HEDLAND
Marble Bar
COONGAN
RIVER
SHAW
RIVER
FORTESCUE
RIVER
BASIN
RANGE
CHICHESTER
GREAT
NORTHERN
HWY.
YULE
RIVER
Wittenoom
Mt. Meharry
Mt. Oxer
KARIJINI
NATIONAL
PARK
(Siehe Karte A)
CREEK
TUREE
Mt. Bruce
Tom
Price
Paraburdoo
Newman
GREAT
NORTHERN
HWY.
COASTAL
HWY.
WEST
SHERLOCK
RIVER
MILLSTREAM CHICHESTER
NATIONAL PARK
(Siehe Karte B)
NORTH
Wickham
Roebourne
Karratha
Dampier
HWY.
PYTHON
POOL
(Siehe Karte C)
FORTESCUE
RIVER
ROBE
RIVER
4 WD
HAMERSLEY
RANGE
CREEK
DUCK
Pannawonica
COASTAL
WEST
NORTH
CARNARVON
4 WD
CARNARVON
ASHBURTON
RIVER
N

| | | |
|---|---|---|
| | | derten nicht gerade das Tourismusgeschäft. Die verbliebenen Dorfbewohner verkaufen allerlei Souvenirs mit der markaberen Aufschrift: "We've been at Wittenoom, and we're still living". Die Fahrt durch *Yampire Gorge* und über den anschließend abzweigenden *Doug Francis Scenic Drive* gehört zu den eindrucksvollsten in *Hamersley Range*. |
| 228,5 | 391,5 | Geradeaus fahren; Abzweigung rechts auf *Doug Francis Scenic Drive* |
| 230,0 | 390,0 | Geradeaus fahren; Abzweigung rechts ist der *Doug Francis Scenic Drive* |
| 236,7 | 383,3 | Kreuzung: Abzweigung rechts auf die *Joffre Falls Road* nehmen; Abzweigung links zu *Dales Gorge* (10 km); geradeaus zum *Great Northern Highway* nach *Newman*<br>*Dales Gorge* ist eine beeindruckende Schlucht mit herrlichen Bademöglichkeiten. Ein 400 m langer Weg führt steil hinab zu *Circular Pool* oder zu *Fortescue Falls* (200 m), dem einzigen Wasserfall des Parks, der ständig Wasser führt. In der Schlucht kann man auch vom Wasserbecken zu den Fällen wandern. Oberhalb von *Circular Pool* gibt es eine Campingstelle. |
| 255,1 | 364,9 | Geradeaus fahren; Abzweigung rechts zu *Kalamina Gorge* (6 km)<br>Ebenfalls beeindruckend und zum Wandern einladend ist die Kalamina-Schlucht. Eukalypten und Farne säumen kristallklare Wasserbecken. Für die Durchquerung der Schlucht sind mindestens drei Stunden zu veranschlagen. |
| 265,4 | 354,6 | Geradeaus fahren; Abzweigung rechts zu *Joffre Gorge* (1,5 km); *Red Gorge* und *Knox Gorge* (6 km); Campingmöglichkeit links<br>Ein kurzer Weg führt vom Parkplatz von *Joffre Gorge* zum Aussichtspunkt auf *Joffre Falls*, der allerdings nur nach heftigen Regenfällen Wasser hat. Will man in die Schlucht klettern, muß vorher ein Ranger informiert werden, denn das Vorhaben ist nicht ungefährlich. Der Zugang zu *Red Gorge* erfolgt entweder über Knox-, Joffre- oder Hancock Gorge. Auch hier gilt: Ranger informieren!<br>Von einigen Aussichtspunkten hat man einen phantastischen Ausblick auf die bis zu hundert Meter tiefen Schluchten. |
| 268,2 | 351,8 | T-Kreuzung: links fahren; rechts zu *Hancock-* und *Weano Gorge/ Oxer's Lookout* (14 km)<br>*Hancock Gorge* ist eine Herausforderung für sich. Wer bereit ist, durch eiskaltes Wasser zu schwimmen, sich über schwierige Passagen zu quälen und Kletterpartien zu wagen, kommt hier auf seine Kosten (Ranger informieren!). Ein weiterer Höhepunkt ist *Oxer's Lookout*, wo Weano-, Red-, Hancock- und Joffre Gorge |

| | | |
|---|---|---|
| | | zusammentreffen.<br>Ein 150 m langer Weg führt von dem zum Campen geeigneten Platz zu *Weano Gorge* und weiter zu *Handrail Pool*. Wer weiter in die Schlucht vordringen will, muß auch hier den Ranger davon in Kenntnis setzen. |
| 294,7 | 325,3 | Kreuzung: rechts fahren; geradeaus Privatstraße; links zu *Mt. Bruce* (6 km) und weiter zur *Juna Downs - Yampire Gorge Road* (40 km)<br>Ein anstrengender Weg führt in knapp vier Stunden bis zum Gipfel des zweithöchsten Berges Westaustraliens (1.235 m). Höchster Berg ist *Mt. Meharry* mit 1.245 m weiter südlich im Park. |
| 326,9 | 293,1 | T-Kreuzung: links fahren; rechts zu *Rio Tinto-* und *Hamersley Gorge* (22 km) und nach *Wittenoom* (69 km)<br>Im Gegensatz zu *Rio Tinto Gorge*, die sich am eindrucksvollsten bei einer Fahrt während des Sonnenauf- oder untergangs präsentiert, wartet *Hamersley Gorge* mit natürlichen *whirlpools* und interessanten Steinformationen auf. Die einzelnen Gesteinsschichten sind hier besonders gut zu erkennen. |
| 347,6 | 272,4 | Nach der Bahntrasse rechts auf die Eisenbahnversorgungsstrecke abbiegen; geradeaus noch 40 km bis *Tom Price* (Genehmigung besorgen)<br>Die Bahntrasse der Minengesellschaften verbindet die Förderstätten bei *Paraburdoo* und *Tom Price* mit dem Verladehafen (→ Dampier). Täglich bringen drei bis vier Züge mit je zweihundert Wagen (à 100 t) die kostbare Eisenerzfracht gen Norden. Ein Besuch der Mine von Tom Price (Eintritt 7 $) und der Verladestation lohnt.<br>Auch Tom Price wurde von Minengesellschaften aus dem Boden gestampft. Benannt wurde der Ort nach dem Amerikaner *Thomas Moore Price*, einem führenden Rohstoffexperten, der mit Enthusiasmus die Erschließung der riesigen Eisenerzlagerstätten unterstützte. Außer der Mine gibt es keine besonderen Sehenswürdigkeiten. In der Nähe liegt *Mt. Nameless* (1.128 m), von dessen Gipfel man einen guten Eindruck von der unendlichen Weite dieses Landes bekommt.<br>Ab der Abzweigung den Gleisen folgen. |
| 382,1 | 237,9 | Kreuzung: rechts zu *Rio Tinto-* und *Hamersley Gorge* (30 km) und nach *Wittenoom* (77 km); *Hamersley Homestead* links |
| 415,1 | 204,9 | *Fortescue River* |
| 443,3 | 176,7 | T-Kreuzung: links nach *Dampier* fahren; rechts nach *Wittenoom* (162 km) |
| 474,4 | 145,6 | Geradeaus fahren; Abzweigung links zu *Millstream Chichester National Park* (21 km), *Millstream Homestead* und mehreren Campingmöglichkeiten<br>Die einzigartige Landschaft des Nationalparks führt |

dem Besucher vor Augen, wie es vielleicht vor Jahrmillionen im Gebiet von Pilbara ausgesehen haben könnte. Palmen, Farne, Papierrindenbäume und Seerosen lassen vergessen, daß nicht weit entfernt nur Spinifex in einer öden Landschaft wächst. Die Millstream-Livistonien, die im Park vorkommen, gibt es nur noch an zwei anderen Orten in der Welt, und zwar ebenfalls in Pilbara; es handelt sich offensichtlich um Überreste einer feuchteren Periode. An *Millstream Homestead* lebt eine Kolonie Schwarzer Flughunde, deren Nahrung zum größten Teil aus den Früchten der Dattelpalmen besteht. *Millstream-Chichester National Park* ist ihr südlichstes Verbreitungsgebiet.

Die Ufer von *Chinderwarriner Pool* waren jahrtausendelang Heimat der Yinjibarni-Aborigines. An allen Wasserbecken gibt es gute Plätze zum Campen. Trinkwasser ist aber lediglich am *homestead*, gleichzeitig Rangerstation, erhältlich.

494,7 125,3 Geradeaus fahren; Abzweigung rechts zu *Millstream-Chichester National Park* (Python Pool; 18 km) und nach *Roeburne* (106 km)

Am Fuß einer Felsenwand hat sich hier ein natürlicher Felsenpool gebildet. Pythons gibt es nicht, dafür aber jede Menge kleiner Fische.

522,9 97,1 Eisenbahnstrecke *Robe River* kreuzt

556,7 63,3 Kreuzung: geradeaus fahren; rechts nach *Roeburne* (40 km); Wegeinmündung von links

Roeburne ist der älteste Ort im Nordwesten. Historische Gebäude aus den Jahren 1887 bis 1894 sind noch erhalten.

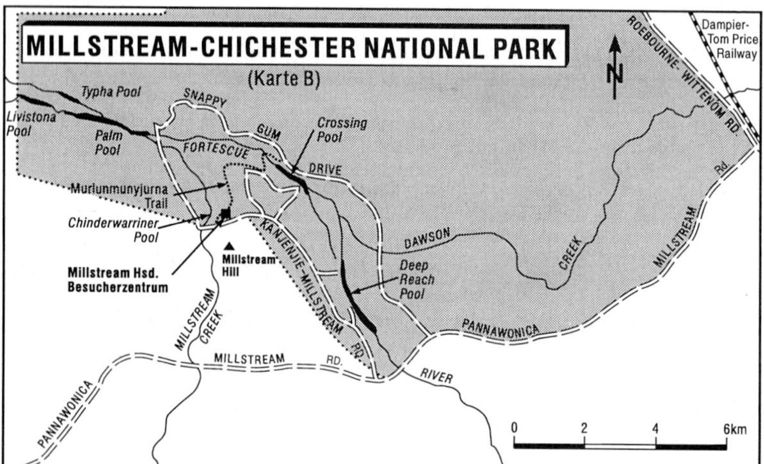


MILLSTREAM-CHICHESTER NATIONAL PARK (Karte B)

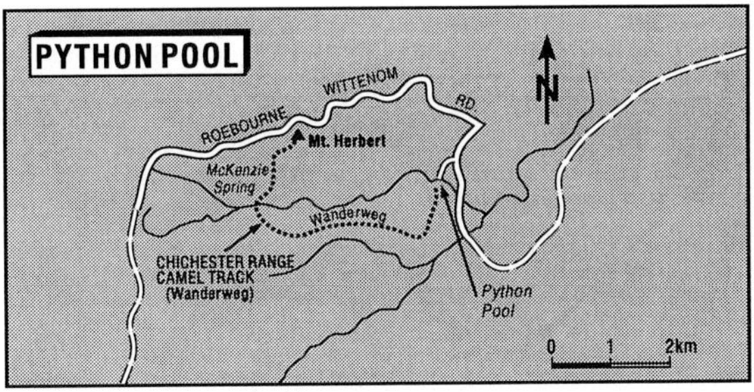


| | | |
|---|---|---|
| 583,5 | 36,5 | Kreuzung *(North West Coastal Highway):* rechts nach *Karratha* fahren; links nach *Onslow* (295 km) |
| 592,2 | 27,8 | Abzweigung links nach Karratha nehmen; geradeaus nach Roeburne (31 km) |
| 599,3 | 20,7 | *Karratha*<br>Der Ort bietet dem Besucher wieder die Annehmlichkeiten der Zivilisation, darunter auch ein großes Einkaufszentrum. |
| 20,0 | 0 | *Dampier,* Touristeninformation |

## *Dampier*

*Dampier* entstand erst vor knapp dreißig Jahren als Verladehafen für das Eisenerz aus *Tom Price* und *Paraburdoo*. Die riesigen Halden warten auf den Abtransport und die Weiterverarbeitung in aller Welt.

Ihren Namen erhielt die Stadt vom britischen Entdecker *William Dampier,* der diese Region 1699 als erster Europäer besuchte. Nach ihm wurde auch das Dampier-Archipel, eine Gruppe von 42 Inseln, die westlich und nördlich der Stadt liegen, benannt.

# *Strecke 17*
## *Derby - Kununurra*
## *(Gibb River Road, Kalumburu Road und Mitchell Plateau)*

- **Entfernung:** 705 km (nach Kalumburu und Mitchell Plateau - hin und zurück - 540 km zusätzlich); max. Entfernung ohne Tankmöglichkeit: 262 km (472 km)
- **Empfohlene Reisedauer:** 4 bis 5 Tage (nach Kalumburu und Mitchell Plateau 3 bis 4 Tage zusätzlich)
- **Reine Fahrzeit:** 11 Stunden (Kalumburu und Mitchell Plateau - hin und zurück - 14 Stunden zusätzlich)
- **Empfohlene Reisezeit:** April bis November (beste Zeit April und Mai); von Dezember bis April ist die Strecke wegen Überflutungen meistens unpassierbar.

- **Ab- und Rückmeldung:** nicht erforderlich
- **Ausrüstung:** Geländewagen (4-WD) mit Grundausrüstung bei Wagen und bei Werkzeug. Unter guten Bedingungen ist die *Gibb River Road,* abgesehen von der Strecke nach *Kalumburu* und *Mitchell Plateau*, auch mit Pkw ohne Allradantrieb zu befahren. Es können dann allerdings nicht alle Schluchten angefahren werden. Wer sämtliche Schluchten besuchen, zu Mitchell Plateau oder nach Kalumburu möchte, benötigt in jedem Fall ein geländegängiges Fahrzeug.
- **Pistenart und -zustand:** Zum Teil eine recht holprige, wellige Erdpiste. Kurz nach der Regenzeit ist die Strecke an vielen Stellen stark ausgewaschen; auch gibt es viele Schlaglöcher. Erst wenn das Planierfahrzeug *(grader)* die Strecke geebnet hat, ist sie einfach zu bewältigen.
- **Versorgung:** *Gibb River Road:* Derby (kompletter Service); Mt. House Station/ 262 km (roadhouse); Mt. Barnett Station/ 306 km (roadhouse); Durack River Station/ 532 km (roadhouse; Kraftstoff aus Fässern); Home Valley Station/ 590 km (roadhouse); Wyndham/ 681 km (Grundversorgung); Kununurra/ 706 km (kompletter Service)
  *Kalumburu Road:* Drysdale River Station/ 472 km (roadhouse); Kalumburu Community/ 683 km (Lebensmittelladen, Rundflüge, Camping, Tanken)
- **Telefonnummern:** Derby Touristeninformation 08/ 91 91 14 26; Mt. House Station 08/ 91 91 46 49; Mt. Barnett Station 08/ 91 91 70 07; Durack River Station 08/ 91 61 43 24; Home Valley Station 08/ 91 61 43 22; Mt. Elizabeth Station 08/ 91 91 46 44; Wyndham Touristeninformation 08/ 91 61 10 54; El Questro Station 08/ 91 61 43 18; Kununurra Touristeninformation 08/ 91 68 11 77; Drysdale River Station 08/ 91 61 43 26; Kalumburu Chairman 08/ 91 61 43 00
- **Besondere Hinweise:** Vom 1.4. bis 31.12. herrscht totales Feuerverbot in den östlichen Kimberleys. Für den Besuch von *Kalumburu Community* ist eine Genehmigung notwendig, die man vorher beim *chairman* (Vorsitzender der Gemeindeverwaltung) in Kalumburu beantragt (14-Tage-Permit 25 $). Die Zufahrt ist nur werktags von 7-11 und 13.30-16 Uhr (Fr nur bis 11 Uhr) erlaubt. Alkohol darf nicht mitgebracht werden.

Die *Gibb River Road*, angelegt für den Viehtransport von den entlegenen Farmen zum Hafen an der Küste, führt mitten durch das zerklüftete Kimberley-Gebiet, eine der am wenigsten erschlossenen Regionen Australiens. Höhepunkt auf der Strecke sind zahlreiche Schluchten, von denen keine der vorangegangenen gleicht, eine schöner als die andere ist und jede ein unvergeßliches Erlebnis bleibt.

Die Kimberleys reichen - geographisch gesehen - westlich bis etwa 170 km südlich von *Broome* und östlich etwa bis *Wolfe Creek* - eine Gesamtfläche von knapp 350.000 km² und damit fast so groß wie ganz Deutschland. 70 % der Fläche sind Weideland, auf dem etwa 800.000 Rinder grasen. Von den restlichen 30 % Fläche gehört mehr als die Hälfte den Aborigines, der Rest besteht aus Nationalparks, freiem Regierungsland oder gehört Minengesellschaften.

Noch vor 60 Jahren konnte man die weiße Bevölkerung nördlich von *Napier Range* und westlich von *Wyndham* an einer Hand abzählen. *Mitchell Plateau* war bis in die fünfziger Jahre noch weitgehend unberührt. Selbst heute entdecken Wissenschaftler immer wieder seltene Pflanzen und Tiere auf dem Plateau. Mittlerweile leben in den Kimberleys 30.000 Menschen, überwiegend Aborigines. Sie wohnen größtenteils in den Orten am Rand der Region, so in *Derby, Broome, Wyndham, Halls Creek, Fitzroy Crossing* und *Kununurra.* Nur ein Bruchteil lebt in versprengten Ureinwohnersiedlungen oder auf einer der wenigen Farmen. Daß Menschen dieses Gebiet kaum als Lebensraum nutzen, ist nicht zuletzt auf das Monsunklima Nordwestaustraliens zurückzuführen. Es ist bestimmt durch trockene, warme Winter und heiße, schwüle Sommer. Heftige Regenfälle und tropische Zyklone mit Windgeschwindigkeiten bis zu 100 km/h fegen zwischen November und Mai über die zerklüfteten Berge. Viele der "Rinderbarone" verlassen in dieser Zeit ihre Farmen und verbringen den Sommer an der Ostküste oder im kühleren Süden. Die an das feucht-heiße Klima gewöhnten Aborigines führen dann in Abwesenheit ihrer Arbeitgeber die Farmen weiter.

Die komplexe Geologie der Kimberleys reicht bis ins Präkambrium vor 600 Millionen Jahren zurück. Die ältesten Felsenformationen finden sich in *King Leopold Range*, die faszinierendsten jedoch sind die versteinerten Korallenriffe von *Napier Range* und die spektakuläre Felsenlandschaft der *Bungle Bungle*. Entstanden sind die fossilen Riffe von *Napier Range* im Devon, also vor mehr als 350 Millionen Jahren, als noch ein warmes Meer das gesamte Gebiet bedeckte.

Schluchten, Plateaus und steile Abbruchkanten sind ebenso Teil der Kimberleys, deren Unzugänglichkeit die letzten Wildnisgebiete Australiens schützt. Soweit bis heute bekannt, existieren über 1.500 Pflanzenarten im Kimberley-Gebiet. Davon kommen 350 ausschließlich hier vor. Eine Pflanze bleibt Besuchern unvergeßlich im Gedächtnis: der Baobab *(boab)*. Dieser Baum mit dem mächtigen, flaschenähnlichen Stamm und knorrigen, nur spärlich belaubten Ästen, an denen dicke, pelzige Nüsse hängen, ist im Nordwesten weit verbreitet. In den Erzählungen der Aborigines war der Baobab auf seine Schönheit so stolz, daß die Geistwesen aus der Schöpfungsgeschichte ihn kurzerhand umdrehten. Sie hofften, ihn so von seiner Eitelkeit heilen zu können. Bei näherer Betrachtung eines entlaubten Baobabs entsteht der Eindruck, daß seine Wurzeln in die Luft ragen.

Für die ersten 400 km auf der Gibb River Road, die zunächst durch Napier Range führt, sollte man sich viel Zeit nehmen. Hier nämlich haben Touristen Zugang zu zahlreichen Schluchten, Wasserfällen und *pools* mit kristallklarem Wasser, an denen man auf keinen Fall vorbeifahren sollte. Wann hat man schon mal die Gelegenheit, morgens aus dem Zelt zu kriechen, unter einem Wasserfall zu duschen oder ein Bad in klarem Wasser zu nehmen.

Nach 413 km zweigt die Kalumburu Road von der Gibb River Road in Richtung Norden ab. Sie führt, wie der Name schon sagt, zur alten Missionssiedlung *Kalumburu* und zu *Mitchell Plateau*. Der erste Europäer, der 1818 seinen Fuß auf dieses Plateau setzte, war Leutnant *Phillip Parker King*, der mit seinem Schiff bei *Port Warrender* ankerte. 1921 leitete *William Robert Easton* eine Expedition in die nördlichen Kimberleys. Er war der erste Europäer, der das Plateau überquerte. Erst 34 Jahre später vermaß *John Morgan* eine Strecke von *Gibb River Station* nach Kalumburu. Er schuf damit die Voraussetzungen für eine Straße zum Plateau. 1965 entdeckte die Minengesellschaft *AMAX* riesige Bauxitvorkommen auf dem Plateau und beansprucht seither das Gebiet für sich. Doch nach und nach wollen die Aborigines, die während des Zweiten Weltkrieges aus dem Gebiet vertrieben wurden, wieder zurückkehren. Sie melden ihre Rechte an und leisten der Ausbeutung durch Minengesellschaften passiven Widerstand. In Kürze soll um das Gebiet von *Mitchell River* und südlich von *Port Warrender* ein neuer Nationalpark ausgewiesen werden, so daß die Hoffnung bleibt, wenigstens einen kleinen Teil vor den Bulldozern der Minengesellschaften retten zu können.

Auffallend auf dem Weg zum Plateau ist die unvermittelt wechselnde Vegetation: von lichtem Buschland zu lichtem Eukalyptuswald, dominiert von Livistonia-Palmen. An Wasserläufen und in Sumpfgebieten wachsen schraubenförmige Pandanus-Palmen und gewaltige Papierrindenbäume. Durch den bisher geringen Eingriff von Menschen in dieses Ökosystem hat sich die Tierwelt in ihrer Urtümlichkeit und Einzigartigkeit erhalten. Siebzig von den etwa 230 in Australien heimischen Beuteltierarten kommen in den Kimberleys vor. Zwei davon (*scaley-tailed possum*, ein seltener Kletterbeutler, und *warabi*, eine kleine Känguruhart) und eine insektenfressende Fledermaus *(yellow-lipped eptesicus)* leben ausschließlich in den Kimberleys; relativ häufig sind sie auf dem Plateau vertreten. An gefährlichem Getier seien hier Reptilien erwähnt, darunter das Leistenkrokodil (*salt-water* oder *estuarine crocodile*) - es lebt überwiegend an der mangrovenumsäumten Küste, kommt aber auch in Flüssen vor -, Taipan *(western taipan)*, Braunkönigsschlange *(king brown snake)* und Todesotter *(death adder)*.

Die Attraktion des Plateaus jedoch sind *Mitchell Falls*. Vor allem kurz nach der Regenzeit sind diese Wasserfälle ein unvergeßliches Erlebnis.

Ohne Zweifel ist die Gibb River Road der einfachste Weg, einen Eindruck von den einzigartigen Kimberleys zu bekommen und gleichsam auch die kürzeste Verbindung von *Derby* im Westen nach *Kununurra* im Osten. In der Regel ist die Strecke während der Trockenzeit gut zu befahren. Die beste Zeit aber ist, kurz nachdem das Planierfahrzeug die Löcher und Auswaschungen der Regenzeit geebnet hat. Je später man reist, desto schlimmer wird die wellblechartige Piste. Der *track* zu Mitchell Plateau und Kalumburu ist im Gegensatz zur Gibb River Road wesentlich schlechter, und man wird ganz schön durchgeschüttelt. Doch nur in der Trockenzeit ist es möglich, diesen *track* zu befahren. In der Regenzeit, wenn die Flüsse über ihre Ufer treten, ist die Strecke unpassierbar und schon aufgrund des heißen, schwülen Klimas und der Myriaden von Moskitos eine einzige Qual.

## Derby

Ausgangspunkt für die Gibb River Road ist *Derby*, oft "Gateway to the Gorges" (Tor zu den Schluchten) genannt. Es ist ein kleiner Ort an *King Sound,* nahe der Mündung von *Fitzroy River*. Da die Vorraussetzungen für einen Hafen hier sehr schlecht waren - schmale Fahrrinnen und die tückischen Klippen des Buccaneer-Archipels sowie der ungemein hohe Tidenhub -, erlangte *Wyndham* weiter im Norden mit der Fertigstellung seiner Hafenanlage (1887) größere Bedeutung für Abenteurer und Goldsucher. Außerdem war der Landweg von Wyndham nach *Halls Creek*, wo 1885 Gold gefunden wurde, auch wesentlich kürzer als der von Derby aus. Leider fehlt Derby der Charme des weiter südlich gelegenen *Broome*, und es ist als Badeort aufgrund fehlender Sandstrände und des hohen Tidenhubs (10 m) gänzlich ungeeignet. Dennoch ist der Ort bei Anglern sehr beliebt. Sie fischen am 577 m langen Landungssteg *(jetty)* zum Teil gigantische Krabben *(mud crabs)* aus dem schlammigen Wasser. Den meisten dient Derby nur als

Ausgangspunkt zu den Kimberleys. Hier tankt man schnell noch einmal auf und kauft Proviant ein. Eine weithin bekannte Sehenswürdigkeit ist *Prison Tree*, 7 km südlich der Stadt: ein ausgehöhlter Baobab mit einem Umfang von 14 m, in dem die Polizei Gefangene bis zum Weitertransport nach Derby einsperrte.

## Streckenlog

| | | |
|---|---|---|
| 0 | 705,5 | *Derby*, BP-Station |
| 4,4 | 701,1 | Abzweigung links nach *Gibb River* (368 km) nehmen; geradeaus zum *Great Northern Highway* und *Boab Prison Tree* (1 km) |
| 39,1 | 666,4 | Geradeaus *Gibb River Road* (GRR); Abzweigung links zu *Meda Station* (6 km) |
| 66,7 | 638,8 | Hier endet die Asphaltstraße. |
| 78,5 | 627,0 | Kreuzung: geradeaus *GRR*; links zu *Kimberley Downs Homestead;* rechts zu *Telegraph Bore* |
| 123,8 | 581,7 | Geradeaus *GRR*; Abzweigung rechts zu *Windjana Gorge* (20 km), *Tunnel Creek* (30 km) und *Geikie Gorge* bei *Fitzroy Crossing* (154 km). In den Schluchten wächst dichter Wald aus Fluß-Eukalypten, Papierrindenbäumen, Gummibäumen und Süßwassermangroven. Er wird größtenteils von ganz- |

Galvans Gorge mit kristallklarem Wasser

Windjana Gorge mit steilen Felsenwänden

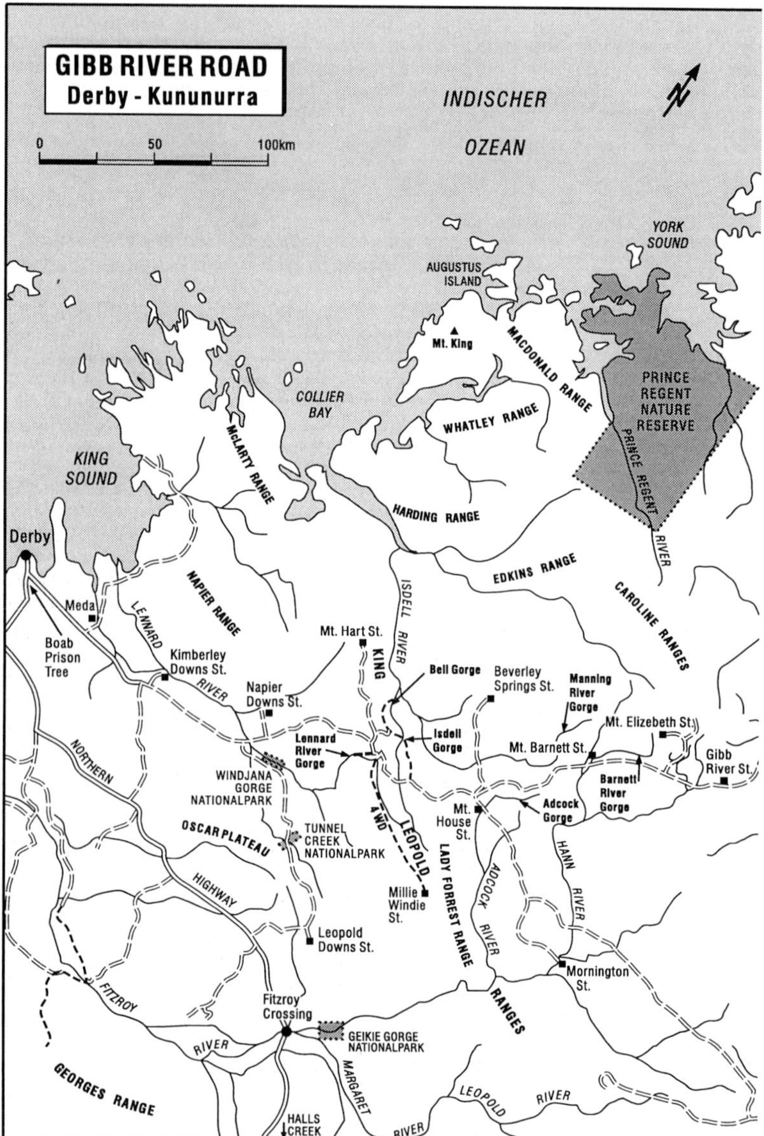
GIBB RIVER ROAD
Derby - Kununurra
0
50
100km
INDISCHER
OZEAN
YORK
SOUND
AUGUSTUS
ISLAND
Mt. King
MACDONALD RANGE
PRINCE
REGENT
NATURE
RESERVE
PRINCE REGENT
RIVER
COLLIER
BAY
WHATLEY RANGE
McLARTY RANGE
KING
SOUND
HARDING RANGE
Derby
EDKINS RANGE
CAROLINE RANGES
NAPIER RANGE
ISDELL RIVER
Meda
LENNARD
Boab
Prison
Tree
Mt. Hart St.
KING
Kimberley
Downs St.
RIVER
Bell Gorge
Beverley
Springs St.
Manning
River
Gorge
Napier
Downs St.
Mt. Elizebeth St.
Lennard
River
Gorge
Isdell
Gorge
Mt. Barnett St.
Gibb
River St.
NORTHERN
WINDJANA
GORGE
NATIONALPARK
4 WD
Barnett
River
Gorge
Adcock
Gorge
Mt.
House
St.
OSCAR PLATEAU
TUNNEL
CREEK
NATIONALPARK
LEOPOLD
LADY FORREST RANGE
HANN
RIVER
ADCOCK
RIVER
HIGHWAY
Millie
Windie
St.
Leopold
Downs St.
Mornington
St.
FITZROY
Fitzroy
Crossing
RANGES
GEIKIE GORGE
NATIONALPARK
RIVER
MARGARET
GEORGES RANGE
LEOPOLD
RIVER
HALLS
CREEK
RIVER

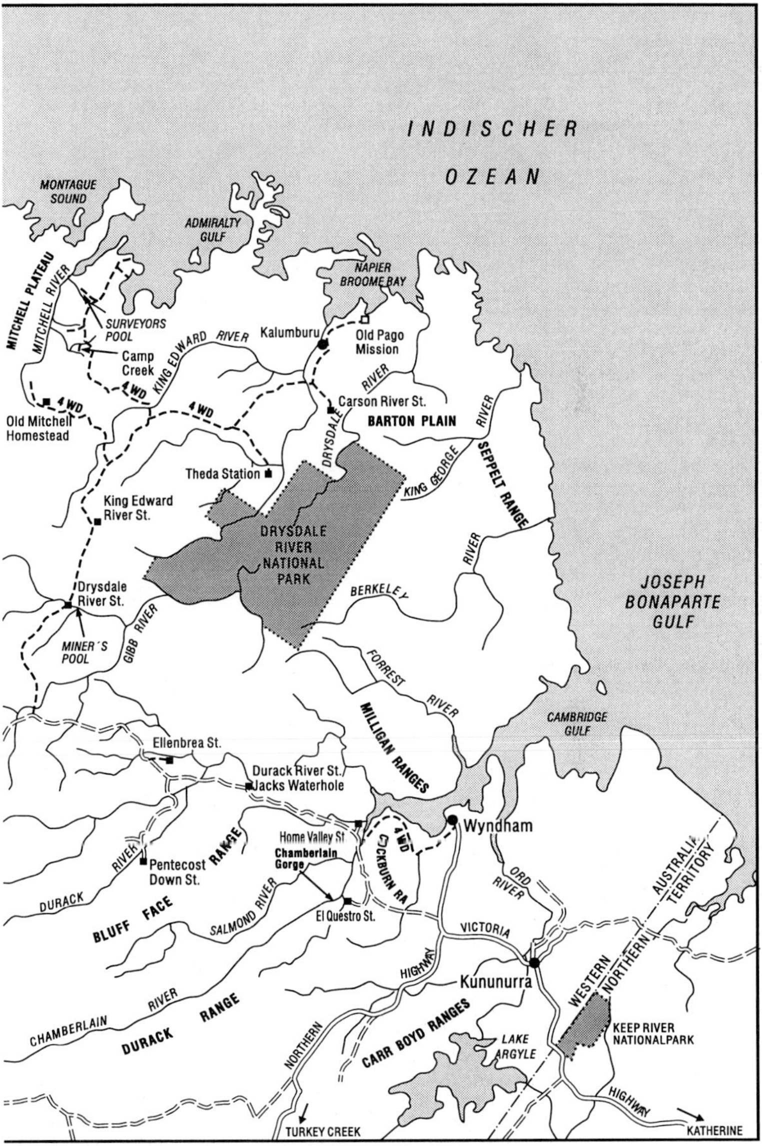
INDISCHER
OZEAN
MONTAGUE SOUND
ADMIRALTY GULF
NAPIER BROOME BAY
MITCHELL PLATEAU
MITCHELL RIVER
SURVEYORS POOL
Camp Creek
KING EDWARD RIVER
Kalumburu
Old Pago Mission
4 WD
Old Mitchell Homestead
Carson River St.
BARTON PLAIN
RIVER
DRYSDALE
KING GEORGE
SEPPELT RANGE
Theda Station
King Edward River St.
DRYSDALE RIVER NATIONAL PARK
BERKELEY
JOSEPH BONAPARTE GULF
Drysdale River St.
MINER´S POOL
GIBB RIVER
FORREST RIVER
MILLIGAN RANGES
CAMBRIDGE GULF
Ellenbrea St.
Durack River St./ Jacks Waterhole
Home Valley St.
Chamberlain Gorge
Wyndham
COCKBURN RA
Pentecost Down St.
RANGE
ORD RIVER
AUSTRALIA TERRITORY
DURACK RIVER
BLUFF FACE
SALMOND RIVER
El Questro St.
VICTORIA HIGHWAY
Kununurra
WESTERN
NORTHERN
CHAMBERLAIN RIVER
DURACK RANGE
CARR BOYD RANGES
LAKE ARGYLE
KEEP RIVER NATIONALPARK
NORTHERN
HIGHWAY
TURKEY CREEK
KATHERINE

**Devonian Reef - das Fenster in die Erdgeschichte**

Vor 350 Millionen Jahren bedeckte ein tropisches Meer den Nordwesten Australiens. Im warmen, flachen Wasser wuchs ein riesiges Riff: etwa 1.000 km lang und über 20 km breit. Korallen im Devon waren im Vergleich zu Korallenarten in späteren Zeitaltern von untergeordneter Bedeutung bei der Riffbildung. Hier war es vor allem eine Gruppe kalkausscheidender, heute ausgestorbener Organismen: *Calcareous algae*, ein Kalkschwamm, und *Stromatoporen*, Nesseltiere mit einem massigen Kalkskelett. *Napier-, Oscar- und Geikie Range* mit ihren bis zu 100 m hohen Bergketten sind die höchsten Erhebungen des fossilen Riffs, in dem später Flüsse tiefe Schluchten wie *Geikie Gorge* und *Windjana Gorge* oder *Tunnel Creek* geschaffen haben. Heute sind in den Schluchten die fossilen Schichten des Riffs freigelegt und geben Aufschluß über das Leben im Devon.

Das Wasser von *Tunnel Creek* suchte sich einen 750 m langen Weg durch das prähistorische Riff und formte dabei einen 3 bis 12 m hohen und 15 m breiten Tunnel. Die Höhle zu erforschen, ist ein einzigartiges Erlebnis (unbedingt eine Taschenlampe und Ersatzbirnen mitnehmen!). Fühlt man sich am Anfang durch das einfallende Licht noch relativ sicher, so endet dieses Gefühl spätestens bei der ersten Wasserdurchquerung. Langsam sackt man in den schlammigen Untergrund ein und tastet sich im Licht der Taschenlampe vorwärts. Je nach Jahreszeit und Wasserstand sind dabei auch ein paar Schwimmzüge erforderlich. Am anderen Ufer angekommen, führt der Weg zumeist über sandige, aber auch felsige Passagen zur Mitte der Höhle. Durch die eingestürzte Decke fällt etwas Licht ein. Wurzeln, die nach Wasser suchen, hängen von der Decke und den Wänden herab. Etwas weiter in der Höhle schlafen dichtgedrängt Fledermäuse. Auf der linken Seite rieselt an einem Felsenvorsprung warmes Wasser herunter, wie bei einem kleinen Wasserfall. Schließlich wird es heller, und der Ausgang der Höhle ist in Sicht. Ein kleiner *pool*, jetzt unter freiem Himmel, sorgt für weitere Badefreuden.

jährig wasserführenden Flüssen versorgt. Das Johnston-Krokodil *(freshwater crocodile)* lebt in *Geikie-* und *Windjana Gorge*. Es ist häufig auf Sandbänken oder an den Ufern zu beobachten und ernährt sich von Fischen und kleinen Krustentieren; für den Menschen ist es keine Gefahr. Die meisten Säugetiere in den drei Nationalparks sind klein, nachtaktiv und sehr scheu. In der Dämmerung entdeckt man hin und wieder ein Flinkwallaby *(agile wallaby)*, zu erkennen an den fahlen Streifen auf den Flanken, oder das massiger gebaute Bergkänguruh *(euro)*. Nur mit viel Geduld und Glück erspäht man eines der seltenen Felsenkänguruhs. Ganz sicher aber treten die Schwarzen Flughunde *(fruit bats)* in Erscheinung, die jeden Abend zu Tausenden die Schluchten zur Nahrungssuche verlassen. Ebenso beeindruckend und geräuschvoll sind die großen Schwärme von Nacktaugenkakadus *(corellas)*.

| | | |
|---|---|---|
| | | Sie haben sich vor allem die Baumkronen nahe des Campingplatzes *(camping area)* an *Windjana Gorge* zum Schlafplatz auserwählt. |
| | | Der Weg zu den Nationalparks ist ohne weiteres mit konventionellen Fahrzeugen zu befahren. Schwimmen ist in allen drei Parks erlaubt. Von den Süßwasserkrokodilen sollte man sich dabei nicht unbedingt abschrecken lassen, jedoch angemessene Distanz wahren. |
| | | Während der sommerlichen Regenzeit sind die Nationalparks geschlossen (→ Artikel "Devonian Reef - das Fenster in die Erdgeschichte"). |
| 124,2 | 581,3 | *Lennard River* |
| 133,0 | 572,5 | Hinweisschild links: *Napier Range* |
| | | An dieser Stelle durchfährt man einen schmalen Felsendurchbruch in Napier Range. Auf der linken Seite soll nach der Durchfahrt die Silhouette des Kopfes von Königin Viktoria zu sehen sein. |
| 133,8 | 571,7 | *Napier Creek* |
| 133,9 | 571,6 | Geradeaus *GRR*; Abzweigung links zu *Napier Downs Homestead* (1 km) |
| 144,9 | 560,6 | *Wombarella Creek* |
| 145,9 | 559,6 | Hinweisschild links: *King Leopold Range* |
| 155,8 | 549,7 | *Donkey Creek* |
| 159,7 | 545,8 | *Macs Creek* (Brücke) |
| 162,9 | 542,6 | *Yates Creek* |
| 167,5 | 538,0 | *Fletcher River* |
| 173,6 | 531,9 | *Bullfrog Hole* (Brücke) |
| 176,3 | 529,2 | *Boundary Creek* |
| 187,5 | 518,0 | *Inglis Gap* |
| 188,7 | 516,8 | *Apex Creek* |
| 188,9 | 516,6 | Geradeaus *GRR*; Abzweigung links zu *Mount Hart Station* (50 km) |
| | | Der Weg führt zu einem alten *homestead* in *King Leopold Range*. Das alte Farmgebiet ist heute in *King Leopold Range National Park* und Naturreservate aufgeteilt. |

### *Jundumarra - ein tragischer Held*

1897 erlangte *Cave of Bats*, wie *Tunnel Creek* früher hieß, traurige Berühmtheit. Ein Polizist erschoß gegenüber dem Höhleneingang den langgesuchten Führer der Aborigines, *Jundumarra* - auch "Pigeon" genannt. Über Jahre hinweg hatte er sich durch Geschick, List und gute Verstecke der Festnahme entziehen können. Sein Verbrechen war, einen Polizisten getötet zu haben, der fünfzehn Aborigines gefangen hatte und - in Ketten gelegt - in Richtung Derby trieb. Während des Schlafs erschoß Pigeon ihn und befreite seine Landsleute. Für die Weißen war er ein Schwerverbrecher, für die Aborigines ein Held. Heute wird er eher als Freiheitskämpfer gesehen, der sich, sein Volk und sein Heimatland gegen die europäischen Einwanderer zu verteidigen versuchte.

| | | |
|---|---|---|
| 195,7 | 509,8 | Geradeaus *GRR*; Abzweigung rechts zu *Lennard Gorge* (8,2 km; 4-WD) und *Milliewindie Station* (65 km) Die etwa 5 km lange Schlucht, Teil des neuen *King Leopold Range National Park*, formte *Lennard River*. Der *track* dorthin ist nur mit Geländewagen zu bewältigen. Vom Parkplatz, der sich zum Campen weniger eignet, führt ein kurzer Weg bis zum Schluchtrand. Dann folgt man kleinen Steinhaufen *(cairns)* hinunter in die Schlucht, wo man ein erfrischendes Bad im klaren Wasser genießen kann. Wer kurz nach der Regenzeit reist, kann sich auch noch am Anblick des Wasserfalls erfreuen. |
| 197,9 | 507,6 | *Dog Chain Creek* |
| 203,7 | 501,8 | *Fern Creek* |
| 206,6 | 498,9 | *Same Creek* |
| 209,3 | 496,2 | *March Fly Glen* Auffallend sind die vielen Schraubenpalmen am Ufer des Bachs. 4 km weiter erleichtert ein kurzes Stück Asphalt die Auffahrt zu *King Leopold Range*. |
| 213,6 | 491,9 | Aussichtspunkt |
| 215,2 | 490,3 | *Bell Creek* Kurz vorher führt ein Weg zu einer guten Campingstelle an *Bell Creek*. |
| 218,7 | 486,8 | Geradeaus *GRR*; Abzweigung links zu *Silent Grove Homestead* (20 km) und zu *Bell Gorge* (32,3 km) Ein weißer Reifen markiert die Abzweigung zu einer der eindrucksvollsten Schluchten an der Gibb River Road. Der *creek* fällt über kleinere Kaskaden und Wasserfälle in eine tiefe, schmale Schlucht und setzt seinen Weg durch *Isdell Range* fort. Neben diesem herrlichen Anblick sollte man auch auf jeden Fall ein Bad in den kleinen *pools* genießen (→ Weg zu Bell Gorge). |

***Weg zu Bell Gorge* (◆)**

| | | |
|---|---|---|
| 0 | 32,3 | Abzweigung *Gibb River Road* bzw. *Bell Gorge* |
| 6,4 | 25,9 | Viehkoppeln links |
| 6,6 | 25,7 | *creek* |
| 13,2 | 19,1 | Geradeaus fahren; Wegeinmündung von rechts |
| 18,4 | 13,9 | Gatter |
| 19,1 | 13,2 | *creek* |
| 20,2 | 12,1 | *Silent Grove Homestead* (Ruine). Das Farmhaus war früher ein Außenposten von *Mt. Hart Station*. Heute sind die Ruinen zusammen mit *Bell Gorge* Teil des Mount Leopold Range National Park. |
| 24,3 | 8,0 | Schöne Campingstelle neben der Rangerstation unter Baobabs (mit Duschen, 5 $ pro Person). Näher zu Bell Gorge gibt es Bushcamps. Rechts halten. |
| 32,3 | 0 | Baobab mit eingeschnitzter Glocke in der Rinde. Von hier ein Fußweg (20 Min.; die ersten 50 m etwas schwierig) zur Schlucht. Er endet oberhalb der Fälle. |

***Weiterfahrt auf der Hauptstrecke***

| | | |
|---|---|---|
| 226,9 | 478,6 | Geradeaus *GRR*; Abzweigung rechts zu *Imintji Community* |
| 228,0 | 477,5 | *Saddlers Spring* |
| 232,2 | 473,3 | *Grave Creek* |
| 252,3 | 453,2 | Weggabelung: links *GRR*; rechts zu *Mount House Station* (10 km)<br>Die Farm hat wie viele andere ihre Türen für Touristen geöffnet, unterhält einen kleinen Krämerladen und bietet Tank- und Übernachtungsmöglichkeiten. |
| 256,3 | 449,2 | Geradeaus *GRR*; Abzweigung links zu *Beverly Springs Homestead* (40 km) |
| 266,2 | 439,3 | *Billy Goat Springs* |
| 272,7 | 432,8 | Hinweisschild links: *Phillip Range;* geradeaus *GRR*; Abzweigung rechts zu *Adcock Gorge* (5 km)<br>Der Weg ist bis auf die letzten 300 m ohne Probleme mit konventionellen Fahrzeugen zu befahren. Mit Allradantrieb kommt man bis unmittelbar an den ersten mit Seerosen bewachsenen Teich. Dort liegt unter Schraubenpalmen ein gemütlicher Platz zum Campen. Nur wenige Meter sind es zum zweiten *pool* und dem pittoresken Wasserfall. Besucher ohne Geländewagen können ihr Zelt 300 m vor der Schlucht aufschlagen. |
| 278,0 | 427,5 | *Adcock River* |
| 291,6 | 413,9 | Geradeaus *GRR*; Abzweigung links zu *Galvans Gorge* (600 m)<br>Ein 200 m langer Wanderweg führt den Besucher in die hufeisenförmige Schlucht zu einem *pool* mit kristallklarem Wasser, in den sich aus 20 m Höhe ein Wasserfall ergießt. Am rechten Ufer sind an der Schluchtwand mehrere Zeichnungen von Aborigines zu sehen. Der Platz am Eingang der Schlucht ist weniger zum Campen geeignet. |
| 304,2 | 401,3 | *Station Creek* |
| 305,3 | 400,2 | Geradeaus *GRR*; Abzweigung rechts zu einer Siedlung der Aborigines |
| 305,6 | 399,9 | Geradeaus *GRR*; Abzweigung links zu *Mount Barnett Station* (roadhouse 400 m) und *Manning Gorge* (7,6 km). *Mt. Barnett Station* gehört seit 1988 den Kupingarri-Aborigines, wird aber von weißen Australiern geleitet. Auf dem 1.254 km² großen Farmgelände grasen 2.000 Rinder. Am Rasthaus kann man Erfrischungen kaufen und duschen. Außerdem werden hier die Gebühren für das Campen an *Manning Gorge* bezahlt (5 $ pro Pers.). Das Rasthaus ist täglich von 7 bis 12 und von 13 bis 17 Uhr geöffnet (in der Trokkenzeit sogar ohne Mittagspause). Der Campingplatz liegt an *Lower Manning Gorge* unter imposanten Baobabs. Er ist ausgestattet mit Toiletten und einem Wassertank. Um ein Bad in *Upper Gorge* zu nehmen, muß |

| | | |
|---|---|---|
| | | man noch weitere 3 bis 4 km (1,5 Std.) wandern. Der Weg ist mit aufgeschichteten Steinhaufen und angemalten Büchsen, die in Bäumen und Sträuchern hängen, markiert. Ein längerer Weg (2,5 Std.) führt am Schluchtrand entlang. Wer diesen Weg wählt, kann die unzähligen Flughunde, die in den Bäumen der Schlucht den Tag verdösen, beobachten. Nach dem anstrengenden Marsch unter der heißen Sonne Australiens ist ein Bad in der von hohen Felsenwänden umgebenen *Upper Gorge* eine Wohltat. Die Wasserfälle von *Manning Gorge* gehören zu den größten an der Gibb River Road (solange Wasser fließt). Wer eine Luftmatratze mitgenommen hat, kann sich auf dem Wasser flußabwärts treiben lassen. Das erspart einen Teil des Rückweges. Wer die Strapazen der Wanderung scheut, kann unter dem Geschrei der großen Kakaduschwärme auch an den sandigen Ufern von *Lower Gorge* baden und sich erholen. |
| 306,6 | 398,9 | *Barnett River* |
| 311,8 | 393,7 | Geradeaus *GRR*; Wegeinmündung von links |
| 333,9 | 371,6 | Geradeaus *GRR*; Abzweigung links zu *Barnett River Gorge* (5 km) |

***Weg zu Barnett River Gorge* (♦)**

| | | |
|---|---|---|
| 0 | 4,8 | Abzweigung *GRR/ Barnett Gorge* |
| 2,4 | 2,4 | Weggabelung: rechts fahren zu *Barnett Gorge;* links zu Campingmöglichkeiten am Fluß unter riesigem Baobab |
| 3,2 | 1,6 | Weggabelung: rechts fahren zu Campingstellen (4-WD); links ebenfalls zu Campingstellen |
| 4,8 | 0 | 4-WD Camp<br>Von der letzten Campingmöglichkeit an der Schlucht läuft man ca. 500 m bis zum Ende eines großen *pools* (verborgen hinter dicht stehenden Papierrindenbäumen). Wer schwimmen möchte, muß den unmarkierten Weg am Schluchtrand entlang nehmen, um dann nach einer kurzen Kletterpartie *Barnett River* zu erreichen. Wie bei allen anderen Schluchten wird man mit einem erfrischenden Bad im kühlen Fluß oder mit *whirlpools* unter kleinen Kaskaden belohnt. Wer an der Schlucht sein Zelt aufschlägt, wird sich mit Anbruch der Dämmerung über die kreischenden Geräusche wundern. Es sind Schreie von Flughunden, die sich an Nektar und Pollen der blühenden Papierrindenbäume laben. Eine Nachtwanderung mit Taschenlampe lohnt sich. |

***Weiterfahrt auf der Hauptstrecke***

| | | |
|---|---|---|
| 343,5 | 362,0 | Geradeaus *GRR*; Abzweigung links zu *Mount Elizabeth Station* (30 km)<br>Die Eigentümer (Familie Lacey) dieser Rinderfarm bieten Übernachtungsmöglichkeiten, Duschen, Toiletten, Erfrischungen und Safaris mit erfahrenen Buschführern an. Besucher sind herzlich willkommen. Zelten kostet 7 $ pro Person, eine Übernachtung im *homestead* 90 $ inkl. Frühstück und Abendessen. |
| 352,7 | 352,8 | *Snake Creek* |
| 359,7 | 345,8 | *Hann River* |
| 369,0 | 336,5 | *Mistake Creek* |
| 370,1 | 335,4 | *Bryce Creek* |
| 373,5 | 332,0 | Geradeaus *GRR*; Abzweigung links zu *Gibb River Station* (2 km)<br>Der Zutritt zu dieser Rinderfarm ist nur im Notfall gestattet. Es ist auf jeden Fall zu respektieren, daß Besucher nicht erwünscht sind. |
| 397,2 | 308,3 | *North Creek*<br>Nach der Flußdurchquerung ist auf der rechten Seite ein guter Platz zum Campen. |
| 403,9 | 301,6 | *creek* |
| 413,5 | 292,0 | Weggabelung: rechts *GRR* nach *Kununurra* (333 km) und *Wyndham* (292 km); links zu *Drysdale River Sta-* |

Sorry no fuel!

*tion* (63 km), *Mitchell Plateau* (Mitchell Falls 241 km) und *Kalumburu* (270 km)

---

### *Kalumburu Road* (♦)

| | | |
|---|---|---|
| 0 | 269,6 | Abzweigung *GRR/ Kalumburu Road* |
| 3,1 | 266,5 | *Gibb River*<br>Direkt nach dem Fluß ist rechts eine gute Camping- und Picknickmöglichkeit. |
| 16,0 | 253,6 | *Plain Creek* |
| 58,9 | 210,7 | Geradeaus fahren; Abzweigung links zu *Drysdale River Homestead* (1,3 km)<br>Das Farmgelände von *Drysdale River Station* umfaßt etwa 2.800 km², auf denen rund 5.000 Rinder weiden. Wie viele andere Farmer haben sich auch *John* und *Anne Koeyers* auf den zunehmenden Tourismus eingestellt und bieten neben Kraftstoff auch Übernachtungsmöglichkeiten, einen Krämerladen (geöffnet 9 - 12 und von 13 - 17 Uhr), eine kleine Reparaturwerkstatt und Rundflüge von 90 bis 140 Minuten Dauer (130 bis 170 $ pro Person) über die *Kimberleys*, so über *Moran Falls, Mitchell Plateau* und *Prince Regent River*, an. |
| 61,2 | 208,4 | Geradeaus fahren; Abzweigung rechts zu *Miners Pool* (3,5 km)<br>Das ist eine sehr schöne, kostenlose Campingmöglichkeit am Fluß auf dem Farmgelände von *Drysdale River Station.* |
| 61,6 | 208,0 | *Drysdale River*<br>Steinige Durchfahrt, die aber problemlos ist. |
| 65,6 | 204,0 | *creek* |
| 72,5 | 197,1 | *creek* |
| 91,5 | 178,1 | *creek* |
| 94,0 | 175,6 | Gatter<br>Etwa 3 km nach dem Viehgatter trifft man auf die ersten Livistonia-Palmen rechts und links der Piste. |
| 99,0 | 170,6 | Geradeaus fahren; Abzweigung rechts zu *King Edward River Station* (3 km; ehemals *Doonigan Station*) |
| 108,0 | 161,6 | Gatter |
| 126,9 | 142,7 | *Rocky Creek* |
| 160,9 | 108,7 | Geradeaus fahren; Abzweigung links zu *Mitchell Plateau* (→ Weg zu Mitchell Plateau und Mitchell Falls). |

---

### *Weg zu Mitchell Plateau und Mitchell Falls* (♦ ♦)

| | | |
|---|---|---|
| 0 | 116,2 | Abzweigung *Kalumburu Road/ Mitchell Plateau* |
| 6,5 | 109,7 | *King Edward River*<br>Vor und nach der Durchquerung des Flusses führen rechts mehrere Abzweigungen zu verschiedenen Cam- |

| | | |
|---|---|---|
| | | pingstellen. Grundsätzlich gibt es wenig Schatten und auch kaum Feuerholz. Der schönste und beste Platz liegt ganz am Ende der zweiten Zufahrt (kurz vor dem Ufer 200 m links ab). Leider ist er immer sehr schnell belegt. |
| 21,7 | 94,5 | steiler Streckenabschnitt<br>Dicht stehende Livistonia-Palmen begleiten den Reisenden bis hinunter ins Tal und wieder hinauf auf das Plateau. Oben angekommen, bietet sich ein schöner Ausblick. |
| 67,5 | 48,7 | Weggabelung: rechts fahren zu *Mitchell Falls* und *Port Warrender;* links zu *Camp Creek* (→ Weg zu Camp Creek). |

***Weg zu Camp Creek* (♦ ♦ ♦)**

| | | |
|---|---|---|
| 0 | 7,2 | Abzweigung *Mitchell Falls/ Camp Creek* |
| 0,5 | 6,7 | Weggabelung: links fahren |
| 1,9 | 5,3 | Geradeaus fahren; links geht es zu einer Müllhalde *(rubbish tip)* |
| 4,9 | 2,3 | Steile Abfahrt ins Tal |
| 7,0 | 0,2 | Weggabelung: links zum Camp fahren |
| 7,2 | 0 | Campingmöglichkeit |

***Weiterfahrt zu Mitchell Plateau* (♦ ♦)**

| | | |
|---|---|---|
| 70,8 | 45,4 | *creek* |
| 72,8 | 43,4 | T-Kreuzung: rechts zu den Fällen und zur Landebahn (1 km) fahren; links ist die *Northern Road*. |
| 72,9 | 43,3 | Weggabelung: links fahren; rechts zur Landebahn |
| 73,6 | 42,6 | Weggabelung: links fahren (bis zur Campingstelle an den Fällen noch 15 km); rechts nach *Port Warrender*<br>Der Weg zur Campingstelle ist stark ausgewaschen und erfordert vorsichtiges Fahren, aber man sollte sich das unvergeßliche Naturschauspiel der Wasserfälle nicht entgehenlassen. Vom Lager ist es noch etwa eine Stunde Fußweg über felsiges Land, durch dichte Wälder und Palmenhaine, vorbei an *Little Mertens*- und *Big Mertens Falls* bis *Mitchell River*. Schließlich steht man oberhalb der ersten Kaskade der Fälle. Am Fluß entlang gibt es herrliche kleine *pools* zum Schwimmen und Abkühlen. Hier oben ist Schwimmen auch völlig ungefährlich, denn Krokodile können die Fälle nicht hinaufschwimmen. Weitere 15 Minuten Marsch am Schluchtrand entlang (nach Überquerung von Mitchell River) führen zu einem Aussichtspunkt, von dem die Wasserfälle in ihrer ganzen Pracht zu bewundern sind. |
| 94,0 | 22,2 | Geradeaus nach *Port Warrender* fahren; Abzweigung links zu *Surveyors Pool* (6,5 km) |

| | | |
|---|---|---|
| | | Der einsame *pool* mit kristallklarem Wasser ist umgeben von hohen Sandsteinfelsen. Wenn das Ende des nicht ganz einfachen Weges nach 6,5 km erreicht ist, muß man noch etwa 4 km zu Fuß gehen, um zum erfrischenden Naß zu gelangen. Für den Hinweg müssen genügend Wasservorräte mitgenommen werden. Auffüllen für den Rückweg kann man problemlos am *pool*. Ein Seil, das an einem über dem Wasser hängendem Ast angebracht ist *(flying fox)*, sorgt für den nötigen Spaß beim Planschen. Flußkrebse tummeln sich am Rand des Wasserbeckens. |
| 97,0 | 19,2 | Weggabelung: rechts nach *Port Warrender* und *Crystal Creek* fahren; links zum *Helikopter-Landeplatz* (200 m) |
| 103,5 | 12,7 | T-Kreuzung: links zu *Crystal Creek* fahren; rechts nach *Port Warrender* |
| 114,2 | 2,0 | *creek* |
| 114,7 | 1,5 | Weggabelung: rechts fahren zu den Campingstellen und zum Mangrovengürtel; links ebenfalls zu Campmöglichkeiten (300 m) |
| 115,9 | 0,3 | Weggabelung: geradeaus fahren zum Mangrovengürtel; links zum Camp an einem Baobab (300 m)<br>Ungefähr 40 m hinter dem Baobab steht man auf den Klippen und sieht unter sich die Schlickflächen *(mudflats)* von *Crystal Creek* - gleichzeitig Endpunkt des *track*. Sein Name deutet nicht, wie vielleicht anzunehmen ist, auf die Klarheit des Wassers hin, sondern rührt von den Quarzkristallen her, die man hier fand. Das Zelt kann oberhalb des *creek*, in dem auch Leistenkrokodile leben, aufgeschlagen werden. Bei Ebbe sieht man von *Crystal Creek* eine mindestens 50 cm tiefe, graue Schlammschicht. Der *track* nach *Port Warrender* ist wie der zu *Crystal Creek* sehr unwegsam und führt ebenfalls durch Heideland, um dann an den Schlickflächen und Mangroven zu enden: für Angelliebhaber ein Paradies. Allerdings benötigt man schon ein kleines Aluminiumboot *(tinnie)*, um erfolgreich zu sein. |
| 116,2 | 0 | Ende des *track* am Mangrovengürtel |

**_Weiterfahrt auf Kalumburu Road_ (♦)**

| | | |
|---|---|---|
| 196,9 | 72,7 | Geradeaus fahren; Abzweigung links zu *Theda Homestead* (600 m) |
| 249,0 | 20,6 | *Carson River* |
| 249,5 | 20,1 | Weggabelung: links fahren; rechts zu *Carson River Homestead* (15 km) |
| 269,6 | 0 | *Kalumburu*, Ortseingang |

**Kalumburu - die Geschichte einer Mission**

Der Ort wurde 1932 von katholischen Mönchen als Mission gegründet. 1908 eröffneten sie zunächst eine Station an einem Platz, den die Aborigines "Pago" nannten. Ihre Bemühungen aber waren wenig erfolgreich, denn 1913 stürmten 103 Aborigines, Männer wie Frauen, die Mission und töteten die Mönche. Als man dann 1932 *Drysdale River Mission* errichtete, waren die Feindseligkeiten beigelegt und viele Aborigines zogen aus dem Gebiet um Pago nach "Kalumburu", wie die Mission 1951 offiziell genannt wurde. Während des Zweiten Weltkrieges spielte der Ort eine wichtige strategische Rolle. Die *Royal Australian Air Force* nutzte die Landebahn der Mission im Kampf gegen die Japaner. Diese bombardierten dann auch Kalumbru am 27. September 1943 und legten den Ort in Schutt und Asche. Ironischerweise blieb die Landebahn dabei unversehrt. Die Überlebenden flüchteten zu einem 3 km entfernten Ort, den die Aborigines "Tin-gun" nannten, und lebten dort für zwei Jahre in Zelten. Erst im Mai 1945 kehrten sie zur zerbombten Mission zurück und bauten sie, nachdem das Militär einen Monat später abgezogen war, wieder auf. Heute betreiben die Aborigines hier Rinderzucht und verwalten die Siedlung selbst.

***Weiterfahrt auf der Hauptstrecke***

| | | |
|---|---|---|
| 436,6 | 268,9 | *Russ Creek* |
| 444,1 | 261,4 | *creek* |
| 456,5 | 249,0 | Geradeaus *GRR*; Abzweigung links zu *Ellenbrae Creek* (100 m)<br>Gute Plätze zum Campen unter hohen Papierrindenbäumen und Pandanus-Palmen am Fluß. |
| 480,2 | 225,3 | *Campbell Creek* |
| 483,2 | 222,3 | Geradeaus *GRR*; Abzweigung links zu *Ellenbrae Homestead* (7 km). Kleiner Campingplatz mit Küche. |
| 503,9 | 201,6 | *Durack River*<br>Am Fluß entlang gibt es gute Campingmöglichkeiten. |
| 512,3 | 193,2 | Geradeaus *GRR*; Abzweigung rechts zu *Karunjie Homestead* (45 km)<br>*Karunjie* ist eine der drei Farmen, die von der Familie *Sinnamon* (→ KM 531,6) betrieben werden. Übernachtungsmöglichkeiten und geführte Touren werden auch hier angeboten. |
| 522,1 | 183,4 | *Bamboo Creek* |
| 531,6 | 173,9 | Geradeaus *GRR*; Abzweigung links zu *Durack River Homestead* und *Jack's Waterhole* (800 m)<br>Zusammen mit *Home Valley und Karunjie* umfaßt das Farmgebiet der Sinnamons 10.118 km². Auf diesen riesigen Weideflächen grasen insgesamt etwa 10.000 Rinder. 1986/87 baute man das Farmhaus an *Jack's Waterhole*. Seitdem sind die Sinnamons damit beschäftigt, Einrichtungen und Komfort für die immer häufiger hierher kommenden Touristen zu verbessern. Bislang allerdings nur mit mäßigem Erfolg. Außerdem |

| | | |
|---|---|---|
| | | bieten sie interessante Buschwanderungen zu *Durack-* und *Oomaloo Falls* an, die man allein kaum erreichen könnte. Camping ist an Jack's Waterhole (gut für Vogelbeobachtungen) für 10 $ pro Platz erlaubt. Wer sich hier nur z. B. zum Grillen oder für Naturbeobachtungen aufhalten möchte, zahlt 1 $ pro Person. Sehr einfache Zimmer in der Preisklasse von 30-50 $ stehen zur Verfügung. Außerdem gibt es einen kleinen Krämerladen, der Grundnahrungsmittel und gekühlte Getränke bietet. Den Treibstoff für den Wagen pumpt man mit einer Handpumpe aus Fässern in den Tank. |
| 569,9 | 135,6 | *Bindoola Creek* |
| 584,3 | 121,2 | Aussichtspunkt rechts |
| 587,1 | 118,4 | Aussichtspunkt rechts |
| 588,5 | 117,0 | Geradeaus *GRR*; Abzweigung links zu *Home Valley Homestead* (1 km; → KM 531,6)<br>Die dritte Farm der Sinnamons bietet neben Unterkünften (75 $ pro Person inkl. Frühstück, Abendessen) und Campingmöglichkeiten (5 $ pro Person) auch regelrechte Safaris und Wildschweinjagden sowie Flüge über die Bungle Bungles an. |
| 597,3 | 108,2 | *Pentecoast River* (Furt)<br>Auf der Ostseite des Flusses (Achtung Krokodile!) führt ein kaum zu erkennender Weg zu einigen Campingstellen und nach Wyndham (→ Weg Wyndham). |

***Weg nach Wyndham*** (♦)

| | | |
|---|---|---|
| 0 | 83,6 | *Pentecoast River* |
| 0,4 | 83,2 | Weggabelung: rechts halten; links zum Fluß. |
| 1,5 | 82,1 | Gatter |
| 1,9 | 81,7 | T-Kreuzung: rechts fahren; links zum Fluß |
| 5,1 | 78,5 | Weggabelung: rechts halten; links zum Fluß |
| 7,6 | 76,0 | Weggabelung: rechts halten; links zum Fluß |
| 9,3 | 74,3 | *Pentecoast River* links |
| 18,0 | 65,6 | Weggabelung (in einer Salzpfanne): links halten |
| 19,5 | 64,1 | T-Kreuzung: links fahren |
| 20,0 | 63,6 | T-Kreuzung: rechts fahren |
| 44,4 | 39,2 | Wegeinmündung von links; geradeaus nach *Wyndham* |
| 48,5 | 35,1 | Gatter und T-Kreuzung: rechts fahren |
| 50,1 | 33,5 | T-Kreuzung: rechts fahren |
| 52,3 | 31,3 | T-Kreuzung: links fahren |
| 52,7 | 30,9 | *King River* |
| 53,2 | 30,4 | Alter Baobab, der als Gefängnisbaum diente links<br>Ab hier führen zahlreiche Wege links zum Fluß. |
| 58,2 | 25,4 | Kreuzung: geradeaus Wyndham; Abzweigung rechts zum *Moochalabra Damm* |
| 77,6 | 6,0 | T-Kreuzung: *Great Northern Highway*; links nach *Wyndham*; rechts nach *Kununurra* |
| 83,6 | 0 | *Wyndham*, Ortseingang |

***Weiterfahrt auf der Hauptstrecke***

621,3 84,2 Geradeaus *GRR*; Abzweigung rechts zu *El Questro Station* (16 km)

Auch diese 4.000 km² große Farm mit einem Viehbestand von rund 3.000 Rindern hat sich in den letzten Jahren mehr und mehr dem Tourismus zugewandt. So werden z. B. Helikopterflüge (ab 140 $), geführte Buschwanderungen (halber Tag 55 $ pro Person), Ausritte auf Pferden (pro Stunde 25 bis 30 $), Verleih von Booten (halber Tag 100 $) oder Angelruten (15 $ pro Tag) und vieles mehr angeboten. Übernachten kann man, wer es etwas luxuriöser mag, im Farmhaus für 640 $ pro Person. Obwohl eine Tour mit einem persönlichen Führer, Transfer von und nach Kununurra sowie gehobene Küche inklusive sind - dennoch ein stolzer Preis! Wesentlich günstiger sind andere Unterkünfte auf der Farm, wie z. B. *station camps* (20 $ für eine Übernachtung im 12-Bett-Raum) oder Bungalows, die 130 $ pro Person kosten, allerdings ohne Touren und Mahlzeiten. Wer auf dem Farmgelände nur campen möchte, zahlt 10 $ pro Person. Auch wer hier nur eine Wanderung unternehmen möchte, muß 10 $ Eintritt zahlen.

Wer sich ein Boot ausleiht oder gar eins im Gepäck hat, sollte auf keinen Fall *Chamberlain Gorge/ El Qustro Gorge*, die auf dem Farmgelände liegt, auslassen - für Angler sowieso ein "Muß", denn die großen Katzenwelse *(catfish)* beißen das ganze Jahr über an. Barramundis, ebenfalls eine Fischspezialität, fängt man am besten zu Beginn der Trockenzeit. Am Ende der Schlucht sind an einem Felsenüberhang Zeichnungen der Aborigines (100 m links) zu sehen. Der Weg zur Schlucht ist mit dem höchsten Schwierigkeitsgrad ausgewiesen (die Wege auf dem Gelände von El Questro sind je nach Schwierigkeit von eins bis zehn kategorisiert), aber die Strapazen lohnen: Er führt an einem Bach entlang über Palmenstämme und Felsen, durch nabelhohes Quellwasser. Andere schöne Schluchten sind *John Rat Gorge* und *Fleischer Gorge*.

Ebenfalls auf dem Gelände der Farm liegen *Ben Springs* (Thermalquellen). Zu Beginn der Trockenzeit führen die kleinen Kaskaden genug Wasser, daß man unter einem Wasserfall in warmen *pools* baden kann.

630,8 74,7 Geradeaus *GRR*; Abzweigung links zu *Emma Gorge* (2 km)

Auch diese Schlucht liegt auf *El Questro Station*; eine Eintrittsgebühr von 5 $ pro Person ist vorher am Farmhaus zu bezahlen. Übernachten kann man für 70-146 $ (cabin; 2 Personen). Angeboten werden auch

| | | |
|---|---|---|
| | | Rundflüge, Kamelausritte, Safaris, geführte Touren und traditionelle Buschküche. |
| 637,7 | 67,8 | *King River* |
| 654,4 | 51,1 | T-Kreuzung: rechts auf den *Great Northern Highway* nach *Kununurra* (51 km) fahren; links nach *Wyndham* (48 km) |
| 662,4 | 43,1 | Geradeaus auf dem *Victoria Highway* nach *Kununurra* fahren; Abzweigung rechts ist der *Great Northern Highway* nach *Halls Creek.* |
| 694,0 | 11,5 | Geradeaus nach *Kununurra* fahren; Abzweigung links zu *Valentine Springs* und *Black Rock Pool* |
| 701,4 | 4,1 | *Ord River* |
| 705,5 | 0 | *Kununurra*, Ortsschild |

## *Kununurra*

Am Endpunkt der *Gibb River Road*, an der Grenze zu Northern Territory, liegt der junge Ort *Kununurra*, mit rund 3.500 Einwohnern einer der größeren Orte im dünn besiedelten Norden. Sein Name bedeutet in der Sprache der Ureinwohner "viel Wasser" und rührt vom breiten *Ord River* her. 1963 gründete man Kununurra als Versorgungsstation für das Bewässerungsprojekt *Ord River Irrigation Project*. In großem Stil pflanzte man zunächst Baumwolle an, die anfangs mit dem Wasser von *Lake Kununurra*, einem künstlichen Stausee, großflächig bewässert wurde. 1972 entstand der 740 km² große Stausee *Lake Argyle* zur Bewässerung der heutigen Anbaugebiete. So vielversprechend der Baumwollanbau begann, so abrupt endete er mit dem blattsaugenden Insekt *Heliothis armigera*, das die Ernten zerstörte. Anschließend versuchte man es mit Zuckerrohr und Reis. Doch Spaltfußgänse *(magpie-geese)* kamen den Menschen regelmäßig bei der Ernte zuvor, so daß man die Felder Anfang der achtziger Jahre endgültig aufgab. Heute setzt man eher auf einen breit gefächerten Anbau: während der Regenzeit Sojabohnen und Erdnüsse, während der Trockenzeit Mais, Sorghum-Hirse und Sonnenblumen. Daß Kununurra ungewöhnlich wohlhabend ist, verdankt es neben den steigenden Touristenzahlen auch der erfolgreich arbeitenden Diamantenmine, die 120 km südlich liegt.

# *Strecke 18*
# *Halls Creek - Katherine (The Big Run)*

- **Entfernung:** 1.051 km; max. Entfernung ohne Tankmöglichkeit: 408 km
- **Empfohlene Reisedauer:** 4 bis 5 Tage
- **Reine Fahrzeit:** 18 Stunden
- **Empfohlene Reisezeit:** April bis November (beste Zeit April und Mai); im Sommer wegen der Monsunregenfälle meistens gesperrt. Auch der *Victoria Highway* ist dann oft überflutet.
- **Ab- und Rückmeldung:** nicht erforderlich

- **Ausrüstung:** Geländewagen (4-WD) mit Grundausrüstung bei Wagen und Werkzeug; bei trockener Piste ist die Strecke durchaus mit Pkw (auch Campmobil) zu befahren.
- **Pistenart und -zustand:** Die Strecke ist eine gute Schotterpiste. Der Abschnitt zwischen *Kalkarindji* und *Top Springs* (Buchanan Highway) ist wie der *Victoria Highway* nur eine einspurig geteerte Straße.
- **Versorgung:** Halls Creek (Grundversorgung); Kalkarindji/ 408 km (Lebensmittelladen, Camping, Tankmöglichkeit); Top Springs/ 578 km (roadhouse/ Pub); Timber Creek/ 825 km (Lebensmittelladen, Hotel, caravan park, Tankmöglichkeit); Victoria River Wayside Inn/ 857 km (roadhouse/ Pub); Katherine/ 1051 km (kompletter Service)
- **Telefonnummern:** Halls Creek (Polizeistation) 08/ 99 81 70 24; Kalkarindji (roadhouse/ Polizei) 08/ 89 75 07 90; Timber Creek Ranger Station 08/ 89 75 08 88; Victoria River Wayside Inn 08/ 89 75 07 44; Katherine Touristeninformation 08/ 89 72 26 50
- **Besondere Hinweise:** keine

*The Big Run* durchquert einen der größten landwirtschaftlich genutzten Landstriche im westlichen Northern Territory. Mittendrin liegt die historisch bedeutsame *Victoria River Downs Station*, kurz *VRD* genannt. In ihrer Gründerzeit hieß die Farm "The Big Run" und gab so dem Streckenverlauf seinen Namen. Sie galt einst als größte Rinderfarm des Britischen Imperiums (→ Artikel "Eine Farm der Superlative - Victoria River Downs").

Die Strecke ist eine gute Alternative zum Victoria Highway weiter nördlich, wenn man von den *Kimberleys* einen kurzen Abstecher nach *Katherine* machen will. Ausgangspunkt ist *Halls Creek*, das noch in Westaustralien liegt (→ Streckenbeschreibung 10, Tanami Track). Zunächst folgt man den Schildern auf dem Duncan Highway in Richtung *Old Halls Creek*. Dort sind Überreste der alten Goldgräberstadt zu besichtigen. Anschließend windet sich *The Big Run* durch pittoreske Hügel und Täler. Höhepunkte sind *Palm Springs*, eine natürliche Quelle in *Albert Edward Range*, und *Sawpit Gorge*. Nach Albert Edward Range erstreckt sich weites Farmland. Kurz vor der Grenze zu Northern Territory zweigt der Duncan Highway in Richtung Norden ab, und die Fahrt geht weiter auf dem Buchanan Highway in Richtung *Kalkarindji*. Ab hier ist die Strecke zunächst wieder geteert und führt vorbei an der ehemaligen Polizeistation *Wave Hill* bis zu *Top Springs Roadhouse*, wo sie nach Nordwesten schwenkt und zu *Victoria River Downs* führt. Nach kurzer Fahrt ist *Jasper Gorge* an der Grenze zu *Gregory National Park* erreicht. Nach Durchquerung des Nationalparks trifft der *track* 30 km östlich von *Timber Creek* auf den einspurig geteerten Victoria Highway. Von dieser Abzweigung sind es noch 91 km bis zu *Victoria River Roadhouse* am gleichnamigen Fluß. Die letzte Etappe bis Katherine ist in etwa zwei bis drei Stunden zu schaffen.

## *Halls Creek*

(→ Streckenbeschreibung 10, Alice Springs - Halls Creek via Tanami Track)

### *Eine Farm der Superlative - Victoria River Downs*

Die ersten Besitzer von *Victoria River Downs* (VRD) waren ein reicher Australier namens *Charles Fisher* und der erfolgreiche Geschäftsmann *Morris Lyons*. Sie beauftragten 1883 den Viehtreiber *Nat Buchanan*, 20.000 Rinder aus Queensland über 3.000 km hierher zu bringen - ein Job, für den 70 Viehtreiber einige Monate benötigten. In ihren Anfängen war *VRD* eine der einsamsten Farmen der Welt. Die Menschen hier hatten mit widrigen Lebensbedingungen zu kämpfen. Malaria und andere tropische Krankheiten forderten immer wieder Opfer. Schon Mitte der achtziger Jahre mußten Lyons und Fisher, aufgrund von Fehlspekulationen und Preisverfall für Fleisch um mehr als die Hälfte, die gerade erst erworbene Farm wieder verkaufen. Die Firma *Goldsbrough Mort* übernahm die mittlerweile 21.400 km² große Farm mit 30.000 Rindern und 500 Pferden. Doch auch das brachte nicht den gewünschten Erfolg. Schon zu Beginn des 20. Jahrhunderts war das Anwesen dem Bankrott nahe. Die Transportkosten zu den Schlachthöfen waren enorm, tausende Rinder starben an Rotwasserfieber (→ Streckenbeschreibung 15, Canning Stock Route) oder brachten am Markt nur einen Preis von weniger als einem Pfund pro Stück. Im Januar 1900 wechselte *VRD* für damals lächerliche 27.500 Pfund den Besitzer. Neue Eigentümer waren der "Rinderbaron" *Sidney Kidman*, seine Geschäftspartner *Alexander Forrest* und *Isadore Emanuel*. Nur neun Jahre später interessierte sich die britische Fleischverarbeitungsfirma *Bovril Ltd.* für die Farm und erwarb sie schließlich für 165.000 Pfund - ein beträchtlicher Gewinn für Kidman und Co. Investitionsspritzen aus Großbritannien, die vornehmlich in den Erwerb neuen Landes flossen, ließen die Farm auf 37.000 km² anwachsen. Um die Größe des Anwesens zu dokumentieren, reichte folgende einfache Aussage: "Ein Reiter ist eine Woche unterwegs, bevor er fremdes Land erreicht".

Eine einschneidende Verbesserung der Situation auf *VRD* waren die Einrichtung der Luftverbindung mit London und das Pedalradio (Funk-gerät, das nach dem Prinzip des Dynamo funktioniert). Letzteres leitete eine neue Ära für die Pioniere des *outback* ein. Man hatte nun bessere Verbindungen zu Märkten und Weltgeschehen und konnte dadurch schneller auf Veränderungen reagieren. Während des Zweiten Weltkrieges führten nur fünf *stockmen* den Betrieb, der Rest zog in den Krieg. Dieser Krieg aber sorgte auch für ein Ansteigen der Fleischpreise auf das Vierfache, was *VRD* einen kurzzeitigen Boom bescherte. Doch der hielt nicht lange an, und 1950 verkaufte die britische Gesellschaft während einer extremen Dürreperiode die Farm, weil sie das australische Geschäft im *outback* mittlerweile für eine Fehlinvestition hielt. Nächster Besitzer war *William Lionel Buckland*, ein Millionär aus Melbourne, der aber wenig Interesse an der Rinderzucht hatte. In seiner zehnjährigen Herrschaft über das Land und das Vieh hat er die Farm nicht ein einziges Mal besucht. 1960 kam es schließlich zu einem erneuten Besitzerwechsel. Mit dem Kauf ging *L. J. Hooker Company* in die Geschichte ein, denn sie erwarb den mittlerweile größten zusammenhängenden Landbesitz Australiens mit 65.000 Rindern. Die gleiche Firma führte zehn Jahre später auch frisches Blut in die Herden ein, was seit hundert Jahren (seit Buchanan) nicht mehr geschehen war. Mit reinrassigen Brahmanenbullen und Dreiviertel-Brahmanenkühen gelang es, ein Rind zu züchten, das besser an das Land angepaßt war. Die Zukunft sah zunächst sehr vielversprechend aus. Dann purzelte in den siebziger Jahren der Fleischpreis so, daß die Farm in die Verlustzone zu geraten drohte. Im November 1984 gab es den vorläufig letzten Besitzerwechsel. *Peter Sherwin*, der das Rindergeschäft von der Pike auf gelernt und sich mittlerweile zum Rinderhändler hochgearbeitet hatte, erwarb *VRD* für 12 Millionen Dollar. Er baute ein Imperium auf, das heute durchaus mit dem der *Kidmans* konkurrieren kann. Er besitzt neben *VRD* weitere Farmen in Northern Territory, auf denen insgesamt mehr als 260.000 Rinder grasen.

## Streckenlog

| | | |
|---|---|---|
| 0 | 1051,0 | *Halls Creek,* Polizeistation |
| 0,5 | 1050,5 | Abzweigung rechts nach *Old Halls Creek* (Duncan Highway) nehmen; geradeaus ist der *Great Northern Highway* |
| 5,7 | 1045,3 | Geradeaus *The Big Run* (TBR); Abzweigung links zu *China Wall* (1,5 km)<br>*China Wall* ist eine fast vertikale Quarzader, die sich durch ihre weiße Farbe vom hier dominierenden Sandstein abhebt. Da der Quarz härter ist als das Gestein um die Ader, das im Laufe der Jahrtausende erodierte, blieb dieses mauerähnliche Gebilde zurück. Die weiße Wand erstreckt sich so über etwa 10 km und erinnert an eine Miniaturausgabe der Chinesischen Mauer. |
| 12,5 | 1038,5 | Geradeaus *TBR*; Abzweigung links zu *Caroline Pool* (2 km) und *Sophie Downs Homestead* (7 km)<br>*Caroline Pool,* ein natürliches Wasserloch, war einst Treffpunkt und Badeplatz von *Old Halls Creek*. Hier wurde geschwommen, Cricket gespielt oder ein Picknick veranstaltet. Zum Ende der Trockenzeit bleiben vom *pool* allerdings nur einige kleine Tümpel zurück. |
| 15,1 | 1035,9 | *Old Halls Creek*<br>Ein paar Ruinen (z. B. die alte Poststation) der ehemaligen Goldgräbersiedlung stehen noch. Auch gibt es noch einen alten Friedhof. Aus den Grabinschriften geht hervor, daß viele Bewohner jung gestorben sind - ein Hinweis auf ein Leben voll Entbehrungen und Härte. |
| 31,5 | 1019,5 | Geradeaus *TBR*; Abzweigung links zu *Bradley Mine* (1,5 km), *Mt. Bradley* (5 km), *Bradley Dam* (3,6 oder 10 km) und *Ruby Queen Mine* (34 km)<br>*Ruby Queen Mine* ist nur mit Geländewagen zu erreichen. Leider ist von diesem Minenkomplex, der erst vor wenigen Jahren geschlossen wurde, kaum noch etwas übrig. Lediglich ein paar verrostete Gerätschaften liegen herum. Wer hier ein bißchen herumstöbern möchte, muß besonders auf alte Schächte achten! |
| 41,0 | 1010,0 | *Black Elvire River* |

| | | |
|---|---|---|
| 42,3 | 1008,7 | *Palm Springs*<br>Dieser idyllische Ort in *Albert Edward Range* ist hervorragend zum Baden und Campen geeignet. Die Quelle speist ein kleines Becken im Felsen. Früher nutzten Viehtreiber sie zum Tränken ihrer Rinder. Aus dieser Zeit stehen hier und da noch ein paar alte Schilder, die das Baden und Campen verbieten, was aber heute nicht mehr gilt. |
| 42,5 | 1008,5 | Geradeaus *TBR*; Abzweigung rechts zu *Sawpit Gorge* (2 km)<br>*Sawpit Gorge*, auch "Sawtooth Gorge" genannt, wurde von *Black Elvire River* geschaffen, der hier im Gestein steile Wände und Überhänge zurückließ. An dem fast ganzjährig wasserführenden *pool* läßt sich herrlich campen. |
| 62,5 | 988,5 | *Johnstone River* |
| 84,0 | 967,0 | Geradeaus *TBR*; Abzweigung rechts ist die *Sturt Creek Road* |
| 115,0 | 936,0 | Geradeaus *TBR*; Abzweigung rechts zu *Flora Valley Homestead* (13 km) |
| 165,0 | 886,0 | Geradeaus *TBR*; Abzweigung links zu *Marella Gorge*<br>Diese schöne Schlucht mit Wasserfällen und *pools* liegt auf dem Gebiet von *Nicholson Station*. Wer hierher möchte, sollte sich von der 11 km entfernten Farm (Nicholson Station) eine Erlaubnis holen. |
| 174,0 | 877,0 | Geradeaus *TBR*; Abzweigung links zu *Nicholson Homestead* (2 km) und nach *Kununurra* (325 km); Abzweigung rechts zu *Birrindudu Homestead* (68 km) |
| 186,0 | 865,0 | Grenze zwischen Western Australia und Northern Territory (Uhren um 90 Minuten vorstellen). |
| 219,0 | 832,0 | Geradeaus *TBR*; Abzweigung links zu *Kirkimbie Homestead* (30 km) |
| 232,0 | 819,0 | Geradeaus *TBR*; Abzweigung rechts zu *Bunda Homestead* (10 km) |
| 257,0 | 794,0 | Geradeaus *TBR*; Abzweigung links zu *Mistake Creek Homestead;* Abzweigung rechts zu *Birrindudu Homestead* (60 km) |
| 408,0 | 643,0 | *Kalkarindji*<br>Ein paar Kilometer vor Kalkarindji beginnt eine einspurige Asphaltstraße. Dieser Luxus hält bis *Top Springs* an. Kalkarindji, Verwaltungsstelle des *Daguragu Land Trust*, ist ein winziger Ort, hat aber einen Campingplatz, einen Schnellimbiß, einen kleinen Supermarkt und eine Tankstelle. |
| 420,0 | 631,0 | Geradeaus *TBR*; Abzweigung rechts nach *Lajamanu* (104 km) und zum *Tanami Track* (347 km) |
| 437,0 | 614,0 | Geradeaus *TBR*; Abzweigung rechts zu *Wave Hill Homestead* |
| 487,0 | 564,0 | Geradeaus *TBR*; Abzweigung links zu *Camfield Homestead* (4 km) |
| 488,0 | 563,0 | *Camfield River* |

| | | |
|---|---|---|
| 578,0 | 473,0 | *Top Springs Roadhouse;* Abzweigung links zu *Victoria River Downs Homestead* (101 km) nehmen; Abzweigung rechts ist der *Buchanan Highway* in Richtung *Stuart Highway* (184 km); geradeaus ist die *Delamere Road* zum *Victoria Highway* (164 km) |
| 670,0 | 381,0 | *Victoria River* (Furt) |
| 679,0 | 372,0 | *Victoria River Downs* (VRD)<br>Ursprünglich umfaßte die Fläche der Farm *Victoria River Downs* ein Gebiet größer als ganz Belgien. Das riesige Anwesen (mehr als 500 Kilometer Zaun und 90.000 Rinder) hat eine eigene Post, einen Lebensmittelladen, ein kleines Krankenhaus und eine staatliche Schule für die hier lebenden Kinder.<br>Heutzutage stimmt auch in Australien das Bild vom einsamen Cowboy *(stockman)* nicht mehr. Helikopter erledigen zusammen mit den Viehtreibern in ein paar Stunden das Zusammentreiben der Rinder, wofür man früher mindestens zwei Wochen brauchte. Zwar hat VRD heute etwas weniger an Fläche, aber immer noch gehört sie zu den größten Farmen der Welt (→ Artikel "Eine Farm der Superlative - Victoria River Downs"). |
| 737,0 | 314,0 | *Jasper Gorge* und *Gregory National Park*<br>Der erst 1990 ausgewiesene 13.336 km² große Nationalpark liegt in einer Übergangszone zwischen tropischen und halbtrockenen Regionen. Benannt wurde er nach *Augustus Charles Gregory*, der um die Jahre 1855 und 1856 die erste Expedition in diese Gegend führte. Beeindruckende Berge und Schluchten, darunter *Jasper Gorge*, wie auch bedeutsame Zeugnisse längst vergangener Kultur der Ureinwohner und europäischer Besiedlung sind einzigartig in diesem Gebiet. In den Flüssen des Parks sind sowohl das Leisten- wie auch das Johnston-Krokodil heimisch. Während ersteres, das *saltie*, überwiegend in *Victoria River* und seinen Ausläufern zu Hause ist, bewohnt letzteres, das *freshie*, mehr die Flüsse, *creeks* und kleinen Teiche *(billabongs)* im Inneren des Parks sowie in *Bullita Section*. Tafelberge, Sandsteinabbruche und Kalksteinhügel dominieren diesen Parkteil im entlegenen Süden, wo spärlicher, lichter Eukalyptuswald mit einem Unterbewuchs aus Gras wächst. Majestätisch ragen überall beeindruckende, alte Baobabs empor. |
| 795,0 | 256,0 | T-Kreuzung: Abzweigung rechts auf den *Victoria Highway* nach *Katherine* (253 km) nehmen; Abzweigung links ist der *Victoria Highway* nach *Timber Creek* (30 km)<br>Beide Richtungen sind asphaltiert. |
| 857,0 | 194,0 | *Victoria River Inn* |
| 897,0 | 154,0 | Geradeaus fahren; Abzweigung links zu *Innesvale Homestead* |

| | | |
|---|---|---|
| 926,0 | 125,0 | Geradeaus fahren; Abzweigung rechts ist die *Delamere Road* nach *Top Springs* (164 km)<br>Eine Alternative zu *The Big Run*, aber landschaftlich wenig reizvoll und ohne Höhepunkte. |
| 991,0 | 60,0 | Geradeaus fahren; Abzweigung links zu *Scott Creek Homestead* |
| 1051,0 | 0 | *Katherine* |

## *Katherine*

(→ Streckenbeschreibung 5, Port Augusta - Katherine via Stuart Highway)

# *Strecke 19*
# *Mataranka - Roper Bar - Normanton*
# *(Roper Highway und Gulf-Savannah Track)*

- **Entfernung:** 1.297 km; max. Entfernung ohne Tankmöglichkeit: 376 km
- **Empfohlene Reisedauer:** 4 Tage
- **Reine Fahrzeit:** 20 Stunden
- **Empfohlene Reisezeit:** April bis Oktober (beste Zeit April und Mai); im Sommer ist die Strecke wegen der Monsunregenfälle meist unpassierbar.
- **Ab- und Rückmeldung:** nicht erforderlich
- **Ausrüstung:** Geländewagen (4-WD) mit Grundausrüstung bei Wagen und Werkzeug
- **Pistenart und -zustand:** Bis kurz vor *Roper Bar* (140 km) ist die Strecke geteert. Dann geht sie in eine relativ gut zu befahrende Schotterpiste über, die sich nach der Grenze zwischen Northern Territory und Queensland erheblich verschlechtert (viele Schlaglöcher und *bulldust*). Die Durchquerungen von *creeks* und Flüssen sind in der Regel kein großes Problem, es sei denn, der Wasserstand ist nach heftigen Regenfällen angestiegen.
- **Versorgung:** Mataranka (Lebensmittelladen, Motel, caravan park, Tanken); Roper Bar/ 176 km (Lebensmittelladen, caravan park, Tanken); Borroloola/ 552 km (Lebensmittelladen, Hotel, caravan park, Tanken); Woologorang Roadhouse/ 806 km (roadhouse/Pub); Hell's Gate Roadhouse/ 892 km (roadhouse/ Pub); Tiranna Roadhouse/1.037 km (roadhouse); Burketown/ 1071 km (Grundversorgung); Normanton/ 1.297 km (Grundversorgung)
- **Telefonnummern:** Mataranka Touristeninformation 089/ 75 45 30; Roper Bar 08/ 89 75 46 36; Woologorang Roadhouse 08/ 75 99 44 44; Hell's Gate Roadhouse 07/ 47 45 82 58; Tiranna Roadhouse 07/ 47 48 55 33; Burketown Touristeninformation 07/ 47 45 51 77. Straßenzustand bei Polizeistationen: Ngukurr 08/ 89 75 46 44; Borrololoola 08/ 89 75 87 70; Burketown 07/ 47 45 51 20; Normanton 07/ 47 45 11 33 und Wildlife Commission Katherine 08/ 89 73 88 88
- **Besondere Hinweise:** Leistenkrokodile *(salties)* leben in fast allen Flüssen am Golf von Carpentaria. Besondere Vorsicht ist in küstennahen Gebieten und an Flußmündungen geboten. Während der Sommermonate sind auch Würfelquallen *(stinger)* in Küstennähe. Schwimmen ist dann verboten.

Der *Gulf-Savannah Track* ist eine interessante Strecke durch das *Never Never Land* von Northern Territory. Durch *A. Gunns* Buch mit dem Titel "We, of the Never Never" erlangte diese Region Berühmtheit. Ausgangspunkt ist *Mataranka* mit dem nahen *Elsey National Park* und den berühmten Thermalquellen am Stuart Highway. Der Gulf-Savannah Track folgt zunächst dem gezeitenabhängigen, mit Schraubenpalmen umsäumten *Roper River* bis zum abgelegenen *Roper Bar, roadhouse* und Wetterstation zugleich, bevor er weiter in Richtung Südwesten führt. Von nun an wird ein Fluß nach dem anderen durchfahren. Alle münden in den Golf von Carpentaria und sind Heimat von Fischen wie Barramundi, Brasse *(bream),* Australischem Knochenzüngler *(saratoga),* Flußkrebsen sowie Leisten- und Johnston-Krokodilen. In der Regenzeit treten die Flüsse weit über ihre Ufer. Das Gebiet verwandelt sich dann in sumpfiges Gelände mit großen Seen. Während dieser Zeit sind viele Farmen und Gemeinden nur noch aus der Luft zu erreichen und zu versorgen. In der Trockenzeit trocknen die Sümpfe und Seen langsam aus und hinterlassen mit Seerosen bewachsene Teiche *(billabongs)* und Lagunen, die vielen Vogelarten als Lebensraum dienen. Von Borroloola, einer kleinen Ortschaft mit rund 700 Einwohnern, besteht die Möglichkeit, über den geteerten Carpentaria Highway zum Stuart Highway zurückzukehren. Der Gulf-Savannah Track in Richtung Queensland verläuft vorbei an *Wollogorang Roadhouse* als gute Schotterpiste zumindest bis zur Grenze zwischen Northern Territory und Queensland. Unmittelbar hinter der Grenze verändert sich die Fahrbahn überraschend. Die bis dahin relativ gute *gravelroad* verengt sich zu einer schmalen Fahrspur, die auf weiten Strecken viele tiefe Schlaglöcher mit *bulldust* und unübersichtliche Kurven aufweist. Die Schüttelei hält bis *Tiranna Roadhouse* an. Von dort führt die Piste in nordöstlicher Richtung nach *Burketown*, zur ältesten Siedlung am Golf. Nicht weit von Burketown entfernt liegt *Escott Station*. Die Farm hat sich neben der Viehwirtschaft ganz dem Tourismus verschrieben. Die Strecke zwischen Burketown und Normanton, Endpunkt des Gulf-Savannah Track, ist eine gute, breite Schotterpiste und einfach zu bewältigen.

## Mataranka

Bekannt wurde dieser kleine Ort durch seine Thermalquellen. Obwohl viele Touristenbusse die Quellen ansteuern, sollte man sich ein Bad im 34° C warmen Wasser unter Palmen und Papierrindenbäumen nicht entgehen lassen, bevor man zum *Gulf-Savannah Track* aufbricht (→ Streckenbeschreibung 5, Port Augusta - Katherine).

## Streckenlog

| | | |
|---|---|---|
| 0 | 1297,2 | *Mataranka* |
| 1,5 | 1295,7 | Geradeaus fahren; Abzweigung links zu *Mataranka Homestead* und den Thermalquellen |
| 7,0 | 1290,2 | Links auf den *Roper Highway* in Richtung *Roper Bar* fahren; geradeaus nach *Tennant Creek* |
| 92,5 | 1204,7 | Geradeaus fahren; Abzweigung links zu *Moroak Homestead* (7 km) |

| | | |
|---|---|---|
| 118,0 | 1179,2 | Geradeaus fahren; Abzweigung rechts zurück zum *Stuart Highway (Daly Waters)* |
| 134,5 | 1162,7 | Hier endet der Asphalt |
| 173,9 | 1123,3 | Abzweigung rechts auf den *Gulf-Savannah Track* (GST) nach *Borroloola* nehmen; geradeaus liegt *Roper Bar* (2,5 km) und *Ngukurr Community* (30 km). Die betonierte Furt, die bei *Roper Bar* durch den Roper führt, wurde 1845 von *Ludwig Leichhardt* bei einer seiner Expeditionen entdeckt. Den Fluß benannte man nach dem Expeditionsteilnehmer *John Roper*. Die Furt teilt den vom Meer bis hierher schiffbaren Fluß in eine Salzwasserzone meerwärts und eine Süßwasserzone landeinwärts. Neben den gefürchteten Salzwasserkrokodilen leben in dem Fluß Barramundis und Australische Knochenzüngler. Während des Baus der Telegraphenverbindung nach Darwin war Roper Bar Materiallager und Versorgungsstützpunkt. Heute gibt es hier einen Campingplatz und kleinen Laden von Aborigines. |
| 174,9 | 1122,3 | Abzweigung links nach *Borroloola* nehmen; geradeaus zum *Stuart Highway* und nach *Mataranka* |
| 195,4 | 1101,8 | Hinweisschild links über Angelregeln und Camping in der Golfregion *(gulf-country)* |
| 195,7 | 1101,5 | *Hodgson River* (Furt). 100 m weiter führt rechts ein Weg zu guten Campingmöglichkeiten. |
| 206,4 | 1090,8 | Hinweisschild links: Camping und Angeln auf den nächsten 19 km erlaubt |
| 231,8 | 1065,4 | *Toll Gate Creek* |
| 220,9 | 1076,3 | Lagune rechts |
| 232,7 | 1064,5 | *Mountain Creek* (Furt) |
| 233,5 | 1063,7 | Abzweigung links zum *creek* (100 m) |
| 236,4 | 1060,8 | Schild für entgegengesetzte Richtung mit dem Hinweis wie bei → KM 195,4. |
| 243,4 | 1053,8 | *St. Vidgeons Station* (verlassen) links. Ein guter Platz zum Picknicken ist *Lormaieum Lagoon*, nahe den Ruinen, ca. 1 km von Roper River. Campen verboten! |
| 254,0 | 1053,2 | *Whirlpool Creek* (Furt) |
| 261,3 | 1035,9 | Weggabelung: rechts nach *Borroloola* (300 km); links *Port Roper* (44 km) und *Roper Aquafarm* (46 km) |
| 288,1 | 1009,1 | *Little Towns River* |
| 292,3 | 1004,9 | *Towns River* (Furt) |
| 328,4 | 968,8 | Lagune links (50 m) |
| 330,2 | 967,0 | Geradeaus fahren; Abzweigung links zu *Limmen Bight Rivercamp*. 100 m weiter weist ein Schild auf die Möglichkeit zu Angeln und Camping hin. |
| 330,5 | 966,7 | *Cox River* (Furt) |
| 333,2 | 964,0 | Lagune links |
| 345,6 | 951,6 | *Piker Creek* |
| 352,0 | 945,2 | *Limmen Bight River* (Furt) |
| 364,8 | 932,4 | Weggabelung: rechts nach *Borroloola* fahren; links zu *Nathan River Station* (1 km); Camping nach telefonischer Vereinbarung möglich. |

| | | |
|---|---|---|
| 397,1 | 900,1 | *Sly Creek* |
| 413,4 | 883,8 | Geradeaus fahren; Abzweigung links zu *Lorella Springs Station* (35 km); Hinweisschild zu Angelregeln und Camping |
| 419,7 | 877,5 | *Copper Mine Creek* |
| 459,4 | 837,8 | Geradeaus fahren; Abzweigung rechts zu *Bauhinia Downs Station* (24 km) |
| 466,3 | 830,9 | *Batten Creek*<br>100 m weiter führt links ein Weg zu Campingmöglichkeiten (300 m). |
| 469,7 | 827,5 | T-Kreuzung: links nach *Borroloola* (82 km) und *Billengarah* (8 km) fahren; rechts nach *Heartbreak Hotel* (46 km) und *Cape Crawford* (48 km)<br>In der näheren Umgebung von *Cape Crawford* und *Heartbreak Hotel* liegen faszinierende Gesteinsformationen an Lagunen. Sie sind größtenteils von Schraubenpalmen umgeben. Viele Vogelarten nutzen diese Wasserstellen als Tränke oder gehen hier auf Beutefang. Vogelbeobachter kommen hier auf ihre Kosten. |
| 472,6 | 824,6 | Geradeaus fahren; Abzweigung links zu *Billengarah Station* (5 km) |
| 509,1 | 788,1 | *Crocodile Creek* |
| 514,2 | 783,0 | Geradeaus fahren; Abzweigung links zu *Tarwallah Station* (2 km) |

MacArthur River aus der Vogelperspektive

| | | |
|---|---|---|
| 517,0 | 780,2 | Geradeaus fahren; Abzweigung links zu *Tarwallah Station* (2 km) |
| 521,3 | 775,9 | T-Kreuzung: links auf dem *Carpentaria Highway* nach *Borroloola* fahren; rechts nach *Cape Crawford* (→ KM 469,7) |
| 533,5 | 763,7 | Geradeaus fahren; Abzweigung links zu *Campbell Spring* (15 km) |
| 547,6 | 749,6 | Geradeaus fahren nach *Wollogorang* (258 km); Abzweigung links nach *Borroloola* (4 km)<br>Borroloola ist das Verwaltungszentrum der Golfregion und für viele das Tor zum Golf von Carpentaria. Die kleine Ortschaft zieht in jedem Jahr viele Angler an, die hier Barramundi fangen wollen. An der Bootsrampe an *MacArthur River* ist es möglich zu campen (Vorsicht vor Krokodilen! Der Fluß ist bekannt für besonders große Exemplare). Wer die Sicherheit eines *caravan park* vorzieht, kann sein Zelt dort aufstellen. Von Borroloola aus hat man auch eine gute Gelegenheit, die Inseln im Golf zu besuchen. |
| 549,2 | 748,0 | *MacArthur River* (Furt) |
| 569,0 | 728,2 | *Poison Creek* |
| 575,4 | 721,8 | Geradeaus fahren; Abzweigung rechts zu *Spring Creek* (65 km) |
| 581,7 | 715,5 | *Little Fletcher Creek* |
| 588,2 | 709,0 | *Fletcher Creek* |
| 591,4 | 705,8 | *MacPherson Creek* |
| 603,3 | 693,9 | *Wearyan River* |
| 604,9 | 692,3 | *Little Wearyan River* |
| 618,0 | 679,2 | *Foelshe River* |
| 618,1 | 679,1 | Abzweigung rechts nach *Wollogorang* nehmen; geradeaus nach *Manangoora* (19 km) und *Seven Emu Homestead* (39 km). Mit Genehmigung von Seven Emu (07/ 47 42 82 58) kann auf den farmeigenen Strecken zur Küste fahren und in der Gegend angeln. |
| 638,9 | 658,3 | *Horse Creek* |
| 644,3 | 652,9 | Geradeaus fahren; Abzweigung rechts zu *Robinson River Station* (45 km) |
| 654,3 | 642,9 | *Robinson River* |
| 692,2 | 605,0 | *Kangaroo Creek* |
| 699,9 | 597,3 | Geradeaus fahren; Abzweigung links nach *Pungalina* |
| 725,1 | 572,1 | *Calvert River* |
| 748,0 | 549,2 | Geradeaus fahren; Abzweigung rechts nach *Calvert Hills* und zum *Tablelands Highway* |
| 755,1 | 542,1 | *Karns Creek* |
| 782,0 | 512,2 | Geradeaus fahren; Abzweigung links zu *Redbank Mine* |
| 804,6 | 492,6 | *Settlement Creek*. Die silberblättrigen Bäume am Pistenrand sind Silber-Eukalypten *(silver box)*. |
| 804,8 | 492,4 | Gatter |
| 805,4 | 491,8 | Geradeaus fahren zu *Border Gate*; links *Wollogorang Roadhouse* (300 m). Mit Genehmigung vom *roadhouse* Fahrt zu *Calvert River* (115 km) und *Tully-* und |

| | | |
|---|---|---|
| | | *Massacre Inlet* (90 km) zum Angeln oder Campen. Ein Tag 50 $; bei längerem Aufenthalt 20 $ pro Tag und Fahrzeug. |
| 811,0 | 486,2 | *NT/ QLD Border Gate*<br>Uhren um eine halbe Stunde vorstellen.<br>Ab hier wird der *track* extrem schlecht. Der talkähnliche *bulldust* kriecht durch jede Ritze. Schon nach kurzer Zeit ist alles mit einer millimeterdicken Staubschicht bedeckt. Der Regen hat die *gravel*-Schicht, mit der die Strecke 1993 gedeckt wurde, im Laufe der Jahre ausgewaschen. |
| 811,3 | 485,9 | Weggabelung: links halten |
| 813,9 | 483,3 | *creek* |
| 847,0 | 450,2 | *creek*<br>Direkt nach dem *creek* liegen rechts ein paar gute Plätze zum Campen. |
| 848,7 | 448,5 | *creek* |
| 884,8 | 412,4 | *creek* |
| 892,0 | 405,2 | *Hell's Gate Roadhouse* links<br>Neben allerhand Informationen zum Leben in der Golfregion bietet man hier Angeltouren zum *Golf von Carpenteria* an. Den Besitzern der Raststätte, *Bill* und *Lee Olive,* macht es viel Freude, sich mit Besuchern zu unterhalten. Von hier aus kann man zur Küste fahren. |

Wearyan River

| | | |
|---|---|---|
| | | Genehmigungen, um auf Land der Aborigines zu übernachten, bekommt man im *roadhouse* (20 $ Eintritt und 20 $ pro Fahrzeug und Tag. |
| 903,5 | 393,7 | *creek* |
| 910,2 | 387,0 | *creek* |
| 973,0 | 324,2 | *Domadgee Community* rechts |
| 976,4 | 320,8 | Kreuzung: geradeaus fahren; Abzweigungen links und rechts sind Privatstraßen. |
| 976,6 | 320,6 | *Gunnalunja River Weir*<br>Das Wehr, erbaut zwischen April und November 1991, dient der Wasserversorgung einer nahen Siedlung von Aborigines. Am Ufer steht ein ziemlich ramponierter und offensichtlich häufig benutzter Grill. Hunderte leerer Bierbüchsen zeigen, mit welchen Problemen auch diese *community* zu kämpfen hat. Während der Trockenzeit campieren viele Aborigines am oder auch im trockenen Flußbett - ein Zeichen dafür, daß sie sich in ihren Häusern nicht wohlfühlen. |
| 976,7 | 320,5 | Beginn bzw. Ende von *Nicholson River* (Furt) |
| 977,6 | 319,6 | Ende bzw. Beginn von *Nicholson River* (Furt) |
| 1030,9 | 266,3 | *creek* (Furt)<br>Nach dem *creek* findet man rechts gute Plätze zum Campen. |
| 1031,4 | 265,8 | *creek* (Furt) |
| 1035,9 | 261,3 | *Gregory River* (Furt) |
| 1037,1 | 260,1 | *Tiranna Roadhouse* links |
| 1045,1 | 252,1 | T-Kreuzung: links nach *Burketown* (26 km) fahren; rechts nach *Gregory Downs* (90 km) und *Lawn Hill National Park* (230 km)<br>In diesem unwirtlichen und dünnbesiedelten Landstrich wirkt *Lawn Hill Gorge* mit dem ganzjährig wasserführenden *Lawn Hill Creek* wie eine Oase. Ein Besuch lohnt trotz der 230 km langen Anfahrt. In dem heute ariden Gebiet hat das Wasser über Jahrtausende aus einem Plateau eine atemberaubende Landschaft mit bizarren Formationen geschaffen. Die Wände der Schlucht zeigen sich als spinifexbewachsene Sand- und Kalksteinterrassen; ganz anders dagegen sieht es unten in der Schlucht aus, wo sich aufgrund des ständig fließenden Wassers eine ungewöhnliche Pflanzenvielfalt entwickelt hat. Nahe am Fluß wachsen Australische Livistonien, Trauben-Feigenbäume, Weißzedern, Schraubenpalmen und Fluß-Eukalypten. Auf den Schwemmflächen gedeiht lichter Wald aus Akazien, Coolabah- und Blutharz-Eukalypten. Vögel, darunter viele Wasservögel wie Schlangenhalsvogel, Kormoran und Reiher, trifft man am häufigsten im Park an.<br>Von Zeit zu Zeit fällt auch eine Kolonie Flughunde in die Schlucht ein, um sich an Früchten zu laben. *Lawn Hill Creek* ist Heimat von Johnston-Krokodilen, Kurzhalsschildkröten, Merten-Wasserwaranen und vielen |

Fischen. In den Felsenwänden sind Felsenringelschwanzbeutler, Bergkänguruh und Braunbrustgudilang, eine Vogelart, zu Hause. Die kleinen, aus Schlamm gebauten Nester unterhalb der Felsensimse stammen von Arielschwalben, die hier in großen Kolonien leben.

Über 20 km Wanderwege ermöglichen den Zugang zu vielen Sehenswürdigkeiten in der Schlucht, so z. B. zu Malereien der Aborigines an *Wild Dog* oder *Rainbow Dreaming*.

Ein komfortabler, grasbewachsener Campingplatz *(camping area)* liegt an *Duwadarri Waterhole* (7,50 $ pro Platz) neben der Rangerstation und dem Informationszentrum des 122 $km^2$ großen Nationalparks. Es ist ratsam, den Zeltplatz vorher telefonisch zu reservieren. Eine gute Alternative ist der Campingplatz bei *Adels Grove,* ca. 10 km außerhalb des Parks.

1065,6 231,6 Geradeaus fahren; Abzweigung links zu *Escott Lodge* (12 km)

*Escott Lodge* ist eine Rinderfarm mit 8.000 Tieren. Die gleichnamige Ferienanlage *(resort)* umfaßt 32 $km^2$ und liegt inmitten des Farmgeländes. Gäste sind gern gesehen und können neben Aktivitäten wie Buschwandern, Kanufahren und Angeln (vor allem Barramundis) auch beim Viehtrieb zuschauen oder Rundflüge im Helikopter buchen.

1070,8 226,4 *Burketown* (Touristeninformation) rechts

"Barra-Capital-City", wie Burketown vielerorts genannt wird, liegt an *Albert River,* der natürlichen Grenze zwischen den nördlichen Feuchtzonen und den südlichen Weidegebieten. Gegründet wurde der Ort, dessen höchster Punkt gerade mal 15 m über dem Meeresspiegel liegt, 1865 als erste Siedlung am Golf. Die Abgeschiedenheit lockte alle möglichen Galgenvögel *(outlaws)* hierher, so daß es recht rauh zuging. Als 1866 eine Fieberepidemie *(gulf-feaver)* in der Gegend grassierte, evakuierte man die Bevölkerung kurzerhand nach *Sweers Island*, der südöstlichsten Insel der Wellesley-Gruppe. Erst 1869 konnten die Menschen zurückkehren. Die meisten zogen jedoch in Richtung Westen zu *Norman River* und gründeten dort das heutige Normanton. Heute leben noch etwa 230 Menschen in Burketown.

Die Strecke ist ab hier für 16 km geteert.

1072,2 225,0 *Artesischer Brunnen* rechts

Durch die Ablagerungen verschiedenster Mineralien ist mittlerweile ein 1,5 m hoher, bunter Kegel über dem Bohrloch entstanden, aus dem das heiße Wasser quillt.

1075,1 222,1 *Albert River* (Brücke)

1080,8 216,4 *Harris Lake*

1086,2 211,0 *Harris Creek*

| | | |
|---|---|---|
| 1142,5 | 154,7 | Geradeaus fahren; Abzweigung rechts zu *Floraville Homestead; New Armraynald Homestead* links |
| 1142,7 | 154,5 | Beginn bzw. Ende von *Leichhardt River* (Furt) Südlich der Furt liegen die malerischen *Leichhardt Falls*. |
| 1143,5 | 153,7 | Ende bzw. Beginn von *Leichhardt River* (Furt) |
| 1145,0 | 152,2 | Weggabelung: links nach Normanton fahren; rechts zu *Donors Hill Homestead* (108 km) |
| 1145,7 | 151,5 | *Alexandra River* Eine holprige, steinige Durchfahrt |
| 1152,3 | 144,9 | Weggabelung: rechts fahren; links zu *Wernandinga Homestead* |
| 1162,1 | 135,1 | Geradeaus fahren; Wegeinmündung links von *Wernandinga Homestead* |
| 1194,0 | 103,2 | *Morning Creek* |
| 1208,8 | 88,4 | *Poingdestre Creek* |
| 1226,6 | 70,6 | *Lake Creek* |
| 1227,1 | 70,1 | Kreuzung: geradeaus fahren; Abzweigung rechts zu *Macalister Homestead* (26 km); Abzweigung links zu *Inverleigh Homestead* |
| 1254,8 | 42,4 | *Flinders River* (Furt) |
| 1257,7 | 39,5 | *Bynoe River* (Furt) |
| 1260,2 | 37,0 | *Little Bynoe River* (Furt) |
| 1260,6 | 36,6 | Geradeaus fahren; Abzweigung rechts zu *Burke &* |

Purple Pub in Normanton

| | | |
|---|---|---|
| | | *Wills Camp* (1 km). Im Februar 1861 schlugen *Burke* und *Wills* auf ihrem Weg zum Golf von Carpentaria hier ein Lager auf (→ Streckenbeschreibung 2, Strzelecki Track). Bis zum Golf konnten sie nicht vorstoßen, denn Sümpfe versperrten ihnen den Weg. Daß sie aber nicht weit vom Meer entfernt sein konnten, verrieten ihnen die Flüsse, deren Wasserstand sich mit den Gezeiten änderte. |
| 1271,1 | 26,1 | Weggabelung: rechts fahren; links zu *Mangowra Homestead* |
| 1291,7 | 5,5 | Weggabelung: links auf die *Burke Developmental Road* nach *Normanton* (5 km) fahren; rechts nach *Cloncurry* und *Croydon* |
| 1297,2 | 0 | *Purple Pub Normanton* |

## Normanton

Der Ort wurde 1867 gegründet und entwickelte sich, aufgrund der günstigen Lage an *Norman River*, schnell zu einem bedeutenden Binnenhafen für das 380 km entfernte *Cloncurry* und seine Kupferfelder. 1871 zählte die Ortschaft rund 3.000 Einwohner (heute ca. 1.200, davon etwa drei Viertel Aborigines). Als man 18 Jahre später 150 km südöstlich nahe dem heutigen *Croydon* Gold entdeckte, blühte Normanton auf. Die Verbindung zwischen den beiden Städten stellte die Eisenbahngesellschaft her. Ursprünglich sollte die Bahnlinie von Normanton nach Cloncurry führen, doch die Goldfunde erschienen den Verantwortlichen wichtiger. Ein Zug, der damals Gold und andere Frachten transportierte, der *Gulflander*, verkehrt auch heute noch als Touristenzug. Er fährt einmal pro Woche die Strecke *Normanton - Croydon - Normanton,* die als einzige Bahnstrecke Australiens nicht an ein Netz angeschlossen ist. Der Nostalgiezug genießt mittlerweile Popularität und läßt die Herzen der Liebhaber angestaubter Eisenbahnromantik höher schlagen. Jeden Mittwoch führt die vierstündige Fahrt mit dem Dieseltriebwagen durch menschenleeres Gebiet ins trostlose, ehemalige Goldgräberstädtchen Croydon und am nächsten Morgen zurück nach Normanton. Ein paar Häuser aus der Kolonialzeit und *Purple Pub* sind Mittelpunkt der Stadt. Während des Goldrauschs im späten 19. Jahrhundert hatte sie jedoch ein eigenes Gericht, ein Krankenhaus, Verwaltungsstellen, zwei Zeitungsverlage, zwei Banken, eine ganze Anzahl Kirchen und sogar eine Kunstschule. Doch die Glücksritter, und mit ihnen die Pracht von damals, sind verschwunden.

Von Normanton bietet sich ein Ausflug nach *Karumba* am Golf von Carpentaria an. Die Ansiedlung ist ein bedeutender Garnelenfangort, Anlegestelle der Fähre nach *Weipa* (Cape York) und Verladehafen für die Rinder der umliegenden Farmen. Die mangrovenumsäumte Küste bietet zwar keine Bademöglichkeiten (Leistenkrokodile!), dafür aber gute Angelgründe.

## *Waltzing Matilda*

1. *Once a jolly swagman camped by a billabong,*
*Under the shade of a Coolibah tree,*
*And he sang as he watch'd and waited till his billy boiled,*
*"Who'll come a-waltzing Matilda with me."*
*Waltzing Matilda, waltzing Matilda,*
*You'll come a-waltzing Matilda with me.*
*He sang as he watched and waited till his billy boiled,*
*You'll come a-waltzing Matilda with me.*
2. *Down came a jumbuck to drink from that billabong,*
*Up jumped the swagman and grabbed him with glee.*
*He sang as he stowed that jumbuck in his tuckerbag,*
*You'll come a-waltzing Matilda with me.*
*Waltzing Matilda, waltzing Matilda,*
*You'll come a-waltzing Matilda with me.*
*He sang as he stowed that jumbuck in his tuckerbag,*
*You'll come a-waltzing Matilda with me.*
3. *Down came the squatter mounted on a thoroughbred,*
*Down came policemen, one, two, three.*
*"Whose' that jolly jumbuck you've got in your tuckerbag,*
*You'll come a-waltzing Matilda with me".*
*Waltzing Matilda, waltzing Matilda,*
*You'll come a-waltzing Matilda with me.*
*Whose' that jolly jumbuck you've got in your tuckerbag,*
*You'll come a-waltzing Matilda with me.*
4. *Now the swagman he upped, and leapt into the billabong,*
*"You'll never catch me alive", said he.*
*And his ghost may be heard if you pass by that billabong,*
*"Who'll come a-waltzing Matilda with me."*
*Waltzing Matilda, waltzing Matilda,*
*You'll come a-waltzing Matilda with me.*
*And his ghost may be heard if you pass by that billabong,*
*You'll come a-waltzing Matilda with me.*

Für die Australier fast eine Nationalhymne, handelt das Lied von *Banjo Paterson* von einem Landarbeiter *(swagman),* der mit seiner Schlafmatte, der "Matilda", wie der Schlafsack *(swag)* auch genannt wird, auf der Walz ist. Während er am Ufer eines Wasserlochs *(billabong)* unter einem Coolabah-Eukalyptus campt und seinen Tee in einem Blechtopf *(billy)* über dem Lagerfeuer kocht, kommt ein Schaf *(jumbuck)* zur Wasserstelle. Der *swagman* freut sich *(glee)* über die unerwartete Mahlzeit, tötet das Tier und steckt es in seinen Vorratsbeutel *(tuckerbag)*. Als ein Farmer *(squater)* auf seinem Vollblut *(thoroughbred)* und drei Polizisten *(policemen)* zu seinem Lager kommen und nach dem Schaf fragen, springt der *swagman* auf und wählt den Freitod im *billabong*, um seiner Verhaftung zu entgehen. Sein Geist soll noch hier an *Combo Waterhole* weilen.

# Strecke 20
# Normanton - Charleville (Matilda Highway)

- **Entfernung:** 1.427 km; max. Entfernung ohne Tankmöglichkeit: 181 km
- **Empfohlene Reisedauer:** 4 bis 5 Tage
- **Reine Fahrzeit:** 15 Stunden
- **Empfohlene Reisezeit:** April bis Oktober (beste Zeit April und Mai)
- **Ab- und Rückmeldung:** nicht erforderlich
- **Ausrüstung:** Pkw (auch Wohnmobile); keine besondere Ausrüstung erforderlich
- **Pistenart und -zustand:** Geteerte Straße ohne Schwierigkeiten
- **Versorgung:** Normanton (Grundversorgung); Burke & Wills Roadhouse/ 195 km (roadhouse); Cloncurry/ 376 km (Grundversorgung); McKinlay Roadhouse/ 495 km (roadhouse); Kynuna/ 569 km (roadhouse); Winton/ 733 km (Grundversorgung); Longreach/ 906 km (kompletter Service); Barcaldine/ 1.014 km (Grundversorgung); Blackall/ 1.121 km (Grundversorgung); Charleville/ 1.427 km (kompletter Service)
- **Telefonnummern:** Normanton Polizeistation 07/ 47 45 11 33; Winton Touristeninformation 07/ 46 57 11 05; Longreach Touristeninformation 07/ 46 58 17 76; Charleville Touristeninformation 07/ 46 54 30 57; Burke & Wills Roadhouse 07/ 44 72 59 09; McKinlay Roadhouse 07/ 47 46 84 24
- **Besondere Hinweise:** keine

Der *Matilda Highway* erhielt, wie das ihn umgebende *Matilda-country*, seinen Namen vom wohl populärsten Song Australiens: "Waltzing Matilda".

Eine Fahrt auf dem Highway ist nicht nur eine Fahrt durch das *outback* Queenslands, sondern gleichzeitig eine Reise durch die jüngste Geschichte eines ganzen Kontinents: *Normanton* ist der Heimatbahnhof des *Gulflander*, in Cloncurry wurde die Institution der *Flying Doctors* gegründet, an *Combo Waterhole* schrieb *Banjo Paterson* das Lied "Waltzing Matilda", in *Winton* ist die australische Fluggesellschaft *QANTAS* beheimatet, in *Barrcaldine* wurde vor dem Hintergrund der Schafschererstreiks die *Labour Party*, Australiens älteste Partei, gegründet, und kurz vor *Longreach* liegt das wohl eindrucksvollste Museum Australiens, *Stockman's Hall of Fame*.

Außerdem führt die Fahrt auf dem Matilda Highway vorbei an den nicht nur in Australien bekannten *Burke & Wills*- und *McKinlay Roadhouses* (→ Streckenlog). Wer heute in eines der überall am Highway verstreuten Rasthäusern einkehrt, wird bemerken, daß das Essen hier deftig und üppig ist, viel Fleisch und Kartoffeln, wenig Frischkost. Die Gründe dafür liegen wohl darin, daß weniger verwöhnte Touristen den Matilda Highway bevölkern, sondern eher *trucker*, die tonnenschwere *roadtrains* steuern. Kleinere Autos sollten den Giganten ausweichen, denn plötzliche Bremsmanöver sind den Lastwagenfahrern nicht nur ein Greuel, sondern unmöglich. Diese Tatsache macht den Matilda Highway für Tierfreunde zu einem Alptraum: Nach jedem Kilometer liegt ein Kadaver am Straßenrand. Die Zahl der Kollisionen mit Rindern, Schafen und Känguruhs geht jährlich in die Tausende.

## Normanton

(→ Streckenbeschreibung 19, Roper Bar - Normanton via Gulf-Savannah Track)

## Streckenlog

| | | |
|---|---|---|
| 0 | 1427,0 | *Normanton* (Purple Pub) |
| 5,0 | 1422,0 | Weggabelung: links *Matilda Highway* (MH); Abzweigung rechts nach *Burketown* (221 km) und zum *Gulf-Savannah Track* (→ Streckenbeschreibung 19, Gulf-Savannah Track) |
| 7,0 | 1.420,0 | Weggabelung: rechts *MH*; Abzweigung links ist die *Gulf Developmental Road* nach *Croydon* (145 km). |
| 193,0 | 1234,0 | Geradeaus *MH*; Abzweigung rechts zu *Gregory Downs Roadhouse* (145 km) |
| 195,0 | 1232,0 | *Burke & Wills Roadhouse*<br>Es gibt Dinge, die man erst glaubt, wenn man sie mit eigenen Augen gesehen hat. Dazu zählt das biertrinkende Pferd *Fourex* an *Burke & Wills Roadhouse*. Fourex soll als verwaistes *brumby*-Fohlen (australisches Wildpferd) von einem Kirchendiener gefunden worden sein. Dieser hatte eine Vorliebe für Bier der Marke *XXXX*, Queenslands bekannteste Biersorte. Hin und wieder soll er dem Fohlen einen kleinen Schluck davon gegeben haben. Heute reicht dem mittlerweile ausgewachsenen Pferd ein kleiner Schluck nicht mehr - es muß schon eine Flasche *(stubby)* sein. In den Wintermonaten kann man dem Pferd, allerdings erst nach 22 Uhr, ein Bier spendieren. Fourex nimmt die Flasche zwischen die Zähne, legt den Kopf zurück und läßt den Gerstensaft in die durstige Kehle rinnen. Die Beschränkung bezüglich der Jahres- und Uhrzeit wurde Fourex vom Tierarzt verordnet, der ihn angesichts des allzu exessiven Alkoholgenusses auf Diät setzte, um seine Gesundheit nicht zu gefährden. Während der heißen Sommermonate ist Fourex dann sozusagen auf Entzug und grast auf einer weit entfernten Wiese. Daß Fourex Bier der Marke *XXXX* (sprich: fourex) bevorzuge, ist ein sich hartnäckig haltendes Gerücht. Wir sahen ihn auch *Fosters* oder *VB* trinken. |
| 374,0 | 1049,0 | T-Kreuzung: links *MH* nach *Cloncurry*; rechts nach *Mount Isa* (118 km) |
| 376,0 | 1051,0 | *Cloncurry*<br>Das 2.500 Seelen-Dorf war der Geburtsort des *Royal Flying Doctor Service* (→ "Landeskunde", hier "Royal Flying Doctor Service und School of the Air"), der auch bei uns durch die gleichnamige Fernsehserie "Die fliegenden Ärzte" bekannt wurde. *John Flynn* war die treibende Kraft der Organisation, mit deren Tätigkeit die Besiedlung des *outback* erst vorangetrieben wer- |

den konnte. Zu einer Zeit, in der die Fliegerei noch in den Kinderschuhen steckte, und Empfangs- und Sendegeräte, die den Funkverkehr über große Entfernungen ermöglichten, noch nicht existierten, machte sich John Flynn daran, seine Idee der "Ärzte mit Flügeln" zu verwirklichen. Um Notfälle zu melden oder ärztliche Anweisungen über lange Entfernungen geben zu können, mußte eine Empfangs- und Sendeanlage her. Flynns Traum ging 1928 mit der Erfindung des Pedalradios, eines Zwei-Wege-Funkgeräts, in Erfüllung. Der Jungfernflug der einmotorigen "Victory" mit *Dr. K. St. Vincent Welch* an Bord führte zum ersten Notfall nach *Julia Creek*. Mit Hilfe der Fluggesellschaft *QANTAS*, gegründet 1920 in Winton, baute man das Netz der *Flying Doctors* aus. Der erste Hangar, an dem noch der ursprüngliche Name "Queensland and Northern Territory Aerial Service" zu lesen ist, und von dem aus die Hilfsflüge starteten, ist am Flugplatz von Cloncurry zu besichtigen. John Flynn starb 1951 im Alter von 71 Jahren und wurde in *Alice Springs* begraben, doch sein Name wird in Erinnerung bleiben, solange die *Fliegenden Ärzte* unterwegs sind.

390,0 1037,0 Rechts *MH* in Richtung *Winton*; geradeaus nach *Hughenden* (390 km)

495,0 932,0 *McKinlay Roadhouse*

*Walkabout Creek Hotel* ist der bekanntere Name dieses Rasthaus, dessen Außenfassade für einige Sekunden im Film "Crocodile Dundee" zu sehen ist. Für die Innenaufnahmen wurde das Hotel allerdings im Studio nachgebaut. Die nächsten Krokodile leben etwa 600 km entfernt.

569,0 858,0 *Kynuna Roadhouse*

18 km von Kynuna entfernt liegt der vermutlich bekannteste *billabong* Australiens: *Combo Waterhole*. Hier schrieb *Banjo Paterson* 1895 zu einer alten schottischen Melodie von *Robert Tannahill* den Text zu "Waltzing Matilda", der auf einer wahren Begebenheit beruht. Vermutlich hätte er sich nie träumen lassen, als er seinen *billy-tea* im Schatten der Coolabah-Eukalypten zubereitete, daß sein Lied über den Landarbeiter, der sich hier im Wasserloch ertränkte, über Generationen hinweg weiterleben würde. Wer sich das Wasserloch mal aus der Nähe ansehen möchte, kann sich im Rasthaus eine selbstgezeichnete Karte *(mud map)* geben lassen, die den Weg beschreibt.

727,0 700,0 T-Kreuzung: links *MH* nach *Winton* fahren; Abzweigung rechts nach *Boulia* (360 km)

733,0 694,0 *Winton*

Bis 1879 hieß dieser Ort "Pelican Waterhole". Weil der damalige Postvorsteher den Namen für viel zu kompliziert hielt, taufte er die Siedlung kurzerhand in "Winton", nach seinem Geburtsort in Großbritannien, um. Bedeutung erlangte Winton im Jahr 1920, als man hier die australische Fluglinie *QANTAS* gründete. Ein Denkmal gegenüber von *North Gregory Hotel* erinnert an diese Pioniertat im staubigen *outback*. Das Buchungsbüro von *QANTAS* war jedoch in Longreach, wo die Flugzeuge auch gebaut wurden. 1921 startete das erste Flugzeug, die *AVRO 504 K.* Auf keinen Fall versäumen sollte man den Besuch des *Qantilda Pioneer*-Museums (Qantilda ist die Kombination von Qantas und Matilda), in dem die Uraufführungsszene des Liedes "Waltzing Matilda" mit *Banjo Paterson* nachgestellt ist. Sie fand 1895 im *North Gregory Hotel* statt. Darüberhinaus bietet das 1972 eröffnete Museum viele andere interessante Objekte, wie z. B. einen alten Ford (Modell T) aus dem Jahr 1920, einen uralten Geländewagen aus dem Jahr 1916 oder ein Pedal-Radio. Gleich neben dem Hotel bietet eines von nur zwei australischen Freilichtkinos (das andere ist in Broome, Western Australia) jeden Samstag Filmvorführungen, immer eingeleitet von dem Uraltstreifen über "Waltzing Matilda".

Wer noch weiter in die Geschichte zurückblicken möchte, kann von Winton in Richtung Jundah (Winton - Jundah Road) fahren, um in *Lark Quarry Environmental Park* hundert Millionen Jahre alte Fußabdrücke von Dinosauriern zu bestaunen (111 km; etwa 1,5 Std. Fahrt). Erstaunlich ist die unterschiedliche Größe der Abdrücke. Wissenschaftler stellten fest, daß sie von verschiedenen Sauriern stammen. Sie entstanden, als ein fleischfressender Saurier (Carnosaurus) auf eine große Gruppe von Coelurosauren (Hohlknochensaurier) und Ornithopoden (Vogelfußsaurier) traf, die in wilder Flucht davonrannten.

781,0 646,0 Geradeaus *MH*; Abzweigung rechts zu *Lorraine Station* (6 km)

Auf *Lorraine Station* weiden 2.000 Rinder und 25.000 Schafe auf 300 km² Land. 1985 entschieden sich die *Robinsons*, die langen Dürreperioden durch Einnahmen aus dem Tourismus zu überbrücken. Sie renovierten ihre alten Schafschererhütten, die heute Übernachtungsmöglichkeiten für 70 Personen bieten. Durch die ständig sinkenden Wollpreise könnte die Farm ohne diese zusätzlichen Einnahmen nicht mehr existieren. Nur etwa 6 $ erzielt man für den ganzen Wollertrag eines Merinoschafs. Davon sind rund 1,30 $ Lohn für den Scherer abzuziehen. Die Schur findet zweimal im Jahr (Frühling und Winter) statt. Wer also bei Viehtrieb oder Schur dabei sein will, sollte die Farm dann besuchen.

### *Ein Baum schreibt Geschichte*

Historischer Höhepunkt von *Barcaldine* ist der *Tree of Knowledge* (Baum des Wissens), in dessen Schatten die Schafscherer vor rund hundert Jahren Streikdemonstrationen abhielten. Der Streik wurde jäh von der Kavallerie beendet, die Streikführer verhaftet und zu Zwangsarbeit auf *St. Helena Island*, etwa 6 km von der Mündung des Brisbane River entfernt, verurteilt. Ein Jahr später (1891) war der Geistereukalyptus *(ghost gum)* erneut Schauplatz eines historischen Ereignisses: Verschiedene Arbeitervereinigungen trafen sich hier, um einen Parlamentsabgeordneten zu wählen und die *Labour Party* zu gründen. *T.J. Ryan* wurde so der erste von Arbeitern entsandte Abgeordnete der Welt. Als vor ein paar Jahren der Baum abzusterben drohte, bildete sich unter den Einwohnern eine "Rettet-den-Baum"-Initiative, die schließlich einen "Baum-Doktor" zu Rate zog. Der kürzte den Baum ganz einfach mit der Säge und ließ Löcher in den ihn mittlerweile umgebenden Asphalt bohren, damit er wieder genügend Nahrung aufnehmen konnte. Jetzt schlägt der Baum erneut aus und spendet wieder Schatten.

906,0 521,0 *Longreach*

Gegenüber der Landebahn von Longreach liegt *Stockman's Hall of Fame*, die gewissermaßen zum Pflichtprogramm eines *outback*-Interessierten gehört. Sie ist die Ruhmeshalle all jener, die im *outback* lebten und auch noch leben. Der etwas futuristische Bau, dessen Kuppeln sich aus der flachen, fast baumlosen Ebene erheben, beherbergt Erinnerungsstücke an die Pioniergeschichte des Landes und vermittelt ein Gefühl für Kunst und Kultur im *outback*. Seit seiner Eröffnung durch die britische Königin 1988 zog das Museum mehr als 400.000 Besucher aus der ganzen Welt an.

1014,0 413,0 *Barcaldine*

(→ Artikel "Ein Baum schreibt Geschichte")

1121,0 306,0 *Blackall*

Hier steht die Statue eines bemerkenswerten Mannes, des Schafscherers *Jack Howe*. Er befreite 321 Schafe mit einer Blattschere in nur 7 Stunden und 20 Minuten von ihrer Wolle! Eine bemerkenswerte Leistung, wenn man bedenkt, daß ein guter Scherer heute mit modernen elektrischen Schurgeräten 180 Schafe pro Arbeitstag schafft.

In Blackall steht gleich neben dem artesischen Brunnen eine Halle, *Woolscour* genannt, aus dem Jahr 1906. Hier wurde die Wolle nach der Schur und vor dem Abtransport gereinigt. Die Reinigungsfließbänder waren zum damaligen Zeitpunkt eine Revolution, mußte doch bis dahin in mühseliger Handarbeit gekämmt und gesäubert werden. 1977 kam aus Rentabilitätsgründen auch für diese Anlage das Aus. Ein Besuch lohnt sich durchaus, da die Einrichtung fast noch intakt ist und

| | | |
|---|---|---|
| | | nach einigen Reparaturen jederzeit wieder in Betrieb gehen könnte. |
| 1222,0 | 205,0 | *Tambo* |
| 1338,0 | 89,0 | *Augathella* |
| 1343,0 | 84,0 | Abzweigung links auf den *Mitchell Highway* nach *Charleville* nehmen; geradeaus nach *Mitchell* (179 km) |
| 1427,0 | 0 | *Charleville* |

## Charleville

In *Charleville*, Endpunkt des Matilda Highway, fand zu Anfang des Jahrhunderts ein interessantes Wetterexperiment statt: der Versuch, künstlich Regen zu erzeugen. Anlaß war die schlimmste Dürreperiode seit der Besiedlung von Queensland. Sie ließ den Meteorologen *Clement L. Wragge* auf die Idee kommen, daß sogenannte "Regenkanonen", mit Schießpulver gefüllt und die Ladung dann in den Himmel geschossen, den ersehnten Niederschlag bringen könnten. Natürlich fiel kein einziger Tropfen. Eine dieser Kanonen ist noch in Charleville (Sturt Street) zu besichtigen. Ebenfalls lohnt der Besuch der *RFDS-Basis* (Royal Flying Doctor Service). Sie verfügt über ein Flugzeug, einen Arzt und zwei Piloten, die ein Gebiet von der Größe Großbritanniens medizinisch versorgen. Selbst Birdsville, der entfernteste Ort, der von dieser Basis aus angeflogen wird, ist nach Eingang eines Notrufes in zwei Stunden zu erreichen. Mit dem Auto wären dazu etwa 15 Stunden notwendig.

# Strecke 21
# Mossman - Musgrave

- **Entfernung:** via Cape Tribulation und Lakefield National Park: 455 km; max. Entfernung ohne Tankmöglichkeit: 278 km;
  via Peninsula Developmental Road: 372 km; max. Entfernung ohne Tankmöglichkeit: 75 km
- **Empfohlene Reisedauer:** via Cape Tribulation und Lakefield National Park: 3 bis 4 Tage; via Peninsula Developmental Road: 2 Tage
- **Reine Fahrzeit:** via Cape Tribulation und Lakefield National Park: 10 Stunden;
  via Peninsula Developmental Road: 6 Stunden
- **Empfohlene Reisezeit:** April bis November; in der übrigen Zeit ist die Strecke nach Regenfällen oft unpassierbar;
  via Peninsula Developmental Road: Die Strecke nördlich von Laura ist von Dezember bis März gesperrt.
- **Ab- und Rückmeldung:** nicht erforderlich
- **Ausrüstung:** via Cape Tribulation und Lakefield National Park: Geländewagen (4-WD) mit Grundausrüstung für Wagen und Grund- wie auch Zusatzausrüstung beim Werkzeug.
  Via Peninsula Developmental Road: Pkw, in der Regenzeit Geländewagen (4-WD) mit Grundausrüstung bei Wagen und Werkzeug.

- **Pistenart und -zustand:** via Cape Tribulation und Lakefield National Park: Bis Cape Trib ist die Straße geteert (wenn auch schlecht); dann geht sie über in eine unwegsame Erdpiste durch bergiges Regenwaldgebiet. Die Strecke weist oft starke Auswaschungen und Schlaglöcher auf. Nach Regen verwandelt sie sich in eine Schlammpiste; via Peninsula Developmental Road: Bis Lakeland ist die Strecke, abgesehen von kurzen Unterbrechungen, geteert. Danach geht sie über in eine breite Schotterpiste mit streckenweise *bulldust* und *corrugations*. Manchmal treten tiefe Querrillen auf, die bei zu hoher Geschwindigkeit verheerende Folgen haben können, z. B. Achsbruch. Auch auf tiefe Senken *(dips)* muß man gefaßt sein.
- **Versorgung:** via Cape Tribulation und Lakefield National Park: Mossman (Grundversorgung); Cooktown/ 177 km (kompletter Service); Musgrave/ 455 km (roadhouse/ Pub);
  via Peninsula Developmental Road: Mossman (Grundversorgung); Palmer River Roadhouse/ 142 km (roadhouse/ Pub); Lakeland/ 173 km (Lebensmittelladen, Hotel, caravan park, Werkstatt, Tankmöglichkeit); Laura/ 235 km (Lebensmittelladen, Hotel, caravan park, Werkstatt, Tankmöglichkeit); Hann River Roadhouse/ 310 km (roadhouse/ Pub) Musgrave/ 372 km (roadhouse/ Pub)
- **Telefonnummern:** RACQ Cairns 07/ 40 36 64 33; Cooktown (Polizeistation) 07/ 40 69 53 20; Palmer River Roadhouse 07/ 40 60 21 52; Lakeland Store 07/ 40 60 21 33; Laura Hotel 07/ 40 60 32 55; Jowalinna Bush Camp/ S. & J. Trezise 07/ 40 60 32 36; Hann River Roadhouse 07/ 40 60 32 42; Musgrave Telegraph Station 07/ 40 60 32 29; Hope Vale Community 07/ 40 60 91 85
- **Besondere Hinweise:** via Cape Tribulation und Lakefield National Park: Von Oktober bis April sind Würfelquallen *(stinger)* im Meer. Eine Berührung mit ihren Tentakeln erzeugt im günstigsten Fall nur heftige Schmerzen, in der Regel führt sie aber direkt zum Tod! Also: Aufpassen oder besser aufs Schwimmen verzichten! In *Bloomfield River, Daintree River* und anderen größeren Flüssen sowie in den Gewässern des Lakefield-Nationalparks leben Leistenkrokodile! Von Dezember bis März ist *Lakefield National Park* wegen Überschwemmungen nicht zugänglich. Die Fähre über den Daintree fährt von 6-18 Uhr (Überfahrt 6 $).
  Via Peninsula Developmental Road: Trotz der breiten Schotterpiste sollte man sich nicht zu überhöhter Geschwindigkeit hinreißen lassen!

Oft sind Australienreisende von *Cape York* enttäuscht. Der Regenwald und tropische Vegetation sind zwar weit verbreitet, doch nicht immer nur als undurchdringlicher Dschungel, wie ihn sich viele vorstellen. Auch zeigt er mehr Ähnlichkeit mit den Regenwäldern Neuguineas als mit den australischen Regenwäldern weiter südlich. Die Pflanzenwelt ist regional sehr verschieden. So wachsen im dichten Flachland-Regenwald der sandigen Küstengebiete im Osten überwiegend Papierrindenbäume, Honigmyrthen und Schraubenpalmen. In den Bergregionen dominieren Araukariengewächse *(hoop-pines)*, Feigenbäume, kleinere Palmen und am Boden Orchideen. Wo die Niederschlagsmenge geringer ist, breiten sich Monsunregenwälder aus. So ist der äußerste Landvorsprung der Halbinsel von etwa 230 km² trokkenem Monsunregenwald, sogenanntem *lockerbie-scrub*, bedeckt, in dem Palmen, Farne, Feigenbäume mit riesigen Brettwurzeln, Würgefeigen und unzählige Kletterpflanzen das Bild bestimmen. Weitaus häufiger als Regenwald sind Eukalyptuswälder auf der Halbinsel vertreten. Auch hier dominieren, je nach Lage, Niederschlagsmenge oder Bodenbeschaffenheit, unterschiedliche Arten. An Flußläufen und in Sumpfgebieten trifft man immer wieder auf die Pflanzengemeinschaften der Papierrindenbäume, die feuchte Böden bevorzugen. Grevilleen, Banksien, Honigmyrthen und kleine Papierrindenbäume gehören zur Heidelandschaft nördlich und westlich von *Gunshot Creek*. Eines der wichtigsten und markantesten Ökosysteme breitet sich an der Küste der Halbinsel aus. Über vierzig verschiedene Mangrovenarten, von denen einige unter idealen Bedingungen bis zu 30 m hoch werden können (wie z. B. an der Mündung von *Escape River* in der Bucht von Newcastle), bilden einen dichten Gürtel, der sich um die Halbinsel legt. Dieses Mosaik verschiedenster Vegetationszonen gestaltet einen Lebensraum, der einer Vielzahl von Tieren Nahrung und Unterschlupf bietet. Daß die meisten Touristen indessen kaum ein Tier zu Gesicht bekommen, ist nicht verwunderlich: In ihren Geländewagen poltern sie in der Trockenzeit in Massen über die holprigen Pisten, um möglichst schnell die äußerste Landspitze des Kaps zu erreichen. Abends - zu einer der besten Zeiten, um Tiere zu beobachten - macht sich dann der Herdentrieb bei der Suche nach einer guten Campingstelle bemerkbar. An bestimmten Punkten wie *Elliot Falls* oder an *Wenlock River* drängen sich die Menschen und tauschen ihre Erlebnisse bei den Flußdurchquerungen aus. Nur selten kann man sich des Eindrucks erwehren, auf einem Rummelplatz zu sein. Daß sich an solchen Orten oder in der näheren Umgebung kein Tier aus dem Versteck wagt, ist nur allzu verständlich. Wer an Tierbeobachtung interessiert ist, muß sich schon abseits der Treffpunkte und Hauptstrecken bewegen, um die scheuen und nachtaktiven Geschöpfe zu Gesicht zu bekommen. Mit Geduld, Ruhe, Aufmerksamkeit und einer starken Taschenlampe wird man erstaunliche Entdeckungen machen. In den Baumwipfeln vielleicht ein Kuskus oder ein Ringelschwanz-Kletterbeutler, die sich langsam von Ast zu Ast bewegen, oder eins der seltenen Baumkänguruhs. Bestimmt aber flattern hier und da Fledermäuse vorbei, zu deren Familie in dieser Region ein Drittel der Säugetiere gehört. Im Gegensatz zu den Fledermäusen, die meist nur nachts als Schatten auftauchen, sind die größeren Flughunde leichter zu erkennen. Zu Beginn der Dämmerung fliegen sie zu Tausenden zu ihren Futterplätzen und streiten sich dort lautstark um die begehrten Früchte. Ein Großteil der Vögel hier ist selbst tagsüber eher zu hören als zu sehen, darunter der zu den Paradiesvögeln gehörende Katzenvogel *(catbird)*, der seinen Namen seiner Stimme verdankt, der Gelbbauchdickkopfschnäpper *(golden whistler)* oder der Reifelvogel mit seinem melodischen Zwitschern. An den Flüssen sieht man häufig Reiher und Raubvögel auf Futtersuche.

Von den 156 Reptilienarten auf Kap York ist die bekannteste das Leistenkrokodil (→ Artikel "Reptilien der Urzeit - Krokodile"). Es bewohnt die Küstenabschnitte und Flüsse der Halbinsel. Weitaus häufiger als Krokodile bekommt man Echsen wie Warane *(goannas)* und Glattechsen *(skinks)* oder Amphibien wie Frösche (hier zumeist den Grünen Baumfrosch) zu Gesicht. Natürlich haben auch Schlangen ihren Lebensraum auf der Halbinsel, darunter harmlose Baumschlangen oder Pythons, aber auch gefährliche wie Braunkönigsschlange, Taipan und Schwarzotter. (Den Ängstlichen sei an dieser Stelle gesagt, daß die Halbinsel nicht gefährlicher ist als der Rest Australiens; siehe → Artikel "Australische Schlangen") Unter den Insekten fallen vor allem die grünen Ameisen mit ihren kunstvoll versponnenen Nestern oder die Vielzahl von Schmetterlingen in *Iron Range National Park* auf. Darüber hinaus existieren hier über 119 Arten von Moskitos und eine nicht zählbare Menge Sandfliegen - ein Insektenschutzmittel ist wirklich angebracht. Aber niemand braucht Angst vor der gefürchteten Malaria zu haben, denn auch dieser Teil Australiens ist davon nicht betroffen.

Der Versuch zu beschreiben, in welchem Zustand sich die Piste befindet, erweist sich gerade beim *Cape York Track* als schwierig. Ein Abschnitt, der heute noch in erstklassigem Zustand ist, kann schon nach nur einem heftigen Regenfall zu einem Alptraum werden. Grundsätzlich handelt es sich um eine Erd- und Sandpiste mit häufigen Flußdurchquerungen. Der größte Fluß, *Jardine River*, ist mit einer Fähre zu überqueren. Manche Flußbetten sind steinig, andere tiefsandig, so daß man grundsätzlich aussteigen und die Furt durchwaten muß (→ "Fahrtechniken und Problemlösungen", hier "Flußdurchfahrten"). Je später man in der Trockenzeit fährt, desto schlimmer ist der Zustand der waschbrettartigen Piste. Dies trifft besonders auf Alternativstrecken zu, die *creeks* und Flüsse umgehen. Auch die Flußein- und -ausfahrten verschlechtern sich mit wachsendem Verkehrsaufkommen. Besonders tückisch sind immer wieder Passagen aus feinstem *bulldust* (→ "Fahrtechniken und Problemlösungen", hier "Bulldust") und enge, unübersichtliche Stellen, die zu Kollisionen mit entgegenkommenden Fahrzeugen führen können, weil jeder in der Mitte des *track* fährt. Nicht sonderlich beliebt bei den Bewohnern der Halbinsel wie auch bei anderen Reisenden sind die sogenannten *loopies*. Es sind zumeist einheimische Urlauber, die in kürzester Zeit zum Kap fahren und nach drei Tagen wieder zu Hause sein möchten. Entsprechend schnell ist ihre Fahrgeschwindigkeit. Die Unfallgefahr auf dieser Piste darf deshalb auf keinen Fall unterschätzt werden.

Um zum nördlichsten Punkt Australiens zu gelangen, gibt es zwei Möglichkeiten: die Strecke über *Cape Tribulation, Cooktown* und *Lakefield National Park,* oder die Strecke über *Mareeba, Mt. Molloy, Lakeland* und *Laura* (Peninsula Developmental Road). Beide Strecken führen nach *Musgrave,* Ausgangspunkt der letzten Etappe zur äußersten Landspitze des Kaps (→ Streckenbeschreibung 22, Musgrave - Cape York). Von Mossman führt die Strecke via *Cape Tribulation* und *Lakefield National Park* parallel zur Küste, bis man auf *Daintree River* trifft. Eine Fähre (tgl. 6 - 18 Uhr, Fr 6 - 19 Uhr und 23 - 24 Uhr; Kosten für Auto und zwei Personen: 3 $) setzt Passagiere und Fahrzeuge zur anderen Seite über. Nach der Überquerung des Flusses taucht die Piste in den Regenwald von *Cape Tribulation National Park* ein und windet sich zunächst an der Küste entlang bis nach *Cooktown.* Ab Cape Tribulation ist die Strecke definitiv nur für Allradfahrzeuge geeignet, zumal am Ende des Nationalparks der breite *Bloomfield River* zu durchfahren ist. Als *Captain Cook* mit der "Endeavour" bei *Cape Tribulation* auf ein Riff lief, mußte er an der Mündung des nach seinem Schiff benannten *Endeavour River* an Land gehen, um es zu reparieren. Cooktown selbst entstand allerdings erst 103 Jahre später, als *James V. Mulligan* 120 km landeinwärts an *Palmer River* Gold fand. Von Cooktown geht es weiter durch den Lakefield-Nationalpark bis *Musgrave,* die nächste Tankmöglichkeit.

Die zunächst noch teilweise geteerte *Peninsula Developmental Road* ist der direkte Zugang zur Halbinsel. Landschaftlich ist diese Strecke aber bei weitem nicht so reizvoll wie eine Fahrt durch den dichten Regenwald des Cape-Tribulation-Nationalparks oder vorbei an den vielen Lagunen des Lakefield-Nationalparks. Dafür hat sie in der Nähe von Laura Felsenzeichnungen der Aborigines *(Quinkan Art Galleries)* aufzuweisen. Einige dieser einzigartigen Malereien, die hauptsächlich Menschen und Tiere darstellen, schätzt man auf ein Alter von 35.000 Jahren. Nördlich von Laura führt ein Weg zu den alten Goldfeldern an *Palmer River.* Auf der teilweise sehr holprigen, waschbrettartigen Piste verläuft die Peninsula Developmental Road am neuen *Hann River Roadhouse* vorbei und erreicht nach weiteren 62 km die ehemalige Telegraphenstation *Musgrave*.

## Mossman

Dieser Ort liegt etwa 70 km nördlich von Cairns und rund 14 km nördlich von Port Douglas. Es ist die nördlichste Stadt von Queensland, in der die Menschen ihren Lebensunterhalt mit Zuckerrohranbau verdienen, der das gesamte Bild der Küstenregion bestimmt. Sehenswert ist besonders der nahe Mossman-Gorge-Nationalpark.

---

### Strecke 21.1
### via Cape Tribulation und Lakefield National Park

---

| | | |
|---|---|---|
| 0 | 455,0 | *Mossman*, Tankstelle |
| 25,0 | 430,0 | Rechts zur *Daintree-River-Fähre* (5 km) fahren; geradeaus nach *Daintree* |
| 30,0 | 425,0 | Fähre über *Daintree River* |
| 35,1 | 419,9 | Geradeaus fahren; Abzweigung rechts zu *Cape Kimberley* (Resort) |
| 39,6 | 415,4 | Geradeaus fahren; Abzweigung rechts zu *Cow Bay*<br>Die Piste schlängelt sich nun durch die ersten Regenwaldgebiete. |
| 43,2 | 411,8 | Beginn bzw. Ende von *Cape Tribulation Area (Daintree National Park*)<br>Wolkenverhangene Gipfel und Regenwald, der sich bis hinunter zu weißsandigen Stränden erstreckt, kennzeichnen die atemberaubende Landschaft des fast 170 km² großen Teil des Daintree-Nationalparks. Ihren Namen erhielten das Kap und später der Park von *Captain James Cook*, der 1770 mit seinem Schiff "Endeavour" hier auf ein Riff lief und strandete ("Cape Tribulation" = "Kap der Leiden"). Über nur wenige Kilometer steigt das Gelände des Nationalparks vom Meeresspiegel bis auf eine Höhe von 1.400 m an. Innerhalb der Parkgrenzen gibt es unterschiedliche Landschaften mit Mangrovenwald, Sümpfen, Regenwald und Heideland. Diese Pflanzengemeinschaften beherbegen eine artenreiche und einzigartige Tierwelt.<br>Private *caravan parks* liegen an *Myall Creek* und unmittelbar an *Cape Tribulation*. Neben einer Jugendherberge, einer Unterkunft für Rucksackreisende *(backpacker hostel)* und kleinen Ferienwohnungen unterhält |

| | | |
|---|---|---|
| | | die Nationalparkverwaltung an *Noah Head* einen Campingplatz *(camping area)* mitten im Regenwald, nur wenige Schritte vom Strand entfernt. Die meisten Straßen innerhalb des Parks sind ungeteert und werden nach Regenfällen oft unpassierbar. |
| 48,2 | 406,8 | *Conner Creek* |
| 52,8 | 402,2 | *Bouncing Stones* rechts<br>Dieser Ort - übersetzt "Hüpfende Steine" - ist den Aborigines heilig. Vermutlich konnten sie sich nicht erklären, warum die Steine so sonderbar springen, wenn sie auf einen anderen Stein prallen. Um das Geheimnis der schwarzen Steine zu ergründen, sollte man vielleicht ein paar Würfe machen. |
| 58,8 | 396,2 | Geradeaus fahren; Abzweigung rechts zu *Noah Beach*<br>Ein guter Wanderweg südlich von *Noah Head Camping Area* (ausgestattet mit Duschen und Toiletten; 5 $ pro Platz) macht die Besucher mit dem Regenwald vertraut. Eine Wanderung an einem Bach entlang über moosbewachsene Felsen und unter Baumstämmen hindurch, die mit Farnen und Orchideen bewachsen sind, wird zum unvergleichlichen Erlebnis. Weiße Strände und einsame Buchten laden zu ausgiebigen Strandwanderungen oder zum Baden ein. |

Fähre über Daintree River

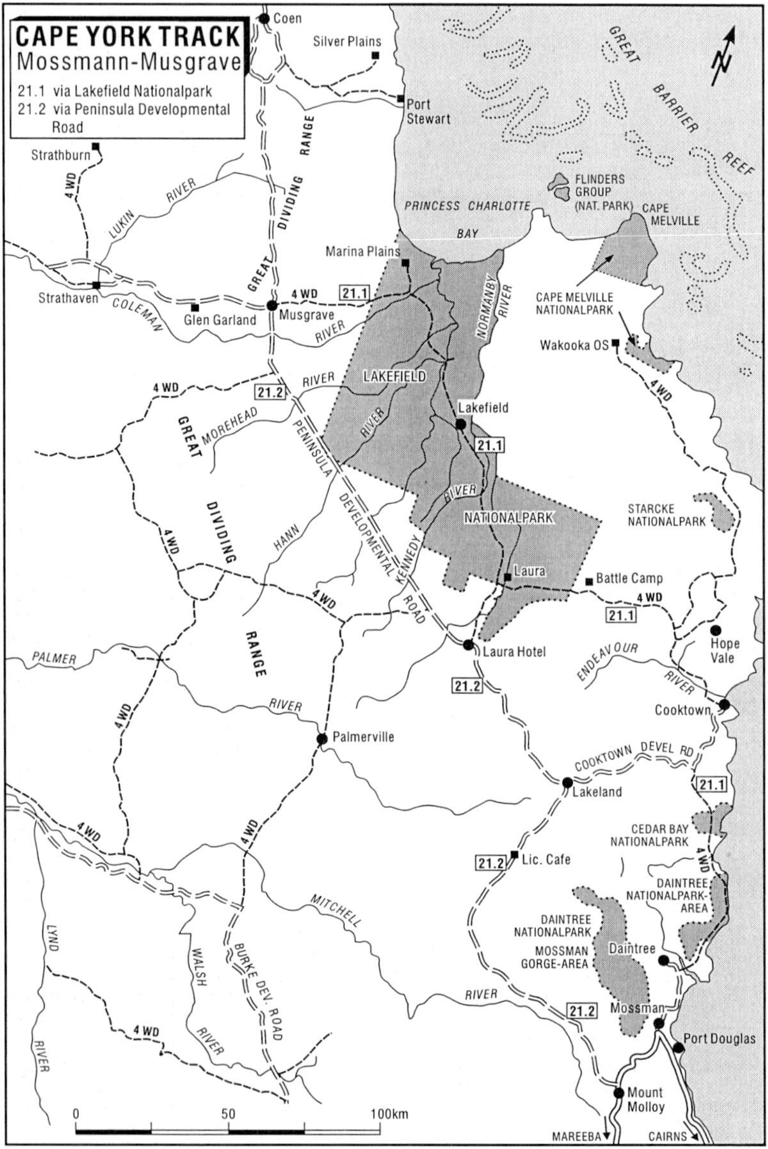
CAPE YORK TRACK
Mossmann-Musgrave
21.1 via Lakefield Nationalpark
21.2 via Peninsula Developmental Road
Coen
Silver Plains
Port Stewart
Strathburn
GREAT DIVIDING RANGE
LUKIN RIVER
PRINCESS CHARLOTTE BAY
GREAT BARRIER REEF
FLINDERS GROUP (NAT. PARK)
CAPE MELVILLE
CAPE MELVILLE NATIONALPARK
Marina Plains
Strathaven
COLEMAN RIVER
Glen Garland
Musgrave
4 WD
21.1
21.2
NORMANBY RIVER
Wakooka OS
LAKEFIELD NATIONALPARK
Lakefield
MOREHEAD RIVER
PENINSULA DEVELOPMENTAL ROAD
KENNEDY
HANN
STARCKE NATIONALPARK
Laura
Battle Camp
Hope Vale
Laura Hotel
ENDEAVOUR RIVER
PALMER RIVER
Cooktown
Palmerville
COOKTOWN DEVEL RD
Lakeland
CEDAR BAY NATIONALPARK
Lic. Cafe
DAINTREE NATIONALPARK-AREA
DAINTREE NATIONALPARK
MOSSMAN GORGE-AREA
Daintree
MITCHELL RIVER
LYND RIVER
WALSH RIVER
BURKE DEV. ROAD
Mossman
Port Douglas
Mount Molloy
0
50
100km
MAREEBA
CAIRNS

## *Die faszinierende Geschichte einer Halbinsel - Cape York*

Die Halbinsel *Cape York* ist eine Region, wie sie der Australienreisende nicht noch einmal auf dem Kontinent vorfindet. Egal ob passionierter Geländefahrer, Wanderer, Naturliebhaber, leidenschaftlicher Angler oder einfach nur Campingfanatiker - die Halbinsel bietet für jeden Geschmack etwas. Obwohl sich jedes Jahr während der Trockenzeit Karawanen von Geländewagen die Halbinsel hinauf zum "Top End of Australia" quälen, gibt es abseits der Hauptstrecken immer noch einsame Gegenden, wo man tagelang allein ist. Der *Cape York Track* gehört zu den reizvollsten Routen Australiens, nicht zuletzt wegen seiner vielen Flußdurchquerungen und des größtenteils unberührten Regenwalds.

Auf der 207.000 km² großen Halbinsel, die wie ein Finger in Richtung Neuguinea zeigt, leben rund 15.000 Menschen, davon 60 % *Aborigines* und *Torres Strait Islander*. Sie leben in den verstreuten Siedlungen um *Cooktown, Weipa, Bamaga* und auf Inseln in der *Torres Strait*, der Meerenge zwischen Australien und Neuguinea. Bevor Europäer ihren Fuß auf die Halbinsel setzten, lebten auf Kap York verschiedene Ureinwohnerstämme, die - je nördlicher ihre Heimat lag, um so enger - mit der Kultur der Eingeborenen Neuguineas verbunden waren. Leider ist nur wenig über die Aborigines im Süden bekannt, denn sie fielen schnell dem Landhunger der Goldsucher oder den eingeschleppten Krankheiten der Europäer zum Opfer. Im Norden und an den Küsten wurden sie als billige Arbeitskräfte beim Perlensuchen ausgenutzt. Wo Aborigines störten, und das taten sie in den Augen der Einwanderer fast immer, mußten sie verschwinden. So vertrieb man sie in Missionsstationen; und wenn die Landnahme auch bis dahin vorgedrungen war, verbannte man sie mitsamt der Station an einen anderen Ort. Erst in jüngster Zeit gelang es den noch verbliebenen Aborigines und Torres Strait Islander, sich einen kleinen Teil ihres Landes zurückzuerstreiten, so das Gebiet um *Lockhart River, Bamaga, Mapoon, Aurukun, Edward River, Kowanyama, Laura* und *Hope Vale* wie auch *Thursday Island.*

Der erste Europäer, der die Halbinsel erkundete, war *Ludwig Leichhardt*. Er fuhr 1845 *Mitchell River* stromabwärts. Nach einem Angriff von Aborigines wandte sich die Gruppe nach Süden, überquerte *Gilbert-* und *Norman River*, bevor sie schließlich ihren Weg nach Westen nahm, um *Port Essington* in Northern Territory zu erreichen. Die nächste Expedition unter der Leitung von *Edmund Kennedy* startete 1848 an *Rockingham Bay* bei Tully. Da ein Weg über die Bergketten von *Great Dividing Range* gefunden werden mußte und die äußeren Umstände widrig waren, hatte die Expeditionsgruppe nach neun Wochen erst knapp 70 km zurückgelegt. Im Oktober erreichten sie nach der Durchquerung des heutigen *Lakefield National Park* die Bucht *Princess Charlotte Bay*. Hier hatte lange Zeit ein Schiff auf sie gewartet, war inzwischen aber schon wieder abgefahren. Müde und hungrig marschierten die Männer weiter bis *Cape Weymouth* im heutigen *Iron Range National Park*. Die gleichnamige Bergkette mit dichtem Dschungel versperrte ihnen den weiteren Weg nach Norden. Da die Lebensmittel knapp waren, versuchte Kennedy zusammen mit *Jackey Jackey*, einem Eingeborenenführer, und drei anderen Männern, einen Weg zu *Port Albany* weiter nördlich zu finden. Dort wartete ein weiteres Versorgungsschiff. Nach einer Woche erkrankten zwei der Männer schwer, und man ließ sie zusammen mit dem dritten Begleiter an *Shellburne Bay* zurück. Kennedy und Jackey Jackey marschierten allein weiter. Sie erreichten schließlich das Gebiet von *Escape River*. Heftige Regenfälle, Sümpfe und über die Ufer getretene Flüsse machten ein Vorankommen in der "feuchten Wüste" unmöglich. Aborigines griffen sie an und verwundeten Kennedy schwer, der kurz darauf seinen Verletzungen erlag. Jackey Jackey entkam und erreichte nach zehn Tagen völlig erschöpft das wartende Schiff.

In den nächsten Jahren folgten weitere Expeditionen zur Erkundung von Kap York. *James V. Mulligan*, der sich an *William Hanns* Berichten von Goldfunden orientierte, entdeckte 1873 ein großes Goldfeld an *Palmer River*. Diese Funde ließen später Cooktown als neuen Hafen an der Ostküste entstehen. Auf der Suche nach dem Edelmetall wurde die Halbinsel mehr und mehr durchkämmt. Fündig wurde man schließlich in der Nähe des heutigen *Coen* an *Wenlock River*, an *Starke River*, auf den Inseln in der *Torres Strait*, an *Philip River*, südlich der heutigen *Lockhart River Community* und in *Iron Range*. Mit den Goldsuchern kamen auch die Siedler. Rinderfarmen wie *Laura Station* (heute Teil des Lakefield-Nationalparks), *Rokeby Station* (heute das Gebiet des gleichnamigen Nationalparks) und *Batavia Downs* entstanden. 1883 wurde *John R. Bradford* beauftragt, eine Route für eine Telegraphentrasse von Cooktown bis zum Kap zu vermessen. Nach Beendigung der Vermessungen begannen 47 Männer mit dem Bau der Telegraphenverbindung. Sie mußten viele Rückschläge hinnehmen, denn Aborigines kappten ständig die Leitungen, stahlen Isolatoren oder flämmten das trockene Gras ab, so daß die Arbeit erschwert wurde. Doch 1886 war es geschafft. *Musgrave* und *Coen* eröffneten ihre Telegraphenstationen. *Mein, McDonnell, Paterson* und *Peak Point* folgten Mitte des nächsten Jahres. Während des Zweiten Weltkriegs waren die Telegraphendrähte eine wichtige Verbindung, denn Meldungen vom nördlichsten Punkt Australiens gelangten so schnell zu den Städten der Ostküste. Das letzte Telegramm zwischen *Brisbane* und *Thursday Island* morste man am 24. Juni 1964. Bis zur endgültigen Stillegung 1987 wurden die Leitungen noch als Telefonverbindung genutzt. Noch heute sind die Überreste der alten Masten und Leitungen, wenn auch in den meisten Fällen stark beschädigt, auf dem Weg zu "Top End" deutlich auszumachen.

| | | |
|---|---|---|
| 67,0 | 388,0 | *Cape Tribulation;* Ferienanlage *(resort)* an Myall Beach Ab hier kann man nur mit Geländewagen weiterkommen. Nach starken Regenfällen ist der *track* oft geschlossen. |
| 86,5 | 368,5 | Ende bzw. Beginn von *Cape Tribulation Area* |
| 100,2 | 354,8 | *Bloomfield River* Obwohl die Furt weit vom Meer entfernt liegt, ist eine Durchquerung nur bei Ebbe möglich. Wer sich nicht daran hält, wird mit hoher Wahrscheinlichkeit steckenbleiben. Hat man Glück im Unglück, helfen die Aborigines der nahe liegenden Siedlung, natürlich gegen Bezahlung, den überschwemmten Wagen aus den Fluten zu ziehen. |

| | | |
|---|---|---|
| 101,0 | 354,0 | *Wuja Wuja Community* |
| 115,2 | 339,8 | Beginn bzw. Ende von *Cedar Bay National Park* Insider sind der Meinung, dieser Park sei die schönste unerschlossene Küstenlandschaft von Queensland. Außerdem besticht er durch seine biologische Vielfalt. Neben Mangroven und Salzmarschen dominiert Regenwald, der an den Berggipfeln oft wolkenverhangen ist. Dichte Palmenbestände säumen Bäche und Flüsse. |
| 125,7 | 329,3 | Ende bzw. Beginn von *Cedar Bay National Park* |
| 134,4 | 320,6 | *Rossville* |
| 143,5 | 311,5 | *Helenvale* |
| 147,9 | 307,1 | T-Kreuzung: rechts auf der *Cooktown Developmental Road* nach *Cooktown* fahren; links zur *Peninsula Developmental Road* und nach *Lakeland* |
| 150,0 | 305,0 | *Black Mountain National Park* Auf der rechten Seite der Piste sind deutlich die pechschwarzen Geröllblöcke des gleichnamigen Nationalparks zu sehen. Kleine Flechten geben den Felsen ihre Farbe (→ Artikel "Wie die schwarzen Steine in den Nationalpark kamen"). |
| 156,0 | 299,0 | *Trevethan Creek* (Brücke) |
| 162,1 | 292,9 | Geradeaus nach *Cooktown* fahren; Abzweigung rechts nach *Archer Point* (20 km) |
| 168,0 | 287,0 | *Annan River* (Brücke) |

### *Wie die schwarzen Steine in den Nationalpark kamen*

Den Legenden der Aborigines zufolge entstanden die Berge in *Black Mountain National Park* kurz nach der "Traumzeit". Die unzertrennlichen Brüder *Ka-Iruji* und *Taja-Iruji* vom Wallaby-Totem waren auf der Jagd. Das Gebiet, in dem sie jagten, war eben und mit dickem, schwarzglänzendem Geröll, großen Murmeln nicht unähnlich, bedeckt. Die beiden bemerkten ein junges, hübsches Mädchen vom Felsenpython-Totem, das gerade Yamwurzeln suchte. Beiden gefiel das Mädchen, so daß sie in Streit gerieten. Ein Kampf sollte entscheiden, wer Ansprüche auf die Schöne hätte. Sie wußten jedoch, daß die Gesetze des Iruji-Volkes den Einsatz der Jagdwaffen im Zorn verboten. So beschlossen sie, die großen, schwarzen Murmeln zu zwei Haufen aufzuschichten und von oben Steine auf den Gegner zu werfen. Tag um Tag schichteten sie die Steine aufeinander, doch nie war einer der Steinhaufen so hoch, daß einer der Brüder den entscheidenden Stein hätte werfen können. Die Kämpfenden waren so beschäftigt, daß sie die ersten warnenden Wolken von *Kahinka*, dem Zyklon, nicht wahrnahmen. Auch das Mädchen hörte das Heulen des nahenden Sturms nicht. Der Zyklon fiel kreischend, stampfend und rasend über sie her und tötete beide Jungen auf ihren aufgeschichteten Steinhaufen. Das Mädchen starb in den reißenden Wassermassen zwischen den Steinen. Die schwarzen Steinhaufen sind geblieben - es sind die heutigen *Black Mountains*.

| | | |
|---|---|---|
| 177,5 | 277,5 | *Cooktown*, Post<br>Schon ein Jahr nach dem ersten Goldfund an *Palmer River* (1873) arbeiteten über 15.000 Schürfer in dem Gebiet. Um zu den schwer zugänglichen Schürfstellen zu gelangen, ließen sie sich an der Mündung von *Endeavour River*, wo es eine Versorgungsstation gab, an Land setzen. Aus dieser anfänglich kleinen Zeltstadt entstand schon bald die blühende Hafenstadt Cooktown, zum damaligen Zeitpunkt die zweitgrößte Stadt von Queensland. Um die Jahrhundertwende betrug die Einwohnerzahl rund 35.000, es gab 65 Hotels und Pubs, 20 Restaurants, 32 Lebensmittelläden und eine Menge anderer Läden, in denen die Bewohner alles kaufen konnten, was sie zum Leben brauchten. Bis in die dreißiger Jahre war der Hafen die einzige Verbindung mit dem übrigen Australien. Im Zweiten Weltkrieg verließen die meisten Männer Cooktown und die Goldfelder. 1949 zerstörte ein Zyklon den größten Teil der Stadt. Jahrelang schien es, als sei Cooktown zum Niedergang verurteilt, doch der aufkommende Tourismus in den fünfziger und sechziger Jahren brachte wieder Leben in den Ort. Heute leben etwa 1.300 Menschen in Cooktown, das zu Recht den Namen "Königin des Nordens" trägt.<br>Für die Weiterfahrt muß man zunächst in südlicher Richtung zurück, vorbei an *Cooktown Hotel*, und anschließend rechts in die *McIvor River Road* abbiegen. |
| 179,0 | 276,0 | Friedhof rechts |
| 188,2 | 266,8 | *Endeavour River*<br>Der Fluß fließt durch den gleichnamigen Nationalpark und mündet nördlich von Cooktown ins Meer. Zum Endeavour-Nationalpark besteht vom Land aus kein Zugang. Er ist nur mit dem Boot zu erreichen. |
| 188,4 | 266,6 | Geradeaus fahren; Abzweigung rechts zur Landebahn von *Cooktown* |
| 197,2 | 257,8 | Geradeaus fahren; Abzweigung links zurück nach *Cooktown* |
| 203,4 | 251,6 | *Webb Creek* |
| 213,5 | 241,5 | Weggabelung: links fahren; rechts zu *Hope Vale Community* (4 km), *Starcke National Park* und *Cape Melville National Park*.<br>Die Aborigines der *community* verkaufen Boomerangs und andere selbstgefertigte Gegenstände. Besucher sind willkommen. Den größten Teil des rund 80 km² großen Starcke-Nationalparks nimmt ein Sandsteinplateau ein. Im Park hat sich aufgrund verschiedenartiger Böden und unterschiedlicher Niederschlagsmengen eine große Pflanzenvielfalt entwickelt: Das Plateau ist mit Heidepflanzen und Sträuchern bedeckt; in den Tälern und an feuchteren Stellen wachsen Eukalypten und Regenwald. Die Zufahrt zum Park ist besonders |

hinter *Starcke Homestead* (80 km) sehr schwierig.
Zur Campingstelle in *Cape Melville National Park* sind es weitere neun bis zehn Stunden Fahrt auf sehr schlechter Piste. Dabei kommt man an den Ruinen von *Wakooka Outstation* vorbei. Der Bergzug von *Melville Range* besteht aus Geröllblöcken, die mit schwarzen Flechten bedeckt sind. Am Fuß der Berge breiten sich Sümpfe mit Palmen und Honigmyrthen aus, an den höher gelegenen Hängen Heidesträucher. Im Süden des Parks wachsen vor allem Eukalypten und Papierrindenbäume. Oft ist im Park eine Herde von Wildpferden mit typischen weißen Blessen zu sehen - verwilderte Nachkommen aus der Pferdezucht von Wakooka.
Vor dem Besuch der beiden Parks ist eine Erlaubnis von *Starcke Homestead* einzuholen, denn die Zufahrt liegt auf seinem Farmland.

| | | |
|---|---|---|
| 215,8 | 239,2 | Weggabelung: links fahren; rechts zu *Hopevale Community, Starcke-* und *Cape Melville National Park* |
| 219,2 | 235,8 | *Isabella Falls* |
| 222,6 | 232,4 | Weggabelung: links fahren<br>1 km nach der Weggabelung beginnt der Regenwald. |
| 241,8 | 213,2 | *Normanby River*. Je fortgeschrittener die Trockenzeit, desto weniger Wasser führt er. Gegen Ende der Trokkenzeit läßt er meist nur sein sandiges Bett zurück. |

Cooktown - die Perle des Nordens

| | | |
|---|---|---|
| 246,3 | 208,7 | Geradeaus fahren; Abzweigung links zu *Normanby Homestead* (21 km)<br>Auf der linken Seite blickt man in der Ferne auf *Battlecamp Range*. |
| 262,4 | 192,6 | Geradeaus fahren; Abzweigung rechts zu *Battlecamp Homestead* (1,5 km)<br>Battlecamp erhielt seinen Namen am 5. November 1873, als eine Gruppe von 130 Goldschürfern auf dem Weg zu *Palm River* von etwa 500 Aborigines angegriffen wurde. Dies war das einzige Mal in der Geschichte der Halbinsel, daß Ureinwohner sich zum Angriff in so großer Zahl zusammentaten. Die meisten Aborigines starben im Kugelhagel der Gewehre. |
| 265,0 | 190,0 | Beginn bzw. Ende von *Lakefield National Park*<br>Die Wasserläufe von *Normanby-, Bizant-* und *North Kennedy River* bestimmen weitgehend das Leben in diesem Park. Während der Regenzeit *(wet season)* vereinen sie sich und überfluten dabei riesige Gebiete. Mit dem Beginn der Trockenzeit *(dry season)* nimmt der Wasserfluß ab und hinterläßt große Seen und Sümpfe, die Lebensraum für viele Tiere und Pflanzen sind.<br>Der Park besteht überwiegend aus Wald- und Grasland, das in den Überschwemmungsgebieten von Eukalypten und Papierrindenbäumen dominiert wird. An den Flußufern geht die Vegetation in einen regenwaldähnlichen Bewuchs über. Am weiten Delta von *Normanby-* und *North Kennedy River* breiten sich große Mangrovensümpfe aus.<br>Johnston- und Leistenkrokodile sind die räuberischsten Bewohner des Parks. Die kleinen Johnston-Krokodile *(freshies)* ernähren sich von Fischen, Fröschen, Reptilien und Krustentieren und sind für Menschen ungefährlich. Die großen Leistenkrokodile *(salties)*, zu erkennen an ihrem breiten Maul, sind da weitaus gefährlicher (→ Artikel "Reptilien der Urzeit - Krokodile").<br>Mit seinen Sümpfen und Lagunen ist der Lakefield-Nationalpark, ähnlich wie der Kakadu-Nationalpark in Northern Territory, ein wahres Vogelparadies. Die Lagunenlandschaft mit ihren Tieren und Pflanzen ist am besten mit dem Boot zu erforschen. Dazu allerdings muß man das eigene Boot oder Kanu mitbringen. Lohnend für Tierbeobachtungen ist vor allem der frühe Morgen. Angeln ist an vielen Stellen erlaubt, allerdings gelten besondere Bestimmungen hinsichtlich der Anzahl der Fische, die man fangen darf (Informationen beim Ranger).<br>Um den Park richtig kennenzulernen, sollte man an verschiedenen Stellen campen (3 $ pro Person). Bei der Auswahl dieser Plätze sind die Ranger gerne behilflich. Sie erteilen auch die notwendigen Genehmi- |

*Aborigines: Traditionelle Corroboree*
*Badespaß für Kinder*

*Strecke 18: Palm Springs - ein idyllischer Ort*

*Strecke 19: Unzählige Seerosen in Lower Gorge*

*Strecke 21 und 22: Der Cape York Track verlangt einiges an fahrerischem Können.*

*Strecke 22: Üppig und artenreich - Tropischer Regenwald*

*Strecke 22: Hinweisschild an Archer River*

*Strecke 22: Geschafft - den nördlichsten Punkt Australiens!
Flüsse auf Cape York - träge in der Trockenzeit,
wild und unberechenbar in der Regenzeit*

*Strecke 22: Sonnenuntergang in Seisia*

| | | |
|---|---|---|
| | | gungen. Von Zeit zu Zeit werden einige Gebiete geschlossen, damit sich Flora und Fauna regenerieren können. Verbots- und Hinweisschilder sind deshalb unbedingt zu beachten! |
| 268,5 | 186,5 | Geradeaus fahren; Abzweigung rechts zu *Emma Lake* (1 km)<br>Guter Platz zum Campen. Angeln ist hier verboten. |
| 290,7 | 164,3 | *Laura River*<br>In der Regenzeit führt der Fluß viel Wasser, und die Durchfahrt ist tief. In der Trockenzeit bleiben nur noch ein paar Pfützen übrig. |
| 291,3 | 163,7 | *Old Laura Homestead* (verlassen) |
| 291,8 | 163,2 | T-Kreuzung: rechts nach *Musgrave* fahren; links nach *Laura* (28 km) |
| 310,4 | 144,6 | T-Kreuzung: links fahren; rechts zu *Twelve Mile Lagoon* und *Eight Mile Lagoon* (ausgezeichnete Campingmöglichkeiten) |
| 313,0 | 142,0 | Weggabelung: rechts fahren; links via *Little Kennedy Lake* zu *Caulders Lake* (14 km) |
| 315,8 | 139,2 | *New Laura Homestead,* gleichzeitig Rangerstation<br>Hier bekommt man ebenfalls Erlaubnisscheine zum Campen und Informationen über den Nationalpark, Flora und Fauna, Campingmöglichkeiten, gute Angelgründe, aber auch Angelverbote. |
| 326,1 | 128,9 | Geradeaus über die Brücke fahren; Abzweigung rechts zu Campingmöglichkeiten an *Normanby River* und *Gravelly Crossing* |
| 337,6 | 117,4 | Geradeaus fahren; Abzweigung rechts zur Campingstelle an *Mick Finn Waterhole* (13 km) |
| 344,1 | 110,9 | Geradeaus fahren; Abzweigung links zur Campingstelle an *Devil Devil Waterhole* (4 km) |
| 347,8 | 107,2 | Weggabelung: links fahren; rechts zu *Kalpowar Homestead* (5 km) und Campingmöglichkeiten an *Kalpowar Crossing*<br>Vom Farmhaus gibt es eine Möglichkeit, über farmeigene Wege *(station tracks)* zu *Cape Melville National Park* zu gelangen. Vorher muß man aber eine Genehmigung am Farmhaus einholen.<br>Für Wanderer führt ab *Kalpowar Crossing* ein kurzer Weg an *Normanby River* entlang. |
| 349,3 | 105,7 | *Lakefield Homestead,* gleichzeitig Rangerstation<br>Hier sind ebenfalls Erlaubnisscheine zum Campen erhältlich. |
| 350,8 | 104,2 | Weggabelung: rechts fahren |
| 354,4 | 100,6 | Weggabelung: links fahren; rechts zu *Jeanette Hill, Bizant Ranger Station* und Campingmöglichkeiten an verschiedenen Lagunen und Wasserläufen |
| 364,3 | 90,7 | Weggabelung: links an *Breeza Plains Outstation* vorbei; rechts zu *Bizant Homestead* (= Rangerstation, 11 km) |
| 367,3 | 87,7 | Weggabelung: rechts fahren |

| | | |
|---|---|---|
| 374,5 | 80,5 | Weggabelung: links fahren; rechts zu *Bizant Homestead* (= Rangerstation, 6 km) |
| 375,0 | 80,0 | *North Kennedy River* (Hann Crossing) |
| | | Gute Plätze zum Campen. Die Durchquerung des Flusses stellt, abgesehen von den vielen Schlaglöchern und Steinen, kein Problem dar. |
| 388,1 | 66,9 | *Morehead River* |
| 403,4 | 51,6 | Geradeaus fahren; Abzweigung links zu *Low Lake* (7 km) |
| | | Der See ist für Vogelliebhaber ein besonderes Erlebnis. |
| 405,1 | 49,9 | *Saltwater Creek* |
| 406,0 | 49,0 | Weggabelung: links fahren |
| 414,3 | 40,7 | Weggabelung: links fahren; rechts zu *Marina Plains Homestead* (16 km) |
| 420,6 | 34,4 | Ende bzw. Beginn von *Lakefield National Park* |
| 437,8 | 17,2 | Geradeaus fahren; Abzweigung rechts zu *Lily Vale Homestead* (32 km) |
| 439,1 | 15,9 | Geradeaus fahren; Abzweigung links zu *Saltwater Creek* (4 km) und *15 Mile Creek* (13 km) |
| 444,0 | 11,0 | *Violet Vale Homestead* und Landebahn rechts |
| 455,0 | 0 | *Musgrave Roadhouse* |

## Strecke 21.2
## via Peninsula Developmental Road

| | | |
|---|---|---|
| 0 | 372,4 | *Mossman, BP Roadhouse* |
| 1,6 | 370,8 | Abzweigung rechts nach *Mt. Molloy* nehmen; geradeaus nach *Cairns* |
| 30,1 | 342,3 | T-Kreuzung: Abzweigung rechts nach *Cooktown* nehmen; links nach *Mt. Molloy* |
| 58,6 | 313,8 | *Mt. Carbine Roadhouse* rechts |
| | | Der kleine Ort verdankt seine Existenz den Wolframfunden in diesem Gebiet. Die Mine beschäftigt heute etwa hundert Arbeiter. |
| 73,4 | 299,0 | *McLeod River* |
| 87,3 | 285,1 | *Bob's Lookout* rechts |
| | | Der Aussichtspunkt bietet eine hervorragende Sicht auf *Great Dividing Range*. |
| 100,5 | 271,9 | *Kelly St. George River* |
| 141,3 | 231,1 | *Palmer River* |
| 141,7 | 230,7 | *Palmer River Roadhouse* (200 m) rechts |
| | | Im Rasthaus gibt es ein kleines Museum, das ein Sammelsurium von Gerätschaften aus den Goldfeldern von *Palmer River* zeigt. Hinter dem Rasthaus ist Camping erlaubt (7 $ pro Person, Duschen kostet extra). |
| | | Bis Lakeland ist der *track* jetzt im Patchworkmuster mal Asphalt, mal Staubpiste. |
| 164,2 | 208,2 | *Laura River* (Furt) |

| | | |
|---|---|---|
| 173,1 | 199,3 | Abzweigung links nach *Laura* (62 km) und *Weipa* (544 km) nehmen; geradeaus nach *Cooktown* (82 km) |
| 173,3 | 199,1 | *Lakeland Store* (200 m) rechts<br>Die kleine Ansiedlung versorgt die umliegenden Farmen mit allem, was man so zum Leben braucht. Campingmöglichkeiten, Duschen und Hotelzimmer stehen zur Verfügung. Ab hier ist die Strecke dann ungeteert, und die wellblechartige Piste mit Schlaglöchern rüttelt bis Laura ganz schön durch. |
| 198,7 | 173,7 | *Laura River/ Caroll's Crossing* (Brücke) |
| 200,4 | 172,0 | Geradeaus fahren; Abzweigung rechts zu *Crocodile Homestead* (1 km) |
| 203,4 | 169,0 | *Gallop Creek* (Furt) |
| 205,4 | 167,0 | *Ruth Creek* (Furt) |
| 206,7 | 165,7 | *Quarz Creek* (Brücke) |
| 209,9 | 162,5 | *Earl Creek* (Brücke) |
| 214,0 | 158,4 | *Hell's Gate Creek* (Brücke) |
| 217,9 | 154,5 | *Kennedy Creek* (alte Holzbrücke) |
| 221,6 | 150,8 | Parkplatz der *Split Rock Art Gallery* links<br>Die Felsenzeichnungen von *Split Rock* werden, da sie einfach und in kurzer Zeit zu erreichen sind, werden von allen Fundorten früher Kulturzeugnisse der Eingeborenen in diesem Gebiet am häufigsten besucht. Erst 1960 entdeckte man Malereien an vier Stellen, wobei an Split Rock die meisten Zeichnungen zu sehen sind. Daß oft eine Zeichnung über der anderen liegt, läßt darauf schließen, daß verschiedene Künstler diesen Ort über Jahrhunderte hinweg nutzten. Von Split Rock führt der Wanderweg weiter bis zu anderen Felszeichnungen (Guguyalangi-Galerie; 1,5 km). Hier sind zwei unterschiedliche Malstile zu sehen: die sogenannte *stencil art* - dabei wird die Hand als Schablone benutzt, mit dem Mund Farbe darüber geblasen, und die Umrisse der Hand bleiben zurück - und die *free-hand art*, bei der frei gezeichnet wurde. Oft findet man die schablonenhaften Hände über den anderen Zeichnungen. Über die Bedeutung dieser Hände gibt es drei Theorien: Es könnte sich um die Signatur des Künstlers, eine Art Visitenkarte oder auch um eine Registrierung der Aborigines handeln. Welche Bedeutung ihnen tatsächlich zugrunde liegt, wird wohl niemand mehr erfahren, denn der Goldrausch an *Palmer River* beendete die seit Jahrtausenden bestehende künstlerische Tradition.<br>Die Zeichnungen sind zum größten Teil ein- oder zweifarbig. Die Aborigines stellten ihre Farben aus Mineralien her, die sie mit Wasser oder anderen Flüssigkeiten vermengten. Rote, violette, braune und gelbe Pigmente gewannen sie aus Ocker, weiße aus verwittertem Lehm. Damit diese einzigartigen Zeugnisse der Ureinwohnerkultur noch möglichst lange erhalten blei- |

ben, bitte nur betrachten und nicht anfassen!
200 m nach dem Parkplatz führt rechts ein Weg zu Campingmöglichkeiten an *Laura River*.

224,3 148,1 *Coal Seam Creek*

226,0 146,4 *Cattle Creek* (Brücke)

231,9 140,5 *Laura River* (alte Holzbrücke)

233,6 138,8 *Laura Caravan Park* links

234,4 138,0 Geradeaus fahren; rechts nach *Laura* und zu *Quinkan Hotel*

Laura liegt mitten im sogenannten *Quinkan-Country*, das seinen Namen von den Geistwesen, den *Quinkans*, hat, die auch in den Zeichnungen der Aborigines dargestellt sind. Die Zeichnungen, viele Hundert an der Zahl, sind hier seit 1977 in Reservaten geschützt, die von den Ang-Gnarra-Aborigines und der Familie *Trezise*, die Buschcamps bei *Jowalbinna* und *Deighton River* hat, verwaltet werden. Sie bemühen sich auch um die Erforschung und Erhaltung der einzigartigen Zeichnungen. Die meisten Felsenzeichnungen sind für Besucher nicht zugänglich, nur drei Plätze sind relativ einfach zu erreichen: *Split Rock, Guguyalangi* und *Giant Horse Gallery.* Zu den bemerkenswertesten Zeichnungen gelangt man nur mit Führer und ist zwei bis drei Tage unterwegs (300 bis 600 $ pro Person und je nach Dauer). Auskünfte erteilt der Wirt von *Quinkan Hotel*, oder man wendet sich an *Steve & Janelle Trezise* (→ Kurzinfo zur Strecke).

Darüberhinaus ist Laura auch durch das alljährliche "Aboriginal Dance Festival" bekannt. Zu dem dreitägigen Fest während der Schulferien im September kommen Aborigines von der gesamten Halbinsel. Abgesehen von den Tanzdarbietungen erfährt man viel über die Kultur der Ureinwohner. Außerdem werden geführte Touren zu den Felsenzeichnungen angeboten.

Ab Laura wird der *track*, der für kurze Zeit der *Overland Telegraph Line* folgt, kurvenreicher; auch kommen viele tiefe Senken *(dips)*. Doch der Weg ist nach wie vor eine breite Sandpiste mit wellblechartigen Abschnitten. Auffallend sind die vielen bizarren Bauten der Kompaßtermiten beiderseits der Strecke. Diese sind immer in Nord-Süd-Richtung ausgerichtet und geben der Landschaft einen besonderen Reiz.

235,3 137,1 *Laura River* (alte Holzbrücke)

Nach der Überquerung findet man links und rechts gute Plätze zum Campen.

235,8 136,6 Weggabelung: geradeaus fahren; rechts zu *Lakefield National Park* und *New Laura Ranger Station* (50 km); links zum *Jowalbinna Bushcamp* und *Maytown/ Palmer River Goldfield Reserve* (80 km)

241,5 130,9 *Sandy Creek*

246,4 126,0 *Little Laura River* (Brücke)

| | | |
|---|---|---|
| | | Nach der Überquerung führt links ein Weg zu einer guten Campingmöglichkeit am Fluß. |
| 253,4 | 119,0 | Geradeaus fahren; Abzweigung links zu *Fairlight Homestead* (48 km), *Palmer River* und *Palmerville Homestead* (78 km) |
| 254,3 | 118,1 | Geradeaus fahren; Abzweigung rechts zu *Fairview Homestead* (1 km) |
| 267,5 | 104,9 | *Kennedy River* (Brücke)<br>Nach der Überquerung führt links ein Weg zu Campingstellen mit Toiletten und Unterständen. |
| 274,9 | 97,5 | *Greenant Creek* |
| 276,6 | 95,8 | *Lakes Creek* |
| 293,3 | 79,1 | *North Kennedy River* (asphaltierte Furt) |
| 296,1 | 76,3 | *Weiss Creek* |
| 305,2 | 67,2 | *Rocky Creek* |
| 309,4 | 63,0 | *Hann River* (alte Holzbrücke) |
| 309,6 | 62,8 | *Hann River Roadhouse* rechts<br>Gute Plätze zum Campen liegen an *Hann River* (5 $ pro Person). |
| 311,2 | 61,2 | Geradeaus fahren; Abzweigung links zu *Kalinga Homestead* (2 km) |
| 315,1 | 57,3 | *Codvoy Creek* |
| 319,6 | 52,8 | *Healy Creek* (felsig) |
| 330,0 | 42,4 | Geradeaus fahren; Abzweigung rechts zu *Mary Valley Homestead* (6 km)<br>Eigentlich eine Rinderfarm, hat dieses Anwesen seine Tore in den letzten Jahren auch für Touristen geöffnet. Man kann am Fluß campen, angeln oder dem Viehtrieb zusehen. |
| 330,3 | 42,1 | *Dead Horse Creek* |
| 338,8 | 33,6 | *Morehead River* (Brücke)<br>Kurz bevor man den Fluß überquert, führt links ein schmaler Weg zu Campingstellen mit Toiletten und Unterständen. Nach der Flußüberfahrt lockern vermehrt Grasbäume das Landschaftsbild etwas auf. Senken, sogenannte *dips*, erinnern an eine Achterbahnfahrt. |
| 342,0 | 30,4 | *Mary's Creek* |
| 343,9 | 28,5 | *Noovko Creek* |
| 349,3 | 23,1 | Geradeaus fahren; Abzweigung links zu *Dixie Homestead* und zu *Kowanyama Community*<br>Kowanyama wurde 1905 vom anglikanischen Bischof von Carpentaria gegründet. Auf 2.590 km² leben hier heute etwa 900 Aborigines. Die Einwohner gehören überwiegend zu drei verschiedenen Völkern, den Kokoberra-, Kokomenjana- und Kunjun-Aborigines. Nur wenige Touristen verirren sich hierher, obwohl im Gegensatz zu anderen Ureinwohnergemeinden diese *community* das Campen auf ihrem Land erlaubt. Allerdings ist dafür eine geringe Gebühr zu entrichten. Natürlich sollte man nicht einfach irgendwo sein Lager |

| | | |
|---|---|---|
| | | aufschlagen, sondern in Kowanyama nachfragen, wo es erlaubt ist und wo es schöne Plätze gibt. Wer gerne abseits der üblichen Touristenstrecke fährt, kann von hier aus auch direkt zu *Pormpuraaw Community* weiterfahren. Nach dem Weg, der auf den üblichen Karten nicht eingezeichnet ist, fragt man am besten Einheimische. |
| 349,7 | 22,7 | *Fifteen Mile Creek* (sandig) |
| 353,0 | 19,4 | *Windmill Creek* |
| 356,4 | 16,0 | *Carroll Creek* (sandig) |
| 363,1 | 9,3 | *South Five Mile Creek* (sandig) |
| 372,2 | 0,2 | Geradeaus fahren; Abzweigung links nach *King Edward River/ Pormpuraaw Community* (227 km; 4-WD) *Edward River Mission* war die letzte Missionsstation, die 1936 auf der Halbinsel eingerichtet wurde. Heute leben noch etwa 400 Munkan- und Tyore-Aborigines in der Siedlung, die ein Gesamtgebiet von 4.660 km² verwaltet. Bekannt ist die Gemeinde für ihre Krokodilfarm, die jeden Tag für ein paar Stunden für Besucher geöffnet ist. Natürlich sollte man in Pormpuraaw auch mal ein Kroko-Steak probieren. Camping und Alkoholgenuß sind nicht gestattet. |
| 372,3 | 0,1 | *Saltwater Creek* (tiefsandig) |
| 372,4 | 0 | *Musgrave Homestead* und *Roadhouse* links; Abzweigung rechts zu *Lakefield National Park* (34 km) und nach *Cooktown* (→ Streckenbeschreibung 21.1, Mossman - Musgrave via Lakefield National Park) |

## Musgrave

*Musgrave* wurde 1887 als Telegraphenstation für die *Overland Telegraph Line* erbaut. Heute ist hier ein *roadhouse*, das Treibstoff, Souvenirs, Erfrischungen und Snacks verkauft. Camping ist am Rasthaus erlaubt und gratis. Dafür kostet die Dusche 2 $ pro Person (Weiterfahrt → Streckenbeschreibung 22, Musgrave - Cape York).

# Strecke 22
# Musgrave - Cape York

- **Entfernung:** 566 km; max. Entfernung ohne Tankmöglichkeit: 194 km
- **Empfohlene Reisedauer:** 3 Tage (mit allen angegeben Abstechern 7 bis 8 Tage)
- **Reine Fahrzeit:** 20 Stunden (ohne Abstecher)
- **Empfohlene Reisezeit:** April bis November; in der übrigen Zeit ist die Strecke nördlich von Laura wegen der Monsunregenfälle gesperrt.
- **Ab- und Rückmeldung:** nicht erforderlich
- **Ausrüstung:** Geländewagen (4-WD) mit Grundausrüstung für Wagen plus Winde und eventuell Schnorchel und RFDS-Radio; Grund- und Zusatzaus-

rüstung bei Werkzeug. Die Umgehungsstrecke *DCS-Road (Department of Community Services Road)* wird manchmal in der späten Trockenzeit mit Fahrzeugen ohne Allradantrieb befahren; davon ist jedoch abzuraten.

- **Pistenart und -zustand:** Von Musgrave bis Weipa ist die Strecke eine recht einfach zu befahrende Schotterpiste. Auf der *Overland Telegraph Line* (4-WD) sind die Fahrspuren eng, die Passagen unübersichtlich und Durchquerungen von *creeks* anfangs leicht, später aber schwieriger. Nach *Jardine River* treten extrem viele und tiefe *corrugations* auf. Die *DCS-Road* ist eine unüberschaubare, wellblechartige Piste mit vereinzelten, leichteren Flußdurchquerungen.
- **Versorgung:** Musgrave (roadhouse/ Pub); Coen/ 108 km (Lebensmittelladen, Hotel, caravan park, Werkstatt, Tankmöglichkeit); Archer River/ 173 km (roadhouse/ Pub); Weipa/ 336 km (kompletter Service); Jardine River (roadhouse); Bamaga/ 530 km (Grundversorgung)
- **Telefonnummern:** Musgrave Telegraph Station 07/ 40 60 32 29; Coen Polizeistation 07/ 40 60 11 50; Archer River Roadhouse 07/ 40 60 32 66; Weipa Polizeistation 07/ 40 69 91 19; Bramwell Station 07/ 40 60 32 37; Bamaga Polizeistation 07/ 40 69 31 56; Jardine River Roadhouse 07/ 40 69 31 56; Ranger, Jardine River National Park, Heathlands 070/ 60 32 41; Ranger, Iron Range National Park 07/ 40 60 71 70
- **Besondere Hinweise:** Jedes Jahr kommt es auf der Strecke zu zahlreichen (auch schweren) Unfällen aufgrund überhöhter Geschwindigkeit oder rüder Fahrweise. Also: Vorsicht!
  In den größeren Gewässern wie *Jardine River* und im Küstengebiet leben Leistenkrokodile *(salties)*! Von Oktober bis April sind die gefährlichen → Würfelquallen *(stinger)* im Meer.
  Die Durchfahrt von *Jardine River* (Jardine River Crossing) ist oft gesperrt. Am besten erkundigt man sich darüber bei der Polizeistation von Bamaga. Im Fährpreis für Jardine River (80 $ hin und zurück) sind Campinggebühren für Plätze außerhalb von Seisia, Umagico, Pajinka und Punsand Bay enthalten.

Die Fahrt nördlich an Laura vorbei nach *Coen* oder *Weipa* stellt in der Trockenzeit auch für konventionelle Fahrzeuge in der Regel kein Problem dar, wobei aber zu beachten ist, daß zu Beginn der Trockenzeit die Flüsse natürlich noch Wasser führen und die Regenzeit auch schon mal früher als gewöhnlich einsetzen kann. Von Dezember bis März sind die *tracks* nördlich von Laura generell für den Überlandverkehr gesperrt. Die Versorgung der Farmen und kleinen Ortschaften erfolgt dann per Flugzeug und Schiff. Von der Abzweigung *Telegraph Line/ Developmental Road* wird die Strecke nach Weipa, die von der Minengesellschaft instandgehalten wird, breiter. Von Weipa ist es möglich, über *Stone Crossing* an *Wenlock River* bis zur Telegraphenlinie zurückzufahren. Diese Strecke ist auch mit Hilfe des aufgeführten Streckenlogs nicht ganz einfach zu finden. Doch versuchen sollte man es allemal, denn der Weg ist reizvoll und vor allem wenig befahren. Das Gebiet nördlich von Weipa ist durchzogen von Trassen der Minengesellschaft. Um den Weg nach *Stone Crossing* zu finden, fuhren wir stundenlang durch den Busch. Trotzdem braucht man nicht in Panik zu geraten, wenn man die Orientierung verloren hat. In diesem Gebiet kann eigentlich nicht viel passieren. Entweder man kommt irgendwann in Mapoon heraus, landet wieder in

Weipa oder tatsächlich an *Stone Crossing* bei *Wenlock River*. Wer so genau wie möglich unseren Angaben folgt, wird kaum Probleme haben (→ Alternativstrecke: Weipa über Stone Crossing zur OTL)

Nördlich von Coen, der heimlichen Hauptstadt der Halbinsel, sieht man nur noch Touristen. Erstes Zeichen der Zivilisation ist, abgesehen vom 66 km entfernten *Archer River Roadhouse*, der Fährdienst an *Jardine River* (100 km vor Cape York). In der Regel ist die Strecke ab der Abzweigung *Telegraph Line/ Peninsula Developmental Road* nur mit allradgetriebenen Fahrzeugen zu empfehlen, denn die Durchfahrten der *creeks* sind sehr schwierig. Deshalb gilt: Wer bis zur äußersten Landspitze des Kaps will, sollte schon einen Geländewagen haben. Aber auch diese robusten Fahrzeuge kommen selten unbeschadet an oder wieder zurück: Es fehlen Schrauben, Schutzbleche gehen verloren, oder Teile brechen. Die Anforderungen, die an Wagen und Fahrer (Beifahrer nicht zu vergessen) gestellt werden, sind auch auf der Umgehungsroute, der *DCS-Road*, extrem. Letztere fordert weniger durch abenteuerliche Flußdurchquerungen als vielmehr durch den wellblechartigen Untergrund, der alles durchschüttelt und das Nervenkostüm entsprechend strapaziert, viel Durchhaltevermögen. Die Gefahr bei diesem Streckenabschnitt liegt in den unübersichtlichen Kurven und der oftmals überhöhten Geschwindigkeit, die hier an der Tagesordnung ist. Daß auch Lastwagen die Strecke befahren, vergessen die meisten bis zu dem Zeitpunkt, zu dem sie - wenn sie noch Glück haben - wenige Zentimeter vor dem Stoßfänger *(bullbar)* eines solchen Kolosses zum Stehen kommen oder schlimmstenfalls mit ihm kollidiert sind. Obwohl die DCS-Road 50 km länger als die *Telegraph Line* ist, kommt man auf ihr schneller voran und benötigt nur etwa vier Stunden Fahrzeit von der Abzweigung bis zur Fähre. Wenn *Jardine River* überquert ist, sind es noch etwa 80 km bis *Bamaga*. Der nahe gelegene Campingplatz in *Seisia* ist für viele die erste Anlaufstelle. Hier trifft man neugewonnene Freunde von unterwegs, erholt sich von den Strapazen und bereitet sich auf die letzten 33 km bis zur Kapspitze vor. Ein kurzer Spaziergang durch trockenen Monsunregenwald *(lockerbie-scrub)*, ein Stück am mangrovenumsäumten Strand entlang, über ein paar Felsen klettern, und man kann sich gratulieren: "You've made it to the very top end of Australia!" - "Sie haben es bis zum äußersten Ende Australiens geschafft!".

## Musgrave

(→ Streckenbeschreibung 21, Mossman - Musgrave)

## Streckenlog

| | | |
|---|---|---|
| 0 | 566,1 | *Musgrave Roadhouse*<br>Die Strecke von *Musgrave* nach *Coen* ist teils breite Erdpiste, teils sandige Schotterpiste mit vielen Senken *(dips)*. |
| 0,1 | 566,0 | Weggabelung: links nach *Coen* fahren (109 km); rechts zu *Lakefield National Park* (39 km) und nach *Cooktown* (277 km) |

| | | |
|---|---|---|
| 8,8 | 557,3 | *Five Mile Creek* |
| 16,6 | 549,5 | Geradeaus fahren; Abzweigung rechts zu *New Bamboo Homestead*<br>Der *track* windet sich nun langsam die Berge von *Bamboo Range*, Teil von *Great Dividing Range*, hinauf. |
| 20,2 | 545,9 | *Bamboo Range* (270 m hoch) |
| 25,8 | 540,3 | *Big Coleman River* |
| 47,5 | 518,6 | *Duck Holes Creek* |
| 49,3 | 516,8 | *Lukin River* |
| 61,6 | 504,5 | *Ryans Creek* |
| 62,0 | 504,1 | Geradeaus fahren; Abzweigung links zu *Yarraden Homestead* (1 km) |
| 64,9 | 501,2 | *Curley's Hole* |
| 67,9 | 498,2 | *Kendle Creek* (Brücke) |
| 95,5 | 470,6 | *Great Dividing Range* (250 m über dem Meeresspiegel) |
| 106,1 | 460,0 | Geradeaus fahren; Wegeinmündung von links |
| 106,7 | 459,4 | *Oscar Creek* |
| 107,9 | 458,2 | Abzweigung rechts in Richtung *Weipa* nehmen; geradeaus nach *Coen* (100 m)<br>Coen, "Hauptstadt" von *Cape York*, ist eine alte Minenstadt, die ihre Gründung dem Goldrausch in den siebziger Jahren des vorigen Jahrhunderts verdankt. Die Stadt blühte 1893 auf, als *Great Northern Goldmine* in Betrieb genommen wurde. Sie förderte bis 1916 etwa 52.000 Unzen Gold. Danach wurden weitere Minen eröffnet, die Coen als Basis für die Suche nach dem begehrten Edelmetall in Richtung Norden nutzten. Die Telegraphenlinie verband Coen bereits 1884 mit der Außenwelt. Heute besteht die Zivilisation des Ortes aus einem Pub, zwei Krämerläden, zwei Tankstellen, einer kleinen Reparaturwerkstatt, einer Post- und Polizeistation, einem kleinen Campingplatz (5 $ pro Person) sowie einem Krankenhaus. Nur Weipa bietet auf der Halbinsel mehr Annehmlichkeiten. Einmal im Jahr, wenn im August ein Pferderennen *(Annual Picnic Races)* veranstaltet wird, ist hier der Teufel los und die gesamte Halbinsel wie ausgestorben, weil sich alles in Coen trifft. |
| 108,7 | 457,4 | *Lankelly Creek* (Brücke) |
| 109,3 | 456,8 | *Coen River* (Brücke)<br>Camping ist im Brückenbereich verboten! |
| 110,9 | 455,2 | *The Bend Camping Area* rechts |
| 129,5 | 436,6 | Weggabelung: rechts fahren; links zur *Landebahn von Coen* (1 km).<br>Die Landebahn *(airstrip)* war im Zweiten Weltkrieg von großer Bedeutung. Heute landet hier regelmäßig *Cape York Air Service*, der Waren und Post bringt.<br>Der *track* verwandelt sich wieder in eine relativ gute Erdpiste. |
| 131,5 | 434,6 | Beginn bzw. Ende von *Mungkan Kandju National Park/ Rokeby Area* (Hinweisschild) |

| | | |
|---|---|---|
| 132,2 | 433,9 | Geradeaus fahren; Abzweigung links zu *Rokeby Area,* Teil von *Mungkan Kandju National Park* (Rangerstation 66 km) und *Meripah Homestead* (104 km) |

*Rokeby Area* (4.570 km²) erstreckt sich von *McIlwraith Range* im Osten bis zu den Überflutungsgebieten von *Archer-* und *Coen River* im Westen. Beide Flüsse treten während der Regenzeit weiträumig über ihre Ufer. In der Trockenzeit fließen sie ruhig dahin und hinterlassen große Lagunen und Wasserlöcher. Während *Coen River* ein System aus mehreren breiten Flußläufen ist und dichte Schling- und Kletterpflanzen seine Ufer säumen, hat *Archer River* nur ein Bett. Galeriewälder von majestätischen Papierrindenbäumen stehen an seinen Ufern. Weiter westlich liegt die unzugängliche *Archer Band Area,* ebenfalls Teil des Nationalparks.

Dichter Regenwald bedeckt dagegen die kühleren Höhen von *McIlwraith Range*. Das Gebiet zwischen den beiden Flüssen wird von offenem Eukalyptuswald und Sumpfgebieten mit Papierrindenbäumen beherrscht. Rotblühende Frischwassermangroven der Art *Barringtonia acutangula* umgeben die vielen Lagunen, die selbst noch in der Trockenzeit von Seerosen bedeckt sind. Der Park bietet dem Besucher einen Querschnitt der gesamten Vegetation der Halbinsel. Er ist Lebensraum seltener Vögel wie des Freycinet-Großfußhuhns *(orange-footed scrubfowl),* harmloser Süßwasserkrokodile, verschiedener Känguruharten und leider auch verwilderter Schweine.

Zum Camping muß man vorher beim Ranger eine Genehmigung einholen und sich auch bei ihm abmelden. Diese Vorsichtsmaßnahme dient der eigenen Sicherheit und resultiert aus Erfahrungen mit Campern, die sich festgefahren oder verirrt haben. Außerdem kommt es immer mal vor, daß Wege oder Campingstellen, die man ansteuern will, überflutet oder - um die Vegetation zu schonen - geschlossen sind. Gute Plätze zum Campen sind *Langi Lagoon* und *Ten Mile Junction* (→ Weg zu Rokeby Area). An letzterer kann man auch einen riesigen Nesthügel (3 m hoch) des Freycinet-Großfußhuhns bestaunen.

---

***Weg zu Rokeby Area* (♦)**

| | | |
|---|---|---|
| 0 | 87,6 | Abzweigung Rokeby Area/ Developmental Road |
| 59,3 | 28,3 | Abzweigung rechts nach Langi Lagoon nehmen; geradeaus zur *Rangerstation* (1,7 km) |
| 66,2 | 21,4 | *creek* |
| 68,2 | 19,4 | *Spring Creek* |
| 76,7 | 10,9 | *Sandalwood Creek* |
| 78,8 | 8,8 | *creek* |

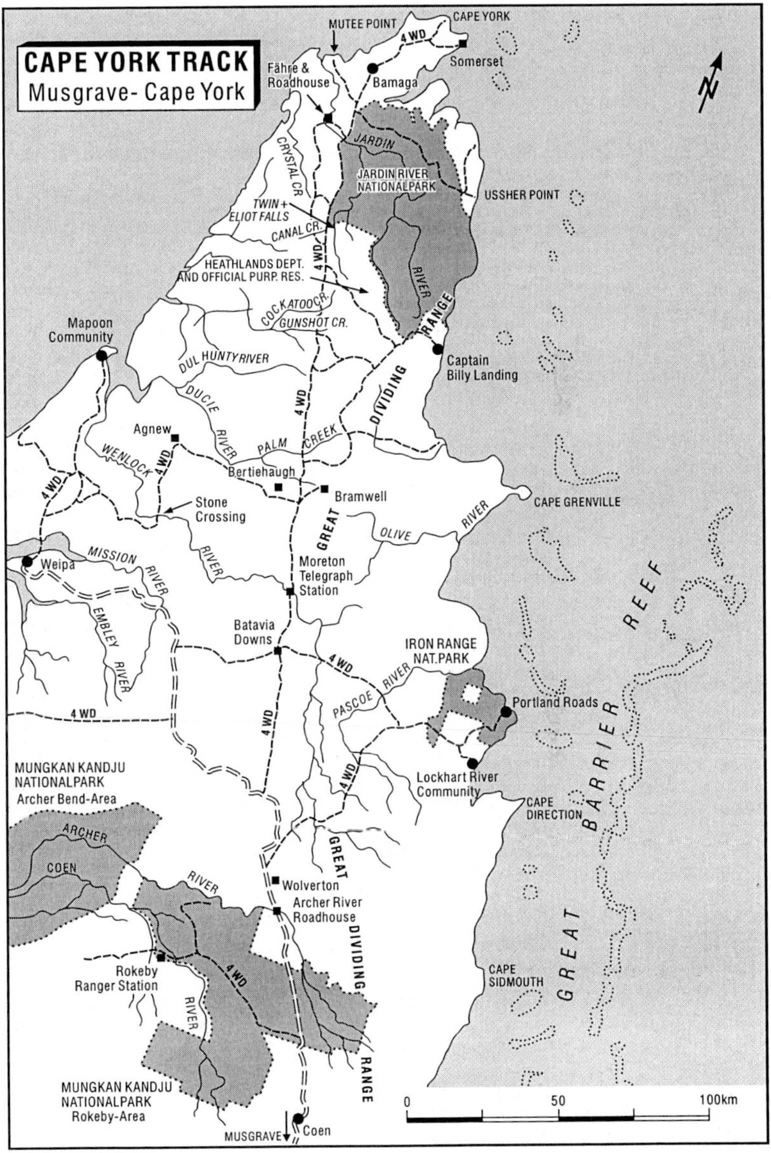
CAPE YORK TRACK
Musgrave- Cape York
MUTEE POINT
CAPE YORK
4 WD
Somerset
Fähre & Roadhouse
Bamaga
JARDIN
JARDIN RIVER NATIONALPARK
CRYSTAL CR
USSHER POINT
TWIN + ELIOT FALLS
CANAL CR.
HEATHLANDS DEPT. AND OFFICIAL PURP. RES.
RIVER
RANGE
COCKATOO CR.
GUNSHOT CR.
Mapoon Community
Captain Billy Landing
DUL HUNTY RIVER
DUCIE
RIVER
DIVIDING
Agnew
PALM CREEK
WENLOCK
Bertiehaugh
Bramwell
Stone Crossing
CAPE GRENVILLE
GREAT
OLIVE
RIVER
Weipa
MISSION
RIVER
Moreton Telegraph Station
REEF
EMBLEY
RIVER
Batavia Downs
IRON RANGE NAT. PARK
PASCOE
Portland Roads
BARRIER
MUNGKAN KANDJU NATIONALPARK Archer Bend-Area
Lockhart River Community
CAPE DIRECTION
ARCHER
COEN
GREAT
Wolverton
Archer River Roadhouse
DIVIDING
Rokeby Ranger Station
CAPE SIDMOUTH
GREAT
MUNGKAN KANDJU NATIONALPARK Rokeby-Area
RANGE
MUSGRAVE
Coen
0
50
100km

| | | |
|---|---|---|
| 79,2 | 8,4 | *Langi Lagoon* links |
| 80,2 | 7,4 | *creek* |
| 81,3 | 6,3 | Weggabelung: rechts zu *Ten Mile Junction* (6,3 km) fahren; links zu *Old Archer Crossing* (2,2 km) |
| 83,6 | 4,0 | *Bob's Lagoon* rechts |
| 85,0 | 2,6 | Lagune rechts |
| 85,3 | 2,3 | Lagune links |
| 87,6 | 0 | *Ten Mile Junction* |

***Weiterfahrt auf der Hauptstrecke***

| | | |
|---|---|---|
| 148,1 | 418,0 | *Bourne Creek*<br>Bis *Archer River* geht es wieder rauf und runter im "Achterbahnstil". Zu Beginn der Trockenzeit ist dieser Abschnitt in gutem Zustand. Auf dem Höhepunkt des Touristenansturms, etwa im August, ist er ausgefahren und hat tiefe Schlaglöcher, die mit feinstem Staub *(bulldust)* gefüllt sind. |
| 156,4 | 409,7 | Ende bzw. Beginn von *Mungkan Kandju National Park/ Rokeby Area* (Hinweisschild) |
| 173,0 | 393,1 | *Archer River Roadhouse* links<br>Weit über die Grenzen der Halbinsel hinaus ist dieses Rasthaus bekannt für seine berühmten *Archer Burger* - riesige, erstklassig schmeckende Hamburger. Neben dieser Delikatesse werden auch andere Speisen, gekühlte Getränke, Treibstoff etc. verkauft. Sehr aufschlußreich sind die kommentierten Fotoalben der Besitzer *John* und *Sherill Mehonoshen*, die am Eingang ausliegen. Anhand der Fotos kann man sich ein Bild vom Leben hier draußen machen. Ebenfalls im Bild festgehalten ist die große Flut an Weihnachten 1990, als die Wassermassen des Flusses das *roadhouse* erreichten.<br>Campen kann man in der Trockenzeit sehr gut im Flußbett von *Archer River* oder am Rasthaus selbst (5 $). |
| 173,4 | 392,7 | *Archer River* (asphaltierte Furt) |
| 183,3 | 382,8 | *creek*<br>100 m zuvor führt links ein Weg zu Campingstellen. |
| 189,4 | 376,7 | Geradeaus fahren; Abzweigung rechts zu *Wolverton Homestead* (2 km) |
| 193,9 | 372,2 | Weggabelung: links nach *Weipa* und zu *Overland Telegraph Line* fahren; rechts zu *Iron Range National Park* (99 km), *Lockhart River Community* (126 km) und *Portland Roads* (145 km)<br>*Iron Range National Park*, der seinen Namen einem Berg mit hohem Eisenerzgehalt in der Nähe des Flugplatzes verdankt, umfaßt den letzten Tiefland-Regenwald Australiens. Er ist Heimat vieler endemischer Pflanzen und Tiere wie des großen Arakakadus, Helm- |

kasuars, Tüpfelkuskus oder des Grünen Baumpythons. Viele der hier lebenden Vogelarten kommen nirgendwo sonst vor, ebenso wie Tüpfelkuskus *(spotted cuscus)* und Graukuskus *(grey cuscus)*, seltene Kletterbeutler. Berühmt ist der Regenwald besonders wegen seiner Vielfalt an Schmetterlingen. Nahezu 10 % der australischen Schmetterlingsarten sind hier heimisch, darunter 25 Arten, die nur hier vorkommen. Die Mannigfaltigkeit der Tierwelt setzt einen ebensolchen Reichtum der Pflanzenwelt voraus. Viele der Pflanzenarten gedeihen außer in diesem Park nur noch in Neuguinea. Sie sind damit auch ein Hinweis auf die enge Verbindung zwischen diesen beiden Regionen. Bisher registrierte man über 320 Pflanzenarten, darunter 27 Mangroven. Mindestens ebenso außergewöhnlich ist die Tatsache, daß ca. 10 % der Pflanzenarten noch unbekannt sind.

---

**Weg zu Iron Range National Park, Chilli Beach, Portland Roads, Lockhart River und Alternativstrecke zurück (♦)**

Für die Strecke bis *Portland Roads* oder *Chilli Beach* sind etwa drei bis vier Stunden Fahrzeit zu veranschlagen. Der *track* ist schmal und mit Beginn des Regenwalds eine feuchte Erdpiste. Abgesehen von vielen kleineren *creeks* sind zwei größere Flüsse (Wenlock River und Pascoe River) zu durchqueren. Beide stellen aber in der Regel kein Problem dar. Lediglich auf der Alternativstrecke, die nach 79 km vom *track* abzweigt und zurück zur Developmental Road führt, ist die Durchquerung von *Pascoe River* nicht ganz einfach. Neben dem hohen Wasserstand hat der Fluß eine starke Strömung. Hinzu kommt das überaus felsige Flußbett mit einigen tiefen Löchern. Dennoch bietet sich diese Strecke für den Rückweg geradezu an. Die zum Teil weißsandige Piste führt zumeist über ein heidebewachsenes Plateau, das einen phantastischen Ausblick bietet.

Einen Platz zum Campen findet man entweder mitten im Regenwald an der kleinen Campingstelle der Nationalparkverwaltung *(camping area* für maximal drei bis vier Camper; ohne Einrichtungen) oder an *Chilli Beach*, einem traumhaften, weißen Sandstrand. Hinter den Kokospalmen findet man Schutz vor dem ständigen scharfen Wind. Nach Einbruch der Dämmerung sind hier und da Kuskuse auf Nahrungssuche in den Baumwipfeln gut zu beobachten.

| | | |
|---|---|---|
| 0 | 140,8 | Weggabelung *Iron Range National Park/ Developmental Road* |
| 13,3 | 127,5 | *creek* |
| 15,0 | 125,8 | *creek* |
| 19,7 | 121,1 | *creek* |
| 25,8 | 115,0 | *Wenlock River*<br>200 m nach der Durchquerung führt links ein Weg zu verschiedenen Campingstellen unmittelbar am Fluß. |
| 26,3 | 114,5 | *creek* |
| 39,6 | 101,2 | *creek* |

| | | |
|---|---|---|
| 41,4 | 99,4 | *creek* |
| 54,1 | 86,7 | *creek* |
| 59,6 | 81,2 | *Pascoe River* |
| 63,8 | 77,0 | *creek* (felsig) |
| 65,0 | 75,8 | Weggabelung: rechts halten |
| 67,5 | 73,3 | *creek* (felsig) |
| 69,5 | 71,3 | *creek* (felsig) |
| 71,5 | 69,3 | *creek* (felsig) |
| 73,0 | 67,8 | *creek* |
| 73,9 | 66,9 | *creek* (felsig) |
| 79,0 | 61,8 | *creek* |
| 79,1 | 61,7 | Weggabelung: rechts halten; links zurück *Developmental Road* (→ Alternativstrecke: Von Weggabelung KM 79,1 zur Developmental Road) |

***Alternativstrecke: Von Weggabelung KM 79,1 zur Developmental Road (♦ ♦)***

| | | |
|---|---|---|
| 0 | 53,3 | Weggabelung: links fahren; geradeaus zu *Chilli Beach, Lockhart River Community* und *Portland Roads*<br>Der stellenweise stark ausgewaschene Weg führt zunächst durch weites Heideland. |
| 5,4 | 47,9 | Aussichtspunkt<br>Von hier hat man einen sehr guten Ausblick auf *Janet-, Tozer-* und *Iron Range.* |
| 10,2 | 43,1 | Weggabelung: rechts halten<br>Hier beginnt ein sehr unwegsamer Streckenabschnitt. |
| 10,4 | 42,9 | *Pascoe River*<br>Diese Durchfahrt ist nicht zu vergleichen mit anderen Durchquerungen dieses Flusses. Das hier felsige Flußbett und eine starke Strömung erfordern höchste Aufmerksamkeit. Wichtig ist vor allem das Finden der Durchfahrtsroute. Am besten versucht der Beifahrer, den Wagen zu lotsen. Hat man dies hinter sich, führt der weiterhin sandige Weg durch lichten Wald mit größtenteils Eukalypten, Grasbäumen und Schraubenpalmen. |
| 14,2 | 39,1 | Geradeaus fahren; Abzweigung rechts zu *Wattle Hill* (Hinweisschild am Baum!) |
| 18,2 | 35,1 | Geradeaus fahren; Wegeinmündung von rechts |
| 24,9 | 28,4 | *creek*<br>Nach diesem *creek* beginnt wieder ein etwas schwierigerer Abschnitt. |
| 40,3 | 13,0 | *Wenlock River*<br>Nach der Durchquerung führen links und rechts Wege zu guten Campingstellen. Kurze Zeit später folgt eine tiefe Passage mit feinstem Staub *(bulldust).* |
| 53,3 | 0 | T-Kreuzung: rechts auf die *Developmental Road* zu *Moreton Telegraph Station* fahren; links nach *Coen* |

***Weiterfahrt auf dem Weg zu Iron Range National Park, Chilli Beach, Portland Roads, Lockhart River und Alternativstrecke zurück (♦)***

| | | |
|---|---|---|
| 80,4 | 60,4 | *creek* |
| 81,3 | 59,5 | *creek* (felsig) |
| 83,0 | 57,8 | *creek* |
| 83,6 | 57,2 | *creek* |
| 86,5 | 54,3 | *creek* |
| 89,5 | 51,3 | *creek* Überreste einer Brücke aus dem Zweiten Weltkrieg sind flußabwärts (links) zu sehen. |
| 91,9 | 48,9 | *creek* |
| 93,5 | 47,3 | Beginn bzw. Ende von *Iron Range National Park* |
| 94,8 | 46,0 | *creek* |
| 96,4 | 44,4 | *creek* |
| 96,7 | 44,1 | *creek* |
| 98,2 | 42,6 | Der Weg führt nun durch dichten Regenwald. |
| 99,2 | 41,6 | *creek* |
| 102,2 | 38,6 | *West Claudie River* |
| 105,9 | 34,9 | *Claudie River* (Brücke) |
| 112,0 | 28,8 | Weggabelung: links fahren zu *Rainforest Camping Area* (4 km), nach *Portland Roads* (29 km) und *Chilli Beach* (29 km); rechts zur Rangerstation (3 km), Landebahn (7 km) und zu *Lockhart River Community* (11 km); → Weg zu Lockhart River Community. |

Pascoe River Crossing

**Weg zu Lockhart River Community (♦ ♦)**

| | | |
|---|---|---|
| 0 | 15,5 | Weggabelung: rechts fahren |
| 1,1 | 14,4 | *creek* |
| 6,6 | 8,9 | Haus rechts |
| 9,8 | 5,7 | Kreuzung: geradeaus fahren |
| 11,0 | 4,5 | Geradeaus fahren: Abzweigung rechts zu *Iron Range Airstrip* (Landebahn) |
| 11,7 | 3,8 | Brücke |
| 13,8 | 1,7 | Brücke |
| 15,0 | 0,5 | Weggabelung: links zu Laden, Post und Tankstelle; rechts zu *Quintel Beach* und zur Bucht *Taylor's Landing* |
| 15,5 | 0 | *Lockhart River Community,* Laden<br>Die kleine Aborigines-Gemeinde mit etwa 500 Einwohnern liegt an *Quintel Beach*. Hier gibt es eine Tankmöglichkeit und einen Laden (bescheidenes Angebot von Grundnahrungsmitteln, Fleisch und Obst). Sonntags ist manchmal geschlossen. |

---

**Weiterfahrt auf dem Weg zu Iron Range National Park, Chilli Beach, Portland Roads, Lockhart River und Alternativstrecke zurück (♦)**

| | | |
|---|---|---|
| 115,3 | 25,5 | Weggabelung: rechts zu *Chilli Beach* (25 km) und *Portland Roads* fahren; links zu *Rainforest Camping Area* im Nationalpark (300 m). Zur Regenerierung der Natur wird die Campingstelle manchmal geschlossen (Ausweichmöglichkeit: Campingstelle an Gordon Creek). |
| 115,7 | 25,1 | Altes Wellblechhaus links |
| 116,6 | 24,2 | *Gordon Creek* (Holzbrücke). Eine gute Alternative, mitten im Regenwald zu campen. Auch hier gibt es keinerlei Einrichtungen. |
| 117,5 | 23,3 | *creek* (Holzbrücke) |
| 119,1 | 21,7 | *creek* (Holzbrücke) |
| 130,0 | 10,8 | *creek* (Holzbrücke) |
| 131,5 | 9,3 | *creek* (Holzbrücke) |
| 132,5 | 8,3 | *Chilli Creek* (sehr holprig und steinig)<br>Kurz vor dem *creek* führt rechts ein Weg zu einer Campingmöglichkeit. |
| 134,8 | 6,0 | Weggabelung: rechts zu *Chilli Beach* (6,2 km) fahren; links nach *Portland Roads* (5,5 km)<br>*Portland Roads* besteht eigentlich nur aus ein paar Häusern von Aussteigern. Camping ist nicht erlaubt, und es gibt, abgesehen von einem öffentlichen Brunnen für Trinkwasser, keinerlei Versorgungsmöglichkeiten. |
| 137,9 | 2,9 | *creek* (nach Regenfällen sehr schlammig) |
| 138,6 | 2,2 | Weggabelung: links halten<br>Die Piste führt durch sumpfiges, mit Papierrindenbäumen bewachsenes Gelände. |
| 140,2 | 0,6 | Weggabelung: rechts halten |

| | | |
|---|---|---|
| 140,8 | 0 | *Chilli Beach Camping Area*<br>Der schier endlose, weiße Strand, gesäumt von Kokospalmen, ist beeindruckend. Zum Campen sucht man besser Schutz hinter den Palmen, denn der Wind bläst unaufhörlich. Außerdem ist es möglich, am Strand entlang in Richtung Süden zu fahren und dort einen Lagerplatz zu suchen. Am nördlichen Ende des Strandes liegt des Wrack der "Castaway Fiji", einer Yacht, die während des Melbourne - Japan Rennens 1986 hier strandete. |

***Weiterfahrt auf der Hauptstrecke***

| | | |
|---|---|---|
| 207,9 | 358,2 | Geradeaus fahren; Abzweigung rechts führt zu *Iron Range National Park,* nach *Portland Roads* und *Lockhart River Community* (→ KM 193,9)<br>Der Strecke führt nun durch *Piccaninny Plains*, eine flache, grasbewachsene Ebene ohne Bäume. Hier sind oft Australische Trappen *(bustards)* zu beobachten. |
| 223,4 | 342,7 | Weggabelung: rechts via *Overland Telegraph Line* (OTL) nach *Bamaga* (290 km) fahren; links ist die *Developmental Road* nach *Weipa* (140 km; → Alternativstrecke: Peninsula Developmental Road nach Weipa)<br>Die Strecke nach Weipa ist gut an ihrer Breite zu erkennen. Die *Telegraph Line* ist sehr schmal und vor allem in Kurven unübersichtlich. Von nun an werden etliche Wasserläufe durchquert, die je nach Jahreszeit und Niederschlag mehr oder weniger Wasser führen. |

***Alternativstrecke: Peninsula Developmental Road nach Weipa* (♦)**

Die breit ausgebaute Strecke ist auch mit konventionellen Fahrzeugen zu befahren. Seit eine Brücke *Myall Creek* überspannt, ist auch dieser Wasserlauf kein Hindernis mehr.

| | | |
|---|---|---|
| 0 | 142,9 | Abzweigung *Developmental Road/ OTL;* links fahren |
| 34,5 | 108,4 | Geradeaus fahren; Abzweigung links zu *Merluna Homestead* (10 km) |
| 46,7 | 96,2 | Geradeaus fahren; Abzweigung links zu *Watson River* (30 km) und *Aurukun Community* (88 km)<br>Die kleine Ureinwohnergemeinde liegt an der Mündung von *Watson-* und *Archer River*. 1979 wurde ihr als einem der ersten Ureinwohnerreservate der Status einer eigenständigen Gemeinde *(shire council)* zugesprochen. |
| 71,5 | 71,4 | Geradeaus fahren; Abzweigung rechts zu *Batavia Downs Homestead* (38 km) und zur *OTL* (39 km) |
| 75,6 | 67,3 | Geradeaus fahren; Abzweigung links zu *Sudley Station* (3 km) |

## *Reptilien der Urzeit - Krokodile*

Zwei Arten von Krokodilen leben auf dem australischen Kontinent: das Johnston- oder Süßwasserkrokodil (Crocodylus johnstoni), genannt *freshie*, und das Leisten- oder Salzwasserkrokodil (Crocodylus porosus), auch als *saltie* bezeichnet.

Johnston-Krokodile gibt es nur in Australien und dort auch nur in Teichen, Seen und Flüssen der nördlichen Regionen. Die männlichen Tiere können 3 m lang werden, wobei aber Exemplare über 2,5 m sehr selten sind; weibliche Tiere werden fast nie größer als 2 m. Die Geschlechtsreife erlangen beide im Alter von zwölf Jahren. Die Eiablage erfolgt im August oder September während der Trockenzeit; dabei werden etwa zwölf Eier in ein Loch gelegt, das zuvor meist auf einer Sandbank in der Nähe des Flusses gegraben wurde. Durch Sonneneinstrahlung und Erdwärme brüten sich die Eier selbst aus. Nach 65 bis 90 Tagen schlüpfen die Jungen, noch bevor die ersten Fluten der Regenzeit hereinbrechen. Die Mutter hilft ihnen ins Wasser, indem sie die Jungen vorsichtig im Maul dorthin trägt. Die Tiere ernähren sich zunächst vorwiegend von Insekten, Spinnen, kleinen Fischen und Fröschen. Später wird der Speiseplan um Eidechsen, Schildkröten, Vögel und manchmal auch Säugetiere erweitert. In der Regel ist diese Krokodilart dem Menschen ungefährlich.

Salzwasserkrokodile (*saltwater* oder *estuarine crocodile*) bewohnen die mangrovenumsäumte Nordküste von Broome in Westaustralien bis Rockhampton in Queensland. Einige Exemplare wurden auch schon an *Great Barrier Reef,* auf den Inseln in der *Torres Strait* und in den Flußsystemen weiter landeinwärts gesehen. Männliche Tiere erreichen in der Regel eine Länge von 4 m - Ausnahmen mit bis zu 8 m Länge sind sehr selten anzutreffen - und werden im Alter von 15 Jahren geschlechtsreif. Die weiblichen Tiere werden kaum größer als 4 m, erreichen ihre Geschlechtsreife aber schon nach zehn Jahren. Während der Regenzeit von November bis März legen sie ca. 50 Eier in einen großen, aus Erde und Pflanzenresten bestehenden Hügel. Durch Sonneneinstrahlung und Erdwärme brüten sich die Eier selbst aus, und nach 90 Tagen schlüpfen auch hier schließlich die Jungen. Viele der Nester gehen durch Überflutungen verloren oder werden von Wildschweinen und Waranen geplündert. Bis zu einer Größe von 2 m ernähren sich diese Krokodile vorwiegend von Krabben, Krebsen, Fischen und Kleintieren. Mit zunehmendem Alter wächst auch der Appetit. Dann werden Fische, Reptilien, Vögel und Säugetiere gejagt.

Obwohl immer wieder viele Schauergeschichten über Krokodile zu lesen sind, stellen sie im Grunde keine Gefahr für den Menschen dar. Erfahrene Australier sagen: "Sie kommen nicht in meine Kneipe, und ich schwimme nicht in ihrem Revier". Ursache der meisten Unfälle sind Unvorsichtigkeit und Ignoranz des Menschen, nicht die Gefräßigkeit dieser Reptilien. Folgende Regeln sind daher unbedingt zu beachten:

- Den Namen "Salzwasserkrokodil" sollte man nicht allzu wörtlich nehmen, denn sie kommen auch in Süßwassergebieten (Teichen, Flüsse etc.) und insbesondere in den Brackwasserzonen an Flußmündungen vor.
- Schwimmen in Krokodilgebieten ist nur etwas für Lebensmüde, ebenso das Füttern der Tiere, egal ob *freshie* oder *saltie*.

▸ Um Nester von Krokodilen einen großen Bogen machen! Was wir als Aggressivität bezeichnen, ist lediglich der Versuch, das Territorium oder den Nachwuchs zu verteidigen. *Nesting season* beachten!
▸ In Krokodilgebieten sein Zelt mindestens 50 m vom Wasser entfernt aufstellen!
▸ Richtig ist die Aussage, daß Krokodilaugen im Schein der Taschenlampe leuchten. Falsch ist die Schlußfolgerung, daß kein Krokodil in der Nähe ist, wenn keine aufleuchtenden Augen zu sehen sind.
▸ Beim Angeln oder Beobachten von Tieren ein paar Meter vom Ufer entfernt bleiben!
▸ Kein Essen oder Fische mehrmals hintereinander an der gleichen Flußstelle säubern!
▸ Den Platz zum Wasserholen ständig wechseln!
▸ Arme und Beine bei einer Bootsfahrt nicht über den Rand des Boots hängen lassen! Woher soll das harmlose *freshie* wissen, daß das, was im Wasser hängt nur ein kleiner Teil eines eigentlich viel zu großen "Beutetieres" ist.
▸ Kinder und Hunde vom Wasser fernhalten! Sie sind für diese Reptilien eine gute Beute.

| | | |
|---|---|---|
| | | Die Rinderfarm gehört der Minengesellschaft *COMALCO* (Commonwealth Aluminium Corporation) und versorgt Weipa mit Fleisch. |
| 88,1 | 54,8 | *Myall Creek* (Brücke) |
| 111,3 | 31,6 | Geradeaus fahren; Wegeinmündung von rechts |
| 129,1 | 13,8 | Kreuzung: geradeaus fahren; rechts und links ist eine Transportstrecke der *COMALCO* |
| 132,3 | 10,6 | T-Kreuzung: Abzweigung rechts nach Weipa nehmen (→ Artikel "Weipa - der Bodenschatz der roten Klippen"); links zum Flugplatz |
| 133,8 | 9,1 | Geradeaus fahren; Abzweigung links nach *Narpanum* |
| 142,9 | 0 | *Weipa Caravan Park* |

Übernachten ist auf dem Campingplatz *(caravan park)* in Weipa oder südlich von Mapoon an *Red Beach* möglich (beide 7 $ pro Person). In *Mapoon* leben heute nur noch wenige Aborigines. Die meisten zogen nach *Weipa South* oder *New Mapoon*, nördlich von Bamaga. Über Jahre hinweg war die ehemalige Missionssiedlung eine Geisterstadt. Doch einige ehemalige Bewohner hatten wohl Heimweh und kamen an diesen idyllischen Ort zurück. Die Küste bietet vorzügliche Angelmöglichkeiten. Allerdings muß man dabei Moskitos und Sandfliegen in Kauf nehmen.

Von Weipa kann man über eine Alternativstrecke zurück zur *Overland Telegraph Line* fahren. Der *track* ist etwas schwierig zu finden, stellt aber fahrtechnisch, außer an *Wenlock River/ Stone Crossing*, keine größeren Anforderungen. Ab *Wenlock River* geht es fast schnurgerade in Richtung Norden an der Landebahn von ehemals *Agnew Homestead* vorbei. Anschließend verläuft der Weg fast parallel zu *Ducie River*, vorbei an den Ruinen von *Bertiehaugh Homestead*, bis er in der Nähe der Abzweigung zu *Bramwell Station* wieder auf die *Overland Telegraph Line* trifft (→ Alternativstrecke). Wer den Weg nicht findet, hat noch die Möglichkeit, etwa 70 km auf der *Peninsula Developmental Road* zurückzufahren und dann über *Batavia Downs* zur *Telegraph Line* zurückzukehren. Die Piste ist gut zu befahren, kann aber nach heftigen Regenfällen sehr schlammig werden (→ KM 272,1).

---

**Alternativstrecke: Weipa über Stone Crossing zur OTL (♦)**

| | | |
|---|---|---|
| 0 | 161,2 | *Weipa Caravan Park;* in Richtung *Mapoon, Angowa* und *Rocky Point* fahren |
| 3,2 | 158,0 | Weggabelung: rechts halten in Richtung *SP. Quarters;* 100 m nach der Gabelung rechts in die *Northern Road* einbiegen |
| 4,4 | 156,8 | T-Kreuzung: Abzweigung rechts in Richtung *Awonga Point* nehmen |
| 6,9 | 154,3 | *Mission River* (Brücke, 600 m) |
| 7,6 | 153,6 | *Andoom Creek* (Brücke, 300 m) |
| 12,8 | 148,4 | Abzweigung rechts nach *Stone Crossing* (56 km), *Mapoon* (72 km) und *Pennefather River* (62 km) nehmen |
| 20,6 | 140,6 | Kreuzung: geradeaus fahren |
| 21,0 | 140,2 | Weggabelung: rechts halten (weißes Hinweisschild links im Baum!) |
| 27,0 | 134,2 | Weggabelung: nicht dem breiten Weg folgen, sondern geradeaus (!) auf den schmalen Weg fahren. |
| 28,0 | 133,2 | T-Kreuzung: Abzweigung links nehmen |
| 29,1 | 132,1 | T-Kreuzung: Abzweigung rechts nehmen |
| 33,9 | 127,3 | Geradeaus fahren; Wegeinmündung von rechts |
| 36,6 | 124,6 | T-Kreuzung: Abzweigung rechts nehmen |
| 38,3 | 122,9 | Geradeaus fahren; Wegeinmündung von links |
| 39,7 | 121,5 | T-Kreuzung: Abzweigung rechts nehmen |
| 60,7 | 100,5 | Wegggabelung: links halten; Hinweisschild am Baum: *Coolibah Stones-x*; der Weg rechts führt zu *Billys Lagoon Homestead* |
| 65,9 | 95,3 | *Sandy Creek* |
| 69,7 | 91,5 | *Stone Crossing* an *Wenlock River*<br>Wie der Name schon vermuten läßt, besteht das Flußbett hier größtenteils aus scharfkantigem, zerklüftetem Gestein. Tiefe, ausgewaschene Löcher erschweren die Durchquerung zusätzlich. Deshalb: Eine Durchfahrt erst in Angriff nehmen, wenn man sich vorher vergewissert hat, wo es am ungefährlichsten ist. Am besten ist natürlich eine Einweisung durch den Beifahrer.<br>Der Wenlock hat ausgezeichnetes Trinkwasser. Außerdem kann man mit einem Krabbennetz Flußkrebse und Garnelen fangen. |
| 78,0 | 83,2 | *creek* |

| | | |
|---|---|---|
| 89,9 | 71,3 | Weggabelung: rechts halten |
| 99,7 | 61,5 | Ruinen von *Agnew Homestead* rechts |
| 100,8 | 60,4 | Weggabelung: rechts halten |
| 104,5 | 56,7 | *creek* |
| 115,6 | 45,6 | *creek* |
| 128,7 | 32,5 | *creek* |
| 161,2 | 0 | Kreuzung: links auf die *OTL* fahren; rechts nach *Coen*; geradeaus *Bramwell Station* |

**_Weiterfahrt auf der Hauptstrecke_**

| | | |
|---|---|---|
| 272,1 | 294,0 | Geradeaus *OTL*; Abzweigung links zu *Batavia Downs Homestead* (Landebahn) und zur *Developmental Road* (38 km) nach *Weipa* (105 km); → Weg von Batavia Downs zur Developmental Road in Richtung Weipa. |

## *Weipa - der Bodenschatz der roten Klippen*

Aborigines lebten wahrscheinlich schon vor 40.000 Jahren in dem Gebiet um das heutige *Weipa*. Die ersten Konflikte entstanden zwischen 1870 und 1880, als zugewanderte Europäer den Küstenstreifen nach Perlen und Seegurken absuchten. Sie versklavten die Ureinwohner und nutzten sie als billige Arbeitskräfte aus. In den Jahren von 1882 bis 1884 kamen die ersten Rinderzüchter in dieses Gebiet. Die Farmen *Batavia Downs, York Downs* und *Pioneer Downs* (heute Merluna) entstanden. Als 1891 dann die Presbyterianer eine Mission in *Mapoon*, nördlich von Weipa an *Red Beach*, und 1898 in Weipa errichteten, waren die Jagd- und Lebensräume der Ureinwohner bereits unter den Weißen aufgeteilt. 1904 kam eine weitere Mission, *Aurukun* südlich von Weipa, hinzu. Viele Jahrzehnte lebten weitaus mehr Aborigines als Weiße in diesem Landstrich. Das änderte sich, als der Geologe *Harry Evans* 1955 feststellte, daß die roten Klippen, von denen schon die ersten holländischen Seefahrer und 1802 auch *Matthew Flinders* berichtet hatten, aus Bauxit bestehen - der Rohstoff, aus dem Aluminium hergestellt wird. Die Minengesellschaft *COMALCO* begann mit dem Abbau der gewaltigen Vorkommen. Sie ließ Häuser bauen, stellte die Strom- und Trinkwasserversorgung sicher, baute Straßen, Freizeiteinrichtungen wie Basketball- und Tennisplätze, legte Parks an und organisierte die Müllbeseitigung. Kurz gesagt: *COMALCO* schuf binnen kürzester Zeit eine eigene Stadt mit der dazugehörigen Infrastruktur. Weipa entwickelte sich zu einem der führenden Bauxitförderorte der Welt. Heute leben hier etwa 3.300 Menschen, die größtenteils bei *COMALCO* angestellt sind (10 % der Beschäftigten sind Aborigines und Torres Strait Islander). Um seinen Arbeitsplatz braucht sich hier niemand Sorgen zu machen, denn Aluminium wird immer gebraucht und die Vorkommen reichen für mehr als hundert Jahre. Jährlich baut die Gesellschaft zehn Millionen Tonnen des Rohstoffes ab, aus dem dann etwa fünf Millionen Tonnen Aluminium gewonnen werden. Nach dem Bauxitabbau wird das kahle Terrain so gut es geht wieder aufgeforstet.

12 km südlich von Weipa entstand 1932 die Ureinwohnergemeinde *Weipa South*, wo etwa 700 Menschen leben.

**Weg von Batavia Downs zur Developmental Road in Richtung Weipa (♦)**

| | | |
|---|---|---|
| 0 | 38,0 | Abzweigung *OTL* in Richtung *Batavia Downs Homestead* links fahren |
| 1,1 | 36,9 | *Batavia Downs Homestead* links |
| 1,6 | 36,4 | *creek* |
| 22,7 | 15,3 | *Arthur Creek* |
| 32,8 | 5,2 | *Cox Creek* |
| 38,0 | 0 | T-Kreuzung: *Peninsula Developmental Road;* rechts nach *Weipa* (65 km); links zu *Archer River Roadhouse* (120 km) und nach *Coen* (188 km) |

**Weiterfahrt auf der Hauptstrecke**

| | | |
|---|---|---|
| 273,8 | 292,3 | Geradeaus *OTL*; Abzweigung rechts führt zu *Iron Range National Park* (→ Weg zu Iron Range National Park, Chilli Beach, Portland Roads, Lockhart River und Alternativstrecke zurück) |
| 295,8 | 270,3 | *Wenlock River*<br>Hat der Fluß hohen Wasserstand, so ist besondere Vorsicht geboten. Das Flußbett ist sandig und die Strömung stark. Auf jeden Fall sollte man den Fluß vor der Durchfahrt durchwaten. In der Regel ist der Wasserstand im Juni und Juli nicht höher als 60 cm. Im Juni 1985 war er allerdings so hoch, daß kein Auto den Fluß passieren konnte. Kurzerhand bauten sich die Wartenden ein Floß und setzten so ihre Wagen über: Improvisation ist eben alles! Camping ist am Nordufer des Flusses gestattet. Kurz vor der Durchfahrt steht auch *Oreton Telegraph Station*. Mit der Fertigstellung der Funkverbindung 1987 wurde sie jedoch überflüssig. Eine öffentliche Telefonzelle findet man nach 100 m auf dem anderen Flußufer (linke Seite).<br>Wem jetzt schon das Abenteuer *Cape York* reicht, sollte besser umkehren, denn jetzt geht es erst richtig los: Die meisten der nun folgenden Flüsse und *creeks* haben steile, rutschige Ab- und Auffahrten, unvermutete Kurven in den Durchfahrten oder tiefe Löcher im felsigen Untergrund. |
| 296,6 | 269,5 | Weggabelung: rechts *OTL* |
| 306,0 | 260,1 | *Schramm Creek* |
| 323,0 | 243,1 | Kreuzung: geradeaus *OTL*; Abzweigung links *Weipa* via *Stone Crossing* (→ Alternativstrecke: Weipa über Stone Crossing zur OTL); Abzweigung rechts zu *Bramwell Station* (7 km)<br>Seit 1941 bewirtschaften *Roddie* und *Theresa Heinemann* ihre 800 km² große Farm. Für eine kleine Anzahl von Gästen stehen Unterkünfte bereit, die man jedoch im voraus buchen sollte (→ Kurzinfo zur Strecke). |
| 336,6 | 229,5 | *Rocky Creek* |

| | | |
|---|---|---|
| 337,5 | 228,6 | Geradeaus *OTL*; Abzweigung rechts ist die *Department of Community Services Road* (DCS Road); → Alternativstrecke: DCS Road. Die *DCS Road* umgeht die schwierigsten Flußdurchfahrten, so daß man tatsächlich halbwegs trockenen Fußes an der Jardine-River-Fähre ankommen könnte. Die Gesamtdistanz beträgt 184 km, damit ist sie länger als die *Telegraph Line*. Da aber die schwierigen Flußdurchquerungen wegfallen, ist man hier wesentlich schneller am Ziel. Die Frage ist nur, was mehr an den Nerven zerrt: wenn der Wagen halb im Fluß versinkt und nur mit großer Anstrengung geborgen werden kann, oder die ständige Schüttelei auf der waschbrettartigen Piste? |

**Alternativstrecke: DCS Road (♦)**

| | | |
|---|---|---|
| 0 | 184,0 | Abzweigung *OTL/ DCS Road* |
| 1,4 | 182,6 | Geradeaus *DCS Road;* Abzweigung rechts zu *Bramwell Station* (8,3 km) |
| 12,4 | 171,6 | *creek* |
| 22,0 | 162,0 | Geradeaus *DCS Road;* Abzweigung rechts zu *Shellburn Station* und zu *Shellburne Bay* |
| 44,3 | 139,7 | Beginn bzw. Ende von *Heathlands Reserve* |
| 56,5 | 127,5 | Geradeaus *DCS Road;* Abzweigung links zu *Heathlands Ranger Base* (13 km) und zurück zur *OTL* |
| 112,0 | 72,0 | T-Kreuzung: rechts halten |
| 120,3 | 63,7 | Geradeaus *DCS Road;* Wegeinmündung von rechts |
| 121,5 | 62,5 | T-Kreuzung: rechts auf die *OTL* in Richtung Bamaga fahren; links *OTL* in Richtung *Moreton Telegraph Station* |
| 128,8 | 55,2 | Weggabelung: rechts auf der *OTL* bleiben; Wegeinmündung von links |
| 130,8 | 53,2 | Abzweigung links auf die *DCS Road* in Richtung Jardine-River-Fähre nehmen; geradeaus *OTL* zu *Jardine River* via *Elliot Falls;* Hinweisschild mit Fährpreisen |
| 148,1 | 35,9 | Geradeaus *DCS Road;* Wegeinmündung von rechts |
| 148,5 | 35,5 | Geradeaus *DCS Road;* Wegeinmündung von rechts |
| 156,2 | 27,8 | Geradeaus *DCS Road;* Wegeinmündung von links; Hinweisschild: *Aboriginal Land* |
| 160,0 | 24 | Geradeaus *DCS Road;* Abzweigung rechts zu *Jardine River Crossing* und zur *OTL* |
| 184,0 | 0 | Jardine-River-Fähre |

**Weiterfahrt auf der Hauptstrecke**

| | | |
|---|---|---|
| 339,1 | 227,0 | *creek* |
| 341,2 | 224,9 | *Palm Creek.* Steile Ab- und Auffahrt, die zudem meist rutschig sind. |

| | | |
|---|---|---|
| 343,8 | 222,3 | *Ducie Creek*<br>Ebenfalls steile Uferböschungen, die die Ab- und Auffahrt äußerst interessant gestalten. |
| 348,7 | 217,4 | *South Alice Creek* |
| 356,2 | 209,9 | *North Alice Creek* |
| 364,6 | 201,5 | Beginn bzw. Ende von *Heathlands Reserve* (Hinweisschild); Abzweigung rechts zu Campmöglichkeiten an *Dulhunty River* |
| 367,9 | 198,2 | *Dulhunty River*<br>Auf der Nordseite des Flusses sind einige gute Plätze zum Campen (mit Toiletten). |
| 369,3 | 196,8 | *Bertie Creek*<br>Eine Durchquerung, die es je nach Wasserstand in sich haben kann. Wer von Süden kommt, muß sich zunächst für gut 30 m rechts halten, bevor die eigentliche Durchfahrt beginnt. Vor und nach der Durchquerung liegen gute Campingstellen an *Bertie Creek*. |
| 373,1 | 193,0 | Weggabelung: geradeaus *OTL* zu *Gunshot Creek* (12 km); rechts Umgehung von *Gunshot Creek* und Weg zu *Heathlands Ranger Base* (13 km), *DCS Road* (25 km) und *Captain Billy Landing* (63 km); → Umgehung Gunshot Creek. |

***Umgehung Gunshot Creek* (♦)**

| | | |
|---|---|---|
| 0 | 24,7 | Weggabelung *OTL*/ Umgehung |
| 11,9 | 12,8 | Weggabelung: links zur *OTL*; rechts zu *Heathlands Ranger Base* (3 km), *DCS Road* (13 km) und *Captain Billy Landing* (50 km) |
| 22,6 | 2,1 | Weggabelung: links halten |
| 24,7 | 0 | T-Kreuzung: rechts auf die *OTL* nach *Bamaga* fahren; links zu *Gunshot Creek* (2 km) |

***Weiterfahrt auf der Hauptstrecke***

| | | |
|---|---|---|
| 373,6 | 192,5 | *Cholmondeley Creek* |
| 385,1 | 181,0 | *Gunshot Creek*<br>Die Fahrt durch diesen *creek* ist eine nervenaufreibende Sache; sie gehört zu den härtesten Durchquerungen auf dem Weg nach Norden. Wer auf dieses Erlebnis nicht verzichten möchte, sollte es versuchen. Auf jeden Fall sind an *Gunshot Creek* immer wieder spektakuläre Fotos möglich - vom eigenen oder von fremden Fahrzeugen, die z. B. im Schlamm festsitzen und nur mit viel Mühe befreit werden können. Vielleicht aber sind diese Fotos nicht mehr lange möglich, denn man beabsichtigt, die Ein- und Ausfahrt zu begradigen. Pflanzenliebhaber können an den Uferbänken insektenfressende Pflanzen entdecken. Sonnentau und Kannenpflanzen gedeihen hier prächtig. |

| | | |
|---|---|---|
| | | Der *track* in Richtung Norden wird nun immer schwieriger, und die Anfahrten zu den *creeks* erfordern viel Aufmerksamkeit. |
| 387,1 | 179,0 | Geradeaus *OTL*; Abzweigung rechts Umgehung von *Gunshot Creek* und Weg zu *Heathlands Ranger Base* (13 km), *DCS Road* (25 km) und *Captain Billy Landing* (63 km); → Umgehung Gunshot Creek. |
| 392,4 | 173,7 | Grab von *W.J. Brown* links |
| 394,1 | 172,0 | Wegeinmündung von rechts |
| 395,6 | 170,5 | Geradeaus *OTL* und *Cockatoo Creek;* Abzweigung rechts zu einer leichteren, aber steinigeren Durchquerung |
| 397,8 | 168,3 | *creek* |
| 398,4 | 167,7 | *Cockatoo Creek*<br>Den Bach sollte man vorher auf jeden Fall durchwaten. Das steile Nordufer hat lockeren, tiefen Sand als Untergrund. Die Umgehung mündet direkt hinter der Durchfahrt wieder in den *track*. Hier hat die Verwaltung von *Injinoo Community* 1994 eine Campingstelle eingerichtet. Auch warme Duschen und Toiletten soll es mittlerweile geben (Zeltplatz 5 $ pro Person und Nacht). |
| 405,0 | 161,1 | *creek*<br>Schraubenpalmen säumen diesen einfach zu durchfahrenden *creek*. |
| 411,3 | 154,8 | *Sailor Creek*<br>Das Nordufer ist mit seiner felsigen Oberkante schwierig zu erklimmen. |
| 413,1 | 153,0 | Geradeaus *OTL;* Abzweigung rechts ist die *DCS Road* in Richtung Süden. |
| 420,3 | 145,8 | Weggabelung: rechts *OTL;* Wegeinmündung von links |
| 422,4 | 143,7 | Geradeaus *OTL* via *Elliot Falls* (8 km) zu *Jardine River;* Abzweigung links ist die *DCS Road* in Richtung *Jardine-River-Fähre* (→ Alternativstrecke: DCS Road); Hinweisschild mit Fährpreisen<br>Weiter nördlich (31,5 km) führt eine andere Strecke ebenfalls zur Fähre. Wer schon hier in Richtung Fähre abbiegt, verpaßt neben abenteuerlichen Flußdurchquerungen auch die Attraktion *Elliot Falls*. |
| 422,5 | 143,6 | Geradeaus *OTL;* Abzweigung rechts zu *Fruit Bat Falls* (2,6 km)<br>Camping ist an diesem Wasserfall nicht erlaubt. |
| 423,4 | 142,7 | *Scrubby Creek* |
| 428,4 | 137,7 | *creek* |
| 429,1 | 137,0 | Geradeaus *OTL;* Abzweigung rechts zu *Elliot Falls* (1,5 km)<br>*Elliot Falls*, an der Grenze zu *Jardine River National Park*, besteht aus zwei Fällen, *Indian Head Falls* von *Elliot Creek* und *Twin Falls* von *Canal Creek*. Zum Campen eignet sich der Zeltplatz an den Fällen nicht besonders, denn hier treffen sich alle "Cape-York-Fah- |

| | | |
|---|---|---|
| | | rer", um den Anblick und ein Bad unter den Fällen zu genießen. Wer dennoch sein Zelt in einer der angelegten Buchten aufschlagen möchte, sollte möglichst frühzeitig hierher kommen. Schon am frühen Nachmittag ist der Zeltplatz zumeist hoffnungslos überfüllt. Wer es einsamer mag, kann sich am Ufer von *Canal Creek* niederlassen (1,7 km). Das "Badezimmer" ist dann zwar nicht so groß, dafür aber mit *whirlpool*. |
| 429,3 | 136,8 | *Canal Creek*<br>Die Abfahrt zu diesem *creek* ist schlammig und nicht ganz einfach zu bewältigen. Die wesentlich einfachere Durchquerung liegt links der Markierungspfosten. Dennoch wird, vermutlich wegen der kleinen Pfosten im Flußbett, die Durchfahrt rechts öfter angesteuert. Das Wasser von *Canal Creek* ist kristallklar, so daß sein felsiges Bett mit den tiefen Löchern gut zu sehen ist.<br>Kurz vor der Furt führt links ein kleiner Trampelpfad zum Flußufer. Wo der Felsen ausgewaschen ist, sind kleine Kaskaden, Wasserlöcher und *whirlpools* entstanden, die zu einem erfrischenden Sprudelbad einladen. Wie auch an *Gunshot Creek* wachsen hier Kannenpflanzen und Sonnentau. Ein mit Wellblech gedeckter Unterstand am Südufer ist ein idealer Platz zum Campen. |
| 433,1 | 133,0 | *Sam* oder *Turkey Creek* |
| 434,6 | 131,5 | Geradeaus *OTL* in Richtung *Jardine River Crossing* (→ Alternativstrecke: Weg zu Jardine River Crossing); Abzweigung links auf die *DCS Road* in Richtung *Jardine-River-Fähre* (25 km), *Jardine River Roadhouse* und *Bamaga* (89 km) nehmen. |

***Alternativstrecke: Weg zu Jardine River Crossing (♦)***

| | | |
|---|---|---|
| 0 | 26,9 | Abzweigung *DCS Road/ OTL* |
| 0,3 | 26,9 | *Mistake Creek* |
| 2,3 | 26,6 | *Cannibal Creek*<br>Beide Uferseiten von *Cannibal Creek* sind steil, wobei die Nordseite sicherlich die schwierige von beiden ist. Die Auffahrt ist zudem lehmig und glitschig. Nach Regenfällen ist es kaum möglich, ohne Winde hier hinaufzukommen. |
| 4,3 | 22,6 | *Cypress Creek* (Brücke) |
| 12,0 | 14,9 | *Logan Creek* |
| 17,6 | 9,3 | *Nolan's Brook Creek* |
| 19,3 | 7,6 | Geradeaus *OTL;* Abzweigung links zur *DCS Road* und Jardine-River-Fähre (10,7 km) |
| 24,1 | 2,8 | Rechts halten zu *Jardine River;* Hinweisschild: *Jardine River National Park*<br>Nur wenige Nationalparks verdienen die Bezeichnung |

"Wildnis". Einer dieser "Wildnisparks" ist der Jardine-River-Nationalpark am einsamen Ende der Halbinsel *Cape York*. Innerhalb der Parkgrenzen liegt der größte Teil des Wassereinzugsgebiets von *Jardine River*. Am unteren Jardine, fern von den überfluteten Lagunen, erstrecken sich Sümpfe, Moore und Marschen mit spärlichem Bewuchs. Das unwirtliche Land, die undurchdringliche Vegetation, viele giftige Pflanzen sowie fehlende Futterpflanzen veranlaßten die ersten Entdecker und Siedler, diesen Landstrich als "nasse Wüste" *(wet desert)* zu bezeichnen. Beherrscht wird die Landschaft von Eukalyptus- und Regenwäldern, Heideland und Sümpfen. Diese variieren von Riedgrassümpfen bis zu regelrechten Sumpfwäldern. Ab *Cape Orford Ness* in Richtung Süden bedecken Buschland und dichte Vegetation eine weite Dünenlandschaft.

Im Park leben Vögel wie der Torotoro, eine Eisvogelart, und der Graukopf-Laubenvogel, der nur noch in diesem abgeschiedenen Gebiet auf der Halbinsel vorkommt. Vogelliebhaber werden in den Sümpfen des Parks mit Sicherheit auf ihre Kosten kommen und viele andere prächtige Exemplare seltener Arten wie z. B. den Arakakadu *(palm cockatoo)* beobachten können.

Zugang zur Küste ist nur an drei Stellen möglich: *Captain Billy Landing, Ussher Point* und *Shelburne Bay* (→ KM 474,5).

25,9 1,0 Beginn bzw. Ende von *Jardine River Crossing*

Der Jardine ist ein durchschnittlich 100 bis 200 m breiter Fluß, der das ganze Jahr über Wasser führt. Der Fluß hat die höchste Fließrate (Wasserdurchfluß pro Sekunde) von allen Flüssen in Queensland. Nur wenn der Wasserspiegel unter 80 cm sinkt, kann man eine Durchquerung wagen (Wer einen "Schnorchel" am Wagen hat, kann auch unter Umständen einen Wasserstand von 80 bis 90 cm bewältigen). Entscheidend jedoch sind nicht nur Wasserstand und Strömung, sondern auch die Breite des Flusses (hier: ca. 170 m), sein tiefsandiges Bett und die Tatsache, daß man - von Süden kommend - die Hälfte der hier beschriebenen Strecke gegen die Strömung zurücklegen muß, um die Ausfahrt am anderen Ufer zu erreichen. Also auch bei nur 50 oder 60 cm Tiefe ist es noch schwierig genug, heil am anderen Ufer anzukommen. Die Durchfahrt nicht unterschätzen! Bleibt man in der Mitte stecken, reicht oft ein Windenkabel nicht aus. Auf jeden Fall sollte man den Reifendruck vermindern; bei Breitreifen ist das nicht unbedingt erforderlich (→ "Fahrtechniken und Problemlösungen", hier "Flußdurchfahrten"). Ob die Durchfahrt erlaubt ist, erfährt man am besten in Bamaga (→ Infos zur Strecke).

| | | |
|---|---|---|
| | | Camping ist an der Süd- wie Nordseite des Flusses möglich. Der Fluß ist Heimat der größten Salzwasserkrokodile. Auf Schwimmen sollte man besser verzichten. Auch wenn man keine Krokodile sieht, sind sie da (→ Artikel "Reptilien der Urzeit - Krokodile"). |
| 26,1 | 0,8 | Ende bzw. Beginn von *Jardine River Crossing* Das Gebiet nördlich des Jardine gehört fünf unabhängig verwalteten Ureinwohnergemeinden: *Injinoo, Umagico, Bamaga, New Mapoon* und *Seisia*, die insgesamt etwa 1.700 Einwohner haben. Lediglich in *Punsand Bay* ist eine private Ferienanlage *(resort)*. |
| 26,2 | 0,7 | Weggabelung: links halten |
| 26,4 | 0,5 | Abzweigung rechts nehmen; geradeaus zu Campingmöglichkeiten an *Jardine River* |
| 26,9 | 0 | T-Kreuzung: rechts auf der *OTL* nach Bamaga fahren; links auf *OTL* zur Fähre |

---

***Weiterfahrt auf der Hauptstrecke***

| | | |
|---|---|---|
| 452,1 | 114,0 | Geradeaus fahren; Wegeinmündung von rechts |
| 452,5 | 113,6 | Geradeaus fahren; Wegeinmündung von rechts |
| 460,2 | 105,9 | Geradeaus fahren; Wegeinmündung von links; Hinweisschild: *You are now entering Aboriginal Land.* |
| 464,0 | 102,1 | Geradeaus fahren; rechts zu *OTL* und *Jardine River Crossing* |
| 488,0 | 78,1 | Jardine-River-Fähre; Jardin River Roadhouse |
| 497,9 | 68,2 | Geradeaus fahren; rechts zu *Jardine River Crossing;* Hinweisschild: *Jardine River National Park* |
| 510,3 | 55,8 | Hinweisschild: *Jardine River National Park* |
| 510,9 | 55,2 | Geradeaus fahren; Abzweigung rechts zu *Ussher Point* (62 km) und *Shadwell Peak* (78 km). Von *Ussher Point* kann man weitere 45 km in südlicher Richtung bis *Captain Billy Landing* fahren. Wer sich in diese einsame Gegend wagt, sollte zum einen viel Zeit mitbringen, zum anderen sich gründlich vorbereiten (genügend Wasser mitnehmen!), auf Gezeiten achten und vor allem - von Süden kommend - sich beim Ranger in *Heathlands Ranger Base* oder - von Norden kommend - in Bamaga ab- und auch wieder rückmelden. Flußdurchfahrten sind zwar in der Regel ohne nennenswerte Probleme, aber am Strand können auch Krokodile auftauchen. Überreste von Gerätschaften aus dem letzten Weltkrieg liegen hier verstreut, und am südlichen Strandabschnitt finden sich, z.T. von Sand zugedeckt, Flugzeug- oder Schiffswracks. |
| 521,0 | 45,1 | T-Kreuzung: Abzweigung rechts nach *Bamaga* nehmen; Abzweigung links nach *Mutee Heads* und zur Mündung von *Jardine River* |
| 528,4 | 37,7 | Flugzeugwrack und Parkplatz rechts. Das Wrack dieser *DC3* ist, da fast unmittelbar an der Straße gelegen, |

wahrscheinlich das am häufigsten besichtigte Kriegsüberbleibsel der Halbinsel. Das Flugzeug stürzte während des Landeanflugs ab, weil vermutlich ein Teil der Ladung verrutschte. Alle fünf Besatzungsmitglieder kamen ums Leben. Zwei weitere Wracks liegen zwischen *Jackey Jackey Creek* und Landebahn (Kittyhawk-Fighter, Beaufort-Bomber).

528,8 37,3 T-Kreuzung: Abzweigung links nach *Bamaga* nehmen; Abzweigung rechts zu einer Landebahn

*Jackey Jackey Airstrip*, eine im letzten Krieg in den Busch gewalzte Landebahn, ist der Hauptflughafen nördlich von *Jardine River.* Hier landen vor allem Versorgungsflugzeuge und kleine Passagierflugzeuge von *Australien Airlines*, die eine regelmäßige Verbindung von Cairns nach Bamaga unterhalten.

533,4 32,7 Abzweigung rechts zu *Punsand Bay* (25 km) und *Cape York* (30 km) nehmen; geradeaus nach *Bamaga* (1 km)

Bamaga ist nach einem Häuptling der Insel *Saibai* benannt, die zu den Inseln in der *Torres Strait* gehört und 4 km südlich von Neuguinea liegt. 1948 flüchtete *Bamaga Ginau* mit seinem Volk auf das australische Festland. Der größte Teil seiner Insel war von schwerer See und anschließenden Riesenwellen *(king waves)* überflutet. Die Flüchtlinge siedelten sich zunächst an der Mündung von *Cowal Creek* bei *Red Island Point* und bei *Mutee Heads* an. Ein paar Jahre später beschloß die Regierung, sie in das Gebiet der heutigen Ortschaft Bamaga umzusiedeln. Nach der Errichtung einiger Häuser zogen die meisten Inselbewohner auch hierher. Einige blieben allerdings an der Mündung von Cowal Creek (8 km südwestlich von Bamaga) zurück. Die Siedlung dort ist heute als *Injinoo Community* bekannt, deren Bewohner eine Mischung aus Aborigines und Torres Strait Islander sind; Red Island Point ist das heutige Seisia.

Im Zentrum von Bamaga gibt es einen Supermarkt, eine Post, eine Schule, eine Polizeistation, ein Krankenhaus, eine Tankstelle und Reparaturwerkstatt. Die Versorgung des Ortes übernimmt größtenteils ein Frachter, der jeden Dienstag im Hafen von Seisia anlegt. Camping ist in Seisia auf dem Campingplatz unmittelbar am Strand möglich (7 $ pro Person). Eine andere, ebenfalls schöne Stelle ist der Campingplatz von Injinoo Community bei Umagico, am Nordende der Siedlung. Dreimal in der Woche veranstaltet das *Community Dance Team* in Seisia eine abendliche Vorführung traditioneller Tänze und Riten - eine gute Gelegenheit, die Menschen von Seisia kennenzulernen. Daß Seisia anders als andere Gemeinden ist, bemerkt man schnell. Zwar gibt es auch hier Alkoholprobleme, doch im großen und ganzen scheinen die Menschen

| | | |
|---|---|---|
| | | ihre Unabhängigkeit, vor allem von den Hilfsgeldern der australischen Regierung, anzustreben. Das erklärte Ziel der Gemeindeverwaltung lautet: bis 2000 alle Unterhaltszahlungen der Regierung zurückerstatten und keine weiteren mehr in Anspruch nehmen. |
| 548,9 | 17,2 | Überreste von *Lockerbie Homestead* rechts; *Crock Shop* (Souvenirs und gekühlte Getränke) links |
| 549,0 | 17,1 | Geradeaus fahren; Abzweigung links zu *Punsand Bay* (11 km). *Punsand Bay Safari Lodge* ist ein Feriendomizil direkt am Strand. Hier kann man im eigenen Zelt oder fest in *cabins* übernachten (8 $; 25 $; 145 $ bei Vollpension pro Person). Ausflüge nach *Thursday Island* sind empfehlenswert (→ Weg zu Punsand Bay). |

***Weg zu Punsand Bay (♦)***

| | | |
|---|---|---|
| 0 | 11,9 | Abzweigung *Punsand Bay/ OTL* |
| 1,1 | 10,8 | Weggabelung: links halten |
| 1,3 | 10,6 | Rechts zu Campingmöglichkeiten an *Laradenya Creek* |
| 10,1 | 1,8 | Ab hier ist ein Fahrzeug mit Allradantrieb notwendig, da es tiefsandig wird. |
| 11,9 | 0 | *Punsand Bay Camping Area* (8 $ pro Person). Von *Punsand Bay Safari Lodge* Fähre zu *Thursday Island*. |

## *Somerset - ein Polizeiposten fernab der Zivilisation*

Auch wenn von ihm heute nicht mehr viel übrig ist, so hat *Somerset* wie viele andere, heute unscheinbaren Orte im *outback* seine Geschichte. Sie geht zurück bis ins Jahr 1864, als die britische Regierung hier einen Außenposten errichtete, mit dessen Leitung *John Jardine*, ein Polizeirichter, betraut wurde. Seine Söhne *Alex* und *Frank* folgten ihm mit einer Herde Rinder, die sie von Rockhampton in zehn Monaten hierher trieben. Frank Jardine, inzwischen aufgestiegen zum Polizeiinspektor, übernahm später das Amt seines Vaters. Die nicht allzu freundlichen Ureinwohnerstämme des Kaps, Kopfjäger und Kannibalen der Küstengebiete Neuguineas und der umliegenden Inseln, machten ihm das Leben in absoluter Isolation, fern der desinteressierten Regierung, nicht gerade einfach. Lediglich eine Handvoll schlecht ausgebildeter Polizisten stand ihm im ständigen Kampf ums Überleben zur Seite. Schiffbrüchige sahen in Somerset ihre Rettung. Die Ureinwohner betrachteten Frank Jardine wegen seiner Unbarmherzigkeit ihnen gegenüber als ihren schlimmsten Feind. Sie nannten ihn bald "debil-debil-Jardine". Nach seiner Entlassung aus dem Dienst 1873 und der Verlegung des Postens nach *Thursday Island* blieb Frank Jardine in Somerset, verwaltete die Rinderfarm, beschäftigte Perlen- und Muscheltaucher und legte Kokosnußplantagen an, die bis heute erhalten sind. Selbst im Grab fand Jardine, der im März 1919 starb und hier beerdigt wurde, keine Ruhe. Glaubt man den Gerüchten, buddelten ihn Aborigines wieder aus und begruben ihn erneut mit dem Gesicht nach unten. Ihrem Glauben nach konnte so der gefährliche Geist Jardines nicht aus der letzten Ruhestätte entweichen und ihr Volk weiterhin verfolgen.

***Weiterfahrt auf der Hauptstrecke***

| | | |
|---|---|---|
| 556,0 | 10,1 | Weggabelung: links in Richtung *Cape York* (10 km) fahren; rechts nach *Somerset* (11 km; → Artikel "Somerset - ein Polizeiposten fernab der Zivilisation") und *Naram Beach.* |
| 559,0 | 7,1 | Geradeaus fahren; Abzweigung links zu *Punsand Bay Camping Area* (→ KM 512,6) |
| 563,6 | 2,5 | Weggabelung: links halten |
| 566,1 | 0 | Campingstelle am Kap und *Pajinka Wilderness Lodge;* Parkplatz und Kiosk<br>Ab hier ist es eine Viertelstunde zu Fuß durch *lockerbie-scrub*, einen trockenen Monsunregenwald, bis zum "Top End of Australia". Die Kletterpflanzen bilden an einigen Stellen undurchdringliches Gestrüpp. Am auffallendsten sind die Feigenbäume mit Brettwurzeln, die schraubenartig verdrehten Pandanus-Palmen, die an der Kleidung haftenden *stick-palms* und die Würgefeigen, die ganze Bäume umschlingen. Die Artenvielfalt des Regenwaldes zeigt sich auch in den vielen kleineren Epiphyten wie Orchideen, Farnen und Pilzen. *Pajinka Wilderness Lodge* - eine Luxusherberge - liegt mitten in diesem Regenwald (*cabin* ab 230 $ pro Person, Camping 8 $ pro Person). |

Palmenumsäumte Strände auf Cape York

# Anhang

# Adressen

## Fahrzeugvermieter

*Apollo Motorhomes,* 698 Nudgee Rd., Northgate (Brisbane) QLD 4013, Tel. 07/ 32 60 54 66, Fax 32 60 54 75 (kleiner Anbieter von Campervans mit Filialen an der Ostküste und im Zentrum)

*ATC Rent a Car,* 141-151 Adelaide Tce., Perth WA 6004, Tel. 08/ 93 25 18 33, Fax 93 25 91 99 (Spezialist in Westaustralien für Campervans und 4-WD)

*Australian Motorcycles Adventures,* 252 Samford Rd., Enoggera QLD 4051, Tel. 07/ 38 65 31 76, Fax 33 55 59 59 (Straßen- und Geländemotorräder sowie geführte Touren)

*Britz Australia,* 200 Gipp St., Abbotsford (Melbourne) VIC 3067, Tel. 03/ 94 83 18 88, Fax 94 16 29 33 (größte Vermieterfirma von Campmobilen, 4-WD und Motorrädern mit Filialen in allen großen Städten Australiens; vertritt auch *Koala Camper Rentals* und *Budget*; Buchungen auch über große deutsche Reisebüros)

*Coolabah Motorhomes,* 11/10 Pioneer Ave., Thornleigh (Sydney) NSW 2120, Tel. 02/ 99 80 63 14, Fax 99 80 60 44 (kleinerer Vermieter von Campmobilen und 4-WD; u.a. zu buchen in der Schweiz über Skip & Stephanie Pockay, Talrain 9, CH-6043 Adligenswil, Tel. & Fax 041/ 370 23 73; → Anzeige im Buch)

*Easy Life Rentals Australia,* PO Box 6135, Mooloolah Valley QLD 4553, Tel. 07/ 54 94 79 61, Fax 54 94 79 41 (Pkw, Campervans und 4-WD)

*Maui Rentals,* 8-11 Wollongong Rd., Arncliffe (Sydney) NSW 2205, Tel. 02/ 95 97 61 55, Fax 95 99 43 84 oder in Deutschland, Schatzbogen 43, D-81829 München, Tel. 089/ 688 10 99, Fax 688 13 39 (Campervans und 4-WD)

*NQ Rentals*, 450 Sheridan St., Cairns QLD 4870, Tel. 07/ 40 53 18 75, Fax 40 32 20 68 (Filialen in allen großen australischen Städten; Campervans)

*NT Outback Rentals,* 76 Hartley St., PO Box 936, Alice Springs NT 0870, Tel. 08/ 89 52 26 44, Fax 89 52 54 93 (Pkw und 4-WD)

*Red Roo Rentals,* GPO Box 929, Ipswich QLD 4305, Tel. 07/ 54 64 57 90, Fax 54 64 57 91 (Pkw, Campervans und 4-WD)

*Skippy Rentals,* 1505 South Rd., Darlington (Adelaide) SA 5047, Tel. 08/ 82 96 29 99, Fax 82 98 50 00 oder in Deutschland, Brambuschweg 18, D-28816 Stuhr, Tel. & Fax 0421/ 809 87 56 oder in der Schweiz, über Skip & Stephanie Pockay, Talrain 9, CH-6043 Adligenswil, Tel. & Fax 041/ 370 23 73)

*South Perth 4-WD Rentals,* 80 Canning Hwy., Victoria Park WA 6100, Tel. 08/ 94 70 31 58, Fax 93 62 54 44 (Pkw und 4-WD)

*Swiss Aussie Holidays,* 39 Chisholm Crescent, Kewdale WA 6105, Tel. 08/ 93 59 17 46, Fax 93 59 17 48 (Kombis und 4-WD; → Anzeige im Buch)

*Territory Rent-a-Car,* 64 Stuart Highway, Darwin NT 0801, Tel. 08/ 89 24 00 00, Fax 89 81 52 47 (Pkw und 4-WD)

*Travel Service Australien,* Rehagenring 10 D, 22949 Ammerbeck, Tel. 04532/ 220 56, Fax 246 19 (Agent für verschiedene australische Fahrzeugverleiher)

## Fahrzeugvermieter und Fahrzeugverkäufer

*Getaway Recreational Vehicles,* 31 Princess Highway, Arncliffe (Sydney) NSW 2205, Tel. 02/ 95 99 47 66, Fax 95 56 14 93 (Pkw und Campervans)

*Swiss AM Drive,* in Deutschland, Daimler Str. 8 e, 44805 Bochum, Tel. 0234/ 86 65 33, Fax 86 67 64 oder in der Schweiz, Badstr. 15, 5400 Baden, Tel. 056/ 221 80 21, Fax 221 80 23 (Pkw, 4-WD und Motorrädern; → Anzeige im Buch)

*Travel Action Abenteuerreisen,* Einsiedeleiweg 16, 57399 Kirchhundem, Tel. 02764/ 78 24, Fax 7938 (Kombis, Geländewagen und Motorräder; neue und ältere Modelle; → Anzeige im Buch)

*Travel Car Centre,* 54 Orchard Rd., Brookvale (Sydney) NSW 2100, Tel. 02/ 99 05 69 28, Fax 99 05 48 81 (exzellenter Service; Campmobile, Geländewagen und Kombis; Filialen in Perth, Cairns und Darwin; → Anzeige im Buch)

## Reisebüros und Veranstalter

*Boomerang Reisen,* Engelstr. 65, 54292 Trier, Tel. 0651/ 991 11 98, Fax 991 11 95 (→ Anzeige im Buch)

*DERTOUR,* vertreten in über 5000 Reisebüros (u.a. auch großes Angebot von verschiedenen Fahrzeugen; → Anzeige im Buch)

*Inter Air Voss Reisen,* Triftstr. 28-30, 60528 Frankfurt, Tel. 069/ 96 76 70, Fax 96 76 71 00

*ITZ Campmobil und Touristik,* Klenzestr. 55, 80469 München, Tel. 089/ 201 40 60, Fax 201 56 60

*Kangaroo Tours,* Lohbergstr. 14, 44789 Bochum, Tel. 0234/ 325 25 30, Fax 325 25 40 (→ Anzeige im Buch)

## Ausrüster von Geländewagen

### New South Wales

*ARB New South Wales,* 103 Newbridge Rd., Moorebank NSW 2170, Tel. 02/ 98 21 36 33

*Four-Wheel-Drive Warehouse,* 12 Garling Rd., Kingspark, Blacktown NSW 2148, Tel. 02/ 96 22 10 00

*Genco Fittings,* 338 Parramatta Rd., Stanmore (Sydney) NSW 2048, Tel. 02/ 95 69 55 57

*Opposite Lock New South Wales,* 86 South Rd., Rydalmere NSW 2116, Tel. 02/ 96 84 14 44

*Shipp Shape Tents,* PO Box 309, Roseberry NSW 2018, Tel. 02/ 95 50 17 71 (Autodachzelte)

*TJM Products Sydney,* Cnr Newton & Adderly St., Auburn NSW 2144, Tel. 02/ 96 47 22 55

### Northern Territory

*ARB Northern Territory,* 524 Stuart Highway, Winnelie NT 0820, Tel. 08/ 89 47 22 62

*Centre Auto Service,* 12 Wilkinson St., Alice Springs NT 0870, Tel. 08/ 89 52 23 81

*TJM Products Darwin,* 8-10 Bishop St., Darwin NT 0800, Tel. 08/ 89 81 92 59

### Queensland

*ARB Queensland,* 35 Thompson St., Mayne QLD 4006, Tel. 07/ 32 57 17 99

*Opposite Lock Queensland,* 146 Abbotsford Rd., Mayne QLD 4006, Tel. 07/ 32 52 12 20

*TJM Products Brisbane,* 22 Shettleston St., Rocklea QLD 4106, Tel. 07/ 32 77 82 55

*TJM Products Rockhampton,* 212 Denison St., Rockhampton QLD 4700, Tel. 07/ 49 27 68 44

*TJM Products Townsville,* 321 Ingham Rd., Garbutt QLD 4814, Tel. 07/ 47 75 30 33

### South Australia

*Adelaide Off Road & Camping,* 49 Goodwood Rd., Wayville SA 5034, Tel. 08/ 83 73 51 13

*ARB South Australia,* 93 Magill Rd., Norwood SA 5067, Tel. 08/ 83 63 14 93

*Genco Fittings,* 362 Main North Rd., Blair Athol SA 5084, Tel. 08/ 92 62 21 17

### Victoria

*ARB Victoria,* Maroondah Highway, Croydon VIC 3136, Tel. 03/ 97 26 71 66

*Duncans 4-WD Centre,* 268 Ferntree Gully Rd., Nottinghill (Melbourne) VIC, Tel. 03/ 95 43 81 55

*Genco Fittings,* 25 Swan St., Richmond VIC 3121, Tel. 03/ 94 27 03 11

*Ontourer Australia,* 1295 North Rd., Huntingdale, Melbourne VIC 3167, Tel. 03/ 95 43 86 22 (Autodachzelte)

*Opposite Lock Victoria,* 302 Nicholson St., Fitzroy VIC 3056, Tel. 03/ 94 17 66 22

*Piranha Off-Road Products,* Factory 3, Mallory Court, Bayswater VIC 3153, Tel. 03/ 97 20 45 00

*TJM Products Melbourne,* 333 Whitehorse Rd., Nunawading VIC 3131, Tel. 03/ 98 78 99 11
*TJM Products Adelaide,* 144 Magill Rd., Norwood VIC 5067, Tel. 03/ 93 62 67 41
*Ultimate 4-WD Equipment,* 683 Sydney Rd., Coburg VIC 3058, Tel. 03/ 93 54 11 16

***Western Australia***
*ARB Western Australia,* 66 Collingwood St., Osborne Park WA 6017, Tel. 08/ 92 44 35 53
*Opposite Lock Western Australia,* 28 Welshpool Rd., Welshpool WA 6106, Tel. 08/ 93 62 17 44
*TJM Products Perth,* Cnr South & Pritchard St., O'Connor WA 6163, Tel. 08/ 93 31 27 34
*West Coast Off Road Gear,* 251 Balcatta Rd., Balcatta, Perth WA, Tel. 08/ 93 44 78 88

## Kartenanbieter

***in Australien***
*Australian Geographic,* PO Box 321, Terrey Hills NSW 2084, Tel. 02/ 94 50 23 00 (Australian Geographic unterhält Läden in allen größeren Städten; leider sind die Karten dort nicht immer vorrätig)
*Bowyangs Maps,* 259 High St., Kew (Melbourne) VIC 3101, Tel. 03/ 98 62 35 26
*Central Map Agency,* Panorama Ave., Bathurst NSW 2795, Tel. 063/ 31 53 44, Fax 63 31 80 95
*Department of Land Administration,* Cathedral Ave., Perth WA 6000, Tel. 08/ 93 23 01 51
*Hema Maps,* PO Box 724, Springwood QLD 4127, Tel. 07/ 290 03 22, Fax 32 90 04 78 (nur Bestellung)
*Map Sales Australian Surveying & Land Information Group,* Chandler St., PO Box 2, Belconnen ACT 2617, Tel. 02/ 62 52 63 83, Fax 62 51 54 46
*Mapshop,* Department of Lands & Housing, AFT Building, 21 Gregory Tce., Alice Springs NT 0870, Tel. 08/ 89 51 57 46
*Mapshop,* Department of Lands & Housing, Moonta House, 43 Mitchell St., Darwin City NT 0800, Tel. 08/ 89 89 70 32
*Melbourne Map Centre,* 740 Waverley Rd., Chadstone VIC 3148, Tel. 03/ 95 69 54 72
*Sunmap Centre,* PO Box 234, North Quay (Brisbane) QLD 4000, Tel. 07/ 32 27 68 92

Sehr gute Karten erhält man bei den Automobilclubs in jeder größeren Stadt. Für Mitglieder sind die Karten kostenlos (auch für Mitglieder eines ausländischen Automobilclubs).

***in Deutschland***
*Adventure Holidays,* Steinfeldweg 11, 90765 Fürth, Tel. 0911/ 979 95 55, Fax 979 95 88
*Australia Shop,* Dachauer Str. 109, 80335 München, Tel. 089/ 542 83 91, Fax 52 31 54 87 (auch Filialen in Köln und Wiesbaden; über 200 Speziallandkarten)
*Bannat Globetrotter- und Expeditionsausrüstungen,* Lietzenburger Str. 65, 10719 Berlin, Tel. 030/ 882 76 01, Fax 882 27 26
*Boomerang Reisen,* Engelstr. 65, 54292 Trier, Tel. 0651/ 991 11 98, Fax 991 11 95
*Dennart & Lechhart Globetrotterausrüstungen,* Wiesendamm 1, 22305 Hamburg, Tel. 040/ 29 12 23, Fax 65 44 03 71
*Dr. Götze Land und Karte,* Geothek & Planothek, Bleichenbrücke 9, 20354 Hamburg, Tel. 040/ 348 03 13, Fax 348 03 18
*Fata Morgana,* Geographische Buchhandlung, Auf den Häfen 9-10, 28203 Bremen, Tel. 0421/ 787 17
*Geographische Buchhandlung,* Rainer Michels, Rosental 6, 80331 München, Tel. 089/ 26 50 30
*Gleumes & Co.,* Hohenstaufenring 47-51, 50674 Köln, Tel. 0221/ 21 15 50, Fax 24 94 17
*Hellmann Globetrotterausrüstungen,* Richtweg 3, 28195 Bremen, Tel. 0421/ 32 52 17
*Schroppsche Landkartenanstalt,* Potsdamer Straße 100, 10785 Berlin, Tel. 030/ 261 34 56

**in der Schweiz**

*Atlas Reisebücher und -karten,* Schauplatzgasse 31, CH-3011 Bern, Tel. 031/ 312 20 11

*Buchhandlung Barth,* Bahnhofstr. 94, CH-8001 Zürich, Tel. 01/ 211 42 52

*Buchhandlung Orell-Füssli,* Füsslistr. 4, CH-8001 Zürich, Tel. 01/ 221 10 60

*Kaktus Reiseausrüstung,* Hirschmattstr. 29, CH-6003 Luzern, Tel. 041/ 23 23 91

*Kaktus Reiseausrüstung,* Baarerstraße 49, Ch-6300 Zug, Tel. 042/ 22 22 61, Fax 22 22 03

*Stauffacher Bücher & Karten,* Neuengasse 25, CH-3011 Bern, Tel. 031/ 311 24 11

*Travel Book Shop & Map House,* Rindermarkt 20, CH-8001 Zürich, Tel. 01/ 252 38 83, Fax 252 38 32

**in Österreich**

*Freytag & Berndt Artaria KG,* Kohlmarkt 9, A-1010 Wien, Tel. 0222/ 533 20 94

*Hof & Turecek Expeditionsservice,* Markgraf Rüdigerstr. 1, A-1150 Wien, Tel. 0222/ 922 23 61

*ÖAMTC,* Schubertring 1-3, A-1010 Wien, Tel. 0222/ 512 47 50

## Kühlschrankvermieter

**in New South Wales**

*Portman 4-WD Fridge Hire,* Kings Park, Sydney NSW, Tel. 02/ 96 22 10 00

*Quirk's Victory Light,* 13 Albermarle Ave., Rose Bay NSW 2029, Tel. 02/ 93 71 00 14

**in Queensland**

*Davidson's Fridge-Freezer Hire,* PO Box 826, Caloundra QLD 4551, Tel. 018/ 307 80

**in South Australia**

*Portman 4-WD Fridge Hire,* Adelaide SA 5000, Tel. 08/ 83 63 14 93

*Portman 4-WD Fridge Hire,* Mile End SA, Tel. 08/ 82 34 52 99

**in Victoria**

*Portman 4-WD Fridge Hire,* South Melbourne VIC, Tel. 03/ 96 96 90 70

**in Western Australia**

*Carry On Camping Hire,* 129 Burswood Rd., Victoria Park WA 6100, Tel. 08/ 93 62 44 55, Fax 94 72 34 75

*Hire Me,* 136 Balcatta Rd., Perth WA 6000, Tel. 08/ 93 45 31 27

## Funkgerätekauf und -vermietung

**in New South Wales**

*Codan Pty. Ltd.,* Suite 24, 818 Pittwater Rd, Dhee Why NSW 2099, Tel. 02/ 99 71 22 33

*Royal Flying Doctor Service,* Barrier Highway, Broken Hill NSW 2880

**in Western Australia**

*AHV Communications,* 3 Kitson Place, Perth WA 6000, Tel. 08/ 94 59 96 29

*Barrett Communications,* 10 Port Kembla Drive, Bibra Lake WA 6136, Tel. 08/ 94 34 17 00

*Rodger Williams Communications,* Unit 2, 2-14 Sheffield Rd., Welshpool WA 6106, Tel. 08/ 94 51 75 88

**in South Australia**

*Augusta Electronic Centre,* 54 Carlton Pde., Port Augusta SA 5700, Tel. 08/ 87 42 45 28

*RW Electronics,* 51 Wood Ave., Ridleyton SA 5008, Tel. 08/ 83 46 45 71

**in Victoria**

*Just Communications,* 552 Whitehorse Rd., Mitcham VIC 3132, Tel. 03/ 98 73 37 10

*Long Distance Communications,* 179 Mont Albert Rd., Canterbury VIC 3126, Tel. 03/ 98 30 46 66 (Neu-, Gebraucht- und Mietgeräte)

*Power Band Communications,* 1289 Nepean Highway, Cheltenham VIC 3192, Tel. 03/ 95 84 75 06

**in Queensland**

*Olbis Communications,* Brisbane QLD 4000, Tel. 07/ 38 75 11 55

*Olbis Communications,* Townsville QLD 4810, Tel. 07/ 47 79 22 34

Weitere Adressen können bei allen Basen des *Royal Flying Doctor Service* erfragt werden.

## Camping- und Outdoorausrüster

### in New South Wales

*All Camping Supplies,* 2A Railway Pde., Thornleigh NSW 2120, Tel. 02/ 94 81 04 73

*Kangaroo Tent City,* 93-99 Parramatta Rd., Camperdown NSW 2050, Tel. 02/ 95 19 10 11

*Singleton Leisure World,* 26 George St., Singleton NSW 2330, Tel. 02/ 65 72 24 11

### in Queensland

*Aussie Traveller Brisbane,* 51 Prospect Rd., Enoggera QLD 4051, Tel. 07/ 38 55 10 66

*Camping Galore,* 225 Charter Towers Rd., Townsville QLD 4810, Tel. 07/ 47 75 35 33

### in South Australia

*Adelaide Off Road & Camping,* 49 Goodwood Rd., Wayville SA 5034, Tel. 08/ 83 73 51 13

### in Victoria

*Rays Tent City,* 340 Melbourne Rd., North Geelong VIC 3215, Tel. 03/ 52 78 76 33

### in Western Australia

*Cargills Holiday Equipment,* 80 Burswood Rd., Victoria Park WA 6100, Tel. 08/ 93 61 93 21

*Go Camping,* 9/58 Erindale Rd., Balcatta WA 6021, Tel. 08/ 93 44 62 52

## Automobilclubs in den Hauptstädten

*AANT,* 79-81 Smith St., Darwin NT 0800, Tel. 08/ 89 81 38 37

*NRMA,* 151 Clarence St., Sydney NSW 2000, Tel. 13 21 32 oder 02/ 92 60 92 22

*NRMA,* 92-96 Northbourne Ave., Canberra ACT 2601, Tel. 02/ 62 43 88 00

*RAA,* 41 Hindmarsh Square, Adelaide SA 5000, Tel. 08/ 82 02 45 00

*RACV,* 360 Bourke St., Melbourne VIC, Tel. 03/ 96 42 55 66

*RACWA,* 228 Adelaide Tce., Perth WA 6000, Tel. 08/ 94 21 44 44

*RAQLD,* 300 St. Pauls Tce., Fortitude Valley QLD 4006, Tel. 1800 81 19 11 (kostenlos)

## Informationsstellen für Nationalparks

### in New South Wales

*National Park & Wildlife Service* (NPWS), Cadmans Cottage, 110 George St., The Rocks, Sydney NSW 2000, Tel. 02/ 92 47 88 61

*NPWS,* Tibooburra District Office, Briscoe St., Tibooburra NSW 2880, Tel. 08/ 80 91 33 08

### in Northern Territory

*Alice Springs NPWS Regional Office,* Stuart Highway, PO Box 1046, Alice Springs NT 0871, Tel. 08/ 89 51 82 11

*Conservation Commission of the Northern Territory,* 31 Smith St., Ground Floor, The Mall, PO Box 1260, Darwin NT 0800, Tel. 08/ 89 46 43 00

*Conservation Commision Katherine Regional Office,* Giles St., PO Box 344, Katherine 0851 NT, Tel. 08/ 89 73 87 70

*NT Government Tourist Bureau,* 51 Todd St., PO Box 996, Alice Springs NT 0871, Tel. 08/ 89 51 82 11

*Ranger-in-Charge,* Bullita Ranger Station, Gregory National Park P.M.B. 124, Katherine 0851 NT, Tel. 08/ 89 75 08 33

*Yulara Visitor Centre,* Yulara Drive, PO Box 119, Yulara NT 0872, Tel. 08/ 89 56 22 40

### in Queensland

*QNPWS,* Far Northern Regional Office, 10-12 Mc Leod St., PO Box 2066, Cairns QLD 4870, Tel. 07/ 40 52 30 93

*QNPWS,* Simpson Desert National Park, District Office, Plover St.,

PO Box 202, Longreach QLD 4730, Tel. 07/ 46 58 17 61

*The Ranger,* Cape Tribulation National Park, PMB 10 PS 2041, Mossman QLD 4873, Tel. 07/ 40 98 00 52

*The Ranger,* Jardine River National Park, Heathlands, PMB 76, Cairns Mail Centre QLD 4871, Tel. 07/ 40 60 32 41

***in South Australia***

*South Australian National Park & Wildlife Service,* 77 Grenfell St., PO Box 1047, Adelaide SA 5001, Tel. 08/ 82 04 19 10

*South Australian National Park & Wildlife Service,* PO Box 102, Hawke SA 5434, Tel. 08/ 86 48 42 44

***in Western Australia***

*Department of Conservation and Land Management,* 50 Hayman Rd., Como WA 6152, Tel. 08/ 93 34 03 33

*Karijini National Park,* Ranger-in-Charge, Yampire Gorge Rd., PO Box 29, Tom Price WA 6751, Tel. 08/ 91 89 81 57

*Karratha Regional Office,* SGIO Building, Welcome Road, PO Box 835, Karratha WA 6714, Tel. 08/ 91 86 82 88.

*Millstream-Chichester National Park,* Ranger-in-Charge, Millstream Homestead, PO Box 835, Karratha WA 6714, Tel. 08/ 91 84 51 44

## Allradorganisationen

Jeder Staat hat einen Dachverband der Allrad-Clubs. Sie können nicht nur hilfreiche Informationen zu den Strecken, deren Zustand oder über benötigte *permits* geben, sondern vermitteln auch den Kontakt zu nächstgelegenen Clubs.

***New South Wales***

*Recreational 4WD Clubs Association of NSW & ACT,* PO Box 1371, Parramatta, NSW 2124, Tel. 02/ 44 48 73 59

***Northern Territory***

*NT Asscosiation of 4WD Clubs,* PO Box 37476, Winnellie, NT 0820, Tel. 08/ 89 85 35 73

***Queensland***

*Queensland Association of 4WD Clubs,* PO Box 174, Brisbane Markets QLD 4106, Tel. 07/ 38 01 14 10

***South Australia***

*South Australian Association of 4WD Clubs,* PO Box 178, Blair Athol SA 5084, Tel. 08/ 82 63 19 79

***Western Australia***

*Western Australian Association of 4WD Clubs,* PO Box 6029, East Perth WA 6892, Tel. 08/ 93 99 72 75

# Literaturhinweise

***Australische Literatur***

*Beadell, Len:* End of an Era; Too long in the Bush; Blast the Bush; Bush Bashers; Still in the Bush; Beating about the Bush; Outback Highways, Weldon Publishing, Sydney NSW 2000, 1983 (alle Bücher berichten von den letzten australischen Pionieren)

*Cussack, Michael & Susan:* Our Year in the Wilderness, Australian Geographic Pty. Ltd., Terrey Hills NSW (ein Paar verbrachte ein Jahr in einem einsamen Landstrich der Kimberleys, interessante Lektüre)

*Department of Conservation and Land:* North-West Bound, Como WA 6152, 1990 (informatives Buch über den Nordwesten von Western Australia)

*Finley, H., Murray, J., Tiller, A., Hindle, Ch., Wheeler, T., Noble, J., Forsyth, S.:* Australia - travel survival kit, Lonely Planet, Hawthorn VIC 3122, 1996 (umfassender, guter Reiseführer)

*Gard, Eric & Ronele:* Canning Stock Route, Western Desert Guides, Wembley Downs WA 6019, 1990 (ein 450

Seiten starkes Buch nur über die Canning Stock Route; ausführlicher geht's nicht; wer die Strecke fahren will, sollte dieses Buch unbedingt dabeihaben; erhältlich in den meisten Buchhandlungen in Australien)

*Howitt, R. & Douglas, J.:* Aborigines & Mining Companies in Northern Territory, APCOL, Darwin 1983 (zeigt Probleme der Ureinwohner im Kampf um ihr Land auf)

*Kestel, Bernard:* The Glovebox Guide to 4-Wheel Driving, Forestry Commission of NSW, Sydney NSW 2000, 1987 (kleines Buch fürs Handschuhfach mit allen wichtigen Informationen für den richtigen Umgang mit einem Geländewagen)

*McLelland, R.:* Outback Touring, Horwitz Grahame Books, Cammeray NSW 2062, 1989 (gutes Buch zur Vorbereitung mit vielen Tips; erhältlich in den meisten Buchhandlungen in Australien)

*Moon, Ron & Viv:* Cape York, Kakirra Adventure Publications, Chelsea VIC 3196, 1995 (sehr guter Reiseführer mit vielen Informationen über Cape York, wenn auch leider etwas konfus aufgebaut; erhältlich in den meisten Buchhandlungen in Australien)

ebenda: The Kimberleys, Kakirra Adventure Publications, Chelsea VIC 3196, 1989 (besser als der Cape York Führer)

ebenda: The Flinders Ranges, Kakirra Adventure Publications, Chelsea VIC 3196, 1992 (enthält alles über Flinders Ranges)

*Morrison, M.:* Australien Dreaming - 40.000 Years of Aboriginal History, Landsdowne Press 1989 (Thema ist die Schöpfungsgeschichte der Aborigines)

ebenda: The Four Billion Year Journey of a Continent, Weldon Publishing, Willoughby NSW 1990 (sehr gutes Buch über die Entstehung Australiens)

*Peake-Jones, K.:* To the desert with Sturt (a diary of the 1844 Expedition), South Australian Government Printer, Netley SA 5037, 1988 (berichtet über die Strapazen, die die ersten Forscher durchmachten)

### Deutsche Literatur

*Chatwin, Bruce:* Traumpfade, Fischer TB Verlag, München 1992 (sehr guter, einfühlsamer Roman über *songlines* und die Ahnen der Aborigines)

*Gottberg von, Hans:* Fahrten - Ferne - Abenteuer, Ensslin & Laiblin Verlag 1983 (nützliches, kleines Buch für alle Outdoorfans)

*Hoff, Edgar P.:* Australien - Das Reisehandbuch für einen außergewöhnlichen Kontinent, Edgar Hoff Verlag, Rappweiler, 1993 (informativer Reiseführer, der trotz seiner Ausführlichkeit nie unübersichtlich wird; das Standardwerk zu Australien)

*Lind, O. & Niehues, A.:* Die schönsten Nationalparks Australiens, Edgar Hoff Verlag, Rappweiler, 1995 (detaillierte Informationen zu Nationalparks, Flora und Fauna, zusätzlich zahlreiche Übersichtskarten)

*Nehberg, Rüdiger:* Survival - Die Kunst zu Überleben, Ernst Kabel Verlag, 1981 (für alle, die Überleben trainieren möchten)

ebenda: Survival Training, Droemersche Verlagsanstalt, 1989

### Australische Off-Road-Zeitschriften

*4X4 Australia,* The 4-WD Adventure Magazin (ca. 5 $)

*4-WD Great Treks "The Yearbook"* von Gregorys (ca. 5 $)

*4-WD Buyers Guide* von Gregorys (ca. 6 $)

*4-WD Weekender* von Gregorys (ca. 5 $)

Neben unzähligen Anzeigen (mit Adressen und Telefonnummern) der *Off-Road*-Ausrüster bieten diese Magazine auch interessante Streckenbeschreibungen. Sie erscheinen monatlich oder zweimonatlich und sind selbst in kleineren Städten zu erhalten.

### Deutsche Off-Road-Zeitschriften

*Allrad Abenteuer,* Heko-Verlag (monatlich)

*Auto-Off,* Auto-Off Verlag (zweimonatlich)

*delta 4x4 magazin,* Delta Geländesport GmbH (jährlich)

*Off Road,* AC-Verlagsgesellschaft (monatlich)

# Ortsregister

# Sachwortregister

## Personenregister



## Kartenregister



### Outback-Tracks

## Spezielle Begriffe

Im folgenden sind besondere Begriffe, die im Buch immer wieder verwendet werden bzw. die während der Reise oft auftauchen, kurz erklärt.

*aboriginal, aborigine* - Ureinwohner
*airstrip* - Landebahn für kleine Flugzeuge
*base plate* - Bodenplatte, Unterlegplatte (für Wagenheber)
*beef road* - Strecke, auf der Rinder mit → *roadtrains* transportiert werden.
*billabong* - Teich oder Tümpel, zumeist in einem Flußbett
*billy* - Allzweckblechtopf, nicht nur für den berühmten "Billy-Tea"
*bogged* - in Schlamm oder Sand festgefahren
*bore* - Brunnen oder Bohrloch; besteht meist nur aus einem Rohr, aus dem Wasser fließt oder durch das Wasser gepumpt werden kann.
*bullbar* - Rammschutz vor dem Kühler
*bulldust* - feinster, talkähnlicher Staub
*bushcamp* - Campen im Busch, meist an der Strecke selbst; keine sanitären Einrichtungen u. ä.
*bushtucker* - Nahrung aus der Natur
*cabin* - eine Art Wohncontainer (auch Hütte) auf einem Campingplatz
*cairn* - Steinhaufen, an der Strecke meist pyramidenförmig aufgeschichtet.
*canyon* - Schlucht
*cattle* - Rinder, Vieh
*cattle drover* - Rindertreiber, Viehtreiber
*cattle station* - Rinderfarm
*claim* - eine Parzelle auf einem Goldfeld, Opalfeld o. ä., an die Nutzungs- oder Besitzrechte geknüpft sind.
*claypan* - Lehmpfanne
*community* - Siedlung der Ureinwohner
*corrugations* - auf der Fahrbahn in Querrichtung verlaufende Vertiefungen; wellblech- oder waschbrettartige Piste
*creek* - Bach, Flußlauf
*crest* - Hügel; steht auf Warnschildern, die unbedingt ernstzunehmen sind.
*damper* - ungesäuertes Brot, das meist in einem gußeisernen Topf auf der Glut des Lagerfeuers gebacken wird.
*desert* - Wüste, ödes Land
*dip* - Senke; steht auf Warnschildern, die unbedingt ernstzunehmen sind.
*downs* - Senke; in anderem Sinne auch Bezeichnung einer Farm (z.B. Cordillo Downs)
*eski* - Kühlbox
*falls* - Wasserfall
*flash floods* - plötzlich auftretende Sturzfluten, zumeist ausgelöst durch Regen in entfernten Gebieten.
*fossicker* - Hobby-Edelsteinsucher
*four-wheel drive* - Allradantrieb, abgekürzt: 4-WD
*fridge* - Kühlschrank
*gap* - schmaler Felsendurchbruch
*gate* - Tor oder Gatter auf der Piste
*general store* - Tante-Emma-Laden
*gibber-plains* - rote Geröll- und Kieswüsten aus verwittertem Gestein; spärlicher Bewuchs
*gorge* - Schlucht
*grader* - Planierfahrzeug
*gravelroad* - Schotterpiste
*grid* - in die Fahrbahn eingelassene Roste, die Rinder am Verlassen des Farmgeländes hindern.
*ground sheet* - Unterlegplane
*gulf* - Golf (Meer)

*jack* - Wagenheber
*Hi-Lift-Jack* - langhubiger Wagenheber
*homestead* - Farmhaus
*lake* - See
*line* - Piste, die nur mit Allradantrieb befahrbar ist (z. B. French Line in Simpson Desert)
*lookout* - Aussichtspunkt
*marker* - Markierungspfosten
*matilda* - Bündel der Wanderarbeiter; bestehend aus dem → *swag*, in den die wenigen Habseligkeiten eingerollt sind.
*mustering* - Zusammentrieb der Rinder (Musterung)
*outback* - (→ "Outback - was ist das eigentlich?")
*pebbles* - Steine
*permit* - Genehmigung, Erlaubnis
*pool* - Wasserbecken, Wasserloch
*roadhouse* - Tankstelle (zumeist mit Imbiß und kleinem Verkaufsladen), die an Highways, Ausfallstraßen oder an einsamen Strecken im *outback* liegt
*roadtrain* - Laster mit zwei bis drei Anhängern
*range* - Berge, Bergkette
*roobar* - auch → *bullbar* genannt
*roofrack* - Dachgepäckträger
*route* - Piste, die oft nur mit Allradantrieb zu befahren ist.
*run-up* - Anlauf-Fahrspur vor einer Düne
*seismic line* - Von Ölgesellschaften angelegte Trasse, um seismische Untersuchungen durchzuführen. Meist wurde dabei nach Ölvorkommen gesucht.
*snorkel* - Schnorchel; beim Auto Verlängerung des Luftansaugstutzens
*spring* - Quelle
*spinifex* - stacheliges Gras, das fast überall im outback wächst
*starpicket* - Eisenpfosten (Markierungspfosten), dessen Querschnitt sternförmig ist
*station* - Farm
*stock* - Vieh
*stockman* - Viehhüter, Cowboy
*stock route* - Route, auf der Vieh getrieben wurde, auch *beef road* genannt.
*swag* - Schlafsack, bestehend aus einer Außenhaut mit eingelegter Matte und einem Inlett; wird zumeist benutzt, um im Freien ohne Zelt zu übernachten.
*tea* - Tee; Abendessen der Australier
*track* - Piste, die nur mit Allradantrieb befahrbar ist.
*trucking yard* - Viehkoppel, in die Rinder oder Schafe zum Abtransport getrieben werden.
*tucker* - Nahrung
*washouts* - ausgewaschene Stellen auf der Piste
*well* - ausgeschachteter Brunnen
*whirlpool* - Becken mit sprudelndem Wasser
*winch* - Winde
*windmill* - Windrad, um Wasser zu fördern

## Bildnachweis

***Schwarzweißfotos***
*Edgar P. Hoff:* S. 17, S. 20 links, S. 33, S. 35, S. 39, S. 63, S. 69, S. 74, S. 189, S. 213, S. 287, S. 329, S. 367
*Marita Korst:* S. 19, S. 31, S. 196, S. 221, S. 277
*Jochen Marmit:* S. 149, S. 211
*North Travel:* S. 152
*Northern Territory Tourist Commission:* S. 27, S. 147, S. 180, S. 184, S. 218, S. 311
*Rob Stevens:* S. 61, S. 161

***Farbfotos***
*Australian Tourist Commission:* S. 4, S. 18
*Rod Hartvigsen:* S. 16 unten
*Edgar P. Hoff:* S. 2 oben links, S. 8 oben, S. 14 unten
*Marita Korst:* S. 7, S. 24 unten, S. 28 oben rechts, S. 32
*Northern Territory Tourist Commission:* S. 1, S. 6 Mitte links, S. 6 Mitte rechts, S. 8 unten, S. 9 oben, S. 14 oben, S. 18 oben, S. 24
*Queensland Tourist Commission:* S. 3 oben, S. 6 oben rechts, S. 29, S. 31 unten
*Western Australia Tourist Commission:* S. 2 unten, S. 3 unten, S. 6 oben links, S. 22, S. 23

***Umschlag***
*Rod Hartvigsen:* Im Outback unterwegs
*Marita Korst:* Stuart Desert Pea
*Northern Territory Tourist Commission:* Outbacklandschaft, Windrad im Sonnenuntergang, Camping im Outback

Alle anderen Fotos stammen von den *Autoren*.


## *Dankeschön*

Unser Dank geht an:
*Rob & Anita Stevens* sowie *Rod, Betty & Phil Hartvigsen,* die uns durch *Simpson Desert* begleiteten; *Nev & Fay Poole,* die wir mehrere Male auf verschiedenen Strecken unterwegs trafen; *Ian Cannon & Don Lee,* die mit uns das Abenteuer "Canning Stock Route" bestritten; *Stephen Dance & Sally Wallace,* mit denen wir so manchen Fluß auf *Cape York* durchquerten; *Regina* und *Jan Kybelka,* die uns tatkräftig nach unserem Unfall unterstützten, sowie alle anderen Australier, die wir unterwegs trafen. Auch ihre Informationen und Erfahrungen haben wir versucht, in dieses Buch einzubringen. Ebenso gilt unser Dank den australischen Automobilclubs, die uns mit guten Karten ausstatteten.

Besonders danken wir *Bruno Frischknecht* und der ganzen Mannschaft vom *Travel Car Centre* in Sydney für die Unterstützung bei Kauf und Ausrüstung unserer Fahrzeuge.

Nicht zuletzt möchten wir unseren Lesern danken, die mit Ihren ausführlichen Briefen zur Aktualität dieses Buches beigetragen haben, so *W. Nowka,* Erlangen, *Ludger Brauckmann,* Kropp, *Monika Rotzler,* Wehr, *Thomas Hövermann,* Schloß Holte-Stukenbrock, *Hedy & Ueli Rudolf,* Ruppoldsried, und *Sönke Ralf,* Kall.

Im übrigen möchte sich der Verlag bei allen Einrichtungen bedanken, die ihr Bildmaterial zur Verfügung gestellt haben.

## REISE KNOW-HOW

REISE KNOW-HOW Bücher werden von Autoren geschrieben, die Freude am Reisen haben und viel persönliche Erfahrung einbringen. Sie helfen dem Leser, die eigene Reise bewußt zu gestalten und zu genießen. Wichtig ist uns, daß der Inhalt nicht nur im reisepraktischen Teil „Hand und Fuß" hat, sondern daß er in angemessener Weise auf Land und Leute eingeht. Die Reihe REISE KNOW-HOW soll dazu beitragen, Menschen anderer Kulturkreise näher zu kommen, ihre Eigenarten und ihre Probleme besser zu verstehen. Wir achten darauf, daß jeder einzelne Band gemeinsam gesetzten Qualitätsmerkmalen entspricht. Um in einer Welt rascher Veränderungen laufend aktualisieren zu können, drucken wir bewußt kleine Auflagen.

### SACHBÜCHER:

Die Sachbücher vermitteln KNOW-HOW rund ums Reisen: Wie bereite ich eine Motorrad- oder Fahrradtour vor? Welche goldenen Regeln helfen mir, unterwegs gesund zu bleiben? Wie komme ich zu besseren Reisefotos? Wie sollte eine Sahara-Tour vorbereitet werden? In der Sachbuchreihe von REISE KNOW-HOW geben erfahrene Vielreiser Antworten auf diese Fragen und helfen mit praktischen, auch für Laien verständlichen Anleitungen bei der Reiseplanung.

## Welt

**Achtung Touristen**
DM 16,80 ISBN 3-922376-32-0
**Äqua-Tour (RAD & BIKE)**
DM 28,80 ISBN 3-929920-12-3
**Auto(fern)reisen**
DM 34,80 ISBN 3-921497-17-5
**Die Welt im Sucher**
DM 24,80 ISBN 3-9800975-2-8
**Fahrrad-Weltführer**
DM 44,80 ISBN 3-9800975-8-7
**Motorradreisen**
DM 34,80 ISBN 3-921497-20-5
**Um-Welt-Reise (REISE STORY)**
DM 22,80 ISBN 3-9800975-4-4
**Wo es keinen Arzt gibt**
DM 26,80 ISBN 3-922376-35-5

### REISE STORY:

Reise-Erlebnisse für nachdenkliche Genießer bringen die Berichte der REISE KNOW-HOW REISE STORY. Sensibel und spannend führen sie durch die fremden Kulturbereiche und bieten zugleich Sachinformationen. Sie sind eine Hilfe bei der Reiseplanung und ein Lesevergnügen für jeden Fernwehgeplagten.

### STADTFÜHRER:

Die Bücher der Reihe REISE KNOW-HOW CITY führen in bewährter Qualität durch die Metropolen der Welt. Neben den ausführlichen praktischen Informationen über Hotels, Restaurants, Shopping und Kneipen findet der Leser auch alles Wissenswerte über Sehenswürdigkeiten, Kultur und „Subkultur" sowie Adressen und Termine, die besonders für Geschäftsreisende wichtig sind.

## Europa

**Amsterdam**
DM 26,80 ISBN 3-89416-231-7
**Baltikum - Estl./Lettl./Litauen**
DM 39,80 ISBN 3-89416-196-5
**Bretagne**
DM 39,80 ISBN 3-89416-175-2
**Budapest**
DM 26,80 ISBN 3-89416-212-0
**Bulgarien**
DM 36,80 ISBN 3-89416-220-1
**Dänemark-Handbuch**
DM 32,80 ISBN 3-923716-13-3
**Estland**
DM 26,80 ISBN 3-89416-215-5
**Irland-Handbuch**
DM 36,80 ISBN 3-89416-194-9
**Lettland**
DM 26,80 ISBN 3-89416-216-3
**Litauen mit Kaliningrad**
DM 29,80 ISBN 3-89416-169-8
**London**
DM 26,80 ISBN 3-89416-199-x
**Madrid**
DM 26,80 ISBN 3-89416-201-5
**Mallorca**
DM 29,80 ISBN 3-927554-17-0
**Mallorca für Eltern und Kinder**
DM 24,80 ISBN 3-927554-15-4
**Oxford**
DM 26,80 ISBN 3-89416-211-2
**Paris**
DM 26,80 ISBN 3-89416-200-7
**Portugal-Handbuch**
DM 34,80 ISBN 3-923716-05-2
**Prag**
DM 26,80 ISBN 3-89416-204-X
**Rom**
DM 26,80 ISBN 3-89416-203-1
**Schottland-Handbuch**
DM 36,80 ISBN 3-89416-179-5
**Schweden-Handbuch**
DM 36,80 ISBN 3-923716-10-9
**Skandinavien - der Norden**
DM 36,80 ISBN 3-89416-191-4
**Tschechien**
DM 36,80 ISBN 3-89416-600-2
**Türkei-Handbuch**
DM 36,80 ISBN 3-923716-02-8
**Türkei West & Südküste**
DM 32,80 ISBN 3-923716-11-7
**Ungarn**
DM 32,80 ISBN 3-89416-188-4

## Europa

**Warschau/Krakau**
DM 26,80 ISBN 3-89416-209-0
**Wien**
DM 26,80 ISBN 3-89416-601-0
**Zypern-Handbuch**
DM 32,80 ISBN 3-923716-04-4

## Deutschland

**Berlin mit Potsdam**
DM 26,80 ISBN 3-89416-226-0
**Frankfurt/Main**
DM 24,80 ISBN 3-89416-207-4
**Mecklenburger Seenplatte**
DM 24,80 ISBN 3-89416-221-X
**München**
DM 24,80 ISBN 3-89416-208-2
**Nordfriesische Inseln**
DM 19,80 ISBN 3-89416-601-0
**Nordseeinseln**
DM 29,80 ISBN 3-89416-197-3
**Nordseeküste Niedersachsens**
DM 26,80 ISBN 3-89416-603-7
**Ostdeutschland individuell**
DM 32,80 ISBN 3-921838-12-6
**Ostfriesische Inseln**
DM 19,80 ISBN 3-89416-602-9
**Ostharz mit Kyffhäuser**
DM 19,80 ISBN 3-89416-228-7
**Oberlausitz**
DM 24,80 ISBN 3-89416-165-5
**Ostseeküste/Mecklenburg-Vorpom.**
DM 19,80 ISBN 3-89416-184-1
**Mecklenburg/Brandenburg Wasserwandern**
DM 24,80 ISBN 3-89416-221-X
**Rügen/Usedom**
DM 19,80 ISBN 3-89416-190-6
**Freistaat Sachsen**
DM 26,80 ISBN 3-89416-177-9
**Land Thüringen**
DM 24,80 ISBN 3-89416-189-2
**Westharz mit Brocken**
DM 19,80 ISBN 3-89416-227-9

# Afrika

**kanische Reise**
: Story)
26,80 ISBN 3-921497-91-4
**abenteuer Afrika**
& Bike)
28,80 ISBN 3-929920-15-8
**:h Afrika**
56,80 ISBN 3-921497-11-6
**ten individuell**
36,80 ISBN 3-921838-10-x
**ührer Ägypten: Kairo**
32,00 ISBN 3-921838-91-6
**ihrer Ägypten: Luxor, Theben**
29,80 ISBN 3-921838-90-8
**ir & die Königsstädte Marokkos**
29,80 ISBN 3-921497-71-x
**o, Luxor, Assuan**
26,80 ISBN 3-921838-08-8
**erun**
39,80 ISBN 3-921497-32-9
**a**
39,80 ISBN 3-921497-45-0
**agaskar, Seychellen,**
**ritius, Réunion, Komoren**
36,80 ISBN 3-921497-62-0
**okko**
44,80 ISBN 3-921497-81-7
**ria – hinter den Kulissen**
Story)
26,80 ISBN 3-921497-30-2
**sSahara**
29,80 ISBN 3-921497-01-9
**sien**
44,80 ISBN 3-921497-74-4
**siens Küste**
29,80 ISBN 3-921497-76-0
**tafrika**
49,80 ISBN 3-921497-02-7
**Wolken der Wüste**
Story)
24,80 ISBN 3-89416-150-7
**babwe**
34,80 ISBN 3-921497-26-4

# Asien

**Bali & Lombok mit Java**
DM 39,80 ISBN 3-89416-604-5
**Bangkok**
DM 26,80 ISBN 3-89416-205-8
**China Manual**
DM 44,80 ISBN 3-89416-167-1
**China, der Norden**
DM 39,80 ISBN 3-89416-229-5
**Sprachbuch China**
Hoch-Chinesisch (Mandarin), Kantonesisch, Tibetisch
DM 24,80 ISBN 3-922376-68-1
**Indien, der Norden**
DM 44,80 ISBN 3-89416-223-6
**Reisen mit Kindern in Indonesien**
DM 26,80 ISBN 3-922376-95-9
**Jemen**
DM 39,80 ISBN 3-921497-09-4
**Kambodscha**
DM 29,80 ISBN 3-89416-219-8
**Komodo/Flores/Sumbawa**
DM 36,80 ISBN 3-89416-605-3
**Ladakh und Zanskar**
DM 36,80 ISBN 3-89416-176-0
**Laos**
DM 29,80 ISBN 3-89416-218-x
**Malaysia & Singapur mit Sabah & Sarawak**
DM 36,80 ISBN 3-89416-178-7
**Myanmar (Burma)**
DM 29,80 ISBN 3-9800464-3-5
**Nepal-Handbuch**
DM 36,80 ISBN 3-89416-193-0
**Phuket (Thailand)**
DM 29,80 ISBN 3-89416-182-5
**Singapur**
DM 26,80 ISBN 3-89416-210-4
**Sri Lanka**
DM 39,80 ISBN 3-89416-170-1
**Sprachbuch Südostasien**
Indonesisch, Thai, Tagalog
DM 24,80 ISBN 3-922376-33-9
**Sulawesi (Celebes)**
DM 36,00 ISBN 3-89416-172-8
**Thailand Handbuch**
DM 36,80 ISBN 3-89416-171-X
**Vietnam-Handbuch**
DM 36,80 ISBN 3-89416-195-7

# Ozeanien

**Australien-Handbuch**
DM 36,80 ISBN 3-923716-03-6
**Australien-Outback**
DM 36,90 ISBN 3-923716-08-7
**Australien Nationalparks**
DM 29,80 ISBN 3-923716-12-5
**Neuseeland**
DM 32,80 ISBN 3-923716-09-5
**Neuseeland** (Reise Story)
DM 24,80 ISBN 3-921497-15-9
**Bikebuch Neuseeland**
(Rad & Bike)
DM 36,80 ISBN 3-929920-16-6

**Rad & Bike:**

Reise Know-How Rad & Bike sind Radführer von lohnenswerten Reiseländern bzw. Radreise-Stories von außergewöhnlichen Radtouren durch außereuropäische Länder und Kontinente. Die Autoren sind entweder bekannte Biketouren-Profis oder „Newcomer", die mit ihrem Bike in kaum bekannte Länder und Regionen vorstießen. Wer immer eine Fern-Biketour plant - oder nur davon träumt – kommt an unseren Rad & Bike-Bänden nicht vorbei!

# Amerika

**Atlanta & New Orleans**
DM 28,80 ISBN 3-89416-230-9
**Durch den Westen der USA**
DM 39,80 ISBN 3-927554-20-0
**Durch die USA mit Flugzeug und Mietwagen**
DM 36,80 ISBN 3-927554-10-3
**Amerika von unten** (Reise Story)
DM 22,80 ISBN 3-9800975-5-2
**„Und jetzt fehlt nur noch John Wayne..."** (Reise Story)
DM 22,80 ISBN 3-927554-18-9
**USA/Canada**
DM 44,80 ISBN 3-927554-19-7
**Canada Ost/USA**
DM 39,80 ISBN 3-927554-22-7
**Durch Canadas Westen m. Alaska**
DM 36,80 ISBN 3-927554-03-0
**Hawaii**
DM 36,80 ISBN 3-89416-860-9
**Brasilien**
DM 39,80 ISBN 3-929920-11-5
**Costa Rica**
DM 36,80 ISBN 3-89416-166-3
**Ecuador/Galapagos**
DM 36,80 ISBN 3-921497-55-8
**Guatemala**
DM 36,80 ISBN 3-89416-214-7
**Mexiko**
DM 36,80 ISBN 3-9800975-6-0
**Panama**
DM 36,80 ISBN 3-89416-225-2
**Radabenteuer Panamericana**
(Rad & Bike)
DM 28,80 ISBN 3-929920-13-1
**Traumstraße Panamerikana**
(Reise Story)
DM 24,00 ISBN 3-9800975-3-6
**Peru/Bolivien**
DM 34,80 ISBN 3-9800376-2-2
**Trinidad & Tobago**
**Barbados, St Lucia, Grenada, St. Vincent & die Grenadinen**
DM 36,80 ISBN 3-89416-174-4
**Venezuela**
DM 39,80 ISBN 3-921497-40-x
**Sprachbuch Lateinamerika**
Spanisch, Quechua, Brasilianisch,
DM 24,80 ISBN 3-922376-18-5